［清］魏源 撰

海國圖志

二

岳麓書社·長沙

海国图志卷十三 邵阳魏源辑

东南洋 海岛之国。原无，今补。

英荷二夷所属葛留巴岛 有二洲相接：

一下港，即古阇婆，亦曰诃陵；一曰葛留巴，即小瓜哇也，一作交留巴，一作加留巴。[①]

明张（奕）〔燮〕《东西洋考》：下港一名顺塔，唐称阇婆，在南海中者也。一名诃陵，亦曰社婆，元称瓜哇。《一统志》又名蒲家龙。甲兵为诸番之雄。加留巴者，下港属国也，半日程可到，风土相类。华船将到，先以橘一笼、小雨伞二柄送番目，番目报国王。比到港，以果币进王。有华人为财副者四人，番财副二人。华人谙夷语夷书为通事，船各一人。其贸易，王置二涧，城外设立铺舍。凌晨各上涧贸易，至午而罢，王日征其税。又有红毛荷兰番来下港者，起土库在大涧东，佛郎机起土库在大涧西。二夷俱夹板船，年年往来贸易。其本地夷则用铅钱，铅钱十当西洋一。下港为四通八达之衢，华船与番船贸易盛甲诸岛。

《皇清通考·四裔门》：葛剌巴本瓜哇故地，巫来由种也，后属荷兰国。在南海中，距福建厦门水程二百八十更，计万六千八

---

① 此处所言葛留巴岛，概指今印度尼西亚爪哇岛。下港即万丹（Bantam），在爪哇岛的西北端，古阇婆亦指爪哇岛，诃陵即指爪哇岛北面的北加浪岸；葛留巴，又作交留巴、加留巴，指的是爪哇岛西部的巴达维亚，即今雅加达。

百里。闽、广间人浮海为业者，利其土产，率流寓不返。康熙五十六年，以葛剌巴口岸多聚汉人，恐浸长海盗，禁止南洋往来。其从前出洋之人，限三年回籍，然亦尚有留者。雍正五年，弛洋禁，嗣后通市不绝。初，葛剌巴自明季为荷兰人所据，委夷目镇守，汉人居之者以数万计。生长其地，曰（上）〔土〕生仔。司汉人贸易者，曰甲必丹。人有罪则流戍西陇①。西陇在西洋中，距葛剌巴甚远，荷兰旧国所属地也。六年闰六月，为群番所扰，荷兰力不胜，遣流人御之，许立功后令还葛剌巴。诸流人奋勇效力，战屡捷，群番败走。荷兰既有立功赎罪之令，又虑释还流人，则西陇孤弱，一再令葛剌巴调无辜汉人往代。时有甲必丹（琏）〔连富〕者，以汉人在此贸易，惟领票输银，无调取之例，不受命，番目拘之。被徙者先后不胜计，于是汉人大恐，鸣金罢市。番目怒，举火鸣炮相攻，杀伤颇多。署福建总督策楞、提督王郡以闻，策楞又奏言："被害汉人，久居番地，屡奉招徕，而自弃王化。今被其戕杀，孽由自作。但葛剌巴以地隔重洋，恃其荒远，残害罔忌。恐嗣后扰及商舶，请禁止南洋商贩，俾知畏惧。俟革心悔罪，再请恩施。"广东道监察御史李清芳奏言："商人往东洋者十之一，往南洋者十之九。一加禁遏，则江、浙、闽、广海关税额必缺，每年不下数十万。且民间贸易，皆先时而买，及时而卖，预为蓄积，以俟流通。若一旦禁止，商旅必至大困，应请止停葛剌巴一国贸易。此外南洋不宜尽禁。"既而王大臣会同兵部奏言："今闻葛剌巴已将夷目黜责，于我船返棹时加意抚慰护送，嘱令再往，并无扰及商客之意，宜仍准其通商。"从之。

陈〔伦〕炯《海国闻见录》：麻剌甲南隔海对峙大山为亚齐，

---

① 西陇，即锡兰（Silan）的异译，指今斯里兰卡（Sri Lanka）。

系红毛人分驻。凡红毛甲板往小西洋等处贸易，必由亚齐经过，添备水米。自亚齐大山绕过东南，为万古屡①，尽处与葛剌巴隔洋对峙。红毛回大西洋者，必从此洋出，然后向西南过乌鬼甲②，绕西至大西洋。就中国往葛剌巴，厦门计水程二百八十更。原系无来由地方，为红毛荷兰所据，分官属名曰甲必丹。外统下港、万丹、地问三（岛）〔处〕。下港产胡椒，万丹另埔头，地问产胡椒、檀香，而葛剌巴盛甲诸岛，洋舶云集。中国，大小西洋、白头、乌鬼、无来由各番，珍宝物食，无所不有。荷兰建城池，分埔头；中国人在彼经商耕种者甚多，年给丁票银五六金，方许居住。中国人口浩盛，住此地何啻十余万。近荷兰亦以新唐禁革，不许居住，令随船回。茶盘一岛居昆仑之南，毗于万古屡山之东，皆南洋总路水程分途处。岛番捕海为生，产佳文草，顶细而长者，年仅足二席之用。入王家，辟虫蚁，值价四五十金，次者二三十金，最贱有一二金者。

谢清高《海录》：葛剌巴在南海中，为荷兰所辖地。海舶由广东往者，走内沟，则出万山后向西南行，经琼州、安南至昆仑，又南行三四日到地盆山，万里长沙在其东。走外沟，则出万山后向南行少西，约四五日过红毛浅。有沙坦在水中，宽百余里，其极浅处止深四丈五尺。过浅又行三四日到草鞋石，又四五日到地盆山，与内沟道合，万里长沙在其西。沟之内外，以沙分也。万里长沙者，海中浮沙〔也〕，长数千里，为安南外屏。沙头在陵水境，沙尾即草鞋石。船误入其中，必为沙所壅，不能复行，多破坏者。遇此须取木板浮于沙面，人卧其上，数日内若有海舶经过，放三板小舟拯救，

①万古屡，即马来语 Benkulu 的音译，指今苏门答腊岛西南岸的明古鲁。
②乌鬼甲，西欧殖民者经巽他海峡横越印度洋返航欧洲，向西南过乌鬼甲，疑指非洲南端的好望角。

可望生还。若直立沙中数刻，即为沙所掩没矣。七洲洋正南，则为千里石塘，万石林立，洪涛怒激，船若误经，立见破碎。故内沟外沟亦必沿西南，从无向正南行者。由地盆山又南行约一日到网甲①。经葛剌巴峡②，出峡口，又南行过三洲洋③，约三日到头次山④，即葛剌巴边境也。上有中华人所祀土地祠。又行二十余里，到海次山⑤，有数岛：一以居中华之为木工者，一居疯疾，一为罪人绞死之所，其余皆以囤积货物。过〔海〕次山则至葛剌巴山⑥，山纵横千里，有城郭炮台，南海中一大都会也。本荷兰所辖地，后英吉利师侵而夺之，荷兰行成，仍命管理，而岁分其贡税焉。荷兰番镇守此地者三四千人，又有乌番兵数千。凡荷兰分守南洋及小西洋各国者，俱听葛剌巴酋帅调遣。土番亦无来由种类，俗尚奢靡，宫室衣服器用俱极华丽，出入俱驾马车，与明呀喇、新埠、息辣⑦各处相同，而葛剌巴为尤盛。中华人在此贸易者不下数万人，有传至十余世者。然各类自为风气，不相混也。民情凶暴，用法严峻。中华人有殴荷兰番者，法斩手；戏其妇女者，法绞。乌番兵俱奉天主教，死则葬于庙。荷兰番死则葬于坟园。土番风俗与大泥、吉兰丹各国同。土产落花生、白糖、丁香、咖达子、蔗、燕窝、带子、冰片、麝香、沉香。又曰：万丹国在葛剌巴南⑧，疆域甚小，与葛剌巴同一海岛。土产珍珠、佳纹席极佳。国南临大海，海中有山，层峦叠巘，崒兀（峻）

①网甲，又作蚊甲，即今苏门答腊岛东南的邦加（Banka）岛。

②葛剌巴峡，从网甲经葛剌巴峡，即今印度尼西亚的巽他海峡。

③三洲洋，指今印度尼西亚爪哇岛西部与苏门答腊岛、邦加岛之间的海域。

④头次山，又作头峙山、头屿，其地在今印度尼西亚雅加达湾外一带。

⑤海次山，又作海峙山，其地在今印度尼西亚雅加达湾外一带。

⑥葛剌巴山，在今雅加达附近。

⑦息辣，Selat 的音译，源自柔佛海峡的马来名 Selat Tebrau，指今新加坡（Singapore）。

⑧“南”，应作“西”。

〔岐〕嶒，时有火焰，引风飘忽，入夏尤盛，俗呼为火焰山[1]。盖南方离火之精，蒸郁发露。西洋番船有至者，上山探望，攀危蹑险。有山番穴处，遥见之，群噪而相逐。逃稍后者，辄为所杀食。自此无敢复至者。

《每月统纪传》曰：三大岛之至盛为呀瓦[2]，即葛剌巴也。产米足敷本岛之用。〔出〕胡椒、燕窝、翠羽、白糖、绵花、咖啡、苏木、木头等货〔及〕各样果实蕉子、椰子、槟榔、柘榴、柚子、波萝、波萝子、芒果、橙、桔等果。可恨水多鳄鱼，亦有鳞蛇。又有火山，频数地震，火出烧树屋。土番名呀瓦，回回种也。案：呀瓦即爪哇二字之音转。人甚朴实，勤劳耕田，性温和，戒争斗。惟人触犯之，则必雪怨乃已。又好赌博，输田屋，子妇卖身为奴；偷盗诈骗，莫胜其害，于呀瓦洲为恶俗。礼拜之时，设虎与水牛相斗场，或死其一乃息。山内多虎，土番射猎。向来数土酋分治此洲，奉天竺国佛教。明天顺间，回回兵征服之。自后居民改奉穆罕默德教。万历间，荷兰于其海口建葛剌巴城以为市埠，渐乃征其土产，服其民人，追令输贡。又别开砥利文[3]、苏拉圭呀[4]、钑马廊[5]各埠头，并荷兰公班衙主管贸易，仓箱充实，不知荒歉。惟其分官穷极奢侈，不顾贫窭。自雍正以后，尚无大衅隙，间有土番倍叛，时烦征服。康熙、乾隆间，荷兰公使朝京都。嘉庆间，佛兰西王胜服荷兰祖家，遂派人为葛剌巴总管。是时英国方与佛兰西连年征战，故英国总管助荷兰攻呀瓦洲获胜，其地仍归荷兰。道光间，土酋土匪谋废荷兰之公班衙，荷兰王遣将统领兵船，大费财力，始征服之。唐人之到呀瓦大洲立埠头者，自明朝始。及

---

①火焰山，指巽他海峡中的喀拉喀托火山（G. Krakatau）。
②呀瓦，又称呀瓦洲、呀瓦大洲，即今爪哇（Java）岛。
③砥利文，今爪哇岛北岸的井里汶（Cheribon）。
④苏拉圭呀，今爪哇岛东北岸的泗水（Surabaya）。
⑤钑马廊，今爪哇岛的三宝垄（Semarang）。

至顺治年，福建同安人多离本地往葛剌巴贸易耕种，岁输丁票银五六金。此后每有厦门巨艚船载万余石赴葛剌巴及钣马廊埔头，但因水程甚远，沙礁无数，必有西洋伙长，用浑天仪、量天尺，较日出时刻，离水分度，用罗经刻漏沙，以风大小、顺逆较更数，始知为某处。近日中国人口浩盛，住此地何啻十余万？故荷兰总管禁革新唐，令随船回。然汉人流寓，富贵者甚多。荷兰兼用汉人为甲必丹，理国政，掌财赋。此外毗于呀瓦之岛，多是马莱酉土番所居，兼海贼无数。若地木岛①及池门屿②，皆有荷兰与葡萄亚建城镇守。产檀木、蜜蜡等货。马莱酉，一作无来由。

576

《岛夷志》：瓜哇地平衍，田膏腴，五谷富饶，倍于他国。民不为盗，道不拾遗。谚所谓"太平阁婆"者是也。

《万国地理全图集》曰：呀瓦岛南极出自六度至九度，偏西自一百度至一百九度。巽他海（陕）〔峡〕隔之，故与苏岛不接。广袤方圆一十三万七千方里，民居六百万丁。内横一带山峰，最高者一千二百丈。原有火山、地震。果实繁多，珈琲、米谷、白糖③、蕉子、椰子、槟榔、柘榴、柚子、波罗蜜、芒果，自然生茂。众地之中，惟呀瓦乃乐土。其土人甚老实温和，但人触犯之，埋恨必报，猛如怒虎，不论好恶，触辄刺杀。最好赌博，礼拜之时，设虎与水牛相斗之场，众民云集。土虽盛，而农夫甚贫。明朝年间，汉人已到呀瓦地经商获利，给丁票银每年一名五六员。至今中国人口浩盛，住此地何啻十余万。荷兰人历二百有余年，据住其地。惟东方尚存土君，毫无权势。荷兰自取各物产而卖之，每年将银五百万员归国帑。但内地民往往不悦，肇衅交战。内海

①地木岛，今帝汶（Timor）岛。
②池门屿，指东帝汶（East Timor）。
③疑为"甘蔗"之讹。

各处，海贼肆掠，而荷派巡船擒治之。其都曰葛剌巴，经商甚盛。另有北滨砥利文、苏拉圭呀、钣马（廓）〔廓〕埠头，皆运出珈琲、白糖、米谷。

《海岛逸志》曰：葛剌巴，南洋一大岛国也。厦门扬帆过七洲，从安南港口历巨港、麻六甲，①经三笠②而入屿城③，至其澳，计水程二百八十更，每更五十里，距泉州约一万四千里，可到其国。面北背南，后屏火烟山④，其外则南海也。左万丹，右井里汶，前则屿城罗列，门户坚固，城池严峻。地域雄阔，街衢方广，货物充盈，百夷聚集之区，诚一大都会也。但其地势卑下，天气炎热，四季皆如夏候，炎风暴厉，触之生疾。河水甘凉，浴之却病。春雨秋旱，岁只一收。而田土肥沃，耕种易熟，米价平贱，人民富庶。货物则皆各国辐辏以赴贸易，非本岛所产也。其所统辖有北胶浪⑤、三宝垄、竭力石⑥、（四）〔泗〕里猫⑦、马辰、望加锡、安汶⑧、万澜⑨、涧仔低⑩、万丹、麻六甲等处，不下数十岛。闽、广之人扬帆而往者，自明初迄今四百余载，留寓长子孙，奚止十万之众。巴地本瓜亚国⑪也，荷兰设计笼络，纳其租税，施号令，设法度，盘踞海口；征课饷，给文凭，慎出入，严盗匪，

①"巨港、麻六甲"，应作"麻六甲、巨港"。

②三笠，即三立洋，指今印度尼西亚的邦加海峡（Strait of Bangka）。

③屿城，今雅加达湾外诸岛屿的总称。

④火烟山（G. Gede），即今印度尼西亚爪哇岛西南部的格德火山。

⑤北胶浪，今爪哇岛上的北加浪岸（Pekalongan）。

⑥竭力石，今爪哇岛上的格雷西（Gresik），亦译锦石。

⑦泗里猫，今爪哇岛东北岸的苏腊巴亚（Surabaya），亦译泗水。

⑧安汶，今马鲁古群岛中的安汶岛（Pulau Ambon），亦称安波那（Amboina）。

⑨万澜，今班达群岛（Kepulauan Banda）。

⑩涧仔低，今马鲁古群岛中的德那第岛（Pulau Ternate）。

⑪瓜亚国（Java），即今爪哇岛。

管束诸夷。其人隆准赤发，沉潜善虑，故能冠诸夷之上。其官职皆禀命于祖家之国主，巴酋不敢自专也。酋有大王、二王、双柄①、伽头②、山海美色葛③、内外淡扳公④、杯突公⑤、勃垄⑥诸名目，其分镇各处者，以地之大小授职之尊卑。瓜亚旧酋处于山中，地名"览内"⑦，称巡栏⑧，如汉之称单于，唐之称可汗。其余各处并称史丹，俱尊"览内"为巡栏。其官职有二：把智淡扳公⑨、把低⑩，各有副，如中军以代行其事。其升降黜陟，皆听命于和兰。华人自明永乐时三宝太监郑和等下西洋采买宝物，至今通商来往不绝。于冬至后，厦岛开棹廿余日可达巴城，连衢设肆，夷民互市，贵贱交易，所谓利尽南海者也。富商大贾，获利无穷，因而纳贿和兰。其推举有甲必丹、大雷珍兰、武直迷、朱葛礁诸名目，俱通称甲必丹。华人或口角，或殴斗，皆质之甲必丹，长揖不跪，自称晚生。其是非曲直，无不立断，或拘或挞，无容三思。至犯法大罪，并嫁娶生死，俱当申报和兰。水旱来往，皆给

---

① 双柄，亦作相柄，英译为 Member of Council，意即评议员，在荷属殖民地分掌民政、司法等职。

② 伽头，英译为 Directors，意指总督所管各局、处长。

③ 山海美色葛，英译为 Land and Waters Fiscals，据《噶喇吧纪略》云："司海禁者曰美色葛。"故山海美色葛系指水陆税务官员。

④ 内外淡扳公，英译为 Inner and Outer Tomonggongs or Magistrates，据《噶喇吧纪略》云："治理城内外细事者曰淡扳公。"故内外淡扳公系指州长一类的官员。

⑤ 杯突公，英译为 Factor，意即西欧殖民当局在东方各地设立的商馆。此处系指荷兰殖民当局派驻各地的商业代表。

⑥ 勃垄，英译为 Commandants，意即指挥官、司令，此处系指荷兰东印度公司所派的地方长官。

⑦ 览内，英译为 Dalam or place of the Sultan of Solo，即梭罗苏丹驻地。

⑧ 巡栏，即爪哇马打兰国王称号苏苏胡南（Susuhunam）的省译。

⑨ 把智淡扳公，为马来语 adipati 的音译，意为高级行政长官或摄政者，亦作贵族的尊称。

⑩ 把低，亦为爪哇贵族的称号。

与文凭，不得滥相出入。其用法之森严，设税之周密，大约可见矣。惟人命则不问邻右，而重见证。见证必审讯，斩鸡发誓，方敢画押定案。所以杀人或弃之道路，或流之沟洫，皆置而不问者，无敢作见证也。至于和兰风俗，虚名鲜实，揆之五常，多无合者。上贼其下，肆行贪酷，非仁也；夫妻反目，听其改醮，死未周月，由其他适，非义也；长幼无序，男女无别，非礼也；穷奢极欲，以终其身，不为燕翼贻谋之计，非智也。惟贸易一事，然诺必信，其庶几乎！至各岛生番，怪形异状，木处穴居，虬发文身，露体血食，无足齿及。巴城地势平坦，人居稠密。出鉴光城市以外，皆为园地。而和兰园林相接，联络数十里。楼阁亭台，桥梁花榭，穷工极巧。每七日一礼拜，于巳刻入礼拜寺，讲经念咒。其拱听者，皆低首垂泪，似能感发人心也者。喧半时许，各自散去，入园林优宴，尽一日之欢，不理事以供游玩。车尘马迹，衣香鬓影，相望于道，亦一胜事也。余谓南洋之地，有可爱，亦有可惜。天气不寒，频年如夏；百花畅茂，四季俱开；冬春之际，夜雨朝晴，此时景之艳阳可爱也。中华流寓既多，俗重风雅，喜逢迎，善褒奖，穷困相投，或通谱，或瓜葛，皆无异视；童子见客，揖让为礼；婢仆见主，屈膝为敬，此人情之古厚可爱也。地土肥沃，日用平易，斗米二三十钱，鸡鹜贱于蔬菜，缗钱便可纳婢，此土产之便易可爱也。然去国离乡，举目异俗，无中华书籍以资流览，无知己良朋以抒情怀，无幽岩古刹以肆游玩，是为可惜耳。余居巴城未及周岁，辄迁于三宝垄，复之北胶浪。巴中风土人情，未能尽悉。爰述大概，以资考鉴，且寄客中之岑寂云尔。

三宝垄，巴国所属形胜之区也。地方寥阔，物产繁多，贾帆凑集，甲于东南诸洲。北胶浪、肯森①，其左右翼也。劳（再）〔冉〕年②，其仓廪也。堤埘③、二胞缪④，其门户也。所辖上下数千里，田土肥沃，人民殷富，为诸邦之冠。天气清凉，胜于巴城。人少疾病，粮食廉于各处。世无饥苦，风俗质朴，道不拾遗。法度严峻，夜户不闭。其所镇之和兰酋，职名鹅蛮律，又有杯突、大写、财副、新蚝州连等处以分管，各司其事，不相混杂。凡推华人为甲必丹者，必申详其祖家，甲必丹择吉招集亲友门客及乡里之投契者数十人，至期和兰一人捧书而来，甲必丹及诸人出门迎接。和兰之人入门，止于庭中，露立开书捧读，上指天，下指地，云此人俊秀聪明，事理通晓，推为甲必丹，汝等乡耆以为何如？诸人齐应曰："甚美甚善。"和兰俱与诸人握手为礼毕。诸人退，方与甲必丹携手升阶，至堂中缱绻，叙宾主礼。其笼络人皆此类。巴中甲必丹之权分而利不专，三宝垄甲必丹之权专而利攸归。煮海为盐，丈田为租，皆甲必丹所有。得膺其职者，则富逾百万矣。华人自相婚姻，不屑巴产。果得佳婿，蜡烛壹双即可为聘。入赘以后，奉养极侈，婢仆百十人，各执一事。主仆分严，见必屈膝。人多惧内，家事必由主裁，婢妾必由管束，防闲谨密，其锋不可犯。夫妇携手而行，并肩而坐，甚至揽臂狎抱，不避左右。婢妾持伞障日，羽保扇风，执帨捧盒而服事于前后者，风俗恬然，无足怪也。国中惟重食与眠，虽有急事不即通报，必俟其

---

① 肯森，又作那参、那森、剌参等，即今印度尼西亚爪哇岛北岸的港口拉森（Lasem），位于南望（Rembang）东北。

② 劳冉年，又作罗冉年，在今印度尼西亚爪哇岛的北加浪岸和八马兰（Pemalang）之间。

③ 堤埘，英译作 Tese，其地在三宝垄附近，或即古突士（Kudus）。

④ 二胞缪，又作二泊那、二泊劳、芝巴拉等，即今印度尼西亚爪哇岛中部北端的札巴拉（Djapara）。

食毕眠起，方敢以闻。礼拜寺楼极高，钟声四闻，日夜撞击。子、午为一点钟，至十二点而止。午后为二点钟，则家家闭户而卧，路无行人，是一日如两日，一世如两世矣。余谓西南洋为极乐之地，盖中华有礼义以自节制，不敢恣其所欲；洋夷则不知礼义廉耻为何物，惟穷奢极欲以自快其身心而已矣。王大海曾赘于三宝垄之甲必丹为贵婿，以亲老辞归。此所言乃自道也。南洋原本皆作西洋，今俱改正。

北胶浪为巴国东南之区，亚于三宝垄。面山背海，列屋而居，可五六十家。南北限以栅，华人息居其中，俗呼为入芝兰。谓街衢也。厦屋连绵，危楼高耸。西向者，为甲必丹第。右有园一所，可三四亩，树林阴翳，亭名"间云"，甲必丹公余游息之所。亭东百卉俱备，四时长放，殆同仙景。南有鱼池柑园，西有丝里园，丝里者，莨叶也。两园相接，界以墙，而门通焉。园后椰树数十株，亭亭净直，围可合抱。其叶类葵扇而长，迎风瑟瑟。由入芝兰以北有庙，为泽海真人祠。栅门外为泊面，饷馆。以征来往之赋税。随河而北，可半里，为外泊面，所以稽察遗漏。又四五里达于海口，其地有圣墓极灵，舟楫来往，必具香楮拜祷。由入芝兰南至苗冬，可三十里。苗冬有蔗蔀①二处，旧分东西，今合为一。至鲁闽三十里，其地产木片、篱竹。又五十里至海坡，但见碧海漫漫，白云无际，天长路远，顿起故乡之思。坡尽入林，至凹务湾馆②。其地当万山深翠之中，寥寂异常，昼则猿吟虎啸，鸥鸣鹤唳，行旅往来，必结伴操戈，方敢出入。其间林可四五十里，经藤桥至日踏

---

① 蔗蔀，即糖厂。
② 凹务湾馆，英译作 the station of Tabuan，位于今印度尼西亚爪哇岛中部北加浪岸与克东伍尼（Kedungwani）之间，疑即塔布汉（Tabuhan）。

馆。以上皆浪中①统辖。其下由岸咀②、葛里岭峨③至三宝垄，不过百里，出入芝兰山西过河，济竹筏之渡，即磁头礼些④，有淡扳公番官居此处。又二十里，至罗冉年，地沃土肥，夷民星聚，三宝垄之仓廪也。自此由八马垄⑤至井里汶，计程六百里。自汶至巴城各处礼些，乡镇。皆属巴中统辖，陆路十日可达巴城，但皆险阻难行，惟乌拔马来往不绝。浪中所镇者为杯突，理刑者名曰大写，理钱谷者曰则副，有城曰班，有兵丁曰喏呀。城与入芝兰，只隔一河。城之南，园林深邃，杰阁巍峨者，杯突居焉。巴城华夷聚会之区，街衢方广，宫室华丽。浪中山僻之地，不假修饰，自有山高水长，天然景色。至于夕阳在山，渔人返棹，行歌互答，款乃相闻，有似楚江音节。河水不深不浅，菱茨纵横其中，仿佛苏、杭景象。

万丹在葛剌巴之西境，古称阇婆国，瓜亚所居也。地广土沃，货繁人富。所产经纹幼席为西洋最。和兰输其租税，据海口以聚集诸夷来往交易。瓜亚之番，四处星聚。虽有国主，惟畏和兰，遵循维谨。其史丹瓜亚之主处于山中，所居王府，极其壮丽。王府之外，筑一小城，和兰十二人、夷兵百人居小城中，名曰护卫，实所以挟制史丹也。其史丹没，诸子非和兰之命不得立。瓜亚性愚蠢，皆曰彼畏我，所以输我土地之税；彼敬我，所以设城亲自护卫。计瓜亚之人，东自巴城、井里（纹）〔汶〕、北胶浪、三宝

————————

①浪中，即北加浪岸的简称。
②岸咀，英译 Kandal，即今印度尼西亚爪哇岛三宝垄以西的根打（Kendal），旧译岸达。
③葛里岭峨，英译 Kaliwungu，即今印度尼西亚爪哇岛中部的卡利翁古。
④磁头礼些，英译 Wiradesa，"礼些"为马来语 desa 的音译，意为"区域"或"乡村"。"磁头礼些"殆指一名为"磁头"的小镇。
⑤八马垄，即今印度尼西亚爪哇岛中部北加浪岸与直葛（Tegal）之间的八马兰（Pemalang）。

垄、骨森、竭力石、四里猫、外南旺①，西自柔佛、巨港、占卑、览房②等数十区，皆其种类，众奚止百万？和兰人数千，不及其百一，大相悬绝，而能以威胁之，以利诱之，足以慑服其心，就我笼络。古人尚智不尚力，信夫！

葛剌巴，古瓜亚之国。和兰所居沿海边地，未及十分之一。瓜亚人数百倍于和兰，俗质实，人愚蠢，性柔怯，皆惧和兰，闻其名则合掌。居民杂处山谷间，种田岁只一收。于春雨后田水平满，散粟于田，则自发生，并无耘锄，稂莠不生，一穗数百粒，故南洋米价平贱。山陂斜处，亦可种粟。以锥凿地，置粟数粒，及时则自蕃茂。其粟不用磨砻，以长木槽，数人用直杵舂之，脱粟簸出，乃再舂。米粒长而软，内地不及也。家计生产，皆妇人主之。生女为贵，赘人于室；生男则出赘于人。其室如亭，四面开窗，无椅榻，席地而坐。房中地皆铺席，施帷幄。床亦不高，坐褥茵软，枕叠如塔，大小六七级。坐则盘膝趺坐。见客以握手为礼，以槟榔为敬，富者用金银器盛之，常人用铜唾壶，大如花瓶，用以盛吐槟榔之汁。男女浑坐，无禁忌也。食不设箸，以手掬之。以牛为烹，不食犬豕。女子脚不缠，面不脂粉，首不簪花，衣不带领，裙而不裤；男子则衣有领，鬓簪花，有裤，可谓颠倒矣。百花四季不凋，开放无歇。百果花实相续，味皆美于闽、广。然壤地既异，物性亦迁。黄梨、黄瓜之类，性本湿热，乃竟以为清凉之药，凡感触暑气及风邪者，服之反能却病。蔬菜倍贵于鸡鹜，缘米粮反贱，人皆不肯竭力灌种也。巴国以风为鬼，以水为药，凡有感冒风热病作者，浴于河则愈。产妇及小儿出痘，皆浴

①外南旺，指今印度尼西亚爪哇岛东岸的外南梦（Banyuwangi）。
②览房，又作南榜、览邦，为苏门答腊岛古国 Lampung 之音译，故地在今印度尼西亚苏门答腊岛东南端的南榜省。

于河，且以针挑破痘珠，揉出浓浆，竟无害者，不亦奇乎！虽甚暑，不敢露体扇风。卧必密室，施帷幄，少冒风，则病立作。故楼房屋宇，皆用玻璃为窗户，取其不透风而内外明亮也。历览野史所载，皆艳仙家岛屿，有四时不绝之花，玻璃为户，玳瑁为梁。南洋处处皆然，无足怪者。

华人呼和兰，通称曰段；和兰呼华人为秦，通称曰稽。和兰居于西北海，其人隆准赤发，面粉眼绿，不蓄髭须，衣服精洁，短身狭袖，步履佻达。与红毛、佛兰西三国鼎峙，红毛国贫而强，又居咽喉之地，每被其欺凌。和兰占巴国二百余年，始因避风入巴地，见其土地雄阔，可建城池，故假守风入万丹，卑辞厚币求于史丹，瓜亚渠魁，镇于万丹。以暂借海滨之地修理舟楫为名，未几又以设立木栅蔽内外为请，增其岁币。瓜亚愚直无谋，又贪其利，遂被其袭破万丹，并巴地。万丹者，巴国门户，必争之地也。乃与巡栏瓜亚之国主处"览内"盟约，每年输纳地租，而沿海之地尽归和兰统辖，建立城池，蚕食附近。相传至今，武备严谨，各城门铺塘，番语曰噹呀。营卒罗守，昼夜匪懈，衣甲未（常）〔尝〕去身，竟岁不闻盗贼。创立美色近厝俗名病厝以收养贫病鳏寡之徒。凡人临危无至亲者，则唤梁礁和兰代书作字，一如病人之意，铁案不移，付美色甘和兰衙门收贮，俟其亲人来领，并有逐年利息。或有园宅婢仆，以及交关欠账，俱付作字，分文不苟。稍有违约，立致囹圄，有公勃些里和兰官专管。山上各地，有沈万达专管。海洋关口事例，有内外淡扳公分治。城内外华人并各种番人，皆设以甲必丹，使其自申约束，惟大罪及命案，皆送付和兰究治。其创立法度，谨慎严明，所以能久远也。和兰言其本国严寒，九月则见霜雪，草木凋零，人多百岁。及至巴国，地气蒸热，草木不凋，频年沐浴，元气发泄，人多不寿，五六十岁为上寿矣。其巴产者，发不红而瞳亦黑，地土使然也。

英圭黎，华人呼为红毛，居于西北海之隅，与和兰相邻近。其人类和兰，衣服制度与和兰无异，惟音语字迹各别。制作精巧，其刀铳器皿为西北诸国之冠。在巴贸易者，皆处以土库。巨第也。其交关亦遵巴国约束，而和兰待之甚厚，无敢有失。近有新垦之地，在麻六甲之西，吉礁①之南，与大年相邻，地名槟榔屿。但其立法苛刻寡恩，华人有在其地者，皆迁徙他处，不能堪焉。

实班牙，华人呼为宋仔，亦曰大吕宋，居于西北海之隅，国名干丝腊。每发船往高奢国，采买西洋布以贩巴国，资本极大，华夷均负其债。高奢国此白帽回国也，高奢即包社二字转音。在巴国之西，约水程二百余更，华人称为些逸。其人高大多须，状甚魁梧，衣花锦袄，白练裙，以白布缠首，手持念珠。国甚富，土产西洋幼布名绞只，次名毛里，上者每匹百余金。有袈裟，薄如蝉翼，中有纹彩，极其精致。

明末和兰据台湾，近鹿耳门筑小城以居，俗呼曰红毛城，实即和兰也。海寇郑氏游扬海上，自南京败还，遂攻台湾，为负嵎之所。和兰炮铳虽精，然孤城无援，败归巴国。其祖家国主怒，即将败归之和兰致死于巴国城楼上。至今巴国之和兰，历历能道其详。

呜呼！天道循环，无往不复。原夫和兰夷众之据有巴地也，以厚币甘言与瓜亚土番，暂税其牛皮大之旷地，以为贸易，诡计而得之。数百年于兹，坚固其城池，严酷其法令，远近岛屿之番，莫敢抗衡，悉归其赋，可谓富强之邦矣。瓜亚愚蠢，既饵其利，渐受笼络。和兰又设阿片黑烟以诳诱之，使其众争服食，自致疲

①吉礁，又作吉陀、吉达、吉德等，即今马来半岛西岸之旧吉打（Kedah Lama）。

弱，至于绝嗣，且使无志报仇复土。我中华人亦受其欺，一服此物，遂忘故乡之苦，不以父母妻子为念，遗害不可胜言。夫阿片烟乃房中之药，其性敛摄，服者藉其火力，取快一时，不知元阳潜消，贻害后日。盖人身之元阳元阴，犹日月之有光明，万物藉以健运生长。阿片烟则如野火之烧山，草木当之，莫不焦枯。故服之深者，必瘦削软弱，振作无志，容色青暗，不能生育。纵有生者，旋致病死。服之既久，则欲罢不能，破家荡产，虫生髓枯，怪病种种，医药无功。和兰却自禁其众不得窃服，犯者立置重刑。何吾人之不悟，同于瓜亚，甘堕其术中耶？和兰据此，将谓万年不拔之基。乃安不思危，渐事剥削。我华人远贩于此，向来皆就所售货之银，或置货，或携银回乡，各从其便。今则严禁，不许携银出口，必令将银转置货物，方许扬帆。而其货物又皆产于他处，未到巴地，以致唐船久候，风泛过时，年年不能抵厦，甚遭夏秋风飓，人船俱没，数十年如是，商贾莫不嗟叹，国课亦因减额，惟付之莫可如何？岂意英圭黎红毛久伺其利，觊觎已久？及嘉庆十四年秋，遂兴其甲板舟师数十，往攻不克，退回其国。越年夏秋间，仍备舟师再往，以大炮环攻而克之。和兰不敢与敌，逃回祖家。今之巴地，悉属红毛统辖，除去和兰酷法，招商如故，人皆悦服。远近商贾，莫不交通。红毛此举，亦海洋之一快也。

案：红毛侵夺葛留巴之事，或以为英吉利，或以为佛兰西，要皆嘉庆初年之事，其后荷兰旋即夺回此岛。见前《每月统纪传》。此志刊于嘉庆初年。尚未知也。

葛留巴风土述

《海岛逸志》曰：巴国地在西南，气候迥异。昼夜之短长，潮汐之早晚，皆与内地相反。春雨夏旱，岁以为常。风则朝南暮北，来往乘之。夜则北斗以下，诸星沉没不见，而南方星宿倍明。朔望不常，缘不置闰月也。其四时八节，悉皆符同。以冬至后十日为岁首，千百载如一。

余于十二月厦岛扬帆，次年正月初间到巴国，悉见诸处园林，芙蕖、菊花、蜀葵、茉莉、凤仙、珠兰，草木诸花并开。乍见骇异，询之巴人，皆云频年长放，相续不绝。然百卉之香皆浓浊，不及中华之清馥。又百卉之种多传自中华，何至于此而红者或化为白，白者或化成红？盖地土变幻，四时背戾使之然也。

岛中有过渡之处，不用舟楫，皆用篾竹数十片编为竹筏；不用篙桨，只用大藤一条，长数十丈，横亘东西两岸；或立木为竿以系之，或系于大树之身，又以小藤数条结于筏，环系大藤之上。欲渡时，数人手挽大藤，循藤而过焉。

两山相向，中夹一溪，而水深流急，不能造桥。两岸大树参天而树杪交柯者，用竹筏连绵纠结，阔七八尺，长十余丈。筏之两边，以藤悬挂树杪，形如月桥，浮空摇曳，乍见骇人。番众过之，如履平地。余自垄至浪必由之径，无可奈何，乃下舆，戒仆人不得同过，惧其摇曳也。徐步轻涉而进，至其半，高处，目不敢下视，惧而蹑足，则其摇愈甚，乃伏而坐。番仆欲走进扶腋，余愈惧，急止之。小停则其摇息，乃徐起，战战而下。嘻！异域畏途，于兹仅见也。

火烟山，在巴城西南六百余里。其山极高，人迹罕到，峰顶如灶上之突，日夜不息。晴明则其烟少减，风雨晦暝，则其烟愈炽。或有时如鸣巨炮，则天雨灰，气味如硫磺。意者，南海之极南，乃地气所发舒也。录之以备博物者采取。

磁石洋①，在南旺②之东。山谷间及崖岸，皆有磁石。磁石性能引铁，故其处之船，皆用竹钉为之，不敢用铁钉也。来往船樯，悉当飓开，不得相近。或有被狂风驱近者，则被其牵引不能解脱矣。

海滨崖岸，石齿嵯峨，多洞壑。海燕千百为群，巢于洞中。自万丹、巴城、三宝垄、竭力石、南旺、马（臣）〔辰〕、猫厘③、把实④，产燕窝者，不下数十处，皆和兰之有力者掌握焉。逐年税息，大者数千金，小者数百金，而富商大贾，纳其赋税，以采取焉。燕窝者，燕巢也。燕食海菜，吐而成窝。岁冬夏两收，不敢多取。譬如取蜂之蜜，数斯败矣。每采取，则结庐其处，择吉刑牲，演唱弄迎，番人百十，用竹梯数十，以布囊系于竹竿之末而取焉。逢其盛者，利无数也；遇其衰者，则亏折矣。

海马产于望加锡岛。常登海岸逐牝马，故为人所牢。毛纯黑而柔腻，尾长扫地。其陆行与凡马无异。甚驯，日可行千里。但不敢浴于河，见水则旧性复起，游泳沉潜，其力甚大，不可复制矣。

和兰欲穷览博物，每闻有奇形异状之事，不惜重费，必罗致以壮奇观，用火酒实以玻璃器而藏之。厨中怪禽异兽，毒蛇恶鱼，无所不有焉。

葛留巴风俗述

《海岛逸志》曰：岛中车四轮者驾两马，两轮者驾一马。四轮

---

①磁石洋，在今印度尼西亚爪哇岛北部的南望（Rembang）湾一带。

②南旺，即南望（Rembang）的异译，在今印度尼西亚爪哇岛北部三宝垄东北，临南望湾。

③猫厘，即今印度尼西亚的巴厘（Bali）岛。

④把实，即今印度尼西亚加里曼丹东岸的巴塞尔（Pasir）。

者前轮小而后轮大，用木为之，外镶以铁，式如小亭。大者可坐三四人，小者可坐一二人。雕花彩绘，每辆数百金。王坐镶金者，有官职及甲必丹皆坐彩绘者，平人坐漆颜色者。其座褥，悉毡绒为之，华丽奢僭。

国中设赌栅，甲必丹主之。岁纳和兰税饷，征其什一之利。日日演戏。甲必丹及富人蓄买番婢，聘漳、泉乐工教之，以作钱树子。有官音乱弹、泉腔下南二部，其服色乐器，悉内地运至，岁腊无停，所以云集诸赌博之徒，灯笼大书"国课"二字。其赌之场，帷幄皆书"天下最乐，不如赌博"，或写"乐在其中"。有巡赌者数十人来往稽察遗漏。虽父子兄弟，到其处不得相管束也。倘欲管束，有巡赌者闻之，立拘其父兄见甲必丹，责云："教训子弟当在家中，此处国课所关，何得浮言惑众，以乱人心，使国课无征，罪何可恕？"即有立致囹圄之祸。盖荒服之国，其背谬类此。

番戏名曰浓迎。番妇之颇有色者，带虬发，缠锦幔，插金花，摇纸箑，裸衣跣足，歌番歌，舞番舞。摇头闪目，鹤立鹭行，演唱杂剧，备诸丑态。或两妇对舞，或三四妇共跳舞，闲人亦可入其中与之对舞，名曰弄浓迎。弄毕则酬以金。每于清夜，远远听之，其音凄切悲楚，所谓异乡之乐，只令人悲耳。番社中，最喜日夜演唱。华人住居之地，严拒不许入境焉。又有花英者，类影戏，俗呼皮猴。所演唱皆其瓜亚上古故事，未全人形，或飞或遁，如稗官所载，诸诡诞不经之事。竹木杂陈，俚鄙不堪注目。

和兰每宴会，必设长席，可坐数十人，名曰鎖实踏。丝竹杂陈，男女对舞，名曰丹六。其俗女子字人，听其自择，名曰思甲。若两相爱悦，则对舞以定匹偶。其乐有长如瑟者，其音清朗；有高如人者，立而弹之，其声高旷；有形如琴者，其音铿锵可听，颇有大雅之风。其乐具精妙工巧异常，其最者，每副价值千金。

酣赣，教名。如白莲、尤溪之类，非国名也。瓜亚、无来由、里猫柔皆习之。其教持经咒法语，不论年月，揣摩就，则成为铜身铁骨，刀枪不能伤。惟忌猪犬，以猪油犬血涂刀枪杀之，则能饮刃也。

西北和兰之属，皆着袜履，戴毡笠，名曰三角帽。东南瓜亚之类，皆不冠不履，名曰赤脚番。赤脚番皆能制药，于山僻无人之处，用毒蛇恶兽脂膏合药，以涂刀枪之上，制愈久则其毒愈烈。伤人及禽兽，见血立毙，登时溃烂，只存皮骨耳。

暴暴岛①，地土颇大，物产繁多。商船无敢交易其处者。风俗狡猰，如鬼如蜮，惧其烟也。不知何药所制，于上风高处焚之，闻其烟则举船之人皆立毙。所以物产卑贱，少有通往之船，必自运出耳。

有疽发于背腐溃欲绝者，或荐和兰医，而病人畏其用刀宰割，固却之。后，痛楚不堪，外科皆束手。不得已，乃聘和兰医入门。一见，则曰疮剧矣，何不早告？自作之孽也。急觅一豕，乃唤其仆于车中携小箱出药酒一瓶，斟以盏，曰："饮之则身麻，不知痛痒也。"出银刀割去疮之腐溃者，大如盘。缚豕于庭，生割其肉，亦大如盘，操药敷之。时许，弃其豕肉，臭黑不堪，其毒悉为拔出矣。如是者三，曰可矣，乃敷以膏药。戒曰：当慎房事，节食酒匝月耳。三日而平复。我华人外科无其技也，虽华佗、扁鹊何以过焉？

---

① 暴暴岛，即今印度尼西亚西南群岛中的巴巴岛（Babar I.）。

葛留巴流寓华人述

《海岛逸志》曰：陈豹卿，名曂，漳之石美人。性机警，能知人。其堂兄映，为三宝垄甲必丹。豹卿往访，辄能佐理其事。映卒，遂袭其职。贾帆数十发，贩州府，所到则其利数倍。不数年，富甲一方。歌童舞女，食前方丈，侍妾数百。余始至垄，见番官淡扳公往候豹卿。队马数百，整肃而来，至栅外门，则下骑，入门则膝行而前。豹卿危坐，俟其至，乃少欠身。噫，异乡贵显，一至于是，真为华人生色也。巴中有大第一区，名三宝垄土库。唐帆初到，客有欲到三宝垄者，则进其土库，并有船护送至垄。或通谱，或瓜葛，或荐举，或投奔，悉皆收录。因才委任，各得其宜。华夷均领其资本，经商者不计其数。垄地贾帆辐辏，货物充盈，甲于南洋。迨没之日，贾帆停泊，生涯顿歇，垄中为之寂寞。语云：人杰地灵，良有以也。

许芳良，漳郡人也，为巴城甲必丹。性开扩，有雅量。蔡锡光时为门下客，每称其气量人所不可及。闽果有棕梨者，漳之佳果也，亦不可多得。唐帆或有携一二枚至岛，大者百金，小者数十金。芳良市两枚付锡光，将以进之巴王，而锡光误以为常果，剖而供之。芳良徐曰："此诚故乡中珍果也。"悉呼其客及家人共尝之。安汶有丁香油，用玻璃瓶实之，大者每瓶价百金。锡光拂几误碎之，香闻远近，不可隐，遂告之。芳良曰："生毁有数，何必较也？"巴中宴贵客，则用玻璃器。杯盘茗碗，俱系玻璃，每副价值一二百金。一日宴客，婢失手尽碎之，长跪请死。芳良曰："无须进内，但云我误碎可矣。"盖巴中法度，驭婢仆甚严，仆则自行管束，婢则细君主之，不如是，则婢殆矣。有许姓者，落魄为佣，时巴中诸许皆贵显，芳良每以自炫。有云佣者姓许，芳良即招之曰：“既系子侄，行到巴，当即见我，何自苦为也。”录用之。不数年，竟成巨富，其雅量类如此，不能毕举焉。

黄井公，漳之漳浦人也。性朴讷，胸无宿物，初为三宝垄甲必丹，以诗酒自豪，不受约束，遂遭遣谪。又以课项未明，竟至图圄。或为井公谋，以其所负于己者告之上台，使偿己责。井公曰：“缘我一人而累及众人，吾宁死不为也。”众共仰其义，愿为之地，各敛金而出之。长子绵光在巴奋志经营，颇为小康，乃奉井公归养巴中。筑园于清漪之沼，日与二三游侣啸咏自适。人皆以为古厚之报。

佛宾者，三宝垄观音亭之住持僧，漳之漳浦人也。能书善画，出言滑稽，公然娶妇，育子女各一。蓄婢仆。客至，唤婢烹茗，诚可笑也。盖西洋僧家，有妻有妾，无足为奇。余有戏赠佛宾绝句云：“闻道金仙在此间，禅家事事竟安闲。袈裟自绣闺房里，待客烹茶唤小鬟。”

漳城东门外深青社有苏某者，经商南洋，娶妇某氏，数载，以不获利而归，遂卒于家。南洋妇闻其讣，且知其家贫、亲老、子幼，乃孑然帆海至闽，养姑教子以终其身。其节义，求之中华妇女，尚不多得，况荒服僻壤哉！惜未详其姓氏，为可憾！

附葛留巴所属岛

《海岛逸志》曰：葛剌巴国，其地一线之横，背负南海。左万丹，右自井里汶、直葛[1]、北胶浪、三宝垄、二（肥）〔胞〕缪、（营）〔背〕森、竭力石、泗里猫至外南旺，不过三四十日，可以陆路相通，其地舆水乡泽国。入巴国经营者，东至于万澜，西至

——

[1]直葛，即 Tegal 的音译，在今印度尼西亚爪哇岛中部北岸井里汶以东。

于把东①，南背于南海，北蔽于（狭）〔峡〕②。巴国港口，浮屿罗布，曰王屿③、甲板屿④、爀炵屿⑤、白屿⑥、草屿⑦，不可枚举。总而言之，曰屿城。巴国统辖属国，东有望加锡、安汶、万澜、涧仔低，东北有马辰，西有把东，西北有麻六甲、柔佛。其余荒壤之国，但入贡而已。西北大海之中，有泽国数处，土地甚大，皆属和兰统辖。但华人未到其处，不能尽详其风土，今述其就近属岛可知者于左：

一、瓜亚番，其类甚多。自万丹、巴城、井里汶、北胶浪、三宝垄、峇森、竭力石、泗里猫仔⑧、外南旺边海一带，以及柔佛、巨港、占卑、览房之处，皆其种类。俱尊三宝垄览内为巡栏。其余各处但称史丹而已。其人粗蠢愚直，胸无宿物，怡然听受。不纪年岁，以十二月为一岁，见月之日为初一。其字迹如蛇蚓，音语则各处有同异。然受制于和兰，役使如奴隶，遵循维谨，不敢少懈。

一、华人有数世不回中华者，遂隔绝声教，语番语，食番食，衣番衣，读番书。不屑为瓜亚，而自号曰息览⑨。奉回教，不食猪犬，其制度与瓜亚无异。日久类繁，而和兰授与甲必丹，使分管其属焉。

一、无来由番，其种类甚多，散居四处。麻六甲、吉礁、把

①把东，即今印度尼西亚苏门答腊岛西岸的巴东（Padang）。
②峡，即今爪哇岛北岸所对的卡里马塔海峡。
③王屿，在今印度尼西亚爪哇岛雅加达湾一带。
④甲板屿，即荷兰人建造甲板船的地方，位于今印度尼西亚雅加达湾西侧。
⑤爀炵屿，在今印度尼西亚雅加达湾一带。
⑥白屿，在今印度尼西亚雅加达湾一带。
⑦草屿，在今印度尼西亚雅加达湾一带。
⑧泗里猫仔，即今印度尼西亚爪哇岛东北岸的苏腊巴亚（Surabaya），又名泗水。
⑨息览，为马来语 Selam 的音译，即伊斯兰教徒，或称穆斯林。

东、望久里①、马辰、里骂②、知汶、把实之属，皆其类也。性狡猾反复，多有劫掠海洋中者。巢穴处于吉里门、龙牙③等处，内地所谓艇匪者是也。出没无常，闽、广患之。其言语，和兰遵之，以通融华夷，如官音然。

一、武乞氏（岛）居于望加锡，其魁处于山中，自称菁喏，如瓜亚之称巡栏。南洋诸国皆习武艺，武乞氏为最勇。武艺精者，父母荣之，乡里敬之，尊之曰牛实地，大好汉也。能断一乡，无不服从者。所以不论男女，十岁以上则演习枪刀跳舞诸技。其枪法刀法，皆有教师秘传。其教之名色甚多，如太祖达尊猴拳鹤势之类。故其武艺为南洋之冠。每扬帆海上，贼船遇之，莫不辟易。不受和兰节制，与盟约为兄弟而已。土产幼布、海参二者为西洋最。友人王砥候，有仆数人随其驾舟往万澜，中途遇盗。舟师大惧，诸仆曰：我等武乞氏，武艺皆高强，此辈所慑服，无恐也。戒舟人勿言动，以示懦怯状。盗见之曰：此必巴国唐人之船，畏怖如此。齐登船上。诸仆持刀以待，盗伙一见，皆错愕曰：何得武乞氏之船？即欲遁去，仆大喝，盗长跪，称误犯死罪，各献所有，叩头而去。又曰：武乞氏女子丽而乖巧，能识人意。余一婢名掌珠，随往马辰，中途遇贼，众寡不敌，仓皇失措。婢云无恐，持枪而出，守于楼门不动。贼登舟拥至，婢以枪挥之，立伤数人。贼退而相谓曰：何得有武乞氏之枪法？婢叱曰：我即武乞氏也。贼惧而尽披靡。

一、苗厘岛④居于外南旺之东，状类瓜亚。男女皆穿耳而大其洞。女子颇有色，性勤俭持家。不属和兰统辖。其地，当巴国之极东，四面大海，浮屿罗布，中多石洞。土产燕窝、海菜、鱼翅、海参、翠羽。

---

①望久里，旧译明古连（Bencoolen），即今印度尼西亚苏门答腊岛东海岸的明古鲁（Bengkulu）。
②里骂，英译作 Bima，即今印度尼西亚龙目岛以东松巴哇（Sumbawa）岛北岸的比马。
③龙牙，亦称龙牙门，即今马六甲海峡东口南侧的林加（Lingga）群岛。
④苗厘岛，即今印度尼西亚巴厘（Bali）岛。

一、武敦岛①居于望加锡之南，与息髻门②相（迎）〔近〕。状貌丑黑，性强悍，视死如归，诸番所畏。其刚猛不亚于武乞，而粗豪过之。不属和兰统辖。土产长藤、苏木、海参、鹤顶、龙涎香。

一、暴暴岛居于安汶之东，状如夜叉，浑身漆黑，毛发螺拳如艾，丑恶不堪。手足敏捷，上树如飞。多木处而穴居，不火食，血如浓墨，性多嗜酒。和兰喜蓄此种为仆，以其状丑，便于出入。与西兰③、吉宁④比连而处，风俗亦略相同，皆称曰乌鬼仔。土产文烟、血结、香木、苏木、海菜、西国米。

一、知汶岛在尾陈之极东，番语东曰知汶，故云。无来由所居，与猫厘相邻，地方垦瘠，人物粗蠢。国贫，不属和兰统管。土产香木、丁香、木香、苏木、海参、海菜。

一、把实岛在马辰之东，风土略同马辰，而富裕不及，坐地之番什籍无来由。自有国主，不属和兰管辖，每年只纳贡税而已。土产燕窝、长藤、沙金，诸岛称为富国。

一、色仔年岛，华人呼为乌鬼，无祖系，如巴国设立礼拜寺于城中。其年岁、字迹、音语，俱遵和兰。衣服、饮食、器用、宫室，亦并相同。人物清秀，女子甚美。惟与和兰婚娶，其他不屑也。其属多从写字，或从营伍。性机警，和兰妒忌，不出使之为民上也。

一、里猫柔岛居于马辰之西，处山中，属马辰巡栏统辖。其

①武敦岛，英译作 Bootan，指今印度尼西亚苏拉威西岛东南面的布敦岛（Butung I.），亦译布道（Buton）。

②息髻门，"息髻"殆为马来语 Selat 的音译，意为"海峡"，故息髻门当指布敦海峡（Selat Butung）。

③西兰，即今印度尼西亚马鲁古群岛中的斯兰岛（Ceram I.）。

④吉宁，即今印度尼西亚马鲁古群岛中的克郎岛（Kelang I.）。

状貌略似瓜亚。产沙金、长藤、鹿肉。其类皆以抽藤、打鹿、淘洗沙金为事。马辰之国甚富，数处产金。又产铨石，其性最坚，磨之光耀如镜，可鉴毫发；闪艳夺目，如日月之精华；入火不灭，磨之光彩依旧。大者无价，小者用米粒兑之，以米十六粒为一葛力，每葛力价二三十金。和兰不贵珠玉，以铨石为至宝。钮扣领袖，皆用以为饰。或云重至十葛力以上者，佩之可辟凶邪。铨石，即金刚钻。

一、里骂（岛）在望加锡之东，无来由所居，不属和兰经管。地里偏僻，风俗贪暴。土产良马，鲜有经商之舟。每年惟载良马入贡巴国而已。

一、安汶岛在巴国之东南，与万澜、洞仔低相鼎峙。色仔年①、息览、无来由什处其地。其属国浮屿，有些罢赖②、余肯③、亚〔里〕哥④、肯里哥⑤、务里⑥、万里罢⑦。土产海参、丁香、苍荖莘、鹦哥、雾鸟、花油、盒蜜。

一、万澜岛在巴国极东南之地，与苏洛⑧、宿务相近。相传从此回厦，较之巴国为近，但未有行之者。土产海参、玳瑁、沙金、珍珠。其浮屿属国尚多。

---

①色仔年，英译作 Seranis or Portuguese，意指葡萄牙人与当地土著的混血儿。葡萄牙占据马鲁古时，其留居者与土著妇女通婚，所生子女则称为 Serani，信奉天主教。

②些罢赖，即今印度尼西亚安汶岛东面的萨帕鲁阿岛（Saparua I.）。

③余肯，英译作 Ela at the back of Ceram，即今印度尼西亚斯兰岛北面的埃拉。

④亚里哥，英译作 Kariko，在今印度尼西亚安汶岛以西的布鲁（Buru）岛上。

⑤肯里哥，英译作 Lariko，在安汶岛上。

⑥务里，英译作 Booro，即安汶岛以西的布鲁（Buru I.）。

⑦万里罢，即安汶岛与布鲁岛之间的马尼帕岛（Manipa I.）。

⑧苏洛，即今菲律宾的苏禄（Sulu）群岛。

一、西垄岛在西北海①之隅，地极广大，距葛留巴极远。和兰、红毛、佛兰西、吕宋诸国错处其间。产金、银、宝石，五色俱备，光彩夺目。地属和兰管辖，徙葛留巴之犯流罪者悉置于此，华人之犯罪者亦置于此，余则不能到也。

一、龟静②（岛）在西北海之滨，与垄、西垄三处鼎峙，地方甚大，和兰（聚集）〔杂〕居处其间，人烟稠密，不亚葛留巴。但华人未有到其地者。

---

①西北海，西垄为 Ceylon 的音译，即今斯里兰卡，位于"西北海之隅"，此西北海应指印度洋（Indian Ocean）。
②龟静，又作固贞，指今印度南岸科钦（Cochin），其名或谓源自于附近的小河 Cocci。

海国图志卷十四 邵阳魏源辑

东南洋 海岛之国。原无，今补。

葛留巴所属岛

《地理备考》：爪哇岛在苏麻答剌〔岛〕东南，长约二千四百里，宽约五百里。冈陵层叠，峰之峻者曰巴拉呼①，曰巴囊古挠②，曰巴萨弯③，曰拉的科麻④，曰墨尔巴布⑤，曰松兵⑥，曰新多罗⑦。河之长〔者〕曰若阿那⑧，曰塞达尼⑨。田腴产丰，谷果备具。林密兽蕃，地气熇烈。归贺兰兼摄。〔地〕分二十部，〔首郡名巴达维亚，〕设总兵驻扎。五方辐辏，其通商冲繁之地曰萨麻郎⑩，曰

①巴拉呼（Tangubang Prahu），即普拉胡峰。

②巴囊古挠，即布罗莫（Bromo）峰。

③巴萨弯，即塞拉梅特（Slamef）山。

④拉的科麻，即罗戈真邦岸（Rogojembangan）山。

⑤墨尔巴布，即默巴布（Merbaru）山。

⑥松兵，即松宾（Sumbing）山。

⑦新多罗，即松多罗（Sundoro）山。

⑧若阿那，即朱阿纳（K. Juana）河。

⑨塞达尼，即芝萨达尼（Cisadane）河。

⑩萨麻郎（Semarang），三宝垄。

苏拉巴亚①，曰巴萨卢昂②，曰苏拉加尔大③。

其余各岛：一名马都拉，在爪哇岛之东北，长约三百里，宽约六十里，地面积方一千八百里。五谷之中，粳稻为最。三酋分摄，各据一方。一名巴利④，又曰小爪哇，在爪哇岛之东，长约二百七十里，宽约一百六十里，地面积方二千六百一十里。田土肥饶，地气不驯；土产金、盐、稻、粟、绵花、烟叶等物。八酋分摄，不相统属。一名隆波克，在巴利岛之东。长约一百八十里，宽约一百五十里。崇山峻岭，峰峦参天，田土膏腴，五谷丰登。一名君岛⑤，在爪哇岛之西北，长约五十里，宽约四十里。田土低陷，丛林稠密。此二岛皆属一酋统摄。

《每月统纪传》曰：三大州之至盛为呀瓦，米胜用，胡椒、燕窝、翠羽、白糖、绵花、加非、苏木、木头等货，各样果实，蕉子、椰子、槟榔、石榴、柚子、波萝、柑子、芒果、橙、橘等，无所不备。恨水多鳄鱼，地有火山，频数地震，火出烧树屋，居者皆以炎暑为患。

土番皆回回，甚老实，勤劳耕田。其本性温和，惟人触犯之，内恨不释，一定雪怨。瞋怒之际如虎，遇人就杀，不论好歹，倘不触其怒，安然秩然。甚恶相斗，但因赌博之好，输田屋子女，至卖身为奴，偷盗哄骗，皆生于此，最为呀瓦洲风俗之害。礼日之时，设虎与牛相斗之场，或虎、牛死，就息止。又山内多虎，土番打围射猎。

①苏拉巴亚（Surabaya），苏腊巴亚（泗水）。
②巴萨卢昂（Pasuruan），巴苏鲁安（岩望）。
③苏拉加尔大（Surakarta），苏腊卡尔塔（梭罗）。
④巴利，巴厘（Bali）岛。
⑤君岛（Kepulauan Seribu），雅加达湾外的千岛群岛。

向来土番王世管此洲，守天竺国之佛教。天顺年间，回回伐国，征服之，令居民改崇回教。万历年间，荷兰建葛刺巴城，以为海船聚集贸易之大埠，番人罄珍宝物食，无所不至，渐渐征土酋而服之，令其人进贡，遵总兵之命。别开砥利文（岛）、苏拉圭呀（岛）、钑马廊（岛）各埠头，并荷兰公班衙为主，治管贸易。仓箱充实，任意奢侈。不顾贫窭，结衅打仗。自雍正年以后，未有大衅隙，即有土番背叛，一霎时可服之。乾隆年间，荷兰公使朝京都。嘉庆年间，佛兰西国胜服荷兰祖家，遂夺据葛刺巴。是时英国与佛兰西方连年攻战，故英军助荷兰伐征呀瓦洲获胜。数

年后结平盟，复以呀瓦地归荷兰。道光年间，土番君题坡那哦罗[1]者，与土人谋废荷兰之权。时荷兰公班衙已废，荷兰王遣兵船战斗不息，毕竟仍为荷兰所有。明朝年间，唐人已到呀瓦大洲，赴埠头。顺治年，福建同安人离本地往驻葛刺巴经商、耕种，年（结）〔给〕丁票银五六金。此后，每每有厦门巨舶船载万余石赴葛刺巴兼钑马廊埠头。但因水程甚远，沙礁无数，必有西洋伙长，其用混天仪、量天尺较日所出，刻量时辰，离水分度；用罗经刻漏沙，以风大小顺逆较更数，即知为某处。近因中国人口浩盛，往此地何啻十余万？归家鲜矣。作家业，娶土女，故荷兰总兵禁革新唐，不许居住，令随船而回。然唐人土著生长富贵人甚多，与荷兰友睦交接，兼荷兰亦用唐人为官属，为保甲，名甲必丹，理国政，掌财赋。毗于呀瓦之岛等，是巫来酉族类土番所居，兼蛮海贼无数。在地本屿[2]或地门屿，荷兰与葡萄亚建城，产檀木、密蜡等货。

---

①题坡那哦罗（Pangeran Dipo Negoro），通译蒂博·尼哥罗，印度尼西亚民族英雄。
②地本屿（P. Timor），又称地门屿，即帝汶岛。

葛留巴土番有曰武吉族类者，极勇猛，饮血结盟，死不爽信。好行船，往四方生理，措置新民，极聪明，又勤劳，缠绵补葺之。武吉人恭敬妇女，不以婢妾待之，故其女秉心贞静，有大用。因芒佳瑟之土君甚多，频数争斗不息。盖回回之教，不泽洽于兆民，不酌定律例，委曲详明昭示，致相战不息也。

《每月统纪传》曰：葛剌巴地山岭高千有余丈。别有火焰山，发火焰、硫磺，似大炮之轰。是时山内之石，熔如水流下，凡所遇物，即烧灭之。亦有大山顶上有穴隙，周三四里，深十余丈，底有热水，滚下滚上，色如牛乳，臭如硫磺。所围之孔，喷出白烟，终不可近。自巴城而东，隔三百余里，有大火山，向来多次发火焰。忽一日白云覆山，地震霹雳，如万炮齐轰。居民率然惊起，天无门，地无路，要避又避不得。火山发炼石，火灰满田盈谷，草木房屋皆火，尽烧民三千人，及十乡毁尽，大山沉陷。斯灾祸格外稀奇，一如天地之末劫然。且离巴屿千有余里有三巴哇①海屿，嘉庆二十年三月，其地火山忽然发焰冲天，大石飞起，烧炼溶流，房屋倒塌，五谷尽坏，万有余人灭亡也。巴城之中，白日变暗，火灰下如雨雪，遮盖房屋，填塞街路，耳听如雷响。葛剌巴地不比中国之蕃庶，虽田之广大，有余粮可多养几万人。惟其居民生齿不繁，且巴人不建城而居，乡里或百人、或五十人合住一村，茅舍四围，作园栽树，摘其果，亨其荫。因树木茂盛，远望不见房舍。春季大雨淋漓，水涨漫屋，诸村如海屿。一村之居民渐增日多，必挪移别所，又开垦焉。初建之时，新村属旧村所管，渐设保长，每村内有乡长数人，亦有公所会集商事之所。别建礼拜寺，及请教师掌理之。臣见王不穿褷衭而着缎裤，围长

---

① 三巴哇（P. Sambawa），松巴哇岛。

布。其瓜亚王之宫殿，尤四方端正，阔十有余里，万人可居。城墙沟池周之，大火炮防之。殿前大门外有空院，篱笆围四方，有榕树甚古，为御所之记号。前门有阶可登座位，到内门透过里院，行中道至朝廷，群臣来此朝见。后有王宫，皆甚雅丽。

内地之居民，在本乡保管下朴实谦逊，相友相助，孝顺父母，爱惜妻子，非邪僻，非骄傲，秩然蔼然。惟大邑与埠市之民则不然，因与匪徒往来，放僻邪侈，不依古执迷，能仿法外国之文艺，亦轻信人言之哄骗，甚执妖鬼之诞，守邪术之法。富贵人为世爵，非常暴虐，惟知积累财帛，勒索百姓。海口之人断非俭吝，赚钱即费，买马车、器服。倘旅客到寓，厚待，守宾主之礼。沽名邀誉，是瓜亚人所悦。虽不大胆，却许多忍耐磨难。还怨欺负，一转眼发怒报仇，不顾关系矣。内山虎甚多，乡人听有虎，各持枪围虎穴，打鼓放火以激之，虎出，众人杀之。亦有王家养虎，因于大笼，招民聚集，放火焚笼，虎走出之时，诸人攻击。昔有犯死罪之人，但其所供犯法，无实凭据，使之与虎相斗。若杀虎，无罪，被虎杀，即正罪也。王家戏玩，好将水牛与虎相斗，牛触虎咬，旁人或洒沸水，或以荆枣激怒之，水牛因力大常胜，因被虎伤，亦数日后而死。巴民心性轻浮，最喜小说，甚悦虚谈。故本地史记，妆饰参假。汉朝光武帝时，有五印度国人坐船到巴地交易货物，恒常往来。因土番蠢蛮，印度人教之建屋耕田，传佛教。印度人渐富，专权侵地。土番甘心媚服，雕刻石像，建庙奉佛，其迹处处尚在。元朝时，有国曰摩爪巴伕[1]，盛兴，征伐邻民，收服回教。以后回回力强，令土番进教，去除佛像，奉事真

---

[1]摩爪巴伕（Madjapahit，Modjopahit），即我国古籍中的麻喏巴歇、门遮把逸、满者百夷。故址在今爪哇岛泗水西南，或即今惹班（Mojokerto）。

主一位。佛教日衰，巴地之列王皆丧气，弃旧从新，不敢抗违，老幼俱奉回回之教。嗣后荷兰人到洲争据其地。万历二十年间，回回百姓兴兵如蚁，集各国之人协力助阵，终无如荷兰之火铳何，土番四散奔逃。自斯以后，荷兰遂永管其地矣。

《外国史略》曰：众岛之中，牙瓦最贵。古名小瓜哇，今名葛留巴。南极出自五度三十八分至六度四十分，偏东自一百零五度十一分及一百一十四度三十二分，广袤二千七百四十五方圆里，居民七百万。中地山高自五百丈至一千二百丈。其东方之山，高于海面一千六十一丈。此山多峰，有若火山。近日火灭大半，尚有数处出硫磺气。牙瓦地多支溪，当霖雨时，可舟行者数十处，余皆供灌溉田。南北均有海湾可泊，南有高磐，北多低泽，甚烟瘴。有泥火山，恒流咸水，冲出黑泥。其天气谷热而山凉，多大雷电、地震。天气有六变，故所产物亦殊异。牙瓦土肥，出谷米，又出白糖、加非、黛青、胡椒、胭脂、八角、马芹、毕澄茄、椰子、茶叶及各种嘉果。多蛇虎，而水牛极高有力，不独耕田，亦可推车。此岛有八分之七未垦，且不善务农，又官吏迫纳饷赋，故无余蓄。其土民大半紫黑色，朴实耐劳，但不甚聪明，惟上命是听，受虐不怨。本奉印度佛教。明永乐三年，有回回教师领大军强服其土民，使弃偶像而拜回回教主。元时亦入贡中国。葡萄亚船于万历间到此岛与土民交易。荷兰与英人继之，嗣后两不相合。荷兰立城为藩属国之都，力战土酋，服之，教种甘蔗、加非等货，其利甚厚。嘉庆十五年，佛兰西欲据此岛，英人调兵先取之。立法律，力保土民，通商旅二十年，复以此地再还荷兰。当今居民五百有余万，服荷兰所辖者五分之三，其余属土酋。道光五年，有土民纠海边芜来由族类起兵攻荷兰，连两年不能克，且头目被掳。荷兰王益调兵帅掌全岛之政，每三年与议土斟酌法令，所派各大官皆由荷兰国至，其余小官皆生长此地，且于侨寓唐人中择立首领，按本律例以管所属之人。又立各族类头目，使管本地之民，惟听荷兰大帅之命。所传之两旧土酋，在内地安逸度生而已。各岛税赋，每年银一千八百万两，除给各公费，尚存库百万两。调水师船数十巡群岛，以遏海贼。调兵守各埠，约二万丁。运出之货，道光十六年，加非六十二万二千五百九十七石，白糖六十三万六千八百九十一石，米一百九十万二千九百石，黛青四千零七十八石，锡五万九千六百七十四石。道光十八年，加非七十三万七千五百石，白糖九十一万八千七百五十石，米一百一十八万七千五百石，黛青七千四百三十石，锡五万一千九百六十六石。其贸易可谓甚广。因多立禁谕，商不得任意运货往来，故有阻碍包揽之弊。荷兰驻扎之都曰巴他威城①，在西南海边，居民六万二千，族类不一种。北面海口曰稣拉拜②，居民五万丁；撒马郎③，居民三万八千丁，皆与他岛贸易。惟外国之船，独于巴他威或甲拉巴④通商焉。内地土酋所驻之大城曰稣拉甲他⑤，居民十万五千口；儒约甲他⑥，十万口，其殿廷极广大。

马土拉⑦在牙瓦之东北边，隔以海峡。居民二十二万丁，崇印度佛教。居民猛勇，阵则为荷兰之助。岛长三里，阔约六里。多出米谷，以补他岛。在牙瓦各海口，亦有唐人经商致富。巴里岛在牙瓦之东南，隔以同名之海峡。南极出八度四十一分，偏东一

①巴他威城（Batavia），巴达维亚，今雅加达。
②稣拉拜（Cirebon），井里汶。
③撒马郎（Semarang），三宝垄。
④甲拉巴，Kelapa 的音译，今雅加达（Jakarta）。
⑤稣拉甲他（Surakarta），苏腊卡尔塔（梭罗）。
⑥儒约甲他（Yogyakarta），日惹（周贾卡塔）。
⑦马土拉（Pulau Madura），马都拉岛。

百一十四度二十五分。岸高难泊。其居民尚执印度佛教，尸皆焚葬。其前君卒，妃妾七十二人皆愿自焚。土人不善驾船。出米、油、槟榔、燕窝等货。居民八十万口。乡里长领之外，余悉贫乏。自道光十七年以来，土酋各结党互战。属此岛之沦泊，有峰高八百丈。南极八度二十一分，偏东百一十六度二十六分。长十六里，阔约十四里。米谷丰盛，每年三万有余石，载甲板卖与中国。居民崇印度佛教，颇勤劳安分。用中国之通宝钱，历来小土酋结党相杀，荷兰人排兵船以定其争，然终未太平。距此岛不远，为孙巴瓦。长六百里，阔十三里。出坚木、骏马、金沙。居民鲜少，未向化，罕与外国往来。有火山，出火石烟火浆，令四方震动。弗力岛在八九经度间，偏东自百二十至百二十三度。出金沙、椰油、檀香、蜡、燕窝、玳瑁等货。前此荷兰据其东方，今又有布吉据其地。与外国无往来。葡萄牙人在此传天主教，筑礼拜堂。土民面黑喜斗，有所获则贩卖为奴。地门岛阔八百里，长约十三里，皆山地，出檀香，每年约一万石。有金沙，禁不准掘。荷兰人于此开矿，土人杀之。亦出铜、蜡、椰子、椰油等货。崇耶稣教，各乡设学馆。此岛分二分：西分归荷兰，其港口曰古邦；东方归葡萄牙，筑炮台曰"和睦"。每年由澳门开船前往，买黑奴、蜡、檀香等货。虽设严禁，犯者益多。只以人口为买卖之物，甚可恨矣。其居民不似芜来人，发卷面黑皆土著，不乐航船。外此尚多屿洲，如鹿地①、檀香②、勒地③等屿，皆小而微。

---

①鹿地（Pulau Roti），罗地岛。
②檀香（P. Sumba），松巴岛。
③勒地（Kepulauan Leti），莱荻群岛，在班达海南部。

葛留巴岛旧为狼牙修沿革①

《梁书》：扶南以南入海中为顿逊国，其西为盘盘国②，又西南为丹丹国③。海中有毗骞国④，去扶南八千里；又西南为干陁利⑤。干陁利国在南海洲上，其俗与林邑、扶南略同。出班布、吉贝、槟榔。天监中，其王遣使贡献方物。干陁利之西南，为狼牙修岛，又西南为婆利岛国⑥。再西南则中天竺，再西南为海中狮子国⑦。

按：顿逊（在）〔去〕扶南三千里，斗入海中，为柔佛等地无疑。⑧毗骞去扶南八千里，当是婆罗大洲。⑨干陁利在其西南，当为今下港。⑩而狼牙修又在其西南，当为今葛留巴之小瓜哇。⑪则正与婆利之为苏门岛相接，地势无一不合矣。《明史》以狼牙修为印度南之师子国，合为一岛；又以干陁利为三佛齐，与婆利合为

①狼牙修，又作狼牙须、郎迦戍、凌牙斯等，在马来半岛北部，其领地从吉打到北大年，横跨马来半岛东西两岸，昔为东西往来之要冲。

②盘盘国，盘盘位于扶南之西，一般认为在马来半岛北部，但具体位置说法不一，或谓在今泰国南部万伦（Bandon）湾沿岸一带，为湾内泊所喷平（Phunphin）的音译。或谓在泰国巴蜀府的攀武里（Pranburi），盘盘殆为该地名 Pranbun 的音译等等。

③丹丹国，丹丹位于扶南之西南，无疑应在马来半岛，有人以为在马来半岛东岸距吉兰丹河口约十余英里的 Tendong 地方；有的以为在今马来半岛西岸之天定（Dindings）。

④毗骞国，毗骞在海中，去扶南八千里，故有人以为在今印度尼西亚的苏门答腊岛，或以为即该岛另一名称 Percha 岛的音译。

⑤干陁利，又作干陀利，殆为梵语 Kandari 的音译，故地在今印度尼西亚苏门答腊岛的巨港（Palembang）一带。

⑥婆利岛国，一般认为是 Bali 的音译，即今印度尼西亚的巴厘岛；但也有人认为是 Borneo 的音译，在加里曼丹岛；又有人认为是苏门答腊岛西北部生产婆律膏的婆律。

⑦狮子国，即梵语 Simhaladvipa，指锡兰，今称斯里兰卡。

⑧顿逊为马来半岛北部的丹那沙林，与柔佛不同一地。

⑨上述毗骞可能在苏门答腊岛，而非婆罗洲。

⑩下港在今印度尼西亚爪哇岛西北岸的万丹，与在苏门答腊岛的干陁利无涉。

⑪狼牙修指在马来半岛北部，横跨吉打与北大年的东西要冲，与今印度尼西亚的爪哇非一地。

一岛，① 皆与史不合。甚至以苏门答剌为条支、大食、波斯②之地，则更无足辩矣。

《梁书》：狼牙修国在南海中，其界东西三十日行，南北二十日行，去广州二万四千里，土气物产与扶南同，偏多篗沉婆律香等。其俗男女皆祖而被发，以吉贝为干缦，王及贵臣乃加云霞布覆胛，金绳为络，金环贯耳；女子被布，以缨络绕身。其国累砖为城，重门楼阁。王乘象，有幡眊旗鼓罩白盖，兵卫甚设。国人说：立国以来，四百余年，后嗣衰弱。王族有贤者，国人归之。王闻之，乃加囚执。其锁无故自断，王以为神，不敢害，斥逐出境，遂奔天竺。天竺〔王〕妻以长女。俄而狼牙王死，大臣迎还为王。二十余年死，子婆伽达多立。天监十四年，遣使阿撒多奉表。

葛留巴岛旧为阇婆小瓜哇沿革

《唐书》：诃陵亦曰（杜）〔社〕婆，曰阇婆，在南海中。东距婆利，西堕婆登③，南濒海，北真腊。木为城，覆屋以栟榈，象牙为床席。出玳瑁、黄白金、犀、象。国最富，有穴自涌盐。以柳花、椰子为酒。有文字，知星历。王居阇婆城。其祖吉延东迁于婆露伽斯城④。旁小国二十八，莫不臣服。其官有三十二大夫，而大坐敢兄为最贵。山上有郎卑野州⑤，王常登以望海。夏至立八

①婆利如为苏门答腊岛西北部的婆律，则与干陁利、三佛齐当同在苏门答腊岛上。
②苏门答腊岛东北岸的巴西河一带曾称为巴西或南海波斯。
③堕婆登，诃陵指今印度尼西亚爪哇岛北岸的北加浪岸，在诃陵之西的堕婆登，殆为今印度尼西亚苏门答腊岛东南岸的 Batong，或爪哇岛西部的万丹（Banten）。
④婆露伽斯城，即 Barugas 的音译，有人以为在印度尼西亚爪哇岛东岸的锦石（Gresik）；有人以为在爪哇岛中部。
⑤郎卑野州，殆在今印度尼西亚爪哇岛中部温诺梭婆北面的迪延（Dieng）高原。

尺表，景在表南二尺四寸。贞观中，与堕和罗①、堕婆登皆遣使入贡。太宗以玺诏优答。堕和罗丐良马，帝与之。上元间，国人推女子为王，号悉莫，威令整肃，道不拾遗。大食②君闻之，赍金一囊置其郊，行者辄避。如是三年，王世子过，以足躏金。悉莫怒，将斩之。群臣固请，悉莫曰：而罪实本于足，可断趾。群臣复为请，乃斩指以徇。大食闻而畏之，不敢加兵。大历、元和、太和中，皆入贡。

《宋史》：阇婆国在南海中，其国东至海一月，泛海半月，至昆仑国③；西至海四十五日，南至海三日，泛海五日，至大食国；北至海四日，西北泛海十五日，至勃泥国，又十五日至三佛齐国，又七日至古逻国④，又七日至柴历亭⑤，抵交阯，达广州。其地平坦，宜种植。产稻、麻、粟、豆，无麦，民输十一之租。煮海为盐，多鱼、鳖、鸡、鸭、山羊，兼椎牛以食。果实有木瓜、椰子、蕉子、蔗、芋。出金、银、犀牙、笺沉檀香、茴香、胡椒、槟榔、硫磺、红花、苏木。亦务蚕织，有薄绢、丝绞、吉贝布。剪银叶为钱博易，官以粟一斛二斗，博金一钱。室宇壮丽，饰以金碧。中国贾人至者，待以宾馆，饮食丰洁。地不产茶。其酒出于椰子及虾蟓丹树，华人未尝见。或以桄榔、槟榔酿成，亦甚香美。不设刑禁，杂犯罪者随轻重出黄金以赎，惟寇盗者杀之。其王椎髻，戴金铃，衣锦袍，躧革履，坐方床。官吏日谒三拜而退。出入乘

①堕和罗，又作杜和钵底、杜和罗、投和等，即梵文 Dvaravati 的音译，在今泰国南部湄南河下游，其都城即今泰国的佛统（Nagara Padhama）。
②大食，此处大食系指南海大食，即马来语 tajik 的音译，意为"大海"，其地在今马来半岛南端的新加坡。
③昆仑国，又作故论、牛论等，即今印度尼西亚马鲁古群岛斯兰岛东南之 Gorong 岛。
④古逻国，为大食人著录中之 Kalah，即今马来半岛西岸之吉打。
⑤柴历亭，即日罗亭的异译，其地在今马来半岛东岸的 Cherating 河流域。

象或腰舆，壮士五七百人执兵器以从。国人见王皆坐，俟其过乃起。以王子三人为副王。官有落佶连四人共治国事，如中国宰相，无月奉，随时量给土产诸物。次有文吏三百余员，目为秀才，掌文簿总计财货。又有卑官殆千员，分主城池、帑廪及军卒。其领兵者，每半岁给金十两，胜兵三万，每半岁亦给金有差。土俗婚聘无媒妁，但纳黄金于女家以娶之。五月游船，十月游山。乐有横笛、鼓板，亦能舞。土人被发，其衣装缠胸以下至于膝。疾病不服药，但祷神求佛。其俗有名而无姓。先是宋元嘉十二年，遣使朝贡，后绝。淳化三年，贡象牙、真珠、绣花销金及绣丝绞、杂色丝绞、吉贝织杂色绞布、檀香、玳瑁槟榔盘、犀装剑、金银装剑、藤织花簟、白鹦鹉、七宝饰檀香亭子，其使别贡玳瑁、龙脑、丁香、藤织花簟，至明州定海县。其使饰服，与尝来入贡波斯相类。其国与三佛齐有仇怨，互相攻战。本国山多猴，不畏人，呼以霄霄之声即出。或投以果实，则其大猴二先至，土人谓之猴王、猴夫人。食毕，群猴食其余。使既至，上令有司优待，久之，使还，赐金帛甚厚，仍赐良马戎具，以从其请。其言邻国名婆罗门①云。大观三年六月，遣使入贡，诏礼之如交阯。又有摩逸国，太平兴国七年载宝货至广州海岸。南毗国②在大海之西南，由三佛齐风帆月余可至其国。王每巡行，先期遣兵百余人持水洒地上，以防飓风扬沙尘。列鼎百以进食，日一易之。置翰林官，供王饮食。俗喜战斗，习刀槊，善射。凿杂白银为钱，产珍珠、番布。其国最远，番舶罕到。时罗巴智力干父子，其种类也，居泉之城南。自是舶舟多至其国矣。

---

①婆罗门，指今印度，或兼指斯里兰卡。
②南毗国，为印度马拉巴尔海岸之僧侣种姓南布利（Namburi）族名之通称，其地在今印度马拉巴尔（Malabar）海岸一带。

《广东通志》：瓜哇国，古诃陵也。一曰阇婆，又名莆家龙，在真腊之南海中洲上。东与婆利，西与（惰）〔堕〕婆登，北接真腊国，南临大海。自占城起程，顺风二十昼夜可至其国。地广人稠，甲兵药铳为东洋诸番之雄。其港口入去马头曰新村。屋店连行为市，买卖商旅最众。三佛齐国为其所并，改名旧港，以别于新村。

源按：并三佛齐者，乃大瓜哇，非此小瓜哇也。

《明史》：阇婆，宋元嘉时始朝中国。唐曰诃陵，又曰社婆，其王居阇婆城，唐宋皆入贡。洪武十一年，遣使表贡，其后不复至。或曰瓜哇即阇婆。然《元史·瓜哇传》不言，且曰其风俗物产无可考。而太祖时两国并时入贡，其王之名不同。或本为二国，其后为瓜哇所灭，然不可考。

源案：阇婆为下港，小瓜哇为葛留巴，诸书皆以瓜哇即阇婆，独此分之，然尚与大瓜哇相混。

魏源曰：葛留巴，昔为小瓜哇，今为小新荷兰，其与下港仅隔一峡①。凡西洋、南洋之番船，必绕过峡中而后分赴各国，故帆樯廛市雄甲南海，视婆罗洲之大瓜哇尤繁盛。荷兰之有小瓜哇，犹英吉利之有东印度，凡各岛驻防之兵均皆听号令、受节制焉。其并于天方②也，在明天顺；吞于荷兰也，在明万历；交哄于佛兰西、英吉利也，在嘉庆之初。天方之服之也，以回教；荷兰之蛊之也，以鸦烟。皆阴谋潜伏于无形，而夺人家国。气运所迁，机智所阈，乌乎！安所极哉？诸书或以阇婆即瓜哇，或以噶留巴即

---

① 下港系瓜哇岛西部港口万丹，因中国习俗以东为上，故将西部的万丹港称为下港，它与葛留巴（巴达维亚，今雅加达）同在瓜哇岛上，并非隔一海峡。

② 天方，原指今沙特阿拉伯汉志省的首府麦加，后又泛指阿拉伯。魏源在此用来指信奉伊斯兰教的国家。

大瓜哇，而下港为小瓜哇，甚至谓瓜哇疆域南抵大食，而以西南之苏门答剌当之。不知《唐书》大食王遣人囊金阇婆之郊，阴试女王之令者，盖商船往来速邮传命，讵真谓万里波斯之国，鸡犬相闻？明洪武中，命外夷山川附祭各省：安南、占城、真腊、暹罗、锁里，附祭广西；三佛齐、小瓜哇，附祭广东；日本、琉球、浡泥，附祭福建，今则大半归于西洋。

海国图志卷十五 邵阳魏源辑

东南洋 海岛之国。原无，今补。

英荷二夷所属亚齐及三佛齐岛 三国同

岛，即唐以前婆利洲地。苏门答剌，今名亚齐。三佛齐，今名
旧港。

谢清高《海录》曰：三佛齐及苏门答剌岛在新柔佛岛①对渡。
旧柔佛为英吉利所据，其土番徙新岛，周围数百里。由柔佛岛对
渡，西南海中别峙一大洲，九国②环之：曰雷里③、曰锡里④、曰
大亚齐⑤、曰小亚齐⑥、曰尼古巴拉⑦、曰苏苏⑧、曰叭当⑨、曰尼

---

①新柔佛岛，指今印度尼西亚的宾坦（Bintan）岛。
②此言"九国"，而下面所举为十一国，不知何故，待考。
③雷里，指今新加坡南海域中的廖内（Rian）群岛。
④锡里，其地有两说：一说在今苏门答腊岛东北实格里（Sigli）一带；一说在今苏门答
　腊岛东岸之望加丽（Bangkalis）。按此处记载，锡里在雷里西北，东北为麻六甲，其
　地唯有望加丽岛可以当之。
⑤大亚齐，指今印度尼西亚苏门答腊岛西北部亚齐一带，其北端之哥打拉查（Kutarad-
　ja），今仍称大亚齐。
⑥小亚齐，应指南巫里（Lamuri），其地在今苏门答腊岛西北角亚齐河下游哥打拉夜
　（Kotaraya）一带。
⑦尼古巴拉，即 Nicoba 的音译，泰米尔语意为裸人国，其地在今印度的尼科巴群岛。
⑧苏苏，在今印度尼西亚苏门答腊岛西岸，即巴东（Padang）北面的萨萨克（Sasak）。
⑨叭当，即 Padang 的音译，指今印度尼西亚苏门答腊岛西岸的巴东。

是①、曰茫古鲁②、曰旧港、曰龙牙③，九国同此一山。亚齐及苏苏皆苏门答剌故地，旧港则三佛齐故地也。④

雷里国在柔佛西南，不与柔佛相连。由柔佛渡海而南，行约日余可到。疆域约数百里。风俗土产与柔佛同。土番较强盛。潮州人多贸易于此。海东北为琴山径⑤。

锡里国在雷里西北，疆域、风俗与雷里同，由雷里买小舟沿海行约四日可到。海东为麻六甲。由此又西北行约二日，仍经红毛浅。土产鱼肚、冰片、椰子、胡椒。

大亚齐国在锡里西北，疆域稍大，由红毛浅外海西北行日余即到。由国都向西北陆行五六日，水路顺风一二日则至山尽处，俱属大亚齐。风俗与无来由各国同。海东北岸为沙喇我国⑥，山尽处则与新埠斜对。土产金冰片、沙藤、椰子、香木、海菜。

尼古巴拉，西南海中孤岛也。由亚齐山尽处北行少西，顺风约十一二日可到。土番俱野人，性情淳良。日食椰子、熟鱼，不食五谷。闽人居吉德者，常偕吉德土番到此采海参及龙涎香。(与)〔其〕海道亦向西北〔行〕约旬日可到。由此又北行，约半日许，有牛头马面山⑦。其人多人身马面，是食人。海舶经过，俱不敢近。望之但见云气屯积。天日晴朗，遥见山顶似有火焰焉。又北行旬日，即到明牙喇海口，若向北少西行，顺风六七日，可到曼达喇萨。

---

①尼是，即 Nias 的音译，指今苏门答腊岛西岸的尼西斯岛。

②茫古鲁，又作万古屡，马来语作 Bankulu，指今苏门答腊岛西南岸的明古鲁。

③龙牙，即 Linga 的音译，指今印度尼西亚的林加岛。

④所见《海录》版本无此段，疑为魏源所加。

⑤琴山径，指今新加坡海峡。

⑥沙喇我国，指今马来西亚的雪兰莪（Selangor）州。

⑦牛头马面山，即 Andaman 的讹译，指今印度洋东北面孟加拉湾中之安达曼群岛。

小亚齐国，一名孙支①，在大亚齐西。由大亚齐西北行，经山尽处转东南行，约日余可到。疆域亦数百里。风俗与大亚齐同。土产金、沙藤、胡椒、椰子、冰片。

苏苏国在小亚齐南，水路顺风约二日可到。疆域、风俗、土产与小亚齐同。

叭当国在苏苏东南，水路顺风亦二日可到。疆域、风俗与上略同。海西别有一岛，为呢是国。

呢是国，又名哇德②，在苏苏、叭当二国之西，海中独峙一山。民似中国而小，常相掳掠贩卖，出入必持标枪，惧炮火。不食五谷，惟以西谷米合香蕉煎食。年老者，子孙则抱置树杪，环其下而摇之，俟跌死而后已。其灭伦理至于此极。自此以西，海中多大石，风涛险阻，故大西洋海舶往小西洋者，必由叭当之西、呢是之东。

茫古鲁在巴当东，水路顺风，约五六日可到。陆路亦通，但山僻多盗贼，故鲜有行者。沿海都邑近为英吉利所夺，国王移居山内。然英吉利居此者不过数十人，领〔叙〕跂兵③数百而已。土产海参、丁香、豆蔻、胡椒、椰子、槟榔。

旧港国即三佛齐也，在茫古鲁东，疆域稍大。由〔茫〕古〔鲁〕东南行约三四日，转北入葛剌巴峡口，顺风行半日方出峡。峡东西皆旧港国疆土。峡西大山名网甲，别峙海中。山麓有文

①孙支，指今苏门答腊岛西北的新支尔（Singkil）。
②哇德，为 Batu 的音译，其地在苏门答腊岛西岸的尼亚斯岛东南的巴都群岛。
③叙跂兵（Sepoy），英国东印度公司雇用的印度兵。

都①、上卢寮②、下卢寮③、新港④等处。山南复有二小岛：一名空壳槟榔⑤，一名朱麻里⑥，皆产锡。闽、粤人到此采锡者甚众。文都有英吉利镇守而榷锡税。凡采者俱向借资斧，得锡则偿之，每百斤止给洋银八枚，无敢私卖。国王所都在峡西，由文都对海入小港，西行四五日方至。亦有荷兰镇守，两岸居民俱临水起屋，颇称富庶。国王殿廷为三级，每日听政，王坐于上，次列各酋长，庶民争讼者俱俯伏于下。体制严肃，而民性凶恶，多为盗贼。不知尊中国，而畏荷兰、英吉利如虎。凡有诛求，无敢违抗。巫来由番皆然，不独此国也。土产金、锡、沙藤、速香、降香、胡椒、椰子、槟榔、水鹿。

龙牙国在旧港北，由峡口水路到此，顺风约三日。由此北行日余，则为柔佛。西北行日余，则至雷里。此山多木，大者数十围。中华洋船至此多换桅柁。凡雷里、锡里，大抵皆巫来由种类，唯大亚齐及苏苏，民稍淳良，余俱凶恶，盗劫为生。凡巫来由各国，俱产黑燕窝、速香、降香、鸡骨香、槟榔、椰子、海菜。

《地理备考》曰：苏麻答剌岛，亦曰苏门答剌，在南洋之极西，纬度自北五度起至南五度止，经度自东九十三度起至一百零三度止，长约三千五百里，宽约五百五十里，烟户六兆余口。本岛地势，重冈叠岭，迤逦延袤，其最大者曰柯非尔山⑦，曰古农哥

①文都，又作门托克，指今印度尼西亚邦加岛西北岸的文岛（Muntok）。
②上卢寮，指今邦加岛附近的利阿（Liat）岛。
③下卢寮，指今邦加岛附近的累帕（Lepar）岛。
④新港，指今邦加岛东北部的烈港（Sungailiat）。
⑤空壳槟榔，指今邦加岛东岸的槟港（Pangkalpinang）。
⑥朱麻里，即 Toboali 的音译，指今邦加岛南岸的都保里。
⑦柯非尔山，殆为苏门答腊岛西北部的洛塞火山，海拔 3381 米。

孙巴拉山①。火山不一，地震时作。田土肵腴，谷果丰稔。丛林稠密，禽兽蕃衍。土产金、银、铜、铁、锡、硝磺、冰片、胡椒、椰子、甘蔗、药材、沙谷米等物。地气互异，每多阴雨。商贾云集。本岛疆域不属别国管辖，惟一处归贺兰国兼摄。其自为国者三：曰亚齐，在岛之北，疆域狭窄，人烟稀疏。都城建于西北，屋宇朴陋，街衢湾曲。曰西亚哥②，在岛东之西亚哥河两岸，数酋分摄，各霸一方。海滨之人，多务劫掠。都城贸易萧条。曰巴达斯③，在岛西海滨，与亚齐毗连，数酋分摄，不相统属。其归贺兰摄者：一名巴当④，在岛之西，地势褊小，贸易则盛；一名美囊加布⑤，在岛之中；一名巴棱邦⑥，在岛之东，田土肥饶，稼穑丰茂；一名（槟榔）〔郎崩〕⑦，在岛之南，地多涔泽，人烟稀疏。

岛之东西，小岛胪列，各设酋长。东岛一名卢巴⑧，一名邦八尔⑨，一名灵安⑩，长约一百八十里，宽约一百里。一名兵当⑪，长约一百里，宽约四十里；一名当容比囊⑫，内有里约城⑬，商贾辐辏；一名邦加⑭，长约五百四十里，宽约一百五十里，人烟寥

---

①古农哥孙巴拉山，殆为苏门答腊岛西部的葛林芝火山，海拔 3805 米，为全岛最高峰。

②西亚哥（Siak），锡亚克。

③巴达斯（Battas，Battak），巴达克。

④巴当（Padang），巴东。

⑤美囊加布，苏门答腊中部的米南卡巴（Minangkabau）。

⑥巴棱邦（Palembang），苏门答腊岛东南部的巨港（巴邻旁）。

⑦郎崩，今苏门答腊岛西南岸的楠榜（Lampung）。

⑧卢巴，今苏门答腊岛东岸外的鲁八（Rupat）岛。

⑨邦八尔，苏门答腊岛东岸外的潘朱尔（Pandjur）岛。

⑩灵安，林加岛（Pulau Lingga，Lingan）。

⑪兵当，宾坦岛（P. Bintan）。

⑫当容比囊（Tangungpinang），丹戎槟榔。

⑬里约城（Riau），廖内。

⑭邦加，今印度尼西亚的邦加岛（P. Bangka）。

落，锡磺繁衍；一名比磷敦①，多产黑金。西岛一名英加诺②，回环约一百里，田土肥腴，地气严寒；一名波日③，又曰那搔④，岛屿甚多，不产粳稻，椰竹、沙谷米等甚属蕃衍；一名波拉⑤，又曰细波拉⑥，岛屿不一，大者长约三百里，宽约六十里；一名细比卢⑦，长约二百七十里，宽约四十里，内有火山，昼夜吐焰不熄；一名巴都⑧，一名尼亚斯⑨，长约一百八十里，宽约六十里，田土膏腴，谷果丰稔；一名巴比⑩，一名巴比亚哥⑪，长约六十里，宽约二十里。

《每月统纪传》曰：苏门答剌大州屿一带皆山。于其州中间，分州两分。瘦岭硗地，只产锡、金、沙藤、胡椒、槟榔、椰子、冰片等货。英吉利人又种豆蔻、丁香树，其金凤有大声名，不胜其美。土番皆马莱酉族类，不胜数。回民居住由来已久，强悍刁顽，肆为不法。年年往默底那⑫国拜其圣人穆罕默德铁棺椁。各处皆有小土酋，沿溪居茅，不善生理，故上下穷苦。唐时为亚齐国，权势甚大，今则西洋藩属。

---

① 比磷敦，今勿里洞岛（P. Belitang, Biliton）。
② 英加诺，今苏门答腊岛西南岸外的恩加诺岛（P. Enggano）。
③ 波日（P. Buriau），今称 P. Pagai Selatan，通译帕格塞拉坦岛，在苏门答腊岛西岸外。
④ 那搔（Nassau），即帕格塞拉坦岛。
⑤ 波拉（P. Sipora），锡波拉岛。
⑥ 细波拉，即锡波拉岛。
⑦ 细比卢（P. Siberut），西比路岛。
⑧ 巴都（Kep. Batu），巴都群岛。
⑨ 尼亚斯，今苏门答腊岛西北岸外的尼亚斯岛（P. Nias）。
⑩ 巴比，今苏门答腊岛西北岸外的巴比（Babi）岛。
⑪ 巴比亚哥，苏门答腊西北岸外的巴比亚哥（Babiago）岛，亦称 Reusem 岛。
⑫ 默底那（Al Madinah），麦地那。

《外国史略》曰：苏门他拉①，此为长岛，与牙瓦岛以孙他海峡相隔。长约三千五百里，阔约五百五十里，地分三分。东北甚低，有血蝎，产沙米②、谷米、安息香。大河由此入海，海滨出胡椒，地虽低，无大泽；西北高，多出槟榔。中多高山，有千三百八十四丈。山下广坦，暑月亦凉，土人乐之。亦多湖泽，西则溪川四处灌溉。地常震，火山出火浆。又多金、铜、铁、硫磺、（等磺）石炭、石油、硝等物，但居民未悉采取之法。金矿每年可出三万两，游山者或偶遇之，有一块重九两者。其谷仅足居民食用。惜地未开垦，草木畅茂，为野兽之薮。产胡椒、槟榔及冰片之树。计冰片数斤，必伐木三百株。惟中国贵之，每年运出六千六百五十斤。耕田以水牛，林多象、犀、虎、猴、狒狒，水中多虾蟆、蛤蚬、蟒、蝮，林中有金鸡、神鹰、鹤、鸮、鹃、鹦鹉。运出之物如安息香、桂皮、绵花、加非等货，计万万石。又有乳香、楠沉、红木、乌木等料。居民多芜来由族类，崇回回教，其教师严禁鸦片及各荤物。民色紫，尊贵人以金镶齿。居民恒带短刀，有要事则誓诸墓，以旧器为盟。在海口贩人为奴。百姓不好城居，自建乡里竹葵为寮。食不用箸，以手抟之。饭惟鱼、虾、花椒等物。以老男女为医生，不必通其艺，随意令病者服药。教外之人皆好赌博，食鸦片。海边居民以抢劫商船为事。其内地民则朴实，有大城曰黑囊加报城③，亦芜来由族类。此族人在元以前独住稣门他拉一岛，后散布群岛，不啻千万，仍以此城为圣域，赴其庙以祀神。地多产金，居民皆造金器，亦善造火器、火药、短刀。乾隆间，土酋互相战斗。嘉庆间，请荷兰兵助遏其教师，荷兰遂据

①苏门他拉（Sumatera），又作稣门他拉、稣岛、苏门，苏门答腊。
②疑此"米"字衍。
③黑囊加报城（Menangkabau，Minangkabau），米南卡巴，"黑"字疑讹。

其地。稣岛有名之国曰亚珍[1]，或曰亚齐，昔与中国通。其君住草舍，道甚微。居民惮劳苦。此国之南方，有巴答蛮者，虽向化、辩字、务农，却食人肉。战则虏人为粮，或父母老迈，即食其肉。昔耶稣教师至此欲化之，为土民所杀，后遂无入境者。在南方有离利让等族类，崇佛教，其民惰贫。明万历间，葡萄亚船到此岛通商，与海贼肇衅，英人随之，在西南海边开宾古林[2]埠，二百余年，以胡椒贸易。乾隆年间，始种丁香、豆蔻，后以此地让荷兰。顺治年间，在西海边（间）〔开〕巴当海口，亦在东边占巴林邦[3]。所据之地，道光年间始为全岛之主。由此衅起，与土人久战，亡其军；再战，始胜之。然耗兵糜饷，始令民种加非树，土产日增。惟西北各金山归荷兰。唐船每年有一二到巴林邦口，买沙藤、锡、胡椒等货。海边又任汉人开市，百姓为荷兰管束，不敢远出。

附近此岛各地，一曰罔加岛[4]，在苏门之东，其地硗，产红石，锡（磺）〔矿〕甚盛，每年出六十万余石，为荷兰所辖，广东嘉应州人多在此开锡山，收饷颇重；一曰北里屯岛[5]，距罔加不远，多海贼，航船者难之。又苏门西，为尼押群岛[6]，居民愚蠢，芜来由虏卖之为奴。地亦丰盛，惜无人开垦。

亚齐旧港即古婆利沿革考

《梁书》曰：婆利国，在广州广南海洲上，去广州二月日行。

---

[1]亚珍，今苏门答腊岛的 Aceh 特区一带或专指其首府班达亚齐（Banda-Aceh）。
[2]宾古林（Bengkulu，旧名 Benkulen），明古鲁。
[3]巴林邦（Palembang），又作渤淋邦、渤林，即巨港（巴邻旁）。
[4]罔加岛（P. Bangka），又作网甲岛，即邦加岛。
[5]北里屯岛（Biliton），勿里洞岛（P. Pelitung）。
[6]尼押群岛（P. Nias），尼亚斯岛。

国界东西五十日行，南北二十日行，有一百三十六聚。气暑如盛夏，谷一岁再熟，草木常荣。海出文螺紫贝，有石名蚶贝罗，初采柔软，刻削为物干之，遂坚。国人披吉贝如帊，及为都缦，王乃用班丝布以婴络绕身，头着金冠，高尺余，形如弁，缀以七宝带、金装剑，偏踞金高坐，银蹬支足。侍女皆为金花杂宝之饰，持白氅拂及孔雀扇。王以象驾舆，舆以杂香为之，上施羽盖珠帘。导从吹螺击鼓。王姓憍陈如，自古未通中国。言白净王夫人，即其国女。天监十六年入贡。

《明史》：苏门（札）〔答〕剌在满剌加之西，顺风九昼夜可至。或言，即汉条枝，唐波斯、大食二国地，①西洋要会也。成祖初，遣使以即位诏谕其国。永乐二年，遣使赐其酋织金文绮。中官尹庆使瓜哇，便道复使其国。其酋遣使朝献，诏封为国王，遂比年入贡。而郑和凡三使其国。先是，王之父与邻国花面②王战，中矢死。王子年幼，有渔翁率国人往击，馘其王而还。王妻遂与之合，称为老王。既而王子年长，复杀老王而袭其位。及是，郑和至其国。老王弟苏干剌（其）〔以〕颁赐不及己，怒，统数万人邀击。和勒步卒及国人御之，大破贼众，追至南渤利国③，俘以归。宣德五年，帝以外番贡使多不至，遣和及王景宏遍历诸国颁诏，凡历二十余国。明年，遣使入贡者再。八年，贡麒麟。九年，王弟哈利之汉来朝，卒于京。成化二十二年，其使者至广东，有司验无印信勘合，乃藏其表于库，却还其使。别遣番人输贡物京

---

①汉代的条枝，指今叙利亚；唐代的波斯、大食，指今伊朗、阿拉伯，并非在苏门答腊岛上。

②花面，亦作拔沓、那孤儿等，指苏门答腊岛北部拔沓（Batak）族的居住地，在今苏门答腊岛东北岸实格里（Sigli）附近之陂堤里（Pedir），因其国人有黥面之俗，故称之为花面。

③南渤利国，即 Lamuri 的音译，在今苏门答腊岛西北角的亚齐一带。

师，稍有给赐。自后贡使不至。迨万历间，国两易姓。初，其国有大臣握兵权，大臣有奴桀黠，（出）谓其主曰：国王左右侍卫少，主拥重兵出镇，必入辞，请以奴从。主言有机事，乞屏左右。奴乘间刺杀（之）〔王〕，大呼曰：王不道，吾杀之，吾主即王矣。敢异议者，血此刃。众慑服不敢动。其主遂篡位，任奴为心腹，委以兵柄。未几，奴复弑主而代之。乃大为防卫，拓其宫，建六门，不得阑入，虽勋贵不得带刀上殿。出乘象，象驾亭而帷其外，如是者百余，俾人莫测王所在。其国俗颇淳，出言柔（顺）〔媚〕，惟王好杀。岁杀十余人，取其血浴身，谓可除疾。贡物有宝石、玛瑙、水晶、石青、回回青、善马、犀牛、龙涎香、沉香、速香、木香、丁香、降真香、刀弓、锡、锁服、胡椒、苏木、硫黄之属。货舶至，贸易称平。地本瘠，无麦有禾，禾一岁二稔。四方商贾辐辏。华人往者，以地远价高，获利倍他国。其气候朝如夏，暮如秋，夏有瘴气。妇人裸体，惟腰围一布。其他风俗，类满剌加。篡弑后，易国名曰亚齐。又有须文达那者，古不知何国，洪武十六年来贡。或言须文达那①即苏门答剌，洪武时初更，然其贡物与王之名皆不同，无可考。

《皇清通考·四裔门》：亚齐在西南海中，相传旧为苏门答剌国。（名）〔明〕万历中乃易今称。其工严防卫，拓宫殿，建六门，虽勋贵不得带刀上殿。出乘象，象驾亭而帷其外，如是者百余，俾人莫测王所在云。风俗，男女穿长衣，头缠白布。土产西洋布、丁香、肉果、水安息、苏合油之属。地本瘠，无麦有禾，一岁二稔。市道称平，内地商船常往其地贸易。

《宋史》：三佛齐国，盖南蛮之别种。与占城为邻，居真腊、

---

①须文达那，为梵语 Samudra 的音译，意为"海"，指今苏门答腊岛。

阇婆之间，所管十五州。土产红藤、紫矿、笺沉香、槟榔子。无缗钱，土俗以金、银贸易诸物。四时之气，多热少寒，冬无霜雪。人用香油涂身。其地无麦，有米及青白豆、鸡、鱼、鹅、鸭，颇类中土。有花酒、椰子酒、槟榔酒、蜜酒，皆非曲蘖所酝，饮之亦醉。乐有小琴、小鼓，昆仑奴踏曲为乐。国中文字用梵书，以其王指环为印。亦有中国文字，上章表即用焉。累甓为城，周数十里。用椰叶覆屋。人民散居城外，不输租赋。有所征伐随时调发，立酋长率领，皆自备兵器粮糗。泛海使风二十日至广州。其王号詹卑，其国居人多蒲姓。唐天祐元年、宋建隆元年皆来朝贡。终宋世职贡不绝。

《明史·三佛齐传》：三佛齐，古名干陀利。〔刘〕宋孝武帝时，（尝）〔常〕遣使奉贡。梁武帝时数至。宋名三佛齐，修贡不绝。洪武三年，太祖遣行人赵述诏谕其国。明年，遣使奉表，随入（朝）贡方物。诏赐《大统历》及锦绮有差。其货舶至泉州者，命勿征税。时其国有三王。八年九月，遣使随招谕拂菻国朝使入贡。洪武（九）〔十〕年，遣使贡犀牛、黑熊、火鸡、白（猿）〔猴〕、红绿鹦鹉、龟筒及丁香、（冰）〔米〕脑诸物。其使者言先王殁，嗣子不敢擅立，请命于朝。诏遣使赍印，敕封为三佛齐国王。是时爪哇强，已威服三佛齐而役属之。闻天朝封为国王与己埒，〔则〕大怒，遣人诱朝使邀杀之。天子亦不能问罪，自是其国益衰，贡使遂绝。洪武三十年八月，礼官以诸（番）〔蕃〕久缺贡，奏闻。帝曰："洪武初，诸（番）〔蕃〕贡使不绝。迩者安南、占城、真腊、暹罗、爪哇、大琉球、三佛齐、（渤）〔浡〕泥、彭亨、百花①、苏门答剌、西洋等三十国，以胡惟庸作乱，三佛齐

①百花，殆今印度尼西亚东爪哇之巴苏鲁安（Pasoeroean），华侨称为若望。

乃生间谍，绐我使臣至彼。爪哇王闻知，遣人戒饬，礼送还朝，由是商旅阻遏，诸国之意不通。惟安南、占城、真腊、暹罗、大琉球朝贡如故，大琉球且遣子弟入学。凡诸（番）〔蕃〕国使臣来者，皆以礼待之。我视诸国不薄，未知诸国心若何？今欲遣使爪哇，恐三佛齐中途（阻）〔沮〕之。闻三佛齐本爪哇属国，可述朕意，移咨暹罗，俾转达爪哇。"然是时爪哇已破三佛齐，据其国，改其名曰旧港，三佛齐遂亡。国中大乱，爪哇亦不能尽有其地。华人流寓者往往起而据之。有梁道明者，广州南海县人，久居其国。闽、粤军民泛海从之者数千家，遂推道明为首，雄视一方。（曾）〔会〕指挥孙铉使海外，遇其子，挟与俱来。永乐三年，遣使赍敕招之，随使入朝。四年，旧港头目陈祖义、梁道明，各遣其子来朝。祖义亦广东人，虽朝贡而为盗海上，贡使往来者苦之。五年，郑和自西洋还，遣人招谕之。祖义诈降，而潜谋邀劫。有施晋卿者，告于和。祖义来袭被擒，献于朝，伏诛。命设旧港宣慰司，以晋卿为使，赐诰印及冠带。自是屡入贡。然晋卿虽受朝命，犹服属爪哇，其地狭小，非故时三佛齐比也。嘉靖末，广东大盗张琏作乱，官军已报克获。万历五年，商人诣旧港者，见琏列肆为（番）〔蕃〕舶长，漳、泉人多附之，犹中国市舶官云。其地为诸蕃要会，在爪哇之西，顺风八昼夜可至。辖十五洲，土沃宜稼。语云："一年种谷，三年生金。"言收获盛而贸金多也。俗富好淫。习于水战，邻国畏之。地多水，惟部领陆居，庶民皆水居。编筏筑室，系之于桩。水涨则筏浮，无沉溺患。欲徙则拔桩去之，不费财力。下称其上曰詹卑，犹国君也。后大酋所居，即号詹卑①国，而故都则改为旧港。初本富饶，自为爪哇破灭，后渐

①詹卑，在今苏门答腊岛巨港北之占卑（Jambi）。

至萧索，商舶亦鲜至其地。风俗物产俱详《宋史》。

《瀛涯胜览》：旧港古号三佛齐，曰渤淋邦，隶爪哇。东距爪哇，西距满剌加，南距大山，自西北滨海，舶入淡港①，入彭家〔门〕②里（舍）易小舟入港，达其国。国人多广东、漳、泉人流寓。土沃人稠，宜稼穑。俗好赌博，如把龟、弈棋、斗鸡，皆索钱具也。市亦用中国铜钱、布帛之类。厥产鹤顶、黄连、降真、沉水香、黄蜡、食炭、神鹿。只啖草木，不近腥物，虽系之不死。牛、羊、猪、犬、鸡、鸭、蔬果之类，与爪哇同。

明张（奕）〔燮〕《东西洋考》：旧港古三佛齐国也。初名干陀利，又名渤淋，在东南海中，本南蛮别种，居真腊、爪哇之间。王号詹卑，故今王所部（为）〔号〕詹卑国。而故都为爪哇所破，更名旧港，以别于彼之新村③云。俗名吉〔宁〕邦④。其地故称沃土，商舟至，献果币，有成数。（居）〔詹卑〕人商量物价，虽议偿金多少，然非偿金，实偿椒也。如值金二两，则偿椒百石，其大较云。喜买夷妇，他国多载女子，易其椒。以归旧港，则用（铜）〔铅〕钱矣。三佛齐夙称蕃盛，国破以后，满目萧条，贾人亦希造。

魏源曰：三佛齐国，自宋以来，臣服中国。苏门答剌亦终明世职贡不衰。国朝独不列王会之图，则知为西夷窟穴久矣。其地自宋以前则为婆利洲，梁、隋、唐皆入贡。而隋、唐《书》言婆

①淡港，在今苏门答腊岛东岸的慕西（Musi）河口，或巴唐哈里（Batanghari）河口。
②彭家门，即苏门答腊岛和邦加岛之间的邦加海峡（Banka Selat）。
③新村，据《皇明象胥录·三佛齐》载："更名旧港，以别于新村詹卑。"可见此新村指的是詹卑，而不是巴邻旁，也不是爪哇岛的新村（格雷西）。
④吉宁邦，按上述《瀛涯胜览》所载，吉宁邦疑为渤淋邦之误，而"俗名吉〔宁〕邦"应置于"更名旧港"之后。

利国，自交趾浮海，南过赤土、丹丹①，乃至其国。国界东西四月行，南北四十五日行。赤土即古扶南，今暹罗，而丹丹即今柔佛等国，地望相准。且唐以后无婆利，宋以前无三佛齐，今此昔彼，亦沿革相承。又，史言婆利东西南北数千里，为海南大国。舍是岛外，更无大洲，足当婆利故壤者。断非《明史》南渤利、南巫里、（梨我）〔黎伐〕②、阿鲁③、那孤儿④等小屿，居民千余家之伦。至《明史》沿王圻之谬，以苏门答剌为古大食、波斯⑤等国。乌乎！何以至是？

荷佛二夷所属美洛居岛一作马路古，一

作木路各，一作摩鹿加各。原无，今补。

《明史》：美洛居，俗讹为米六合，居东海中，颇称饶富。酋出，威仪甚备，所部合掌伏道旁。男子削发，女椎结。地有香山，雨后香堕，沿流满地，居民拾取不竭。其酋委积充栋，以待商舶之售。东洋不产丁香，独此地有之，可以辟邪，故华人多市易。万历时，佛郎机来攻，其酋战败请降，岁以丁香充贡，不设戍兵而去。已，红毛番横海上，知佛郎机兵已退，乘虚直抵城下，执其酋，语之曰："若善事我，我为若主，殊胜佛郎机也。"酋不得

①丹丹，其地说法不一，有的以为在马来半岛东岸距吉兰丹河口约十余英里，距哥打巴鲁（Kota Baru）约五六英里的 Tendong 地方；有的以为在今马来半岛西岸之天定（Dindings），或在今新加坡附近等等。

②黎伐，为 Lide 的音译，"伐"字应为"代"字之误。故地在今印度尼西亚苏门答腊岛北岸的洛克肖马韦（Lhokseumawe）和班达亚齐（Banda Aceh）之间，一说为梅雷杜（Meureudu），一说为实格里（Sigli）附近。

③阿鲁，即 Aru 的音译，其地在今苏门答腊岛东岸巴鲁蒙（Burumon）河口，今河口外尚有名亚路（Aru）群岛者，即其遗称。

④那孤儿，又作拔沓、花面等，指苏门答腊岛北部拔沓（Battak）族的居住地，在今苏门答腊岛东北岸实格里（Sigli）附近的陂堤里（Pedir）。

⑤古"南海波斯"（Pasai），即苏木都剌国，就在苏门答腊岛东北部。

已，复听命。佛郎机酋闻之大怒，率兵来攻。值红毛番已去，遂破美洛居，杀其酋，立己所亲信主之。无何红毛番至，又破其城，逐佛郎机所立酋，而立美洛居故王之子。自是，岁岁构兵，人不堪命。华人流寓者游说两国，令各罢兵，分国〔中〕万老高山①为界，山以北属红毛番，南属佛郎机，始稍休息，而美洛居竟为两国所分。

南怀仁《坤舆图说》：吕宋之南，有木路各岛，无五谷，出沙谷米，是一木磨粉而成。产丁香、胡椒二树，天下所无，惟本处折枝插地即活。性最热，祛湿气，与水酒同贮，即吸干。树旁不生草，土人欲除草，折其枝插地，草即立槁。又产异羊，牝牡皆有乳。有大龟，一壳可容一人，或用为盾以御敌。

《地理备考》曰：美洛居岛亦号米六合，亦号么鲁加斯，在南洋之西，塞勒卑斯岛之东，纬度自北三度起至南十度止，经度自东一百十七度起至一百三十度止。岛屿纷繁，火山不一。地震时作，每有不虞。地气湿热，不便居栖。田土互异，土产各殊。岛中或设酋长管理，或附贺兰总兵统摄。岛之大者，曰安波义那②，长约二百里，宽约三十里。田地肥饶，地气炎热。土产硫磺、丁香、加非、蓝靛、沙谷米等物。树木充斥，东方为最。禽兽蕃衍，鳞介庶众。曰塞郎③，长约七百五十里，宽约一百五十里。山势峻峭，田土朊腴。五谷百果，靡弗丰登。诸酋分摄，各据一方。曰布卢④，回环约一百七十里，地面积方约二千六百里。冈陵巍峨，川河纷繁。土肥谷丰，毛羽鳞介充斥。诸酋分摄，各霸一方。曰

---

①万老高山，在马鲁古群岛，或指德那第（Gunung Ternate）山。
②安波义那，又称安本岛，今印度尼西亚安汶（Amboima）岛。
③塞郎，又称悉兰岛、西兰屿，今印度尼西亚斯兰（Seram）岛。
④布卢（P. Buru），今印度尼西亚布鲁岛。

邦达①，内计十岛，皆有火山，地震时作，地气不驯，有碍居栖。其内义辣②、郎多义尔③、古农阿比④、不卢⑤、阿义⑥，乃十岛中之大者，皆属贺兰国兼摄。曰济罗洛⑦，又名阿拉马厄辣，长约八百里，宽约一百五十里。境土错落，不相联络。田土朊厚，物产丰饶。地气炎热，不便居栖。岛分三属：北属德尔那的岛⑧，酋长兼摄，南属的德尔岛⑨，酋长兼摄，中为本岛诸酋分辖，不相统属。其南北二处，于道光四年有贺兰国总兵驻扎于此，始为兼摄。曰德尔那的，回环约九十里，内有火山，昼夜吐焰。田土膏腴，金砂实繁。岛中一酋统摄，亦归贺兰兼辖。曰的德尔，长约十里，宽约八里。本岛较德尔那的虽小，而庶民则过之，一酋统摄，亦属贺兰兼辖。曰巴将⑩，长约二百里，宽约四十里，田土肥饶，谷果丰茂，金矿蕃衍，一酋管理。曰大科比⑪，长约二百五十里，宽约四十里，田地土产与巴将岛相等，诸酋分摄，各霸一方。曰迷索尔⑫，长约一百七十里，宽约五十里，诸酋分摄，不相统属。曰波波⑬，乃众岛总名也，大者亦名波波，回环约百七十里，一酋管

---

①邦达（Kep. Banda），又称班他，今印度尼西亚的班达群岛。

②内义辣（P. Naira），今班达群岛中的奈拉岛。

③郎多义尔，今班达群岛中的朗托尔岛（P. Lontor，P. Lonthoir）。

④古农阿比，今班达群岛中的阿比山岛（P. Gunung Api）。

⑤不卢（P. Buru），今班达群岛中的小布鲁岛。

⑥阿义（P. Ai），今班达群岛中的阿义岛。

⑦济罗洛（P. Jailolo），今印度尼西亚的哈尔马赫拉（Halmahera）岛。

⑧德尔那的岛，又称特那地岛、德拿地屿、德岛，今印度尼西亚马鲁古群岛中的德那第（Ternate）岛。

⑨的德尔岛，又称地突岛、提读岛，今马鲁古群岛中的蒂多雷（Tidore）岛。

⑩巴将（P. Bacan），今马鲁古群岛中的巴漳岛。

⑪大科比（P. Obi），今马鲁古群岛中的欧比群岛。

⑫迷索尔（P. Misool），今印度尼西亚伊里安查亚省的密索尔岛。

⑬波波，今马鲁古群岛中的波波（Popo）群岛。

属。曰么尔带①，长约二百二十里，宽约六十里，田土肥腴，人烟寥落，归于德尔那的岛酋长兼摄。（不相通属）曰门日斯②，乃众岛总名也。大者三岛，皆归明达挠岛酋长兼摄。

《外国史略》曰：东南各屿曰摩鹿加岛，一作美洛居。地硗，出粟、蕃薯，并无米。多火山，多地震，山为谷，谷为湖，所常见也。居民朴实。出丁香、玉果，出售远商。与荷兰往来。多奉耶稣之教，亦有回回族自为教门。明万历间③，葡萄亚初到开埠，与土君战，是班亚兵船亦争此地。荷兰遂乘间而据是屿。后各岛归荷兰，包揽丁香、玉果之贸易，且谕土民尽伐其树，令他国无可买处。如结果太过，恐以是减其价，即烧此果。每年出丁香约六千石，玉果约七千石，豆蔻花约二千石，大半售于欧罗巴各国。他岛近亦种是树，价终减焉。荷兰调军士数千驻安本岛，筑炮台，其班他、悉兰在北方黄道之内，特那地乃火山岛，义箩罗大屿大半荒芜。主拉岛④、地突岛、摩得岛、马善布罗岛⑤，出好檀香并花木。荷兰各藩属在群岛之中，广袤方圆共万六千四百里。居民千四百六十四万四千，俱听荷兰之命。各岛广袤方圆七千九百五十五里，居民三百八十五万一千口。

《万国地理全图集》曰：摩鹿加群岛在小吕宋之南，全归荷兰辖。居民大半奉耶稣教。地出丁香、玉果、豆蔻、苏木等货。各岛总帅驻在安门⑥。北极出三度四十分，偏东一百二十八度。海口

①么尔带，摩得岛，今马鲁古群岛北端的摩罗泰（Morotai）岛。
②门日斯，指今门日斯（Mengis，Meangis）群岛。
③西、葡争夺马鲁古群岛事远早于万历年间。
④主拉岛（Kep. Sula），今印度尼西亚的苏拉群岛。
⑤马善布罗岛（Pulau Bacan），又作巴治安岛，即巴漳岛。
⑥安门（Ambon），安汶，今印度尼西亚马鲁古省省会。

建炮台。有万他不离地①，内有火山，常地震，玉果丰结，足以补列国之用。西兰长屿出沙谷米，但民不耕田，故由他屿运买。其居民尚野，未向化。德拿地小屿称乐土，周年天气和暖。但内地火山一动，邻地遍焚毁。提读岛上有土君，亦管义罗罗岛，也出丁香、玉果，但荷兰人不准运卖。巴治安岛又归回回土君所治。明隆庆年间，葡萄牙人之船始到德岛，不期是班牙人亦至，与葡接战。泰昌年间，惟荷兰乘机力攻两国，驱其驻防兵，严守其权，历二百年不废。但所发卖丁香、豆蔻等物不足以资国费，又绝他国船只往来买卖，是以生意不盛。又曰：摩鹿加之西至牙瓦岛一带屿，曰亚罗②、地门律③两岛，土蛮人居住，不与外国交通。武罗④乃荷兰埔头，少民人，少物产。地门出腊、檀香，东方葡萄牙居之，西则荷兰之埔头曰古邦，西南曰檀香屿⑤，北系佛理屿⑥，西曰逊巴瓦⑦、伦泊、巴理⑧等岛。皆出米，居民尚奉佛教，未向化。

《每月统纪传》曰：美洛居屿等与巴布阿⑨大洲，皆荷兰管下。本产豆蔻、丁香，每年数万石，惟荷兰可载运出之。（谷）〔各〕岛等因山岭多石，故无米。土番食沙谷米，即是树髓。居民事救世主耶稣，崇拜上帝，与荷兰交友。只恨人都安逸偷闲。其都会

①万他不离地（Kepulauan Banda），班达群岛。
②亚罗，今印度尼西亚的阿洛（Alor）岛。
③地门律（P. Timor），即帝汶岛。
④武罗，乃亚罗之误，即阿洛岛，埔头为卡拉巴希（Kalabahi）。
⑤檀香屿（P. Sumba），今印度尼西亚松巴岛。
⑥佛理屿（P. Flores），今印度尼西亚佛洛里斯岛。
⑦逊巴瓦（P. Sumbawa），今印度尼西亚松巴哇岛。
⑧巴理（Bali），今印度尼西亚巴厘岛。
⑨巴布阿，巴布亚（Papua）岛，亦称伊里安（Irian）岛或新几内亚（New Guinea）岛。
　今巴布亚新几内亚（Papua New Guinea）和印度尼西亚的伊里安查亚（Irian Jaya）省。

为安门，是荷兰总管所治。又有那巴布阿之土番，欲娶妻必以人颅为聘，故好杀人而宝其颅，面黑性蛮。有鹦鹉、言鸟、各类果食数种。盖土番可畏，商舟往贸易者鲜矣。道光十年，荷兰王差人建炮台城池以防海口，教习土番耕田作工，以调理之。又曰：万古累、巴当二岛①〔在〕西南海滨，巴邻②、纲甲二岛在东北海滨，为荷兰所管，建炮台，开埔头。因良久，与山内之白头回回僧战斗不息，故其地官府时时防范。巴邻、纲甲，沿溪楼阁群居。广东船进（江）〔港〕买胡椒、藤、锡等货，勒索太甚。万古累先为英国藩属地，因公费过于税入，故以麻剌甲邑易之。万古累地丁香树、胡椒园不胜数，惟种之者无利。纲甲屿附苏门答剌洲，岁出锡几万石，故荷兰设官发卖，且广东人开锡山甚难，米、食物都由外国运出，盖其地为石山而已。③

又曰：槟榔屿亦是英国所管，附大山。乾隆年间，英国人开此地方，并作胡椒、丁香园，故息力、槟榔屿之屋，不胜光耀。岛之南北，大岛六：曰桑济尔④，曰西昂⑤，曰邦加⑥，曰书拉⑦，曰布敦⑧，曰萨拉夜尔⑨，余不记。⑩

又曰：闽堂屿⑪是荷兰所管，有炮台在山岭，及大营汛。其产

---

①二地均在苏门答腊岛上，此"岛"字应作"地"。
②巴邻（Palembang），即今印度尼西亚南苏门答腊省省会巨港，不是海岛。
③这一段是讲苏门答腊岛的，误编于此。
④桑济尔（P. Sangihe），今印度尼西亚北苏拉威西省的桑吉岛。
⑤西昂，今印度尼西亚北苏拉威西省的锡奥（Siau）岛。
⑥邦加，此邦加岛特指今印度尼西亚北苏拉威西省的邦加（Bangka）岛。
⑦书拉，今印度尼西亚马鲁古群岛西部的苏拉群岛（Kep. Sula）。
⑧布敦（P. Butung），今印度尼西亚东南苏拉威西省的布敦岛。
⑨萨拉夜尔（P. Salayar），今印度尼西亚南苏拉威西省的塞拉亚岛。
⑩这一段是讲苏拉威西岛的，误编于此。
⑪闽堂屿，今印度尼西亚的宾坦（Bintan）岛，距马鲁古群岛甚远，误编于此。

物为胡椒等货。潮州府人耕田买卖，向有几万，今其数渐减。马莱西君惟治各小屿，因马莱西之族类懒惰穷苦，并米皆无。

《地理备考》曰：塞勒卑斯岛①在南洋之西，婆罗、美洛居二岛之间，纬度自北二度起至南六度止，经度自东一百十七度起至一百二十三度止，南北相距约一千七百里，东西相去约七百里，烟户三兆余口。本岛地势错落，不相联络。田土极腴，谷果最丰。丛林稠密，木多上品。地气熇烈，海风清凉。土产金、铁、硫磺、水晶、粳稻、绵花、丁香、豆蔻、乌木、檀香、椰子、沙谷米各等物。岛中朝纲两端：一系贺兰派官镇守，一系自设土酋，仍附贺兰。其贺兰派官者有四：一名马加萨②，又名茫加萨，在岛之西南，贸易兴隆，商贾云集；一名宾达音③，在岛之南，去马加萨二百五十里；一名马罗斯④，在岛之北，去马加萨一百二十里；一名马那多⑤，在岛之东北，诸货骈臻。其自设土酋者数国，互相结盟，曰波尼，曰瓦入，曰卢呼，曰马加萨尔⑥，曰曼达尔，曰达内德⑦，曰索兵⑧，曰昔德灵，曰翁古宜辣⑨，曰哥阿。

---

①塞勒卑斯岛，今印度尼西亚的苏拉威西（Sulawesi）岛，这个大岛不是在马鲁古群岛之内，而是在它的西面。这段亦误编于此。

②马加萨，又称茫加萨，今印度尼西亚乌戎潘当（Ujung Padang），旧称 Makasar（Macassar）。

③宾达音（Bonthain），温甸，在今印度尼西亚南苏拉威西省南端，距乌戎潘当六十公里。

④马罗斯（Maros），在乌戎潘当北约三十公里，应作"在岛之南"。

⑤马那多（Manado），万鸦老，在今印度尼西亚北苏拉威西省东北角。

⑥马加萨尔，所见葡文地理书未列这一酋长国，疑亦作 Macassar。

⑦达内德（Panette），今帕内特。

⑧索兵（Soping），今索宾。

⑨翁古宜辣（Uncuila），今翁古伊拉。

《明史》：丁机宜[1]，爪哇属国也。幅员甚狭，仅千余家。柔佛黠而雄，丁机宜与接壤，时被其患。后以厚币求婚，稍获宁处。民俗类爪哇，物产悉如柔佛。华人往商，交易甚平。自为柔佛所破，往者亦鲜。又苏吉丹[2]，爪哇属国，后讹为思吉港国[3]，在山中，止数聚落。又有碟里国[4]、日罗夏治国[5]，皆近爪哇，于永乐初入贡。

《明史》：合苗里[6]，海中小国也。土瘠多山，山外大海，饶有鱼虫，人知耕稼。永乐三年，遣使附爪哇使臣朝贡。其国又名苗里务，近吕宋，商舶往来，渐成富壤。华人入其国，不敢欺凌，市法最平，故华人为之语曰："若要富，须往苗里务。"有网巾礁脑者，最凶悍，海上行劫。因是苗里务商舶亦稀，地渐贫困。

《海国闻见录》曰：吕宋下接利仔发[7]，水程十二更。至甘马力[8]，水程二十一更。二处汉人从吕宋舟楫往彼贸易。利仔发之东南，隔海对峙有五岛：曰班爱[9]，曰恶党[10]，曰宿务，曰苗务烟[11]，曰网巾礁脑，均土番族类。山海所产，与吕宋同。水程必由吕宋之利仔发海而南。吕宋至班爱十更，至恶党二十三更，至宿务二

---

①此"丁机宜"指苏门答腊的英得腊其利（Indragiri）河河口，即今宽坦（Kuantan）河口一带。

②苏吉丹，一般认为在今爪哇岛中部，位于布格（Bugel）角南面。

③思吉港国，在爪哇岛的锦石（Gresik）附近，位梭罗（Solo）河下游。

④碟里国（Deli），日里，在苏门答腊的日里河下游。

⑤日罗夏治国，或谓即爪哇岛的锦石，或谓在爪哇岛附近，待考。

⑥合苗里，与苗里务实非一地，合苗里地在印度尼西亚爪哇岛或其附近，或位淡目（Demak）一带，而苗里务指今菲律宾吕宋岛南之布里亚斯岛（Burias I.）。

⑦利仔发，今菲律宾吕宋岛东南岸的黎牙实比（Legaspi）。许多菲律宾地名误编在此节。

⑧甘马力，今菲律宾吕宋岛东南的甘马遴（Camarines）。

⑨班爱，今菲律宾班乃（Panay）岛。

⑩恶党，今菲律宾内格罗斯岛（Negros I.）。

⑪苗务烟，今菲律宾棉兰老岛西部的三宝颜（Zamboanga）。

十四更，至网巾礁脑五十八更。人愚罔知识。国各有酋，惟谨守国土。其东南又有万老高①、丁机宜②二岛，居于巳方。国土人物产类相似。水程吕宋至万老高一百七十四更，至丁机宜二百一十更。

　　魏源曰：《坤舆图说》、《职方外纪》述阿细亚洲海中巨岛，曰日本，曰吕宋，曰䣈泥，曰小瓜哇，曰苏门答剌，曰则意兰，曰马路古，一作木路各。皆西洋市舶所盛之区，而马路古不见于史。史言美洛居为佛郎机、荷兰共据，又不见于《图说》、《外纪》，其为音译相互无疑。丁机宜、合苗里又小不足道矣。乃《明史》此外尚有览邦、淡巴③、南巫里、白葛达④、古里班（萃）〔卒〕⑤等数十国，仅谓在东南海中，初无疆里沿革，不过渔獠蛋户，西洋所不屑顾，而郑和遍致诸王会，史乘概列诸职方。何足算哉？何足算哉？国朝互市诸番，在西北洋者，皆夷船来市，惟南洋则华船往市，以冬春往，夏秋归。康熙初，开东洋海禁，尚未许赴南洋。雍正、乾隆，海禁大弛，鲨帆鹢舶，万里遄征。然内地商船，远极印度、南洋而止，无至小西洋者。明太监郑和亦仅远至小西洋，无至大西洋者。故今志海国以东南洋冠诸首，而尽删《明史》诸小岛。

①万老高，指马鲁古（Maluku）群岛，或专指其中的德那第（Ternate）岛。

②此"丁机宜"指马鲁古群岛一带，或专指蒂多雷岛上的Tongaoi。

③淡巴，或谓在今马来半岛的丹帕（Dampar）湖一带；或谓指印度尼西亚苏门答腊的甘巴（Kampar）河流域。

④白葛达，今伊拉克首都巴格达（Baghdad）。

⑤古里班卒（Panchor），今苏门答腊岛东岸外的兰散（Rangsang）岛。

英夷所属新埠岛疑即《明史》之交栏

山①，原无，今补。

谢清高《海录》：新埠，海中岛屿也，一名布路槟榔②，又名槟榔士，英吉利于乾隆年间开辟者。在沙剌我西北大海中，一山独峙，周围约百余里。由红毛浅顺东南风约三日可到，西南风亦可行。土番甚稀，本巫来由种类。英吉利招集商贾，遂渐富庶。衣食房屋俱极华丽，出入悉用马车。有英吉利驻防番二三百，又有叙跋兵千余。闽、粤到此种胡椒者万余人。每岁酿酒、贩鸦片及开赌场者，榷税银十余万两。然地无别产，恐难持久也。

何大庚《英夷说》：英吉利者，昔以其国在西北数万里外，距粤海极远，似非中国切肤之患。今则骎骎移兵而南，凡南洋濒海各国，远若明呀喇、曼哒喇萨、孟买等国，近若吉兰丹、丁加罗、柔佛、乌土国，以及海中三佛齐、葛留巴、婆罗诸岛，皆为其所胁服，而供其赋税。其势日盛，其心日侈，岂有厌足之日哉？近粤洋海岛，有名新埠者，距大屿山仅十日程，沃土三百里。闽、粤人在彼种植以尽地利者，不啻数万。阡陌田园，一岁再熟，即粤人所谓洋米是也。英夷以强力据之，拨叙跋兵二千驻防。其地与新嘉坡相犄角，居然又一大镇矣。

《明史》：麻叶瓮③，在西南海中。永乐三年十月，遣使赍玺书赐物，招谕其国，其酋长迄不朝贡。自占城灵山④放舟，顺风十昼夜至交栏山，其西南即麻叶瓮。山峻地平，田膏腴，收获倍他国。

---

①交栏山，今印度尼西亚加里曼丹岛西南岸外的格兰（Gelam）岛，不是槟榔屿。
②布路槟榔（Pulau Pinang），今马来西亚槟榔屿。
③麻叶瓮，今印度尼西亚勿里洞（Billiton）岛。
④灵山，在今越南中部海岸，故地即今华列拉岬（Cape Varella），即石碑（Thach Bia）。

交栏山甚高广，饶竹木。元史弼、高兴伐爪哇，遭风至此山下，舟多坏，乃登山伐木重造，遂破爪哇。其病卒百余，留养不归，后益蕃衍，故其地多华人。

元汪大渊《岛夷志略》：勾栏山，岭高而林密，田瘠谷少，气候热。俗射猎为事。至元初，军士征阇婆，遭风于山〔下〕，辄损舟，一舟幸免，见此山多木，故于其地造舟十余只，飘然长往。有病卒百余人不能去，遂留山中。今唐、番杂居。

源案：交栏山为往大爪哇婆罗洲必由之地，又山高壤沃，似即新埠之地。

海国图志卷十六邵阳魏源辑

东南洋海岛之国。原无，今补。

英夷所属新阿兰岛

英夷所属外新阿兰①岛，即阿塞亚尼〔亚〕洲②。一名澳大利亚洲③，但与欧罗巴之奥地利亚国同名。若但呼新荷兰，又与两瓜哇相混，故今从《地理备考》阿塞亚尼〔亚〕洲之名。其实音近字殊，犹之奥地利亚国，一作欧塞特厘国也。

①外新阿兰（New Holland），通译新荷兰，即澳洲。"外"字为魏源所加，"阿"字为魏源所改。魏源既把加里曼丹（婆罗洲）称为大新荷兰，把爪哇岛称为小新荷兰；故对澳大利亚只好加个"外"字以示区别。十七世纪初期荷兰的船只到达澳洲卡奔塔利亚湾的西海岸，到该世纪五十年代，荷兰东印度公司的船只曾多次到达澳大利亚西海岸，并把那一带命名为新荷兰。

②阿塞亚尼亚洲（Oceania），通译大洋洲。魏源误以为澳洲即大洋洲，其实澳洲一般仅指澳大利亚大陆及其附近的塔斯马尼亚（Tasmania）等岛，只是大洋洲的一部分；魏源所据的《地理备考》亦只称之为"中阿塞亚尼亚"（Central Oceania），不包括许许多多多的太平洋岛屿。

③澳大利亚洲（Australia），又译奥斯达里亚，澳大利亚洲即澳洲。早在公元二世纪埃及的天文学家、地理学家托勒密就推测有这块陆地，并把它绘入地图，称为 Terra Australis Incognita。1531 年法国的制图学家在世界地图中也设想南方有这样一块大陆，并称为 Terra Australis。十七世纪荷兰人到达此地并把它命名为新荷兰之后，New Holland 和 Terra Australis 二名并存了许久。直至 1817 年澳大利亚才决定把 Terra Australis 简称为 Australia，沿用至今。《地理备考》所说的"奥斯达拉里亚"，要比现在一般概念上的澳洲大些，即除澳大利亚大陆及其附近的塔斯马尼亚等岛外，还包括澳大利亚东北面、东面和东南面的若干岛屿。总之，在《备考》中，澳洲和中大洋洲是同义语，魏源却误以为澳洲和大洋洲是同义语。

盖《地理备考》以此洲为南洋诸岛之统领，故以岛名为州名。其实亚细亚等皆夷人以意命名，非有故实。六合之外，圣人不论。既放观宇宙之大，不得不名从主人也。

《地理备考》曰：〔中〕阿塞亚尼（洲）〔亚州〕，又名奥斯达拉里〔亚〕，亦名大新阿兰，① 在洋之中，纬度自南十度起至二十九度止，经度自东一百十度起至一百五十二度止。南北相距约七千五百里，东西相去约九千五百里，地面积方三百八十五万里。

又曰：阿塞亚尼〔亚〕州即南洋诸岛，今合称为五州之一也。重洋叠屿，地狭国多，而以中央之最大奥斯达里亚岛为主。其余各岛土产丰饶，黎庶不一，政治各殊。纬度距赤道自北三十五度起至南五十六度止，经度巴黎斯②午线东九十一度起至一百零五度止。

本州东枕大海③，西接印度海，南连南大海④，北界北大海⑤，暨亚细亚、〔亚〕美里加⑥二州。

本州四面皆海，众岛散布于中。合计众岛南北相距约二万二千七百五十里，东西相去约四万一千里，统计地面积方约四百二十万零五千五百里。

本州地分三域：一名西亚塞亚尼〔亚〕⑦，纬度自北十二度起至二十一度止，经度自东九十三度起至一百三十二度止，岛屿纷

---

①"亦名大新阿兰"六字为魏源加，他既把澳洲称为"外新阿兰"，亦称为"大新阿兰"。
②巴黎斯（Paris），巴黎。
③大海（Pacific Ocean），太平洋。
④南大海（Southern Pacific Ocean），南太平洋。
⑤北大海（North Pacific Ocean），北太平洋。
⑥亚美里加（America），美洲。
⑦西亚塞亚尼亚，指今印度尼西亚和菲律宾。

繁，散布其中，曰苏麻答剌，曰瓜哇，曰松巴瓦、地门，曰美洛居，曰塞勒卑斯，曰婆罗，曰吕宋，此西方诸岛国也；一名中阿塞亚尼〔亚〕，又名奥斯达〔拉〕里〔亚〕，即本州之主岛所谓大新阿兰者也①。纬度自北一度起至南五十五度止，经度自东七十六度②起至一百八十一度止，其诸岛曰新为义亚③，曰卢义西阿达④，曰新北勒达尼〔亚〕⑤，曰萨罗蒙⑥，曰北卢斯⑦，曰基罗斯⑧，曰新加勒达尼〔亚〕⑨，曰诺尔佛尔克⑩，曰新塞兰地〔亚〕⑪，曰叠门尼〔亚〕⑫，此中央诸岛国也；一名东阿塞亚尼〔亚〕⑬。纬度自北三十五度起至南六十五度止⑭，经度自东一百二十五度起至〔西〕一百零五度止，各岛曰（日本）〔慕宁窝尔加尼各〕⑮，曰马

①以上二十字也是魏源增加。

②应作 110 度。

③新为义亚（New Guinea），今巴布亚新几内亚（Papua New Guinea）和印度尼西亚的伊里安查亚（Irian Jaya）。

④卢义西阿达（Luisiade Arch），路易西亚德群岛。

⑤新北勒达尼亚（Arch. da Nova-Bretanha），今俾斯麦群岛（Bismarck Arch.）。

⑥萨罗蒙（Solomon Is.），即所罗门群岛。

⑦北卢斯（Arch. de La Paroute，Santa Cruz Is.），即圣克鲁斯群岛。

⑧基罗斯（Arch. de Quiros，Vanuatu），今瓦努阿图。

⑨新加勒达尼亚（New Caledonia），新喀里多尼亚。

⑩诺尔佛尔克（Norfolk I.），诺福克岛。

⑪新塞兰地亚（Nova-Zelandia，New Zealand），即新西兰。此名，《备考》本作"达斯马尼亚"，魏源据原书中的解释，改为较普遍使用的地名。

⑫叠门尼亚（Grupo de Diemenia，Tasmania），今澳大利亚的塔斯马尼亚州。

⑬东阿塞亚尼亚（East Oceania），指美拉尼西亚、密克罗尼西亚、波利尼西亚诸太平洋岛群。

⑭一般作北纬 30 度至南纬 30 度。

⑮慕宁窝尔加尼各（Arch. Muninvalcanico），即 Bonin Is .（Ogasawara Is.）小笠原群岛和 Volcanico Is. 硫黄列岛等岛屿，魏源误改为日本。

黎亚纳①，曰巴劳②，曰加罗黎讷③，曰慕尔加拉威④，曰维的⑤，曰当加⑥，曰花和尔尼⑦，曰合么阿⑧，曰给尔马的⑨，曰古（名）〔各〕⑩，曰都（浪）〔波〕哀⑪，曰达义的⑫，曰包么度⑬，曰门达那⑭，曰合威⑮，曰斯波拉大⑯，此东方诸岛国也。三域纷布，而以中央之奥斯达里〔亚〕洲为主，故得阿塞亚尼〔亚〕州之名。

本州（各岛）人民约计二京零三亿余口。风教不一，曰回教，曰释教，曰诸神教，曰耶苏公教，曰加尔威诺教，各从所尚。

本州（各岛）朝纲，视别州无异。其中称王称汉⑰称酋称长，或历代相传，或庶民自立，称谓各殊，彼此不同。

本州（各岛）人民不一，技艺各殊，视他州迥别。其黑人惟

①马黎亚纳（Mariana Is.），马里亚纳群岛。

②巴劳（Arch. de Paloas, Belau Is.），贝劳群岛。

③加罗黎讷（Arch. das Carolinas, Caroline Is.），加罗林群岛。

④慕尔加拉威（Arch. Mulgrave），即今马绍尔群岛（Marshall Is.）和吉尔伯特群岛（Gilbert Is.）一带。

⑤维的（Viti Levu, Vitu Levu），维提岛，今南太平洋岛国斐济（Fiju）最大和最重要的岛屿。

⑥当加（Tonga），汤加。

⑦花和尔尼〔Arch. de Oua-Horn, Wallis（Ouvia）& Futuna〕，瓦利斯及富图纳诸岛。

⑧合么阿（Arch. de Hamoa, Samoa Is.），萨摩亚群岛，即今西萨摩亚（Wcstcrn Samoa）和东萨摩亚（Eastern Samoa）。

⑨给尔马的（Kermadec Is.），克马德克群岛。

⑩古各（Cook Is.），库克群岛。

⑪都波哀（Iles Tubuai），土布艾群岛。

⑫达义的（Tahiti Is.），塔希提群岛。

⑬包么度（Arch. Paumotu, Tuamotu Arch.），土阿莫土群岛。

⑭门达那（Arch. de Mendanha），即今马克萨斯群岛（Marquesas Is.）及华盛顿群岛（Washington Is.）。

⑮合威（Hawaiian Is.），夏威夷群岛。

⑯斯波拉大（Sporadas），斯波拉达群岛。

⑰"汉"，《备考》原作"帝"，可能魏源改为"汗"，又误刊为"汉"。

林是居，无所事事，凡日用器物，概不知造。其马来人稍为辛勤，或佃、或渔、或驾舟、或开矿，以为养生之计。至若陶器，多造于巴布阿西亚人；簟席，多编于罗（马都）〔都马〕人。其塞勒卑斯、布基斯勒〔仍〕及瓜哇（等各岛）〔人〕织纺最优，工作细致。其维的、当加、达义的、都波哀等各岛，工作制造亦属精良。凡熔造金银、琢磨玉石、刊斫竹木、雕刻牙角，在在不乏。其最精者，乃婆罗、瓜哇及布里内西亚①各岛之人。外人罕到②，迄今尚莫能悉。至于海滨，亦未甚详。其冈陵重叠，人迹罕至。河之长者，曰好给斯巴黎③，曰马加里〔亚〕④，曰拉支兰⑤，皆在东方。其白矾、煤炭、生铁等物，多产于南（方）〔山〕之中。草木花卉，靡弗充斥。丛林稠密，禽兽蕃衍。地气互异，各有不同。北方酷热，人莫能堪，中央温和，甚便居栖；南方或寒或暑，与欧罗巴州相等。技艺缺乏，土人愚鲁。明朝末年，有荷兰人始寻得此地，旋以其荒芜弃去。近数十年，英国复徙流民开垦创造，故犹存新阿兰之名，示别于葛留巴也。⑥通岛各地，有属英吉利兼摄，有为酋长管理。海滨有东西南北之号，其东方又名南新牙利斯⑦，乃酋〔长〕所属地方，人民鄙陋，居无庐舍，迁徙靡常，盖洪荒甫辟，榛狉之象也。东南洋各岛林立，然至大如婆罗、瓜哇、日本皆不过长二三千里止。独此岛长将万里，广七千余里，如星

---

①布里内西亚（Polynesia），波利尼西亚，意为"多岛群岛"。

②以"外人罕到"四字开始的这一段，《备考》是说"新贺兰岛"，即澳洲大陆的。魏源删去原书这段前面的整整五行，又不作任何说明，相当费解。其实，删去几行后前面应保留"新贺兰岛中"五字或按魏源自己的用语改为"新阿兰岛中"五字。

③好给斯巴黎（Howkesbury River），即霍克斯堡河。

④马加里亚（Macquaria River），即马卡里河。

⑤拉支兰（Lachlan），即拉克伦河。

⑥以上四十九字为魏源所加。

⑦南新牙利斯（New South Wales），新南威尔士。

中之月；且寒暑适平，物产繁殖非南极、北极下冰海不毛之比。故当命为一州，与欧罗巴、亚悉亚等并峙焉。① 其属英吉利者曰昔德内②，屋宇壮丽，贸易日盛；曰波德尼卑③，曰女加斯德尔④，曰巴拉马大⑤，曰日尔非斯⑥，曰马加利⑦，曰非里卑⑧。西方曰留温⑨，曰厄德黎⑩，曰音达拉至⑪。南方皆属英吉利兼摄，地分四：曰奴宜德斯⑫，曰非磷德尔⑬，曰波定⑭，曰加兰⑮。北方皆属英吉利兼摄，地分四：曰维德⑯，曰弯叠门⑰，曰阿尔内音⑱，曰加尔奔达里⑲。

《外国史略》曰：南洋群岛⑳最多，形势最大，南极出地十二度四十分及北极二十度，偏东自九十二度至一百三十四度，各相

---

①以上九十一字亦魏源所加。

②昔德内（Sydney），悉尼。

③波德尼卑（Botany Bay），博坦尼湾。

④女加斯德尔（Newcastle），纽卡斯尔。

⑤巴拉马大（Paramatta），帕拉马塔。

⑥日尔非斯（Bahia-Jarvis），巴伊亚－贾维斯（贾维斯湾）。

⑦马加利（Port Macquarie），麦夸里港。

⑧非里卑（Port Philip Bay），菲利普湾港。

⑨留温（Leeuwin），吕温。

⑩厄德黎（Terra de Edels，Adelaide），阿德莱德。

⑪音达拉至（Terra de Endracht），恩德拉治。

⑫奴宜德斯（Terra de Nuytes），努宜德斯。

⑬非磷德尔（Terra de Flinders），弗林德斯。

⑭波定（Terra de Baudin），包定。

⑮加兰（Terra de Grant），格兰特。

⑯维德（Terra de Witt），维特。

⑰弯叠门（Terra de Van Diemen），范迪门。

⑱阿尔内音（Terra de Arnhein，Armhem Land），阿纳姆地。

⑲加尔奔达里（Carpentaria），卡奔塔利亚。

⑳南洋群岛，《史略》的"南洋群岛"一名，除一般认为的南洋群岛地区外，还包括斯里兰卡及"五印度群岛"。

连，皆在南北黄道带内，故其天气物产情形皆相似。大山茂蓁，并多古迹，产物甚贵。由此而西，各岛分峙。第一带为苏门他拉岛、牙瓦岛、巴里岛、伦薄岛①，偏东一百一十六度，土地丰盛，居民务农。第二带为西里白②，在群岛之中，东界系补东岛③、撒刺益④等岛，皆延偏东一百一十六度及一百二十四度，婆罗岛亦在此度内，所居族类不一。第三带岛自偏东一百二十四度及一百三十度，北极出自二度及南极十度，大半皆蛮，其中有向化者，亦奉耶苏之教，食物系沙谷米，产丁香、玉果等物。第四带系吕宋群岛，出米谷，居民颇向化，多地震。第五带系锡兰山并五印度群岛⑤，族内有两种：其一居各海边，身短、色紫、发长；其二系土民，黑面，发卷而长，体短且蛮，居林内。总计东南岛屿，棋布星罗。其中央大地，无如奥大利亚洲者，广袤方圆约十五万里，南极出地自十度至四十度，偏东自一百一十二度及一百五十四度。此地支港不多，江河亦少，海边有山岭。其地平坦，广有草场。巡游者虽多，终不知其内地形势之详。其北方近黄道，天气甚热；南方则冷，水凝冰结。内地低，夏时多东北、东南等风，冬时多西北、西南等风，天气之寒暖与别国不同，往往冬夏相反。虽长亢旱，而其露如滴，且无烟瘴，故外人至者，皆服水土。树木约四千二百种，高约五十丈，便于建船屋。数年前，其地惟出莠，后英人种蔬菜、南果、卜萄、荔枝等树，皆蕃盛，尤美花卉。因缺水灌溉，惟可植麦，不宜禾。多野兽，无牲畜，英船载牛马羊

---

①伦薄岛（P. Lombok），龙目岛。

②西里白（Celebes），今苏拉威西（Sulawesi）。

③补东岛（Pulau Butung），布敦岛。

④撒刺益（Pulau Salayar），塞拉亚岛。

⑤五印度群岛，指马尔代夫及安达曼群岛、尼科巴群岛等。

豕至，日加蕃殖。鸟多鹦鹉、翠翎之属，海族多蛤蚬螺螃而少鱼鳖。土人极卑陋，无衣无宇，奔走林内；遇外国人惟求酒食，醉即安睡。虽耶苏门徒教化，终无改变。明万历三十三年，荷兰初到此，因其荒芜不足开埠，遂去。故其岛至今尚有新荷兰之称，非婆罗、瓜哇之新荷兰也。迨乾隆四十二年，英国水师官远寻至此，遍览情形。乾隆五十二年，议将徒流之人，押配海边之陂他（七）〔尼〕港①，自后土民始同开垦。道光年间，四方遍建城邑，开港口，筑草场，辟田亩，事勤作，不惜耗费。更察内地有壤土，招农工，年年增益。其最重之地，曰新瓦里士②，系东海边之部，中间硗山而四面平坦，牧场甚广，足养牲畜。每年剪羊毛运回本国，织造呢羽约七万石。并（劆）〔煎〕用其油。道光十八年，垦田五千四百顷，出粟米、大麦、燕麦、荞麦、荷兰薯共三十四万一千石。遇亢旱则居民食物不足，必由他地运入。道光十九年，居民共十一万四千三百口。道光十八年，运入之货值银四百五十万两，运出之羊毛、鲸鱼油等值银二百二十万两，船二百九十二只。道光十九年，运进货价值银六百六十九万两，运出者银二百八十二万两，船五百六十三只。其后商贾不诚实，外人滥赊、滥卖，诸行忽倒，银局不能守旧，物价皆落，商废民贫。赖英国才人设法整顿补救，渐复如旧。英人调兵帅管理此地，其戍兵三年一易。所派文官不多，其乡绅公会皆良民所择。道光四年，饷银十五万两。二十年，二百零四万两。今又消减矣。新瓦里士形势似北亚默利加，足为大国。此时开垦创建，料百年后当为东南洋第一广大繁盛之地矣。都会曰悉尼城，南极出地三十三度五十一

①陂他尼港，指博特尼湾（Botany Bay）北岸。
②新瓦里士（New Wales，New South Wales），今澳大利亚新南威尔士州。

分，偏东百五十一度十六分，居民二万六千，城美街广。海隅水深，可泊船。巴拉马他①海港，居民三千。默布尼所属之菲立港②，山水四周，景尤清妙。道光十七年，甫建此邑，已广筑屋宇。南边藩属地偏东自百三十二度及百四十一度，广袤方圆千一百五十万顷，平坦不生草木。近地开埠，民不过万。此时开垦，产物日增。会城曰亚得害。

西边藩属地，南极出三十一度及三十五度，偏东自百一十五度及百二十九度。于道光十九年始开此地，濒海多沙，并无产物。居民数千口，住鸿鹄河边。北方藩属地在甲宾他海隅，乃道光十八年所开之埠，天气、物产俱与南海岛无异，多产海参，山内出丁香。土蛮面黑。港曰益生顿，居民少。

地面岛南极出地四十一度二十分至四十三度四十分，偏东一百四十四度四十分及一百四十八度二十分，广袤方圆一千一百五十五里，系丰盛灌溉之地，所出木料、五谷甚多。每年出麦二万一千余石，所养之马共二千零三十四匹，牛八万四千四百七十六头，羊百二十三万二千五百一十一头。居民四万五千。道光十八年，运入之货共计银二百一十万两，运出者百七十四万两，船三百七十只。运出之鲸鱼油价值银二十六万两，绵羊毛五十一万三千两。惜仅开辟中央，未能遍垦。中央都会曰何巴邑，居民万四千三百八十二口。老新屯③邑居民六千口，亦繁盛之港。英国新到之氓，大半无银。因在两邑开银局，随时借贷，以扶其民焉。所附之（那里佛）〔佛里那〕④屿，系流徒所集，地出麻。

---

①巴拉马他（Paramatta），巴拉马塔。
②菲立港（Port Philip Bay），菲利普港。
③老新屯（Launceston），朗塞斯顿，澳大利亚塔斯马尼亚州北部港口。
④佛里那（Furneaut Group），弗尔诺群岛。

　　《万国地理全图集》曰：南亚齐亚地，分荷兰大山①与大海洋之群岛②，繁絮如微尘之数。至其列地方，西国船户首先寻得者，吕宋、荷兰等国为首。前百有余年，无人知此等地。迨及英国船只询问风土人情形势，察出新地无数，则将其罪犯徒流之新荷兰。亦有闾阎之民，在本地无食物，甘心涉重海来此开荒地，辟草莱。后又异国之民，愿受一廛而为氓。别有教师，离本地以传耶稣福音之理。又有捕鲸鱼之船只巡驶往来，与该屿结交。于今通知其形势，而识其地理矣。

　　新荷兰南极出自十度至三十八度，偏东自一百十五度至一百五十度，延袤方圆九百万方里。惟知其海边，但其中地无人迹到也。其江河不多，两边干涸之土。所有山岭，最高者三十丈。天气暴燥，赤地穷发。所有禽兽，与北地毫无同形焉。其土民素性近于禽兽，惟以草果为食，以树枝为栖。但与白面人往来之际，则饮酒醉，辗转泥潴内。不穿衣服。男用其女若畜生，痛打恶待，怒则杀之。英国之新民到此地者，种麦粟米，牧绵羊，生意日广日盛。毳毛最细，以织呢绒。居民得其奶而卖其毛。所运出者每岁价银二百八十万两，所运进之物每年四百万两。其居民在各新处不上十万。其都乃悉尼，在广海门③，系属大地之港口，通商不少。但其流徙之匪，风俗奢嚣，居民亦染其毒而离道远焉。有时浩荡虚费，挥金如土；有时行铺闭歇，银钱缺乏。海口居民二万丁，大半务商。内地部落虽多，人户有限，务农者鲜，以放牧为要。年年搬进新民，则六十年后，此地乃大国。彼时全南海之地，必遵其命而服其权焉。其船只现赴到广州府贸易矣。南海边所辟

645

①荷兰大山（New Holland，Australia），澳大利亚。
②大海洋之群岛，指大洋洲（Oceania）诸岛群。
③广海门（Port Jackson），杰克逊港。

之处，尚新建屋数间，而谓之邑。所移人户渐增，又与外国经商，故未久而成大国。在西边之新地，惟江边一处。初到之民，行事不如愿，现时失望，并不得使费以开阡陌也。其北界近于黄道，天气暴热。但其土能产物，故英国调劲兵驻扎。此时遍地荒芜，但海滨之石中，出海参、海菜、燕窝等物件。其土人野心不驯焉。

地（问）〔闽〕岛①，（海）〔荷〕② 东南形势，南极出四十度四十二分至四十三度四十三分，偏东自一百四十八度二十二分，袤延方圆八万一千方里。出五谷及薯及各项蔬菜。其居民不独务农，乃以捕鲸为重。沿海港口多不胜数，贸易富庶。

新（荷）〔西〕兰乃南方两岛，隔以海（陕）〔峡〕，南极出自三十四度，偏东自一百六十度至一百七十八度，袤延方圆一十八万六千方里。峰高及云，雪叠环绕，水泽涌泊。其土民很心好杀，与异族常结仇报复，猖獗放荡，令众人惊畏。此时耶苏之门徒进其地以教化之，将福音传其老幼，又令此野人务农作工，以除其食人肉之弊。其地丰盛，出麻、谷、菜等物。是以英国迁移人口，向其土君买田，遍开新地。佛兰西亦效法而占据此方。所有捕鲸之船，节次赴此港口，包兑包送，以鸟枪绒毡易各项食物。其土人亦登其船而为水手，但性悍难近也。

前所言之各地方，全数归英国调兵派官。彼土君所管治者，泯泯芬芬，纲纪摧残。其中亦有蛮无主，皆散林内，如兽结群。东南海之岛，如新危尼、新耳兰、（新）撒罗门③、〔新〕希伯④等群岛，繁不胜数。其山高，亦有出火之峰。但其居民黑面短身，

---

①地闽岛（Tasmania），塔斯马尼亚岛。
②荷，指新荷兰，即澳洲。
③撒罗门（Solomon Is.），所罗门群岛。
④新希伯（New Hebrides），新赫布里底群岛，今瓦努阿图。

倚强恃暴，无交通之理，只知此岛之形势而已。其大洋海茫茫，
一望无涯。所有各群岛疏散不密，大半褊小之地，四围有珊瑚石
盘，近之甚杂。其山出椰子、芋、薯、饼果，居民以逸待劳，晴
朗和畅，衣服不多。既无务事，惟取乐而已。其风俗未向化，但
其中有族循良，谏行言听。耶苏学生又至其岛，教以天道，开其
茅塞，发光其心，而引向福音。不期土人自将其菩萨一切舍弃，
真可谓神力无穷，蛮心感化也。其群岛最大之屿，称曰阿他害
地①，风景清美。居民与所属各屿，钦奉耶稣，向风慕义，增设学
校。阿歪希②乃繁多群岛③之最广，亦归正教。嘉庆十七年，奉教
主耶稣，弃邪归正，画一无异。今时此岛之居民大兴，但人户渐
减。其王养弁兵，操演练习，亦有师船遍海巡驶。学校遍地，开
谕教蒙。其群岛之居民形体正端，但心内埋毒很。加罗林群岛最
多，中有族颇会技艺，偶有船只与之通商。其贼群岛④被是班
牙所占据者，强其居民奉教，效死不从。此外尚有多屿，大半所出物
件，椰子而已。居民最少，与外国绝交。佛兰西国于道光二十二
年占据马耳其沙之群岛⑤以为新地，但未知其情形何如？付之数年
后可也。

　　《瀛环志略》曰：澳大利亚，一名新荷兰，在亚细亚东南洋巴
布亚岛之南，周回约万余里。由此岛泛大洋海东行，即抵南、北
亚墨利加之西界。其地亘古穷荒，未通别土。前明时，西班牙王

---

① 阿他害地（Otaheite I., Tahite I.），塔希提岛。
② 阿歪希（Owhyhee, Hawaiian Is.），夏威夷群岛。
③ 繁多群岛（Polynesia），波利尼西亚。
④ 贼群岛（Islas de los Ladrones, Mariana Is.），马里亚纳群岛。"贼"字是麦哲伦等人对
　　当地人民的诬蔑之词。
⑤ 马耳其沙之群岛（Iles Marquesas），马克萨斯群岛。

遣使臣墨瓦兰①由亚墨利加之南西驶，再寻新地。舟行数月，忽见大地，以为别一乾坤。地荒秽无人迹，入夜烧火乱飞，命名曰火地。又以使臣之名，名之曰墨瓦蜡尼加②。西班牙人以此侈航海之能，亦未尝经营其地也。后荷兰人东来，建置南洋诸岛，展转略地，遂抵于海滨。乃建设埔头，名之曰澳大利亚，又称新荷兰。旋为佛郎西所夺，佛人寻弃去。最后英吉利得之，因其土地之广，坚意垦辟。先流徙罪人于此，为屯田计。本国无业贫民愿往谋食者，亦载以来。他国之民愿受一廛者，听之。地在赤道之南，天气炎燥。海滨多平土，山岭高者不过三十丈。江河绝少。杂树荒草，灌莽无垠。鸟兽形状诡谲与别土异。土番黑面披发裸体，食草根山果，结巢于树。予之酒，一饮即醉卧泥中，如豕负涂。男役女若畜，怒辄杀之。英人流寓者，垦海滨湿土，种麦与粟。草肥茂，牧羊孳乳甚速，毛氄细软，可织呢绒。现居民不足十万，每年运出之羊毛值银二百余万两。百物未备，日用之需，皆从别土运往。英人于东海口建会城曰悉尼，居民二万，捕鲸之船，时时收泊，贸易颇盛。而流徙之户本莠民，饮博荡佚，相习成风。流寓良民，亦颇染其俗。南境滨大南海，英人新徙人户，已成聚落；西境亦创置一廛，在江河之滨；北境近赤道，天气酷热，产海参、海菜、燕窝，英人派陆兵驻守，以防侵夺。计澳大利亚一土，英人四境所耕收，仅海滨片土，不过百之一二。其腹地则奥草丛林，深昧不测，土番如兽，老死无往来。不特风土无从探访，即山川形势，亦无由乘轺历览。英人谓此土虽荒旷，而百余年后当成大国，南海诸番岛当听役属如附庸也。近命名曰南亚细亚。

———————

①墨瓦兰（Fernão de Magalhães），麦哲伦。
②墨瓦蜡尼加（Terra del Fuego，Magallanica），火地岛。

案：此即《职方外纪》所云第五大洲，陈资斋所谓人迹不到处也。野番兽处，亘古昏蒙。西班牙搜奇天外，荷、佛蛮触海隅。英人极意经营，可谓好勤远略矣。

附近此洲各岛

《外国史略》曰：新危尼岛[①]，一作新为匿，一作新义内，在东南，广袤方圆万三千里，居民五十万。山甚高，峰积雪，海中可遥见之。亦有火山、火浆。民不知耕，皆黑面卷发，不著衣，性如禽兽，有人上岸即杀之。其内地不知何产。荷兰人于此开埠，不服水土，守兵多殒于烟瘴。甲版船过此岛时，即有土蛮来，以玳瑁、金沙易布匹、衣服。然所给之衣裳，亦不穿用，好裸身巡游。尚有多屿，悉荒芜无人。

《外国史略》曰：新（阿）〔西〕兰岛南极出地自三十四度二十五分至四十七度十九分，偏东自百六十六度及百七十九度，广袤方圆四千二百九十一里，居民约十五万。岛南多山，天气冷，产物少。万历间，荷兰水手初到此岛。乾隆间，英人驶船始抵此。鲸鱼云集，恣人所捕。而市皆无果，田皆无谷，兽无羊、豕、牛，民食草根树叶。于是伐木构屋，垦田治圃，种果树、蕃薯、麦、谷、蔬菜，置牲畜，土民始火食。山高千四百七十五丈。土蛮力健，勇于作为，形貌平正，性亦良善。附近群屿尚多，皆荒地不毛，土蛮如野兽。

《地理备考》曰：新义内岛，一作巴布阿西〔亚〕岛，在南洋之中，新阿兰岛之北，纬度自南一度起至十度止，经度自东一百

①新危尼岛（New Guinea），今巴布亚新几内亚（Papua New Guinea）和印度尼西亚的伊里安查亚（Irian Jaya）。

二十八度起至一百四十七度止，长约三千六百里，宽约九百里。山势峻峭，丛林稠密。岛〔中〕外人罕到，迄今尚莫能悉。至于海滨，亦未甚详。土产椰、蕉、沙谷米等物。人民朴陋，逐日建篷造船，营生谋食。通岛分为四酋管辖。其余各岛曰阁必①，曰萨尔瓦地②，曰加门③，曰巴定打④，曰非里威里⑤，曰当必⑥，曰书敦⑦，曰阿路⑧，内有一岛曰外去⑨，归于的德尔酋长统摄。

《地理备考》曰：卢义西阿达岛在南洋之中，新义内岛之东，纬度自南八度起至十二度止，经度自东一百四十八度二十分起至一百五十二度十分止。地势错落，不相联络。居民皆食人肉。岛中备细，外人尚莫悉其详。岛之巨者曰罗塞尔，曰圣挨南，曰音德里加斯德⑩，曰虽斯地⑪，曰多罗皮安⑫。

《地理备考》曰：新北勒达尼〔亚〕岛在南洋之中，卢义西阿达岛之北，纬度自南四度起至六度二十五分止，经度自东一百四十六度起至一百五十度止。地势错落，不相联络。火山不一，昼夜吐焰。丛林稠密，禽兽充斥。人民纷繁，〔生〕性凶猛。岛之大

---

①阁必（Goby），戈比岛。

②萨尔瓦地（Salwatty），萨勒瓦提岛。

③加门（Gamen），加门岛。

④巴定打（Battenta），巴坦塔岛。

⑤非里威里（Grupo de Freewill），弗里威尔群岛。

⑥当必（Arch. de Dampier），丹皮尔群岛。

⑦书敦（Arch. de Schuten），实珍群岛。

⑧阿路（Grupo de Arru, Kep. Aru），阿鲁群岛。

⑨外去（Pulau Weigeo），哇格乌岛。

⑩音德里加斯德（d'Entrecasteaux Is.），当特尔卡斯托群岛。

⑪虽斯地（Sueste I.），苏伊斯特岛。

⑫多罗皮安（Trobriand Is.），特罗布里恩德群岛。

者曰新北勒达尼〔亚〕①，又名比拉拉；曰新义尔兰达②，又名当巴拉，曰约尔各③，又名亚加马大；曰新阿（浩）〔诺〕威尔④。其余颇小，兹不悉载。

《地理备考》曰：萨罗蒙岛，又名新日尔治〔亚〕⑤，在南洋之中，新义内岛之东，纬度自南四度起至十二度止，经度自东一百五十二度起至一百六十一度止。岛屿胪列，树木稠密。人烟纷繁，迁徙无常。岛之巨者，曰布加⑥，曰布加音威里⑦，曰三大义萨白尔⑧，曰日尔日亚⑨，曰瓜达尔加纳尔⑩，曰三几里斯多望⑪。其西萨尔加岛⑫虽小，火山吐焰猛烈。

《地理备考》曰：北卢斯岛，又名三达古卢斯⑬，在南洋之中，萨罗蒙岛之南，纬度自南八度三十分起至十二度十五分止，经度自东一百六十三度二十分起至一百六十七度四十分止。地（气）〔势〕错落，不相联络。岛之大者七，内有火山一座，吐焰猛烈。

又曰：基罗斯岛，又名新里比里大⑭，亦号大西加拉德，在南洋之中，新阿兰岛之东，纬度自南十四度二十九分起至二十度四

①新北勒达尼亚（New Britain I.），又名比拉拉岛（Birara I.），即新不列颠岛。
②新义尔兰达（Nova-Irlanda，Tombara，New Ireland），新爱尔兰岛。
③约尔各（Duque de York，Acamate），约克岛，亦称阿克马塔岛。
④新阿诺威尔（Novo Hanover），新汉诺威岛。
⑤新日尔治亚（Nova Georgia，New Georgia I.），新乔治亚岛。
⑥布加（Buka），布喀岛。
⑦布加音威里（Bougainville），布干维尔岛。
⑧三大义萨白尔（Santa Izabel I.），圣伊萨贝尔岛。
⑨日尔日亚（Georgia I.），乔治亚岛。
⑩瓜达尔加纳尔（Guadalcanar I.），瓜达尔卡纳尔岛。
⑪三几里斯多望（S. Christovao，San Cristoval I.），圣克里斯托瓦尔岛。
⑫西萨尔加岛（Sesarga I.），塞萨尔加岛。
⑬三达古卢斯（Santa Czuz Is.），圣克鲁斯群岛。
⑭新里比里大（Novas Hebridas），又作大西加拉德（Grande Cycladas），即今瓦努阿图（Vanuatu）。

分止，经度自东一百六十五度起至一百六十八度止。中有二十一岛，大者九：曰斯必里多〔三多〕①，曰马里哥罗②，曰三都义至③，曰义诺忙各④，曰达纳⑤，曰三巴尔多罗〔米〕阿⑥，曰澳罗拉⑦，曰本德哥斯的⑧，曰义罗忙加⑨。

《地理备考》曰：新加勒德尼亚岛在南洋之中，新基罗斯岛⑩之西南，纬度自南十九度三十七分起至二十二度三十分止，经度自东一百六十一度十七分起至一百六十三度五十三分止，长约八百里，宽一百五十里，烟户一万五千口。地瘠不毛，不宜种植。人民鄙陋，迁徙无常。四面小岛不一，大者曰阿塞尔瓦多略⑪，曰罗牙尔地⑫，曰波大尼加⑬，曰阿奴诺。

《地理备考》曰：诺尔弗〔尔亚〕克岛在南洋之中，新加勒德尼并达斯马尼〔亚〕⑭二岛之间，纬度在南二十九度，经度在东一百六十五度四十九分，甚属细小。田土肥饶，果谷丰登，地气温

---

①斯必里多三多（Espirito Santo），圣埃斯皮里图岛。

②马里哥罗（Millicolo I.），马勒库拉岛。

③三都义至（Sandwich I.），桑威奇岛。

④义诺忙各（Enomango I.），埃诺芒戈岛。

⑤达纳（Tanna I.），塔纳岛。

⑥三巴尔多罗米阿（San Bartolomeo I.），圣巴托洛梅岛。

⑦澳罗拉（Aurora），奥罗拉岛。

⑧本德哥斯的（Pentecosta），彭特科斯特岛。

⑨义罗忙加（Erromanga），埃罗芒加岛。

⑩新基罗斯岛（New Hebrides），瓦努阿图（Vanuatu），新赫布里底群岛。

⑪阿塞尔瓦多略（Observatoria），新喀里多尼亚岛（New Caledonia I.）。

⑫罗牙尔地（Loyalty Is.），洛亚尔蒂群岛。

⑬波大尼加（Botanica），博特尼岛。

⑭达斯马尼亚（Tasmania），即新西兰。

和。中有三岛，曰诺尔弗〔尔〕克①，曰尼比安②，曰非里卑③。

《地理备考》曰：新塞兰地（岛）〔亚〕，又名达斯马尼〔亚〕，在南洋之南，纬度自南三十四度起至四十七度止，经度自东一百六十四度起至一百七十八度止。分而为二：曰义加（耶）〔那〕马惟④，又名北达斯马尼〔亚〕；曰达为不那毋⑤，亦号南达斯马尼〔亚〕。其北达斯马尼〔亚〕，长一千八百里，宽五百七十里。人烟纷繁，颇属强大。田土膏腴，树林稠密。地气酷热，海风清凉。诸酋分摄，不相统属。其南达斯马尼〔亚〕，长二千里，宽五百余里。人烟稀少，田土较瘠。南北居民，性甚凶很，互相残杀，风俗鄙陋，礼法全无。四面岛屿甚多，大者曰布路敦⑥，曰半的⑦，曰金卑里⑧，曰阿加冷⑨，曰马加里⑩。

《地理备考》曰：叠扪尼〔亚〕岛在南洋新阿兰之南，纬度自南四十度四十二分起至四十三度三十八分止，经度自东一百四十二度二十二分起至一百四十六度五分止，南北相去六百三十里，东西相距五百五十里。田土肥饶，谷果丰登。丛林稠密，禽兽充斥。土产铜、铁、矾、玉、云石、煤炭等物，地气温和。其岛为

①诺尔弗尔克（Norfolk I.），诺福克岛。
②尼比安（Nepean I.），尼皮安岛。
③非里卑（Phillipp I.），菲利普岛。
④义加那马惟（Ika Na-Mauwi），新西兰的北岛。
⑤达为不那毋（Tavai-punammu），新西兰的南岛。
⑥布路敦（Brughton I.），布鲁顿岛。
⑦半的（Bounty Is.），新西兰的邦提群岛。
⑧金卑里（Campell I.），新西兰的坎贝尔岛。
⑨阿加冷（Auckland Is.），新西兰的奥克兰群岛。
⑩马加里（Macquarie I.），澳大利亚的马阔里岛。

英吉利兼摄，分列九属。大者曰何罢尔①，其利至蒙②、老者斯
敦③二处则次之。本岛所属岛屿不一，曰布路尼④，曰马里亚⑤，
曰沙刺⑥，曰付尔诺⑦，曰经⑧，乃其大者也。

---

①何罢尔（Hobart Town，Hobart），霍巴特，澳大利亚塔斯马尼亚州首府。
②利至蒙（Richmond），里士满，澳大利亚塔斯马尼亚州东南部城镇。
③老者斯敦（Launceston），朗塞斯顿。
④布路尼（Bruny I.），布鲁尼岛。
⑤马里亚（Maria I.），玛丽亚岛。
⑥沙刺（Sara I.），萨拉岛。
⑦付尔诺（Grupo de Furneaux，Furneaux Group），菲尔诺群岛，在澳大利亚塔斯马尼亚
　州东北海岸外巴斯（Bass）海峡东端。
⑧经（King I.），金岛，在澳大利亚巴斯海峡西端，塔斯马尼亚州西北海岸外。

海国图志卷十七 邵阳魏源辑

东南洋 海岛之国。原无，今补。

日本岛国 凡前史无关海防者不录

《明史》：日本，古倭奴国。唐咸亨中，改日本，以近东海日出而名也。地环海，惟东北隅大山，有五畿、七道、三岛，共百十五（洲）〔州〕，统五百八十七郡，其小国皆服属焉。国小者百里，大不过五百里。户小者千，多不过一二万。国主世以王为姓，群臣亦世官。宋以前皆通中国，朝贡不绝。惟元世祖数遣使招之不至，乃命范文虎等帅舟师十万征之，至五龙山①，遭暴风，军尽没。终元世，未相通也。明兴，乘中国用兵，屡寇海滨州县。洪武二年，遣使颁诏书，且诘其入寇之故。日本不奉命，侵掠如故。屡入贡，皆无表，却之。二十年，命江夏侯周德兴往福建，信国公汤和往浙江，整饬海防。命福建备海舟百艘，广东倍之。会胡惟庸谋逆，〔欲〕藉日本为助，其王遣僧如瑶率兵卒四百余人，诈称入贡，且献巨烛，藏火药、刀剑其中，既至而惟庸败，事露，乃决意绝日本，专务防海，后著"祖训"，〔列〕不征之国十五，日本与焉。永乐初，始通表贡。时对马（台）〔壹〕岐诸岛，贼掠滨海居民，谕其王捕之。王发兵捕其众，絷其魁二十人以献。自

①五龙山，在日本平户岛。

是频入贡，亦频献所获海寇。且表言："岛上无赖鼠窃者，实非臣所知，愿贷罪。"然海寇犹不绝。十七年，辽东总兵官刘江，大破之于望海埚。自是寇掠为稀，贡使亦不至。正统四年、八年，倭船四十艘，连寇台州、海宁。先是洪熙时，黄岩、龙岩民二人，因徭役叛入倭，为之乡导。倭性黠，时载方物戎器出没海滨，得间则张其戎器，肆侵掠，不得则陈其方物，称朝贡，东南海滨患之。其贡使亦屡杀人犯法，其来贡者皆利互市，交通沿海奸豪，故且贡且寇。嘉靖二十七年，巡抚朱纨乃严为申禁，斩其交通者。由是浙、闽大姓素为倭内主者，失利而怨。纨又数腾疏于朝，显言大姓通倭状，以故闽、浙人咸恶之。巡抚御史周亮，闽产也，上疏诋纨，请改巡抚为巡视，以杀其权，其党在朝者左右之，竟如其请。后又夺纨官，罗织其擅杀罪，纨自杀。自是不置巡抚者四年，海禁复弛，乱益滋甚。祖制浙江设市舶提举司，以中官主之，驻宁波。海舶至，则平其直，制驭之权在上。及世宗尽撤天下镇守中官，并撤市舶，而滨海奸人遂操其利，初（犹市）〔市犹〕商人为之主，已而严通番之禁，遂移之贵官家，而负其直者愈甚，索之急，则以危言吓（将吏俾）之，（剿兵将出）又以好言绐之，（走）谓吾终不负若直。倭丧其赀不得返，已大恨，而大奸若汪直、徐海、陈东、麻叶辈，素窟穴其中者，以内地不得逞，悉逸（出）海岛中，为倭谋主，诱之入寇。而海中巨盗，遂袭倭服饰、旗号，并分艘掠内地。倭患日剧，于是廷议复设巡抚。三十一年七月，乃以佥都御史王忬任之，而势已不可扑灭。先是国初沿海要地建卫所，设战船，董以都司、巡视、副使等官，控制周密。及承平久，船敝伍虚。及遇警，乃募渔船以资哨守。兵非素练，船非专业，见寇舶至，辄望风逃匿。而上又无统帅御之，以故贼帆所指，无不残破。三十二年三月，汪直勾诸倭大举入寇，连舰数百,蔽海而至。浙东、西,江南、北,滨海数千里同时告警,破昌国卫。四月,犯太仓,破上海县,掠江阴,攻乍浦。八月,劫金山卫,犯崇明及常熟、嘉定。三十三年正月,自太仓掠苏州,攻松江,复趋江北,薄通、泰。四月,陷嘉善,破崇明,复薄苏州,入崇德县。六月,由吴江掠嘉兴,还屯柘林。纵横来往,若入无人之境。忬亦不能有所为。未几,忬改抚大同,以李天宠代之。又命兵部尚书张经总督军务,乃大征兵四方,协力进剿。是时倭以川沙洼、柘林为巢,抄掠四出。明年正月,贼夺舟犯乍浦、海宁,陷崇德,转掠塘栖、新市、横塘、双林等处,攻德清县。五月,复合新倭,突犯嘉兴,至王江泾,乃为经击斩一千九百余级,余奔柘林。其他倭复肆掠苏州境,延及江阴、无锡,出入太湖,莫有御之者。大抵真倭十之三,从倭者十之七。倭战则驱其所掠之人为军锋,法严,人皆致死。而官军素懦怯,所至溃奔。帝乃遣工部侍郎赵文华督察军情。文华婪,颠倒功罪,诸军益解体。经、天宠,并被逮,代以周珫、胡宗宪。逾月,珫罢,代以杨宜。时贼势蔓延,江南、北,浙东、西,既无不遭其蹂躏,新倭来益众,每自焚其舟,登岸劫掠。自杭州西剽淳安,突徽州歙县,至绩溪、旌德,过泾县,趋南陵,遂达芜湖,烧南岸,奔太平府,犯江宁镇,径侵南京。倭红衣黄盖,整众犯大安德门,及夹冈,乃趋(株)〔秣〕陵关而去,由溧水流劫溧阳、宜兴。闻官兵自太湖出,遂越武进,抵无锡,驻惠山。一昼夜奔一百八十余里,抵浒墅,为官军所围,追及于杨林桥,歼之。是役也,贼不过六七(千)〔十〕人,而经行数千里,杀戮战伤者几四千人,历八十余日始灭。此三十四年九月事也。应天巡抚曹邦辅以捷闻,文华忌其功。以倭之巢于陶宅也,乃大集浙、直兵,与宗宪亲将之。又约邦辅合剿,分道并进,营于松江之砖桥。倭悉锐来冲,遂大败，文华气夺，贼益炽。十月，倭自乐清登岸，流劫黄岩、仙居、奉化、余姚、上虞，被杀掳者无算。至嵊县乃歼之，亦不满二百人。顾深入三府，历五十日始平。其先一枝自山东日照流劫东安卫，至淮安、赣榆、沭阳、桃源，至清河阻雨，为徐、邳官兵所歼，亦不过数十人。流害千里，杀戮千余，其悍如此。而文华自砖桥之败，见倭寇势甚，其自柘林移于周浦，与泊于川沙旧巢及嘉定、高桥者自如，他侵犯者无虚日，文华乃以寇息请还朝。明年二月，罢杨宜，代以宗宪，以阮鹗巡抚浙江。于是宗宪乃请遣使谕日本国王，禁戢岛寇，招还通番奸商，许立功免罪。既得旨，遂遣宁波诸生蒋洲、陈可愿往。及是，可愿还，言至其国五岛，遇（江）〔汪〕直、毛海峰，谓日本内乱，王与其相俱死，诸岛不相统摄，须遍谕乃可杜其入犯。又言〔有〕萨摩洲者，虽已扬帆入寇，非其本心，乞通贡互市，愿杀贼自效。乃留洲传谕各岛，而送可愿还。宗宪以闻，兵部言：直等本编民，既称效顺，即当释兵。乃绝不言及，第求开市通贡，隐若属国然，其奸叵测，宜令督臣振扬国威，严加备御。移檄直等，俾剿除舟山诸贼巢以自明。果海疆廓清，自有恩（赏）〔赉〕。从之。时两浙皆被倭，而慈溪焚杀（多）〔独〕惨，余姚次之。浙（江）〔西〕柘林、乍浦、乌镇、皂林间，又皆为贼巢，前后至者二万余人，命宗宪亟图方略。七月，宗宪言："贼首毛海峰，自陈可愿还，一败倭寇于舟山，再败之沥表。又遣其党招谕各岛，相率效顺，乞加重赏。"部令宗宪以便宜行。是时徐海、陈东、麻叶方连兵，攻围桐乡，宗宪设计间之，海遂擒东、叶以降，尽歼其余众于乍浦。未几，复蹙海于梁庄，海亦授首，余党尽灭。江南、浙西诸寇略平，而江北倭则犯丹阳，及掠瓜洲，烧漕艘者。明春复犯如皋、海门，攻通州，掠扬州、高邮，入宝应，遂侵淮安府，集于庙湾，逾年乃克。(具)〔其〕浙东之倭，则盘踞于舟山，亦先后为官军所袭。先是，蒋洲宣谕诸岛，至丰后被留，转令僧人(住)〔往〕山口等岛，传谕禁戢。于是山口都督源义长具咨送还被掠人口，而咨乃用国王印。丰后太守源义镇遣僧德阳等具方物，奉表谢罪，请颁勘合修贡，送洲还。前杨宜所遣郑舜功出海哨探者，行至丰后岛，岛主亦遣僧清授附舟来谢罪。言前后侵犯，皆中国奸商潜引诸岛夷众，义镇等实不知。于是，宗宪疏陈其事，言："洲奉使二年，止历丰后、山口二岛，或有贡物而无印信勘合，或有印信而非国王名称，皆违朝典。然彼既以贡来，又送还被掠人口，实有畏罪乞恩意。宜礼遣其使，令传谕义镇、义长，转谕日本王，擒献倡乱诸渠，及中国奸宄，方许通贡。"诏可。汪直之踞海岛也，与其党王滶、叶宗满、谢和、王清溪等，各拥众诱挟倭寇为雄。朝廷至悬伯爵、万金之赏以构之，迄不能致。及是内地官军颇有备，倭虽横，亦多被剿戮，有全岛无一人归者，往往(多尤)〔怨〕直，直渐不自安。宗宪与直同郡，馆直母与其妻孥于杭州，遣蒋洲赍其家书招之。直知家属固无恙，颇心动。义镇等以中国许互市，亦喜。乃装巨舟遣其属善妙等四十余人，随直等来贡市，于三十六年十月初，抵舟山之岑港。将吏以为入寇也，陈兵备。直乃遣王滶入见，宗宪立遣之。直又邀一贵官为质，即命指挥夏正往。直以为信，遂与宗满、清溪偕来。宗宪大喜，礼接之甚厚，令谒巡按御史王本固于杭州，本固以属吏。滶等闻，大恨，支解夏正，焚舟登山，据岑港坚守。逾年，新倭大至，屡寇浙东三郡，其在岑港者，徐移之柯梅，造新舟出海，宗宪不之追。十一月，贼扬帆南去，泊泉州之浯屿，掠同安、惠安、南安诸县，攻福宁州，破福安、宁德。明年四月遂围福州，经月不解。福清、永福诸城，皆被攻毁。蔓延于兴化，奔突于漳州。其患尽移于福建，而潮、广间，亦纷纷以倭警闻矣。至四十年，浙东、江北诸寇以次平。宗宪寻坐罪被逮。明年十一月，陷兴化府，大杀掠，（以）〔移〕据平海卫不去。初，倭之犯浙江也，破州县卫所城以百数，然未有破府城者。至是，远近震动，亟征俞大猷、戚继光、刘显诸将合击，破之。其侵犯他州县者，亦为诸将所破，福建亦平。其后，广东巨寇曾一本、黄朝太等，无不引倭为助。隆庆时，破碣石、甲（于）〔子〕诸卫所。已犯化州、石城县，陷锦囊所、神电卫。吴川、阳江、茂名、海丰、新宁、惠来诸县，悉遭焚掠。转入雷、廉、琼三郡境，亦被其患。万历二年，犯浙东宁、绍、台、温四郡，又陷广东铜鼓（卫）〔石〕、双鱼所。三年，犯电白。四年，犯定海。八年，犯浙江韭山及福建澎湖、东涌。十年，犯温州，又犯广东。十六年，犯浙江。然是时疆吏惩嘉靖之祸，海防颇饬，贼来辄失利。其犯广东者，为蜑贼梁本豪勾引，势尤猖獗。总督陈瑞集众军击之，斩首千六百余级，沉其船百余艘，本豪亦授首。帝为告谢郊庙，宣捷受贺云。

日本故有王，其下称"关白"者最尊显，时山城州渠信长为此职。偶出猎，遇一人卧树下，惊起冲突，执而诘之，自言为平秀吉，沙摩洲人之奴，雄健矫捷，有口辩。信长见而悦之，令牧马，名曰木下人。后渐用事，为信长画策，夺并二十余州，遂为摄津镇守大将。有参谋阿奇支者，得罪信长，命秀吉统兵讨之。俄信长为其下明智所弑，秀吉方攻灭阿奇支，闻变，与部将行长等，乘胜还兵（讨）〔诛〕之，威名益振。寻废信长三子，僭称关白，尽有其众，时为万历十四年。于是益治兵，征服六十六州，又以威胁琉球、吕宋、暹罗、佛郎机诸国，皆使奉贡。乃改国王所居山城为大阁，广筑城郭，建宫殿，其楼阁有至九重者，实妇女、珍宝其中。其用法严，军行有进无退，违者虽子婿必诛，以故所向无敌。乃改元文禄，并欲侵中国、灭朝鲜而有之。召问故时汪直遗党，知唐人畏倭如虎，气益骄，益大治甲兵，缮舟舰，与其下谋，入中国北京者用朝鲜人为导，入浙、闽沿海郡县者（即）用唐人为导。虑琉球泄其情，使毋入贡。同安人陈甲者，商于琉球，惧其为中国害也，与琉球长史郑（回）〔迴〕谋，因进贡请封之使，具以其情来告。甲又旋故乡，陈其事于巡抚赵参鲁。参鲁以闻，下兵部，部移咨朝鲜王。王但深辨乡导之诬，亦不自知其谋己也。初，秀吉广征诸镇兵，储三岁粮，欲自将以犯中国。会其子死，旁无兄弟。前夺丰后岛主妻为姿，虑其为后患。而诸镇怨秀吉之虐己也，咸曰："此举非侵大唐，乃袭我耳。"各怀异志。由是，秀吉不敢亲行。二十年四月，遣其将清正、行长、义智、僧元苏、宗逸等，将舟师数百艘，由对马岛渡海，陷朝鲜之（金）〔釜〕山，乘胜长驱，以五月渡临津，掠开城，分陷丰德诸郡，朝鲜望风溃。清正等遂逼王京[1]。朝鲜王李昖弃城奔平壤，又奔义州，遣使络绎告急。倭遂入王京，执其王妃、王子，追奔至平壤，放兵淫掠。七月，命副总兵祖承训赴援，与倭战于平壤城外，大败，承训仅以身免。八月，中朝乃以兵部侍郎宋应昌为经略，都督李如松为提督，统兵讨之。当是时，宁夏未平，朝鲜事起，兵部尚书石星，计无所出，募能说倭者侦之，于是嘉兴人沈惟敬应募。星即假游击将军衔，送之如松麾下。明年如松师大捷于平壤，朝鲜所失四道并复。如松乘胜趋碧蹄馆，败而退师。于是封贡之议起，中朝弥缝惟敬以成款局，事详《朝鲜传》。久之，秀吉死，诸倭扬帆尽归，朝鲜患亦平。然自关白侵东国，前后七载，丧师数十万，糜饷数百万，中朝与朝鲜迄无胜算。至关白死，

---

[1]王京，指汉城（Seoul）。

兵祸始休，诸倭亦皆退守岛巢，东南稍有安枕之日矣。秀吉凡再传而亡。终明之世，通倭之禁甚严，而闾巷小民，至指倭（为）〔相〕詈骂，甚以嚇其小儿女云。

《武备志》：倭夷惯为蝴蝶阵，临阵以挥扇为号，一人挥扇，众皆舞刀而起，向空挥霍，我兵仓皇仰首，则从下砍来。又为长蛇阵，前（跃）〔耀〕百脚旗，以次鱼贯而行，最强为锋，最强为殿，中皆勇怯相（间）〔参〕。每日鸡鸣起，蟠地会食。食毕，夷酋据高坐，众皆听令。挟册展视，今日劫某处，某为长，某为队，队不过三十人，每队相去一二里，吹海螺为号，相闻即合救援。亦有二三人一队者，舞刀横行。薄暮即返，各献其所劫财物，毋敢匿。夷酋较其多寡而赢缩之，每掳妇女，夜必酒色酣睡。劫掠将终，纵火以焚，烟焰烛天，人方畏其酷烈，而贼则抽去矣。愚绐我民，勿使邀击，专用此术。贼至民间，遇酒馔先令我民尝之，然后饮食，恐设毒也。行衢陌间，不入委巷，恐设伏也。不沿城而行，恐城上抛砖石也。其行必单列而长，缓步而整，故占数十里莫能近，驰数十日不为劳。布阵必四分五裂，故不能围。对营必先遣一二人跳跃而蹲伏，故能空竭吾之矢石、火炮。冲阵必伺人先动，动而后突入，故乘胜长驱。战酣必四面伏起，突绕阵后，故令我军惊溃。每用怪术，若结羊、驱妇之类，当先以骇观，故吾目眩，而彼械乘惯双刀，上诳而下反掠，故难格。钯枪不露竿，突忽而掷，故不测。弓长矢巨，近人则发之，故射命中。敛迹者，其进取也。张扬者，其逃遁也。故常横破舟以示遁，而突出金山之围，造竹梯以示攻，而旋有胜山之去。将野逸，则逼城。欲陆走，则取棹。或为阱以诈坑，或结稻秆以绊奔，或种竹签以刺逸。常以玉帛、金银、妇女为饵，故能诱引吾军之进陷，而乐（为）〔罢〕吾军之邀追。俘虏必开塘而结舌，莫辨其非倭，故归路绝。

恩施附巢之居民，故虚实洞知。丰赏降虏之工匠，故器械易具。细作用吾人，故盘诘难。向导用吾人，故进退熟。宿食必破壁而处，乘高而瞭，故袭取无机。间常一被重围矣，饵以伪赇而逸之；或披蓑顶笠，沮溺于田亩；或云巾纻履，荡游于都市。故使我军士或愚而（杀）〔投〕贼，或疑而杀良。江海之战，本非其长，亦能联虚舟，张弱帘，以空发吾之先锋，捐妇女，遗金帛，以饵退吾之后逐。凡舟之裾墙，左右悉裹布帛、被褥而湿之，以拒焚击。交哄间，或附蓬而飞越，即雷震而风靡矣。寇掳我民，引路取水，早暮出入，按籍呼名，每处为簿一扇，登写姓（氏）〔名〕，分班点闸。真倭甚少，不过数十人为前锋。寇还岛，皆云做客回矣。凡被我兵擒杀者，隐而不宣，其邻不知，犹然称贺。

又曰：日本造船与中国异，必用大木取方，相思合缝，不使铁钉，惟联铁片。不使麻筋桐油，惟以短水草塞罅漏而已。费功甚多，费材甚大，非大力量未易造也。凡寇中国者，皆其岛贫人，向来所传倭国造船千百只，皆虚诳耳。其大者容三百人，中者一二百人，小者四五十人，或七八十人，其形卑隘，遇巨舰难于仰攻，（若）〔苦〕于（泥）〔犁〕沉，故广、福船皆其所畏。而广船旁陡如垣，尤其所畏者也。其底平不能破浪，其布帆悬于桅之正中，不似中国之偏。桅帆常活，不似中国之定。惟使顺风，若遇无风、逆风，皆倒桅荡橹，不能转戗。故倭船过洋，非月余不可。今若易然者，乃福、（海）〔浙〕沿海奸民买舟于外海，贴造重底，渡之而来，其船底尖能破浪，不畏横风、斗风，行使便易，数日即至也。

俞正燮《癸巳类稿》：万历中，台湾为日本倭所据，末年荷兰红毛人自西洋来，欲据香山不可，则据澎湖，又不可，乃南据美洛居及葛留巴，以鸦片烟诱葛留巴，葛留巴人俱臃腑不能动，役于荷兰。既而荷兰聚集精锐攻香山，战败，扬帆东走。至澎湖，使人行重贿于福建巡抚，援意大里亚人居香山故事，以求澎湖必得。巡抚使人善谕之，则投日本于台湾，岁纳鹿皮三万，求台湾互市也。适日本倭居台湾者，新奉天主教，遂许之。筑赤嵌城以居，今安平镇是也。荷兰既得地，即数数与日本倭构争。倭既染其教，争不胜，尽属东去，愤甚，尽诛其人之习天主教者，并约束琉球。而荷兰据有台湾，置揆一王，亦不后东。郑芝龙者，闽人也，为日本婿，家于台湾。日本之东归也，芝龙以舟楫人众横于海。大清顺治二年，芝龙自安平奉表降，其子成功逃入海，晚年，率舟师数百艘攻台湾。荷兰寡不敌众，遂去而伺于葛留巴。台湾人犹有习其教者，曰教册，成功则尽除之。康熙初，郑克塽降。廷议弃台湾。施琅力争曰："是资荷兰也。"卒置郡县，功施至今。

陈伦炯《海国闻见录》曰：朝鲜居天地之艮方，其南隔一洋，日本国属之对马岛，顺风一夜可抵。自对马岛而南，寅甲卯东方一带七十二岛，皆日本倭奴之地，而与中国通贸易者，惟长崎一岛。长崎产乏粟菽，难供食指。开贸易，入公家，通计岁终所获利，就长崎按户口均分。国王居长崎之东北，陆程近一月，地名弥耶谷①，译曰京。王服中国冠裳，国习中华文字，读以倭音。予夺之权，军国政事，柄于上将军，王不干预，仅食俸米，受山海贡献，上将军有时朝见而已。易代争夺，不争王而争上将军。倭人记载：自开国以来，世守为王。昔时，上将军曾篡夺之，山海贡物不产，五谷不登，阴阳不顺，退居臣位，然后顺若如故，至今无敢妄冀者。官皆世官世禄，遵汉制，以刺史千石为名，禄厚

---

① 弥耶谷（Miyako），指京都（Kyōto）。

足以养廉，故少犯法。即如年金，举一街官。街官者，乡保也，岁给养赡五十金，事简而闲。通文艺者为高士，优以礼，免以徭。俗尚洁净，街衢时为拭涤，夫妻不共汤羹，饮余婢仆尚弃之。富者履坐絮席，贫者履坐荐席。各家计摊毯踏棉之多寡为户口。男女衣服，大领阔袖，女加长以曳地，画染花卉文采。裤用帛幅裹绕，足著短袜以曳履。男束带以插刀，髡须而剃顶，额留鬈发至后枕，阔寸余，向后一挽而系结，发长者修之。女不施脂而傅粉，不带鲜花，剪彩簪珥，而插玳瑁。绿发如云，日加涤洗，熏灼楠沉，髻挽前后，爪甲无痕，惟恐纳垢。其男女眉目肌理，亦非诸番所能拟。人皆覆姓，其单姓者，徐福配合之童男女也。徐福所居之地，名曰徐家村，其冢在熊指山①下。俗尊佛，尚中国僧，敬祖先，时扫坟庐。然所云熊指山者，亦未知其所在，则犹或出于附会也。法最严，人无争斗。语言寂寂，呼童仆，鸣掌则然诺。无售买人口，佣工期满即归。所统属国二，北对马岛，与朝鲜为界，朝鲜贡于对马，而对马贡于日本。南萨（峒）〔峒〕马②，与琉球为界，琉球贡于萨（峒）〔峒〕马，而萨（峒）〔峒〕马贡于日本。二岛之王，俱听指挥。气候与山东、江、浙齐。长崎（于）〔与〕普陀东西对峙，水程四十更。厦门至长崎，七十二更。北风从五岛门③进，南风从天堂门④进。对马岛坐向登州，萨（峒）〔峒〕马坐向温、台。地产金、银、铜、漆器、磁器、纸笺、花卉、染印，海产龙涎香、鳆鱼、海参、佳蔬等类。萨（峒）〔峒〕马山高巉岩，溪深水寒，故刀最利。兼又产马，人壮健。嘉靖间，

①熊指山，相传徐福所居之地在纪伊半岛的熊野地方。
②萨峒马（Satsuma），是鹿儿岛（Kagoshima）古称。
③五岛门，指奈留岛（Narushima）附近水道。
④天堂门（Koshiki），甑海峡。

倭寇者，萨（峒）〔峒〕马是也。日本原市舶永嘉，因倭之渔者十八人，被风入中国，奸人引之为乱。髡须剃额，杂以远处土语，递相攘掠，群称倭奴。及就擒，仅十八人。随禁市舶中国，听我往彼，至今无敢来者。普陀往长崎，虽东西正向，直取而渡横洋，风浪巨险。谚云："日本好货，五岛难过。"厦门往长崎，乘南风，见台湾鸡笼山，北至米糠洋、香蕈洋，再见萨（峒）〔峒〕马大山、天堂，方合正针。糠、蕈二洋者，洋中水面若糠秕，水泡若蕈菌，呼之为米糠洋、香蕈洋。萨（峒）〔峒〕马而南，为琉球，居于乙方，计水程六十八更，中山国是也。习中国字，人弱而国贫，产铜器、纸、螺甸、玳瑁，无可交易。至日本、琉球而东，水皆东流，所谓尾间也。

南怀仁《坤舆图说》：日本乃海内一大岛，长三千二百里，宽不过六百里，今有六十六州，各有国主。俗尚强力。虽有总王，权常在强臣。其民多习武，少习文。土产银、铁、好漆。其王生子，年（二）〔三〕十以上，以王让之。其国不重宝石，惟重金、银及古窑器。

《皇清通考·四裔门》：日本，古倭奴国，唐咸亨初，更号日本。或云日本乃小国，为倭所并，故冒其号。国在东海中，东北限大山。其地东高西下，势若蜻蜓，古亦曰蜻蜓国。有五畿，七道，三岛，一百十五州，统五百八十七郡，皆依水屿，大者不过中国一村落而已。属国凡数十国。有天皇者，自开辟以来，相传弗易，不与国事，不辖兵马，惟世享国王供奉。有国王者，受国事，掌兵马，盛衰强弱，更替不常。有官名"关白"者，如中国丞相职，代相更替，专国政兵马。平、原、滕、橘四姓，为日本巨族，相窃据为国王。然君长授受次序，仅见于日本僧奝然所纪。有《吾妻镜》一书，五十二卷，始安德天皇治承四年，讫龟山院天皇文永三年，凡八十七年，事识其小而略其大。李言恭撰《日本〔考〕》，纪国书、土俗颇详，而世系弗晰。相传国王以王为姓，居长崎岛之东北，地名弥耶谷，译曰京。从长崎至弥耶谷，陆行近一月，去辽东远而闽、浙迩。史称从带方至倭国，循海水行，历朝鲜国，乍南乍东，渡三海，历七国，凡一万二千里，然后至其国。又言去乐浪郡及带方郡，并一万二千里，在会稽东，与儋耳相近，就至其国都而言，故纡回如此。若日本所属之对马岛，与朝鲜仅隔一洋，顺风一宿可抵。昔朝鲜国王李昖时，关白兴师七载不解，八道几没者屡矣。自内附本朝，倭人震慑帖息。崇德四年，日本岛主令平智连、滕智绳等致书朝鲜云：“去年大君有疾，久不听政，今春始瘳。大君左右用事之人，需索贵国土产甚多。近来贵国土产数少，且唐代交易之路又绝，大君左右所求，无以应之。望将贵国乙亥以后未给之物，一一补给，然后两国可保无虞矣。萨摩（洲）〔州〕太守主和琉球，肥前州太守主和南蛮，每岁所得不资。岛主主和贵国，而所得零星。以视二州为何如哉。”朝鲜国王奏其书，言倭情叵测，应令边臣戒饬防守，以备不虞。是时，日本虽观衅而动，而朝鲜究未被兵者，皆震慑天威所致。七年二月，日本君以生子，故建祠祈福，索助祭器于朝鲜。八年三月，日本复遣告朝鲜，令致书所生之子如君例，兼索朝鲜国王空白印纸。悰请遣使往日本致贺仪，藉观形势。许之。顺治以后，惟通市，不入贡。其市亦惟中国商船往，无倭船来也。其与中国贸易，在长崎岛，百货所聚，商旅通焉。外此有七十一岛，自对马岛而南、而东，皆日本地也。国饶铜，我朝鼓铸所资，自滇铜而外，兼市洋铜。安徽、江西、江苏、浙江等省，每年额四百四十三万余斤，设官商额船十六只，皆以内地绸缎、丝棉、糖、药往易。商办铜斤，必藉倭照以为凭验。又有额外浮给之小照，数止一二百箱，用二三年即废。其（摄）〔萨〕摩①依势、若（佐）〔狭〕②博多③之民，相矜以贾，积资或百万。和泉一州，鼎食击钟，有中国风。萨摩之鹦哥里④，其民知礼义，重犯法。独（伊纪）〔纪伊〕⑤之头陀僧三千八百房，颇羯羠，嗜杀。诸州郡统于山口、丰后、出云三军门。三军门相揃劋，国分为三，而丰后独强，总属于山城君。明代入寇者，萨摩、肥后、长门之人居多。市舶所集，内奸勾引故也。人物秀丽，气候与江、浙齐，产五（色）〔金〕、磁器、漆器。金、文纸、马，萨摩州者良。地产铜，锻工所聚，刀最利，故倭人好以为佩。龙涎香及海参、鳆鱼之属，皆海中产。所统属国，北为对马岛，与朝鲜接，南为萨摩州，与琉球接。对马岛与登州直，萨摩州与温、台直。长崎与普陀东西对峙，由此达彼，水程四十更。厦门至长崎，北风由五岛入，南风由天堂入，水程七十二更。以海道不可以里计，舟人率分一昼夜为十更，故以更记里云。

《澳门纪略》曰：日本国禁天主教最严，其海口葛罗巴马头⑥，石凿十字架于路口，武士露刃夹立。商其国者，必践十字路入。如回避者，立斩之。又（捏）〔埋〕耶苏石像于城阃以踏践之。故西洋夷船不敢往商其国。

《万国地理全（国）〔图〕集》曰：日本国本系三屿，而中山⑦最广大，其内亦有王都，海边港汊，遍有埠头。其内地多山，

---

①萨摩（Satsuma），今鹿儿岛一带。
②若狭（Wakasa），今福井县（Fuiki）一带。
③博多（Hakata），今福冈（Fukuoka）一带。
④鹦哥里，今九州岛南部颖娃（Ei）。
⑤纪伊，今和歌山（Wakayama）一带。
⑥葛罗巴马头，疑指 Karahori 的马头，今大阪（Osaka）的码头。
⑦中山，指本州岛（Honshu）。

出金、铜。然其土不腴，土人不好食肉，不畜鸡豕，惟农是务。山厂出各矿，国民掘地道甚巧。日本人与汉人不同，其面貌话音亦异。虽然藉中国之字，学唐人之礼，但其意见迥异。身体不高，眼深鼻扁，只剃前首，其后发生长，缚札短编，安于头上。其衣长袍，并不著裤，足蹑革履。其食物惟米饭、蔬菜、鱼、鳖而已，惟食酒过量，茜醉。奸淫最甚，娼妓满地。尊贵贱卑。国民承父之职，历来不变。其世爵蒙王之封，各带刀剑，自治列邦。但必在京都，或亲躬为质，或调子孙为质也。自王至于庶子，各遵定例。即王者亦不得任意侈用游玩，有大臣管束之。故国主在其宫中为虏也。其内阁大学士亦不自主，乃服律例之约束。其诸侯之动止寝食，惟礼是定。独准小民任意行为，倘若犯法，置之重典，稍不宽贷。惟知义，并不知仁，故百姓畏惧，并不敬爱也。自古以来，有两王治国。古时真王现操神权，在殿内如僧度生，无殊木偶。其次王操武权兼摄政务。士民共计二千万丁。至于士、农、匠、商，种种过人。三屿大半硗地，非勤耕即饿死。匠作漆器、细绸，中国所罕得者，其商遍游经营。本国沿海，明朝年间，广开通商之路。但缘天主教肇衅失和，与葡萄争战，而赖荷兰获胜。是以灭教门，驱逐外人，无所不至。自斯以后，众民归佛。惟准荷兰与大清乍浦来之船只，在长崎①贸易，严行管束。所有居民繁多不胜数。不幸屡次被火烧，或地震之时，屋宇颠倒，遍为瓦垒。神王驻在京都，此乃庙寺之地，僧道僻薮。沿海马头不少，最广大者系大（枝）〔坂〕②。

《莼乡赘笔》③曰：鲁监国③航海时，其臣阮进欲乞师日本，遣

---

①原书作"长甲"，魏源改正为长崎。
②大坂（Osaka），大阪。
③鲁监国，指朱以海。

使赍（补）〔普〕陀藏经以往。有僧湛微者，前自日本来，因与同载。阮抵日本，其国初闻有藏经往，喜甚。及闻湛微名，大惊曰："此僧复来，则速死耳。"因不受敕，护经而归。叩其故，则以湛微曾入天主教，逋逃回也。先是西洋人以天主教诱其国人，各授以秘术。民间闺阃，多为所乱。一入其教，死生不易。主者遂肆奸术，纠众怙乱，其国大发兵扑灭之。自是痛绝西人，以铜板镂天主形，置通衢，凡各国人往者，必使践踏而过。衣囊或携西洋一物，或西洋画册，搜得，一船皆诛。见张遴白《奉使日本纪略》。

670

《地理备考》曰：日本国在亚细亚州之东，北极出地二十九起至四十七度止，经线自东一百二十六度起至一百四十八度止。四面枕海，东北、西南相距约五千八百里，东西相去约九百里，地面积方约二十八万里。烟户三京余口。地势崭岩，峰峦叠起。众山之中，有昼夜吐火不熄，有冰雪凝积不化，有树木丛密，风景遍殊。湖河甚多，地方沃润。河之长者有五：一名约多①，一名等略②，一名亚拉③，一名多内④，一名伊哥⑤。湖之大者有四：一名疴宜的斯⑥，一名苏袜⑦，一名加斯迷架乌剌⑧，一名伊那巴⑨，田土朊腴，花木充斥。土产金、银、铜、铁、锡、铅、丝、茶、漆、

---

①约多（Yedo Gawa），淀川。

②等略（Tenryù Gawa），天龙川。

③亚拉（Ara Gawa），荒川。

④多内（Tone Gawa），利根川。

⑤伊哥（Iko Gawa），指信浓川（Shinano Gawa）。

⑥疴宜的斯，疑指日本的第二大湖八郎潟（Hachirogata）。

⑦苏袜，可还原为 Lago de Suwa，即长野县中部的 Suwa-Ko（诹访湖）。但既为日本四大湖之一，疑指日本的第一大淡水湖琵琶湖（Biwa-Ko）。

⑧加斯迷架乌剌（Kasumi-ga-Ura），霞浦，日本的第三大湖。

⑨伊那巴，可还原为 Lago de Inaba，疑指日本的第四大湖猪首代湖（Inawashiro-Ko）。

竹、樟脑、绵花、纹石、玛瑙、磁器等物。地气屡更，寒暑俱甚。风暴地震，不时交作。王位惟男继立。所奉之教，乃新德、释、儒三教，其奉儒教者，为数无几。技艺精巧，工肆林立。惟与中华、高丽、贺兰等国通市。埠头不一，惟有屈许岛①〔之囊加萨其②地方〕可泊客船。通国分为七十二部，首郡名〔也〕多③，乃国都也，在慕许部④。此外又有耶索海岛⑤，及古里利亚斯岛⑥、大拉该岛⑦之南方，皆属本国兼摄。

《地理备考》曰：南洋北有慕宁窝尔加尼〔各〕岛，分为四：一名慕宁西麻⑧，中有八十九岛；一名（富）〔窝尔〕加尼各⑨，中有火山；一名东岛⑩，一名西岛⑪，田土腴瘠，地气寒燠，俱似日本。自为部落，不受管辖。马梨亚纳岛⑫，在小吕宋岛东北，纬度自北十二度三十分起至二十度十三分止，经度自东一百四十一度起至一百四十三度止。田土肥饶，谷果丰登。地气温和，海风清凉。中有十七岛，大半为吕宋管辖。各岛惟五岛有居民，俱在

---

①屈许岛（Kyùshù），九州岛。

②囊加萨其（Nangasaki, Nagasaki），长崎。

③也多（Yedo, Edo），江户，今东京（Tokyo）。《地理备考》成书时，江户还不是日本
　首都。

④慕许部（Provincia de Musasi），即武藏州（Musashi），今东京横滨一带。

⑤耶索海岛（Ilha de Ieso），即北海道（Hokkaido）。

⑥古里利亚斯岛（Kurilas Meridionas），千岛群岛。

⑦魏源不知道《地理备考》所说的大拉该岛（Ilha de Tarakai）就是当时我国的库页岛，
　照录该书所说该岛之南方"属日本兼摄"，大误。

⑧慕宁西麻（Munin-Sima），小笠原群岛。

⑨窝尔加尼各（Grupo Volcanico, Volcano Is.），硫黄列岛。

⑩东岛（Grupo Oriental），东方群岛。

⑪西岛（Grupo Occidental），西方群岛。

⑫马梨亚纳岛（Arch. das Mariannas, Mariana Is.），马里亚纳群岛。

南方：曰矿①，又名圣若望；曰的尼安②；曰塞半③；曰亚基（到于）〔利干〕④；曰亚宋桑⑤。

《外国史略》曰：大清国东为日本国，北极出地自三十度至四十二度，偏东自一百二十度至一百四十三度，广袤方圆一万二千五百里，居民三千五百万。分五十三郡、九州，此外尚多岛屿。日本之国隔以海峡，古里利群屿⑥亦归日本权辖。日本山高而硗，丰田不多，常地震。杰峰积雪，四面环绕，冬夏不消。产金、铜，多宝玉，出米谷、萝卜、茶叶、绵花、胡丝、樟脑，但不足用耳。百姓罕食肉，牲畜甚少，惟准唐人于港口养豕。山内有野猪、鹿麂、熊、狼等兽，山水甚美。日本在上古时，本中国之氓往开垦，与土人相参。各地有土君操权，时时争斗，百姓不安。日本与中国往来不多。元世祖怨日本不入贡，调战船攻击，狂风忽起，到岸者皆被杀。后日本海盗据掠浙江、江苏界，侵高丽以雪怨，连二百年。有世袭将军专权，（于）〔由〕是日本之君徒存虚名。明世宗嘉靖二十年，有西洋数船到日本岸与土民贸易。有传天主教之师，教其民人几及数万。后是班牙船亦开通商之路，贸易不久。时荷兰亦到日本，通商甚盛。适日本将军曰平秀吉者，侵朝鲜地，大胜。辄自骄，尽服各岛主，而操全权。忽领军回国禁其君，只准在宫内与嫔妃往来，不许外接，且立令列国诸侯每年六月携家往都中，回时留妻孥为质。又下令严禁奉天主教之民，所杀数万，天主教遂止。明神宗十九年，将军永禁西洋商船不许赴本港。后

①矿，又名圣若望岛（Guan I. , San Juan I.），即关岛（圣胡安岛）。
②的尼安（Tinian Island），提尼安岛。
③塞半（Saipan lsland），塞班岛。
④亚基利干（Agrihan Island），阿格里汉岛。
⑤亚宋桑（Assumpcāo），阿松森岛。
⑥古里利群屿（Kuril Is.），千岛群岛。

有澳门之公使来议和，即杀之，仅归其水手。大吕宋有商船到日本国，连人货尽没入之。一切船户有奉天主教者，立治以死罪。又严禁国人不准出入他国，违者死。遇有难民被风漂到异国者，回时即监禁，不准与其亲戚骨肉往来，免染异俗。有荷兰并中国往商之汉人及水手，亦严禁在小洲，不与土人交接。每三年一次，准荷兰公使赴其都朝见，沿途严防，不容散步。若遇他国船到，即尽力绝之。或未速退，即放炮轰击。道光十七年，有花旗国船载送日本被风难民七人回国，尚几至被害。道光二十六年，有花旗、佛兰西、大尼等国之公使赴其港议和睦章程，亦被拒。虽在对马岛与高丽人贸易，不久亦绝往来。日本东方地甚硗，不多产物，惟出黄金、红铜。民习于勤，而性固执，每因细故轻生。其君亦视民如草芥，见人贫苦，亦不援手。娼妓甚盛。婚姻丧祭与中国相似，尊长常带剑二三口，起居不舍。有痛于心，则剖腹而毙。其人朴实不诈，若委以事，不成不止。手艺巧捷，最美者花布、漆器、绸缎等货物。剃头惟留顶发，衫长及脚。贫者不裤，夏则身裸。女裳与男不异，面目多同吕宋，而异中国。多食菜鱼，不养牲畜，时时食茶，然不及中国茶叶。语音虽异中国，而用中国文字、书册以教人。除汉人文字外，兼学荷兰各艺术，是以医术、天义、地理，无不通习，其聪明过于汉士。尚有用字母者，智士便写之，以合土音。日本国重文墨，但官多世袭，通习文字者，或反无俸禄。不甚与外国贸易，每年惟荷兰船一，唐舶五，琉球船亦不过十。百姓沿海，惟以本地之货交易，或载列岛主所进贡将军之物。最大之港曰大坂。然每年飘所失之舟，亦有五分之一。盖所造之舟本不固，难冒风水。其君恐商人远离本地，故禁造坚舶。宁见本民之陷没，不肯立法保救。濒海民多业渔，日用所常食也。捕鲸鱼，食其肉，而用其油。除佛教外，则崇尚古时所传之神道僧最多。官府惟执法律，不稍宽贷。罪犯一闻拟罪，辄愿自尽，不欲受辱。全国分七道，六十八国，六百有四郡，万有三千邑，九十万零九千八百五十八乡。百有四十六炮台。神庙二万七千七百间，佛庙二万二千五百八十间。其北面山，与满州对峙，多未开垦者。土民愚鲁，与黑龙江之鱼皮部同类。近日耕地渐广，产物渐多矣。另开一连屿①，与土人贸易，亦设官理之。国之将军所驻，在江户海隅②，居民百余万。其宫殿周二三里，妃嫔嬖幸无数。其街直，恐地震，以木造屋，多火灾。庙甚壮丽。居民五十万，巧于造物，又多著书。邑僧约八千名，贵贱远赴寺庙烧香者不胜数。大坂港系国之大海口，商贾云集。长（峙）〔崎〕港，荷兰、唐人所集之处，尤便通商。因禁例严酷，年年消减。国自昔王操全权，生杀必按法律，有大臣六执法管束君上。若会议不合理，众且反之，则必自刎以抵其罪。其国王名为全国之主，实不得自专。王妃极多，以九百九十名为率，但不得出宫，恐人见，又不得踏地，恐污身。磁器衣服，一用必尽弃之。将军每年进贡，敬之如神。第利少权微，仅如偶像。将军之腹心探伺者，常在君左右，若有不合例之事，即告将军，动受其制。男女皆可为君，必素性谦谨，方可即位。诸侯各辖其地，将军察出有失，即劾奏之。其海口，俱将军派官掌政，责成甚重。若不昼夜尽心防范，即多陷罪。诸侯多管褊小之地，但在都使费浩大。公项不敷，又恐其富而背叛，故妻子时留都中，拘在本宫，犯法即死。然诸侯勤明政事，而将军有意枉屈之，国人亦不服，即将军亦遭废害。各诸侯每年必赴都远觐，受扰无穷，然民亦安其法制

①连屿（Tsurajima），连岛。
②江户海隅，今东京湾。

之峻。军士约十万，步兵三万，骑兵三千，但不习武，有战则诸侯可募三十六万八千丁。其师船半烂半漏，仅恃刀剑之利、军令之严。庶民分四五品，以衣裤刀剑若干分别各品。最卑者为皮匠，不准与他人来往。总之，日本武勇在亚西亚州超越众国，但禁例过严，其君五爵视以下各品人等，有若奴隶焉。

《外国史略》曰：琉球岛在日本南，共三十七所。其中八所在台湾之东北，出蕃薯、米、白糖等货。其山硗，居民形体与日本同，但多悦色，好交接远施，厚量慈惠。尊贵者识汉字，学中国语，由福州入贡京都，日本萨摩君颇难之，且重征税，每年必贡糖几万石。若有西洋甲板船至其国，国王优待之；若失船，则补修而押送之。居民约六十万，多务农，贫者业渔。贵贱不带兵器，惟立法律以束其众。屋宇甚美甚窄。船多渡大海到福州，亦与日本通商，犹朝鲜之兼贡日本也。

黄宗羲《行朝录》曰：明季海盗有周崔芝者，福清人也。少读书不成，去而为盗于海。其人饶机智，尝往来日本，以善射名，与日本之萨摩岛主结为父子。日本三十六岛，每岛各有王统之。其所谓东京者，乃国主也。国主曰京主，拥虚位而已。一国之权，则大将军掌之。其三十六国王，则如诸侯之职。萨摩王于诸岛为最强，王与大将军为首尾。崔芝既熟日本，故在海中无不如意。久之，招抚以黄华关把总稽察商舶。乙酉秋，唐王隆武加水军都督副黄斌卿驻舟山。其冬，崔芝遣人至萨摩岛，诉中国丧乱，愿假一旅，以齐之存卫、秦之存楚故事望之。将军慨然约明年四月发兵三万，一切战舰军资器械，自取其国之余资，供大兵中华数年之用，自长（琦）〔崎〕岛至东京三千余里，驰道、桥梁、驿递公馆，重为修辑，以待中国使臣之至。崔芝大喜，益备珠玑玩好之物以悦之。参谋林篶一作学舞为使，明以四月十一东行。篶舞将解维，而斌卿止之曰：大司马余煌书来曰："此吴三桂乞师之续也。"崔芝怒而入闽。福州既破，郑芝龙降。丁亥三月，崔芝克海口、镇东二城，遣其义子林皋随安昌王至日本乞师，不得要领而还。戊子，御史冯京第谋于黄斌卿，偕其弟黄孝卿往日本，至长（琦）〔崎〕岛，其王不听登陆。始，有西洋人为天主教者，入日本作乱于其国。日本勒兵尽诛教人，焚其船于岛口，绝西洋人往来。于中衢置铜板，刻天主教像于其上以践踏之。囊橐有西洋一物，搜得必杀无赦。西洋人复以大舶载炮来与日本为难，日本拒之。甫退一日，而京第至，故戒严同于外国。京第效包胥故事，于舟中朝服拜哭不已。会东京遣官行部，如中国巡方御史，秃顶坐蓝舆。京第因致其血书。萨摩王闻长（琦）〔崎〕王之拒中国也，曰"中国丧乱，我不遑恤。而使其使臣哭于我国，我国之耻也"。与大将军言之，议发各岛罪人出师。京第还。日本致洪武钱数十万。盖其国不自鼓铸，但用中国古钱，舟山之用洪武钱，由此也。而黄孝卿假商舶留长（琦）〔崎〕岛。长（琦）〔崎〕岛多官妓，皆居大宅，无壁落，以绫幔分为私室。当月夜，每室悬各色琉璃灯，诸妓各赛琵琶，中国之所未有。孝卿乐之，忘其为乞师而来者，见轻于其国，其国发师之意益荒矣。己丑冬，有僧湛微自日本来，为荡胡伯阮进述请兵不允之故，且言金帛不足以动之。日本最敬佛经，诚得普陀山藏经为贽，则兵必发矣。进与定西侯张名振上疏监国，以澄波将军阮美为使，王亲赐宴。十一月朔出普陀，十月至五岛山，与长（琦）〔崎〕相去一程。是夜大风，黑浪兼天，两红鱼乘空上下，船不知所往。十二日见山，舵工惊曰此高丽界也，转帆而南。又明日，乃进长（琦）〔崎〕。凡商舶至国，例拨小船讯出入，名曰班船。阮美喻以梵箧乞师，其王闻之大喜。已，知船中有湛微者，则大骇。初湛微之在日本也，长（琦）〔崎〕岛有三大寺：一曰南京寺，中国北僧居之；一曰福州寺，闽、浙、广僧居之；一曰日本寺，本国人居之。南京寺住持名如定，颇通文墨，国人重之，湛微拜为师。湛微所能不若师，而狡狯多变。乃之一岛名腰泉[①]者，其岛无中国人往来，不辨诗字之好丑。湛微得妄自高大，恶札村谣，自署金狮子尊者。流传至东京，大将军见之曰：此必西洋人之为天主教者，潜入吾国。急捕之。既知其为江西僧，逐之过海。日本不杀大唐僧，有犯法者止于逐，再往则戮。及同舟，湛微欲以此举自结于日本，于是阮美始知为其所卖也，遂载经而返。然日本自宽永享国三十余年，母后承之，其子复辟，改元义明，承平久矣。其人多好诗书、法帖、名画、古奇器、《十三经》、《十七史》，异日值千金者，捆载既多，不过一二百金。故老不见兵革之事，本国且忘，岂能渡海为人复仇乎？即无西洋之事，亦未必能行也。

《瀛环志略》曰：自澳大利亚迤东、迤北抵南、北亚墨利加之西界，谓之大洋海，水程数万里，岛屿甚稀，间数千里乃一遇。其岛四围多盘石，亦生珊瑚，海船近，辄搁浅，故不能遍及。大洋海风浪最恬，泰西人称为太平海。各岛天气晴和，水土平淑，产椰子、芋薯，果实足供采食。土人织草为衣以蔽形，性驯而慧，异于迤西岛番之悍犷。近年耶苏教之徒，游其地而诱进之，多有信从易俗者。岛名不能尽悉，英人因教事而命以名。一曰会群岛[②]，言其入耶苏之会也。岛之大者曰阿他害地，附近群岛甚多，以此岛为纲领。其地山水秀淑，风景宜人。土人笃信耶苏教，广设学馆。又阿歪希者，亦大岛，属岛甚多，有国王。嘉庆年间，

---

①腰泉，疑指肥泉（Hizen）。

②会群岛（Society Is.），社会群岛。

举国奉耶苏教，学馆尤繁。其王颇谙武备，常有师船巡海。一曰友群岛①，言与耶苏教为友也。土人形貌端正，有心计，耶苏教之徒时游其地诱化之。有加罗林者，属岛最多。内有一族，颇通艺术。商船偶过其地，亦停泊贸易。一曰贼群岛，言其非善类也。各岛多西班牙所据，西人以天主教诱劝之，土人不肯从，遂至互相攻击，交哄不已。此外小岛尚多，名不尽著。土产惟椰子，人户甚少，未与他国往来。道光二十二年，佛郎西新开马耳其杀群岛②，风土未详。

678

　　按：四海之中，惟大洋海最大，即中国之东海直抵亚墨利加之西境。四万里茫茫巨浸，别无广土，即岛屿亦晨星落落。据泰西人所传述，各岛风土人类，远胜于亚细亚南洋诸岛。然帆樯偶涉，率略未详。盖由东道往，水程当十余万里；由西道往，须历南亚墨利加之铁耳聂离③。途既险远，又无利可牟，故商船罕有至者。惟捕鲸之船，专骛大洋，无所不到，于诸岛数数遇之，乃得稍通声闻耳。

　　坤舆四大土，皆周回数万里。惟中国之南洋，万岛环列，星罗棋布，或断或续。大者数千里，小者数百里，或数十里。野番生聚其间，榛狉相仍，自为部落。其种人统名巫来由，一作无来由。又有称为绕阿、即瓜亚。武吃者。一作芜吉。西汉时，诸番始通贡献。唐以后，市舶麕集于粤东。明初，遣太监郑和等航海招致之，来者益众。迨中叶以后，欧罗巴诸国东来，据各岛口岸，建立埠头，流通百货。于是诸岛之物产，充溢中华。而闽、广之民，造舟涉海，趋之如鹜，或竟有买田娶妇留而不归者。如吕宋、噶罗巴诸

---

①友群岛（Friendly Is.），汤加（Tonga）。
②马耳其杀群岛（Marquesas），马克萨斯群岛。
③铁耳聂离（Tierra del Feugo），火地岛。

岛，闽、广流寓，殆不下数十万人。则南洋者，亦七鲲、珠崖之余壤，而欧罗巴之东道主也。

顾亭林《天下郡国利病书》云：倭奴邻三韩①而国，故名韩中。倭后自恶其名，更号日本。在东南大海中，依山岛而居，地方数千里。为畿五：曰山城，曰（太）〔大〕和，曰河内，曰摄津，曰和泉，共统五十三郡。为道七：曰东海，统一百十六郡；曰南海，统四十八郡；尝见日本所刻《和汉纪年》者，其国本名曰和，而华人讹称曰倭。至日本，亦华所称，其国至今自称大和，不云日本也。曰西海，统九十三郡；曰东山，统一百二十二郡；曰北陆，统三十郡；曰山阳，统六十九郡；曰山阴，统五十二郡。为岛三：曰伊岐，曰对马，

按：《海国闻见录》称日本平列三大岛，其迤北者名对马岛。而此所云对马岛，止统两郡。盖对马本北境小岛之名，后来遂以为北境总名。余尝见日本人所作《广对马岛赋》，仿选体，极瑰丽。自注云：岛小不足赋，故广言之。亦一证也。曰多褧，各统二郡，皆依水附屿。郡之大者，不过中国之村落。户可七万，课丁八十万奇。国王一姓，历世不易。初号天御中主，居筑紫②〔日向〕宫，其子号（大）〔天〕材云尊，自后皆以尊为号。传世（三）〔二〕十（二）〔三〕，至彦瀲尊第四子，号神武天皇，徙（太）〔大〕和州（强元）〔橿原〕宫。传至守平天皇，凡四十一世，复徙都山城国。其国文武僚吏皆世官。自两汉时，始通中国。魏、晋以后，得《五经》佛教于中土，于是沙门之教盛行。唐贞观间，尝遣使往谕。宋初，遣国僧奝然浮海贡献。太宗赐紫衣，厚存抚之，其传国已六十四世矣。按：《后汉书》：倭在韩东南大海中，依山岛为居，凡百余国。自武帝灭朝鲜后，通汉者三十许国。大倭王居邪马台③国。男子皆

①三韩，指朝鲜半岛南部的古国马韩、辰韩、弁韩。
②筑紫（Tsukush），九州岛的古称。
③邪马台（Yamato），大和。

黔面文身，男女无别，饮食以手，俗尚徒跣云云。是日本在汉时并非一国，土俗与诸番岛无异。其文字官制，自是两汉通中国后，始学得之。此所云六十四世，溯之当在商、周。其国王一切名号，当系通华文后增饰为之耳。元王恽《泛海小录》云：由对马岛六百里逾一歧岛，又四百里入（容）〔宫〕浦^①口，又二百七十里至三神山。其山峻削，群峰环绕，海心望之，郁然为碧芙蓉也。上无杂木，惟梅、竹、灵药、松、桧、桫椤等树。其居民多徐姓，自云皆徐福之后。海中诸屿，此最秀丽方广。《十洲记》所云海东北岸扶桑、蓬（邱）〔莱〕、瀛州，周方千里。余按：三神山，本方士夸诞之说，用以欺诳人主。果即系日本附近小岛，则当日船交海中，何为求之不得？《后汉书·倭国传》称：会稽海外有夷洲及澶洲^②。秦始皇遣方士徐福将童男女数千人入海求蓬莱神仙不得，徐福畏诛不敢还，遂止此洲，世世相承，有数万家，人民时至会稽市。王恽《小录》所云，或即夷洲、澶洲之类。至"三神山"之名，其为傅会无疑也。泉州陈资斋提军伦炯少时，尝附商船游日本，言其风土甚悉。云日本人皆覆姓。单姓者，徐福配合之童男女也。徐福所居之地，名徐家村，其家在熊指山下云。徐家村、熊指山不知在日本何地，盖华人入倭自徐福始，其遗民年久繁衍，遂散布于通国。倭人通中国文字，当系君房教之。特海外远夷，辂车罕至，往来者皆商贾之流，无由探悉其原委耳。

案：日本三岛，香港英夷图萨摩岛于对马岛西，居长崎大岛西北，此大误也。夷人未至日本，故东洋形势未能了如，而以不知为知，此亦其一。盖萨摩即萨峒（岛）〔马〕，居日本之南。明

①宫浦（Miyanoura），在平户岛北部。
②澶洲，指菲律宾吕宋岛。澶洲一名为该岛北部西岸芜沃港（Loaog）附近的 Tamdagan 的省略音译。

季倭寇，此岛人也。其北长崎，长崎（西）〔东〕北，王京在焉。又北曰对马，其北朝鲜。

附东南洋诸岛形势上

《明史》：宾（龙童）〔童龙〕国，与占城接壤，气候风土，大类占城。有昆仑山①，节然大海中，与占城、东西竺②鼎峙相望。其山方广而高，其海即曰昆仑洋③。（往诸）〔诸往〕西洋者，必待顺风，七昼夜始得过。故舟人为之谚曰："上怕七州，下怕昆仑，针迷舵失，人船莫存。"此山无异产。人皆穴居巢处，食果实鱼虾，无室庐井灶。

源案：宾（龙童）〔童龙〕，乃占城海岸之国，昆仑岛则在其南海中，非地相连也。大、小昆仑④，即东、西竺山。《宋史》"天竺、注辇国⑤来朝，行二百余昼夜，至三佛齐国，又行十八昼夜，度蛮山水口⑥，历天竺山，至宾头狼山⑦，又行二十昼夜，至广州"是也。《明史》沿王圻《续通考》之误，分昆仑、竺山为二，谬一；又望文生义，谓东、西竺山为柔佛国，谬二；既以柔佛为佛国，竺山为天竺，

---

①昆仑山，为马来语 Condon 一词的音译，意为"冬瓜岛"，指今越南东南端海域的昆仑岛。

②东西竺，此处东西竺并非马来半岛东南海上的奥尔岛（Pulau Aur），它与占城、昆仑"鼎峙相望"。明代的占城指的是今越南东南部的藩朗（Phan Rang）或藩切（Phan Thiet），故东西竺应指今印度尼西亚的纳土纳群岛，东竺为北纳土纳群岛，西竺为南纳土纳群岛，它们与占城、昆仑正合"鼎峙相望"。

③昆仑洋，指今越南东南端昆仑岛周围的海域。

④大、小昆仑，指今越南东南岸外的两兄弟（Two Brothers）岛。

⑤注辇国，故地在今南印度的科罗曼德尔沿岸（Coromandel Cst.）一带。

⑥蛮山水口，蛮山为阿拉伯人记载的 Maid（麻逸洞）的另一种拼读法 Mand（蛮山即其对音），位于婆罗洲西岸的三发（Sambas）。水口即水道或海峡。

⑦宾头狼山，即 Padarang 的音译，指今越南金兰湾附近的藩朗（Phan Rang）。

因并以其对岸之宾童龙即舍卫城①，然则佛国近在占城，而大秦当近在长安乎？昆仑屿中，当有河源乎？谬甚！

《海国闻见录》：昆仑岛，七洲洋之南，大小二山，屹立澎湃，呼为大昆仑、小昆仑。山尤甚异。（土）〔上〕产佳果，无人迹，神龙盘踞。昔荷兰失台湾，边海界禁未复，因金、厦二岛平，荷兰掠普陀，毁铜像、铜钟。万历间，宫塑脱纱佛像，刀刃不能伤，驾火炮坏之，取里所实金银财宝，见像必剖，以取藏宝，悉收而去。至昆仑，意欲居之，龙与为患，藉火炮与龙斗，相持有日。后荷兰状若颠狂，自相戏以曲腕击背心，日益毙，扬帆而去。将至噶喇巴，船击碎，存活者可十人。雍正丁未岁夏，噶喇巴海面立一中国人，群相棹舟往视，惟浮一铜钟，上镌普陀白华庵，知为昔荷兰掠沉者。回浙洋艘，互相争载，公议求筊。有黄彦者，得筊载回。通港惟此舟小而旧敝，顺帆不及月，抵南澳，后转运至普陀。别船有被劫红毛者，有失风水者，佛力如此，前惟付之劫数耳。康熙四十五、六年间，红毛又图昆仑，不敢近山居住，就海旁立埔头，以昆仑介各洋四通之所，嗜涎不休。而中国洋艘，亦多载砖瓦往易红毛洋货，以其本廉而利大。夜围宿沙洲，多为鳄鱼步岸所吞。伐木围栅，稍宁。夜闻山中语语促归。红毛为水土不服，毙者甚多，又为广（西）〔南〕② 番劫杀殆尽，乃虚其地。凡中国洋艘由昆仑者，备鸡鹅毛、鲨壳。到昆仑洋，天时极晴霁，见黑云一点，随化为烟，蜿蜒摇尾，即如江、浙夏月，湖中云龙，下（逢）〔蓬〕惟恐不及，狂风立至。幸不及时而霁，俗

---

① 舍卫城，此处舍卫城为目连舍基之误，源自于《岭外代答》卷二占城条云："其属有宾瞳胧国、宾陀陵国，目连舍基在宾陀陵或云即王舍城。"

② 广南，约当今越南中部的广南—岘港省一带。十六世纪至十八世纪末的广南，指顺化、广南一带。

呼鼠尾龙风，白云者其风尤甚。日遇二三次或四五次，间或不遇者少，故焚翎毛鲨壳，取秽气触远，过昆仑则无。

《海国闻见录》：南澳气岛，居南澳之东南，屿小而平，四面挂脚皆礁古石，底生水草，长丈余。湾有沙洲，吸四面之流，船不可到，人溜则吸阁不能返。隔南澳水程七更，古为落漈。北浮沉皆沙垠，约长二百里，计水程三更余。尽北处有两山，名曰东狮象，与台湾沙马崎对峙。隔洋阔四更，洋名沙马崎头门。气悬海中，南（属）〔续〕沙垠至粤海，为万里长沙头。南隔断一洋，名曰长沙门。又从南首复生沙垠，至琼海万州，曰万里长沙。沙之南又生礁古石，至七州洋，名曰千里石塘。长沙一门，西北与南澳、西南与平海之大星，鼎足三峙。长沙门南北约阔五更，广之番舶洋艘往东南洋、吕宋、文莱、苏禄等国者，皆从长沙门而出。北风以南澳为准，南风以大星为准。惟江、浙、闽省往东南洋者，从台湾沙马崎头门过，而至吕宋诸国。西洋（里）〔甲〕板，从昆仑、七州洋东，万里长沙外，过沙马崎头门，而至闽、浙、日本，以取弓弦直洋。中国往南洋者，以万里长沙之外，渺茫无所取准，皆从沙内（越）〔粤〕洋而至七州洋。此亦山川地脉联续之气，而于汪洋之中，以限海国也。沙有海鸟，大小不同，少见人，遇舟飞宿，人捉不识惧，抟其背，吐鱼虾以为羹。余在台，丙午年时，有闽船在澎湖南大屿，被风折桅，飘沙坏。有二十人，驾一三板脚舟，用被作布帆回台，饿毙五人。余询以何处击碎，彼仅以沙中为言，不识地方。又云潮水溜入，不得开出。余语之曰：此万里长沙头也，尚有旧时击坏一甲板，潮虽溜入，汝等若以南风棹长潮，再不得归矣。大洋之水，为沙两隔，节次断续，南北沙头，为潮汐临头，四面合流，外长而内退，外退而内长，须沿沙节次撑上，断续沙头，夹退潮，乘南风，东向尽流南退。虽欲北上求生，而南下者正所以生也。何也？南风夹退潮，方能出溜。虽溜下，然而归于大海。不入（下）〔内〕溜，方得乘南风而归。舟人闻余语，群起惊呼曰：亦曾到此地乎？不则何为知之详确，如目睹耶。坏甲板尚存，为飞沙污没。饥抱海鸟为餐，渴饮其血。驾长潮，为溜所吸，不得开动，三四日，无奈祷筊，棹退潮，溜入大洋，飘十二日到台。余又语之曰：潮水分合，退为长，长为退，夹流双开，临头汇足，南澳气受四面流水，吸入而不出，古为落漈。试问入而不出，归于何处？岂气下另有一海以收纳乎？四人者，从上而入，必从下而出，如溪流涌急，投以苇席，入而出于他处，此理甚明。并以志之。

明黄衷《海语》：昆仑山，在大佛灵①南，凡七屿七港，是谓七门，其旁洲屿，皆翼然环列。适诸国者，此其标也。其山多兕犀、野马、巨虺、异蛇、大木，复平川沃壤数百顷，椰树骈生，堕实弥谷。冬瓜延蔓，苍藤径寸，实长三四尺。大榆一围。海上无人之境，产物皆硕大。予客朱（岩）〔崖〕，令人采取何首乌、天南星二药，皆三倍于常品，气味自别。固知有枣如瓜，非诞语也。糜腐若泥淖然。船欲樵苏，非百人不能即。往日老估尝镌崖壁，识险以示防云。

又曰：分水②在占城之外罗海③中，涉屿隐隐如门限，延绵横亘，不知其几百里，巨浪拍天，异于常海。由马鞍山④抵旧港，东注为诸番之路，西注为朱（岩）〔崖〕儋耳之路，天地设险，以

①大佛灵，即灵山，在今越南中部最东端的华列拉岬。
②分水，即中外海域的分界。
③外罗海，今越南中部广东群岛（Pulou Canton）一带的海域。
④马鞍山，殆今广东省阳江市南的海陵岛西端。

（限）〔域〕华、夷者也。由外罗①历大佛灵以至昆屯山，自朔至望，潮东旋而西；既望至晦，即西旋而东。此又海中潮汐之变也，惟〔老〕于操舟者乃能察而慎之。

又曰：万里石塘在乌、潴二洋之东，阴风晦景，不类人世。其产多珲璩，其鸟多鬼车，九首者，三四首者，漫散海际，悲号聒耳，惨颜怆神。舵师脱小失势，误落石汊，百无一免。

又曰：万里长沙在万里石塘东南，即西南夷之流沙河也，弱水出其南。风沙猎猎，晴日望之如盛雪。船误冲其际，即胶不可脱。必幸东南风劲，乃免陷溺。

又曰：铁板沙所在有之，舟触即败。成化二十一年，宪庙遣给事中林荣、行人黄乾亨封占城，官治大艘。凡大船之行，必选熟于洋道者驾小艚船先行探水，大船后复系二小船，以便樵汲，且防不虞。是役也，军民千人，物货太重，而火长又疏于径路。次交阯之占（城）〔壁〕罗②，误触铁板沙，船坏，二使溺焉，军民死者十九。予里中有麦福者同七十余人夺一脚艇，棹至崖侧，巨浪簸荡，舍舟登山，回望大船覆处，近如席前。洪涛澜汗，惟败篓破甑出没其间，数百人沤灭无迹。众皆长恸。昼行夜伏，捕蛇鼠，拾草木之实而啖。风雨晦冥，石妖木魅，怪侮万状，且已忘甲子，惟视月弦望，以验时日。曾未浃旬，死者强半。存者二十四人，复已缺食二日。蹒跚冥行，伥入空谷，石窟宽坦如堂，有草叶如广之水蕉，掘之根类蹲鸱而大。竞取以食，喉间微觉苦涩，余味如葛。识者曰：此非恶草也，第未经风日，水土气作苦

---

①外罗，位于越南中部海面，因在广南占毕罗（占婆岛）外洋而得名，法国学者伯希和将其考订在理山群岛（Culao Ray），又名广东群岛（Pulou Canton）。

②占壁罗，又作占毕罗、尖笔罗、占不劳等，为马来语 Pulou Cham 的音译，在今越南广南—岘港省东北岸外的占婆（Champa）岛。

涩味耳。乃曝之日中，偃息酣寝。比寤，晓星煌煌矣。迟明敲火燃草，取所曝者煨而食之，味转香滑。晨进一枚，饥渴俱弭。相率肆力搜采，顷之根裔都尽。窟居二日，体力完健，乃人负数枚，复沿水际而行。俄闻溪中人语，至见岛夷数辈，乘三小船，循溪搜捞缎帛器物。有谙夷语者询之，乃交阯占城界之巡徼船也，共载以归。二国夷王闻是天朝人民，馆谷如礼。于是占城遣人以二使来讣，广中始知大船汩没。守臣以闻，二使均荷恤荫。又逾年，二国始具海舟送回中国。

王圻《续文献通考》：龙（矛）〔牙〕犀角岛①地内平而外尖，民皆蚁附而居之，气候常热。以亲戚尊长为重。一日不见，则持酒肴问安。地产沉速、降香等。

又，龙涎屿②浮海内，波击云腾。每至春间，群龙来集，交戏遗涎，番人乃驾独木舟登屿采归。设遇风波，则人俱下海，旋即至岸。其涎初若脂胶，黑色有鱼腥气，久则成大块。或大鱼腹中割出，亦觉腥气。追焚之，其香清远。货于苏门③，官秤一斤，金钱一百九十二，准中国铜钱四万九千文。

又，龙牙门④在三佛齐之西北。山门相对，若龙甲状，中通船。山涂田瘠，气候常热。四五月间淫雨。人以掳掠为豪。遇有番船，则驾小舟迎敌。若得顺风则幸脱，否则被其截劫，泛海者

---

①龙牙犀角岛，又作狼牙修、郎迦戍、凌牙斯加等，在今泰国南部马来半岛北大年一带，为马来半岛古国，昔为东西交通之要冲。
②龙涎屿，据《郑和航海图》，南巫里（Lambri）之西有帽山，其西有龙涎屿。在苏门答腊岛西北角海上较大的岛屿有韦岛（Wei）、布腊斯（Bras）、龙多（Rondo）。其中帽山即韦岛，故一般认为龙涎屿即布腊斯岛，也有人认为是龙多岛。
③苏门，即苏门答腊之简称。
④龙牙门，又作凌牙门、龙牙山门，本指新加坡岛南岸偏西之海峡石叻门（Selat Pani-kam），今名克佩尔港（Keppel Harbour），因其西口两岸有山挺立如龙牙，故得名。另有人认为指林加海峡与林加岛。

宜慎焉。

又，吉里地闷岛①地在（连）〔重〕迦罗②之东，满山茂林，皆檀香树，无别种。商贩聚十二所，有尊长。田肥谷茂，朝热暮寒。商船染病，十死八九。盖其地多瘴气也。

谢清高《海录》曰：东洋诸岛曾历其地者，曰哇（大）〔夫〕岛③、哇希岛④、匪支岛⑤、俺呢岛⑥、千尼岛⑦、蓦格是岛⑧、那韦巴岛⑨、亚（哆歪）〔歪移〕岛⑩。以上八岛，俱在东海⑪，由地问正东行，约二月可到。每岛周围十余里，各有土番数百。其地多豕，西洋船经此取铁钉四枚，即易豕一头，可三十斤。人性浑庞，地气炎热。土番不穿布帛，惟取鸟衣或木皮围下体，能终日在水中。有娼妓见海舶来，俱赤身落水，取大木一段承其颔，浮游水面。海舶人招呼之〔即〕至，听其调谑。与之铁钉二枚，则喜跃而去，不知其何所用也。有花旗番寓居亚（哆）歪〔移〕岛，采买货物。土产珍珠、海参、檀香、薯芋，无五谷、牛、马、鸡、鸭。有果形似柚而小，熟时人取归，火煨而食之，味如馒头。不食盐。由此又东行二三月，海中有三山，西洋人呼其一为努玉⑫，

①吉里地闷岛（Pulou Timor），帝汶岛。
②重迦罗，Janggala 王国的对音，在今印度尼西亚爪哇岛的苏腊巴亚（Surabaya）地区，亦译泗水地区。
③哇夫岛（Vavau Group），瓦乌群岛。
④哇希岛（Iles Wallis），瓦利斯群岛。
⑤匪支岛（Fiji），斐济。
⑥俺呢岛（Ndeni I.），恩德尼岛。
⑦千尼岛（Kennedy I.），肯尼迪岛。
⑧蓦格是岛（Iles Marquesas），马克萨斯群岛。
⑨那韦巴岛（Novas Hebridas），今瓦努阿图（Vanuatu）。
⑩亚歪移（Hawaii）岛，即夏威夷群岛。
⑪东海，指西南太平洋和西太平洋。
⑫努玉（Nuku Hiva），努库希瓦岛。

一为衫里①，一为亚剌德反，并无居人，惟有鸟兽。闻过此以东，则南针不定，番舶亦不敢复往云。

又曰：开于岛②在东北海③，由哇夫岛北行，约三月可到。谢清高昔随西洋海舶至此，采买海虎、灰鼠、狐狸各皮。天气凝寒，雪花遍地。船初至海口，有冰块流出，大者寻丈，未敢遽进。鸣大炮，有土人摇小船来引。其船皆刳独木为之。舶中有通其语者，故得与交易。其人甚稀，而形似中国。食干鱼。每日见太阳在南方，高仅数丈，一二时即落，而未甚昏黑，惟戌亥二时始晦，余时俱可见人。每月唯望前后数日可见月光，星光则未见也。初到时，手足皆冻裂，而土人无恙。唯来往手中皆执大木叶二，坐则以足踏之，知必有取也。亦效之，果愈。不知为何木。土人极喜中国皮箱，见则以皮交易而去。偶上岸步行，入一土窟，土人外出，见藏皮箱十余，开看皆装人头，怖而返。由此复北行二十余日，至一海港。复鸣炮，不见人来，遂不敢进。闻其北是为冰海云。其东洋诸国，清高所未至，故皆不录。

①衫里（Serle I.），塞勒岛。
②开于岛（Kuril Is.），千岛群岛。
③东北海，指鄂霍茨克海（Sea of Okhotsk）和北太平洋。

海国图志卷十八 邵阳魏源辑

东南洋 海岛之国

东南洋诸岛形势下

琉球，一作流虬，古未通中国，隋时有海船望见之。唐、宋后，渐通中土。明初入贡，太祖赐以闽人善操舟者三十六姓，修职贡甚谨。后为日本所灭，不通音问者数十年。已而王被执不屈，倭送还国。国在日本萨峒马岛之南，周环三十六岛，南北四百余里，东西不足百里。旧分山南、山北、中山①三国，后并入中山为一，故称中山王。王尚姓，自记载以来，一姓相传，无改步。国小而贫，属役日本。惟赖贡舟贩鬻，稍得余资以自给。由福州五虎门放洋，用卯针四十余更，至姑米山，其国大岛也。再东，即至其国，收泊于那霸②港。国分三路：曰首里③，王居之；曰久米④，曰那霸。用中国文字。入本朝更恭顺，修职贡。其官之最尊者为金紫大夫，守土之官曰按司，一按司所辖约六七里。土硗瘠，产米绝少，以地瓜为食，即番薯。非官与耆老不食米。无麻絮，以蕉为布，负戴者围下体，余皆裸露。

①中山，今冲绳群岛（Okinawa-guntō）。
②那霸（Naha），那坝。
③首里（Shuri），今已并于那坝市。
④久米（Kume），又称姑米山，即久米岛。

附南洋各岛

《地理备考》曰：巴劳岛在南洋之北，加罗梨那岛①之西，纬度自北六度五十三分起至八度九分止，经度自东一百二十七度三十九分起至一百三十三度四十分止。中有十八岛，人烟稠密，物产丰阜，人民良善，作事勤劳。岛之大者曰（渡）〔波〕卑都狔②，曰哥罗③，曰（尼）〔厄〕利（斯）〔基〕黎都④。

又曰：加罗黎那岛在南洋之北，马黎亚纳岛之南，纬度自北六度起至十二度止，经度自东一百三十三度起至一百六十七度止。中有三十岛，地势错落，不相联络，人烟纷繁，树林稠密，地气温和，风雨不时。岛之大者曰亚巴⑤，曰我里⑥，曰么结母⑦，曰系（利）〔尼〕亚威内⑧，曰五亚兰⑨。

又曰：慕尔加拉威岛在南洋之中，马黎亚纳岛之东南，纬度自北一度起至十度止，经度自东一百六十八度起至一百七十一度止。田土瘠薄，物产不阜。岛之大者曰布路尼，曰剌达各⑩，曰剌利客⑪，曰斯加波路⑫，曰京师米尔⑬。

---

①加罗梨那岛（Arch. das Carolinas，Caroline Is.），加罗林群岛。

②波卑都狔（Baubelthuap I.），巴伯尔土阿普岛。

③哥罗（Corror I.），科罗尔岛。

④厄利基黎都（Eriklithu I.），埃里克利图岛。

⑤亚巴（Yap，Eap，Yapa），雅浦岛。

⑥我里（Ngoly，Ngolog Is.），恩古卢群岛。

⑦么结母（Grupo de Mogemug），莫格穆群岛。

⑧系尼亚威内（Grupo de Siniavine），锡尼亚维内群岛。

⑨五亚兰（Ilha Ualan），乌亚兰岛。

⑩剌达各（Radak Is.），腊达克群岛。

⑪剌利客（Ralik Is.），腊利克群岛。

⑫斯加波路（Grupo de Scarborough），吉尔伯特群岛中的斯卡巴特群岛。

⑬京师米尔（Kingsmill I.），金斯米尔岛。

又曰：维的岛在南洋之中，慕尔加拉威岛之南，纬度自南十五度四十五分起至十九度四十三分止，经度自东一百七十四度四十分起至一百七十九度四十分止，长一千二百五十里，宽一千一百里。地势错落，不相联络，田土朊厚，物产丰饶。诸酋分辖，不相统属。岛之大者曰维的黎勿①，曰千打本②，曰华（阑）〔闹〕黎勿③，曰罗斯④，曰当基⑤。

又曰：当加岛⑥，又名亚米，在南洋之中，维的岛之东南，纬度自南十三度二十分起至二十五度三十分止，经度自西一百七十三度十八分起至一百七十八度三十八分止。中有一百五十岛，大者（维）〔惟〕三：曰（尝）〔当〕加，曰瓦瓦阿⑦，曰意五亚⑧。田土肥饶，物产丰厚，地气酷热，海风清凉。人民壮健，作事勤劳。诸酋分辖，不相统属。

又曰：花和尔尼岛在阿塞亚尼亚州之中。地势错落，不相联络。岛之大者曰五瓦⑨，曰好望岛，曰何尔尼⑩。

又曰：〔合〕么阿岛在南洋之中，纬度自南五度三十分，经度自东一百五十二度十七分⑪。中有七岛，诸酋分辖。岛之大者曰波

①维的黎勿（Viti Levu），维提岛。
②千打本（Kandabon，Kandavu I.），坎达武岛。
③华闹黎勿（Vanua Levu），瓦努瓦岛。
④罗斯（Ross I.），罗斯岛。
⑤当基（Tongue I.），汤格岛。
⑥当加岛（Tongatapu I.），汤加塔布岛。
⑦瓦瓦阿（Vavau I.），瓦瓦乌岛。
⑧意五亚（Eua Island），埃瓦岛。
⑨五瓦（Oua I.），瓦岛。
⑩何尔尼（Horn），霍恩岛。
⑪此经度的误差很大。

刺，曰阿牙剌瓦，曰茂拿①，曰罗沙②。

又曰：给尔（焉）〔马〕的岛③在南洋之中，维的岛之南，纬度自南三十度三十六分，经度自东一百七十八度五十分④。中有三岛，曰刺五耳⑤，曰马告来⑥，曰姑尔的斯⑦。

又曰：古各岛在南洋之中，纬度自南十八度四十五分起至二十一度二十六分止，经度自西一百五十九度四十五分起至一百六十二度十五分止。地气错落，不相联络。岛之大者曰马拿牙⑧，曰亚的五⑨。

《地理备考》：都波哀岛在南洋之中，纬度自南二十三度三十分，经度自西一百五十二度。地势错落，不相联络。岛之大者曰都波哀⑩，曰〔鲁〕鲁都⑪，曰黎马打剌⑫，曰来瓦外⑬，曰鲁都意⑭。

又曰：达义的岛在南洋之东，纬度自南十七度二十九分，经度自西一百五十一度。田土肥饶，谷果丰登。多上品树木，地气

———————

① 茂拿（Mauna I.），今图图伊拉岛（Tutuila I.）。
② 罗沙（Roza I.），罗沙岛。
③ 给尔马的岛（Kermadec Is.），克马德克群岛。
④ 此经度亦误，应在西经。
⑤ 刺五耳（Raoul I.），拉乌尔岛。
⑥ 马告来（Macaulay I.），麦考利岛。
⑦ 姑尔的斯（Curtis I.），柯蒂斯岛。
⑧ 马拿牙（Manaia Island），今曼杰亚（Mangeea）岛。
⑨ 亚的五（Atiu I.），今马提乌（Watao）岛。
⑩ 都波哀（Tubuai I.），土布艾岛。
⑪ 鲁鲁都（Rurutu），鲁鲁土岛。
⑫ 黎马打剌（Rimatara I），里马塔拉岛。
⑬ 来瓦外（Raivavaé I.），雷瓦外岛。
⑭ 鲁都意（Rutui I.），鲁土伊岛。

温和。岛屿不一，诸酋分辖。岛之大者曰达义的①，曰弟都罗亚②，曰母勒亚③，曰买弟亚④，曰化衣尼⑤，曰剌牙的亚⑥，曰打下⑦，曰波剌波剌⑧，曰茂卑的⑨，曰都拜⑩。

《地理备考》：（色）〔包〕么度岛⑪，在南洋之东，纬度自南十四度起至二十三度止，经度自西一百五十二度起至一百四十度止。岛屿纷繁，地势低陷。岛之大者，曰剌沙勒⑫，曰蝇岛⑬，曰澳罗罅⑭，曰巴黎射⑮。

又曰：门达那岛⑯在南洋之东，纬度自南七度五十分起至十度三分止，经度自西一百四十度起至一百四十三度止。岛屿纷繁，分为两区。在（南东）〔东南〕者曰马尔给沙⑰，山势峻峭，峰峦参天；在西北者曰窝神敦⑱，地气高燥，层峦耸峙。其余各岛曰达

---

①达义的（Tahiti I.），塔希提岛。

②弟都罗亚（Tethuroa I.），特土罗亚岛。

③母勒亚〔Eimeo（Mooréa）I.〕，莫雷阿岛。

④买弟亚（Maitea I.），梅特亚岛。

⑤化衣尼（Huahine I.），华希内岛。

⑥剌牙的亚（Raiatea I.），腊亚特阿岛。

⑦打下〔Jahea（Otaha）I.〕，塔哈亚岛。

⑧波剌波剌（Borabara I.），波拉波拉岛。

⑨茂卑的（Maupiti I.），莫佩提岛。

⑩都拜（Tubai I.），图拜岛。

⑪包么度岛（Paumatu Archipelago，Tuamotu Arch.），土阿莫土群岛。

⑫剌沙勒（Alfaque de Lazaref），拉扎雷夫礁。

⑬蝇岛（Alfaque de Moscas），莫斯卡斯礁。

⑭澳罗罅（Ilha Aurora），奥罗拉岛。

⑮巴黎射（Grupo de Palisser），帕利塞群岛。

⑯门达那岛（Mendana Arch.），门达纳群岛。

⑰马尔给沙（Iles Marquesas），马克萨斯群岛。

⑱窝神敦（Washington Is.），华盛顿群岛。

度意瓦①，曰达卢亚大②，曰瓦波亚③，曰瓦卢加④。

又曰：合威岛，其地在南洋之东北，纬度自南十九度起至三十三度止，经度自西一百五十六度起至一百六十四度止。田土肥饶，谷果丰登，地气温和。诸酋分辖，不相统属。中有十三岛，大者曰合歪⑤，曰茂维⑥，曰窝亚卢⑦，曰亚堆⑧。

又曰：斯波拉大岛在南洋之南、北。其南之大岛有六：曰本林⑨，曰巴给斯⑩，曰沙剌⑪，曰阿赊亚（即）〔那〕⑫，亚尔都耳⑬，曰圣（自）〔白〕尔那都⑭；其北之大岛有五：曰巴剌打⑮，曰罗卑斯⑯，曰圣巴尔多罗么，曰圣巴多罗⑰，曰罗也斯⑱。各岛人民稀乏，物产不阜。

《外国史略》曰：东洋岛三种：一曰山地，山高自二百丈及一千丈，各有火，内产石蠓蚬等物，山脚草木茂盛。二曰珊瑚屿，

①达度意瓦（Tatuiva I.），塔图伊瓦岛。

②达卢亚大（Tahuata I.），塔瓦亚塔岛。

③瓦波亚（Wapoa I.），瓦博亚岛。

④瓦卢加（Uahuga I.），华盛顿岛。

⑤合歪（Hawaii I.），夏威夷岛。

⑥茂维（Mauvi I.），毛伊岛。

⑦窝亚卢（Woahu I.），瓦胡岛。

⑧亚堆（Atui I.），阿图伊（塔奈）岛。

⑨本林（Ilha Penrhyn），彭林岛。

⑩巴给斯，疑"给斯"二字倒，应作巴斯给岛（Ilha Pascoa），此岛又名 Easter（Vaihu），通译复活节岛。

⑪沙剌（Ilha Sala），萨拉岛。

⑫阿赊亚那（Ilha Oceano），大洋岛。

⑬亚尔都耳（Ilha Authur），阿尔图尔岛。

⑭圣白尔那都（Ilha S. -Bernardo），圣贝尔纳多岛。

⑮巴剌打（Ilha Barrados），巴拉多斯岛。

⑯罗卑斯（Ilha Sebastião Lopes），塞巴松洛佩斯岛。

⑰圣巴多罗（Ilha S. -Pedro），圣佩德罗岛。

⑱罗也斯（Ilha Royez），罗耶兹岛。

乃沙地，有珊瑚礐，四围系珊瑚内之虫负土积累，致成高石。三曰丘地，产物丰盛，出椰子、甘蔗。有饼树，其果如馒，味甘美，并各蕉、大薯、番薯。兽只犬、豕、鼠，今则五畜资养焉。居民之状与芜来由相似，众尚蛮，拜偶像，厚接外客，日捕鱼。其头目时时交战，远驶海隅，坐小船以攻大敌。恶僧弄权，甚至杀人祭鬼。衣甚少，仅以叶束腰而已。男女苟合。近日天主教于各岛开学馆以教化之。群屿太多，今述其最广者。无人屿①在日本东南，系荒岛，乃外国水手所开，人少物稀。惟捕鲸之船随时到此，与居民往来，买蔬菜牲畜。北向一带岛屿，皆属日本。侧屿②在台湾东，北极出地自十二度及二十一度，偏东自一百四十四度至一百四十八度。其南向之屿有居民，归是班牙权辖。林甚密，牛、羊、豕满野。加罗林群岛，北极出地自三度至十六度，偏东自百三十三度至百七十三度。共四十六州，皆有居民，好航海。地惟有鼠，无他牲畜。居人以芋、番薯、鱼、鳖为食。裸身草舍，屡相争斗。所往之船，惟有海参、檀香等贸易。此州之南曰菲治群屿③，居民墨面，性凶残。各酋互相交战，虏敌即吞食之。亦有时屠宰人，一日至二百余。出檀香，商人之船，至今罕犯。东牙群屿④最大者周三十里。其地丰盛，居民稠密，互相交斗。航海群岛⑤，在菲治岛东北，共八岛，最广者周六十里。有火山，多火浆。地丰甚，出树木。居民健，身高，体色白。谷群屿⑥，南极出

---

①无人屿（Bonin，Muninto），小笠原群岛。
②侧屿（Mariana Is.），马里亚纳群岛。麦哲伦等人于1521年诬蔑这一带为盗贼群岛（Ilas de Los Ladrones），马礼逊改用与"贼"字音近的"侧"字翻译。
③菲治群屿（Fiji Is.），斐济。
④东牙群屿（Tonga Is.），汤加。
⑤航海群岛（Samoa I.），萨摩亚群岛。
⑥谷群屿（Cook Is.），库克群岛。

地自十八度至二十三度，偏东百五十七度及百六十度。系茅塞之地。居民多奉耶稣教。会党险海群屿①南极出地自十四度至二十五度，偏西自一百二十四度及一百五十七度。其屿繁多，最大者曰他希地②，出木甚美。居民昔时仇恨相杀，以血衅神像。今奉耶稣教，改过向化。马其群屿③多沙而低，居民雕题甚丑。俱出海参、珍珠，土人寐水中寻出之。外国水手至此贸易，多为人所杀。阿（盛）〔歪〕希等屿④共八所、五州，北极出地自十九度及二十三度，偏西自百五十五度及百六十度，居民十万八千三百九十三，但今人户日消减。地繁盛，中有佳果、蔬菜、檀香、甘蔗、绵花。有火山，恒出火浆。乾隆间，此屿尚荒（无）〔芜〕，居民以芋、鱼为饭。后英国水师到此，导以风化。嘉庆二十三年，居民皆去塑像而拜上帝。其都曰阿那罗路⑤，居民六千，各国之船所集。东洋之境屿虽多，但褊小，居民罕少。除椰子等货，别无产物。

附东南洋道路

《东西洋考·南洋⑥针路》：自七州山七州洋始。《琼州志》曰：在文昌东一百里，海中有山，连起七峰。内有泉，甘洌可食。舶过，用牲粥祭海厉，不则为祟。舟过此极险，稍贪东，便是万里石塘，即《琼（州）〔志〕》所谓万州东之石塘海也。舟犯石塘，希脱者。七州洋打水一百三十托，若往交阯东京⑦，用单申针，五

---

①会党险海群屿，指社会群岛（Iles de la Société）及土阿莫土群岛（Iles Tuamotu）。
②他希地（Taiti），塔希提岛。
③马其群屿（Iles Marquesas），马克萨斯群岛。
④阿歪希等屿（Hawaiian Is., Owhyhee Is.），夏威夷群岛。"盛"字为原书误刊，应作"歪"。
⑤阿那罗路（Honolulu），火奴鲁鲁。
⑥"南洋"二字，《东西洋考》原作"西洋"，魏源改为"南洋"。就是说，他认为，从我国海南省的七洲列岛一带的海域以南，都应改称"南洋"。
⑦东京，指今越南首都河内。

更，取黎母山。**黎母山**在琼州定安县南四百里。《广东通志》曰：五指山一名黎母，生黎峒中，五峰如人指屹立。每辰巳后，云雾收敛，则一峰耸翠插天。申西间，复蔽不见。用庚卯针，十五更，取海宝山[①]。**海宝山**用单亥针及乾亥，由涂山海口，五更，取鸡唱门，即安南云屯海门[②]也。**交阯东京**《一统志》曰：东至海，西至老挝，南至占城，北至思明府。又从七州洋。用坤未针，三更，取铜鼓山。**铜鼓山**《广东通志》曰：在文昌东北。铜鼓海极深险。用坤未针，四更，取独珠山。**独珠山**山在万州东南海中，峰势高峻，周围五六十里。南国诸番修贡，水道视此为准，其洋为独珠洋。舶人云：有灵伯庙，往来祭献。打水六十五托，用坤未针，十更，取交阯洋[③]。**交阯洋**打水七十托，用坤未针，取占笔罗山[④]，是广（东）〔南〕港口。**广南**汉为日南郡，隋、唐为驩州，国朝为义安府。又从交阯洋用未申针，三更，取望瀛海口[⑤]，入清华港。**清华港**汉为九真郡，隋、唐为爱州，〔在〕交阯为西京，国朝为清化府。又从交阯洋取小长沙海口[⑥]，入顺化港。**顺化港**国朝为顺化府。又从交阯洋用坤未针，十一更，取外罗山。**外罗山**远望（城）〔成〕门，近看东高西低，北有椰子塘，西有古老石。船傍西行，打水四十五托，用丙午针，三更，取马陵桥[⑦]。其内为提夷，是交阯属县。**提夷马陵桥**打水二十五托，内外俱可过船。南边有桥出水，用丙午针，四更，至交杯屿[⑧]，即新州港口。**新州港**国朝为新安府[⑨]。**新州**[⑩]**交杯屿**两屿相对〔如交杯状〕，故名。内打水十八托，用丙午针，三更，取羊屿[⑪]。

---

①海宝山，指越南北部沿海的老虎岛（Tiger I.）。

②云屯海门，疑指越南河静（Ha Tinh）（华侨称和定），十七世纪隶属交阯东京。

③交阯洋，指越南中部占婆岛周围海域。

④占笔罗山，即越南中部的占婆岛（Pulou Cham）。

⑤望瀛海口，指越南中部沿海的芽庄（Nha Trang，华侨称芽庄）。

⑥小长沙海口，指今越南顺化港外的新安（Thuan An）。

⑦马陵桥，越南义平省沿海的龟（Turtle）屿。

⑧交杯屿，指与越南归仁隔湾相对的三合（San Ho）岬。

⑨新安府，今越南义平省一带。

⑩新州，指越南归仁。

⑪羊屿，指今越南归仁港外的 Gambir 岛。

羊屿有小石塔，好抛锚。内打水八九托，外二十托。南有羊角礁①，不可近。用丙午针，三更，取烟筒②。**烟筒山**此交阯、占城分界处也。用丙午针，三更，取灵山。**灵山**与占城山连接，峻岭而方，山顶一石块似佛头，故名灵山。往来贩舶于此樵汲，崇佛，诵经祈禳。开，打水六十托，用单午针，取伽南貌③。**伽南貌山**港内有三屿，潮涨则不见山。远过，打水十五托。用坤未针，五更，由圭龙屿④取罗湾头⑤，即占城港口。**占城国**《一统志》曰：东距海，西抵云南，南接真腊，北连安（东南）〔南、东〕北至广东，舟行可半月程，至崖州，可十日程。**占城国罗湾头**打水五十托。用坤申针，五更，取赤坎山⑥。**赤坎山**宋时占城王常避交人，徙居兹山。近打水二十托，外十八托。用单申针，四更，取鹤顶山⑦。**鹤顶山**打水二十五托，洋中（国）〔有〕玳瑁洲⑧宜防。若往柬埔寨，由此分路，用单庚针，四更，取柯任山⑨。**柯任山**自赤坎沿山而行，因风应变。外任⑩寻港，用庚申针，开，有石烂礁⑪在西南。若行船放落屿下。开头用单庚及庚申针，看风让高，收毛蟹州⑫。**毛蟹州**打水六七托，船头对洲收（拾）〔入〕。有三托水，在浅内，船恐犯洲，尾浅，要认毛蟹州，须见两边坤身头崎便是。（大）〔天〕略晴明，潮水晓退，在外任开船，东风小午到浅，至午进港为妙。**柬埔寨**即古真腊地也，又名占腊。将至港，俱是泥地，故名占腊泥⑬。国人

---

①羊角礁，殆指甘比尔岛东南端的岩石。

②烟筒，在越南富安省沿海和，即双桥（Song Kau）附近向南突出的岬，与富仁（Phu Yen）隔水遥对。

③伽南貌，在越南中部东端华列拉岬附近的查库（Cha Ku）岬。

④圭龙屿，在查库岬与其南的韦特（Vert）岬形成的万丰（Van Phong）湾内，有三屿，其最南较小的一屿，殆即圭龙屿。

⑤罗湾头，即宾童龙（Padarang）岬，其内是藩龙，为占城当时的首府。

⑥赤坎山，即越南顺海省沿海的藩切（Phan Thiet，华侨称冰切），或鸡架（Kega）角。

⑦鹤顶山，即越南同奈省南端的头顿。

⑧玳瑁洲，疑指头顿正东的科萨尔（Corsair），或名主教礁。

⑨柯任山，疑指湄公河西南第二口处突出的巴知（Bati）。

⑩外任，位于巴知的东南。

⑪石烂礁，位于巴知西南的小岛。

⑫毛蟹州，在湄公河口茶荣（Tra Vinh）旁一狭长的沙洲。

⑬占腊泥，指湄公河口的烂泥浅滩。

自呼甘孛智，后讹为甘破蔗，舶人又讹为柬埔寨。又从赤坎山单未针，十五更，取昆仑山。昆仑山屹然海中，山高而方，基盘广远，俗云："上怕七州，下怕昆仑，针迷舵失，人船莫存。"用单庚及庚酉针，三更，取小昆仑。小昆仑两边有礁出水。用庚酉及单酉针，八更，取真屿①。真屿看成三山。内过，打水十四托，泥地；外过，打水十八托，沙地；远过，只七八托便是假屿②，水浅，不可行，直从真屿东北边出水，礁南边过船。用庚戌针，五更，取大横山③。大横山到此是暹罗界，外过南边，打水二十五托为正路。北边水浅，只五托水。船在南边见小横山④。小横山其山多树，打水十四托。用辛戌针十更，单戌针十更，乾戌针十更，取笔架山⑤。笔架山远望形如笔架，故云。山下打水十四托。开，打水二十托，壬亥针，五更，取陈公屿⑥及黎头山⑦。黎头山西边高大，东南稍低，其内有屿。西北一派是石排山⑧，用壬子针，五更。取圭头浅⑨。圭头浅打水四十托。（单用）〔用单〕乾针，（二）〔三〕更取竹屿⑩。竹屿浅口打水四五托。用壬子针及乾亥，（没）〔沿〕山坤申，尾即暹罗。暹罗乃古赤土⑪及婆罗刹⑫地，至本朝合暹与罗斛二国，名暹罗。《一统志》曰：在占城极南。又从昆仑山用坤申及庚酉针，三十更，取吉兰丹。吉兰丹即大（屿）〔泥〕港口⑬。用坤申针，七更，入港是大泥国。大泥国贡道由福建入。又从昆仑

---

①真屿，指越南南端海中的奥比岛（Pulou Obi）。

②假屿，疑指暹罗湾内的福塞奥比（Fause Obi）岛。

③大横山，即柬埔寨西南沿海的潘阳岛（Pulou Panjang）。

④小横山，即潘阳岛东之一小岛。

⑤笔架山，指曼谷湾口的克兰岛（Koh Kram）。

⑥陈公屿，指曼谷湾内的兰岛（Koh Lan）。

⑦黎头山，指曼谷湾内的派岛（Koh Pai）。

⑧石排山，位于派岛西北的小岛。

⑨圭头浅，指曼谷湾内的锡昌岛（Koh Si Chang）。

⑩竹屿，指湄公河口之小岛。

⑪《东西洋考》的"赤土"，指今泰国湄南河流域。

⑫《东西洋考》的"婆罗刹"一名指今泰国华富里（Lopbury）一带。

⑬大泥港口，即吉兰丹河口，指马来半岛东部哥打巴鲁（Koto Bham）与通帕（Tumpat）之间的港口。

山取真屿，用辛酉针，二十八更，取六坤①。六坤暹罗属国也。其地与大泥相连。
又从昆仑山用坤未针，三十更，取斗屿②。斗屿用丁午针，五更，取彭亨国。彭
亨国一名彭坑③，单午针，五更，取地盘山④。地盘山在彭亨港⑤外，打水二十八
托，内四十四托，三更，至东西竺。东西竺此柔佛地界也。用丁未针，十更，取罗汉
屿⑥，即柔佛港口。柔佛国一名乌丁樵林。罗汉屿（水）〔有〕浅，宜防，往来寻
白礁⑦为准。往满剌加从北边过船，用庚酉针，五更，入龙牙门⑧。龙牙门山门相
对，如龙牙状，中通船。田瘠谷薄，掳掠为豪，番舶于此防之。夜不敢行，以其多盗，
且南有凉伞礁⑨也。中打水三十托，北二十托，南八九托。又过淡马锡门⑩，用庚酉及
辛戌针，三更，取吉里问山。吉里问山打水二十七托，两边有浅。用乾亥针，三更，
取（昆）〔毗〕宋屿⑪。（昆）〔毗〕宋屿打水二十五托。用单亥针，五更，取箭
屿⑫。箭屿打水三十四托。用乾戌针，五更，取五屿⑬。五屿先时酉（门）〔开〕
镇于此，此中有真五屿、假五屿⑭，沿山而入，为麻六甲。麻六甲即满剌加国也，
（船）〔舶〕人音讹耳。在古为歌罗富沙⑮地。又从东西竺用丙午针，十更，取长腰

①六坤，即 Nakhon 的音译，指今泰国南部的那空是贪玛叻（Nakhon Sritamarat）。
②斗屿，即马来西亚彭亨州东北海上的愚岛（Pulou Tenggol）。
③彭坑，亦作彭亨，指马来西亚的彭亨州。
④地盘山，即马来西亚柔佛州东北海上的潮满岛（Pulou Tioman）。
⑤彭亨港，即马来西亚彭亨河口的北干（Pekan）。
⑥罗汉屿，指新加坡南部廖内群岛的宾坦岛（Bintan）。
⑦白礁，指新加坡海峡的白礁（Pedra Branca），在宾坦岛之北，今建有霍斯伯格（Hors-
　burgh）灯塔。
⑧龙牙门，即新加坡海峡（Strait of Singapore）。
⑨凉伞礁，即新加坡海峡中的拉邦岛（Pulou Labon）。
⑩淡马锡门，即 Tamasek 的音译，指新加坡。
⑪毗宋屿，指马六甲海峡东部的皮散岛（Pulou Pisang）。
⑫箭屿，指马六甲东南的射箭山（Gunong Banang）。
⑬五屿，即马六甲港外的岛屿。
⑭假五屿，即马六甲北的君子岬（Tanjong Tuan，Cape Rachado）。
⑮歌罗富沙，即哥罗富沙罗的讹略，故地在今泰国南部马来半岛克拉（Kra）附近。

屿①。**长腰屿**北边正路，打水二十六托。若往丁机宜②，用坤申针，四更，取独石门③。**独石门**出门，用单酉针，过铁钉屿④。**铁钉屿**其外水流急甚。用单庚及庚申针，四更，至鳄鱼屿⑤。**鳄鱼屿**西是坤身，昼南流而夜北流。再进由第二港⑥入，是丁机宜国。**丁机宜**瓜哇属国。又从长腰屿用丁午针，十更，取龙雅大山⑦。**龙雅山**在马户⑧边过，用单午针，三更，取馒头屿⑨。**馒头屿**收入即是詹卑⑩，七更可到。**詹卑**三佛齐人称其国王为詹卑，其国既为瓜哇所破，故王徙居于此，因以名地。**七屿**⑪从馒头屿驾开，用丁午针，三更，到此。又用丁未针，七更，取彭家山⑫。**彭家山**用坤（申）〔未〕针，三更，取西南第二山，有沉礁。用坤申针，收旧港。**旧港**即三佛齐故都也，其先为干陀利国，初时为瓜哇所并，改名旧港，以别于彼之新村。又从彭家山用辰巽针，十更，取进峡门⑬。**进峡门**用丙巳针，巡坤身，七更，见三麦屿⑭。**三麦屿**过屿用单丁及丁午针，五更。单未针，五更，取都麻横港口⑮。**都麻横港口**中望一山，名真不真假不假⑯，正路打水十七托。用单午针，十

①长腰屿，指苏门答腊岛东北海上林加群岛中之一岛，即 Pulou Senang，或称 Bam 岛，岛上首府名 Daik。

②丁机宜，指苏门答腊岛的英得腊其利（Indragiri）河口一带。

③独石门，指苏门答腊岛东北岸的巴塞（Bassee）峡。

④铁钉屿，指苏门答腊岛东北岸的巴罗斯（Baroe）角，靠近此角有一小屿，南北细长，似竖立之铁钉故名。

⑤鳄鱼屿，苏门答腊岛北岸英得腊其利河口之小屿。

⑥第二港，指英得腊其利河口之一港。

⑦龙雅大山，指林加海峡（Lingga Strait）。

⑧马户，指林加岛。

⑨馒头屿，指林加海峡中的新格（Sinkep）岛。

⑩詹卑，其首府约位于苏门答腊岛东部的占卑河中游。

⑪七屿，指林加群岛南部的沙耶（Saya）诸岛。

⑫彭家山，指今印度尼西亚的邦加（Banka）岛。

⑬进峡门，此门指 Gaspar 海峡，进峡门为邦加海峡。

⑭三麦屿，为邦加东南或西南的小岛。

⑮都麻横港口，即 Tulumbavang 的音译，指苏门答腊岛东南岸南榜的直落勿洞河口。

⑯真不真假不假，在直落勿洞河口一带。

更，取览邦港口①。**览邦港口**览邦夷人好食人，故舶无维缆者。外有小屿名奴沙牙②，近屿打水八九托。用丁午针，三更，取奴沙剌③，打水十四托。又用丁午针，三更，远望锡兰山④。**锡兰山港口**⑤即梁时所谓狼牙修也，今讹为石旦。夷言高山为"锡兰"，因名。此瓜哇地，而称锡兰港口者，亦就望见言之，其实去彼尚远。地广人稠，亚于瓜哇。海中有一盘石，上印足迹，长三尺许，常有水不干，称先世释迦从翠蓝屿⑥来，登此足蹴迹，至今尚存。永乐间，其王来贡，旋复负固不恭。郑中贵和虏其王归，上命释之。洋中凡五屿，正门打水四五托。用丙巳针，六更，至下港。**下港**即古阇婆，在南海中者也，亦名社婆。至元始称瓜哇。今下港正彼国一巨镇耳。舶（人）〔人〕亦名顺塔。再进人为咖嘟吧。**又从满剌加国五屿**分路入苏门答剌，用单乾针，五更，取绵花屿⑦。**绵花屿**第三湾正好过船，打水七八托，外二十托。用单戌针过浅。辛戌针，四更，取鸡骨屿⑧。**鸡骨屿**对开打水六十六托，有浅，船宜远过。用乾戌针，十更，取双屿⑨。**双屿**对开打水三十五托，门中十托，即正路所经也。用乾戌针并辛戌，四更，取单屿⑩。**单屿**内打水十六托，外四十托。用辛戌针，十更，认亚路⑪。**亚路**坤身打水三托，洋中二十托。用壬亥及乾亥针，若（杂）〔离〕山用乾戌针，十五更，取巴禄头⑫。**巴禄头**其旁为九州山⑬，林木丛生。永乐间，郑和遣人入山采香，有长六七丈者数株，香味清远，黑花细纹，山人张目吐舌，言天朝威力若

---

①览邦港口，即 Lampong 的音译，指南榜港口。

②奴沙牙，指南榜港外的一小屿。

③奴沙剌，殆指南榜港外的 Zutphen 群岛。

④锡兰山，指印度尼西亚瓜哇岛西北角的西冷（Serang）。

⑤锡兰山港口，又作石旦，指在印度尼西亚巽他海峡中的石旦港口。

⑥翠蓝屿，指孟加拉湾中的印度尼科巴（Nicobar）群岛。

⑦绵花屿，指马六甲海峡巴生港附近的武吉朱格拉（Bukit Jugra）。

⑧鸡骨屿，指马六甲西北沿岸的阿罗亚群岛（Aroa Is.）。

⑨双屿，指马六甲西北吉达港外的兄弟岛（The Brothers）。

⑩单屿，指吉达港外的贝哈拉岛（Pulou Berhala）。

⑪亚路，即 Aru 的音译，指印度尼西亚苏门答腊岛的阿鲁。

⑫巴禄头，即 Perlak 的音译，指苏门答腊岛北部的金钢角（Diamonel Ph.）。

⑬九州山，为马来语 Pulou Sembilan 的意译，指位于马来半岛霹雳（Perak）河口的尖笔兰群岛。

神。用单亥及乾戌针，五更，取急水湾①。急水湾西边有湾，沉礁打浪，对开，水二十五托。用辛酉针，五更，取哑齐。哑齐国即苏文答剌国也，一名苏文达那。《广东通志》曰：自满剌加九昼夜可至。又从玳瑁洲用丁未针，三更，取东西董②。东西董从西董③过船，远似石礁状。用单丁针，五更，丁未，三十更，取失力大山④。失力大山近山，用坤未针，五更，取马鞍屿⑤。马鞍屿用巽巳，五更，取塔林屿⑥。塔林屿山尖有老古石，正路在西。用辰巽针，三十更，取吉宁马哪⑦。吉宁马哪山山上有池，池上石壁有古篆，用单巳针，七更；单丙针，六更，取勿里洞山⑧。勿里洞山丙午，十五更，取吉里问大山⑨。吉里问大山西面坤身，拖尾甚长，有老古浅，离山宜防。用辰巽针，四更，取保老岸山⑩。保老岸山山与吉里问相对，俗讹呼巴哪大山。番舶未到，先见此山，顶耸五峰，云覆其上。用巽巳针，四更，取椒山⑪。椒山即猪蛮⑫地。沿山取磨屿⑬，七更，收入饶洞⑭。思吉港⑮饶

---

①急水湾，指苏门答腊岛西北的洛克肖马韦（Telok Semawi）。

②东西董，指加里曼丹岛西北海中的纳土纳（Natuna）群岛和亚南巴斯（Anambas）群岛。

③西董，指亚南巴斯（Anambas）群岛。

④失力大山，为加里曼丹岛西端的唯一高山 Mt. Poe。另冯承钧《海录注》中云，为加里曼丹岛西部的 Saribu Saratu，马来语犹言一千一百山。

⑤马鞍屿，加里曼丹岛西部海中的淡美兰（Tambelan）群岛中北方之一岛。

⑥塔林屿，淡美兰群岛中最大的淡美兰岛。

⑦吉宁马哪，加里曼丹岛西南海中的卡里马塔（Karimata）群岛，其中"哪"殆为"礁"之讹。

⑧勿里洞山，印度尼西亚的勿里洞（Billiton）岛。

⑨吉里问大山，印度尼西亚爪哇岛三宝垅北海中的卡里摩爪哇岛（Karimon Java）。

⑩保老岸山，中爪哇东北扎巴拉（Japara）附近的摩利亚山（Gunung Muria），共有十峰，云覆时，未必为舟人所见。

⑪椒山，东爪哇西北厨闽（Tuban）附近。

⑫猪蛮，亦称杜板，指东爪哇西北的厨闽。

⑬磨屿，为厨闽沿岸之小岛。

⑭饶洞，即 Yortan 之对音，其地在爪哇岛东北布兰塔斯（Brantas）河旁或庞越（Bangil）附近的约丹。

⑮思吉港，在爪哇岛东部梭罗（Solo）河下游地区，与约丹、格雷西邻近，有认为是格雷西内陆 Suchi 村名的音译。

洞即苏吉丹国①，〔政〕与瓜哇国相近，而吉力石②为之主。又从保老山用乙辰针，五更，取吉力石港。**吉力石港**即瓜哇之（柱）〔杜〕板村，史所谓通蒲奔大海③者也。打水八九托。用乙辰针，一更。取双银塔④。**双银塔**用丁未针，五更，取磨里山⑤。**磨里山**即《星槎胜览》所谓彭里⑥者也。俗尚寇掠，用单乙针，三更，取郎木山⑦。**郎木山**山下有三吧哇屿⑧，屿前有老古浅。用单卯针，五更，取重迦罗⑨。**重迦罗**舶人讹呼"高（罗）〔螺〕"⑩，地与瓜哇界相接，高山奇秀，内一石洞，前后三门，可容万人。用单卯针，五更，取火山⑪。**火山**内是里马山⑫，有真里马、假里马，过火山门⑬，用辰巽针，二更，取大急水⑭。**大急水**一名双牌，水深流急。出门，用乙辰针，三更，至髻屿⑮。**髻屿**用乙卯针，十更，取大云螺、小云螺。**大小云螺**⑯用乙卯针，六更，单卯针，七更，取苏律山⑰。**苏律山**有红毛番居此，不宜

---

① 苏吉丹国，似应在中爪哇格雷西一带。

② 吉力石，为爪哇语 Gersik 之对音，指今东爪哇北部的格雷西，亦称锦石。

③ 蒲奔大海，指介于马都拉（Madura）岛与爪哇东端之间的大海。

④ 双银塔，指东爪哇北部马都拉岛南的小岛。

⑤ 磨里山，指今爪哇岛以东的巴厘（Bali）岛。

⑥ 彭里，即巴厘岛之异称。

⑦ 郎木山，指巴厘岛以东的龙目（Lambok）岛。

⑧ 三吧哇屿，为 Sumbawa 的音译，指龙目岛以东的松巴哇岛。

⑨ 重迦罗，指印度尼西亚松巴哇岛东部的桑格尔岛。

⑩ 高螺，在今松巴哇岛东北部，或谓由桑格尔岛湾内泊所 Kilo 而得名。另说指坦博腊（Tambora）火山。

⑪ 火山，指松巴哇岛东北的亚比（Aple）岛，Aple 源自马来语之 Api，意为火。

⑫ 里马山，即松巴哇岛东北隅之比马（Bima）。

⑬ 火山门，指亚比岛与松巴哇岛东北端之间的水道。

⑭ 大急水，指松巴哇岛东端的萨彼（Sapie）海峡。

⑮ 髻屿，指松巴哇岛以东南的松巴（Sunba）岛。

⑯ 大小云螺，大云螺指松巴哇岛以东佛罗勒斯（Frores）岛的英德（Ende）；小云螺指亚比角。

⑰ 苏律山，为闽南语 Solor 之对音，指松巴岛以东的萨武群岛。

进舶。用乙辰针，三更，收山取印屿①。**印屿**用单卯针，二更，至美罗港②，即是池闷③。**池闷**即吉里地问，是诸国最远处也。又从吉宁马礁④往文郎马（郎）〔神〕分路，用丙巳及巽巳针，五更，取吧哩马阁⑤。**吧哩马阁**即白水〔洋〕⑥。打水八托是正路，近屿有浅可防。用乙卯针五更，甲卯针五更，单卯针，五更，（即）取三密港⑦。**三密港**用乙卯针，二更，取龟屿⑧，打水六托，是正路。**龟屿**稍开有石六七块，名猫着万里浅⑨，用单巳针，三更，取单戎世力山⑩。**单戎世力山**有浅宜防，打水五托，是正路。用单巳针及巽巳，四更，又辰巽针，收美哑柔⑪。**美哑柔港口**是处多盗，好夜杀人。前有大山，是马神（图）〔国〕。**文郎马神国**古称文狼。

东洋针路

太武山用辰巽针，七更，取彭湖屿。**彭湖屿**是漳、泉间一要害地也。多置游兵，防倭于此。用丙巳针，五更，取虎头山。**虎头山**用丙巳针，七更，取沙马头湾。**沙马头湾**用辰巽针，十五更，取笔架山。**笔架山**远望红豆屿并浮甲山⑫，进入为

---

①印屿，即小巽他群岛帝汶（Timor）岛北面之 Batek 岛，另说为佛罗勒斯岛以东之潘塔尔（Pantar）岛。

②美罗港，为帝汶岛上之贝洛（Belo）港。

③池闷，为马来语 Timur 的音译，意为东，指今帝汶岛。

④吉宁马礁，指加里曼丹岛西南海中的卡里马塔（Karimata）岛。

⑤吧哩马阁，指加里曼丹岛西南海中的巴利马卡（Balimakap）岛，简称 Mankap。

⑥白水洋，指爪哇海。

⑦三密港，指加里曼丹岛南部的塞木达（Sampit）渊，华侨称三比。

⑧龟屿，加里曼丹岛南部的巴拉塔（Malatay）岬旁的小岛。

⑨猫着万里浅，为 Batu Mandi 的对音，马来语意为被水冲洗的岩石，指加里曼丹岛南部的巴都曼迪。

⑩单戎世力山，即 Tanjong Sri 的对音，意为吉祥岬，指加里曼丹岛南部的吉祥岬。

⑪美哑柔，指加里曼丹岛南部最大的巴里托（Barito，Bandjer）河口。

⑫浮甲山，即菲律宾巴布延群岛中的富加（Fuga）岛。

大港①。**大港**用辛酉针，三更，取哪哦山②。**哪哦山**再过为白土山③，用辛酉针，十更，取密雁④。**密雁港**南是淡水港⑤，水下一湾，有小港，是米吕荨⑥，下一老古湾，是磨力目⑦，再过山头为岸塘⑧。又从密雁港幞头门⑨用丙午、单午针，十更，取六藐山⑩。**六藐山**下有四屿，用单巳针，五更，取郎梅屿⑪。**郎梅屿**单午针，四更，取麻里荖屿⑫。**麻里荖屿**用丁午针，五更，取苏安山⑬及玳瑁港⑭。**玳瑁（屿）〔港〕**东是傍（柱旋）（佳施）栏⑮，用壬子针，四更，及癸丑针，五更，取表山⑯。**表山**山甚高，为涛门之望，故名。用丙午针及单午针，五更，取里银中邦⑰。**里银中邦**用丙巳针，五更，取头巾礁⑱。**头巾礁**用单午针，五更，收吕宋国。**吕宋国**国初贡路由福建入。用丙巳针及乙辰针，十更，取沙塘浅⑲，开是猫里务⑳。猫

①大港，指介于巴布延群岛与吕宋岛之间的帕塔（Pata）海峡。
②哪哦山，指吕宋岛西北的拉奥（Laoag）。
③白土山，吕宋岛西北岸的巴达（Badoc）。
④密雁，吕宋岛西北的美岸（Bigan）。
⑤淡水港，位于美岸南面，另有人认为指班吉（Bangui）湾一带。
⑥米吕荨，在吕宋岛西北的美岸南面，疑指点 Minoro。
⑦磨力目，指吕宋岛西北岸的巴拉巴（Balabac）大山。
⑧岸塘，吕宋岛西北的坎当（Condon）。
⑨幞头门，指吕宋岛西北岸的维甘（美岸）港附近的 Pao 湾。
⑩六藐山，为 Lamo 或 Lama 的对音，指吕宋岛西岸的圣费尔南多（San Fernando）港。
⑪郎梅屿，吕宋岛西岸的托马斯（Tomas）港。
⑫麻里荖屿，吕宋岛西岸仁牙因湾的博利瑙（Bolinao）角。
⑬苏安山，博利瑙角西南的苏阿尔（Sual）。
⑭玳瑁港，在苏阿尔附近。
⑮傍佳施栏，即 Pangasanam 的音译，指吕宋岛西部的班加丝兰省，华侨称蜂牙丝兰。
⑯表山，在博利瑙（Bolinao）角附近。
⑰里银中邦，即 Liguayen 山，或 Ligtong 之对音，位于吕宋岛西岸的仁牙因。
⑱头巾礁，吕宋岛三描礼士省的科雷吉多尔（Corregidor）岛。
⑲沙塘浅，指吕宋岛与民都洛（Mindoro）岛之间海峡的浅滩。
⑳猫里务，即 Balio 之对音，指菲律宾吕宋岛之南的布里亚斯（Burias）岛。

里务国即（今）〔合〕猫里国①也。永乐时，与吕宋贡使偕来。又从吕宋取猪未山②，入磨荖央港③。又从吕宋过文武楼④，沿山至龙隐大山⑤为以宁港⑥。以宁港山尾十更，西边取里摆翰⑦至高药港⑧。又从以宁港用丙巳针，取汉泽山⑨，即屋党港口⑩。汉泽山用单巽针，取海山⑪。海山用单巳针，五更，取呐哔嘽，其内为沙瑶。又从汉泽山用丙午针，二十更，取交溢⑫，一名班溢。交溢稍下为逐奇马山⑬，用乙辰针，七更，取魍根礁老港⑭。魍根礁老港用乙辰针，七更，见绍山⑮。绍山又用乙辰针，十更，入千子智港⑯，是米洛居地，今佛郎机驻此。千子智港对面是直罗里⑰，稍上是绍武淡水港⑱，红毛夷驻此。绍武淡水港此处大山凡四，进入即美洛居，舶人称米六合。又从交溢对西开船，取犀角屿⑲。犀角屿外有三四白礁，南势开船，用单（申）〔坤〕针，入苏禄国。苏禄国国初朝贡，有东

---

①合猫里国，为 Camilia 或 Kamalig 的对音，指吕宋岛南部的甘马怜（Camarines）。

②猪未山，为 Tuy 之对音，因闽南人呼"猪"为 Tu，其地在菲律宾马尼拉西南的甲米地（Cavite）。

③磨荖央港，吕宋岛南部八打雁省西南的马拉央（Balayan）湾。

④文武楼，菲律宾民都洛岛西北部之曼布劳（Mamburao）。

⑤龙隐大山，民都洛岛西南的巴科（Baco）山。

⑥以宁港，民都洛岛西南的伊林（Ilin）港。

⑦里摆翰，为 Lipahan 的对音，指今菲律宾巴拉望岛东北奎尼鲁班（Quiniluban）岛。

⑧高药港，指菲律宾苏禄海中之库约（Cuyo）群岛。

⑨汉泽山，菲律宾班乃（Panay）岛西南安蒂克（Antique）。

⑩屋党港口，班乃岛西南部的奥顿（Oton）。

⑪海山，菲律宾内格罗斯岛（Negros I.）与棉兰老岛之间的锡利诺（Silino）岛。

⑫交溢，为 Cawit 的对音，指棉兰老岛三宝颜（Zamboanga）附近的卡维特（Kawit）。

⑬逐奇马山，三宝颜南部海中的巴西兰（Basilan）岛。

⑭魍根礁老港，指棉兰老岛西南的回教国马京达瑙（Maguindanao），约成立于 1490 年，今指摩洛（Moro）人之一种，该国重要港口为哥达巴都（Cotabato）。

⑮绍山，棉兰老岛南部的萨兰加尼（Sarangani）岛。

⑯千子智港，印度尼西亚马鲁古群岛的德那第（Ternate）港。

⑰直罗里，马鲁古群岛的贾洛洛（Djailolo）。

⑱绍武淡水港，马鲁古群岛西北桑吉（Sangihe）群岛的锡奥（Siau）岛。

⑲犀角屿，菲律宾巴西兰岛西部的桑格贝（Sangboyo）岛。

王、西王、峒王。其后惟东王来贡不绝，疑是为东王所并矣。商舶所至，则峒王地。又从吕蓬①用坤未针，五更，取芒烟山②。芒烟山用丁亥针，十更，取磨叶洋③。磨叶洋用单未针，并丁未，取小烟山④。小烟山其上有仙人掌，用丁未针，五更，取七峰山⑤。七峰山用单丁针，五更，取巴荖圆⑥。巴荖圆用丁未针，五更，取罗卜山⑦。罗卜山用丁未针，三更，取圣山⑧。圣山自圣山东去，突山二大尖，两傍皆老古石，中只一沟，舟行甚险。用单未及坤未针，五更，取昆仑山⑨。昆仑山此又别一昆仑，是舶人强名之耳。用坤未针，取长腰屿⑩。长腰屿舶过屿门，用单午针，五更，取鲤鱼塘⑪。鲤鱼塘（取）〔收〕毛花蜡⑫，即文莱港口⑬。文莱国即婆罗国⑭，此东洋最尽头，西洋所自起处也，故以婆罗终焉。

---

①吕蓬，菲律宾吕宋岛西南之卢邦（Lubang）岛。

②芒烟山，指卢邦群岛附近的小岛。

③磨叶洋，菲律宾民都洛（Mindoro）岛洋面。

④小烟山，菲律宾卡拉棉群岛（Calamian Is.）。

⑤七峰山，菲律宾巴拉望岛（Palawan Is.）北部卡布里（Cabuli）角及其附近小屿。

⑥巴荖圆，菲律宾巴拉望岛（Palawa I.）。

⑦罗卜山，菲律宾巴拉望岛以南的巴拉巴克（Balabac）岛。

⑧圣山，马来西亚沙巴（Sabah）州北端的邦吉（Banguey）岛，华侨称彭蜞。

⑨昆仑山，指沙巴州曼他那尼（Mantanani）岛北岸。

⑩长腰屿，指沙巴州亚庇（Jesselton）港外的加亚（Gaya）岛。

⑪鲤鱼塘，指文莱湾外的纳闽（Labuan）岛与文莱之间的海峡。

⑫毛花蜡，即马来语 Muara 的音译，意为河口，指今文莱斯里巴加湾（Seri Bagawan）市东面的穆阿拉（Muara）。

⑬文莱港口，指文莱的斯里巴加湾（Seri Bagawan）市，或专指其东面的穆阿拉（Muara）。

⑭婆罗国，指 Borneo（婆罗洲），即 Kalimantan（加里曼丹）岛，或专指该岛北部的文莱（Brunei）。

海国图志卷十九

欧罗巴人原撰　侯官林则徐译　邵阳魏源重辑

西南洋

西南洋五印度国志

　　叙曰：西南洋为印度海。惟西、北二印度尚各自为国，其中、南、东三印度并据于西洋。东印度为英夷驻防重镇，凡用兵各国皆调诸孟加腊。每卒月饷银约二十员，又与我属国缅甸、廓尔喀邻近，世仇。故英夷之逼中国，与中国之筹制英夷，其枢纽皆在东印度。南印度斗出南海，有佛兰西、弥利坚、葡萄亚、荷兰、吕宋①各国市埠环列。而英夷之市埠曰曼达喇萨②，曰孟迈，皆产鸦片烟，与孟加腊埒，各国不得分其利，恒外睦内猜。故我之联络佛兰西、弥利坚及购买船炮，其枢纽皆在澳门与南印度。中印度为英夷与俄罗斯相拒之所，中惟隔一兴都哥士大山③，俄罗斯逾山则可攻取温都斯坦④，英夷设重兵扼守之。故我之联络俄罗斯，其枢纽在中印度。不悉东印度之形势，则不知用廓夷，虽有犄角捣批之策而不敢信也。不知南印度之形势，则不知用佛兰西、弥

---

①吕宋，此指占领马尼拉的西班牙。

②曼达喇萨（Madras），今印度马德拉斯。

③兴都哥士大山（Hindu Kush），即兴都库什山。

④温都斯坦（Hindustan），指印度之温德亚山脉（Vidhya Range）以北区域。

利坚，欲行购造兵船之策而未由决也。不知中印度、北印度之情形，则不知联俄罗斯，方询俄罗斯国都与英夷国都远近，不知其相近者在印度边境，而不在国都也。昔唐太宗贞观中，王玄策用吐番之兵以捣印度，即廓尔喀攻孟加腊之路。元太祖兵至北、中二印度而返。及宪宗命诸王旭烈兀攻取西印度，而后回取五印度，即今俄罗斯侵逼温都斯坦之路。明三宝太监郑和以舟师破锡兰山，俘其国王归献诸朝，即今粤夷兵船赴南印度之路。具载往牒，近征商舶，事异凿空，形同肘腋，指示发踪，谁端衔策？志西南洋实所以志西洋也。故以东、南、中三印度冠其前，而以西印度之天方教、天主教附其后。五印度沿革又附其后。

五印度总述上东、南、中三印度，

今皆属英吉利，惟西、北二印度各自为国。

印度国，即兴都斯顿也。一作痕都斯坦，一作温都，亦有作轩都斯丹者。地隶阿细亚洲。西南地广，壤沃产丰，甲于诸国。其国如何创治，诸记未详。查《探险宝记》，仅云为数小国，而《西流古土记》又云大国，以巴利摩剌腊为国都，仍未载及主国者为谁。竟不知印度为古佛国，盖由西洋人奉天主教，不览佛书，而近日印度又为回教久据，力泯佛教踪迹也。然志中东、南、中三印度诸部落尚奉佛教，又似未尽改回教者。未详其故。大西洋有公记始云：壮麻墨合印度、可腊山、达达里共为一国，后被俄利[1]所灭。俄利传至巴旦王，耶苏纪岁千三百九十八年，明（建文二年）〔洪武三十一〕。又为底摩阿[2]所灭。底摩阿传百余年，后悉归蒙古。此蒙古谓赛马尔罕之王。嗣各部落隔大山之险，不服蒙古统辖，各

---

①俄利，疑为阿拉伯哈里发，于八世纪征服印度。
②底摩阿（Timur），帖木儿，西察合台汗国苏丹，1398 年率军东侵印度，攻陷德里。

自立主。各部中又以马拉他①为最强，此南印度主国，非东印度之孟加腊也。至西北温大压山②、麻腊耦③、特尔希④、阿俄腊⑤等部，均归马拉他所辖。南隅麻疏⑥一部，为哈达阿里所据。加补尔⑦部为阿密沙所据。阿密沙与马拉他交战时，各部互相攻击，英吉利乘隙征服东隅，遣贺威廉驻防孟阿腊，遣贺族乞驻防〔地谷〕。遂于曼达拉萨⑧、孟买两处开埠贸易，货物充牣，各国商舟云集。是时惟哈达阿里尚强，不服英吉利，于是印度之苏拉札道腊统兵与英人争斗，收贺威廉部众，置之黑狱。英吉利遂遣律记利付夺复其地，别置头目。后至千七百六十五年，乾隆三十年。复又背叛，全灭英吉利之人。英吉利王复遣萨依姑底夺复疆域。自此印度地属于英国者十三部：曰孟阿腊，曰曼达腊萨，曰孟买，曰弥那⑨，曰欧尼⑩，曰沥部⑪，曰麻疏，曰萨达腊⑫，曰稔哇，曰特那湾戈⑬，曰果真⑭，曰那治勃，曰西伦岛⑮。其各自为主者：曰新低⑯，曰阿鲁

①马拉他（Maratha），为古代印度半岛西南部沿海一部落。
②温大压山（Vindhya Pradesh），即印度温德亚山。
③麻腊耦（Malvan），即印度马尔范。
④特尔希（Delhi），即印度德里。
⑤阿俄腊（Agra），即印度阿格拉。
⑥麻疏（Masulipatam），即今马苏利帕塔姆。
⑦加补尔（Kabul），即今阿富汗首都喀布尔。
⑧曼达拉萨（Madras），又作曼达腊萨，即印度马德拉斯。
⑨弥那（Berar），即今印度贝拉尔地区。
⑩欧尼（Oudh），即今印度乌德地区。
⑪沥部（Calicut），卡利卡特，即今印度西部科泽科德（Kozhikode）。
⑫萨达腊（Satara），即今印度西部沿海地区的萨塔拉。
⑬特那湾戈（Travancore），即今印度西南部之特里凡得琅（Travandrum）。
⑭果真（Cochin），亦作柯枝，即今印度西海岸之科钦。
⑮西伦岛（Ceylon），锡兰，即今斯里兰卡（Sri Lanka）。
⑯新低（Sindi），即今巴基斯坦信德省。

斯，曰尼保尔①，曰新尼，（曰）〔及〕茅尔旦，数部而已。此数部乃中印度、南印度之边境未尽属英吉利者。若西、北二印度，又不在此数部之内。观英夷所绘印度图，印度河东岸尚系青色，不尽在所保黄色各国之内，可证即此数部也。

孟阿腊以加尔格达②为首部，计幅员二十二万零三百十二万方里，户口六千九百七十一万名，外有八万五千七百方里未计户口。英吉利派加稔那③一人加稔那，官名也。驻扎孟阿腊，理粮饷、盐法、贸易、鸦片、兵丁、医馆等事。随员四人，分理各事。

曼达那萨④幅员十四万一千九百二十三方里，户口千三百五十万八千五百三十五名。英吉利派加稔那一人驻扎曼达那萨，理粮饷、盐法、贸易、鸦片、兵丁、医馆等事。

孟买幅员五万九千四百三十八方里，户口六百二十五万一千五百四十六名，外有五千五百五十方里未计户口。英吉利派加稔那一人驻扎孟买，理粮饷、盐法、贸易、鸦片、兵丁、医馆等事。

定例：曼达那萨、孟买两处加温那仍归孟阿腊统辖。此外别设麾宿各一人，执连共七十六人，统设叙坡兵十八万一千五百一十七名，英吉利兵八百名，兰顿王家兵二万名。曰王家兵者，双分口粮也。

弥那幅员九万六千方里，户口一千万名。欧尼幅员二万方里，户口三百万名。萨达腊幅员一万四千方里，户口百五十〔万〕名。特腊弯戈果真幅员八千方里，户口一百万名。那治勃幅员二十八万三千方里，户口千六百五十万名。西伦岛幅员二万四千六百六十方里，户口百万名。俱英吉利统辖，而各部头目则由部民公举。

---

①尼保尔（Nebal），即今尼泊尔。
②加尔格达（Calcutta），即今印度西孟加拉邦之加尔各答。
③加稔那（Governor），又译加温那，官名，即总督。
④曼达那萨（Madras），即今印度东部之马德拉斯。

尚有新低阿，幅员四万方里，户口四百万名。鲁斯幅员五万方里，户口三百万名。所属加斯弥野①，幅员一万方里，户口百万名。尼保尔，幅员五万三千方里，户口二百万名。新尼（即）〔及〕茅尔旦，幅员二万二千方里，户口百万名。此皆自主之部落，不属英国所辖。

河道三：安治士河，即恒河。发源谦麻那压山②。希腊特河③，发源阿山。俱至孟阿腊出海。新地河④，又名兴都士河，发源西藏，经历数千里，至达岱⑤入海。产棉花、胡椒、槟榔、檀香、苏木、糖、洋靛、牙硝、绢、纱、羊毛、钻石、金沙、猫儿眼石、碧玉、水晶、宝石、银、铁、硫黄、砒霜、洋参、铅、椰子、象、虎、地毡、袜、缎布、姜黄、豆蔻、肉桂、鸦片。鸦片为最巨之贸易，英吉利独擅其利，初时尚稀，近则遍地皆种，以麻尼哇所产为最，每年出港共六千五百满，六百斤为一满。每满价约百二十五员。以上原本。案此所述鸦片，专指麻尼哇一处，非全数。麻尼哇⑥，一作麻尔洼，乃自主部落，非英夷所辖。

重辑原无，今补。

《贸易通志》曰：印度之地，距大西洋数万里，自古不相通，其通商自荷兰始。万历二十二年，荷兰商船驶至南海五印度，市胡椒，返棹大获利，于是设公班衙，仅洋银三万圆，积久增至三百万员，主其事者六十五商。及明泰昌间，仅二十年，公班衙所

① 加斯弥野（Kishmir），即今克什米尔。
② 谦麻那压山，即今喜马拉雅山（Himalaya mt.）。
③ 希腊特河（Herāt R.），即今赫拉特河。
④ 新地河（India R.），即今印度河。
⑤ 达岱，即今印度西岸达德拉。
⑥ 麻尼哇（Malwah），即今印度马尔瓦地区。

赢银已千有四百万员，每岁大舶四十。旋据南海葛留巴洲①，建总埠。顺治四年，遂与佛兰西国分擅其利。于是荷兰公班衙大兴，东通暹罗、日本，又据台湾，雄长南洋诸岛间，每年文武使费银百五十万员。其后虽失台湾，仍踞暹罗东南方地，与各国互市。康熙三十八年，再禀求其国王赐敕书，定岁贡额银九十万员，每岁别献照赙仪银十五万员。公班衙即公司之异名也。方荷兰之立公班衙于南洋，英吉利商慕之，于万历二十七年纠国人合赀本，且禀求国王设立公司，严禁本国散商之赴南洋者。其始国人尚惮险远，仅合赀十五万员，次年增至二十六万员，获利皆三倍，且途劫荷兰国、葡萄牙国之商舶以归。于是英吉利公司渐兴，与荷兰公班牙据地争权。英吉利乘机于印度海滨开新地立商埠。其印度国民尚外视而轻忽之。时商船仅三十五只，赀本仅三十五万员。国人屡禀求散公司之局，于是国王令他商于印度西方孟买屿立新公司，两公司相倾轧。康熙四十年始合两公司为一，并借国王公帑银一千万员，岁息八十万员。其后复贷五百万员，免其利息。于是英吉利南洋公司大盛。乾隆四年东印度兵为北印度侵逼，且臣下自相割据，结荷兰、佛兰西公班衙之兵为助。于是英吉利公司兵船乘机取印度海南地。印度国王求援于荷兰、佛兰西，并力拒败英吉利之兵。乾隆二十四年后，英吉利复兴兵与战。荷兰及佛兰西连年军旅，供亿浩繁，虽岁税四百余万，入不赡出，非惟尽逋本国之贡献，反借其国帑数百万，生计日耗。至乾隆五十年，遂败于英吉利。嘉庆十六年，英吉利遂据公班衙之地。佛兰西公班衙散局，惟与各国分市南印度，其东、中两印度大半归英吉利。道光十三年，国中会计公司贸易无利，且亏空公项以巨万计，始

---

①葛留巴洲（Jakarta），即今印度尼西亚爪哇（Java）岛。

散公司局，听散商自运，人人皆悦。

《每月统纪传》曰：明弘治年间，葡萄亚人精神涌发，营大图艰，始寻水路到五印度国。欧罗巴沿海各邦闻知之，皆乘船踵至其地，葡萄亚官禁之，令师舰纵横洋面，截劫商船。各国商船不敢孤行，故各人出钱或千员，或万员，或三万员，积藏公帑，备船炮，募弁兵，遇葡舰海贼，则决战保货，返国则以所载之货发卖各捐户，公分其利。由此立商会曰公班衙。公班衙者，为群商捐措资本钱共作贸易也。荷兰公班衙为首，始出公银二百五十万员，赴牙瓦洲摩鹿群岛①买丁香、胡椒等货归国，获益一倍。年年续驶南海，利路大开，始则向土酋买地开新埠，后则开衅战斗而夺其旁地。兵盛势强。两攻澳门，败退。因据台湾之港口，与福建沿海居民贸易。开垦愈广，钱货益增，船舶满海，筑城建邑，商变为君。后（有）为福建郑成功所攻，时荷兰公班衙通事何斌知港路深浅，说成功联樯并进。荷兰严守安平大港，成功从鹿耳门进，水涨三丈余，入据台湾，与荷兰相持甚久，围其堡台，鏖战不息。镇守官乞盟，返棹回国。康熙二年，公班衙虽失此地，别夺他岛，建城立埠，复兴贸易。自东自西自南自北，每年奉本国王银十五万员，别纳一百万员，以答国恩。嘉庆年间，与英吉利国构兵攻伐，忽然公班衙不幸，其船或沉沦，或被夺，英总兵乘机取其新地。荷兰公司散局，将所据之地奉归本国。英吉利公班衙始与荷兰相合。但每开衅隙，屡次交锋，于是公班衙密合防御。共本钱八百万员，争斗良久，后再立公班衙于五印度国。建两城，东边曰马大剌②，西边曰梦买③。其时彼国土官贪贿慕势，

①摩鹿群岛（Moluccas Is.），即今印度尼西亚之马鲁古群岛（MaluKu）。
②马大剌（Madras），即印度东部马德拉斯。
③梦买（Bombay），即今印度孟买。

私取陋规，其土君复侧目公司之利，誓逐英军而夺其业。乾隆十七年，奋力攻战，交锋未及十余合，土君皆败散。自后英吉利特命总理官兼摄五印度国大半之权。佛兰西人恨之，费力费帑，图胜英军。英兵冒火突锋鏖战，佛兰西兵终败。于是土君割地求和，不敢强逼。自三印度国属英公班衙之后，所据地广，不尽贸易，惟务治国而已。向来所赴广东商船致载茶叶，自道光十四年不利于市。公司虽散，掌握尚存，每年所收国帑之银，共计一千五百万员。但使费亦繁，所余者无几。以上原本无，皆今补。

《海岛逸志》曰：明绞背即孟加腊译音之殊。在葛留巴之西，土地亦甚宽大，和兰、色仔年、红毛杂处其地。四夷云集交商之所，百物俱备，货贿流通。土产大呢、羽缎、哔支。

案：道光二十二年四月，靖逆将军奕山奏：风闻暎逆所属之孟阿剌地方，向有英夷兵目带领黑白夷兵各数百名驻守。因黑夷出兵在外，多有伤亡，仅剩白夷兵，不敷驻守，该逆兵目于去冬勒派土夷商民充当兵役，因而构怨，群起刺杀夷目，并将白夷兵数百名焚毙殆尽。嗣又据香港探报，英逆前占孟阿喇埠头，藉产鸦片厚利得充兵饷。因被孟阿喇么佬鬼子将八颠之弟杀死，夺回鸦片埠，以至兵饷不继等语。又访闻得英国之东，另有思田国，相距约三月水程。英夷欲夺其地，被思田国设计诱骗，于本年正月内杀毙英兵万余名，现在干戈仍未止息等语。又传闻逆夷先与喀布尔打仗。现在又与治拉拉拔打仗。有地名古斯尼，仍被治拉拉拔夺回。该逆夷深恐喀布尔与治拉拉拔和好。又访闻喀布尔与孟阿喇各处总名印度等语。案：喀布尔，即加布尔，乃阿付颜尼国①之部落，在中印度西境。详见于下。

---

① 阿付颜尼国（Afghanistan），即今阿富汗。

《每月统纪传》曰：孟买部，在痕都斯坦西南方，其酋部城建于屿。其屿初为葡萄亚所属地，后让与英国。至顺治二年间，英国王以此屿赐公班衙治理。当时屿甚荒杳，潮涨水溢，巨浸地也。英人驻三年，水土不服，染病多死。英人勉筑堤防，火烈山泽，建砖屋，开衢同，招徕流寓，户口繁滋。其屿虽硗瘦，终年之产不足一月之用，却烟户十六万余，皆恃贸易为业。洋艘七百余只，皆往印度西北及法耳西①、阿拉比②及中国各处，所载出药材、棉花、玛瑙石等货。除英国商贾外，有白头回③及法耳西商贾④。白头人本法耳西国之土民，当回教始兴，尽力征服四方，不顺奉者必遭刑戮，致令多人往印度避害。其人皆俭约勤作，善贸易，惟崇拜阴阳，每当日出日入之际，叩首敬奉。然其俗好善施济，扶困持危，惜无人告以福音之真道也。英国在孟买建造战船，其匠皆白头人，手艺甚巧。

塔喇瓦府，每年纳饷七十万员，昔属玛哈喇塔⑤国。其国本有大权势，因与回回战斗不息，而后衰败，民遂任意作乱，诸侯操权，战斗为务，自王达于庶民，俱劫夺为业。婆罗门僧狡狯巧捷，煽惑民人，恐吓取财。既贮藏银，王即革顶，夺其不义之利。嘉庆二十年间，玛哈喇塔王攻孟买，肆焚掠，与英军交锋。玛哈喇塔兵败走，诸侯皆服，百姓甘顺。自从英人操权，匪徒安分，其王除位而安享空禄。

乾底（土）〔士〕⑥府，属省治不久。其郡系盗薮，农废田

①法耳西（Persia），波斯，即今伊朗。
②阿拉比（Arabes），今统译为阿拉伯。
③白头回，泛指信仰伊斯兰教的巴基斯坦人、伊朗人及阿拉伯人。
④法耳西商贾，指迁入印度的火祆教商人，今通译巴斯商人（Parsi）。
⑤玛哈喇塔（Mahratta），即今印度马拉塔。
⑥乾底士（Candeish），即今印度坎迪什地区。

荒，独守堡台，土人只捕野兽，故甚猛烈，捐躯而战，风俗甚蛮。且不守婆罗门教，乃供奉污鬼塑偶，近于禽兽。

君乾[1]，分作南北两府，皆丰腴地，出米、糖等货。亚美塔拔府先为回回之国，征敛朘削，百姓尽穷。后已复兴。惟嘉庆二十四年遭地震败废。该喇府之土人崇婆罗门邪教，常杀怨敌以献神赎罪。英国律例严禁，然作乱不已，当用军防范。

苏喇府[2]，在大南洋北方，昔海贼之薮，故公班衙立一帮师船，巡海剿贼，今始安静。地产棉花，织布精工。府城即印度国。当回教兴旺时户口有八十万人，现在减少十五万口。建放生院养各禽兽，不论犬、马、鸟、虫诸类，皆养之不杀。布罗者府[3]，陆海地方，久归英国掌管。

北方各府，其名吉斯喇地方，居民皆印度国之土人，俗尚火葬，妇与夫尸同烧，婢妾争先蹈焰。贵家恐养女辱门，辄杀之，无恻隐之心。而婆罗门僧亦无警醒之言，反砺磨愚民，行溺女之罪。近日英国严禁此弊。以上原本无，皆今补。

五印度，东界西藏、缅甸，西南界海，北界鞑靼里。近日东、南、中三印度皆属英吉利，其自主之国惟西、北二印度耳。

孟阿腊、孟买、曼达那萨，均滨海大市埠。以下又原本。

孟阿腊，东印度部落，东界缅甸，西界麻哈[4]，南界海，北界西藏、廓尔喀。领小部落二十一。俗奉墨那敏教，即古时佛教也。首部落曰噶里噶达[5]，重兵驻防，商民环处，楼阁园亭，街衢廛

---

①君乾（Khamgaon），即今印度坎冈。
②苏喇府（Surat），即今印度西部苏拉特。
③布罗者府（Paluchisfan），即俾路支。
④麻哈（Bihar，Bahal），即今印度比哈尔地区。
⑤噶里噶达（Calcutta），即今印度西孟加拉邦加尔各答。

市，盛甲南海。设有鸦片公司，凡巴达那①、默那②出产鸦片，均归入公司，由公司发售出口。

麻哈，东印度部落，东界孟阿腊，西界阿腊哈墨③，北界尼保尔，南界尼路阿那④。领小部落十。俗奉墨那敏佛教。而（尼）〔巴〕达那出产鸦片，曰黑土，又曰公班。

尼路阿那，东印度部落，东界麻哈、孟阿腊，西界弥里阿，南界那特兰，北界阿腊哈墨。领小部落三十。俗奉墨那敏佛教。

阿兰牙墨⑤，南印度部落，东界弥那，南界靡渣布⑥，西界海，北界堪力市⑦。领小部落九。俗奉墨那敏佛教。《海录》谓居斯土者为巴史种类，颜色稍皙，即今来粤贸易之白头夷也。家居温厚，人习商贾。所属孟买，为麻尔洼鸦片出口之埠头。

厘加那特⑧，南印度部落，东、南俱界海，北界麻腊耦，西界特腊弯戈。在孟阿腊西少南，陆行二十余日，水路顺风五六日。领小部落二十有一。俗奉墨那敏佛教。《海录》谓之曼达喇萨。居斯土者为雪那里种类。出产鸦片，一曰金花红，一曰油红，以金花红为最。

阿那哈默，南印度部落，东界麻哈，西界麻尔洼，南界尼路阿那，北界欧尼。领小部落十有二。俗奉墨那敏佛教，产鸦片曰黑土，逊于巴达那。

---

①巴达那（Patna），即今印度巴特那，曾为印度之重要鸦片产地。

②默那（Benares），即今印度贝拿勒斯，为重要的鸦片产地，今名瓦拉纳西（Vārānasi）。

③阿腊哈墨（Allahābād），又作阿那哈墨，即今印度阿拉哈巴德地区。

④尼路阿那，疑为今贡德瓦纳地区（Gundwana）。

⑤阿兰牙墨（Allahābād），即今印度阿拉哈巴德地区。

⑥靡渣布（Bijapur），即今印度比贾普尔。

⑦堪力市（Candeish），即今印度坎迪什地区。

⑧厘加那特，疑为印度卡纳蒂克地区（Carnatic）。

麻尔洼，南印度部落，东界阿腊哈墨，西界吾治沥①，南界堪力市，北界腊赤布达那②。领小部落十有二。俗奉墨那敏佛教。产鸦片，中国谓之白皮。

吾治沥，南印度部落，东界麻尔洼，西界刮治③，南界海，北界腊赤布挞那。领小部落十有六。俗奉墨那敏佛教。

特那弯戈，南印度部落，东界厘加那特，西界海，南界海，北界果真。领小部落二，俗奉墨那敏佛教。

果真，南印度部落，《海录》作固真，东界戈弯都，西界海，南界特那弯戈，北界马那麻。领小部落二。俗奉墨那敏佛教。

720弥那，南印度部落，东界尼路阿那，西界阿兰牙墨，南界海里那墨④，北界摩那。领小部落六。俗奉墨那敏佛教。

欧尼，南印度部落，东界麻哈，西界阿尼那⑤，南界阿那哈默，北界尼保尔。领小部落六。俗奉墨那敏佛教。

西伦岛，在黎加那特⑥之东南，领小部落九。俗奉墨那敏佛教。

靡渣部，南印度部落，东界海里那墨，南界麻疏，西界海，北界阿兰牙墨。领小部落十有五。俗奉墨那敏佛教。

麻疏，南印度部落，东界麻那耦，南界歌王麻都，西界加那腊⑦，北界麻腊耦。领小部落十。俗奉墨那敏佛教。

马拉他，南印度部落，东界歌壬麻都，西界海，南界果真，

---

①吾治沥（Calicut），即印度西岸卡利卡特，今名科泽科德。
②腊赤布达那（Rajpootana），即今印度拉贾斯坦邦。
③刮治（Cochin），亦作柯枝，即今科钦。
④海里那墨（Hyderabad），即今印度海得拉巴地区。
⑤阿尼那（Agra），即今印度阿格拉地区。
⑥黎加那特，又作厘加那特。参见本书第718页注⑧。
⑦加那腊（Canara），即今印度加那拉。

北界加那腊。领小部落四。俗奉墨那敏佛教。产鸦片。

加士敏耶①，中印度部落，东北俱界西藏，西南俱界腊和尔②。领小部落一。俗奉墨那敏佛教。

腊和尔，中印度部落，东北俱界西藏，南界特尔希，西界牙尔士丹。领小部落十有五。俗奉墨那敏佛教。

俄尔洼③，中印度部落，东界西藏，西界特尔希，南界尼保尔，北界西藏。领小部落二。俗奉墨那敏佛教。

特尔希，中印度部落，东界俄尔洼，西界腊赤布达那，南界阿厄腊④，北界腊和尔。领小部落十。俗奉墨那敏佛教。

腊赤布达那，南印度部落，东界阿厄腊，西界茅尔旦⑤，南界麻尔洼，北界腊和尔。领小部落十有八。俗奉墨那敏佛教。

茅尔旦，即新地，南印度部落，东界腊赤布达那，西界麻凝士丹，北界腊和尔。领小部落七。俗奉墨那敏佛教。

刮治，南印度部落，东界吾治沥，西界海，南界海，北界茅尔旦。领小部落四。俗奉墨那敏佛教。

阿厄腊，南印度部落，东界欧尼，南界阿腊哈墨，西界腊赤布达那，北界特尔希。领小部落五。俗奉墨那敏佛教。

尼保尔，中印度部落，东界西藏，西界俄尔洼，南界孟阿腊，北界西藏。领小部落四。俗奉墨那敏佛教。

阿里沙⑥，东印度部落，东界孟阿腊，南界海，西界特兰沙加尔司，北界尼路阿那。领小部落五。俗奉墨那敏佛教。

①加士敏耶（Kishmir），即克什米尔。
②腊和尔（Lahore），即今巴基斯坦拉哈尔。
③俄尔洼（Gurwal），即今印度吉尔瓦勒地区。
④阿厄腊（Agra），即今印度阿格拉地区。
⑤茅尔旦（Multan），即今巴基斯坦木尔坦地区。
⑥阿里沙（Orissa），即今印度奥里萨地区。

特兰沙加尔司，东印度部落，东界阿里沙，西界麻那耦，南界海，北界尼路阿那。领小部落十有二。俗奉墨那敏佛教。

海里腊墨①，东印度部落，东界尼路阿那，西界靡札布②，南界麻那耦，北界弥那。领小部落六。俗奉墨那敏佛教。

靡腊，东印度部落，东界尼路阿那，南界弥那，西北界堪力市。领小部落三。俗奉墨那敏佛教。

堪力市，东印度部落，东界尼路阿那，南界摩腊，西界吾治沥，北界麻尔洼。领小部落三。俗奉墨那敏佛教。

麻那耦，南印度部落，东界特兰沙加尔司，西界麻疏，南界里加那特，北界海里那墨。领小部落五。俗奉墨那敏佛教。

加那腊，南印度部落，东界麻疏，南界马拉他，西界海，北界靡查布。领小部落五。俗奉墨那敏佛教。

歌壬麻都，南印度部落，东界西林③，西界马拉他，南界里加那特，北界麻疏。领小部落一。俗奉墨那敏佛教。

西林，南印度部落，东界里加那特，西界歌壬麻都④，南界里加那特，北界麻那耦。领小部落一。俗奉墨那敏佛教。原本止此。

五印度补辑原无，今补。此专取本朝

近日情形。其历代沿革别见后卷，不入此内。

《高宗御制文集·五天竺说》曰：昆仑居大地之中，天下万国环之。昆仑以东，我大清国最大。昆仑以西南，五天竺国最大。昆仑以西，鄂罗斯国最大。今回疆与痕都斯坦相接，其国即印度

---

①海里腊墨，又作海里那墨。参见本书第719页注④。
②靡札布，又作靡查尔，同靡渣布。参见本书第718页注⑥。
③西林（Silan），锡兰，即今斯里兰卡。
④歌壬麻都（Coimbartore），即今印度科因巴托尔。

故境。以中国之力，欲通五天竺国何难？但出于招致，非彼之慕德向化而来，故不为耳。

又《御制诗集·题大西天草书普吉祥玉印序》曰：痕都①去卫藏甚远，道里莫得而详，即古五印度也。相传彼处有佛遗迹，而今彼处佛教乃式微，外道转盛，俗称为大西天。若回人之痕都斯坦，盖印度之一耳。兹得玉印二方，体近天竺，因令侍卫巴忠持询章嘉胡土克图。据称是大西天草书，一曰萨尔瓦，汉语普也；一曰莽噶拉穆，汉语吉祥也。首岁得此，实为兆庶锡福之征。

《海国闻见录》：小西洋居于丙午丁未方，按：此沿俗称西南洋为小西洋，与今志例不合。从麻剌甲、暹罗绕西，沿山而至于白头番国，人即西域之状，卷须环耳，衣西洋布，大领小袖，缠腰，头裹白布，故以白头呼之。国有二，东为小白头，国名莫卧尔，即痕都斯坦。西为包社②大白头。即伯尔西亚。二国北接噶尔丹国，而噶尔丹（为）之北案：噶尔丹乃准部，在葱岭东，与小西洋、包社等国不相接，当作赛马尔罕，在葱岭西，此误混为一国。邻细密里亚③国。细密里亚国之西，为俄罗斯国。案：细密里亚即悉毕厘阿，乃俄罗斯东藩，与中国新疆、喀部、黑龙江连界者皆是也。原图误析俄罗斯与细密里亚为二国，故滋阅者之疑。今仍原文，而附订于此。

小白头东邻民呀国④。即孟牙腊。小白头北与大白头皆联赛马尔丹，西北枕里海，西邻东多尔其⑤，西南邻阿黎米亚⑥，即天方⑦、阿丹⑧回国。南临大海。

---

①痕都（Sindhu），包括今印度、巴基斯坦、孟加拉等国。
②包社（Persia），波斯，即今伊朗。
③细密里亚（Siberia），又作悉毕厘阿，今西伯利亚。
④民呀国，又作孟牙腊，即今孟加拉。
⑤多尔其（Turkey），即今土耳其。
⑥阿黎米亚（Arabes），今称阿拉伯。
⑦天方，本指麦加（Makkah），后泛指阿拉伯。
⑧阿丹（Aden），即今也门共和国之亚丁。

多尔其分东西二国，皆回回。东多尔其机注回国。国不通海，东邻大白头，东北傍里海，北接惹鹿惹亚①，即南都鲁机。西邻西多尔其，即如德亚②。今并入天方回国。南接阿黎米亚。回教祖国。

里海者，诸国环而绕之，东北细密里亚。即哈萨克。西北俄罗斯，东赛马尔丹，赛马尔丹者，明代国名也。今则为敖罕、布哈尔、爱乌罕等国。西惹鹿惹亚，南都鲁机。西南东多尔其，即机注回国。南包社大白头。内潴大泊，不通海棹，其水惟从包社出海，故为里海。

惹鹿惹亚一国亦不通海，东傍里海，西傍死海，北联俄罗斯，南接东、西多尔其。女子姿色美而毛发红，气味臭。即古之西女国故地。衣着同白头，贡于包社。

死海者即黑海，源从地中。北俄罗斯，南西多尔其，东惹鹿惹亚，西珉年呷，即北都鲁机。四面环绕，不通大海，故为死海。而西多尔其、珉年呷二国，不通小西洋之海，而滨于中海之东北。中海，从大西洋之海而入，语附《大西洋记》。

阿黎米亚即阿丹、天方，回回祖国。东邻包社大白头，北接东、西多尔其，西北滨于大西洋之中海，西联乌鬼国。陆地一隅，自西至西南，与乌鬼之地隔对一海，南临大洋。国为多尔其所属，贡男女于多尔其为奴婢。今天方之默德那③、阿丹国，亦臣服于包社也。

《万国地理全图集》曰：五印度国，亦称忻都士坦，北极出地自六度三十分至三十五度，偏东自六十五度至九十五度，东西南三方环海，北至西藏，东北连亚三，西北接加布④。此邦自古有名，产玉、金、香、珠，万国会聚赴市，广袤方圆三百八十四万

①惹鹿惹亚（Georgia），即今格鲁吉亚。
②如德亚（Judaea），犹地亚，今称犹太。
③默德那（Madinah），今沙特阿拉伯麦地那。
④加布（Kabul），今阿富汗首都喀布尔。

方里，居民万三千四百万丁。北方各地高山插天，四面积雪，与西藏交界。其国中间山峰相接，自北至南半之二分，北至高之山二千五百丈，西方惟有三百丈而已。安额①为圣河，自北山流出其雪穴，闯入印度地方，东南流入旁葛剌海隅，即东恒河也。印度河由西藏出，至五印度西北疆入印度海②，即西恒河也。又东北方有巴马埔他江③，自云南流入亚三境，入旁葛剌海隅，即大金沙江也。西尚有逆埔他④、答地⑤等河，南有峨他惟利⑥、吉那⑦、加惟利⑧等江。山内及沿河出钢钻、红宝石、石榴珠、嫩黄玉、金色玉、珊瑚、青碧玛瑙。其国丰盛，惟西北沙漠乃游牧之地。印度所出棉花最盛，每年运出十八万九千七百石，青黛一十万石，檀香、苏木、胡椒、水果各项。其五爵，君王皆骑象，造金鞍，美丽光彩。其鹰甚怪，鸷则高飞，吞臭尸骸，飞及高山。山内金银不多，但有铁如石。其北方出硝甚多。而最恶之鸦片，亦此国所出。

又曰：自古以来，五印度国大有声名，因离中国不远，数次梵僧流布其教，令中华固执奉事菩萨。周烈、显等王年间，西国有希腊王，率其军士，所向无敌，攻取印度各国，旋即退败。嗣后与大秦各国总无交通，惟其商贾负物西往，但不进内地，又不探风俗，故述怪诞，以招人耳目。宋朝年间，回回旋自北侵国，

---

①安额（Ganges R.），即恒河。
②印度海，此处指阿拉伯海（Arabian Sea）。
③巴马埔他江（Brahmaputra），即今布拉马普特拉河。
④逆埔他（Narbada），纳巴达河，即今之纳尔马达河（Narmada R.）。
⑤答地（Tapi，Tapti），即今塔普提河。
⑥峨他惟利（Godawari R.），即今哥达瓦里河。
⑦吉那（Krishna R.），基斯纳河，即今之克里希纳河。
⑧加惟利（Cauvery R.），即今科佛利河。

自崇独一真主上帝，不奉事菩萨，并力攻击，拆其庙，坏其像，扫荡全地，强其土民服其权辖。及元朝始衰之年，有蒙古兵犯界，剿灭地方，开基创业，四方强服。其居民算各户，共计八千万丁。忽于明弘治八年，葡萄牙船只不远数万里来到印度西边，即时开港垦地，贸易丰盛。强据沿海多口，筑城建邑，并立总帅，代王理藩。荷兰妒之，亦来兵船，与葡接战，百攻百胜。是时英商来国，请土君建馆，亦筑炮台。又有公班衙总官操权。乾隆二十年，旁葛剌总帅肇衅，执英人付囚狱，暴虐之甚。英官力击土人，厚施贿赂，教其将帅奸计投降，土军即时四散，而英官操权。于是其土君皆怨结，约合军南北，两边力战而究败走。惟英官施政行义，故其土民仰之，不敢背乱。

英国现今所据之地，北有旁葛剌省，方圆九十八万四千方里，居民五千七百万丁，其广大云南省三倍半。马塔剌①省，方圆四十六万二千方里，居民一千五百万丁。网买②，方圆二十一万一千方里，居民一千万丁。所属权辖居民共计八千三百万丁。别有列国归英辖，方圆八十四万九千方里，居民一千五百万丁。所有自主之国不服英者，方圆五十六万一千方里，居民一千一百万丁。

又曰：印度人身体懦弱，四肢百体相称，面黑容温。其女不美，穿鼻挂环。天气甚热，男惟着围凉，时将花帕包肩胸，女则浑身加衣。所食淡薄。庶民各分品等，上品者称曰巴闵，为国之儒。又有战品，乃兵弁之类，自幼读兵书、习武艺。各匠自为一品，子接父业，否则父母弃之，亲友疏之，馁毙沟洫。固执己见，不向教化，仍蹈前辙陷习恶，所拜之菩萨、神像千万，节期相接

---

①马塔剌（Maratha），即马拉塔。
②网买（Bombay），即印度西部之孟买。

无已。其僧大有权势，教其愚民将婴儿投河，或饲鳄鱼。如有僧将死，寡妇于其墓堆薪自焚。英官禁其弊而罚之。印度之行，外屈节从权，内巧狯诡谋，说谎骗人。现开通商之路，每年所运之货共计银二千四百万两，所运出之物银三千五百万两。

又曰：印度各国贡于英吉利者，一曰尼散国①，在印度内地，广袤方圆二十八万八千方里，居民一千〔万〕丁。其地山峰不高，天暑物阜。国王好战，募兵与邻国结衅。兄弟离散，四方仇敌并起。英人助之，始免亡失。王交接匪类，近习嬖幸。英国始派大臣驻都理国，所有军士皆归英国将弁督率弹压。都城最大，居民二十万丁。国众淫邪无度，王常避宫不出。

一曰纳不邦者②，广袤方圆二十一万方里，居民三百四十七万丁。古王以剿掠邻邦为生，往往犯英藩属，是以伐其王，别遣大臣代办国事。

一曰澳地③，广袤方圆六万方里，居民三百万丁。田地甚丰，江河灌溉。土民健强好斗，恒结衅隙，近招英官办事。其王甚富，府库充满，赖英大臣代理国政，故百姓乐业。

一曰巴罗他，乃贼魁之国。本地暨破报两国，因邻敌逼迫，并无攻战之法，故招英官而服其权。

一曰买素④，在印度南方，广袤方圆八万一千方里。古时农务甚兴，但王好战，连年英官效死力战，全取其地。而此外别有列国小邦，如中国之诸侯，皆以英为其地主，随时进贡，而拜其大臣，如办政之宰相。

---

①尼散国（Nizam），即印度德干地区（Deccan）。
②纳不邦者（Nagpur），即今印度那格浦尔。
③澳地（Odeypur），即今印度奥德普尔。
④买素（Mysore），即今印度迈索尔地区。

印度自主各国，一曰廓尔喀国，南、东、西三方皆连印度，北连西藏。遍地高山穿谷。产大麦、玉麦、棉花、甘蔗、豆、丹参、肉豆蔻。土地广袤方圆一十五万九千方里，居民二百万丁。如西藏土人崇佛教，信喇嘛。山内民人身矮力大。乾隆年间侵西藏，劫庙宇，被天军追剿。嗣嘉庆二十一年，与英结衅隙，战败议和。其都称为甲曼土①。

一曰悉国，在西藏西南，形势广袤方圆一十五万方里，民人三百万丁。田地沙多，农夫力耕，居民独拜上帝一位，不崇菩萨。力战回回教门，自创立新国。道光年间明君操权，百攻百胜，请西洋国将军率兵，讲求武艺，精熟韬略，故此邻国畏之。道光十九年没，宗孙摄政，谗佞在朝，权奸营私，国不如旧。其都称为刺合。

一曰新地亚②，地广袤方圆一十二万方里，居民四百万丁。国虽广大，然诸侯甚多，各系自主，好掳掠攻击，为英军力战击退。只待机会，再可征伐。土产鸦片，每年运出二万余箱，销卖四方。其都称曰鸟忽，多有古迹。

一曰甲布国③，南连英藩属国，北至新疆，东接后卫，西及白西国。其地广大，但居民不多。部落土酋，各据其邦，大半为回回教门。勇猛好战，以骑射为业。地内沙漠，狂风四起，道路崎岖，人马难行，故敌难攻击。况山洞路窄，隘口难通。道光十九年，峨罗斯国私差奸人兜揽事情，遍滋事端。英国兴师，望甲而进，跋涉劳顿不胜，卒击其敌，逐其王，而防范其国。其王今贡于英。案：甲布，一名阿付干，即爱乌罕国。

———————

①甲曼土（Kathmandu），即今尼泊尔首都加德满都。
②新地亚（Sindhia），即今印度辛德地区。
③甲布国，又作阿付干、爱乌罕国（Afghanistan），即今阿富汗。

英吉利在印度国权力势重，始系商贾结伙为公班衙，其贸易人等，到印度沿海各口，建立商馆买卖，因土君力索磨难，必须防范，是以操演军法，逐一过人，百击百胜。虽本国距印度几万里，能遥制之也。所养骑、步、炮手各等兵共计三十万，其中仅十分之一为英人。恒布真教，劝人弃菩萨而崇拜真主上帝。又引导各民悦服救世主耶稣，故上帝增广其土地而竖其国家矣。

海国图志卷二十<small>邵阳魏源重辑</small>

西南洋

五印度总述下

《地球图说》：天竺国，东界阿瓦国、西藏国、并旁葛刺海。南界印度洋并旁葛刺海。西界亚拉比亚海①并皮路直坦国②、亚加业坦国③。北界西藏国。其百姓约有十四千万之数。都城地名甲谷他④，城内民六十五万，大半释教，小半回回教，现有花旗国并英吉利国人在是国传耶稣教。人民聪明，能织羊毛布匹。体弱面黑，含笑温和。南方最热，不见冰雪。东南北三方俱有高山，中央平坦。惟北方之山更高，上有积雪。国内分列三部：曰旁葛刺，曰马搭刺，曰网买。现属英国管辖，故英官长教其庶民各归四业：一僧，二兵，三商，四役，各传其业，无相夺伦，不许互相姻好。一出其类，父母恶之，众民弃之，亲友疏之。有三大江：曰铅绝斯江⑤，印度江，布兰布塔江⑥。其铅绝斯江，僧人愚其国人，以

①亚拉比亚海（Arabia Sea），即阿拉伯海。
②皮路直坦国（Paluchistan），即俾路支。
③亚加业坦国（Afghanista），今阿富汗。
④甲谷他（Calcutta），今印度加尔各答。
⑤铅绝斯江（The Ganges），今恒河。
⑥布兰布塔江（Brahmaptura），今布拉马普特拉河。

为圣江，能投赤子以饲鳄鱼，则神佛护佑。遇大偶像乘车而来，凡所过境，民争以子及身投于轮下。男或病亡，则其妇与其夫之尸一齐焚化。诚可伤矣！

旁葛剌之城名比拿力①，内有高楼五六层，僧言古昔菩萨亲手创造，妄称圣域，人能至此烧香，即免地狱之苦。有河一带，能入河洗涤，则罪恶俱净，以此取人之利。国内有极大之榕树，其枝倒垂于地，则枝复生根，绵延不绝。故一树根株远约二里，其下可容三四千人。国西有旷野沙漠，物产全无，禽兽繁殖。又一城名俄亚②，现系葡萄牙国人管辖，逼令土人入天主之教，不从则鞭责，甚至火焚。何其忍也！大小书院学习文艺，处处皆有，不计其数。土产五谷、白糖、胡椒、果品、檀香、苏木、青黛、绵花、鸦片、金钢钻、红宝石、石榴珠、嫩黄玉、金色玉、珊瑚、玛瑙、铁硝、象、虎、豹、熊、鹿、水牛、鹰鸷各大鸟，又有最毒之大蛇等物。再南有一岛，名锡兰洲，现与英吉利管辖，耶稣门徒亦在此传教。是洲土产与天竺国无异，但另有桂皮、香料、象，土人用之如牛马。山内多宝玉，海滨多珍珠。至于架非，近亦栽种不少。

《地理备考》曰：印度国又名天竺，在亚细亚州之南。北极出地七度起至三十六度止，经线自东六十五度起至九十三度止。东至阿瓦国暨榜加剌海湾，西连阿付干国③暨科曼海湾，南枕印度海，北界西藏。长七千五百里，宽五千五百里，地面积方约一百六十六万里，烟户一垓三京四兆余口。本国地势，东南北三方重冈叠岭，迤逦延袤，中央平原坦阔，风景幽雅。湖河甚多，地方

①比拿力（Benares），今印度贝拿勒斯。
②俄亚（Goa），卧亚，今印度果阿。
③阿付干国（Afghanista），今阿富汗。

沃润。河之长者有九：一名安日①，一名印度，一名巴剌迷尼②，一名玛合奴的③，一名哥达威黎④，一名基斯德那⑤，一名加威利⑥，一名内尔布达⑦，一名达布的⑧。湖之大者有四：一名几尔架，一名郭拉伊尔，一名林，一名达尔。田土膏腴，生殖蕃衍，土产金、银、铜、铁、锡、铅、珍珠、水晶、硇砂、钻石、花石、鸦片、绵花、蓝靛、木料、香料等物。地气酷热，海风清凉，南方高山峻岭，南北绵亘迤逦，冬夏互异，冷热悬殊。每十二时，风色两转，由子至午，风向海去，则酷热异常，由午至子，风向岸来，则清凉复生。国制名位不一，或为王，或为酋，或自设官长，或他国兵帅兼辖。所奉之教，或巴拉马，或那内克，或回回，或天主，或释，各教纷纷，趣向不一。技艺精巧，工肆林立，五方辐辏。史书纪载，渊源久远，年岁迢递，耶稣未诞之前，全奉释教；耶稣降生之后，一千年间，回王肇居北偏，始创回教。明孝宗弘治十年，布路亚国⑨人航海访护水路，遂至其地。而贺兰、英吉利、佛兰西三国，次第接踵而至。所得境土，惟英吉利国人居多。通国之地约分为三：一属于别国管辖，一不属于别国管辖，一进贡于英吉利国。自是天主教大兴。

---

①安日（The Ganges），今恒河。
②巴剌迷尼（Brahmaptura R.），今印度、孟加拉之布拉马普特拉河。
③玛合奴的（Mahānadi R.），今印度默哈讷迪河。
④哥达威黎（Godāvari R.），今印度戈达瓦里河。
⑤基斯德那（The Kistna），印度吉斯德纳河，今名克里希纳河（Krishna R.）。
⑥加威利（Cauvery R.），今印度高韦里河。
⑦内尔布达（Narbada R.），印度纳巴达河，今名讷尔默达河（Narmada R.）。
⑧达布的（Tapti R.），今印度达布蒂河。
⑨布路亚国（Portugal），今葡萄牙。

其一分内建四国：一名新的亚①，一名塞哥②，一名信地③，一名尼巴尔④。

其新的亚国在印度之中，东西南北四至，皆英国兼摄之地。土地版图不相联络，错落别国疆域之中。统计地面积方约有四万一千三百余里，烟户四百万口。通国分为三方：一名亚加拉⑤，首城瓜利尔⑥，乃国都也，建于平原之中，屋宇峻丽，人烟稠密，百货骈集；一名干德宜至⑦；一名马卢袜⑧。

其塞哥国在印度西北，中为（隆）〔萨〕德勒至河⑨分歧，在河左者为英国兼摄，别序于后；在河右者，东界西藏，西界北罗吉斯丹⑩、阿付干二国，南界信地国，北界西藏、阿付干二国。长约二千五百里，宽约一千里，地面积方约十八万零五百五十里，烟户八百万口。昔则列君分据，各霸一方，彼此结盟，不相统属，今则一君统摄，世袭王位。通国分为十二部：一名本若⑪，首部曰劳尔⑫，乃本国都也，建于拉维河⑬岸。昔繁华，今萧条，贸易仍盛，技艺犹巧。一名固宜斯丹，一名加支迷尔⑭，一名着者，一名

①新的亚（Sindhia），今印度辛德亚地区。
②塞哥（Seiks），锡克土邦，今印度北部。
③信地（Sindi），今巴基斯坦信德省。
④尼巴尔（Nepal），今尼泊尔。
⑤亚加拉（Agra），今印度亚格拉。
⑥瓜利尔（Gwalior），今印度瓜廖尔。
⑦干德宜至（Candeish），今印度坎迪什地区。
⑧马卢袜（Malwah），今印度马尔瓦地区。
⑨萨德勒至河（Sutlej R.），今印度、巴基斯坦苏特里杰河。
⑩北罗吉斯丹（Paluchistan），即俾路支。
⑪本若（Punjap），今巴基斯坦旁遮普地区。
⑫劳尔（Lahore），今巴基斯坦拉合尔。
⑬拉维河（Ravi R.），今印度、巴基斯坦拉维河。
⑭加支迷尔（Kashmir），又作加治弥尔，即克什米尔。

亚萨勒，一名北朝威尔，一名几尔加布，一名木尔丹①，一名勒亚②，一名德拉义斯马伊汗，一名德拉合西汗，一名巴合瓦尔布。

其信地国在印度之西，东界亚日迷尔、加支③二部，西界北罗吉斯丹国，南界加支部暨科曼海湾，北界北罗吉斯丹、塞哥二国。长约一千余里，宽约五百里，地面积方约五万五千五百五十里，烟户一百万口。至于朝纲，王位历代相传。首城名海德拉巴④，乃本国都也。其通商冲繁之地，一名达大⑤，一名哥拉齐⑥，一名给伊布耳，一名拉尔加纳，一名奴沙辣。

其尼巴尔国在印度之北，东界布丹国，西界德列部，南界乌德国暨阿尔部，北界西藏。长一千六百里，宽四百里，地面积方约五万五千五百六十里，烟户二百五十万口。王位历代相传。通国分为九邑：一名尼巴尔，首城曰加德满都，乃国都也。一名念四汗，一名念二汗，一名马各王布尔，一名几拉德斯，其中各汗分据，首城非一，一名加当，一名札言布尔，一名萨巴带，一名么隆。

其一分内建十二国：一名乌德，一名德干，一名那哥布尔⑦，一名曷尔加耳，一名卖索耳，一名日瓜尔，一名剌日布德⑧，一名西林德，一名邦德尔干，一名波保尔，一名萨达拉，一名达拉王哥尔⑨。

---

①木尔丹（Moultan），今巴基斯坦木尔坦。

②勒亚（Leiah），今巴基斯坦莱亚。

③加支（Cutch），今巴基斯坦库奇。

④海德拉巴（Hyderabad），今巴基斯坦海得拉巴。

⑤达大（Tatta），今巴基斯坦塔塔。

⑥哥拉齐（Karachi），今巴基斯坦卡拉奇。

⑦那哥布尔（Nagpur），今印度那格浦尔。

⑧剌日布德（Rajapootana），今印度拉贾斯坦邦（Rajasthan）。

⑨达拉王哥尔（Travancor），今印度特拉凡哥尔。

其乌德国在印度之北，东界巴阿尔，西界德列暨亚加拉，南界亚拉合巴尔德①，北界呢巴尔国。长约九百里，宽约三百五十里，地面积方约二万三千三百三十里，烟户三百万余口。朝纲王位历代相传。首城名卢各脑②，乃本国都也，建于高翁的河③岸，其通商冲繁之地，一名非萨巴尔，一名几拉巴，一名巴来支，一名丹达。

其德干国又名尼桑④，在印度之南，东界那哥布尔国，西界萨达拉国，南界加尔那德⑤部，北界马尔袜⑥部。长约三千七百五十里，宽约三千三百里。至于朝纲，王位历代相传。通国分为五部：一名海德拉巴⑦，乃本国都也。一名比德尔⑧，一名北拉尔⑨，一名亚瓦⑩，即加巴，一名北乍布尔⑪。

其那哥布尔国在印度西南，东界阿利萨⑫部，西界尼桑国，南界西尔加⑬部，北界亚拉把⑭部。国境长约一千五百里，宽约一千里，地面积方约八万里，烟户二百四十七万口。王位历代相传。首城亦名那哥布尔，乃本国都也。其通商冲繁之地，一名霸架尔，

①亚拉合巴尔德（Allahabad），今印度阿拉哈巴。
②卢各脑（Lucknow），今印度勒克瑙。
③高翁的河（Gomti R.），恒河的一条支流，今译贡蒂河。
④尼桑（Nizam），此处指德干地区（Deccan）。
⑤加尔那德（Carnatic），今印度卡纳蒂克地区。
⑥马尔袜（Malwah），今印度马尔瓦。
⑦海德拉巴（Hyderabad），今印度海得拉巴。
⑧比德尔（Bidar），今印度比达尔。
⑨北拉尔（Berar），今印度贝拉尔。
⑩亚瓦（Koppal），今印度科瓦尔。
⑪北乍布尔（Bijapur），今印度比贾普尔。
⑫阿利萨（Orissa），今印度奥里萨邦。
⑬西尔加（Circars），即印度彻尔卡尔地区。
⑭亚拉把（Allahabad），今印度阿拉哈巴德。

一名郎德各，一名昭布尔①，一名拉登布尔，一名马合罢，一名列布尔，一名古达②，一名威拉合尔。

其曷尔加耳国在印度之西，东界新的亚国，西界古萨拉的③部，南界干的是④部，北界剌日布德国。地面积方约一万五千里，烟户一百二十万口。王位历代相传。首郡亦名曷尔加耳，乃本国都也。

其卖索尔国在印度之南，东南二方界加尔那德部，西界加那剌⑤部，北界贝查布尔⑥部。长约七百五十里，宽约六百里，地面积方约四万五千里，烟户二百二十七万口。王位历代相传。首郡亦名卖索尔，乃国都也。其通商冲繁之地，一名邦加罗尔⑦，一名几那巴登，一名几德拉克，一名赛拉，一名哥剌尔。

其日瓜尔国又名古宜加瓦尔，在印度之西，东界亚美大巴府，西南北三方皆界疴曼海湾⑧。长约五百五十里，宽约四百余里，地面积方约二万三千五百里，烟户二百万口，王位历代相传，首郡名巴罗达⑨，乃本国都也。

其剌日布德国在印度西北，东界亚哥拉⑩部，西界（附）〔阿〕付干国，南界古斯拉德⑪部，北界塞哥国。长约一千二百六

---

①昭布尔（Chandpur），今孟加拉昌德普尔。
②古达（Cuttack），印度库塔克。
③古萨拉的（Guzerat），即印度古吉拉特。
④干的是（Candeish），今印度坎迪什地区。
⑤加那剌（Canara），今印度加那拉地区。
⑥贝查布尔（Bijapur），今印度比贾普尔。
⑦邦加罗尔（Bangalore），今印度班加罗尔。
⑧疴曼海湾（Gulf of Oman），阿曼湾。
⑨巴罗达（Baroda），今印度瓦多达拉（Vadodara）。
⑩亚哥拉（Agra），又作亚加拉、亚加剌，今印度亚格拉。
⑪古斯拉德（Guzerat），今印度古吉拉特邦。

十里，宽约七百二十里，地面积方约九万里，烟户三百余万口。侯位相传，各分部落。通国分为九部：一名日宜布尔，一名哥达，一名奔的，一名柯代布尔，一名入德布尔，一名当克，一名日萨迷耳，内有诸酋分部；一名比加尼尔，一名巴的，内有诸酋分部。

其西林德国，即萨德勒至河左之塞哥国也。在印度之北，东界德列部，西北界塞哥国，南界剌日布德国。长约八百余里，宽约四百里，地面积方约三万余里。至于朝纲，诸酋统辖，各分部落。首郡一名巴的亚拉，一名达内萨尔，一名拉的亚纳，一名翁巴拉。

其邦德尔干①国在印度之中，东界乌德国，西界新的亚国，南界亚拉合巴部，北界德列部。长约六百里，宽约五百余里，地面积方约三万里，诸酋统辖，各分部落。首郡一名札德尔布，一名某，一名布那②。

其波保尔国③在印度之中，东南界亚拉合巴④部，西北界新的亚国，长宽皆约三百里，地面积方约九千里。至于朝纲，王位临御。首郡亦名波保尔，乃本国都也。

其萨达拉国在印度之西，周围四方皆英国属地。北惹布尔⑤部包括〔疑有脱字〕长约五百里，宽约四百里，地面积方约一万余里。王位临御。首郡亦名萨达拉，乃国都也。其通商冲繁之地，一名马合比里昔尔，一名美黎至，一名般德尔布，一名合达尼。

其达拉王哥尔国在印度之南，东北界加尔那德部，西南界海。

---

①邦德尔干（Continuacão），今印度康提尔干地区。
②布那（Pune，Pona），今印度浦拿。
③波保尔国（Bhopal），今印度博帕尔。
④亚拉合巴（Allahabad），今印度阿拉哈巴德。
⑤北惹布尔（Bijapur），今印度比贾普尔。

长约五百余里，宽约二百余里，地面积方约一万里。王位临御。首郡名的里湾德棱①，乃本国都也。其通商冲繁之地，一名达拉王哥尔，一名波尔架，一名固兰，一名安任加。

《地理备考》曰：本州之地隶英吉利者实多，有国君专管之地，即锡兰海岛。有印度公司兼管之地，即印度之榜加剌等十九部，暨亚桑②、阿剌干③、马尔达般、达威新埠、息辣、马拉加各等处。分四兵帅管摄，一在榜加剌驻扎，一在亚加剌驻扎，一在马达拉斯④驻扎，一在孟买驻扎。

锡兰海岛在印度之南，纬度自北五度五十分起至九度五十二分止，经度自东七十七度三十分起至七十九度止。长约一千里，宽约四百里，烟户一兆五亿口。田土肥饶，谷果丰登，土产稻、烟丝、麻、椰子、槟榔、胡椒、桂皮、绵花、木料、金石之类。禽兽充牣，鳞介纷繁。地近赤道，暑多寒少。贸易昌盛，商舟络绎。首郡名哥伦波⑤，有国君所派总兵一员驻扎。

榜加剌部，东界阿瓦国，西界阿拉合巴暨巴合尔⑥二部，南界印度海，北界布丹国。长宽皆约一千二百五十里，地面积方十五万六千二百五十里，烟户二京五兆三亿口。地势土产，已详印度国志。贸易兴隆，五方辐辏。总领十八府，首府名加尔古达⑦，乃都会也，建于乌给黎河⑧之左，地势平坦，泽隰间隔，屋宇峻丽。

①的里湾德棱（Trivandrum），今印度特里凡得琅。
②亚桑（Hassan），今印度哈桑。
③阿剌干（Arakan），今缅甸西部阿拉干。
④马达拉斯（Madras），今印度马德拉斯。
⑤哥伦波（Colombo），今斯里兰卡首都科伦坡。
⑥巴合尔（Bahar），今印度比哈尔（Bihar）。
⑦加尔古达（Calcutta），今印度加尔各答。
⑧乌给黎河（Hooghly R.），今印度胡格利河。

巴合尔部，东界榜加剌部，西界乌德国暨阿拉合巴部，南界冈都亚那部，北界尼巴尔国。长一千里，宽七百五十里，烟户一京余口。总领六府，首府名巴达那①，乃都会也。

科黎萨②部，东界榜加剌海湾，西界冈都亚那部，南界哥达威利河③，北界榜加剌部。长宽皆约三百里。总领六府，首府名古达克④，乃都会也。

冈都亚那部，东界科黎萨部，西界北拉尔、根的士二部，南界义德拉巴⑤、北西尔加耳⑥二部，北界马尔袜、阿拉合巴二部。长二千里，宽一千八百里，地面积方十五万四千四百里，烟户三兆口。为英国兼摄者，只东北二方。首府名倭巴尔布。以上四部，皆属驻榜加剌之兵帅管辖。

亚加拉部，东界乌德国暨阿拉合巴部，西界亚日迷尔部，南界马尔袜部，北界德列部。长九百里，宽六百里，烟户六兆口。总领五府。首府亦名亚加拉，乃都会也。

阿拉合巴部，东界卓合尔⑦、榜加剌二部，西界马尔袜、亚加拉二部，南界冈都亚那部，北界亚加拉部暨乌德国。长九百七十里，宽四百三十里，烟户七亿口。总领六府。首府亦名阿拉合巴，乃都会也。

德列部，东界乌德国，西界亚日迷尔部，南界亚加拉部，北界古尔瓦勒部。长宽皆约五百里，烟户八兆口。总领六府。首府

---

①巴达那（Patna），今印度巴特那。
②科黎萨（Orissa），今印度奥里萨。
③哥达威利河（Godavari R.），今印度戈达瓦里河。
④古达克（Cuttack），今印度库塔克。
⑤义德拉巴（Hyderabad），今印度海德拉巴。
⑥北西尔加耳（North Circars），今印度北彻尔卡尔地区。
⑦卓合尔（Bihar），今印度比哈尔。

亦名德列，乃都会也。

古尔瓦勒①部，东界尼巴尔国，西界劳尔府，南界德列部，北界西藏。长约一千里，宽约八百里，烟户五亿口。总领三府。首府名西里那都，乃都会也。

亚日迷尔部，东界亚加拉部，西界（附）〔阿〕付干国，南界古塞拉德②部，北界劳尔府。长一千二百六十里，宽七百二十里，烟户三兆口。此部惟首府亚日迷尔为英国兼摄。以上五部，皆属驻东方亚加拉之兵帅管辖。案：克什弥尔惟首郡属英，则北印度未全为英夷有也。

加尔那的部，东南界榜加剌海湾，西界达拉王哥尔暨卖索尔二国，北界北日布尔③部。长二千里，宽约三百里。总领十府。首府名马达拉斯大，乃都会也。

哥英巴都尔部，东界加尔那的部，西界马拉巴尔部，南界丁的古尔④府，北界加的山。长约五百里，宽三百里，烟户六亿口。总领二府。首府亦名哥英巴都尔，乃都会也。

马拉巴尔部，东界哥英巴都尔部，西界海，南界达拉王哥尔国，北界加那拉部。长七百里，宽二百里，烟户九亿口。总领一府，首府多加里古都。

加那拉部，东界卖索尔国，西界大海，南界马拉巴尔部，北界北日布尔部。长七百里，宽约二千里，烟户三亿九万口。总领五府。首府名蒙加罗尔，乃都会也。

---

①古尔瓦勒（Gurhwal），今印度古尔瓦尔地区。
②古塞拉德（Gujerat），今印度古吉拉特邦。
③北日布尔（Bijapur），今印度比贾普尔。
④丁的古尔（Dindigul），今印度丁迪古尔。

巴拉加①部，东界加尔那的部，西界加那拉部，南界萨灵②部，北界义德拉巴部。长一千里，宽八百里，烟户二兆口。总领二府。首府名北拉利③，乃都会也。

北西尔加部，东南界榜加剌海湾，西北界窝黎萨④部。长一千二百五十里，宽约二百里，烟户五兆五亿口。总领五府。首府名干都尔，乃都会也。以上五部，皆属驻南方马达拉斯大之兵帅管辖。

科隆加巴⑤部，东界德干国之东比德尔府⑥，西界科曼海湾，南界北日布尔部，北界根的士部。长约六百里，宽约五百五十里。总领十府。首府名孟买，乃都会也。

北日布尔部，东界义德拉巴部，西界印度海，南界卖索尔国暨加那拉部，北界科隆加巴部。长一千三百里，宽七百五十里，烟户七兆口。总领五府。首府亦名北日布尔，乃都会也。

根的士部，东界北拉尔部，西界古塞拉德部，南界科隆加巴部，北界马尔袜部。长六百五十里，宽约五百里。总领三府。首府名高尔那，乃都会也。

古塞拉德部，东西南界海，北界亚日迷尔部。长一千四百里，宽六百五十里，地面积方约四万四千里，烟户二兆一亿六万口。总领四府。首府名苏拉的⑦，乃都会也。以上四部，皆属驻孟买之兵帅管辖。

---

①巴拉加（Balaghaut），今印度巴拉加特地区。

②萨灵（Salem），今印度撒冷。

③北拉利（Berar），今印度贝拉尔地区。

④窝黎萨（Orissa），今印度奥里萨。

⑤科隆加巴（Kolingapatnam），今印度科林加帕特南。

⑥比德尔府（Bidar），今印度比德尔。

⑦苏拉的（Surat），今印度苏拉特。

《地理备考》曰：本州之地，为葡萄亚兼摄者曰科袜①，又名小西洋。在印度之西，纬度自北十四度五十四分起，至十五度五十三分止。经度自东七十一度三十分起，至七十二度五分止。东南至加那拉部，西枕疴曼海湾，北界北日布尔部。长二百五十里，宽一百二十里，地面积方约一千五百里，烟户三亿一万余口。内有一十九岛，冈陵叠起，络绎回环。田土肥饶，谷果茂盛。土产盐、麻、绵花、豆蔻、胡椒、椰子、槟榔等物。禽兽草木，靡弗蕃衍。地气炎热，夏多飓风。技艺平常，贸易清淡。其地分为三部：一名疴袜，首府邦靖，设有总管衙门。一名萨尔塞的，首府马尔冈。一名巴尔德斯，首府马布萨。此外又有新疆之地，内分十部：一名奔达②，一名加那哥纳，一名比吉灵，一名萨达利，一名北尔宁，一名阿斯德拉加，一名巴黎，一名英巴尔巴开，一名顺达拉瓦的，一名加哥剌。

达蒙③在印度国古塞拉的④部内，其地甚小，长宽不过数十里，烟户约一万五千口。在昔贸易兴隆，今甚凌替。

的玉⑤在印度国内，地方狭窄，人烟稀疏，海口深阔，泊舟便利。

《地理备考》曰：佛兰西国兼摄之地，皆在印度国内，分为五府：一名奔的支黎⑥府，在加尔那的部内，于北极出地十一度五十五分，经线自东七十七度三十一分，烟户四万口。土产米、糖、蓝靛、鸦片、药材等物。设有总管衙门。一名加黎架尔府，亦在

①科袜（Goa），卧亚，今印度果阿。
②奔达（Banda），今印度班达。
③达蒙（Damāo），今印度达曼。
④古塞拉的（Guzerat），今印度古吉拉特邦。
⑤的玉（Diu），今印度西岸之第乌。
⑥奔的支黎（Pondichéry），印度东部本地治里。

加尔那的部内，于北极出地十度五十五分，经线自东七十七度二十八分，烟户一万五千口。土产绵花。一牙那安府，在北西尔加耳部内，其北极出地十六度五十五分，经线偏东七十九度五十分，烟户一万八千口。土产木料。一名商德尔那哥①府，在榜加刺部内，其北极出地二十二度五十五分，经线偏东八十六度九分，烟户一万五千口。土产鸦片。一名马黑②府，在马拉巴尔部内，其北极出地十一度四十二分，经线偏东七十三度十六分，烟户一万口。土产胡椒。

《地理备考》曰：大尼国兼摄之地，俱在印度国内。一名西棱布尔府，在榜加刺部内，乌给黎河之右。其北极出地二十二度四十五分，经线偏东八十六度六分，烟户一万三千口。设有总管衙门。一名达郎给巴尔③府，在加尔那的部内，其北极出地十一度十五分，经线偏东七十七度三十四分，烟户一万二千口。

《外国史略》曰：五印度国为亚悉亚热带地，北极出地自七度至三十五度，偏东自六十七度至九十七度，广袤方圆四十一万六千里，其东印度海边一千二百里，自南至北一带六千二百三十里，最阔之地约六千里。若论其交界，北连雪山，称曰希马拉雅山，与西藏交界，及大印度海；东及旁甲拉海隅，与缅甸交界；西及印度海西北，与押安④、比路治等交界，则以印度江画其疆也。北方之山高耸二百六十丈，四时积雪，不见巉岩，由此河流直下，岸谷蕃昌，终年花开，树木蕃盛，然多瘴疠，无居人，入夏则禽兽俱不得生。自此南向，渐有广坦，当河之支流，分为三条：曰

---

① 商德尔那哥（Chandernagore），今印度昌德纳戈尔。
② 马黑（Mahé），今印度西海岸马埃。
③ 达郎给巴尔（Tranguebar），今印度特兰克巴尔。
④ 押安（Afghanista），今阿富汗。

布兰补答①，曰恒额，曰印度。其水皆来自西藏。东西两岸皆山连山，皆密林，延及南方海滨，所谓哥摩林②也。印度西北有旷野，广袤方圆五万里，夏无草木，飞尘蔽空，惟于深谷内掘井以饮，产水瓜止渴。西北海边甚低，有二海港：一曰屈治③，一曰干拜④。内有咸泽，众水所入，所谓里海也。印度之南，有锡兰岛，岛间有马那尔海港，其水浅。大抵锡兰岛之间，与巴勒海相隔，无多港支，海舶不至。其印度河自西藏涌出，初西北流，后转西南，入五印度地，众水之所汇也。至一处，有五支河入之，五印度之所以名者，或亦以此。在新缔地亦有海口，其水浅，大船不能入。恒额河所流出之地，在印度之北界，其地高于海面者九百丈，南流入印度国，又多分支，入旁甲拉海隅，即印度人所称圣江者是也。流传谓能浴此河内，即洗涤诸大罪过，故自远来溺死河边者不少。榜甲拉有石岸，在南地之河，产金沙、金刚石、红青蓝等玉，巴勒海产珍珠。其北方产米、鸦片、绵花、青靛、糖，南方产胡椒、檀香、各项香木、树膏、椰子、桂皮，各项材木，兽有象、兕、豹、虎、骆驼、野驴、鹿，惟牛最鲜，有则民称为神。禽翎羽甚美，但无能鸣者。昆虫多如海沙，而白蚁最狠，又多青蛇。

印度国自古有名，所出宝物不可胜数，人皆视为乐土，故凡称他国最美之区，则曰犹五印度云。自古与东洋、西洋各国无往来，其书册所录，惟述佛菩萨神明之异。众民各分品类，各守戒律，有犯必逐，惟听第一品婆罗门辈之命，其君大国者，皆出此

①布兰补答（Brahmaptura），今布拉马普特拉河。
②哥摩林（Comorin），今印度科摩林角。
③屈治（Cutch），卡奇，今巴基斯坦库奇。
④干拜（Cambay），今印度坎贝。

族。周赧王年间有希腊国王者侵五印度，自后遂由红海通商贸易，既而佛教之僧，遍往四方传其教，竟至中国，中国百姓亦盛奉此教，即日本、暹罗、缅甸各国，皆设其像而建其庙，至汉时始与中国交接。自耶稣升天后数十年，其门徒亦至此国传福音之理，所立圣会，至今尚存。后五印度各国多年肇衅，互相争战。及宋靖康年间，有回回族由白西尔亚①伐五印度，据其地创立大国，富强浸盛。于是西域押安之游牧部落，皆贪其富而攻伐之。始于元初创国时争据其地，坏佛菩萨像，强百姓入教门，不从则斩，乱久不息。明建文元年，西域蒙古撒马尔罕王谛母尔②，强服印度国，创立大蒙古号③，管理五印度大半，各国皆震栗。及明世宗嘉靖八年，蒙古王全操印度之权，建立法度，历十五年。其国广袤方圆至七万余里，居民四百万名，岁收饷银二万二千四百万，各国皆景仰焉。时葡萄亚人于明武宗正德七年初到五印度海西边通贸易，后占其海口，称曰峨亚，复于他海口开埠。而荷兰人亦于嘉靖年间至此国，造船夺葡萄国所据之锡兰岛，开港通市，然必奉大蒙古之谕。后英吉利、佛兰西、大尼三国亦乘机往租地通商，皆在偏隅，未开广市，于时大蒙古之君威权重大，人皆畏之。其后众子争权，内乱并起，各部酋皆乘间自王其地，遂四分五裂。

　英吉利国于万历二十六年在印度创立公班衙，与各国贸易，得利甚微。万历三十八年，又在印度西北苏拉④地方开埠。顺治十年始于马答拉⑤贸易。康熙二年葡萄牙国以网买岛让英国，正在印

---

①白西尔亚（Persia），波斯，今伊朗。

②谛母尔（Timur），帖木儿，撒马尔罕国王，曾带兵入侵印度，其后代建立了莫卧尔帝国。

③大蒙古号（Mughul），即历史上的莫卧尔帝国。

④苏拉（Surat），今印度苏拉特。

⑤马答拉（Madras），今印度马德拉斯。

度之西。数年后，大蒙古王肇衅，商人有见杀者。康熙三十八年后，英吉利与佛兰西肇衅，即在印度之炮台互相攻击，前则英失，后则佛奔。于是邻国皆动干戈，或助英，或从佛，屡有战争，欧罗巴公使出为两国议平。乾隆二十年，佛国官蛊惑蒙古所驻榜甲拉之兵帅，将所辖之英商弁尽行禁锢，毙其大半。英人欲雪此仇，调倾国之师，驶入恒额河，与其土酋盟，自逐其蒙古酷主。佛兰西乘隙复率荷兰师船入内河，力拒英人。英人中有才能者曰加里威①，集众聚议，与其蒙古土君背城一战，竟获全（盛）〔胜〕，于是东印度各君长皆以其地让给旁甲拉，以为英人之藩属。其南方地，或买或和得之。于是英国调兵帅代理其全地，又择其年少聪明者使之学，而后执政。恐其受贿赂，则给厚俸以养其廉。乾隆六十年间，有蒙古土酋与英人交锋，招佛兰西助之，英军尽力攻守，至嘉庆四年，土酋父子悉降，其地大半归英。嘉庆十年，尽驱佛兰西驻印度之兵，以据其地。又在南方占荷兰国所据之牙瓦等岛也。时英人在此地尚与印度为对（待）〔峙〕，既而大蒙古国渐微，其外部尽背叛自立，于是英人入其都。其蒙古王曰得希者反赖英官赒济之。其初财积如山，竟成穷乏，此以知大国之不可恃也！

嘉庆十六年，各土君在五印度者皆服，惟有耶加之族类越境侵扰，英人讨之。西北有新起教门，其首领系西刻人②，甚勇猛，土君惴惴求英人保护而纳贡焉。缅甸王亦与英人争锋，且杀其兵将，入旁甲拉地，攻英藩属，连年不解。后英军击败缅甸，入其都，缅王求和，让北方并南海口，且偿其兵费。于是各国皆畏英

---

① 加里威（Robert Clive），罗伯特·克莱武，英国上校，1757年指挥普拉西战役，占领孟加拉。
② 西刻人（Seiks），即锡克教徒。

兵之强，五印度国赖以少安。历数百年，或同盟之土君有叛者，必除其位。是以农力于田，匠勤于肆，商则遍出于其途，皆归英权辖。

忽峨罗斯国使与甲布君盟，合白西国攻击黑腊城。道光十八年，英军克甲布地，复立其旧主。二十一年，甲布人又生异心，英人募兵侵甲布，仍复前王之位。此时西刻地之主复募兵侵英境，英军旋剿灭，以峨拉升王此国，于是加治弥耳地亦归英国。自是五印度皆安堵矣。

五印度人固执教门，不论佛教、婆罗门、回回，皆一心坚守。民多紫黑色，有面白者，有正黑者。身体高大，行不能速，发长而黎，身多瘦，貌圆扁，额大而高。女多美。男女以白布绕身，好洁勤洗，常以布缠头，即缠头回回也。百姓畏热少衣，好以金银器饰手足耳鼻，常赤足，不用履。其教门古分四品，即婆罗门等是也。僧长领军士、商匠、农工，各分品类等级，世守其业，不得互相婚姻，一出其品类，即谓忘本原，不得比于人数。是以上品世贵，下品世贱。婆罗门为上品，门第最重，婆罗门之巧狯者，藉经术以渔利济私。此外尚有各国族类与本土人相杂。欧罗巴中（维）〔惟〕葡萄亚人甚多，计约六十万，皆执天主教，与土人未通往来。英人苗裔在此者，文武兵丁六万，工商等人四万。亚拉人亦有来此充兵立业。各类参杂，统计约二十万万口，大半服英国权辖。土音系梵语，所撰书册诗本，惟僧能讲。其民土音有三十余种，今则多习英语，译各艺术之书，以资日用。城内大开书院，广教学士。崇婆罗门佛教者居十之九，尤异者，数年前，教门之寡妇必同夫尸自焚；争赴礼佛菩萨之像，致车轮压毙者不胜数。此真婆罗酷虐之门，迷惑不悟，大可哀哉！其回回教之人约千五百万口，崇耶稣教者亦几十万人。又北印度国、锡兰岛等处，皆确守释迦之教。

英国据印度地大半，分四部：东北方曰榜甲拉部，方圆万有二百四十八里，居民六千六百九十四万二千口。中央曰亚加拉部，广袤方圆四千一百九十六里，居民二千二百一十四万六千七百口。东南曰马答拉部，广袤方圆六千七百里，居民六千四百八十七万六千口。西方曰网买部，方圆三千六十五里，居民六百八十八万七千口。北界廓尔加地，南界同名之海隅，东至亚散①、缅甸等地，西至巴哈②部。（经）〔纬〕度自二十一度至二十七度。平坦丰盛，恒额河东南流之所在也。海边有潴泽。二十四分之中，三分河湖，四分荒芜，一分乡城，三分牧场，九分田，四分未垦之地。遍地皆支江，可以灌溉，其水时涨坏田，夏旱又易浅涸，稍雨则水骤长。江河迁变无常，沧桑陵谷，盈涸时有。春夏之交，雷雨连月，不胜蒸热；秋则无雨，零露瀼瀼，天气苦冷。北方则近雪山，寒冻更甚。中央地势卑湿，平地皆水，家家以小舟通来往。乡村广大，皆筑高阜以居，生齿浩繁。

榜甲拉为米谷所出，夏禾冬麦，兼产豆、粟、黍、姜，并出鸦片、青黛、烟、糖、油，在印度首推沃饶之地。田岁收二次，一谷一菜。但民不善耕，且多贫，不能具农器。男美体段，女好染指甲作赤色。平居亦喜争讼。当步兵者四分之三。奉婆罗门教甚谨。出蚕丝，善造绸缎，织绉纱布。亦出硝硇砂并各药材。富者开肆，兑换金宝，贷银取利，不好远出。

榜甲拉西连巴哈，亦属此部，在廓耳加之南，（经）〔纬〕度自二十二度至二十六度。出鸦片、绵花、谷、糖、黛青、油、槟

---

①亚散（Assam），今印度阿萨姆邦。
②巴哈（Bihar），今印度比哈尔。

榔、玫瑰花露。

榜甲拉之南曰阿勒撒①部，地濒海，未开垦，多山林密箐。山民听本宗长领，不服他人。其性蛮，其地硗，江中多毒虫、鳄鱼。

榜甲拉之都会曰甲谷他城，在胡义利河②边，恒额河之支流也。北极出地二十二度三十三分，偏东八十八度二十八分，为榜甲拉之大海口，统印度大兵帅所驻，各文武官商皆居于此。地甚辽阔，城池高固，四方置大炮台。居民甚杂，乃各国所集之大市，舟车辐辏，每年运出货价约三千六百万两。其军士则屯于巴拉破利炮台，距荷兰破利城不远，其城前属大尼国，亦美邑也，居民万三千口，内多回回人，造绉袈裟布。母耳士他城③，城在河边，屋宇三万间，居民十六万五千口，多富饶。巴那城④，居民三十万，种罂粟。其土人大半回回，性多傲。半古答⑤，城壮屋美，民多长寿。距此地不远，曰若尼宇城，有佛菩萨庙，印度四方之人每岁来礼拜者，约十万人，道毙者不少，而僧则愈富足。

东连榜甲拉之亚山⑥地，在云南交界，亦属榜甲拉。长一千二百里，阔自六百里及百二十里不等，地平坦，巴马布他河⑦支流之下游也。多矿，沿河有金沙，山内产石炭，出米谷。田未开垦者十之八九。多瘴疠。居民由中国迁来者，建屋筑城，其古迹至今尚存，后被缅甸扫荡，而其地难以复兴。居民约三十万，崇佛教。山民尤朴实，与人无诈骗。其居民大半老掌之族，守分务业，藉

①阿勒撒（Orissa），今印度奥里萨。

②胡义利河（Hoogly R.），今印度胡格利河。

③母耳士他城（Murshidabad），今印度穆尔希达巴德。

④巴那城（Patna），今印度巴特那。

⑤半古答（Cuttack），今印度库塔克。

⑥亚山（Assam），同亚散，今印度阿萨姆邦。

⑦巴马布他河（Brahmaputra R.），今布拉马普特拉河。

英国人为保护。

榜甲拉海隅之东，为亚拉干①地，广袤方圆千八百里，东连缅甸，以高山为界。内多广谷支溪，遇雨涨溢，遍地成湖泽。土极丰腴，宜果木而多瘴。异方人不服水土。海口处处可泊，其鱼繁。林内多象、虎。居民二十一万六千名。会城曰亚拉干，古极兴旺。今又有海口之邑曰脚地，亦通商之处。

亚山之南尚有各地，草木丛茂，人迹罕到，然居民健勇可用。此地当东印度、缅甸之交界，乃母尼补、甲治加特、比拉、可西亚各土酋所辖，其民野性不驯，统归英人羁縻。

亚甲部，在榜甲拉西北，广袤方圆四千一百八十七里，居民二十万。当诸河下游，西南其山渐高。布那出金刚石，西方多牧场，与高山相连，天气与江浙无异。居民健壮，产麦，多猛兽。东连榜甲拉，西南抵网买列酋境，北及雪山、西刻之地，北极出自二十五及二十八度。内河甚浅，未足灌溉。盛出者绵花、青黛、白糖，居民织粗布，仅足用。此地昔为大蒙古之都，尚有古迹，居民多回回，是为印度之圣城。其都会曰亚拉哈巴城②，在恒额河、闰那河③会汇之处，居民六万余口。印度人在此集会烧香。城为蒙古所造，甚坚固，有大军局。又有比那勒城④，亦五印度之圣城，四方云集以拜佛像，婆罗门僧多若蜂聚，其街甚狭，居民二十余万，每年自远方来敬佛者不下十万，争向恒额河浴身。回回五分之一，与土民分党，不居城内。

亚甲居民九万六千，昔系大城，今渐衰矣。内多宫殿古迹，

---

①亚拉干（Arakan），今缅甸西部阿拉干，地在今若开邦一带。
②亚拉哈巴城（Allahabad），今印度阿拉哈巴德。
③闰那河（The Jumna），今印度朱木拿河。
④比那勒城（Benares），今印度贝拿勒斯。

有昔时王后之陵，最壮丽，广通商。又德希城①，大蒙古之故都
也。居民十五万，旧国王苗裔在此，赖英人之禄以度生。

巴勒里城②居民七万，回回居三分之一。属地曰古摩云，与西
藏不远，山林深邃，冬甚冷。物产茂盛，居民不多，田亦褊少。
前婆罗门僧再据此地，与西藏通。廓尔加国君于嘉庆十九年据之，
后让地于英人，英国贵人多建别墅，每岁从印度来此，作销夏之
会，所驻之地曰新拉，乃印度统帅行馆纳凉之所，且登山以猎熊、
虎，夏后仍还印度平坦之地。

尼布他③地在尼布（地）〔他〕河之两岸，其民未向化，惟伐
林木为材料，不用银钱，只以盐、糖交易。其平地及谷内亦有印
度人，但地未开垦。所交界之云他瓦地，间有向化之土人，与中
国苗蛮无异。

马他拉④部在印度南，广袤方圆六千七百里，居民千四百八十
七万。海边有轻沙如盐卤，天气长热，雨则全地皆涨，旱则野无
青草。南方高山深林，下汇溪涧，可灌全地。山顶结冰，而谷中
暑燠难堪。海边出椰子、绵花，内地产米稻、甘蔗、芝麻。西边
地最低，出胡椒、肉豆蔻、米，山溪内多产金沙。其会城同名马
答拉，计屋二万七千间，居民四十二万。虽濒海口，而无泊处，
船难到岸。各炮台内，文官日间务事，晚则归庄园水榭，以度良
夜。其土民所住称黑城，为数甚繁。旁牙罗利城，在内地高原，
英军屯驻焉。西令牙巴城，高而坚固，居民三万，英军前此力攻
克者也。君巴歌伦，居民三万，有大池，云浴之者可涤诸罪，各

①德希城（Delhi），今印度德里。
②巴勒里城（Bareilly），今印度巴雷利。
③尼布他（Narbada R.），今印度纳尔马达河（Narmada R.）。
④马他拉（Madras），今印度东南部马德拉斯。

信士云集，以祈清洁。亦恒额河所分汇也。

特治那破里城，居民八万，乃土君所驻之都，四方丰盛，多奉耶稣教。曼牙罗利[1]海口，在西方，居民三万。加里屈[2]海口，居民数同，葡萄牙人初到印度时，即抵此港。在西边为海湾最深入之地，东边无湾可泊。

网买部，广袤方圆三千六百六十五里，居民六百八十八万七千。属此部者非一处。山多而地硗，五谷不足，惟产绵花，每年四分之一运进中国。又出檀香等货。居民多回回。会城与部同名，北极出地十八度五十六分，偏东七十二度五十七分。昔葡萄亚国以此岛让英人，遂建城邑。初不服水土，今已天气清爽。居民二十三万，住屋二万七百八十六间，中多白头回人，有豪气，博济好施，专务通商。其民皆能讲十九种语音，尤乐与中国人交易，亦与亚拉、白西等国贸易。英国船厂在焉，能造最大战舰商船。苏拉城[3]亦在海隅，居民六十万口，大半崇印度婆罗门之教，其愚人或以兽牲为圣畜，养之诚谨。古时此处为通商之埠，但海口潮溜甚急，船难近岸。布那乃内地之城，居民七万，有大书馆焉。此外城邑尚多。

五印度土君藩属国

此外尚有土君之国，虽未设英官而系为英国藩属者，今别叙于左：内地有希答巴[4]地，广袤方圆一万零五百里，地高坦，出好麦，因其国官吏朘削其农，故民甚贫乏。又罕通商，岁费重饷约

---

①曼牙罗利（Mangalore），今印度西海岸芒格洛尔。
②加里屈（Calicut），印度西海岸之卡利卡特，今名科泽科德（Kozhikode）。
③苏拉城（Surat），今印度西部苏拉特。
④希答巴（Hyderabad），今印度海德拉巴德。

七百万两，地大半为爵士所据。其土君昔与英对敌，募兵约八千丁，此嘉庆年间之事。但君既无智能，其臣又奸宄，惟利是图，故英人时时计议，欲取其国焉。其都城居民八万口，内多匪恶，虽有一万二千之英兵屯此，尚时时反侧不安。其附近之峨干他邑，昔曾出珍玉，号为宝库，兹已尽矣。又有奥龙牙巴，居民六万，昔盛今衰。土虽丰产，仅足食用。前代后妃之陵，惟在此者最壮丽。

其毗连此部者为纳布里，广袤方圆约六千里，多出豆、烟、麦、粟米。其土君无大权，常以千骑自卫。其都城居民八万，地颇广，屋则土寮。附近此城有英人炮台。

萨他拉①等部土君，系马拉他种类，好骑，好虏掠。自英人摄权后，悉顺服。地无高山，其民好猎。古城广大，居民罕少。中有圣城，远方云集，焚香礼佛，不远千里。

答文可利②部在南方海边，山水极佳，果木尤可珍。海口古时被荷兰所据，居民一万，大半迁徙别处。内地之米所地，昔有土君，近归英国，亦广大之邦，但居民屡遭困迫，不足以获其益。

西金③地在西藏旁，褊地也。天气甚冷。土酋辖之。

乌地在榜甲拉之北，土虽丰产，居民甚贫，惟土君之帑常充。都城曰鹿那，居民五十万，英国屯兵在此，时遣大官莅办政务。

本得君地在西北，半归英权辖，半为各土酋所管。其土无所出。

布陵城小而固，英人尝再攻不破，三次乃陷。

---

①萨他拉（Satara），今印度西部沿海之萨搭拉。
②答文可利（Travancore），今印度特拉凡哥尔。
③西金（Sikkim），今锡金。

破巴系山地，在匿补他河①边。民不勤作，惟以武艺为重。

突鹿②小地，英人所立，在马拉他族类之中间。

哈甲系马拉他种类，古时广大，屡扰印度各界。英人降其桀骜，而民以靖。

巴罗他广地，在西北干拜海隅③。民以劫盗为生，英人调重兵征服。道光二十四年复抗拒，再击败之。多印度国之圣迹，居民焚香处也。此际归英国者已大半。

古治④在西北之极，形势斗出，常惧地震。逼近火山，故其地硗，不甚产物。民多野心，约三十五万，惟水手不惮死。会城曰威城，居民三万丁，英军屯驻焉。

拉补坦⑤亦列君之地，居民有胆略，遇险不惧。印度列国之兵，惟此称武勇。

新蒂地在印度河边，多丛林，列君射猎处也。道光二十三年悉为英人所灭。地丰沃，全赖印度河灌溉，一遇亢旱，五谷遂不登。其都曰希答巴，居民二万，屋则土寮。城之固者曰答他，城在平原，列土君藏所劫夺之财帛约数千万两，今已罄矣。

西刻地在后藏南，嘉庆年间伦亚升王所立国也。此君之祖曾取印度及回教二者参合为一，以宇宙万物之主宰为万土之王，尽绝神佛，自为一教。至伦亚升王募兵攻伐甲布居民，夺加治弥耳等地，且招西国之武官操练兵法，邻国畏之。于道光十九年伦薨，干戈并起，其子孙越英藩属境，大肆掳掠。道光二十二年复侵英

①匿补他河（Narbada R.），印度纳巴达河，今名讷尔默达河（Narmada R.）。
②突鹿（Thana），今印度塔纳。
③干拜海隅（Gulf of Cambay），今坎贝湾。
④古治（Cutch），今印度库奇。
⑤拉补坦（Rajputana），今印度拉杰普塔纳。

藩属地，乘英人不备，一战而胜，英人死者甚多。英军士力拒旬月，始破西刻之军，直入其国都，于是割地请盟焉。其地长七百六十里，阔百三十里，居民四百万。地多盐，可为药材，每年所掘约八百万石。南地多卤，不产物，北方丰盛。因官吏勒迫，民甚贫乏，惟专意于武战。与后藏交界，多山岭，遍地江流，乃印度五支江所派也。其都曰拉合①，居民八万，内有回回庙，其君常至此纵乐。又有云勒悉城，王所藏库处。莫但城②，乃制造丝缎之处，居民四万五千。所属之谷曰加治弥耳，高于海面五百八十丈，所环之峰，最高者约千七百丈，冬夏积雪不消，物产甚多，甲于南北，奈国主酷待其民，故地虽腴，无能兴焉。前时居民八十万，今仅二十万而已。昔大蒙古之君夏时于此纳凉，为加治弥耳国之名胜地。居民多为商，与后藏、西藏多年贸易。其都会同名，居民四万。

各国民经营不一，惟英国所营者为富庶。旁甲拉货物共价银七十万万圆，众务事所收银一千九百万。亚甲货物共价银三十五万万圆，每年众务事所收者七万万圆。马答拉银十四万万圆，众务事所收者共二万三千六百万圆。网买部货物价值银万五百万圆，众务事所收者万七千五百万圆。贸易甚大，任百姓自作生计，无苛政管束，故民甘出力，宜其旺相也。人皆善积，各安分乐业。印度地丰盛，但不善灌溉，一旱亢则无禾麦。除五谷、豆、菜外，遍地种青黛，约五十余万顷。亦产湖丝，种罂粟，每年出鸦片约四万箱。榜甲拉所出者五谷，每年价值银三千三百万两，蜀黍九百万两，豆千六百万两，种子千四百万两，白糖、烟、绵花等货

①拉合（Lahore），今巴基斯坦拉合尔。
②莫但城（Multan），今巴基斯坦木尔坦。

二千七百余万两，共九千七百七十三万两。合五印度各国所陈田产统计四万万两。百姓以制造物件为重，不出运卖外国，其细布、绸缎之美者，惟西洋每岁买之。外有加治弥耳人织造搭膊布，悉不得运出外国。印度人不知掘矿，故铁、铜、金、玉必由外国入。道光十七年，运入之货三千四百六十余万两，运出者五千三百八十有余万两。现掘河以运货，立银局以便贸易。百姓向愚蠢，英人于此设学馆教民，于是印度人皆事天主。

五印度各属地，有大事必问本国公班衙，乃与英国公同会议，复立议士，会同斟酌。在马答利、网买两部，各调兵帅，共同议士商办，听大帅之命。惟英人能务大事，其土人只任下职而已。若征田赋，亦立乡绅总理钱粮。

国费出入：榜甲拉部入八千一百七十万圆，经费银七千六十二万五千九百圆，所调之军十一万六千。马答拉入银三千一十二万四千圆，经费二千四百二十二万六千圆，军士七万。网买收银千四百万圆，经费千九百七十三万二千圆，军士四万。在旁、网两部调水师战舰、火轮船防范，其火轮大船二十只，另建铁船、小火轮船。其守五印度三营者大半土人。

西洋各国所据五印度地：葡萄牙属地曰峨亚，在西南方，海边港口嘉邑也。地多山，无通路，其田大半能耕。居民五十万，崇天主教三分之二。地门①亦海口，昔与中国通商。撒米居民十万。

佛兰西所据东南之偏地，居民二十一万。其都曰本得识理②。海边种青黛、甘蔗、桑，亦开学院以教其民焉。

---

①地门（Damão），今印度达曼。
②本得识理（Pontchery），今印度本地治理。

印度各土君之国

新地亚附近之亚甲，即所称马腊地也。广袤方圆四千七百里，居民四百万有余口。每年所出之饷约四百二十万两。其都为吴亚未鹿，居民五万口。（鸟）〔乌〕音之城亦坚固，步兵万四千，骑兵一万，有大炮二百五十门，常与英抗。

尼报里国①，亦曰廓尔加，印度之北地也。与西藏交界，山峰插天。居民专务佛教，多拉麻僧，惟念经好静，不养父母。一女配数男。山内之民甚勇猛。曾入贡中国。嘉庆十七年攻及英界，英人攻战，始让地议和。此时英人尚驻其都，所称甲曼（士）〔土〕，居民二万四千。其民互仇战斗，山内各有酋长，自专其地，不听其王之命。产铁、铅、铜等。多印度人，亦有回回族居住此地。其廓尔加族，即由北方所来之矮人，攻服此地。种类、语音不同，教门互异，今尚占据。

布但地与尼报里，皆西藏所连之微地，山上雪冰恒积，多烟瘴，平地出蔬菜、果、麦。居民善灌溉，敬其老猿为仙兽。百姓面貌似中国，而刚健习劳，信佛敬僧，多修寺院。其转世刺麻号为活佛，与西藏同俗。亦与旁甲拉通商。其都曰他西苏屯城。此两国均未信救主耶稣之教。

《瀛环志略》曰：余尝见米利坚人所刊地图，五印度共二十余国，在东者曰孟加拉，曰麦哈尔，曰尼泊尔，曰阿力（邑）〔色〕；在北者曰克什米尔，曰勒怀，曰威聊，曰乌讷，曰聂离；在中者曰阿尔各拉，阿拉哈板特，曰工洼纳，曰马尔洼；在南者曰甘勒

---

①尼报里国（Nepal），今尼泊尔。

士，曰弥勒尔①，曰海特尔拉蛮，曰麻打〔拉〕萨②，曰噶纳的，曰孟买；在西者曰尔勒士布他拉，曰阿布尔信。据米人雅裨理云，此系五印度旧部落之名，自英吉利据印度后，有分析有改革，与此图不同。后见英人所刊五印度图，与米利坚图全不同，地名繁简亦异。地既属英，当就英图立说，以资考核。

塞哥，一作悉国，又作西刻。北印度大国，西域称为克什米尔，一作加治弥尔，又作加支迷尔，又作夹氏米理里。乃其别部之名。其国自古以此部为国名，《新唐书》谓之个失密，又谓之迦泾弥罗，《宋史》谓之迦泾弥勒，元人谓之乞石迷耳，皆克什米尔之转音也。犹尼泊尔之称廓尔喀，浩罕之称安集延也。东北雪山环抱，与后藏西徼毗连，西北隅接西域之札布，西界阿富汗、俾路芝，西南界信地。东西约千里，南北约二千五百里。其地时序和平，山水明秀，沙碛虽多而土田极沃，农功甚勤。户口约三百万。商贾善于行远，西域、回疆、后藏，处处有之。国旧分左右部，以（隆）〔萨〕德（勤）〔勒〕至河为界，河左之西林德部已降英吉利为属国，余诸部皆在河右，各有酋长，不相统属。乾隆末，劳尔③即剌合酋长林日星兼并河右诸部为一，又逾印度河，割阿富汗数城。继立之王尤雄武，以欧罗巴人为将，战胜攻取，四邻畏服。道光十九年王卒，宗孙嗣立，信任谗佞，大柄旁落，国势顿衰。先是英吉利攻灭孟加拉，乘胜胁降诸部，值塞哥（尔）〔两〕世得贤主，国治兵强，故英人止戈修好，未尝措意。至是昏庸在位，间隙可乘，遂连年大举深入，侵割其疆土过半。其所失为何部，尚未得其详也。

国分九部：首曰本若，都城建于拉维河岸。曰劳尔，一作剌合，

①弥勒尔（Berar），今印度贝拉尔。
②麻打拉萨（Madras），今印度马德拉斯。
③劳尔（Lahore），今巴基斯坦拉合尔。

米图作勒怀。贸易繁盛，为通国大都会。曰固宜斯丹，首城名拉德如尔。曰克什米尔，首城同名。曰着这，首城名亚德各①。曰亚萨勒。曰北朝威尔。曰几尔加尔不耳。曰木耳丹②。曰勒亚。曰德勒义斯马伊尔汗③。曰德拉合西汗④。曰巴合瓦尔不耳⑤。首城皆同名。道光二十年，粤东译出英人新闻纸，有英军攻阿付颜尼，峨罗斯约木哈腊欲取阿付颜尼之说，意在争北印度也。二十六年传闻英人用兵于北印度，有取得西刻之加治弥尔，与后藏接壤，欲赴藏通市之说。西刻即塞哥，加治弥尔即克什米尔。据西人所刻地图，克什米尔在塞哥极北界，英人果割地至此，则已拊塞哥之背，不止丧地实多，抑且危如朝露矣。英吉利印度埠头，孟加拉最盛，孟买次之，麻打拉萨又次之。英吉利本国商船与欧罗巴诸国之船，每岁往来以数千百计，其税银每岁得千余万。养兵太多，支销之外，所余亦无几。

中国之布，从前皆以麻织，自元太祖征印度，乃得绵花之种，棉花初称吉贝。流传中土，至今衣被九州，功驾桑麻之上，其利溥矣。乃鸦片之毒，亦出于此，五印度诸部皆产此物，而最多者为马剌他。川南、滇西，地近印度，故有栽种莺粟者。鸦片分两种，成团者为大土，其价昂，聚于孟加拉、麻打拉萨；成片者为小土，其价廉，聚于孟买。五印度货物，惟绵花、鸦片最多，近年竟以鸦片为主，每岁出运数万余箱。宇宙浮孽之气乃独钟于佛国，何其怪也！

回疆叶尔羌等城，时有克什米尔、温都斯坦两处之人往来贸易。《西域闻见录》谓两部皆回部大国，由叶尔羌南行六十余程至克什米尔，又四十余程至温都斯坦。以今考之，克什米尔即塞哥，为北印度大国。温都斯坦则五印度总名。部落既多，西域不能辨

①亚德各（Attock），今巴基斯坦阿托克。
②木耳丹（Multan），今巴基斯坦木耳坦。
③德勒义斯马伊尔汗（Dera Ismail Khan），今巴基斯坦德拉伊斯梅尔汗。
④德拉合西汗（Dera Ghazi Kha），今巴基斯坦德拉加齐汗。
⑤巴合瓦尔不耳（Bahawalpur），今巴基斯坦巴哈瓦尔普尔。

识，自克什米尔之外，概称为温都斯坦耳。又云两广、福建之物，往往由温都斯坦贩至回疆。此无足怪，温都斯坦之孟加拉、孟买，皆英吉利大埔头，闽、粤之货山积。由两处至回疆，皆商贾通行之熟路，转运固甚便矣。

案：由回疆之叶尔羌南越博罗，可达后藏；由后藏越廓尔喀，可达印度。英夷果由印度转贩回疆，未知此以北大雪山、葱岭以及叶尔羌南之大戈壁，皆属陆路，何由得至？岂溯印度河逆流而上与？然究在雪山南也。若用驼马转运，或由冈噶江逆折而西而北，以达回疆与？然不可考矣。

海国图志卷二十一邵阳魏源重辑

西南洋

中印度各国

《西域闻见录》：温都斯坦，亦西域回国之大者也。叶尔羌西南，马行六十余日，至克食米尔，克食米尔复西南行四十余日，至温都斯坦。水亦可通，两地贸易之人多资舟楫，往来不绝。称其王曰汗。其都城雄壮，周围六十余里，辖大小回城三百七十余。其人深目高鼻多须，目睛黑白，光如琉璃。面黑唇青，言语类鸟鸣，回子亦不能辨。衣敞前襟，头缠花布。厥土黑坟，地极溽暑，瘴疠为害，人有头面生赘疣，引之而长、放之而缩者。地以象耕，服车致远，皆取给于象。有牛马，无驼羊骡驴，不解游牧之事。粳糯粳稻及瓜果蔬菜，靡不繁植。槟榔、桄榔、棕榈、橘、柚，在在成林，冬不凋叶。人习技巧，金漆雕镂，制作精奇，所制玉器，薄如蝉翼，文成如发。抽金银为丝，织绸缎毡布，遍货于西域各国及各回城。所居穴地深数丈，旁掘土洞为室，室亦绝精，饰以金玉，从无地上起屋并园亭之事，其城村似旷邈无人烟处也。郭外大泽一，山水秀丽，花木蔚然，居人多携眷乘舟，累月经旬，游于其内。多美酿，尚宴会，必费数百金，亦多载酒泛舟于泽中者。凡其地之公私事务及一切农工商旅操作交易，皆于夜间为之，日出则伏。国既富庶，风俗奢靡。其地亦有玉山，独少白金，价过黄金也。最贵中国磁器，或有携至其国者，争以白玉盘碗交易而去，惟恐失之。而大黄尤为至宝，以黄金数十倍兑换，盖其地之一切疾病疮疡，得大黄即愈，百不失一。贵客来及大筵宴，皆以大黄代茶。人若经年不服大黄则必死，故虽贫苦小回，亦必有一半两大黄囊胸前，舌舐而鼻嗅之。其地之江河皆通海洋，时有闽、广海航到彼停泊，多有以大黄渔利者。两广、福建之物，往往有之，或重贩至叶尔羌，转入中国矣。哈什噶尔回子买得漳绒一端，上有天顺字号，固闽货也。

其国西隅有巨泽，围数千里，泽中有山，围逾千里，万峰耸峙，高入云天，或曰人间第一高山也，名曰牵各里麻胆达喇斯。山中产狮子，于秋月皎洁，辄负雏于山中往来，头大而毛虬，尾形如帚，黄质黑章如虎皮，长六七丈，时登山绝顶，望月垂涎，咆哮跳掷，猛飞吞月，有飞去八九里十余里而坠死山谷中者。其国人以豢养狮子为上户。每当秋月，其汗使人取狮，以金铁作柱，大如瓮，密布层遮，围畜之于其中，饲以牛，时而吼如雷霆，满城震动，人畜不宁。

椿园氏曰：乾隆四十年，有温都斯坦之海门达尔游至回疆，予晤其人，面黑唇青，睛如琉璃，据云彼乃其地之白皙者耳。又云：其国之西南数万里，有黑白之人，白者如雪，黑者如漆，国在大海之中。得毋即东粤之所谓黑鬼、白鬼者欤？因细谈其地之事甚详，与予向所闻无异。而牵各里麻胆搭拉斯之山，高耸至极，灵迹最著，其即古人所言日绕之峰欤？顾山虽至高，无出没日月之理，四围皆水，舟楫可通，亦无所谓弱水焉。案：温都，一作痕都，一作兴都，即印度、身毒之转音也。《坤舆图》、《职方图》皆作莫卧尔国，盖中印度也。其西北大泽，即所谓里海也。里海中高山，而疑为须弥，陋不足辨。其地暑而多瘴多雨，类闽、广。水土恶劣之乡，而山有宝，地生毛，故人繁而殷富。惜乎象胥通言，不能尽解其说，所得考核存据者，亦仅参半焉尔。

《万国地理全图集》曰：亚加①者，古时中印度之省会，系蒙古印度王之都。殿宇官衙，光曜灿辉，形势在北极出地二十七度十一分，偏东七十七度五十三分。有塔建在平坦，周视九十里。所有居民，大半崇回回教，并不崇拜菩萨，其庙内无偶像，并无烧香，惟念经叩头而已。回回教门之人数百万，在五印度各处居住。昔蒙古军侵国，强令土人弃绝佛像，否则诛死，故此印度多奉其教，至今不绝。其近城有古王之墓，高如叠塔，一周几十丈，焕然齐整。其炮台四面险固。此际邻国咸宁，毫无战衅，故生意复兴。道光十三年以此地为省会。

又亚北得希②者，古回回王之京。明嘉靖五年，蒙古汗乘机侵夺，创立大国，历二百三十五年，令五印度列国进贡，乃佞臣结党，变诈蜂出，乾隆二十五年，王懦无能，投降英人，蒙其俸禄，安居本都，但战斗不息，为敌国侵掳，于是英官征逆靖国，宣威回回。王现时驻宫，无权，惟享虚荣，受英俸禄，足以养宗室而已。其都广大，其殿辽阔，其民各服英权，历年泰平。

东印度各国

《海录》：乌土国③，在暹罗蓬牙④西北，疆域较暹罗更大。由蓬牙陆路行四五日，水路顺风约二日，到佗歪⑤，为乌土属邑，广

---

① 亚加（Agra），今印度亚格尔。
② 亚北得希（Delhi），今印度德里。
③ 乌土国（Burma），今之缅甸。
④ 蓬牙，今泰国攀牙府西北岸一带。
⑤ 佗歪（Tavoy），今缅甸南部丹那沙林区之土瓦。

州人有客于此者。又北行百余里，到媚丽居①。又西北行二百余里，到营工②。又西行二百余里，到备姑③。俱乌土属邑。王都在盎画④。由备姑入内河，内河即恒河，会大金沙江海口。水行约四十日方至。国都有城郭宫室，备姑乡中有孔明城，周围皆女墙，参伍错综，莫知其数，相传为武侯南征时所筑，入者往往迷路，不知所出云。北境与云南、缅甸接壤，云南人多在此贸易。衣服饮食大约与暹罗同，而朴实仁厚，独有太古风。民居多板屋，夜不闭户，无盗贼争斗。国法极宽，有过犯者罚之而已，重则圈禁，旬日而释，无杀戮扑楚之刑，实南洋中乐国也。男女俱椎髻。婚姻略同中国。死葬于山，不封不树。土产玉、宝石、银、燕窝、鱼翅、犀角、泥油、紫景、儿茶。宝石蓝者为贵，以其难得也。泥油出土中，可以燃灯。紫景亦土中所出，可代印色。自安南至此，乃南洋诸国，沿海俱有鳄鱼，形如壁虎，嗜食人，土番有被鳄吞者，延番僧咒之，垂钓于海，食人者即吞钩而出，其余则不可得也。由备姑西北行，沿海数千里，重山复岭，并无居人，奇禽怪兽，出没号叫，崇岩峭壁间，多古木奇花，所未经睹，舟行约半月方尽，亦海外奇观也。

彻第冈，在乌土国大山之北，数十年来英吉利新辟之地，未有商贾，其风俗土产未详。案：此皆印度之东境，即古柯枝国也。

又曰：明呀喇，即孟加腊。英吉利所辖地，周围数千里，西南诸番一大都会也，在彻第冈海西岸，由彻第冈渡海，顺东南风约二日夜可到。陆路则初沿海北行，至海角转西，又南行，然后可至，

①媚丽居，在今缅甸东南岸，似指莫塔马（Moktama）湾的比鲁君（Bilugyun）岛。
②营工（Rangoon），今缅甸仰光。
③备姑（Pegu），缅甸南部古国名，地在今缅甸勃固河（Pegu R.）东岸之勃固。
④盎画（Ava），今缅甸中部阿瓦。

为日较迟，故来往都由海道。其港口名葛支里①，港外沿海千余里，海水浑浊，浅深叵测，外国船至此不能遽进，必先鸣炮使土番闻之，请于英吉利，命熟水道者操小舟到船，为之指示，然后可。土番亦必预度其深浅，以泡志之。泡者，截大木数尺，制为榄形，空其中，系之以绳，坠之以铁，随水道曲折浮之水面，以为之志，土番谓之泡。每一望远，及转折处则置一泡。然外人终不能测，是殆天险也。港口有炮台，进入内港行二日许，到交牙炮台，又三四日到古里噶达②，英吉利官军镇明呀喇者治此。有小城，城内唯住官军，商民环处城外。英吉利官吏及富商家属俱住涨浪居。涨浪居者，城外地名也，楼阁连云，园亭绮布，甲于一国，英吉利居此者万余人。

又有叙跛兵五六万，即明呀里③土番也。酋长有三，其大者曰即攸士第，其次曰尼里，又次曰集景，皆命于其王，数年则代。国有大政大讼大狱，必三人会议，小事则听属吏处分。其统属文武总理粮饷一人，谓之辣，亦数年而代。其出入仪仗，较三酋长特甚，前有骑士六人，后有四人，左右各一人，俱穿大红衣，左右二人装束俱同辣，唯辣所穿衣当胸绣八卦文为异耳。凡鞫〔狱〕讼，上下俱青衣，唯三酋长两肩有白绒（绿）〔缘〕，头戴白帽，酋长上坐，客长十人旁坐，客长，客商之长也。每会鞫必延客长十人旁坐，欲与众共之也。其狱必金曰是，然后定谳，有一不合则复鞫，虽再三不以为烦。然怙奢尚利，贿赂公行，徒事文饰，无财不可以为说也。

其土番有数种，一明呀理，一夏里，一巴蓝美。明呀里种较

①葛支里（Hoogli），今印度西孟加拉邦胡格利河口一带。
②古里噶达（Calcutta），今印度加尔各答。
③明呀里（Bengal），即孟加拉。

多，而巴蓝美种特富厚。明呀里食牛不食豕，夏里食豕不食牛，巴蓝美则俱不食。富者衣食居处颇似英吉利，以华丽相尚，贫者家居俱裸体，以小幅布围其腰脐，以掩下体，男女皆然，谓之水幔。无来由番亦多如此。有吉庆则穿长衣窄袖，其长曳地，用白布二丈缠其头，以油遍涂其身。所居屋尽涂以牛粪。交易以文螺壳为货贝。娶妻皆童养，夫死髡发而居，各种不相为婚。男子胸盖数小印，额刺纹，女皆穿鼻带环。巴蓝美死则葬于土，余俱弃诸水。明呀里间有以火化者，更有伉俪敦笃，夫死跃入火中以殉者。

自此以西地气渐寒，中华人居此者可穿夹衣，非若东南洋诸国四时俱单衣也。土产鸦片、烟硝、牛黄、白糖、棉花、海参、玳瑁、诃子、檀香。鸦片有二种，一为公班，皮色黑，最上；一名巴第古喇，皮色赤，稍次之，皆中华人所谓乌土也，出于明呀喇属邑，地名巴旦拿①。其出曼达喇萨者亦有二种，一名金花红，为上，一名油红，次之。出马喇他及盎几里②者为红皮，出孟买及即杜③者则为白皮，近时入中华最多，其木似罂粟，叶如靛青，子如茄，每根仅结子二三颗，熟时夜以刀微划其皮，膏液流出，凌晨收之而浸诸水数刻，然后取出，以物盛之，再取其叶曝干，末之杂揉其中，视叶末多少以定其成色，叶末半则得膏半，然后捏为团，以叶裹之，子出膏尽则拔其根，次年再种。案：明呀喇，《海国闻见录》作珉呀，或人又作孟阿拉，或作孟加腊，实皆一地。

《海国闻见录》：小白头国，东邻珉呀国。一作明呀喇，即今孟加腊也。珉呀人黑，穿着皆白，类似白头。英机黎、荷兰、佛兰西聚此

---

①巴旦拿（Patna），今印度巴特那。
②盎几里（Jangira），今印度西海岸孟买南面的任吉拉。
③即杜（Kathiawar），今印度西北岸卡提阿瓦半岛。

贸易。珉呀，天竺佛国也。珉呀之东南远及暹罗，珉呀之南临海，珉呀之北接剌麻西藏及赛马尔丹国属。

《粤商回述》：孟阿拉地宜种植，百物丛生，终岁南风，并无冬夏。每洋银一圆，值彼处铜钱一百文，白米一升，值彼处铜钱一文。其鸦片烟四季种收，周流不息，各国夷人均向彼处收买。每公土一件，价银一圆，白土一包，价银六钱。国王所抽税，每土一件约银二圆，运至中国每码土计成本银四圆有奇。从前可卖至八九圆，闻去年中国（功）〔禁〕令森严，彼处夷发售甚艰，价亦太贱，每船烟土，所售银两仅敷来往盘费。所获既无大利，各夷均不愿作此鸦片生理。本年夏间由彼处起程，闻英吉利国王以中国严禁，有传令停止制造之说。

《万国地理全图集》曰：榜葛剌国，东印度也。海口河流疏派，田亩丰盛，物产如山，如糖、硝、棉花、鸦片、靛饼、胡丝、五谷等货。其省会曰甲谷他，在安额河之滨，于北极二十二度二十三分，偏东八十八度二十八分，天下互市之处。康熙七年，英商始建市馆，筑小炮台，屋宇仅七十间。乾隆十七年，土君擅坏其房，囚其人，当时英官报仇，用兵驱逐虐主，总归其管辖焉。都邑广大，居屋如殿。其街直而广，两面高楼，粉白如雪，内有学校、文院各等文艺之馆，男女读书务学，勉为良善。

全印度之总帅扎驻甲谷他，管下英国军士三万丁，土军二十三万丁。文官俱幼时来自英国，学习土话，自下升擢，俸禄甚厚，以理地方各事。所建炮台四围广大，敌军断难取据，深沟高垒，金城汤池，四面险固。水路可通内地各大邑，若水浅流急，用火轮船牵其河舟，不待风潮，上下不绝。城内财帛不胜数，凡他省及内地富商皆云赴甲城，以包兑包送。

甲部东势他加城①，居民二万丁，百姓立机房造织细幼布帛。昔总帅扎驻之省会，此时惟见颓墙坏壁。

甲部之西八拿邑②，居民稠密，造硝，种罂粟、青黛，田种玫瑰、酴醾，摘花叶造花露。居民好香扑鼻，常用以调饭洗身。

甲部西南北拿力邑③，印度教门中著名之区，谓是地之中心，街衢甚窄，房屋瓦造，高五六层，众生奔驰，如影不绝，居民计六十万丁。据印度人说，菩萨造成其城以为圣处，信其教者诣邑烧香，奉拜偶像，以免地狱之罪。又言沐浴其河内者，诸罪一概洗涤，直上天堂。此印度佛教中之恒河也。东印度之东为缅甸，北印度之东为廓尔喀及西刻等国，此数国皆近西藏，贡于中国。近日西刻及廓尔〔喀〕亦为英吉利驻印度之兵所攻服，故东印度孟加腊已与西藏通互市。惟北印度与鄂罗斯国游牧部相接壤，至今争战未息，盖鄂罗斯亦贪印度鸦片之利尔。

魏源《西藏后记》曰：滇南师范有言，中国赴天竺佛国亦有两道：一自云南腾越州④而南，由缅甸城转西以至东天竺，凡三千五百里，再至中天竺又千有六百里，共五千有百里。一自云南丽江⑤而西进藏，至东天竺北界二千里，又千有二百里而至中天竺，仅三千有二百里，视南道径千有九百里。以地望准之，云南之腾越州正与天竺东南相值，止因其间赤发野人隔之，故一则迂道南行千有七百里至缅甸，然后转西至东天竺，又西北至中天竺檀那国，计三千八百里；一则迂道西行入藏，然后转南，亦至檀那，

---

①他加城（Dacca），今孟加拉达卡。
②八拿邑（Patna），同巴旦拿，今印度巴特那。
③北拿力邑（Benares），今印度贝那勒斯。
④腾越州，今云南省腾冲县。
⑤丽江，今云南省丽江纳西族自治县。

计三千二百里。使能取道野人径直西上，则免由缅由藏两迂途，而自腾越达天竺，不过千有〔八〕九百里。野夷若入版图，则与天竺境壤相接。昔汉武开西南夷，欲由梁州达大夏①，伟矣哉！

《西藏记》曰：由后藏塞尔地方西南十八程至宗里，又八日至白木戎部落，其地北接后藏，西接白布，南至小西天北界。（至）〔自〕小西天界，南行十日，至其国都布尔牙部落，始上海船，行半月，至大西天。小西天为东天竺，大西天为中天竺。又曰：后藏札什伦布西南，与布鲁克及白布等部交界；白布即赞普取白布国王女之地，布鲁克即往天竺之路也。又一路由阿里西南二千余里，入厄纳特珂克，即中天竺。其中藏、前藏东南，则以怒江为界，江以南即猓猶野人，每藏中有死罪，则驱之过江，听野人残之。以上《西藏记》。

然则怒江南岸，逾野夷西境即布鲁克部，与东天竺近。而怒夷自雍正中内附，岁输皮贡于腾越界，非不可辟之区，则天竺与中国亦非不可接之境。惟是东天竺即今南洋孟加腊地，久为西洋英吉利所据，专产鸦片烟，流毒中国。诚能募腾越土勇万人，渡江而西南，长驱捣其背腋，通绝域为邻壤，实制西夷之一奇。或曰大金沙江自藏经缅，其入海之口即东天竺界，其水阔于大江，造舟藏地，顺流建瓴，尤倍捷于陆。然有舟师之便，而又有缅夷之梗，利害亦适相当也。

又《乾隆征廓尔喀记》：四川云南之西为乌斯藏②，乌斯藏之西南为廓尔喀；廓尔喀之西南为五印度。印度古佛国在葱岭西南，濒大海，去乌斯藏尚远。或以乌斯藏即古佛国者，非也。自四川

---

①大夏（Bactria），中亚古国，地在兴都库什山（Hindu Kush）与阿姆河（Amudarya）之间。
②乌斯藏，元、明两代对西藏之前后藏之称谓。

打箭炉①西行二十余驿，至前藏，四十二驿至中藏，又十二驿至后藏，又十二驿至济陇，又三十驿至石宿堡，为后藏极边地；逾桥而西，则廓尔喀矣。

廓尔喀本巴勒布国，旧分叶楞部、布颜部、库木部，于雍正九年各奉金叶表文贡方物。后三部并吞为一，遂与后藏邻。自古不通中国，其与中国构兵，则自乾隆五十五年内犯西藏始。初，后藏班禅剌麻以四十六年来朝，祝高宗七旬嘏，中外施舍，海溢山积。及班禅卒于京师，资送归藏，其财皆为兄仲巴呼图克图所有，既不布施各寺庙与唐古特之兵，又摈其弟舍玛尔巴为红教，不使分惠。于是舍玛尔巴愤诉廓尔喀，藉商税增额，食盐糅土为词，兴兵阄边。唐古特兵不能御，而朝廷所遣援剿之侍卫巴忠、将军鄂辉、成德等复调（兵）〔停〕贿和，阴令西藏堪布等私许岁币万五千金，按兵不战，遽以贼蹙乞降饰奏，而讽廓尔喀酋入贡，受封国王。廓尔喀既侮貌内地，次年藏中岁币复爽约，于是廓尔喀以责负为名，再举深入。后藏札什伦布西南，左有曲多江巩，右有彭错岭，峭壁连冈，咽喉天险，贼步卒数千自聂拉木入。其时蕃汉官兵若分两路，一扼曲多江巩遏其前，一绕赴彭错岭截其后，则廓尔喀深入无援，可不战溃也。驻藏大臣保泰一闻贼至，则移班禅于前藏，并请移达赖、班禅于西宁，欲以藏地委贼。且札什伦布寺负山面江，形势巩峻，剌麻数千，乘墉可守以待援，而仲巴呼图克图挈资先逸，剌麻济仲札苍等复托言卜诸吉祥天母，不宜战，众遂溃。贼大掠札什伦布，全藏大震，（尔）〔两〕大喇麻飞章告急，侍卫巴忠扈驾热河，闻变畏罪，自沉水死。时鄂辉为四川总督，成德为四川将军，因尽以罪委之，谓巴忠解唐古特

---

① 打箭炉，旧地名，即今四川省康定县。

语，故私议皆其一人所为，己二人不知也。及奉命赴藏剿御，又按程缓进，上知二人不足恃，乃命嘉勇公福康安为将军，超勇公海兰察参赞，调索伦满兵及屯练土兵进讨。其军饷则藏以东川督孙士毅主之，藏以西驻藏大臣和琳主之，济陇边外，则前川督惠龄主之。贼狃于上年贿和之役，半运所掠归国，半屯界不去，鄂辉、成德等遂奏贼退，欲即以藏事。上切责不许。明年二月将军、参赞由青海至后藏，四月连败其屯界之贼，尽〔复〕后藏地，六月遂大举深入。恐贼绕袭后路，遣领队大臣成德、岱森保及总兵诸神保各出左右一路，以分贼势，而大军出中路，海兰察将三队为前军，福康安将二队继之。贼据木古拉山，阻水拒险。将军议令护军统领台斐英阿与贼相持，而大军别趋间道，海兰察绕山后出贼营之上，福康安由间道合冲贼营，克其木栅石卡数十，追奔至雍野雅。而成德诸神保亦克铁索桥进会利底。廓夷举国震慑，遣使诣军前乞降，将军、参赞严檄斥之。七月再进，六战六捷，杀贼四千，涉贼境七百余里，将近其国都阳布之地。隔河大山，贼以十营踞山严守，水深山斗绝，山后即其国都也。福康安欲逾桥攻之，海兰察力持不可，福康安自引兵渡桥仰攻，果不利，赖海兰察接应退贼。方是时，其国境南邻印度之地，久为英吉利属国，与廓夷积衅，闻廓夷受兵于中国，则亦出兵攻其边鄙。廓夷两支强大敌，汹惧无计，且恐我军闻而气奋也，再遣人诣军，卑词哀乞。将军、参赞议以贼境益险，而逾八月即大雪封山，不可老师，乃允其降。尽献还所掠藏中财宝及塔顶金册印，归前被执之丹津班珠尔等，并献沙玛尔巴〔即舍玛尔巴〕之尸，贡驯象、番马、乐工，请永遵约束。班师，上本欲俟事平，裂其土授诸土司，而酬福康安以郡王爵；及闻已受降，乃允其请，留番兵三千，汉蒙古兵一千戍藏，是为官兵驻藏之始。后藏至廓尔喀故有孔道，贼严守之，故我师觅间道入。其峭绝处，左壁右湍，不容一骑，将军、参赞亦时步进，故所贡象竟不能达。而乌拉岭上下百二十里，必穷一日之力逾之，稍昏黑即不能觅路，且有雪城若门洞，深数十丈，人往来者不敢语，否辄有雪大如屋，压而殪之。廓尔喀寇藏时，运资归国者二千人，过岭冻死殆尽，盖葱岭之南脊，天所以限中西也，险倍金川，远逾回部，为汉唐兵力所未至。幸其士卒皆跣足，每战仿古法，先约期而后交绥，我军不顾，辄先发掩袭，往往猝为我乘。自大创以后，至今贡献不绝。

其国西南与五印度相邻，其南海号印度海。近日印度之孟加腊及孟买等国，为西洋英吉利所据。乾隆六十年英吉利使臣入贡，自言前岁大将军率兵至西藏西南之的密部落时，彼国兵船亦曾相助，倘嗣后有需用西洋兵者，情愿效力。朝廷始知前此廓尔喀之役，其南界亦有边警外患也。道光二十年，英吉利夷人入寇粤、浙，廓尔喀亦遣人禀驻藏大臣，言小国与里底所属披楞相邻，每受其侮，今闻里底与京属构兵，京属屡胜，臣愿率所部往攻里底属地，以助天讨。时驻藏大臣未知所称里底即英吉利，所称京属，即谓中国之广东省，所称披楞属地即印度，答以蛮触相攻，天朝向不过问，却之。盖英吉利国都虽远在大西洋，而其属国印度则与廓尔喀接壤，世仇构衅，故我攻廓则英夷乘之，我攻英则廓夷亦愿助之云。

臣源曰：廓尔喀界西藏及东印度，摄两强敌之间，然内贡中国而不贡印度夷。近日英夷西与鄂罗斯构兵，东与中国结衅，故廓尔喀欲乘两大国之势以攻印度云。印度地产鸦片烟，英吉利关税岁入千万计，其兵船入犯中国者，十九皆孟加腊之人，诚能听廓夷出兵之请，奖其忠顺，扰彼腴疆，捣其空虚，牵其内顾，使西夷失富强之业，成狼狈之势，亦海内奇烈也。鄂罗斯地袤二万里，与中国首尾相接，地大兵强，西洋所畏。其与我互市之地则有陆而无海，英夷之与我互市则又有海而无陆。近日鄂罗斯屡与英夷争鞑鞑里之地，其地横亘南洋，鄂罗斯得之，则可以图并印度，故与英夷连年血战。雍正五年，俄罗斯攻取西藏西南五千里之务鲁木，以地尚佛教，遣人至中国学剌麻，当即与廓尔喀相近之地。若能许鄂罗斯海舶赴粤贸易，连络弥利坚、佛兰西等国，皆英夷仇敌，则英夷之兵舶不敢舍其境而远犯中国。英夷在印度大兵船止百艘，以其半入寇中国，其余皆分守各境，不敢远离，恐他国乘其虚也。夫以夷攻夷之效，咫见者视为迂图。乾隆、嘉庆间，一封暹罗，遂足以西制缅甸，东制安南。善奕者或一间著而全局皆生，况以宅中驭外之势，制仇衅四结之夷哉？

海国图志卷二十二邵阳魏源重辑

西南洋

北印度各国

《一统志》：巴勒提在博洛尔①南，痕都斯坦东与之接境，贡道由回部，汉唐罽宾②，近东地也。当为《唐西域记》之毕迦试国。群山近接，中有长河，有土伯特③、牝穆巴、克什米尔诸地。分两部落，酋长默默帕尔及乌苏完分统之，各有众八千余人。旧在叶尔羌贸易，乾隆二十五年内附。

《西域闻见录》：克什米尔，回子一大国也。案：《宋史》曰：迦湿弥勒国，《元经世地里图》曰乞石迷耳，英夷地图曰夹氏米里，皆字异音同。叶尔羌西南马行六十余日，可至其国。中隔一冰山，人畜至此，须土人驼牵而过，其险甚于木素达板。其人深目高鼻，黄睛多须，衣圆领（穿细）〔窄袖〕，无发辫，饮食尤多禁忌，礼拜尤虔，语言强半可通，称其君曰汗。所属回众近百户，城池周三十余里。

椿园氏曰：嘉峪关外多流沙，间有水泉沙石，兀突怪恶，不生草木。至克什米尔以西以南，时既清淑，山川秀丽，别有天地矣。而温都斯坦各国，极热多雨无霜雪，一切飞潜动植，与中国

---

①博洛尔（Bolor），在今巴基斯坦北端及克什米尔西北部。
②罽宾（Kasmira），古代西域地名，位于南亚次大陆西北部，即今克什米尔一带。
③土伯特（Tibet，Thebet，Tobut），今拉达克。

之闽、广无异，岂以其近海之故欤？人习工巧，制造诡异。案：此所云克什弥尔之冰山，即唐玄奘《西域记》北印度之大雪山也。

《皇清四裔考》曰：爱乌罕①在巴达克山②西南，部落最大。《汉书》：西逾葱岭③，有（北）〔两〕道，北道出大宛④，南道出大月氏⑤，此当为大月氏地。有三大城，曰喀奔，曰堪达哈尔⑥，曰默沙特。喀奔城南北西面山，东面平旷。堪达哈尔城四面俱山，其汗爱哈默特沙居之。默沙特城旧属伊兰，爱哈默特沙征取之，统治三城。事耕种，无游牧。胜兵十五万，军器鸟枪、腰刀之属，无弓矢。善田作，户有余粮。少物采，自兼并温都斯坦部后，资其金丝缎匹，物力加丰。亦有奄竖，多取诸温都斯坦。商人不至其国。

乾隆二十四年大兵逐霍集占，将入爱乌罕境，为巴达克山酋素尔坦沙擒献，其属下有奔爱乌罕者，唆其兴师问罪于巴达克山，素尔坦沙惧，遣使具言诸不得已状，爱哈默特沙云：大清国地广人稠，见于记载，未知道路远近，今拟与尔部偕往投诚。遂屡贡焉。案：爱乌罕，亦作阿布额尼，亦作甲布尔。所属阿拉克巴拉斯、阿尔杂拜延，旧隶伊兰。由喀奔至堪达哈尔二十八程，由堪达哈尔至默沙特二十程，北接布哈尔⑦，西有默克、札志尔等数部落，中隔沙漠。过此为西海，南有思布⑧部落，过思布亦海也。案：西海皆里海，非地中海也。

---

①爱乌罕（Afghanistan），今阿富汗。
②巴达克山（Badakshan），今阿富汗东北部巴达赫尚地区。
③葱岭，旧对帕米尔高原和昆仑山、喀喇昆仑山脉西部诸山的总称。
④大宛，古西域国名，地在今俄国中亚费尔干纳盆地。
⑤大月氏，古西域国名，地在今中国新疆西部伊犁河流域及其迤西一带。
⑥堪达哈尔（Kandahar），今阿富汗坎大哈。
⑦布哈尔（Bukhria），今乌兹别克斯坦布哈拉（Bukhara）。
⑧思布，即俾路支。

《地理备考》曰：阿附干国即加布尔，在亚细亚州之中，印度之西北，北极出地二十八度起至三十六度止，经线自东五十七度起至七十度止。东至塞哥国，西连白尔西亚国，南接北罗吉国①，北界达尔给国②，长三千二百余里，宽约二千里，地面积方约十五万二千七百余里，烟户四兆二亿口。本国地势，东南西南平原坦阔，其余各方峻岭重叠。湖河甚少，河之长者惟一，名曰印度河，又名心德河。湖之大者有二，一名卢克湖，一名乌勒尔湖。其田土，西方则硗瘠过半，沙漠无垠；余方则陇亩肥腴，谷果丰盛。土产铁、锡、矾、盐、窝宅、硇砂、硫磺、烟叶、绵花、阿魏、青黛、丹参、甘蔗、地毡等物。地气互异，冷热俱极。王位相传，长幼皆得临御，诸臣公举，惟贤继立。所奉之教乃回教也。技艺庸陋，贸易平常，商贾负贩，结队而行。粤稽本国，来历渺茫，明武宗正德元年，有巴卑尔③者，既获加布尔、济斯尼④、干达尔⑤等处，遂即位称汗，历传二百余载，康熙五十九年，复取白尔西亚国，归于一统。越十七载，白尔西亚国君那的尔沙⑥兴师击逐，反取本国，迨薨后本国复兴，自为一国，时君名亚美里沙。乾隆四十五年传至塞曼沙者，被弟马慕篡逐，以后纲纪败坏，国乱民变。越十余载，塞哥国劳尔地酋长林日星者乘机侵占，其兼摄诸地亦皆背叛，惟阿付干、西斯丹⑦等处尚存。现改九部：一名

①北罗吉国（Baluchistan），今俾路支。

②达尔给国（Turkey），今土耳其。

③巴卑尔（Babur），即印度莫卧儿帝国的建立者萨哈尔·乌德丁·穆罕默德（Zahir Ud Din Muhammud，1483—1530）。

④济斯尼（Ghazi），今阿富汗东部之加兹尼。

⑤干达尔（Kandahar），今阿富汗坎大哈。

⑥那的尔沙（Nadir Shah，1688—1747），波斯国王，在位期间先后征服阿富汗、印度西北部、中亚等地。

⑦西斯丹（Sistan），今阿富汗锡斯坦。

加布尔，乃本国都也，建于平原之中，街市繁华，风景美丽。一名罗各曼，一名曰剌拉巴①，一名合斯那②，一名西维③，一名干达合尔④，一名发来⑤，一名都札克，一名伊隆达尔。其通商冲繁之地曰加布尔，曰干达合尔，曰合斯那。

案：又名阿付颜尼，即爱乌罕之转音也。

《外国史略》曰：甲布国，或曰押安国，或曰加布额尼，前属白西亚国。〔南〕及北路治，北及西域游牧部，东及五印度，西连白西国，广袤方圆万六千里，居民千四百万。多山谷，故气候土产皆异。在印度界内，惟此地无深渊大河，山顶积雪不消，而山内极热。地肥硗不一，百姓稀少。农夫有五等，每年二收，多麦。产油并阿魏，多驼及绵羊，犬善走，猫亦美，鹰能捉鹿。民朴实，有仇必报，百年不忘。耻买卖，不肯家居，以持械争战为要务。山峡甚多，有外人入之，即绝其归路，故敌国不敢侵，而屡伐他国获胜。尝据五印度地，后为白西国所服，降为藩属。道光十七年，峨罗斯国怂恿其民畔白西，复动干戈，而白西国王率兵围其北界之黑腊城⑥，于是甲布别立新主，调兵以拒退白西国。道光二十一年冬，土民乘冬冻攻击英兵，英兵乏衣食，多毙者。次年英兵攻之，仍令前王摄权，地始安静。

其都曰加布额尼，城甚坚固，英人破之。干他哈⑦亦交界之城，街广而直，城长而方，民多甲布之族，与白西国所属之黑腊

①日剌拉巴（Jalalabad），今阿富汗贾拉拉巴德。
②合斯那（Ghazni, Gazna），今阿富汗加色尼。
③西维（Shibirgan, Shibarghan, Sheberghan），今阿富汗希巴尔甘。
④干达合尔（Kandahar），今阿富汗坎大哈。
⑤发来（Farah），今阿富汗法拉。
⑥黑腊城（Herat），今阿富汗赫拉特。
⑦干他哈（Kandahar），今阿富汗坎大哈。

国交界，其国君每驻此。与白西国有隙。地丰盛，民壮健。

哈萨克[1]、甲布两地之间，有地曰甲非勒坦山，地奉佛教，与附近甲布之回人交战。族类甚多，地狭险，多岩居。出葡萄、南果。民美丰姿，但未向化，因在岩内负固，回族亦难侮之。无王无君，惟听命于长老。好饮酒，面白，每将其女卖与回人为奴。最轻忽无信，若非山岩险固，久为他国降服矣。

《外国史略》曰：北路治地，南及印度地，北连甲布，东及英藩属地，西连白西亚国，广袤方圆九千一百五十四里，居民二百七十万。地分五部：曰撒拉文[2]，曰云他瓦[3]，曰以哈拉文[4]，曰路士古地。天气殊异，高峰夏亦雪积，平地则热甚。野长六十五里，阔四十里，东多山，高者八百丈。有金、银、铜、锡、铁、铅等矿，出绵花、五谷、青黛。居民分两族，多游牧，颇诚实，喜接旅客，亦有印度、白西人。其宗派各有本酋，不相合驻。其拉之地每年征饷二十五万圆，兵四千，有战则召募民壮至三万五千之多。曾进贡于甲布国。此地形势未经详察。

案：俾路芝南滨印度海，西北接巴社，居爱乌罕之南，西恒河迤西也。

《地理备考》曰：黑拉德国[5]，又名东哥罗三，在亚细亚州之中，印度之北，北极出地三十三度起至三十六度止，经线自东五十八度起至六十五度止，东南界阿付干国，西连白尔西亚国，北接达尔给斯丹国[6]。长约一千五百里，宽约七百里，地面积方约八

①哈萨克（Kazakhstan），今哈萨克斯坦。
②撒拉文（Sarawan），今巴基斯坦萨拉万。
③云他瓦（Gandava），今巴基斯坦贡达瓦。
④以哈拉文（Dihalawan），在今巴基斯坦，今名不详。
⑤黑拉德国（Herat），今阿富汗赫拉特。
⑥达尔给斯丹国（Turkestan），土耳其斯坦，指阿富汗加布尔以北地方。

万里，烟户一兆五亿口。地势崭岩，冈陵络绎，湖河甚少。田亩肥饶，谷果丰稔，草木纷繁，牲畜充牣。土产铁、丝、麻、烟、阿魏、绵花、香料、药材、鸦片等物。地气温和。王位世袭。所奉之教乃回教也。技艺精良，商贾辐辏。通国分为三部：一名黑拉德，乃国都也，建于平原之中，昔甚富丽，今稍凌替。一名夏般，一名巴米昂。

《瀛环志略》曰：阿富汗，波斯东境。明时裂波斯数城，自立为国，前此固统于波斯，别无名号也。世多传其兼并温都斯坦，今考温都斯坦，乃五印度总名。与阿富汗为邻者，为北印度之塞哥①国。两国本以印度河为界，阿富汗尝逾河而割塞哥之西境，迨后塞哥亦逾河而割阿富汗之东境，所谓疆场之邑，一彼一此者耳。《西域闻见录》谓敖罕与温都斯坦，地界毗连，各以威力相制，迭为强弱。今考与温都斯坦为邻者，阿富汗之外别无敖罕国名，盖阿富汗一作爱乌罕，爱乌合音近敖，遂误以爱乌罕为敖罕，而安集延②之浩罕③都城，亦称敖罕，一作豪罕，又作霍罕。论者遂以此讥椿园之谬妄，谓其移极北之回部于南方，实则转音之淆讹，而不足深訾也。

又《闻见录》云：敖罕之人，种类不一，有与内地回子相似者，有与安集延相似者，有与土尔扈特相似者，有毛发拳曲，与峨罗斯相似者。又一种人亦回子衣帽，须绕颊如猬而赤，染以茜。其人多力，善用木矛，西域人多畏之。又一种人圆领大袖，衣冠类汉唐，貌清奇似朝鲜人，或谓是后汉之遗种云。又云：敖罕，西域之大国，亦西域之乱邦。诈力相尚，日日皆逐鹿之势，盖自

---

①塞哥，又作塞歌，锡克人在印度西北部建立的国家。
②安集延（Andizhan），今乌兹别克斯坦费尔干盆地东南部安集延州。
③浩罕，又作豪罕、霍罕（Kokand），古国，辖地在今乌兹别克斯坦境内。

古而然云云。余考西洋人地图，阿富汗境土，纵横皆不过三千里，幅员既无莫大之势，种族安得如许之繁？盖其国本波斯所分，迨后由分而合，复由合而分，西域不知波斯国名，遂以波斯各部种类，并归之阿富汗耳。泰西人亦称波斯客籍流寓，种类甚多，语音不一。有额力西者，即西腊。有阿丹者，即阿剌伯。有罗马者，有土鲁机者，正与《闻见录》所云相合。至两国再合再分，兵争数起，又复时时内讧，迭相篡夺，所云日日皆逐鹿之势，殆不虚也。

俾路芝，密罗既、北罗吉、忽鲁谟斯、思布。在阿富汗之南，亦回部也。东接西印度，西接波斯，南临印度海，东西约一千七八百里，南北约六七百里。冈阜重叠，沙碛广莫，田土甚瘠，仅敷耕食。时序和平，物产与阿富汗略同。国无王，分六部：曰萨拉弯①，曰加支干达瓦，曰倭拉弯，曰卢斯②，曰美加兰，曰古义斯丹。六部各有酋长。国小而强，习于攻战。与英吉利所属之印度西部时时构兵，互有胜负。

按：俾路芝立国不知所自始，明初郑和等使西洋，乃有忽鲁谟斯国名，今《四裔考》之思布，皆指俾路芝也。

《地理备考》曰：北罗吉国，一作比路治国，亚细亚州之中，印度之西，北极出地二十五度起至三十度止，经线自东五十八度起至六十七度止，东至塞哥、新的亚二国，西连白尔西亚国，南接痾曼海湾，北界阿付干国。长约一千余里，宽约六百二十里，地面积方约十万余里，烟户三兆余口。本国地势，冈陵重叠，沙漠广阔，湖河甚小，逢夏（界）〔略〕涸。田土颇瘠，树林稀疏，五谷百果仅敷所需。各种鸟兽，罔不充牣。土产金、银、铜、铁、

---

①萨拉弯（Saravan），今巴基斯坦拉万。
②卢斯（Lus，Luz），在巴基斯坦，今地不详。

锡、铅、矾、靛、窝宅、硫磺、硇砂、花石、茜草、绵花等物。地气温和，四季相适。至于朝纲，诸酋统辖，各分部落。所奉之教乃回教也。技艺庸拙，贸易清淡。通国分为六部：曰萨拉湾，曰加支干达瓦，曰倭拉弯，曰卢斯，曰美加兰，曰古义斯丹。

《地球图说》：皮路直坦国，一作比路斯。其酋亦号士丹，犹痕都之号斯坦也。东界天竺国，南界亚拉北亚海，西界白耳西亚国，北界亚加业坦国。其百姓约有二百万之数。都城名基拉①，城内民二万，半述释教，半述回回教。其风俗亦有不善，遇财即劫。多居穹帐，少瓦屋，人尚规矩。又有不居于帐篷者，即不良之徒也。嘉庆年间，本与亚加业坦国为一国，后各自分析立主。国内有极大之旷野，有极峻之高山，故少膏腴，惟牧羊马。

《地球图说》：亚加业坦国，东界天竺国，南界皮路直坦国，西界白耳西亚国，北界大布加利亚国②。其百姓约有五百七十万之数，皆半述释教半述回回教，以牧羊马为生。南有旷野，东南北复有高山，惟中央平坦。人民之状与皮路直坦国相似。风俗亦无异，惜其民心不睦，时相矛盾，国王失柄，不从其令，心惟愚拙，何异天竺之民也？

《地理备考》曰：布丹国，一名廓尔喀国，在亚细亚州印度、西藏二国之间。其国土自北极出地二十六度二十分起，至二十九度止；经线自东八十六度十分起，至九十二度五十五分止。东至亚桑国，西连阿付干国，南接榜加剌地方，北界西藏国，长约一千六百里，宽约七百里。山陵叠起，人烟稠密，田土肥饶，湖河润泽。五谷百果，鸟兽草木，靡弗蕃衍。绵花、大黄、黑金、纹

---

① 基拉（Kelat），今巴基斯坦卡拉德。
② 大布加利亚国（Bukharia），今乌兹别克斯坦布哈拉。

石、宝为丰盛。地气温和。所奉之教乃黄衣释教。人民黾勉，贸易兴隆。通国分为二大部，一曰德白拉乍，乃国都也；一曰比斯尼。

《俄罗斯与印度构兵记》曰：印度海与后藏、缅甸相邻，廓尔喀介其中。其孟阿腊，东印度也。孟迈，南印度也。其温都斯坦，中印度也。温都，一作兴都，一作痕都，即印度之音转。克什弥尔，古罽宾；爱乌罕，古大月氏，北印度也。印度河两岸巴社各回国，西印度也。皆在葱岭西南，接中国西域。近日英吉利自称管理五印度，盖惟北、西印度未全为所据，其东、南、中三印度则几尽并之矣。然康熙、雍正间，英夷仅据孟阿腊、孟迈二埠，未窥印度全境；而鄂罗斯方与普鲁社①构兵，亦未南牧。葱岭西、地中海东，皆统于天方之回教。

乾隆中，西域甫平，温都斯坦尚与巴达克山构兵，旋为爱乌罕所并。嘉庆以来，鄂罗斯由黄海②攻服黑海各部，又沿里海南侵，英夷亦并温都斯坦，溯恒河北上。于是葱岭西除布哈尔、爱乌罕诸大国外，凡里海游牧回部号鞑鞑里者，皆并于鄂罗斯；夹恒河及南洋之城郭、回国，半属于英吉利。里海即加土比唵海，近于咸海，亦名北高海。《明史》谓游牧之蒙古曰鞑靼，西洋人谓游牧之回部曰鞑鞑，皆音近。英吉利及鄂罗斯二境中所隔数国，则爱乌罕为大，或称阿付颜尼，或曰甲布尔。道光十九年，爱乌罕与沙苏野相攻，沙苏野酋请救于英夷，英吉利遂起印度各部落之兵，并力攻破爱乌罕。爱乌罕之酋亦走诉于鄂罗斯，鄂罗斯复起驻防鞑鞑之兵南攻巴社，

---

① 普鲁社（Prussia），普鲁士，德国历史上的王国。
② 黄海，非指中国之黄海，所指何地待考。

取机洼①，取木哈腊②，欲恢复爱乌罕故地以直攻印度。英吉利兵据险力拒，于是英、鄂二边境仅隔兴都哥士③一大山，而血战无虚日矣。兴都即印度二字音转，其山界北、中二印度之间。爱乌罕国及沙苏野部落皆在是山之南，机洼及木哈腊皆在是山之北，而沙苏野之部落亦有轶出山北者，是为英、鄂交恶之由与交兵之界。沙苏野王以道光十八年为爱乌罕所破走，投援印度。时英吉利镇守印度之大兵帅曰□□□，副兵帅曰沙机尼，遂于十九年七月起孟阿腊、孟迈、温都斯坦三部之兵，使沙机尼将之，而沙苏野酋自以所部兵乡导。时爱乌罕酋自都于加模尔城④，遣其次子以兵三千五百守牙尼士城，长子以兵数千守加布尔城。牙尼士城本险固，于其城门前复增重濠重墙，守御甚固。英吉利军先营近郊，诱战不出，乃督马炮军、骆驼炮军、步炮军三路进攻，此三军谓以马负炮、以骆驼负炮、以人扛炮也。又开天炮击之。天炮者，仰空发炮，飞堕城中。遂逼城而营，并以兵扼加布尔援军之路。爱乌罕之酋遣其长子领千五百骑、步兵三千，由加布尔城赴援，夹攻后路，为沙苏野部兵击退。次日，遂会各营专攻城门，更番迭进，城内兵亦死力鏖战。既而天炮从空而下，城中震骇，争溃逃。凡二昼夜拔其城，禽其次子，乘胜两路进攻加布尔城。爱乌罕之酋同其长子率兵万有三千守格麻关，而军士夺气，望风解体，父子率三百骑走保麻缅，弃刍粮火炮，辎械山积。英吉利遂据二城，遣沙苏野王复国，酌留欧罗巴兵、温都斯坦兵及爱乌罕新降兵助守其地。此英夷侵北印度之事也。

————————

①机洼（Khiva），希瓦，地在今乌兹别克斯坦。
②木哈腊，即今乌兹别克斯坦布哈拉。
③兴都哥士（Hindu Kush），兴都库什山。
④加模尔城（Kabul），又称加布尔城，今阿富汗首都喀布尔。

爱乌罕既遁麻缅，则遣使乞师于鄂罗斯。鄂罗斯镇守鞑鞑里之兵帅久艳东南印度之富，特隔于各回部，至是乘各部自哄，谋由巴社以图印度。巴社者，回回祖国，即来粤贸易之白头番，所谓港脚者也。小白头为温都斯坦，大白头为巴社。巴社虽不属英吉利，而与英吉利睦，故英帅律屋兰者以兵助巴社拒之。鄂罗斯复以收逃奴为名，袭破机洼及木哈腊二回部，又攻取沙苏野所属三部之在兴都哥士山北者，遂驻兵荷萨士河①，与英吉利中印度接界，并使人习印度法律言语，又购木哈腊人乡导，无一日忘印度。而英吉利亦严兵爱乌罕为备，议还旧酋于故地，以息外构而增藩蔽。议未定而广东事起。

是时，钦差大臣赴广东禁鸦烟，罢互市，声其罪恶，布告诸国。其佛兰西、弥利坚仇英夷者咸称快，廓尔喀亦白驻藏大臣，愿率所部收东印度。姚莹《康輶纪行》：廓尔喀为我全藏藩族，而与英吉利有隙。道光十八九年间，英吉利初扰广东，廓尔喀求助之饷往攻第里八察，大臣不知第里八察即孟加剌也，不许。及英夷大扰江浙，廓尔喀自以兵乘虚攻之，大有破获。英夷回救不及，乃以所得中国银百万赎其俘千人以和。鄂罗斯使臣亦自比革尔②国都起程赴阙，约中国由缅甸、西藏夹攻印度。事虽未行，而英夷则惴惴甚，或欲乘鄂国使臣未至，速行入寇。或料中国疑鄂罗斯更甚于疑他国，未必遽信其言。然南洋西洋闻罢市之信，各埠茶叶、大黄已不肯售，踊贵价倍。而英夷国中缴烟价，罢关税，各缺银千余万员，诸银肆复不出贷，价复翔贵，借贷邻国数百万充兵饷。而弥利坚、佛兰西先后在粤请助兵船为中国效力者，屡见于粤中督抚及将军章奏，事则可征也，时则可乘也。前廓尔喀记中以夷攻夷之议尚或迂之而不察，故复述是篇，而以澳门探报附其后。

---

①荷萨士河，奥克苏士河（Qxus），即阿姆河。
②比革尔（Baykal），贝加尔，地在今俄罗斯。

臣源曰：由近事溯之，乾隆则准酋阿睦尔萨纳之来投请兵也，盈廷喙拒，独高宗排群议用之，遂一戎衣而定伊犁矣。土尔扈特之弃鄂罗斯来附也，盈廷喙拒，独高宗排群议受之，并移檄鄂罗斯，剖明曲直，卒尽臣瓦剌四大部矣。由远事溯之，康熙则俄罗斯所部东逼黑龙江，圣祖附书荷兰转达鄂汗，海道往还，半载得报，遂扩索伦地数千里矣。准噶尔请授兵六万于鄂罗斯，圣祖移书宣示利害，绝其纠约，噶尔丹败无可投，卒溃宵死矣。圣祖筹运于廊庙之间而指麾嗾使于数万里之外，岂不在识夷情、洞敌势哉？西藏一陷于准噶尔，再陷于廓尔喀，彼时氛恶焰炽，孰不畏道远劳师，而两朝深维利害，不惜深入挞伐，恢域犁庭，是以北慑准夷，西震印度。奕世而后，尚有愿效驰驱之廓夷，夹攻印度之鄂部，请助海艘之岛国，待我驱策，同我敌忾。故曰：天下有道，守在四夷，此击则彼应，威立则令行。事会之来，间不容发哉！

附澳门月报即所谓新闻纸

道光二十年七月，澳门接印度五月十四日来信，即中国四月十三日。论及鄂罗斯欲攻打印度之事。盖我英国之印度兵攻取兴都哥士山近巴社国南边各部落，而鄂罗斯边境在此山之北。三年前尚有回回四五国，亘隔英吉利与鄂罗斯属国之间，各远数百里，今止隔一大山而已。鄂罗斯近日直攻至鞑鞑里之机洼，鞑鞑里谓游牧回部，如哈萨克、布鲁特之类，东起葱岭，西至里海，南界印度，北界鄂罗斯，皆是也。机洼乃鞑鞑里南方部落。皆因我等攻取阿付颜尼部，此部原属巴社，今为英吉利所据，在印度之西，巴社之东北，鞑鞑里之南。故鄂罗〔斯〕人亦攻至荷萨士河。鞑鞑里地，近机洼。已约木哈腊亦鞑鞑里南方部落，近阿付颜尼。同取阿付颜尼部，以攻打印度，为我英国兵头沙阿力山及马约里治堵御，故计不行。鄂罗斯前在希腊巴社国东方部落，近阿付颜尼。与巴社人立约，欲收服阿付颜尼以攻取印度，亦因我兵头律屋兰所拒。巴社即自头回国，南抵海，西界都鲁机，北界鞑鞑里。后诡称收回逃散奴仆，突攻取机洼及木哈腊。人皆谓鄂罗斯既得此二地，当必退兵，乃又日日使人学习印度事务，又与木哈腊人立约同取阿付颜尼，不知鄂罗斯人要到何地方肯住手。

现闻鄂罗斯使者已自比特革①起程，由鞑鞑里到中国，此鞑鞑里谓喀尔喀蒙古，盖凡各游牧部皆谓之鞑鞑也。必怂恿中国人与英国人争斗，并欲得北京出谕与缅甸人，使前来攻击。不知何时使臣能到得北京？我等切不可闭目不理。鄂罗斯人曾以兵威，自黄海攻至黑海一带地方，以广其国境，所以今日必要提防其在荷萨士河驻扎之兵前来攻击。倘我将阿付颜尼防兵撤回，则鄂罗斯人必带领木哈腊之兵，同攻阿付颜尼矣。我等今年若将阿付颜尼王复立于加模尔城，阿付颜尼旧部。即应带兵过兴都哥士大山，取回沙苏野所失去之三部落。一曰衮都斯，一曰麻尔格，一曰模特散，皆在阿付颜尼之北，木哈腊之南。然我兵到彼，必定遇鄂罗斯兵与木哈腊兵约会夹攻我兵，我兵恐即扰乱而回，亦或与鄂罗斯人相持。大抵英、鄂二国在阿细亚洲交战之事，不久即至，我等宜先预备出兵矣。

南印度各国

南印度地毗连印度海，地形如箕。海中东南一岛名曰锡兰。东南西三面距海，北距中印度，西为孟迈。一作孟买。孟迈之西，海中有岛曰槟榔屿，即新埠也。其余小岛星布，皆无大于此者。

---

①比特革（Peterburg），今俄罗斯彼得堡。

《海国闻见录》曰：小白头南入于海之地，曰戈什（峡）〔嗒〕①，东西南三面皆临大海，为大西洋各国市埠所环据。戈什（峡）〔嗒〕东面沿海地名有三：曰网礁腊②，则英机黎埔头也。曰房低者里③，则佛兰西埔〔头〕也。曰泥颜八达④，则荷兰埔头也。其西面沿海地名有二：曰苏喇⑤，曰网买，则英机黎埔头，其地俱红毛所建置。此外又悬一岛，口西仑（大珠）〔中产〕，即锡兰山也。此皆南天竺地。

《海录》：曼达喇萨，在明呀喇西少南。由葛支里沿海陆行约二十余日，水路顺东风约五六日，俱英吉利所辖地。至此别为一都会，有城郭，英吉利居此者亦有万人，叙跛兵二三万。此地客商多阿里敏⑥番，即来粤东戴三角帽者是也。土番名雪那里，风俗与明呀哩略同。土产珊瑚、珍珠、钻石、银、铜、棉花、诃子、乳香、没药、鸦片、鱼翅、猏、梭豸。梭豸形如小洋狗。又有金边洋布，价极贵，一匹有值洋银八十枚者。内山为哓包补番。哓包补者，犹华言大也，本回回种类，其间国名甚多，疆域不过数百里，所织布极精细，大西洋各国番多用之。

笨支里⑦，在曼达喇萨西南，为佛郎机⑧所辖地。由曼达喇萨陆行约四五日，水行约日余即到。土产海参、鱼翅、诃子、棉花、猏、梭豸。内山亦属哓包补。

①戈什嗒（Costa），葡文 Costa 之音译，意为"海岸"，此指印度半岛东西两岸的科罗曼德尔海岸（Coromande Costa）和马拉巴尔海岸（Malabar Costa）。
②网礁腊（Bengal），即孟加拉。
③房低者里（Pondchery），今印度本地治理。
④泥颜八达（Negapattinam，Negapatam），今印度东南部纳加帕塔姆。
⑤苏喇（Surat），今印度西部苏拉特。
⑥阿里敏（Arabian），指阿拉伯人。
⑦笨支里（Pondchery），今印度东南本地治理。
⑧佛郎机（France），此处指法国。

尼古叭当国①，在笨支里西岭（介）〔界〕中，疆域甚小，土番名耀亚。

西岭②在笨支里少北，又名古鲁慕③。由笨支里水路约六七日，陆路约二旬可到，为荷兰所辖地。土番名高车子，风俗与明呀里略同。内山为乃弩王国④，土产海参、鱼翅、棉花、苏合油。海参生海中石上，其下有肉盘，盘中生短蒂，蒂末即生海参，或黑或赤，各肖其盘之色，竖立海水中，随潮摇动。盘边三面生三须，各长数尺，浮沉水面。采者以钩断其蒂，捞起剖之，去其秽，煮熟，然后以火焙干。各国俱有，唯大西洋诸国不产。

788

（达）〔打〕冷莽柯国⑤在西岭西北，顺东南风约二三日可到。疆域甚小，民极贫穷，然性颇淳良，风俗与上略同。属邑有地名珈补者，西洋客商皆居此。土产海参、鱼翅、龙涎香、诃子。

亚英加，在加补⑥西北，顺风约五六日可到，为英吉利所辖地。土番风俗与上略同。土产棉花、燕窝、椰子、诃子。

（又曰）固贞⑦在亚英加⑧西北，水路顺风约日余可到，为荷兰所辖地。土番风俗与上略同。内山为晏得尼加国⑨，实回回种类。土产乳香、没药、鱼翅、棉花、椰子、苏合油、血竭、砂仁、诃子、大枫子。

---

①尼古叭当（Negapatam），今印度东南部之纳加帕塔姆。

②西岭（Seylon），锡兰，即斯里兰卡，地在本地治理西南，而非稍北。

③古鲁慕（Colombo），今斯里兰卡首都科伦坡。

④乃弩王国（Kandy），今斯里兰卡康提。

⑤打冷莽柯国（Travancove），今印度西南部特拉凡哥尔。

⑥加补（Cape Comorin），即科摩棱角。

⑦固贞（Cochin），柯枝，今印度科钦。

⑧亚英加（Anjengo），今印度南部安金戈。

⑨晏得尼加国，在今印度南部科钦东，今地不详。

隔沥骨底国①，在固贞北少西，水路顺风约二日可到，陆路亦通。风俗与上同。土产胡椒、棉花、椰子，俱运至固贞售卖。内山仍属晏得尼加。

马英②，在隔沥骨底北少西，水路顺风约二日可到，为佛郎机所辖地。土产风俗与上略同。内山亦属晏得尼加。

（达拉赭）〔打拉者〕③，在马英西北，陆路相去约数十里，为英吉利所辖地。土番风俗亦与上同。土产胡椒、海参、鱼翅、淡菜。内山仍属晏得尼加。

马喇他国，此与孟加腊音近地异，此南印度，彼东印度也，毋混为一。在（达拉赭）〔打拉者〕西，疆域自东南至西北，长数千里，沿海边地分为三国：一小（葡萄）〔西洋〕④，一孟婆罗⑤，一麻伦尼⑥，为回回种类。凡拜庙，庙中不设主像，唯于地上作三级，取各花瓣遍撒其上，群向而拜。或中间立一木椎，每月初三，各于所居门外向月念经，合掌跪拜稽首。土产棉花、胡椒、鱼翅、鸦片。

小（葡萄）〔西洋〕在马喇他东南沿海边界，由（达拉赭）〔打拉者〕向北少西行，经马喇他境，约六七日到此，为（葡萄亚国）〔大西洋〕所辖地，疆域约数百里。土番〔名盈丢〕，奉蛇为神，婚嫁与明呀里同，死则葬于土。每年五月男女俱浴于河，延番僧坐河边，女人将起，必以两手掬水洗僧足，僧则念咒取水觑女面，然后穿衣起。又有苏都鲁番、察里多番、古鲁米番三种，多孟婆罗国人，西洋人取以为兵。西洋人居此者有二万人。土产

①隔沥骨底国（Calicut），印度西海岸之卡利卡特，今名科泽科德。
②马英（Mahé），今印度马埃。
③打拉者（Talatcheri），今印度西岸的特里彻里（Tellicherry）。
④小西洋（Goa），今印度果阿。
⑤孟婆罗（Vengurla），今印度西岸文古尔拉。
⑥麻伦尼（Malwan），今印度西岸马尔范。

檀香、鱼翅、珊瑚、犀角、象牙、鲍鱼。尝有西洋太医院〔者〕，随船至此，闻其妻死，特遣土番赍札回大西洋祖家，请于国王，以半俸给其家养儿女。是知此地亦有陆路可通大西洋也。

孟婆罗国在小（葡萄）〔西洋〕北山中，由小西洋水路顺风，约日余可至国境。王都在山中，以竹为城。疆域亦数百里。风俗与小西洋同。土产檀香、犀角。

麻伦尼国在孟婆罗北，水路顺风约日余可到。疆域、风俗与孟婆罗同。土产海参、鱼翅、鲍鱼。二国所产货物，多运至小西洋埠头售卖。

盎几里国在麻伦尼北少西，水路顺风一二日可到。疆域风俗与小（葡萄）〔西洋〕略同。土产洋葱——其头寸余，熟食味极清酣——玛瑙、棉花、鸦片。内山亦属晓包补。自曼达喇萨至郎杜，土番多不食豕牛羊犬，唯食鸡鸭鱼虾。男女俱戴耳环。

孟买在盎几里北少西，相去约数十里，为英吉利所辖地，有城郭。土番名叭史，颜色稍白，性极淳良，家多饶裕。英吉利镇此地者数千里。土产玛瑙、大葱、棉花、阿魏、乳香、没药、鱼膏、鱼翅、鸦片、番觋，棉花最多，亦南洋一大市镇也。邻近马喇他、盎几里、晓包补、即杜诸国，多辇载货物到此贸易。其内山亦属晓包补。

苏辣①在孟买北，水路约三日可到，亦英吉利所辖。土番名阿里敏。土产同上。

淡项②读平声在苏辣北，水路约日余可到，为（葡萄亚）〔西洋〕所辖。土产同孟买。

————————

①苏辣（Surat），今印度西部苏拉特。
②淡项，在今印度坎贝湾东南苏拉特北面，或谓在坎贝湾内，今地不详。

即杜国在淡项北，疆域稍大，由淡项水路顺风约二日可到。风俗民情与盍几里诸国略同。土产鸦片、海参、鱼翅，俱运往苏辣、孟买贩卖。自明牙喇至此，西洋人谓之戈什（峡）〔嗒〕，总称为印度海。土人多以白布缠头，所谓白头回也。遇王及官长，蹲身合掌上于额，俟王及官长过然后起，子见父母亦合掌于额，平等亦如之。其来中国贸易俱附英吉利船，本土船从无至中国，中国船亦无至小西洋各国者。自此以西，海波汹涌，一望万里，舟楫不通，浅深莫测，沿海诸国不可得而纪矣。其即杜、内山则为金眼回回国，闻其疆域极大，不与诸国相往来，故其风俗土产，亦不可得而纪也。案：金眼回回在南印度山内，当是中印度之莫卧尔白头回回国也。

《万国地理全图集》曰：马塔剌①，南印度之省会也。形势在北极十三度五分，偏东八十度二十一分。海边浪涌涛鸣，上岸甚险。建城于沙坦。居民四十万余丁。土人面黑而肢骸趫捷，能翻飞作剧。富户耗费银钱，建庙造像，信佛奉神，不悟天主正教。英国建炮台，保障防御。其屋建于园里，美花香草，芳芬沤郁。佛兰西军屡次攻击英台，虽然获胜，后亦必退。此时英权稳立如磐，断难动移。马塔剌之南为本地治利城，乾隆间为佛兰西守据，挑唆土民肇衅驱英，但东得西失，惟留本城而已。此省内所有大城，如左班牙乐②，炮台坚固，街衢广丽，内有古王宫殿，被英军所攻败者。北剌利③建在山顶，系要隘，欲上山岭惟有一路，防兵乘险开炮，无敌敢近。撒林④居民织造布帛，又制火硝。骨他巴⑤

---

①马塔剌（Madras），今印度马德拉斯。
②班牙乐（Bangalore，Banglalur），今印度班加罗尔。
③北剌利（Vellove），今印度韦洛尔。
④撒林（Salem），今印度塞勒姆。
⑤骨他巴（Cuddapah），今印度库达帕。

系罪犯徒流之邑。骨他罗利①邑屋宇美，街衢广。西令牙巴坦②昔系王都，锐意欲驱英民出印度，所募民壮军士不胜其数，因英国之兵夺险逼城，效死力战，土王战败，和银一千万两，割其国三分之一，以免剿灭。于嘉庆三年再开衅隙，王募四十万军士，立心力战，于是英国军士围攻城池，闯入城内，其王被兵刺死，遂夺全地为英属国。

又曰：网买在南印度之西边，海滨之左。昔属葡萄牙，此时归英，建立省会。因潮水高涨，掘筑船厂，建造战舰。其房屋甚美。其人贵白头回，惟利是图，拜日祀火，不葬其尸，以供鹰食。恒时买卖获益，亦好布施，厚赒济，故令天下庶民景仰之也。

邻地丰产棉花，大半运赴中国。亦有胡椒、椰子、珊瑚等货。海船至大者载二万二千五百石，入水甚深，每年进黄埔厚运货物。省会形势在北极十八度五十六分，偏东七十二度五十七分。天气热，昔时英人不服水土，此时已经开垦，安居无恙。其居民共计一十七万丁，内有白头一万三千口。前日地硗人贫，今广开通商之路，每年运出物价几百万两，日增裕富。

网买之北苏剌城，昔大兴盛，此际渐衰。城内有禽兽院，养各类老犬老牛。亚麦大八邑③乃回回之城，居民有十万丁，因地震倒坏屋宇，所损不可胜计。埔拿城④嘉庆年间，乃马剌他之雄都，四围山岭，筑建堡台，以防御国敌。英国攻取各台，驱其人而据其地。

网买之南有葡萄藩属国曰俄亚者，长一百二十里，阔六十里，

---

①骨他罗利（Cuddalore），今印度卡达罗尔。
②西令牙巴坦（Seringapatam），今印度塞加帕坦。
③亚麦大八邑（Ahmadabad），今印度艾哈迈达巴德。
④埔拿城（Poona），今印度浦那。

于明正德五年攻取其地，建城保障，胁服邻国。立庙造寺，养僧无算。不久速废，今所留之地物产不多，生意亦少。

昔荷兰据海边之城，如可陈①等处，互市贸易，现已割予英人，是以沿海各地方大半英人所辖。

《地理备考》曰：马尔地瓦斯国②（一曰锡兰山）在亚细亚州之南，居印度海中，北极出地十五分起，至七度二十分止，经线自东七十度三十分起至七十一度三十分止，周围枕海，地不相连，环以各岛，共一千五百座，四面相向，自南而北约二千里，其烟户所在惟四五十岛。地气温和，寒暑相称，田土不泽，陇亩稀疏，谷果甚鲜，椰子木多。海出鼍龙，土产珊瑚、玳瑁等物，商船络绎。王位相传，所奉之教乃回教也。国都在马劣岛③中，乃通国之首岛。

《外国史略》：锡兰山岛在印度东南，广袤方圆千一百六十二里，居民一百四万五千六百口，北极出地自五度五十六分及九度四十六分，偏东自七十九度三十六分及八十一度五十八分。地高于海自八十丈及三百丈。最高之峰五百处，其一曰亚坦之峰④，有石上足痕，或曰佛足迹焉。西北地低，港汊皆流入之，夹以最深之海港，地形如箕舌。时有甘雨，地气常如春时，绝不似印度亢热。地多硗，产桂皮、加非、椰子，海边尤丰，居人榨其油，市与外国。土人用象如牛马。多嫩黄、青蓝各色美玉，海产明珠，每年约值银二十万两。内地多出盐，但五谷不登，必买于印度。

①可陈（Cochin），今印度科钦。
②马尔地瓦斯国（Maldives），今马尔代夫。
③马劣岛（Male Atoll），今马尔代夫之马累岛。
④亚坦之峰（Adams PK.），斯里兰卡的亚当峰。

居民有三种，一为内地之干地①人，土民多由五印度来，半奉耶稣教，余则拜佛。锡兰岛自古有名，珍奇钟萃，号为宝渚。时有中国大商艘赴岛贸易，亚西亚各国皆于是港通商。明时回回族类由亚拉国②来，侵据此岛。孝宗弘治年与葡萄亚兵船结盟，岁贡肉桂皮，协力驱亚拉回人，遂为葡萄亚所据，劝土民奉天主教。崇祯四年，干地王招荷兰助驱葡萄亚，而荷兰复夺海边各地开埠。越百三十年，嘉庆元年又为英人攻据，自后全岛归英国。每年纳饷约百万，尚不足供官费。然贸易日兴，所种珈琲树每年增至数万石。开道院，劝民奉耶稣教。

其都城曰可伦破③，在西南海边，居民六万，筑炮台以护之，内设大炮三百门。干地山水甚美，高海面者六百余丈，前与北地未通，欲攻击其酋主，不能进。此时开通路，辐辏不绝，贸易日兴。其海口曰可道④、丁马里⑤。又牙利城⑥，东南之坚城。

又曰：马地威群岛⑦，约百八十里，偏东七十二度四十八分，并七十三度四十八分。产珊瑚，有沙石，亦出椰子、粟，多沙鱼。居民勤劳，年年将椰油、咸鱼、贝子、玳瑁、谷等货赴印度市，以易铁器、布、沙糖。百姓驯朴，今皆遵天主教。

腊其地威十七岛⑧，偏东自七十二度至七十四度，北极出地自十度至十二度。惟八洲有居民，种椰子为饮食，民甚贫乏。

---

①干地（Candy），今斯里兰卡康提。
②亚拉国（Arabia），即阿拉伯。
③可伦破（Colombo），今斯里兰卡首都科伦坡。
④可道（Kotte），今斯里兰卡科特港。
⑤丁马里（Trincomalee），今斯里兰卡东北海岸亭可马里港。
⑥牙利城（Galle），今斯里兰卡南部之加勒。
⑦马地威群岛（Maldive Is.），马尔代夫群岛。
⑧腊其地威十七岛（Laccadive Islands），即印度拉克萨群岛（Lakshadweep Is.）中的拉克代夫群岛。

尼哥巴群岛①，在印度西海中，北极出地在七度。产木料。其烟瘴各岛，多出椰子、槟榔，海出蛤、蚬、蟳、海参、香涎等物。居民惰逸，耶稣之徒教化之。大尼国②在此开埠，因瘟疫皆毙。道光二十六年再开垦。

大尼③之北为安他曼群岛④。土蛮未向化，居草寮，食鱼蚝，泥身不衣，然善用弓箭，互相杀戮。其林箐内有红黑香木，但烟瘴太重。乾隆五十四年，英国人在此开埠，旋退去。后或有船抵此，甫及岸，其土民即突出攻击。

---

①尼哥巴群岛（Nicobar Islands），即印度尼科巴群岛。
②大尼国（Denmark），今丹麦，语出英语"丹麦人"（Dane）。
③大尼，当指由丹麦人从事开垦的尼科巴群岛。
④安他曼群岛（Andaman Islands），即印度之安达曼群岛。

海国图志卷二十三

欧罗巴人原撰　侯官林则徐译　邵阳魏源重辑

西南洋

西印度西巴社国[①]一作包社，一作高

奢，一作报达，一名百尔西亚，即汉之安息，唐之大食，皆属西印
度西地。

巴社国，又名巴尔齐亚，在都鲁机之东，西与都鲁机毗连，
以戈厘斯顿山[②]为界；东与新都司顿毗连，即温都斯坦。以比鲁山为
界；北与俄罗斯、鞑靼里毗连，鞑靼里即西哈萨克、西布鲁特各部。以古
疏山为界；南界海，即利玛窦所谓默生丁海[③]是也。《史记》所载，
亦古名邦，如阿西利阿[④]，巴比罗尼阿[⑤]先日之国都，即巴社边界
之地也。后有国中之西腊士征服巴比罗尼阿，遂称为巴社国，以
伊士巴含[⑥]为国都，恃其兵力，遂取西里阿伊[⑦]，揖小阿细亚及东

①巴社国（Persia），即波斯，今伊朗（Iran）。
②戈厘斯顿山（Kurdistan），今库尔德斯坦山。
③默生丁海（Mediteranean Sea），即地中海。
④阿西利阿（Assyria），亚述，两河流域古代奴隶制国家，都城在底格里斯河东岸。
⑤巴比罗尼阿（Babylonia），巴比伦王国，两河流域古代奴隶制国家，都城在巴比伦城。
⑥伊士巴含（Esfahan），今伊朗之伊斯法罕。
⑦西里阿伊（Syria），今叙利亚。

界之印度，疆域之大，古未有伦。后以奢淫无度，为额力西①所覆，额力西，一作厄勒祭，在意大里国之东，今并于西都鲁机。遂将巴社、印度等处均改为部落。至耶稣纪岁三百年，汉永康元年。始有阿达色尔士夺回巴社，自立为王，并败罗汶之兵。至七百年间，唐武后则天年间。为阿丹所灭，改遵阿丹之回教，率师东征，拓地益广，忽又被都鲁机、鞑鞑里互侵，国中复为战场。至千五百八十六年，明万历十四年。国中阿巴士②纠集部众，悉驱外国之人，恢复故都，设官立政，垂二百余年。复有阿富晏士③作乱，所过焚戮，人民涂炭。越十有四年，有高里坎王者起兵攻击阿富晏士，自立为王。然以暴易暴，身没无嗣，头目争立，为一大将所据，称曰加林坎王，在位十有六年，身没，国中复乱，时耶稣之千七百七十九年也。乾隆四十四年。有阉人阿牙磨哈墨④者以兵定乱，于千七百九十六年嘉庆元年始立发底阿里沙为王，厉精图治，百废俱举，巴社之疮痍稍息，虽俄罗斯亦常侵扰，夺去边境数部，而国中无恙。惟屡遭兵乱，古昔典册泯荡无存。改遵回教，尊君卑下，尚胜于东方诸国。各部头目世袭其职，擅财赋兵马，各制一方，国王不得过问。各头目角胜争强，人民伺胜负为去就，彼胜归彼，此胜归此，故头目争结民心以自固。国王之女止与教师婚配，不下嫁于头目，以其掌兵，恐谋篡夺。

国王额设护卫兵三千，谓之王仆，步兵万二千，以为外护，按名给田，耕屯自养。其余兵马，分统于各头目，遇警征调，可

---

①额力西（Kassite），又作厄勒祭，指喀西特人，于公元前十六至十二世纪建立喀西特王朝。

②阿巴士（Abbās），即波斯萨非王朝国王阿拔斯一世（1587—1629）。

③阿富晏士（Afghanistan），即阿富汗人。

④阿牙磨哈墨（Āghā Mohammad Khān，1742—1797），波斯卡扎尔王朝创立者阿迦·穆罕默德。

二十余万。善骑射，耐辛苦，断敌粮草，绝敌水道，是其所长，曾以此困罗汶，后被靰靼里、阿富晏士攻败，从此兵威不振。近世国王复按欧罗兵法，训练其兵，渐还旧观。佛兰西王前曾遣牙鼎尼求援于巴社，以攻英吉利东边之属国，英吉利旋亦使至巴社力陈利害，发佛兰西诡谋，巴社兵遂不东。复请英国将官往助训练，故其骑兵轻捷，长于枪剑，复有枪炮步兵万人，皆合欧罗巴法度。嗣值巴社与都鲁机用兵，英国恐己将士助战生衅，尽召回本国。

其地平远，中央大山起自都鲁机之阿弥巴阿，至南边海岸。深山大谷，洞穴曲通，多为盗窟，平时专事劫夺，有事亦可募为军锋。北界俄罗斯，时虞侵逼，故近日国王移都于南，并于加士比奄海，即里海也，亦名咸海，亦名北高海。设立水师，防卫其国。户口传闻二万万人，多黄色，壮而不秀。客藉流寓，种类甚多，国中音语不一，有额力西者，有阿丹者，有罗汶者，有都鲁机者。风俗虚假鲜实，善谄媚，尚礼貌，一见如故，久始知其知有己不知有人也。奢靡甲东方，宫室外则砖石闳丽，内则陈设璀粲，衣饰珠宝，一衣有值十余万金至二十三十万金者。命妇衣皆丝缕，宽袍大袖，不蒙头不出户也。颜色易凋，不十年俨如老妪。母以子贵，无论嫡庶。尤喜良马，不惜高价，其嗜马之心，百物无以尚之。惟饮食蔬俭，罕供鱼肉，筵宴宾客，仅以果品为丰。

巴社素称文墨之邦，先日以诗名者，有哈斐士，长于揄颂；有沙底，善论风化；有法部西，工言情。欧罗巴之人译出读之，文奇趣溢，各极其妙。然古时文学早已残缺，近日王重文学，每日必有诗人在侧，曾对英吉利使者夸赞之，每一脱稿，即赐一金钱润笔。医学、星算诸馆，亦与文学并重，各有教授传习之人，岁费三四十万（棒）〔俸〕，故巴社之人多信星卜，谓可致富贵。

欧罗巴人皆不信之。俗奉回教，以阿厘①为宗主。阿厘者，马哈墨②之兄子，亦即其婿也。阿厘之教，即马哈墨所传，都鲁机、阿丹等国均宗马哈墨，何以各有不同，互争得失，致成仇敌？有谓阿厘之教虽授自马哈墨，然其中悟会亦少有分别，各自流传，遂成偏执。如巴社禁人不饮酒，礼拜火神，即与他国回教不同。产米、麦、盐、丝发五采地毡、羊毛、绸、缎、磁器、纸、皮、宝石、铜、铁。领小部落二百六十有六。部落名目原本阙。

西印度西巴社回国沿革 唐以前非回教，

已见西印度内。唐以后为大食，为包社，为伯尔西亚国。今与英吉利通和，非其所属。原无，今补。

《新唐书》：大食本波斯地。男子鼻高，黑而髯。女子白皙，出辄障面。日五拜天神。银带，佩银刀，不饮酒举乐。有礼堂容数百人，率七日，王高坐为下说曰："死敌者生天上，杀敌受福。"故俗勇于斗。土硗砾不可耕，猎而食肉。刻石蜜为庐如舆状，岁献贵人。葡萄大者如鸡卵。有千里马，传为龙种。隋大业中，有波斯国人牧于俱纷摩地那山，有兽言曰："山西三穴，有利兵，黑石而白文，得之者王。"走视，如言。石文言当反，乃诡众哀亡命于恒曷水③，劫商旅，保西鄙自王，移黑石宝之。国人往讨之，皆大败还，于是遂强。灭波斯，破拂菻④，始有粟麦仓庚。南侵婆罗门，并诸国，胜兵至四十万，康⑤、石⑥皆往臣之。其地广万里，

---

①阿厘（Ali），通译阿里，阿拉伯第四任阿里发。

②马哈墨（Muhammad，约570—632），又作麻哈密、摩哈麦、马哈麻、谟罕蓦德，即伊斯兰教创立者、阿拉伯统一国家建立者穆罕默德。

③恒曷水（Tigris），即今伊拉克底格里斯河。

④拂菻（Farang，Franks），指东罗马帝国及其所属西亚地中海沿岸。

⑤康，古国名，地在今乌兹别克斯坦撒马尔罕一带。

⑥石，古国名，地在今乌兹别克斯坦塔什干一带。

东距突骑斯，西南属海。海中有拨拔力①种，无所附属。不生五谷，食肉，刺牛血，和乳饮之。俗无衣服，以羊皮自蔽。妇人明晳而丽。多象牙及阿末香。波斯贾人欲往市，必数千人纳氎劙血誓，乃交易。兵多牙角，而有弓、矢、铠、稍，士至二十万，数为大食所破略。永徽二年，大食王始遣使者朝贡，自言王大食氏，有国三十四年，传二世。开元初，复遣使献马、钿带，谒见不拜，有司将劾之，中书令张说谓殊俗慕义，不可置于罪，玄宗赦之。使者又来，辞曰："国人止拜天，见王无拜也。"有司切责，乃拜。十四年，遣使苏黎满②献方物，拜果毅，赐绯袍、带。或曰大食族中有孤列种，世酋长，号白衣大食。种有二姓，一曰盆尼末换，二曰奚深。有摩诃末③者，勇而智，众立为（主）〔王〕。辟地三千里，克夏腊城。传十四世，至末换，杀兄自王。下怨其忍，有呼罗珊木鹿④人并波悉林将讨之，徇众曰："助我者皆黑衣。"俄而众数万，即杀末换，求奚深种孙为王，更号黑衣大食。至德初，遣使者朝贡。代宗取其兵平两京。贞元时，与吐番相攻，十四年遣使者三入朝。东有末禄，小国也，治城郭，多木姓，以五月为岁首，以画缸相献。有寻支瓜，大者十人食乃尽。蔬有颗葱、葛蓝、军达、芰薤。大食之西有苫国⑤者，北距突厥可萨部，地数千里。有五节度，胜兵万人。土多禾。有大川，东流入亚俱罗。商贾往来相望云。

---

①拨拔力，古国名，故地一般认为在亚丁湾南岸的柏培拉（Berbera）附近。

②苏黎满（Suleiman），阿拉伯倭马亚王朝赴华使节。

③摩诃末（Muawiyah），摩阿维亚，阿拉伯倭马亚王朝建立者。

④木鹿（Muloum），又作末禄，古地名，故址在今伊拉克巴士拉（Barra）西南祖贝尔（Zubair）。

⑤苫国（Ash—Shâm），古国名，故地在今叙利亚。

自大食西十五日行，得都盘①西距罗利支②，十五日行；南即大食，二十五日行；北勃达③，一月行。勃达之东距大食，二月行；西抵岐兰④，二十日行。南都盘，北大食，皆一月行。岐兰之东南，二十日行，得阿没⑤，或曰阿昧。东南距陀拔斯⑥十五日行。南沙兰⑦，一月行。北距海，二日行。居你诃温多城，宜马、羊，俗柔宽，故大食常游牧于此。沙兰东距罗利支，北怛满⑧，皆二十日行；西即大食，二十五日行。罗利支东距都盘，北陀拔斯，皆十五日行；西沙兰，二十日行；南大食，二十五日行。怛满，或曰怛没，东陀拔斯，南大食，皆一月行；北岐兰，二十日行；西即大食，一月行。居乌浒河⑨北平川中。兽多狮子。西北与史国⑩接，以铁关为限。天宝六载，都盘等六国皆遣使者入朝。

《宋史》：大食国，本波斯别种。隋大业中，据有波斯西境。唐永徽后，屡入朝贡。乾德四年，僧行劝游西域，因赐其王书以招怀之。开宝中，太平兴国，贡方物。自后屡朝，职贡不绝。其从者目深体黑，谓之昆仑奴。其贡物有白龙脑、真珠、玻璃器、象牙、乳香、镔铁、红丝、（杏）〔吉〕贝、五色（罗）〔杂〕花番锦、蔷薇水、龙盐、（银）〔眼〕药、千年枣、驼毛褥。其国贡

①都盘（Kerman），古地名，地在今伊朗克尔曼省一带。
②罗利支（Luristan），今伊朗西部卢里斯坦。
③勃达（Baghdad），今伊拉克首都巴格达。
④岐兰（Gilan），即今里海西南伊朗的吉兰省。
⑤阿没（Amol），又作阿昧，即今伊朗境里海南的阿莫尔。
⑥陀拔斯（Tabanstan），地在今里海南岸。
⑦沙兰，疑为今伊朗法尔斯省设拉子（Shiraz）的讹简。
⑧怛满（Tadmur），古城，故地在伊朗西部、幼发拉底河西、大马士革以东一百五十里处。
⑨乌浒河（Oxus），即阿姆河（Amudarya），是希腊史学家对该河的称谓。
⑩史国，古国名，为昭武九姓国之一，故地在乌兹别克斯坦撒马尔罕南。

使自言与大秦国相邻，为其所属。有都城介山海间。土产犀、象、香药。

自泉州西北舟行四十余日至蓝里①，次年乘风帆，又六十余日始达其国。地雄壮广大，民俗侈丽，甲于诸番。天气多寒。其王锦衣玉带，蹑金履，朔望冠百宝纯金冠。其居以玛瑙为柱，绿甘为壁，水晶为瓦，碌石为砖，帷幕用百花锦。官有丞相、太尉，各领兵马二万余人。马高七尺，士卒骁勇。民居屋宇，略同中国。市肆多金银绫锦。工匠技术，咸精其能。

建炎三年，奉宝玉珠贝入贡。帝曰：大观、宣和间，茶马政废，武备不修，致金人之祸。今复捐数十万缗，以易无用之珠玉，曷若惜财以养战士？乃却贡优赐，以答远人之意。绍兴初，复贡文犀、象齿，朝廷亦厚赐而不贪其利，故远人怀之，贡赋不绝。

《职方外纪》：印度河之西，有大国曰百尔西亚。太古生民之始，人类聚居，言语惟一。自洪水之后，机智渐生，人心好异，即其地创一高台，欲上穷天际。天主憎其长傲，遂乱诸人之语音为七十二种，各因其语，散（厥）〔诸〕五方，至今其址尚在，名曰罢百尔②，译言乱也，谓乱天下之言也。

百尔西亚之初为罢鼻落你亚③，幅员甚广，都城百二十门，乘马疾驰，一日未能周也。国中有一苑囿，造于空际，下以石柱擎之，上承土石，凡楼台池沼草木鸟兽之属，无不毕具，大复逾于一邑。天下七奇，此亦一也。后其国为百尔西亚所并，遂称今名，

---

①蓝里（Ramni，Lamuri，Lambri），历史地名，故地一般认为在今印度尼西亚苏门答腊岛北部班达亚齐（Banda—Ache）一带。
②罢百尔（Babil），即古巴比伦（Bobylon）王国首都名称，在今伊拉克中部。
③罢鼻落你亚（Babylonia），巴比伦王国，古代东方奴隶制国家，地在今伊拉克巴格达东南底格里斯河与幼发拉底河之间。

至今强大。国主尝建一台，纯以所杀回回头累之，台成，髑髅几五万。廿年前，其国王好猎，一围获鹿至三万，欲侈其事，亦聚其角为台，今尚存也。又东撒马儿罕界一塔，皆以黄金铸成，上顶一金刚石，如胡桃，光夜照十五里。伯尔西亚①地江河极大，有一河发水，水所及处，即生各种名花。南有岛曰忽鲁谟斯②，在赤道北二十七度，其地悉是盐，否则硫黄之属。草木不生，鸟兽绝迹，人着皮履，雨过履底辄败。多地震，气候极热，人须坐卧水中，没至口方解。又绝无淡水，勺水亦从海外载至，其艰如此。因其地居三大州之中，凡亚细亚、欧罗巴、利未亚之富商大贾，多聚此地。百货骈集，人烟辐辏，凡海内极珍奇难致之物，往辄取之如寄。土人尝言，天下若一戒指，此地则戒指中之宝物也。

《贸易通志》曰：西印度各洲③在海中，为荷兰、佛兰西、西班牙、英吉利分属之藩国。其中耕田之人皆黑面，乃田主之奴，他国多买、雇而用之。产白糖、咖啡、棉花、烟、酒、姜，与南海洲相类。有古巴④者，西班牙之新地也。道光八年，货进口价银千有九百五十万员，出口亦如之。船千有八百八十九只。其他埠头亦出入货价三四〔万〕员。英吉利所属之西印度洲亦如之。

《万图地理全图集》曰：白西国，即西印度之包社地也。南及海隅，北至西域里湖并峨罗斯藩属国，东至印度，西接土耳其藩属国。北极出地自二十六度至四十度，偏东四十四度至六十度。其北方有高山数带，自远视如巨齿。其河不长，或入湖，或浸于

①伯尔西亚（Persia），即波斯，今伊朗（Iran）。
②忽鲁谟斯（Hormoz），今伊朗南部波斯湾入口处格什姆岛（Qeshm Island）南面之霍尔木兹岛。
③西印度各洲，此处指美洲西印度群岛（West Indies）。
④古巴（Cuba），今拉丁美洲古巴。

沙地。有好马、奇羊。国王当周秦年间强服邻国。唐朝年间，弃所习崇火拜太阳之教，而为回回。往往自东自北，有强敌侵其国而逐其君。道光年间，土君与峨罗斯肇衅，屡次战败，割北方全地让峨罗斯而服事之。虽英国大臣驻防者苦劝土君坚守，然不得其志。国王随意赏罚，如令将军领师交战，而接捷音，遂令之割阵亡敌人之耳。获胜是实，王释放戮杀，不顾律例，凡事自专。其宫殿如仙境，四面花园，水池异鸟，香烟缥缈，珠玉交辉。臣工百僚，自视如奴。

东北各地交界，有西域游牧〔此句疑有缺字〕时时侵犯境界，掠民为奴，而白西人不得折冲御防。

居民共计一千三百万丁，皆奉回回之教。一饮酿酒，喜得心花俱开。农者勤劳种麦，因无水沟，不得植稻。葡萄丰生。内地草场甚广，喂马、羊，剪羊毛造帕毡，其价甚贵。北地出铜及（土）〔石〕油，地面有盐土，故田不膏腴。土人好字作诗，不尽唱和之欢，土音和雅，听之如作乐。甚好饰身，耗费银钱，又买好马，挺枪跃骑，奔腾千里。好礼百拜，谄谀无实，常时食烟游玩。居环土墙，内铺呢毡。夏冬洗身，眉清目秀，其女容仪雅媚，但不贵本地之女，必由番国买来为妾，美艳易凋，嫁后七八年形容憔悴。男将女严禁闺中，若出过市，则浑身盖蔽。贬食省用，只务外观。

国之北部，如额兰部①，在里海之滨，支流灌溉，林密草芳。省会居民六十万。城多古迹，昔有几万居民，今颓墙坏壁。

马散地兰部②，在里海，四围高峰，山麓平地为牧羊之所。

---

① 额兰部（Gilan），即今伊朗之吉兰省。
② 马散地兰部（Mazandarān），今伊朗马赞达省。

可剌散①，广大地方，省会米食②，居民五万人。田亩虽丰，游牧贼心，肆掠无忌，故农夫苦贫。

内地之部曰以辣③，山岭不毛，谷内物产甚阜，但因战衅之久，遍处颓废。国都地希兰④，周围十四里，城池巩固。

益巴罕城⑤，屋宇繁多，通商富裕，昼夜勤劳。东南硗土，惟叶大城⑥居民繁多，生理富盛。

法耳辣城，郊外山水清秀，国中诗人观山玩水，歌诵吟啸。其补食海口⑦，与印度国通商，运出强马、红枣、珍珠，运入各项南产布匹。白西海隅⑧有恶末屿⑨，古时大市，众商聚会，今已废为沙野。部内有古迹，花柱旧庙，大殿城瓦砾场，游人察其古迹，解其碑记，乃古白西人崇火拜阳，与西国交战兴工营筑者。

法南沿海，褊小。刺地沙惟出枣而已。

东方克耳曼部⑩，居民养毳羊，用之以织造花帕，其价甚贵。

西古西但⑪省，田肥土茂，其河灌溉全境。缘贼侵掠，小民缺于日用。

东南有沙野，无水。其王好战，率兵围甲布王之希辣城⑫，欲侵印度，赖英国兵帅力行阻御，连月奋死击退。

————————

①可剌散（Khorsan），今伊朗呼罗珊省。
②米食（Mashhad，Meshed），今伊朗马什哈德。
③以辣（Irak），伊朗西部历史地名，今址不详。
④地希兰（Tehran），今伊朗首都德黑兰。
⑤益巴罕城（Esfahān），今伊朗伊斯法罕省省会。
⑥叶大城（Yazd），今伊朗亚兹德省省会。
⑦补食海口（Bushehr），今伊朗布什尔省省会。
⑧白西海隅（Persia G.），亚洲波斯湾。
⑨恶末屿（Hormuz，Ormuz），今霍尔木兹。
⑩克耳曼部（Kerman），今伊朗克尔曼省。
⑪西古西但（Khuzestān，Arabistan），今伊朗胡齐斯坦省。
⑫希辣城（Herat），今伊朗赫拉特。

《地球图说·白耳西亚国图说》：东界亚加业坦国、皮路直坦国、大布加利亚国，南界白尔西亚海，西界土耳基国，北界里海并大布加利亚国。其百姓约有九百万之数。都城名第希兰①。（即）城内民十三万，大都回回教，又另有拜火之教，名曰太阳教。是国昔时威震诸国，今不若昔矣。西北民最众，东南次之，中有旷野。以牧羊纺织毛布、呢、毡毯为业。好尚服色，颇知礼仪，言语文式。女容雅媚，出外必遍身遮蔽。交际专尚虚礼，不守忠信。遇有疑虑，常食鸦片以解郁闷，然其食鸦片之形状不似中国，而与土耳基国相似。其饮食不用刀叉匙箸，惟以手团之，诚不美也。自道光年间，频与俄罗斯国暨亚加业坦国交战，未分胜负。土产毡毯、呢、羊毛、布、绸缎、葡萄酒、羊、马、枣、铜、油、盐。

再稽《圣书》，所谓古圣人摩西与真神示诫于西奈山②，以色列人奉摩西之谕避麦西国③人之害，追入红海，真神即合水以相灭。其山其海均在是国焉。内有至旷之野，人民行走俱跨骆驼，以牧羊马为生，所居大都帐房。但其风俗每多不善，遇财即劫，诚可恶也。土产喋啡、枣子、靛青、药材、珠子、骆驼、良马。其马上山如平地，渡水似浮桥，日行二百里。

《地理备考》曰：百尔西亚国，又曰义兰④，曰波斯，在亚细亚州之中。北极出地二十五度三十分起至三十九度止，经线自东四十一度四十分起至六十一度三十分止。东至黑拉德、阿付干、北罗吉三国，西连土耳基国，南接白尔西亚、科曼二海湾，北界

---

①第希兰（Tehrān），今伊朗首都德黑兰。
②西奈山（Sinai Peninsula），即西奈半岛上西奈山脉主峰，相传为摩西受神启示而作《摩西法典》之处。
③麦西国（Egypt），今阿拉伯埃及共和国。
④义兰（Iran），今伊朗之另一译名。

达尔给、厄罗斯二国暨加斯比约海①。长约四千五百里，宽约三千里，地面积方约六十万里，烟户九兆余口。本国地势，山陵叠起，砂碛绵邈，河之长者曰给拉②，曰加伦③，曰达波④，曰西达罗干，曰的窝卢，曰固尔⑤，曰给西鲁森⑥，曰马三德兰⑦。湖之大者曰塞勒，又名都剌海，曰诗拉斯⑧、乌尔迷亚，曰伊里完。田土硗瘠，惟诗拉斯、伊〔斯〕巴汗⑨、义兰、马三德兰等处平原，〔亦属〕膏腴。谷果丰茂，禽兽充牣，树木萧条。土产铜、银、铁、铅、丝、麻、烟、酒、窝宅、花石、硫磺、硇砂、磁器、绵花、珍珠、药材、香料、大黄、鸦片、毡毯、牛皮等物。地气互异，西冷、南热、中温。王位相传。所奉之教乃回教也。技艺精巧，人烟辐辏，凡与邻国交易，靡弗结队而行，驮负运载。

本国初并于美地亚国⑩，周灵王十二年，有西禄斯者复立国基，即克服都兰、美地亚暨亚细亚州西方等处。越二百零七载，传至达里约，有马塞多尼亚国⑪君攻夺其地。迨薨后，麾下诸将互分其地，各霸一方。称王未几，各嗣君陆续皆被罗马国君所侵，惟本国屡挫其三军，不致尽隶版图。唐太宗贞观十年，为天方回人侵夺。宋理宗景定五年，又为蒙古人兼并。越一百二十六载，

①加斯比约海（Caspian Sea），即里海。
②给拉（Khar R.），即加拉河。
③加伦（Karum R.），即卡伦河。
④达波（Duab R.），今达波河。
⑤固尔（Kor R.），今库尔河。
⑥给西鲁森（Qezel Owzan），即克孜勒乌赞河。
⑦马三德兰（Mazandarān），今伊朗马赞达省。
⑧诗拉斯（Shiraz），又作西拉斯，今伊朗设拉子。
⑨伊斯巴汗（Esfahān），今伊朗伊斯法罕。
⑩美地亚国（Media），今伊朗吉巴尼斯省。
⑪马塞多尼亚国（Makedonija），古代马其顿王国。

土耳基亚国人逐去蒙古而据其地。其后嗣君暴虐无道，康熙三十三年国中变乱，废弑迭兴，索非斯君之后裔达马斯者，招兵买马，用贼首那的尔沙为将，许以重赏，率讨叛寇，大获全胜，尽复失地。其后那的尔沙贪婪无厌，以赏不酬功为词，遂行背叛，将达马斯君囚而弑之，篡位为王。乾隆十二年被臣所弑。其后纷纷争位，干戈四起，国之变乱，较昔尤甚，以致国人各分党羽，皆欲立其酋为君。杀戮抢夺，无所不至。东方各地，竟为阿付干国所获，别建一国，西方各地，则被那的尔沙家臣给灵者所据，即位后，任贤举能，兴利除害，为一时之明君，在位约三十载而殂。时其弟萨的者欲窃君位，乃以鸩谋毒嗣君。其后妻从子亚里木拉亦欲窃位，声言萨的欲行篡逆，乃率众攻围西拉斯城。越九月，既陷，遂将萨的暨嗣君一并弑害，僭立为君。时国内复乱，兵革滋扰，乾隆五十年亚里木拉薨后，国事未定，其哥麽部酋曰非尔者，僭位称王，中涓马何美起兵攻之，屡战获胜，而有其国。及薨，其侄巴巴塞尔达嗣立。嘉庆十八年与厄罗斯国交兵，即峨罗斯也，又丧日尔日亚地方。于是通国分为十一部，大小不等，一曰义拉亚日迷尔，乃国都也，建于平原之中。一名达巴利，一名马郎德兰①，一名义兰②，一名亚塞尔拜然③，一名古尔利，一名古西，一名发尔斯④，一名给尔满⑤，一名古义，一名哥剌森⑥。其通商冲繁之地，一名亚不支尔，一名本德尔亚巴西，一名音西

---

①马郎德兰（Mazadaran），今伊朗马赞达兰。
②义兰（Gilan），此指今伊朗吉兰省。
③亚塞尔拜然（Azerbaijan），今伊朗阿塞拜疆。
④发尔斯（Fars），今伊朗法尔斯省。
⑤给尔满（Kerman），今伊朗克尔曼省。
⑥哥剌森（Khorasan），又作哥拉撒，今伊朗呼罗珊省。

利，一名巴尔福禄支①。

《外国史略》曰：白西亚国，北及峨罗斯、里海、西域，东及西域、甲布②、巴律坦③，西及亚拉④并土耳其藩属地。广袤方圆二万二千七百四十里，居民二千一百二十五万。北极出地自二十六度至四十度，偏东自四十二度至六十度。西北多山，北地尤高，余皆平坦，民皆穿河灌溉。海滨广斥，卑湿而热，山亦硗确，无草木，惟出马、驴、驼、羊、鼠，各多异种。又产瓜、豆、麻、烟、姜、鸦片、绵花、乳香、阿魏、甘枣、百果、大黄、硝、硫磺、铁、铅、铜、盐。道光四年，地大震，山崩，大邑遂多荒芜。

白西亚本古国，民昔居山内，与他国无往来。周朝时有巴比伦国攻击犹太人，虏之。陈高祖永定二年，白西亚朱鲁士王陷巴比伦都，释犹太人，厚送财帛，再建神殿，而阿西亚⑤各地皆服之。其子又强陷麦西等国，恣其暴虐，国人废之，别择立贤明之大利阿王。出兵西方，据地益广，降地中海各岛，与东北游牧之徒战，败退。其子悉实又攻据希腊所属之马基顿地。王殁，国为将军所分。及（北宋）时，罗马人欲占其地，与白西国战，屡年不克而退。于东晋穆帝时，罗马之君议和，以五部让白西国。白西王又夺印度各国连界之亚拉地。于齐武帝永明元年，与匈奴盟，遂广扩土地，自地中海延及印度，虽罗马君亦畏之。唐太宗贞观元年，罗马军突破其国，而亚拉之回王穆哈默亦攻败白西，杀其君，强百姓归回教，不服者诛之。白西国昔奉星宿、太阳，自太

---

① 巴尔福禄支（Balfroosh），今伊朗巴勒弗鲁什一带。
② 甲布（Afghanistan），此处指阿富汗。
③ 巴律坦（Baluchistan），即印度西部俾路支。
④ 亚拉（Arabia），指阿拉伯半岛。
⑤ 阿西亚（Asia），即亚细亚。

宗贞观九年始归亚拉回教。至南宋间，五百八十四载，无所变易。及宋理宗二十五年，元太祖起蒙古，逾葱岭西征，尽降其地，封其婿〔为〕赛马尔罕（为）王，驻阿母河西北以遥辖之。至明洪武时，赛马尔罕王兴师而南，遍陷其地，尽有西域，亦奉回教。及赛马尔罕王没，大军亦旋，留诸酋长分镇各地，土耳其人乘间据白西国。正德间复归蒙古。雍正元年，屡与土耳其、峨罗斯两国结怨。白西人素勇，但性反复无常。乾隆元年，有蒙古王霸那得者，以本国地微，遂侵五印度，夺其财帛，降其百姓。性酷贪，境虽广，殁后白西国遂分为四，各邻国亦夺其土地。峨罗斯兵之在界者，屡击败白西人，道光六年让里海边地。后白西民又杀峨国公使，割其王之鼻耳。今王于道光十四年即位，受峨罗斯之命攻喜拉城①，此地向属五印度，英军击退之，峨罗斯因讲和焉。其国各有土酋分封，本蒙古之宗室，常反侧不安。

其产宜麦，宜瓜果，多马。其民貌美，女幼甚丽，逾二十余岁遂成老丑。俗尚奢靡，惟利是图。其屋外朴内华，其人外谦内诈，颇聪明，有豪气，能诗文。多尚回教，喜拜太阳、火焰。多出外国贸易。好美其须，乘良马。家家有浴室，甚整饰。语多亚拉音。与土耳其国为仇。制造最巧者花毡、搭膊布。美兵器，嵌以金银并磁器。其民不善通商，故船赴海口者少，亦无土产运出。

其城邑最北者曰治耳文城，在里海西，与峨罗斯交界。平坦，多五谷。有油泉自土涌出，每日得油千斤。有自然火，由渊上炎，五印度敬火之人争赴此拜之。里海之巴古海口②可通商。

里海之西曰其兰部③，甚丰盛，出蚕丝，多果木。水土恶，有

---

①喜拉城（Herat），今阿富汗赫拉特。
②巴古海口（Baku），今阿塞拜疆巴库。
③其兰部（Gilan），今伊朗吉兰省。

瘟疫。南有溜山，路狭难通行。其都会曰勒悉城①，居民六万，大埠也，在里海。

北部之东，里海之南，有马撒得兰②部，出米谷。巴佛③，居民四万。亚末，居民三万。

阿士搭拉巴④部，四面云山，丽景如画。

西北之部曰亚得比安⑤，与土耳其、峨罗斯交界，四面皆山，即古之他必城，极广大，地丰五谷并日用各物。多耶稣之教。又有大城，曰以利文⑥。

哥拉撒与西（城）〔域〕白西亚国交界，地甚广，有卤野，其都曰墨设城，居民五万。

以拉⑦部西连土耳其、亚拉等国，地多硗，而产谷颇盛，农皆守分。其北方有新立都曰得希兰城⑧，居民五万。大半驻兵，冬来夏去，以免瘟瘴。其王尝驻此以拒峨罗斯。其古都曰以士巴含城⑨，百年前居民百余万，今荒废。其海口曰布悉⑩，有贸易，无战船。

（注）〔法〕斯⑪部之示拉士邑，山川秀丽，距此百余里有古城。

---

①勒悉城（Rasht），今伊朗腊什特。
②马撒得兰（Mazandaran），今伊朗马赞达兰。
③巴佛（Babol，Bobol），今伊朗巴博勒。
④阿士搭拉巴（Astrabad），今伊朗阿斯特拉巴德。
⑤亚得比安（Azerbaijan），今伊朗阿塞拜疆。
⑥以利文（Erevan），今亚美尼亚首都埃里温。
⑦以拉（Ilam），今伊朗伊拉姆。
⑧得希兰城（Tehrān），今伊朗首都德黑兰。
⑨以士巴含城（Esfahan），今伊朗伊斯法罕。
⑩布悉（Bushehr），今伊朗布什尔。
⑪法斯（Fars），今伊朗法尔斯省。

其王专威好杀，傲视他国。侍卫二千人。其都周围以万骑环之。其游牧者各有首领，战即召之，各省所部以随阵，各营增至十五万及二十万人，皆乌合易散。近请英人及佛兰西人训练其兵，仿欧罗巴军令阵法以拒峨罗斯，然犹不能敌焉。政酷而饷重，故富户甚鲜。

海国图志卷二十四 邵阳魏源辑

西南洋

西印度阿丹国[①]一作阿兰。附天方回教考。

阿丹国，一作阿兰，一名阿腊比阿，又曰曷剌比亚，在阿细亚洲极西南，东、西、南皆界海，北界都鲁机，东西距千一百里，南北距千五百里，幅员百十六万六千方里，户口约千万名。形势亦居要害，惟地多沙石，缺源泉，惟资山涧灌溉，遇沙即渗。通国仅有东隅一小港耳。西那山[②]、伊阿列山、郎里山皆最高，滨临西海。在墨加[③]、默德那[④]各族中，不产草木，故古咸谓之石阿丹。然墨加之地较他处尚称沃壤，产上品乳香。其史书经典皆依回教。无官无王，类以族分，每族教头即部长也。内地事牧畜，海岸多商贾，惟边界土蛮事劫掠。

耶稣纪年七百以前，唐武后时。邻国皆乱，独阿丹无恙。有马哈墨者，被谪多年，收纳勇敢，教以战阵。值罗汶之衰，东征西讨，

---

①阿丹国（Adem），即今也门共和国亚丁，此处泛指早期阿拉伯国家。
②西那山（Sinai），今埃及西奈半岛上的西奈山。
③墨加（Mecca, Mekka），又作磨加、美加、末加、默伽，即今沙特阿拉伯麦加。
④默德那（Medina），又作麦地拿、美的纳、米地那，即今沙特阿拉伯麦地那。

西取摩罗果①，又渡海取吕宋等边地，东取阿沙斯河各地。遂创立法制，与各教为仇，为古今文字之一变。传及其兄子阿厘②，嗣位为大教师。初尚朴实，迨商旅辐辏，渐即乐逸。自后复有哈伦阿、兰士支阿尔门二人佐理，大兴文学。因本国硗确，遂迁于巴社，即古时巴比罗尼阿之首区也。嗣被鞑鞑里侵扰一空，谓元代蒙古也，曾灭回回祖国。退保本国，还其朴俗，不与他国往来。其滨海西岸复被都鲁机夺去。越二百年，明英宗正统初，距元太宗末计二百年。值都鲁机衰弱，始复夺回。千七百二十年，康熙五十九年。本国忽有微贱之洼都阿哈，聚集徒党，欲兴复麻哈密之教，删去其附会，自谓能知未来。有少年头目依沙乌信之，以兵力迫众遵从，连合各族立为通国教主，以墨加、默德那两处为首区，威震邻国，一时称盛。遂率其子阿巴尔腊图据伊揖、磨加等国，广行教化。伊揖之巴札领兵拒敌，竟擒阿巴尔腊归国，戮之。然其教内之人滋蔓难图，地方辽远，兼多旷野，可以乘机出扰，而外地不能进攻。

政事以一族为一部，每族立一教首，各理各族，不相统属。故阿丹之族谱推究极详，自古迄今，未有改易。其族中操权父老，谓之小师。而于众小师中，议立一师，谓之大师，各小师均属之。有大小，无尊卑。大者不能以王自居，而小者亦不以臣仆称也。各族均有炮台，牧畜游牧旷野，毋虞攘掠。人皆悍鸷好胜，各族亦互相械斗。若能联族合心齐力，实为劲旅，阿细亚洲内强国恐非其敌。历来各国均有更乱，而阿丹依然如故。此外又有一人曰耶米，在僻地独立一族，以贵人执政。后有伊满相继为政，于千六百三十年，明崇祯三年。将都鲁机人驱逐，即擅权为教主，立加底

①摩罗果（Morocco），今摩洛哥。
②阿厘（Ali），通译阿里，阿拉伯第四任哈里发（656—661）。

士官以判事焉。阿丹之人瘦小面黄，多力足者，善骑射鸟枪。俗尚俭节，富者始食稻米，皆产他国；贫者仅食本地大麦，以加非豆、柳豆之壳浸水饮之。凡菜饭皆调以骆驼乳，罕肉食。富家宴宾惟洁蔬菜，口腹之人众皆不齿。衣则腰膊各缠白布，以便插刀。惟布帽无论寒暑，厚十余层，金线绣字，再垂金银穗于两肩。其教师均出世家，如欧罗巴之俗，故师之名虽南面不易。国中麻哈密之后裔生齿蕃多，杂处民间，无处不有。其尊贵世家谓之煎里靡，其帽贵绿。又有哥厘士十二家，专司教事，亦得冠绿。部人望之若神明。俗尚劫夺，务慷慨。行人过境，必先求其保护，但有一饭之缘，即慨诺出力。设无保护，即谓是应劫之物，虽同处款洽，而一至旷野无不劫夺，如未谋面者然。惟被劫之人但尾至其帐，尚可动其矜怜，不至全受灾害也。家居饮食时，见有行人，必招同餐，恐人疑其贫窭。喜结交，多礼节，乍见即摇手为礼，曲尽殷勤，尊长见卑幼亦然。童稚即习礼仪，然皆虚文鲜实。器量狭小，与人有隙，不报不休，误行触犯，亦必报之。非特报其本人，且必诛及其族中尊贵而后已。故出门必携利器，坐以达旦，终宵不寐，积习牢不可破。人多妻妾，别内外，民妇或可游行，若部落之女，不蒙头即不外行，较之都鲁机、巴社防范尤严。回教原出于阿丹，而阿丹又以马哈墨为最著。迨后又分两种，一曰色底特士教，一曰比阿厘教，各立门户。常见都鲁机、巴社与阿丹人争辩教理成仇，反以马哈墨所传之教为邪教，是何谓耶？惟阿丹人不甚拒绝外教，故欧罗巴客商往彼贸易，或导人以克力士顿教，亦复客留善待，不至轻忽拒绝。若哇都阿哈之教，自为伊揖败死后，教亦不甚流传。阿丹音语与由斯及巴社等相似。其书籍近多散轶，因先日夺得外地建造部落时，尽将著名书籍先运往贮，及至地失而书亦随沦。本国人复又著辑论族类、论仇敌、论攻击、论游览、论女人以至小说等书。近有小说谓之《一千零一夜》，词虽粗俚，亦不能谓之无诗才。土产加非豆、柳豆、巴尔色马香、乳香、没药、树胶、沉香、马、骆驼。阿兰为香料聚集之埠头，名驰异域，其实本国仅产乳香、没药、巴尔色马香耳，余俱购自阿末里加洲。

《万国地理全图集》曰：亚剌伯，即天方、阿丹，回教祖国也。此乃半土，南及南海，北至土尔其藩属国，东接白西及其海隅，西及海峡，名曰死门①，又至江海，以苏叶微地②连与亚非利加大地。北极出自十一度至三十一度，偏东自三十度至六十度五十分。长四千五百里，阔三千六百里。大半沙漠，惟出枣。南方产珈琲，香味价贵。土出香料、药材。其马大有名，上山如平地，落水如浮桥，一日能走二百里。其驼系国之舟，忍耐辛苦。

陈宣帝大建元年，回教始祖摩哈麦者，生于麦加邑。少年商游西国，虽不识字，性好默思道理，贸易通利。一观本地人民，独拜偶像，心内不悦，新造教门，令妻受之。其亲戚朋友进教后合为一会。著圣书，称曰《可兰》③。独一真主上帝，而摩哈麦乃其所差之圣人。欲奉事上〔帝〕，必每日定期祈祷念经，赒济贫乏，每年一次连月守斋，日间不食；必须终年一次往摩哈麦生死之两邑附近其墓烧香礼拜；禁豕肉、饮酒，固守死后即升上界，享天女之乐。但佛教之徒不肯悦服，令摩避危，藏身穴内。唐高祖武德四年逃麦地拿之邑，居民悦接，并其从徒。以此年为元纪，信徒云集，结群攻击。次年其敌复来，固围国邑。摩哈麦募兵报仇，征取其炮台，乘机掩杀，糜烂其民，威权愈重。是以使人遍

①死门，今亚丁湾（Gulf of Aden）。
②苏叶微地（Isthmns of Suez），又作苏埃斯径，即苏伊士地峡。
③《可兰》，即伊斯兰教经典《古兰经》。

往四方，令诸国承其教，稍敢忤违，率兵剿灭。年及五十，督兵侵本邑，拆坏菩萨，酷戮异己。士人畏其兵力，不敢不信服。进贡如是，其教广布西域。

西奈山在亚剌①西北方。商朝年间，上帝于此处雷电，颁立十条诫谕，人类敬守。

麦加在西方，离红海不远。回回民于此集会，拜摩哈麦所生之屋。于四角一里之殿有黑石，古人所敬，亲嗅七次，周行后洗身水源，以表涤罪。巡行、瞻礼、上山事竣，其罪一概赦免。其城之居民三万丁，每因大会，生意丰盛。

麦地拿系摩哈麦葬处，卧于铁棺。回回亦往彼烧香。但城褊小，房屋不过五百间，年年南海、西域西国与亚非②虔信士不止数万，起程赴城，泛江涉巇而至，大众繁杂稠挤。

《地球图说》：亚拉比亚国，又名亚拉伯国，东界白耳西亚海，南界南海，西界红海，北界土耳基国，其百姓约有一万之数。都城名麦加，城内民六百万。其麦加之城，即昔回回教主摩哈麦所生之城。又一城名麦地拿，即回回教主葬地。故凡西域等国，不嫌千里之远，每年必数至烧香礼拜。盖昔年回回教主摩哈麦自云：奉天神亲谕，令著圣书一册，名曰《可兰》，以示庶人。若能信从，即享天福；如遇不信之徒，即行诛戮，以致亚细亚之西方各国不敢不信。至礼拜日期亦以七日为例，但与耶稣教不同，回教礼拜日在耶稣教礼拜后之第五日也。

《地理备考》曰：天方国③又名亚拉亚，在亚细亚州之西，北极出地十二度起至三十四度止，经线自东三十度起至五十七度止。

①亚剌（Arab），指阿拉伯半岛。
②亚非，即亚非利加（Africa），今译非洲。
③天方国，又作亚拉亚（Arabia），指阿拉伯王国。

东至科漫、白尔西亚二海湾，西枕红海，南连科曼海湾暨印度海，北界稣挨斯径暨土耳基亚国，长约六千里，宽约五千里，地面积方约八十万里。烟户一京二兆口。沙漠居多，丘陵甚少，一望平原旷野。河之大者有二：曰美丹，曰北波。其余小川，不注于海。田土硗瘠，荒野寥绝，东南滨海，颇为朊腴。土产铜、铁、铅、靛、谷、果、烟、蔗、香料、胡椒、绵花、熟皮、珍珠、白玉、珊瑚、玛瑙、卤砂、硫磺、花石等物。禽兽蕃衍，马匹极良。地气互异，近日稍和，各处甚热。泉少水缺，人物难堪。至于朝纲，诸酋统辖。所奉之教乃回教也。技艺庸陋，贸易兴隆。本国自古开基，以至唐高祖武德五年，历代相传，并无分踞。其后有本国美加城回人马何美者，布传新教，煽惑民心，绅衿家皆拂其言，且图杜绝其教。乃去美加城，入美的纳邑。居无何，名溢遐迩，授徒甚众。因率之以攻美加城，既陷其地，复强其民，遂即位为君，敷布新教，通国皆从风而靡，奉为圣人。及薨，嗣君复以新教流布于亚细亚、亚非里加、欧罗巴三州，取地甚多。其后国势凌替，互相分析，丧地于土耳基亚国者甚多。通国分为六域：一名黑德倭斯①，建于山谷之中，屋宇宏峻，街衢阔直；一名耶门②，一名亚达拉毛③，一名科曼④，一名剌沙⑤，一名内的惹⑥。

《外国史略》曰：亚拉国半地，南及印度海，北连土耳其藩属地，东连白尔西亚海隅，西及红海，为苏益之微地，与麦西国隔海峡，即回教之天方国也。广袤方圆五万里，居民千二百万。地

①黑德倭斯（Hedjaz），又作黑查，今沙特阿拉伯汉志。
②耶门（Yemen），又作耶闵、吉曼，今也门共和国。
③亚达拉毛（Hadramaut），又作哈答毛，今也门共和国阿德拉毛省。
④科曼（Oman），今阿曼苏丹国。
⑤剌沙（Hasa），又作哈查，今沙特阿拉伯哈萨省。
⑥内的惹（Najd，Nedsjed），又作尼耶，今沙特阿拉伯内志（纳季德）省。

多沙，恒酷暑。无土产，惟海岛中产枣并各树，人赖以活。耶闵部，广袤方圆三千二百四十里，居民三百万口。产香馥、树胶、没药等货。其都曰末加城，出珈琲。东南及沙漠，西及红海。有土酋管理，与麦西定贡物，其城曰撒那①。阿曼系东南之地，东及白西亚海隅，东南有沙漠。其君有权势，亦在邻地或亚非利加两海边开埠。其城曰母士甲②，居民万二千口，是最广之埠。哈查系白尔（白）〔西〕亚海隅，多海贼。黑查乃红海滨之圣地，有两邑：曰（黑）〔墨〕加，曰米地那那。回回所集。西北系硗地。内地有尼耶地，居民皆背回教。南海边曰哈答毛，居民无几。此地天气殊异，平地尤热，夜则反冷；有数处无雨，独降露。地干水咸，亦产麦及甘露枣、绵花、药材、烟、各种树胶，运卖他国。马尤骏，善走。多驼，民食其肉，用其毛，资其载负，来往皆以驼为业。多狮、驼、野羊、野兽。土民贫而野，好游牧抢劫，以帐房为居，牲乳为食。各立长领，虽统属于土耳其之君而不遵其命。随意恣行，有犯之者必杀乃已。各族类亦恒相肇衅。其民自古不服他国，虽异国犯其界，俱未能胜。后亦为希腊击服。希腊君殁，亚拉百姓侵据河中间地。东汉安帝永初间又为罗马国强服。其边地百姓或敬星宿、太阳，或奉耶稣教，亦有犹太国人为王，禁遏耶稣门徒，于是各族类屡斗。有穆哈默者，本为商贾，远贸易，与道士往来，习印度、犹太之经典，隐居崖穴，忽若神授，因自立一教。邑之居士不信而驱逐之。唐高祖武德二年，穆哈默遂往异乡聚众起兵，立年号，自称天使。屡战获胜，四方云从，势日益大，迫令邻国之君弃其教而进回教，风俗丕变。穆既殁，

①撒那（Sana），今也门共和国首都萨那。
②母士甲（Muscat），今阿曼苏丹国首都马斯喀特。

其兄子嗣王位，益兴其教，越罗马之界，攻取其大城，有不肯奉其教者诛焉。后侵麦西国，疆土日广，于是北据是班①，东服白西亚，尽占五印度国，如是回回之教四布数百年。有麦西贤士著书辟其说为异端，由是麦西国领大军以驱除之，其教始渐废。

亚拉国分三大分：一曰石地，一曰沙地，一曰丰地。石地在西北方，犹太人初出麦西国，即至此地。所谓摩西圣人受上帝命于西奈山，即此处也。穆哈默所自出之邑曰墨加者，四方云集，无不敬为圣域，贸易辐辏。米地那者，穆所葬，墓在庙内，辉煌焜耀，多不远千里来礼拜之焉。音破者，红海边之港，居民六千。墨加之港，居民万五千，商船极多，为亚拉最丰之市埠。又摩加者，居民五千，出珈啡。东边莫甲邑②最旺相，在白尔西海隅。有海贼巢穴，英人两次殄灭之。英人在死门海陕开埠，曰亚箐③，堆积石炭以便火轮船往来。地甚硗，居民亦少。吉曼为西南之地，大半沙野，其都会同名。近曰白尔西国王与土耳其之君分据亚拉之地，居民皆在山内，不顺外国之主，只贡微物而已。

西印度西阿丹国沿革 唐以前名条支，非回教，已载西印度下。唐以后为波斯、阿丹、天方、默德那等国，即回教祖国也。原无，今补。

《新唐书》：波斯居达遏水，西距京师万五千而赢，东与吐火罗④、康国接，北邻突厥可萨部，西、南皆濒海，西北赢四千里接拂菻界，人数十万。其先波斯匿王，大月氏别裔，王因以姓，又为号。治二城，有大城十余。俗尊右下左，祠天、地、日、月、

---

①是班（Spain），今西班牙。
②莫甲邑（Muscat），今阿曼苏丹国首都马斯喀特。
③亚箐（Aden），今也门共和国亚丁。
④吐火罗（Tukhara），中亚古国，当即巴克特里亚或大夏，故地在今阿富汗北部。

水、火，祠夕以麝揉苏泽，酢颜鼻耳。西域诸胡受其法以祠妖，拜必交股。俗跣蹻，丈夫祝发，衣不割襟，青白为巾，帔缘以锦，妇辫发着后。战乘象，一象士百人，负则尽杀。断罪不为文书，决于廷，判者铁灼其舌，疮白为直，黑为曲。刑有髡、钳、刖、劓；小罪酏，或系木于颈，以时月而置。劫盗囚终老，偷者输银钱。凡死弃于山，服阅月除。气常歊热，地夷漫，知耕种畜牧。有鹙，能啖羊。多善犬、骒、大驴，产珊瑚，高不三尺。隋末，西突厥叶护可汗讨残其国，其孙奔拂菻，国人迎立之。贞观十二年，遣使朝贡。其王为大酋所逐，奔吐火罗，半道大食击杀之。吐火罗以兵纳其子。龙朔初，又诉为大食所侵。是时，天子方遣使者到西域，分置州县，以疾陵城①为波斯都督府。俄为大食所灭。虽不能国，咸亨中犹入朝，使其子泥涅师为质，调露元年，诏裴行俭将兵护还，将复王其国。以道远，至安西碎叶而还。泥涅师因客吐火罗。景龙初，西部独存。开元天宝间，遣使者十辈，献玛瑙床、火毛绣舞筵。乾元初，从大食袭广州，焚仓库庐舍，浮海走。大历时复来献。又有陀拔斯单②者，其国三面阻山，北濒小海，居婆里城③，世为波斯东大将。波斯灭，不肯臣大食，后为黑衣大食所灭。

　　《明史》：天方，古筠冲地，一名天堂，又曰默伽。水道自忽鲁谟斯四十日始至，自古里西南行，三月始至。其贡使多从陆道入嘉峪关。宣德五年，郑和使西洋，分遣其侪诣古里。闻古里遣人往天方，因使人赢货物，附其舟偕行。往返经岁，市奇珍异宝及麒麟、狮子、驼鸡以归。其国王亦遣陪臣随朝使来贡。弘治三

①疾陵城（Zarang），古城名，故地在今伊朗高原萨瓦兰湖（Hamun-i Sawaran）东岸。
②陀拔斯单（Tabaristān），古地名，另作陀拔萨惮，故地在今里海南岸。
③婆里城，为婆里之误，即今伊朗里海南岸之萨里（Sari）。

年，其王速檀阿黑麻遣使偕撒马儿罕、土鲁番贡马、驼、玉石。正德初，帝从御马太监谷大用言，令甘肃守臣访求诸番骏马、骟马。番使云善马出天方，守臣因请谕诸番贡使传达其王，俾以入贡。嘉靖十一年，遣使偕土鲁番、撒马儿罕、哈密诸国来贡，称王者至（二）〔三〕十七人，所遣使人倍逾恒数。番文至后五六年一贡，迄万历中不绝。

天方于西域为大国，四时常似夏，无雨雹霜雪，惟露最浓，草木皆资之长养。土沃，饶粟、麦、黑黍。人皆颀硕。男子削发，以布缠之。妇女则编发盖头，不露其面。相传回回教之祖曰马哈麻即谟罕蓦德首于此地行教，死即葬焉。墓顶常有光，日夜不熄。后人遵其教，久而不衰，故人皆向善。国无苛扰，亦无刑罚，上下安和，寇贼不作，西土称为乐国。俗禁酒。有礼拜寺，月初生，其王及臣民咸拜天，号呼称扬以为礼。寺分四方，每方九十间，共三百六十间，皆白玉为柱，黄甘玉为地。其堂以五色石砌成，四方平顶。内用沉香大木为梁，凡五，又以黄金为阁。堂中垣墉悉以蔷薇露、龙涎香和土为之。守门以二黑狮。堂左有司马仪墓，其国称为圣人。土产宝石，围墙则黄甘玉。两旁有诸祖师传法之堂，亦以石筑成，俱极壮丽。其崇奉回回教如此。

瓜果咸如中国。西瓜、甘瓜有一人不能举者，桃有重四五斤者，鸡、鸭有重十余斤者，皆诸番所无也。马哈麻墓后有一井，水清而甘。泛海者必汲以行，遇飓风取水洒之即息。当郑和使西洋时，传其风物如此。其后称王者至二三十人，其俗亦渐不如初矣。

又曰：默德那，回回祖国也，地近天方。宣德时，其酋长遣使偕天方使臣来贡，后不复至。相传，其初国王谟罕蓦德即马哈墨生而神灵，尽臣服西域诸国，诸国尊为别谙拔尔，犹言天使也。

国中有经三十本，凡三千六百余段。其书旁行，兼篆、草、楷三体，西洋诸国皆用之。其教以事天为（祖）〔主〕，而无像设。每日西向虔拜。每岁斋戒一月，沐浴更衣，居必易常处。隋开皇中，其国撒哈八撒阿的干葛思①始传其教入中国。迄元（氏）〔世〕，其人遍于四方，皆守教不替。国中城池、宫室、市肆、田园，大类中土。有阴阳、星历、医药、音乐诸技。其织文、制器尤巧。寒暑应候，民殷物繁，五谷六畜咸备。俗重杀，不食猪肉。尝以白布蒙头，虽适他邦亦不易其俗。

《瀛涯胜览》：阿丹国濒海富饶，崇回回教。阿剌壁言语，情性强梗悍戾。有胜兵七八千，马步俱精，邻邦畏之。自古里国舟西行一月可至。永乐九年，诏中使赐命，其国王远迎谨甚，即谕其国人就互市。王顶金冠，衣黄袍，腰宝妆金带。礼拜则易白缠头，以金锦为顶，衣白袍，乘车列象而行。将领等冠服有差。民间男则缠头，衣撒哈剌锦绣纻丝细布，有靴鞋；妇人则长衣，顶珠冠缨络，耳金钱宝环，手金宝镯钏，足亦有环。丝帨、金银器皿绝胜。赤金钱曰哺噜黎，重一钱，面有文；红铜钱曰哺噜厮，市易用之。气候温和，历无闰，以月出定月之大小，夜见月，明日又为一月也。有善推步者，定某日春，则花木开荣；某日秋，则花木凋落；日月交蚀，风雨潮汐，无不验者。民居累石为壁，上覆以砖或土，高至十四五尺。市肆熟食及绮帛、书籍俱如中国。粒食多用酥糖蜜制，味极精美。厥产有米、麦、麻、豆、蔬菜，果有万年枣、松子、杷榄、干葡萄、核桃、花红、石榴、桃、杏之类，兽有象、驼、牛、羊、鸡、鸭、犬、猫，无猪、鹅，羊则

①撒哈八撒阿的干葛思（Sa'd abi-Waqqās），阿拉伯军官，曾奉命出使中国，传播伊斯兰教。

无角，颔垂短毛。有紫檀、蔷薇、露檐葡花、白葡萄，福鹿、青花白驼鸡。福鹿如骡，白首白眉，满体细间道，青花如画。白驼鸡如福鹿。麒麟前足高九尺余，后足六尺余，项长，头昂至一丈六尺，傍耳生二短肉角，牛尾鹿身，食粟豆饼饵。狮子形类虎，黄黑毛，巨首阔口，尾稍黑，其毛如缨，声吼如雷，百兽见之皆伏。厥贡金厢宝带、珍珠、八宝金冠、鸦忽等各种宝石，金叶表文。

《明史》：阿丹，在古里之西，顺风二十二昼夜可至。永乐十四年遣使奉表贡方物。辞还，命郑和赍敕及彩币偕往赐之。自是凡四入贡，天子亦厚加赐赉。宣德五年，海外诸番久缺贡，复命和赍敕宣谕。其王即遣使来贡。八年至京师，正统元年贡使始还，自后不至。前世梁、隋、唐时，并有丹丹国①，或言即其地。源案：史言丹丹国在振州东，又以赤土②为丹丹，则与暹罗接壤之国。若阿丹，则在西印度之西，相去极远，安得混为一乎？地膏腴，饶粟米。人性强悍，有马、步锐卒七八千人，邻邦畏之。王及国人悉奉回回教。气候常和，岁不置闰。其定时之法，以月为准，如今夜见新月，明日即为月朔。四季不定，自有阴阳家推算。其日为春首，即有花开；其日为秋初，即有叶落；及日月交蚀、风雨潮汐，皆能预测。其王甚尊中国，闻货船至，躬率部领来迎。入国宣诏讫，遍谕其下，尽出珍宝交易。永乐十九年，中国周姓者往，市得猫睛，重二钱许，珊瑚树高二尺者数株，及大珠、金珀、诸色雅姑异宝、麒麟、狮子、花猫、鹿、金钱豹、驼鸡、白鸠以归，他国所不及也。蔬果、畜产咸备，止无鹅与豕。市肆有书籍。工人所制金首饰绝胜诸番。所少惟草木，国人皆垒石为居室。麒麟前足高九尺，后六尺，颈

---

① 丹丹国，古国名，故地在今马来西亚吉兰丹。
② 赤土，古国名，故地在今马来半岛。

长丈六尺有二，短角，牛尾，鹿身，食粟豆饼饵。狮子形似虎，黑黄色，无斑，首大、口广、尾尖，声吼若雷，百兽见之皆伏地。

《明史》：嘉靖时制方邱朝日坛玉爵，购红黄玉于天方、哈密诸国番，不可得。有通事言，此玉产于阿丹，去土鲁番西南二千里，其地两山对峙，自为雌雄，或自鸣，请如永乐、宣德故事，赍重贿往购。帝从部议，已之。此大谬。阿丹即天方也。既购天方，何又再购阿丹？且阿丹去土鲁番又岂止二千里耶？当云购玉于土鲁番、哈密不可得，人言此玉产于阗，去土鲁番西南二千里。或云玉产天方阿丹，去土鲁番、哈密万二千里，则得之。

又曰：坤城，西域回回种。宣德五年，遣使来朝，贡驼马。时有开中之令，使者即输米一万六千七百石于京仓中监。及辞还，愿以所纳米献官。帝曰："回人善营利，虽名朝贡，实图贸易，可酬以直。"于是予帛四十匹，布倍之。其后亦尝贡。自成祖以武定天下，欲威制万方，遣使四出招徕。由是西域大小诸国莫不稽颡称臣，献琛恐后。又北出沙漠，南极溟海，东西抵日出没之处，凡舟车可至者，无所不届。自是殊方异域鸟言侏僑之使，辐辏阙廷。岁时颁赐，库藏为虚。而四方奇珍异宝、名禽殊兽，进献尚方者，亦日增月盛。盖兼汉、唐之盛而有之，百王所莫并也。余威及于后嗣，宣德、正统朝犹多重译而至。然仁宗不务远略，践阼之初，即撤西洋取宝之船，停松花江造舟之役，召西域使臣还京，敕之归国，不欲疲中土以奉远人。宣德继之，虽间一遣使，寻亦停止，以故边隅获休息焉。今采故牍尝奉贡通名天朝者，曰哈三，曰哈烈[1]儿，曰沙的蛮，曰哈的兰，曰扫兰，曰乜克力，曰

---

①哈烈（Herat），古国名，故地在今阿富汗西北部的赫拉特。

把力黑①，曰俺力，曰脱忽麻，曰察力失，曰干失，曰卜哈剌②，曰怕剌，曰你沙兀儿，曰克失迷儿③，曰帖必力思，曰火坛，曰火占④，曰苦先，曰牙昔，曰牙儿千，曰戍，曰白，曰兀伦，曰阿端⑤，曰邪思城，曰舍黑，曰摆音，曰克乱，计二十九部。以疆域褊小，止称地面。与哈烈、哈实哈儿⑥、赛蓝⑦、亦力把力⑧、失剌思、沙鹿海牙⑨、阿速、把丹皆由哈密入嘉峪关，或三、四、五年一贡，入京者不得过三十五人。其不由哈密者，更有乞儿、麻米儿、哈兰可脱、乩腊独、也的千、剌竹、亦不剌、因格失、迷乞儿、吉思羽奴、思哈辛十一地面，亦尝通贡。

又曰鲁迷⑩，去中国绝远。嘉靖三年遣使贡狮子、西牛。给事中郑一鹏言："鲁迷非常贡之邦，狮子非可育之兽，请却之，以光圣德。"帝竟纳之。五年冬，复以二物来贡。既颁赐，其使臣言，长途跋涉，费至二万三千余金，请加赐。御史张禄言："华夷异方，人物异性，留人养畜，不惟违物，抑且拂人。况养狮日用二羊，西牛日用果饵，兽相食与食人食，圣贤皆恶之。乞返其人，却其物，薄其赏，明中国不贵异物。"不纳。乃从礼官言，如弘治撒马儿罕例益之。二十二年偕天方诸国贡马及方物。明年，还至甘州。会迤北贼入寇，总兵官杨信令贡使九十余人往御，死者九

①把力黑（Balk），中亚古国大夏都城，故地在阿富汗北部。
②卜哈剌（Bokhara），今乌兹别克斯坦布哈拉。
③克失迷儿（Kashmir），今克什米尔。
④火占（Khojend），中亚古城，故地在锡尔河上。
⑤阿端，西域古国之一，即于阗（Khotan）。
⑥哈实哈儿（Kasgkar），即新疆喀什噶尔（今喀什）。
⑦赛蓝（Sairam），在今塔什干之东北。
⑧亦力把力，西域古国别失八里（Beshalik）的别称，故地在今新疆乌鲁木齐。
⑨沙鹿海牙（Shahrokia），中亚古地名，地在锡尔河。
⑩鲁迷（Rūm），古国名，指土耳其帝国。

人。帝闻，褫信职，命有司棺殓，归其丧。二十七年、三十三年并入贡。其贡物有珊瑚、琥珀、金刚钻、花瓷器、钻服、撒哈喇帐、羚羊角、西狗皮、猞猁孙皮、铁角皮之属。

《瀛环志略》曰：阿剌伯，亚拉彼亚、亚拉鼻亚、阿尔拉密阿、阿辣波亚、阿黎米也、阿丹、阿兰、天方、天堂。回教初兴国也，北界东土耳其，东界波斯及阿勒富海①，南距印度海，西抵勒尔西海，俗称红海。长四千余里，广三千余里。地西南滨海，有腴壤。中央皆戈壁，沙碛也。商旅必结队以行，否则虞盗劫，且虑风沙埋没。物产唯枣最多，人与畜皆食之。产名马，牧者爱养如儿子，能一日行五六百里。驼尤良，负重行远皆赖之。又产加非、香料、没药之类。其地古为土夷散部，恒役属于波斯。

陈宣帝大建元年，有摩哈麦者，或作摩哈默，又作玛哈穆特。生于麦加，一作默伽，又作美加。少年为商，往来西国，娶富商之寡，遂至大富。不识字而性聪敏，以佛教拜偶像为非，而泰西诸国耶稣教已盛行，思别创教门以自高异。入山读书数年，著书曰《可兰》，宣言于众，谓独一真主上帝命圣者教化世人，初命摩西，次命耶稣。两人之教虽行，然不能遍及也。复命摩哈麦立教以补其缺。入其教者焚香礼拜、念经、禁食猪肉。唐高祖武德四年逃难于麦地拿，一作默德那，又作美的纳。土人靡然从教，即以四年为元纪。今回教称一千二百几十年，即本于此。欧罗巴则以耶稣生年为元年，故称一千八百几十年。其后徒党日众，不入教者，率众攻之。兵败徒散，收合复起，遂灭大敌，据阿剌伯全土，布其教于四邻。邻部皆畏而从之，回教遂蔓延西土。当其盛时，尝剪灭波斯，荐食罗马，犹太买诸诸部。据阿非之北境，红海、地中海南岸诸部。裂欧罗之西垂，西班牙、葡萄牙。纵横三土，

---

①阿勒富海（Arabian Sea），即阿拉伯海。

亚细亚、阿非利加、欧罗巴。几于无敌。后为土耳其所攻，属藩尽失，日就衰微，卒乃纳贡于土耳其，称藩国焉。西域称摩哈麦为派罕巴尔，华言天使也。其苗裔称和卓木，华言圣裔也。巴达克山、塔什干皆其支派，而霍集占兄弟称大宗，回部以为贵种，所至辄拥戴之。黠虏藉其名以号召回众，数数犯边，遂为西鄙长患云。麦加、麦地拿皆在红海之滨。摩哈麦生于麦加，其地有黑石，上作大殿，周一里许。麦地拿为摩哈麦葬处，敛以铁棺。每岁诸回回来两地礼拜，南洋、西域、泰西、阿非利加，近者数千里，远者数万里，接踵膜拜，以数万计。阿剌伯地分六部，首部曰黑德倭斯，都城曰麦加，建于山谷之中，夏屋云连，街衢阔直。海口甚大，出运之货以加非为主，贩行欧罗巴各国。其海口在西方者曰热地①，富商所萃；在东方者曰木甲②，与英吉利、米利坚定约通商，以兵船巡海护之。亚丁，小岛也，在红海口门之外，现为英人所据。

　　按：阿剌伯，古条支国也，回教既兴，乃有天方、天堂等名，皆花门夸耀之称，比其国于天上，其实本无此名。其国在波斯之西南，前明时累次朝贡，多由西域陆路来。明初郑和等由海道使西洋，至天方而止，称为西洋尽处。彼盖由印度海驶入红海，遂以为海尽于此，而不知小西洋之外，尚有所谓大西洋也。

　　佛教兴于印度，以慈悲寂灭为归，中土士大夫推阐其说，遂开禅悦一派。摩西十诫虽浅近，而尚无怪说。耶稣著神异之迹，而其劝人为善，亦不外摩西大旨。周、孔之化无由宣之重译，彼土聪明特达之人起而训俗劝善，其用意亦无恶于天下，特欲行其

---

①热地（Jidah，Jeddh），今沙特阿拉伯吉达港。
②木甲（Muscat），今阿曼苏丹国首都马斯喀特。

教于中华，未免不知分量。摩哈麦本一市僧，忽起而创立教门，其礼拜与天主教同，所别异者仅不食猪肉一端，而其兽处无伦，则又为泰西诸国之所唾弃。乃自李唐以后，其教渐行于西域，今则玉门以西，尽亚细亚之西土，周回数万里，竟无一非回教者。鸥枭嗜鼠，蜈蚣甘带，孰为正味乎？正难为昧任侏僬者深求也。惟腥膻之俗蔓延中土，刚很毒骜，自为一类，非我族类，实逼处此，终贻江统忧尔。

《后汉书》：东汉和帝永元九年，西域都护班超遣掾甘英往通大秦，抵条支。临海欲渡，安息①西界船人告以海水广大，往来须赍三岁粮，英疑惮而止。大秦屡欲遣使于汉，为安息遮遏不得通。桓帝延熹九年，其王安敦遣使自日南②徼献象牙、犀角、玳瑁，始得一通云云。

考泰西人地图，安息即今之波斯，条支即今之阿剌伯。东汉时大秦。即意大里之罗马。正当全盛，未分东西，详《意大里图说》。其国都在意大里之罗马东境，至西里亚③、犹太，即《唐书》之拂菻国。与安息接壤。若由安息往大秦，渡妫水④，入安息境约三千余里，即今波斯。即已入大秦东境。今土耳其东土美索不达迷亚部⑤之巴索拉地。再西北行约三千余里，今土耳其东土、中土。波⑥海峡，即君士但丁黑海峡口。历西腊⑦之北境，今土耳其西土。约二千里至意大里之东北境，今奥地利亚

①安息（Partia），今伊朗，西亚古国，国势强盛时领有整个伊朗高原和两河流域，为罗马帝国与中国交通必经之地。
②日南，西汉设立的郡，地在今越南中部，其辖境约当今平治天省及广南—岘港省沿海一带。
③西里亚（Syria），今叙利亚。
④妫水（Oxus），即乌浒河，为阿姆河之古称。
⑤美索不达迷亚部（Mesopotamia），即两河流域之美索不达米亚。
⑥"波"字疑为"渡"字之误。
⑦西腊（Grace），即希腊。

地。又西南行千余里，即至大秦都城。即今罗马。计陆路万里而近。自西里亚以西皆大秦地。《汉书》所云从安息陆路绕海北行，出海西至大秦，〔人〕庶连属，十里一亭，三十里一置，从无盗贼寇警者，的确不诬。又云道多猛虎、狮子，遮害行旅，不百余人，赍兵器，辄为所食。按西里亚以西皆大秦名都大邑，四达通衢，安得有猛兽遮害行旅？盖安息贪缯彩交市之利，必不欲大秦之通汉，故为此诞说以阻汉使之西行。所谓遮遏不得通者，此也。若由条支从海道往，则阿非利加之大浪山一路，自明以前未通舟楫。即今欧罗巴诸国货船往来之路，明弘治间葡萄牙始创行之。欧罗巴东来海道率取道于地中海、红海。条支都城在麦加，乃红海北岸，《汉书》云条支城在山上，周回四十余里，正今之麦加城也。而其东境又临阿勒富海。甘英所临之海，未知其为阿勒富海抑即红海？若为阿勒富海，则须绕条支三面之海，计水程六七千里，至红海之尾而海尽；行陆路一百七十里，地名苏尔士，麦西国地。至地中海之东南隅，再登舟西驶约六千余里，而抵大秦都城，即罗马。计水程一万三千余里。若所临系条支都城之红海，则西北驶千余里已至红海之尾，计水程不足万里。中间隔陆路一百七十里，不能一帆直，明以前欧罗巴大船不能直抵中国，即因此阻隔，《海国闻见录》所谓恨不能用力截断者也。近年英吉利用火轮船递送文报，皆由此路。地中海另有火轮船接递。然舍此别无道路。计其水程速则四五十日，迟亦不过两三月，半载尽可往返，何至须赍三岁粮？盖安息总不欲大秦之通汉，故使西界船人麦加距安息已远，甘英所临之海当系阿勒富海也。设此词以难之。甘英惮于浮海，遂中止耳。至安敦之入贡，由日南徼外，即今越南南境之占城一带，乃由红海驶入印度海东南，行至苏门答腊、噶罗巴之巽他海峡①，转而北行入南

————————————

① 巽他海峡（Strait of Sunda），在苏门答腊与爪哇之间。

洋，抵越南之南境。今欧罗巴诸国由粤东绕阿非利加至印度海后，亦由此路。若从陆路，须由日南历暹罗、缅甸，抵东印度，越中印度至西印度，无论中间历数十番部，使币难通。而西印度以西仍须经遮遏之安息，方达大秦东境。故知其必由海道无疑也。大秦国之北方亦有陆路可通中国，须从奥地利亚东北行，历峨罗斯南境，至里海之北岸，转而东行，历西域游牧城郭诸部，可抵玉关。此则不入安息境，无从遮遏之矣。然两汉时，大秦北境至日耳曼而止，奥地利亚以东、以北皆匈奴别部，时峨罗斯尚未立国。时扰大秦边境，断无可通之理，故通中国惟安息一路，既为所遮遏，不得不由海道也。

案：匈奴别部，指今俄罗斯南部萨加社、日尔日、阿斯达拉冈、疴伦不尔厄，然后由北哈萨克、中哈萨克、霍罕、安集延、布鲁特以达西域至玉门也。

《岛夷志略》：天堂，地多旷漠，即古筠冲之地。风景融和，四时如春，田沃稻饶，居民乐业。云南有路可通，一年之上可至其地。西洋亦有路通。名为天堂，有《回回历》，与中国《授时历》前后只争三日，其选日永无差异。气候暖，风俗好善。男女辫发，穿细布长衫，系细布捎。地产西马，高八尺许，人多以马乳拌饭为食，则人肥美。贸易之货用银、五色缎、青白花器、铁鼎之属。

海国图志卷二十五<small>邵阳魏源辑</small>

西南洋

案：今天山以南，玉门以西，环葱岭东西南北，延及咸海、里海之左右，分亚细亚洲之半，蔓延及于内地各府厅州县，无不有清真寺、礼拜寺者。中土士大夫之无识者或从之。其人率阴鸷，寡廉耻，甘居人下，而中怀叵测，自为一族。海宇承平，可无大患，然其凶很猛烈之气固难化也。考回回教。

各国回教总考

案：阿丹、默德那皆天方也，而《明史》分三传，盖方其盛时，则巴社等国亦皆并于天方，其后分为数国，而教仍一教，是一国不足以该回教，回教亦不专属一国，故别为总考于后。

杭世骏《景教续考》曰：西域三教，曰大秦[①]，曰回回[②]，曰末尼[③]。大秦则范蔚宗已为立传，末尼因回回以入中国。独回回之教种派蔓衍，士大夫且有慕而从之者。其在唐时，史固称私创邸第、佛祠，或伏甲其间，数出中渭桥与军人格斗，夺含光门，鱼契走城外。而摩尼至京师，岁往来西域，商贾颇与囊橐为奸。李

①大秦，此处指景教。
②回回，此处指伊斯兰教。
③末尼（Mani），此处指摩尼教。

文饶亦称其挟邪作蛊，浸淫宇内。则其可绝者，匪特非我族类而已。作《景教续考》。回回之先，即默德那国国王穆罕默德，《四译馆考》作二罕蓦德。生而灵异，臣服西域诸国，尊为别谙拔尔，华言天使也。而天方古史称阿丹，奉真宰明谕，定分定制，传及后世，千载后，洪水泛滥，有大圣努海受命治世，使其徒众四方治水，因有人焉。此去阿丹降世之初，盖二千余岁。后世习清真教者，乃更衍其说，曰：阿丹传施师，师传努海，海传易卜剌欣，欣传易司马仪，仪传母撒，撒传达五德，德传尔撒，尔撒不得其传。六百年而后，穆罕默德生，命曰哈听，犹言封印云。具见天方古史。又言国中有佛经三十藏，自阿丹至尔撒，凡得百十有四部，如《讨剌特》、降与母撒之经名。《则逋尔》、降与达五德之经名。《引支纳》、降与尔撒之经名。皆经之最大者。自穆罕默德按经六千六百六十六章，名曰《甫尔加尼》，此外为今清真所诵习者，又有古尔阿尼之《宝命真经》，特福西尔噶最之《噶最真经》，特福西尔咱吸堤之《咱希德真经》，特福西尔白索义尔之《大观真经》，密迩索德之《道行推原经》，勒瓦一合之《昭微经》，特卜绥尔之《大观经》，侏僪昧任，不可穷诘。而其隶在四驿馆者，回回特为八馆之首，问之则云书兼篆楷草，西洋若土鲁番、天方、撒马尔罕、占城、日本、真腊、瓜哇、满剌加诸国皆用之。今考其教之入中国者，自隋开皇中国人撒哈八撒阿的干思葛始，故明初用《回回历》，其法亦起自开皇。至唐元和初，回纥再朝献，始以摩尼至。其法日晏食，饮水茹荤，屏湩酪。见《新唐书·回纥传》。二年正月庚子，请于河南府、太原府置摩尼寺，许之。见《旧唐书·宪宗纪》。明洪武时，大将入燕都，得秘藏之书数十百册，称乾方先圣之书，中国无解其文者。太祖敕翰林编修马沙亦黑、马哈麻译之，而回回之教遂盘亘于中土而不可复遗矣。至于天方，则古筠冲地，亦名天堂，本与回回为邻，明宣德间始入贡。而今之清真礼拜寺遂合而一之，念礼、斋拜、朝互之类，月无虚夕。异言奇服，招摇过市而恬然不以为怪，其亦可谓不齿之民也已。《道古堂文集》。

《每月统纪传》曰：亚非哩加①东北对面，隔红海，有长地称为亚剌伯，三边及海，纵横辽阔，荒芜沙漠，天气甚热，飞沙走石。土民游牧，不知农务，乳酪为食，掳掠行旅。其南方肥茂，宜五谷，多果实。古时居民崇太阳、星辰，以为神明。犹太民亦迁移立国。耶稣之徒广布教，然道理不正经，初差毫厘，后谬千里。陈宣帝大建元年，有穆罕默德生其地，为回回开基之祖，仪容俊伟。少时家贫，服贾远游，遍交异国人，广扩见识。体察人物之性，不舍昼夜推穷义理，累入深幽无人之处，将本地所崇教门千思百索，默寻根原，竟捕风捉影，水中捞月，立新教。其妻并家人拜服，视之若圣。言己奉上帝之命教化天下，上帝独一位，而穆乃其圣差，众人信服。戒犬、豕、酒、醴，不崇偶像，而拜天地之主。各人进教，宜割元阳之皮为号。欲享天乐，必须洗身清洁，每日三次念经，施济贫民，每年一次连日守斋。家有力者，一生必一赴穆之墓行礼拜神。有不遵教者，立攻伐戮杀。凛循法度者，为教除害不顾生死者，身后升天堂、享天乐。国人有不信其教，戏笑讥讪者。穆潜身穴内，假与神使对晤，奉天命以耸众。唐高祖武德四年，密计露出，城中人歃血欲杀之。穆潜窜山洞，其仇遍访至洞，但见蛛网塞口，遂返。穆既免难，益自负，入城复宣前教，众渐信从，久遂尊为圣人。敌国环而攻之，领万众围其城。穆立排栅，筑重城，深壕堑，守御甚严。敌拔寨退兵，穆引军而出，左冲右突，尽虏敌人。威振西海，远近皆敬之如神。

----

① 亚非哩加（Africa），非洲。

日增倨傲，性耽安逸，夺其继子之妻，托言奉天之命，辩驳者立斩示儆。起兵强服犹太国人，率兵千四百名，佯称拜神于本邑之庙，乘机诱说，乡人信从，后率众取其邑，尽坏偶像，独留黑石，令人于此处拜神。兵强国富，西征东讨，广布教化，遂夺亚剌伯全地为游牧之处。其时隔地之罗马国①地广大，与亚喇伯交界。穆发兵乘虚入罗马境，不复恋战而退。自觉死在旦夕，劝其党羽固执其教无改。案：西洋人崇耶稣，辟回教。故语皆诋斥，今去其已甚，存其大概，惟言穆罕默德生于陈宣帝大建元年，足补诸书所未备。

《广东通志》：日南徼外占城以至西域默德那国，其教专以事天为本，而无像设；其经有十三藏，凡三千六百余卷；其书体旁行，有篆草楷三法，今西洋诸国皆用之。又有阴阳、星历之类。其地虽接天竺，而与佛异俗，牲非同类，杀者不食，不食犬、豕肉，无鳞鱼，谓之回回色目教门。今怀圣寺有番塔，创自唐时，轮囷直上，凡十六丈五尺，每日礼拜者是也。然亦有占城诸国人杂其间。宋岳珂《桯史》云：番禺有海獠杂居，其最豪者蒲姓，本占城之贵人也。既浮海而遇风涛，惮于反复，乃请于其主，愿留中国，以通往来之货。岁益久，定居城中。屋室少，侈靡逾禁，使者方务招徕，以阜国计，且以其非吾人，不之问。故其宏丽奇伟，益张而大，富盛甲一时。绍熙壬子，先君帅广，余年甫十岁，尝游焉，今尚识其故处。层楼杰观，晃荡绵亘，不能悉举矣。番性尚鬼而好洁，平居终日相与膜拜祈福。有堂焉以记名，如中国之佛，而实无像设，称谓礨牙，不知何神也。堂中有碑，高袤数丈，上皆刻异书如篆籀，是为像主，拜者皆跪向之。旦辄会食，不置匕箸，用金银为巨槽，合鲑、炙、粱、米为一，酒以蔷露，

835

①罗马国，此处指东罗马帝国，即拜占庭，它当时控制着环绕地中海东部，经由小亚细亚、叙利亚及巴勒斯坦以迄埃及的广大地区。

散以冰脑。坐者皆置右手于褥下不用，曰此为触手，惟以溷而已，群以左手攫取，饱而涤之，复入于堂以谢。居无溲匽，有楼高百余尺，下瞰通流，谒者登之，以中金为版，施机蔽其下，奏厕铿然有声。楼上雕镂金碧，莫可名状。有池亭，池方广数丈，亦以中金通錾制为甲叶而鳞次，全类今州郡公宴燎箱之为而大之，凡用铿锭数万。中堂有四柱，皆沉水香，高贯于栋，曲房便榭不论。常有四柱欲矼于朝，舶司以其非尝有，恐后莫致，不之许。亦卧庑下。后有窣堵波高云表，式度不比宅塔，环以甓为大址，累而增之，外圜而加灰饰，望之如银笔。下有一门，拾级以上，由其中而圜转焉如旋螺，外不复见其梯磴。每数拾级启一窦，岁四五月舶将来，群番入于塔，出于窦，啁哳号呼以祈南风，亦辄有验。绝顶有金鸡，甚巨，以代相轮，今亡其一足。他日郡以岁事劳晏之，迎导其设。家人帷观，余亦在，见其挥金如粪土，舆皂无遗，珠玑、香贝狼籍坐上，以示侈。帷人曰："此其常也。"后三日，以合荐酒馔、烧羊以谢。龙麝扑鼻，奇味不知名，皆可食，迥无同槽故态。羊亦珍，皮色如黄金。酒醇而甘，几与厓密无辨。独好作河鱼疾，以脑多而性寒故也。余后北归，见藤守王君兴翁诸郎，言其富已不如曩日，池匽皆废云。

《西域图志》：回人尊敬造化之主，以拜天为礼，每城设礼拜寺。始生教主曰天主也，天主再世号曰派噶木巴尔。每日对之诵回经五次：初次寅时，二次未时，三次申时，四次酉时，五次戌时。拜毕则宣赞其义。略云：至尊至大，起无初，了无尽，无极无象，无比无伦，无形无影，大造化天地主儿。凡有职之人与夫诚心守教法者，莫不如是。每七日赴礼拜寺诵经一次，务集四人合诵，不论贵贱贫富皆然。回人通经典者曰阿浑，为人诵经，以禳灾迎福。每遇大年小年，详见岁时条。阿浑诵《阿伊特玛纳斯经》，为众祈佑；众人醵赠衣帽一袭。遇青草当生时，有牲畜之家每十羊出一牵，三十牛出一头，送阿浑为敬天礼，阿浑浼代众诵经祈佑牲畜蕃滋。倘有赢余牛羊，即以之济给贫乏，不自私也。一岁之中，富贵者有大事则大馈阿浑。自千金值物至数千金不等，于派噶木巴尔前诵《哈提密尔苏尔经》一次，谓之大布施，余物亦以济给贫乏。其好善敬天之人，随时致礼阿浑，浼其诵经。派噶木巴尔来世先立祠堂，奉香火，名曰玛咱尔。每年两次，众人赴玛咱尔礼拜诵经，张灯于树，通宵不寐。玛咱尔有香火田亩以供祭祀之需。又回国前有得道者，如哈帕体和卓、布楚尔哈尔和卓辈，共有七人。每月四次众人馈送阿浑，向七和卓像礼拜诵经，贫富贵贱皆然。远行则致礼物于阿浑，令其诵经保佑。疾病其所祷请亦如之。回部西有默克①、默德纳②，为回回祖国，回人凡终身必亲往礼拜一次，以答鸿庥。办装裹粮，往还期以三年，惟富者能酬其愿，贫无力者不能也。亦有附香火之资于富室以偕往者。

《西域闻见录》：回地之始立教者曰吗哈木訚③，回人称之曰乌鲁克大也、牌罕帕尔，圣贤也。谓去今时（乾隆三十七年）凡一千一百七十余年。所传经一卷，曰《阔尔罕》，凡三十篇，经内皆教人敬天，积福行善。禁服红赤，谓招兵劫之患。男服白，女服黑，谓火胜金，水克火也。其行教者，清晨礼拜毕即登高唤醒众人为工作役，晚则登高作乐，向西送日。无画像设。奉教传法者曰阿浑，不受职，不战阵，不饮酒，不吸烟，其讲诵劝化，回人咸尊敬之。以三百六十日分十二月，有十二支，无天干。每月以初见新月（上）〔之〕次日为朔，单月为大建，双月为小建，无闰月，

①默克（Makkah），今沙特阿拉伯麦加。
②默德纳（Madīnah），今沙特阿拉伯麦地那。
③吗哈木訚（Muhammad），即伊斯兰教创始人穆罕默德。

每十二月毕再加六日，以补足小建之数，不知推算日月交食也。其经类佛说咒语，谈因果性命之旨。阿浑仅能粗讲大意，其深微亦莫能晓也。其经云：天地日月乃覆载循环，当为上祭；山川水土乃资养万物，利于人者，当为中祭；家堂坟墓乃人之根本，为下祭。每家门外筑土为坛，坐西向东，名曰玛杂木尔，为祷祝礼拜天地日月及向西诵经之所，此其上祭也。喀什噶尔之北八千里有雪山，名图书克塔克，高峻无路可上，惟石虢一径。盘旋七八里，其上有平冈，周三十余里，草肥水碧，境界灵秀，四面悬崖，可望而不可即。遥望其西，有大孔穴曰图书克洞，土人言此洞乃牌罕帕尔之大弟子罗贺满梯入其中修心学道升天之处，人若虔心往拜，尚能现形，曾有见者。故回酋布拉尼墩每新年第一日必亲往礼拜。至今回人常往望山叩拜，以山中多熊、虎、蛇、虫，故不敢深入也。又山雪冬积夏融，乃先圣人因其地无雨泽，且圣迹神山恐人践蹈，故常存不化之冰雪，滋育生灵。回人每秋收后备粮作饼饵望祭，此酬山酬水之中祭也。每日三餐，每未食之先，必往家堂望叩先祖，是谓下祭。回人无姓氏，三世之内曰近族，兄弟之子女互相婚配；三世而外则无伦序，惟以长幼分坐次，年长者为尊，年幼者为卑。每年终前一月即把斋，据《牌罕巴尔经》云，此一月乃先圣人等避难之月，大众应日则把斋，夜则念经；日出之前早食，月出以后晚食。如此一月，则圣人之难可脱，各人先祖亡魂尽可出离灾难，其持斋众人亦假圣人之力而脱灾难。又一日曰库尔板阿依特，经云是日当念经礼拜，迎禧送祟。又一日曰鄂舒尔，系牌罕帕尔之外孙依玛木哈散等被贼杀害之日，牌罕帕尔于是日作乐诵经，超度亡魂，故回人依制亦于是日诵经，以超度父母，早生天界。又一日曰都瓦，系牌罕帕尔超度一切冤魂孽鬼归茔各享烟火之日，故回人于此日各上坟哭祭。又一日曰巴拉特，系上天鉴察人过恶之日，故俱诵经赎过。喀城东约五里余有坟园，土人名曰玛杂尔，乃回酋布拉尼墩等先祖玛哈木菩敏之坟，内有空亭一座，高圆而尖，中植一木，回人敬奉如神。回人文字有医药之书，有占卜之书，有堪舆之书，有各代纪载之书，有各国山川风土之书。其说以天高覆我，地厚载我，日月明照临我，皆当礼拜。戒贪淫奸诈，当敬谨敦厚，正人之气死而不散为神灵。其性命清净之理，大者宗诸释氏而得其糟粕，亦非无至理，无如阿浑陋者多，通者少，如内地之冬烘腐烂，徒以惑愚诱财，可太息也。

天方教考上魏源

维初太始，万物未形，无方无似。天地既辟，乃集气、火、水、土四行之精，造化人祖阿丹于天方之野。天方居昆仑之阳，处二洲之极中，为圣贤首出之地。天方《舆地经》曰：地为圜体，乃水土相合而成，土居水面四分之一。地之半面分为三：东土、西土、中土。自东至西作一直线，自南至北作一横线，两线相交为十字形。天方当其十字交处，为天地之枢纽，故万方环向焉。阿丹生育子孙，圣圣相承，其修道立教之规，皆阿丹奉真宰明谕，定制传世，无一出于臆造。阿丹千余载后，洪水泛滥，人民漂没。三月而洪水退，有大圣努海受命治水，使其徒众分往四方，去阿丹降世之初盖二千余岁矣。四方地气不齐，故人之散处四方者，语言、文字、风俗不能一致，去古近者，其教犹存；去古远者，其教遂失，故四方之教多非古教，惟天方得上古真传。阿丹受真宰命，传与施师，师传努海，海传易卜剌欣，欣传易司马仪，仪传母撒，撒传达五德，德传尔撒，撒死不得其传，纲纪坠落，异端蜂起。又六百年而后，穆罕默德生，以天方帝胄生而神灵，以大德王天下，西域诸国共上尊号曰倍昂伯尔。_{即派罕巴尔。}凡天方受命行教，同是圣人而有四等：行教而微有征兆者曰圣人，如脱鲁持郁实父是也；行教有征兆而敕之以经旨曰钦圣，如施师、叶尔孤白素来马尼是也；行教敕以经旨而能因时制宜、损益先圣之典者谓之大圣，如努海、易卜剌欣、母撒、达五德、尔撒是也；其受命行教、特受大典、总革前圣之经、为天下万世率由之准者，谓之至圣，惟穆罕默德一人而已。其未生也，父额有珠丸之相；既生而胸有天使之文；及长，入山得元石之瑞，其生平灵异材艺不可殚述。其功之大者一曰（刚）〔删〕经，经即真宰降与前圣，凡百十有四部，如《讨剌特经》、_{降与母撒之经名。}《则诵尔经》、_{降与}达五德之经名。《引支勒经》，_{降与尔撒之经名。}皆经之最古者。自穆罕默德出，真宰悉命裁革，乃授之以《甫尔加尼经》六千六百六十六章，共三十册，包括前古经文于其中。《甫尔加尼》者，华言《宝命真经》也，盖自尔撒去世六百年，异端纷扰，古经讹谬，是以圣人奉命删定，存真去伪，由博返约，而后荡荡平平，万古不易。二曰定制，如斋拜、婚丧、律度、权衡，大而朝庙禋祀，小而饮食起居，以及天地山海、礼乐文章、医卜术数之类，皆总前圣之精微而集其大成。如一日五礼，晨礼始于阿丹，晌礼始于易卜剌欣，晡礼始于郁纳息，昏礼始于尔撒，宵礼始于母撒，至穆罕默德始兼而用之。一日五礼，七日一聚，一年二会。_{一斋会，一祀会。}晨礼四拜，晌礼十拜，晡礼四拜，昏礼五拜，宵礼九拜，聚礼十拜，会礼二拜。惟大人有明礼，有夜功，有礼亲之礼，礼亲二拜，明礼、夜功无数。穆罕默德以其教传子孙，传弟子，分适殊域，广行教化。其为教也，以默识主宰为宗，以敬事主一为功，以归根复命为究竟。敬服五功，天道尽矣；敦崇五典，人道尽矣，五典同儒。五功者，一念真，二礼真，三斋戒，四捐课，五朝觐天阙也。时念真宰，有口念，有心念。曰礼五时，有散礼，有聚礼。岁斋一月，尽绝荤肉。岁捐课财，谓施舍于寺中。终身一觐天阙。天阙即天方。凡修教之人，无论何国，终身必往天方瞻礼圣墓，亲抚元石，以示归敬，是谓借有形之朝觐，以寓无形之朝觐。

天方教考下

天方经以《甫尔加尼经》为最大。诸大弟子发明之者，如曰《噶最真经》，曰《咱希德真经》，曰《大观真经》，曰《昭微经》，曰《费隐经》，曰《研原经》，曰《道行推原经》，曰《真光经》。天方诸贤若查密尔氏暨阿补德欧默尔辈，皆著有成书，如《密迩索德勒瓦》、《一合额史尔》等经，既行于天方，又传之东土，文义聱牙诎屈，不能通于儒。康熙中，有金陵刘智者，彼教中人也，会通东西之文，译为《天方性理》、《天方典礼》二书，因经立图，因图立传，冠以五章。首言大世界理象显著之叙及身心性命所藏之用，圣凡善恶之由；末章总合大小世界分合浑化之理，而归于一真。大都天分七重，气分七行，地分七洲，人分七等，其礼拜亦以七日为期。七天者，即七政。天惟其上，第八库尔西天，第九阿尔实天，总包诸天之外，华言无可译，则仍其旧名。然各重天皆有广轮里数，愈上愈广，即阿尔实、库尔西亦各有若千万里，则仍即历家之恒星天、宗动天而已。人分钦圣、众圣、大贤、智慧、廉介、庸常、冥顽七等，分配七政，而有至圣、大圣以配阿尔实、库尔西二天。至圣惟穆罕默德一人。七行者于金木水火土外，增气为一行，凡风云雷电皆是也；灵活为一行，凡动走飞潜皆是也。七洲之说未详其目，谅亦取西洋、五洲而增之。其教以真宰为主。真宰者，生天生地生人生物，纲维理数，宰制万有。人之性命，皆所赋予，故必生时以主宰为趋向，而后没时归根复命，仍还于主宰。其《谛言篇》曰："我证一切非主，惟有真主，止一无二。我证穆罕默德是主，差使我信主本然，以其妙用尊名。我承主一切法，则我信真主，信一切天神，信一切经书，信一切圣人，信后世，信善恶有定自主，信死后复生。清哉真主，世赞归主。万物非主，惟有真主。其主至大，无时无力，惟以尊主。"《民常篇》曰："维造物皇恩诞敷，宠锡加我愚氓，品类时出。五室以居，木竹石土革；五镪以用，金银铜锡铁；五服以衣，棉丝麻葛裘；五食以食，谷蔬果肉饮。五食各五，五谷、五蔬、五果、五肉、五饮，共二十五品。以利民事，以宏道绩，老得以终，幼得以育。呜呼！皇恩厚哉！宠锡殷哉！惟造物皇德，大垂眷顾，重我生民，张陈万物，民用是足。我民不智，乱厥置位。圣人明聪，无忤无拂。审形辨义，以物付物，顺物材物。以不负物，物乃义，义乃成。民期利益，集义利而成德。以德报德，是为至德。呜呼！皇德深哉！仁爱渊哉！名无可名，意无可意。"《居处篇》曰："居近仁，处近义，非其邻不宅。穆民忌野居，穆民犹言信士。野近愚，城近智。先邻而后宅，以亲贤正。不危居，不孤处，不坐卧于寺，不久寓于远译之乡。坟原不寺，园囿无家，禁地之中，无敢私舍。淫乱之家，不过其门。非我族类，必有表记。凡我域中，不容欧若堂，不容祝虎院，不容佛室、道观，以不眩乱于吾民。"欧若堂，天主教也。祝虎院，俗谓挑筋教也。《冠服篇》曰："服有常制，非其位不服其服。"王用弁冠，冠上着顶，顶之数不一，视所属王国多寡为定。掌一王者一顶，掌二王者二顶，掌四五王者四五顶，顶皆重宝为之。天方称大国者九十有四，称王者五十余，方言称王曰苏鲁檀。称帝者七，方言云墨利奇。而统属于鲁密之一君，所谓帝之帝、君之君也。其冠但一顶无二。王衣金丝织绣，略如东土，惟不用鸟兽龙凤为章，惟以山水藻卉。相臣银绣金素，百官银素，以职异制。士缘

帛，民素布，狭其袂，冠一以巾，以职异制。夷奴短褐。民不衣
帛，不以金银饰，惟妇女金帛无忌，男子不衣艳色。礼官尚白，
刑官尚墨，圣王尚绿，庶民（上）〔尚〕黄，夷役青靛，毋着异冠
异服。惟适异国，遵其国制。《饮食篇》曰："饮食惟良，必慎必
择。良以作资，乃益性德。禽食谷，兽食刍。畜有纯德者良，若
鸡凫雁雉，谷食者也；若鹿麋獐麝，刍食者也。穴属有兔，潜属
有鱼，蠃虫之属有螽。兔食之可，鱼食之常，螽食之变，利于大
歉。牛马作膳，马驴乘负。驼曰大牲，宜祀宜负，祀则不以负。
非大祀不宰驼，非宾会不宰牛。市有牛屠，圣化不入。若草与木，
有良有毒。若鸟暨兽，有善有恶。金蠃浪宕，厥性毒；鸷鸟攫兽，
厥性恶。唯毒戕生，惟恶贼性。贼性惟大，皆勿食，用其羽革毛
皮可也。介虫之类，龟鳖蟹蛤蛇蚁蜂蚕皆勿食。勿啖犬豕，勿饮
酒，犬豕污，酒乱。勿食自死肉，勿食浮水鱼。凡宰牲必诵主名，
异教之人不知主名，宰者勿食。禽畜有性良而或食污秽者，则驼
宜畜于家，饲草四十日；鸡鹜饲谷三日，乃可宰食。"天方人旧不
禁酒，穆罕默德初禁酗饮，继禁于礼拜之时，而究不能遵禁，乃
绝不许饮。凡祭祀宾燕，皆代以花露，虽终日饮之不乱。

　　魏源曰：天方教之事天，同于儒之事上帝，而袭取释教礼拜
斋戒，持诵施舍，因果浅近之说以佐之，大旨亦无恶于世教。其
以天地日月为上祭，山川水土为中祭，宗庙坟墓为下祭，不废神
祇人鬼，亦胜天主教之偏僻。惟既以阿尔实天、库尔西天最上无
外，而又各有广大若千万里之数，不知从何测量？从何起算？是
其言天也近凿。圣为天口，言合天心，而经必皆托于真宰之所降，
则其称天也近诬。中国有周以前，同姓婚姻不禁，然穆罕默德以
女妻其兄之子，不避期亲，则其于伦也太渎。诵主名杀者可食，
不诵主名杀者不可食，则主名不以止杀，而适以济杀。牲畜必纯

良者乃食，性不纯良者不可食，则是专宥狠而戕良。且不食犬豕，恶其污秽，而同一啖秽之骆驼、鸡、鹜，则又饲谷旬日即可宰食，何独不可施诸犬豕？或难刘智曰：回教事天，当体天心，好生恶杀，何不概禁不食？刘氏不能援上帝以解之，则援中土先王之制以自遁。呜呼！回教何事遵于先王？独于杀生乃援先王，岂先王亦教人诵主名而杀乎？先王亦教人但禁犬豕，专杀纯良乎？鸿荒草昧，禽兽逼人，蹄迹交于中国，人无爪牙鳞介以自卫，故庖牺作网罟，教民畋渔，以捍暴而卫患，非利其养也。沿习既久，弱肉强食，又以人而贼物。圣人有忧之，而势不能塞（寒）〔之〕也。爰制令曰：鱼禁鲲鲕，兽长麛麝，鸟翼鷇卵。鸟兽之肉，不登于俎，则公不射，数罟不入污池。于是一食戕无数生命者免矣。又制令曰：天子、诸侯、大夫、士无故不杀牛羊犬豕，庶人无故不食珍豺。不祭兽，不田猎，赐生必畜，馈生必畜。不网不射，宿不猎较。国君春田不围禽，大夫不掩群，士不取麛卵，孟夏毋大田猎，昆虫末蛰，不以火田。于是一物可供数人数日之食者，亦非秋冬宾祭养老不用矣。先王之好生恻死，曲全万物若此，酌中制，去已甚若此。乃徒计较于物性之纯不纯、污不污、利养不利养，而物命死生，漠然不问乎？且回教不食豕之人，果否纯良智慧？他教亦食豕之人，果否皆不良不慧？乃以一豕之食不食为出教入教之大防，几视淫杀盗妄为尤厉乎？既斥佛氏概不食肉为非，而回教概禁饮酒又同于佛氏，毋乃舍其难而禁其易，舍其大而禁其细乎？为回教者曰："众圣犹长月之月，穆罕默德出则中天之日也。众圣自阿丹至母撒，犹木自根而干而枝、而叶而华，穆罕默德出则其果也。"呜呼！大圣必全天德，全天德必体天心，天心果偏仁于不纯物，而偏忍于纯良之物乎？穆罕默德适墨瓦底纳国，见市屠牛者，谓之曰："曷改业？"其人曰："无以为生也。"

穆罕默德曰："有羊乎?"遂舍牛而业羊。斯言也,毋乃中土回人袭齐宣衅钟之权词,而不察牛羊之何择?且齐宣讵大圣耶?其言果合于阿尔实之天心耶?抑合于库尔西之天心耶?删经定制,集群圣大成,而所定之制若此,所自援之儒教仅如此,又何暇与议五伦?何暇与议六合?

海国图志卷二十六 邵阳魏源辑

西南洋 原无,今补。

西印度之如德亚国沿革[①] 古拂菻国,

非大秦也,唐时为隔海之大秦所并,故亦名大秦。元人谓之密昔尔,天主教谓之如德亚,回教谓之西多尔其,皆古西印度边境,今并入阿丹国。故《四洲志》原本无之,今别辑出,以志天主教源流。

《新唐书》:拂菻,古大秦也,居西海上,一曰海西国。去京师四万里,在苫国[②]西北,直突厥可萨部,西濒海,有迟散城,东南接波斯。地方万里,城四百,胜兵百万,十里一亭,三亭一置。臣役小国数十,以名通者曰泽散,曰驴分。泽散直东北,不得其道里。东度海二千里,至驴分国[③],重石为都城,广八十里,东门高二十丈,钿以黄金。王宫有三袭门,皆饰异宝。中门有金巨称,一作金人,立其端,属十二丸,率时改一丸落。以瑟瑟为殿柱,水晶琉璃为棁,香木梁,黄金为地,象牙阖。有贵臣十二共治,国王出,一人挈囊以从,有讼书投囊中,还省枉直。国有大灾异辄废王,更以贤者。王冠如鸟翼,缀珠,衣锦绣,前无襟。坐金蔼榻,侧有鸟如鹅,绿毛,上食有毒辄鸣。无陶瓦,屑白石墁屋,

---

①如德亚(Judaea),今称犹太,此指古代犹太人居住的巴勒斯坦地区。
②苫国(Ash-shâm),古国名,故地在今叙利亚。
③驴分国,或谓在幼发拉底(Euphrates)河上游,今地不详。

坚润如玉，盛暑引水上，流气为风。男子剪发，衣绣，右袒而帔。乘辒辌白盖小车，出入建旃旗，击鼓。妇人锦巾。家资亿万者为上官。俗喜酒，嗜干饼。多幻人，能发火于颜，手为江湖，口幡眩，举足堕珠玉。有善医，能开脑出虫以愈目眚。土多金银、夜光璧、明月珠、大贝、车渠、玛瑙、木难、孔翠、虎珀。织水羊毛为布，曰海西布。海中有珊瑚洲。海人乘大舶，堕铁网水底，珊瑚初生磐石上，白如菌，一岁而黄，三岁赤，枝格交错，高三四尺，铁发系网舶上，绞而出之，失时不取即腐。西海有市，贸易不相见，置直物旁，名鬼市。有兽名赞，大如狗，犷恶而力。北邑有羊，生土中，脐属地，割必死。俗介马而走，击鼓以惊之，羔脐绝，即逐水草，不能群。贞观十七年，遣使献赤玻璃、绿金精，下诏答赉。大食稍强，遣军伐之。拂菻约和，遂臣属。乾封至大定再朝献。开元七年，因吐火罗大酋献师子、羚羊。

源案：《唐书》所言大秦之盛，皆隔海欧罗巴大秦，非拂菻所有，故云度海二千里。当以《后汉书》为正。

《宋史》：拂菻国东南至灭力沙，北至海皆四十程，西至海三十程，东至西大食及于阗、回纥、青磨，乃抵中国。历代未尝朝贡。元丰四年十月，其王始遣大首领来献鞍马、刀剑、真珠，言其国地甚寒，土屋无瓦。产金、银、珠、西锦、牛、羊、马、独峰驼、梨、杏、千年枣、巴榄、粟、麦。以葡萄酿酒。乐有箜篌、壶琴、小筚篥、偏鼓。王服红黄衣，以金线织丝布缠头。岁三月则（诸）〔诣〕佛寺，坐红床，使人舁之。贵臣如王之服，或青绿、绯白、粉红、（黄）〔褐〕紫，并缠头跨马。城市田野皆有首领主之，每岁惟夏秋两得奉，给金、钱、锦、谷、帛，以治事大小为差。刑罚罪轻者杖数十，重者至二百，大罪则盛以毛囊投诸海。不尚斗战，邻国小有争，但以文字来往相诘问，事大亦出兵。

铸金银为钱，无穿孔，面凿弥勒佛，背为王名，禁民私造。元祐六年，其使两至，诏别赐以玉帛二百匹、白金瓶、袭衣、金束带。《文献通考》案：《唐史》有拂菻国，以为即古大秦也。然大秦自后汉始通中国，历晋、唐贡献不废，而宋四朝史《拂菻传》则言其国历代未尝朝贡，至元丰始献方物。又《唐传》言其国西濒大海，而《宋传》则言西距海尚三十程，其余界亦龃龉不合，土产风俗亦不同，故以唐之拂菻附入大秦，而此拂菻自为一国云。源案：唐之拂菻已非后汉之大秦，而宋之拂菻又非唐之拂菻，皆慕前代柔远之盛而冒名之者。

《明史》：拂菻，即汉大秦，桓帝时始通中国。晋及魏皆曰大秦，尝入贡。唐曰拂菻，宋仍之，亦数入贡。而《宋史》谓历代未尝朝贡，疑其非大秦也。元末，其国人捏古伦入市中国，元亡不能归。太祖闻之，以洪武四年八月召见，命赍诏书还谕其王。复命使臣普剌等赍敕书、丝币诏谕，乃遣使入贡。后不复至。万历时，大西洋人至京师，言天主生于如德亚，即古大秦国也。其国自开辟以来六千年，史书所载，世代相嬗，及万事万物原始，无不详悉。谓天主肇生人类，言颇诞谩。其物产、珍宝之盛，具见前史。今西洋诸书止言天主生如德亚，无大秦之号，此徐光启傅会《唐书》，而《明史》沿之。

《坤舆图说》：亚细亚州最西有名邦曰如德亚，其国史书载上古事迹极详，自初生人类至今六千余年，世代相传，万事万物，造作原始，悉记无讹。因造物主降生是邦，故人称为圣主。春秋时有二圣王，父达味德，子撒喇满，造一天主堂，皆金玉砌成，饰以珍宝，穷极美丽，费以三十万万。王德盛智高，声闻最远，中国谓西方有圣人，疑即指此。案：天主生于汉元寿中，春秋时安得便有国王造天主堂耶？或即古之天祠，亦止祀上帝，而非祀耶稣，安得谓西方圣人即指上帝？岂上帝（不）〔亦〕偏在西方耶？古名大秦，唐贞观中曾以经像来宾，有景教流行碑刻可考。如德亚之西有国名达马斯谷①，产丝、绵、绒、罽，料极佳。城不用砖石，是一活树纠结，甚厚无隙，高峻不可攀登，天下所未有。案：利马窦初至中国，安知有列子及景教碑？皆徐光启代为傅会，而近人方执以证大秦之说，亦可哂已。

《职方外纪》：亚细亚之西近地中海有名邦曰如德亚，此天主开辟以后肇生人类之邦。天下诸国载籍，上古事迹，近者千年，远者三四千年，而上多茫昧不明，或异同无据，惟如德亚史书自初生人类至今将六千年，世代相传，及分散时候，万事万物，造作原始，悉记无讹。诸说推为宗国。地甚丰厚，人烟稠密，是天主生人最初所赐沃壤。其国初有大圣人曰亚把剌杭②，约当中国虞舜时，有孙十二人，支族蕃衍，天主分为十二区。厥后生育圣贤，世代不绝，故其人民百千年间皆纯一，敬事天主，不为异端所惑。其国王多有圣德，乃天主之所简命也。至春秋时有二圣王，父曰大味得③，子曰撒剌满④，尝造一天主大殿，皆金玉砌成，饰以珍宝，穷极美丽，其费以三十万万。其王德绝盛，智绝高，声闻最远，中国所传为西方圣人，疑即指此也。此地从来圣贤多有受命天主，能前知未来事者，国王有疑事必从决之。其圣贤竭诚祈祷，以得天主默启，其所前知悉载经典，后来无不符合。经典中第一大事是天主降生，救拔人罪，开万世升天之路，预说甚详。后果

---

①达马斯谷（Dimashq），即大马士革，今为叙利亚首都。
②亚把剌杭（Ablaham），今译亚伯拉罕，为希伯来人的祖先，犹太教、基督教、伊斯兰教之古代圣人。
③大味得（David），今译大卫（前11世纪—前962年），于公元前1000年左右建立了统一的以色列王国，定都耶路撒冷（Jerusalem）。
④撒剌满（Solomon），今译所罗门（前10世纪中叶，在位40年），大卫之子，为以色列最著名之国王。

降生于如德亚白德棱①之地，名曰耶稣，译言救世主也。在世三十三年，教化世人，所显神灵圣迹甚大且多，如命瞽者明，聋者听，瘖者言，跛者行，病者起，以至死者生之类，不可殚述。有宗徒十二人，皆耶稣纵天之能，不假学力，即通各国语言文字。其后耶稣肉身升天，诸弟子分散万国，阐明经典，宣扬教化，各著神奇事迹。缘此时天下万国大率为邪魔诱惑，妄立邪主，各相崇奉，自天主降生垂教，乃始晓悟真理，绝其向所崇信恶教，而敬信崇向于一天主焉。所化国土，如德亚诸国为最先，延及欧罗巴、利未亚，大小千余国。历今千六百余年来，其国皆久安长治，其人皆忠孝贞廉。

兹略述教中要义数端：一曰天地间至尊至大，为人物之真主大父者，止有其一，不得有二，一即天主上帝而已。其全智全能全善，浩无穷际，万神人物皆为天主所造，又恒赖其保持安养，凡人祸福修短皆其主宰，故吾人所当敬畏爱慕者，独有一天主也。此外或神或人，但能教人纯一以事天主，即为善人吉神。若以他道诱人求福免祸，是僭居天主之位而明夺其权，其为凶神恶人无疑，崇信祭祀此类者不免获罪。一曰天地间惟一天主为真主。故其圣教独为真教，从之则令人行真善而绝不为恶，可升天堂，永脱地狱。若他教乃是人所建立，断未有能行真善、免罪戾而升天堂、脱地狱者。一曰人有形躯，有灵魂。形躯可灭，灵魂不可灭。人在世时可以行善，可以去恶，一至命终，人品已定，永不转移，天主于时乃审判而赏罚之。其人纯一敬事天主，及爱人如己，必升天参配天神及诸圣贤，受无穷真福；若不爱信天主，违犯教戒者，必堕地狱，永受苦难也。其苦乐永永无改，更无业尽复生为

---

①白德棱（Bethlehem），今译伯利恒，位于今耶路撒冷西部，相传为耶稣降生之地。

人及轮回异类等事。故实欲升天堂、脱地狱，只在生前实能为善去恶，无他法也。一曰人犯一切大小过恶，皆得罪于天主者也。故惟天主能赦宥之，非神与人所能赦，亦非徒诵念、徒施舍所能赎也。今人生孰能无过，欲求赦宥，必须深悔前非，勇猛迁改。故初入教先悔罪，有拔地斯摩之礼。既重犯，求解罪，有恭乘桑之礼。遵依圣教，守戒祈求，必获赦宥，不然一生罪过无法可去，地狱无法可脱也。所以教中要义，望人真能改过迁善，以获赦免而享天福，自有专书备论云。

如德亚之西有国名达马斯谷，产丝、绵、绒、罽、刀剑、颜料极佳。城有二层，不用砖石，是一活树纠结，无隙，甚厚，而高峻不可攀登，天下所未有也。土人制一药甚良，名的里亚加，能治百病，尤解诸毒。有试之者，先觅一毒蛇咬伤肿胀，乃以药少许咽之，无弗愈者。各国甚珍之。

《职方外纪》曰：百尔西亚西北诸国，皆为度尔格①所并。内有国曰亚剌比亚，中有大山，名西奈山②。古时天主垂训下民，召一圣人美瑟③于山，赐以十诫，著于石板，左板三诫，右板七诫，今所传十诫是也。其西北有死海，海旁城邑，古极富厚。因恣男色之罪，天主降之重罚，命天神下界，止导一圣德士名落得④者全家出疆，遂降火尽焚其国。至今小石遇火即然，臭不可近。产果形如橘柚，破之则臭烟而已。按：上文回教亦托言西奈山十诫，则不知谁为葛龚之未去也。

---

①度尔格（Turk），指15—17世纪奥斯曼土耳其帝国所属的小亚细亚、阿拉伯半岛、叙利亚、以色列、巴勒斯坦、约旦等西亚地区。
②西奈山（Sinai），位于西奈半岛中南部，为犹太教、基督教和伊斯兰教圣地。
③美瑟（Meses），今译摩西。
④落得，又译罗得，为以色列人祖先亚伯拉罕的侄子。

《万国〔地理〕全图集》曰：土尔其藩属国北接黑海，南连地中海，西至希腊群岛海。其中有湖，长四百里，广百里，名曰死海。古时建大城邑，因民自作罪孽，天降火焰硫磺尽烧其城，沉为咸湖臭水，四方无人居，惟有瘦岭枯山。死海之北为加利湖①，有救世主耶稣灵迹。其约尔坦河②南流入死海，此河内救世主受洗礼而（己）〔圣〕神降临之。

《瀛环志略》曰：泰西人记巴庇伦城高三十五丈，厚八丈七尺，上设塔二百五十，城门一百，以铜为之，周回一百八十里。南怀仁所记宇内七大宏工，有巴必鸾城，即巴庇伦之转音。即此城也。当其初建，糜膏血而供版筑，自以为子孙万世之业。然居鲁士兵来，曾不血刃而克之。金城千仞，果足恃乎？巴庇伦再叛，大流士恶其城垣之高，拆毁其半，至今犹存遗址，在土耳其东方美索不达迷亚境内。又英官李太郭云，西里亚文字西里亚文字即巴庇伦所造文字。与诸国不同，与清文极相似，但横写顺读耳。

泰西人纪犹太古事云：犹太古名迦南，有夏帝芒之世，西土有至人曰亚伯拉罕，生于两河之间，阿付腊底斯河③、底格里士河④。迁于迦南，其苗裔称以色列族。传数世至耶哥伯，有十二子，最少者曰约色弗，聪慧过人。诸兄忌之，卖于麦西为人奴。麦西，一名挨及多，一作厄日多，或作以至比多，又作伊齐不托，在亚非利加之东北境，详"阿非利加图说"。麦西王立以为相，以色列之族群往归之。初至时七十人，年久繁衍至六万人。麦西王忌其强宗，欲除之。时迦南以色列族有至人曰摩西，生而神异，学识过人，报仇杀人，逃于荒野四十

①加利湖（Lake Tiberias），今译太巴列湖。
②约尔坦河（Jordan R.），今译约旦河。
③阿付腊底斯河（Euphrates），即幼发拉底河。
④底格里士河（Tigris），即底格里斯河。

年。梦神人使赴麦西救本宗，至则麦西王方张网罗，欲收以色列族坑之。摩西密告宗人，约期同发。至海港，潮退变陆，渡毕而潮大至，麦西军追者皆溺死。摩西率众至迦南之耶路撒冷，遂王其地，示十诫以训民，教以事神天、敬父母、勿杀、勿奸、勿盗、勿妄证、勿贪他人之财，七日礼拜，省过愆。是为西土立教之始。泰西人相传天神降于西奈山，石上现文字，摩西拜受，垂为十诫以教民。盖托于神道以起人之崇信耳。后来耶稣教即本于此。西奈山在今亚剌伯西北境。摩西卒，约书亚继之，分以色列族为十宗，裂地封为小部，统于耶路撒冷。数传至周穆王时，始称犹太国。又数传至周襄王时，王耶何雅舍嗣位，始贰于巴庇伦。先是巴庇伦为亚细亚大国，犹太夙备西藩。巴庇伦侈汰，遇诸侯无礼，犹太王怒绝朝贡。周简王元年，巴庇伦以大兵攻之。城破，王自杀，迁其民于巴庇伦，犹太遂亡。周景王八年，波斯灭巴庇伦，释犹太民归国，以色列族复立故国，传三百余年。西汉时降罗马为属国，后复叛，为罗马所灭，屠耶路撒冷都城。罗马衰，亚剌伯回部据之。犹太为耶稣生长之地，欧罗巴人时往拜其墓，既为回部所据，禁不得通。诸国皆怒，合兵攻回部，从军者缝十字于衣，血战二百余年，卒夺回犹太地，重立为国，戍以兵。未几，戍兵思故土，各散归，寻为土耳其所据。其部民散之四方，西土各国多有之，以数百万计，而总称为犹太族，与别族不相混云。犹太人最讲文字，西国各种书籍多犹太人所译解，故其国纪载独详。欧罗巴文士游学者，不于希腊，即于犹太，盖泰西之邹鲁也。犹太女人姿姣好而（姓）〔性〕灵慧，与别部迥异，娶妇得犹太女，则以为威施在室也。犹太，自唐以后中国称为拂菻，即撒冷之转音。初转为拂懔，再转为拂菻。《唐书》直以拂菻为大秦，盖拂菻在罗马东部中最著名，遂误为大秦别名，犹之西域称浩罕为安集延也。宋、明史因之，则沿《唐书》之误耳。

案：罗马即大秦东土之犹太、叙理①诸部，今为东土耳其。其中土曰买诺，附近有数岛：曰居伯罗，曰罗得，曰治阿，曰米地邻。其东土有阿腊山、黎巴嫩山、阿付腊底斯河、一作阿偏得，又名八阿。底格里斯河、一作地额河。有大泽曰死海湖，曰加利利②。其地为泰西诸国创建之祖。其民居海岸、海岛者曰额力西种，希腊是也，为上等。其半阿丹种、戈达曼种及马罗奈底土种、特鲁西种、黑尔西种，皆回民。自其国中衰，守土之酋仅羁縻勿绝而已，拥地自擅，如唐之藩镇焉。

《万国〔地理〕全图集》又曰：犹太国，今土尔其国之藩属也。昔分三部：曰犹太，曰撒马利亚，曰加利利。古时其地蕃昌，物产如埠，名扬四海。本居麦西国，上帝率之进始祖所先住之地，但必四十年间游于亚剌伯旷野，又奉上天所启，始识上帝之圣旨。汉建始年间，有罗马国征服天下，犹太人亦归其权。且上帝之子耶稣于汉平帝元始元年于犹太国生，住世三十三年，布圣教于民，并赎人之罪，代受酷刑而死。复活升天，操万世宇宙之权。教散于四方，而信士以其地为重，往往诣耶稣墓而伏拜。今为回回国主所辖。

犹太之都曰耶路撒冷，昔甚广大，居民数十万，在旬山上建立上帝之殿，届期礼拜。因犹太人不崇上帝之子，自作罪孽，激罗马国之怒，遣大将引兵四面围合，攻破城池。犹太人自此亡国，四散各邦为旅。此时其城大半坏败，居民贫乏。加利利、拿撒勒邑系救世主所养生之处，居民不承其道，虽见其灵迹，却不改悔加省。此地之海口曰亚吉，曰伯律，曰牙法③，但其口无障风之

①叙理（Syria），即叙利亚。
②加利利，指今太巴利湖。
③牙法（Yafo），今以色列雅法。

山，选货又不盛。

犹太国北叙理亚国，南方里巴嫩山，出香柏。阿伦得河通流其地。地破里①海口居民二万五千。海滨有两大城：一曰土罗西顿城②，其富商如国君，仓廪实，府库充；一曰大马士革城，山川秀丽，田场开爽，衢市修饰，花卉芬芳。昔扫罗③望此邑而行，欲执耶稣之门生，忽天发光闻声，即此地也。叙理亚之东方近野哈马大城，古迹遍地，昔大有权势之王所居。其都会曰亚勒坡④，居民三十万。道光二年地震，屋倒城坏，野有饿殍。道光十六年，麦西总帅与土王结衅，侵取其国。于二十年英军扶助，还其原主。

景教流行中国碑 唐建中二年大秦寺僧

景净述

粤若常然真寂，先先而元无，窅然灵虚；后后而妙有，总元枢而造化。妙众圣以元尊者，其唯我三一妙身、无元真主阿罗诃欤。判十字以定四方，鼓元风而生二气，暗空易而天地开，日月运而昼夜作，匠成万物，然立初人。别赐良和，令镇化海，浑元之性，虚而不盈，素荡之心，本无希嗜。洎乎婆殚施妄，钿饰纯精，间浑大于此是之中，隟冥同于彼非之内。是以三百六十五种，肩随结辙，竞织法罗，或指物以记宗，或空有以沦二，或祷祀以邀福，或伐善以矫人。智虑营营，恩情役役，茫然无得，煎迫转烧。积昧亡途，久迷休复。于是我三一分身，景尊弥施，阿戢隐真威，同人出代。神天宣庆，室女诞圣于大秦。景宿告祥，波斯

---

①地破里（Tripoli），特里波利，即今黎巴嫩之的黎波里（Tarābulus）。
②土罗西顿城（Tartus），即今黎巴嫩之塔尔图斯。
③扫罗（Soloman），今译所罗门。
④亚勒坡（Halab），今叙利亚阿勒颇。

睹耀以来贡。圆廿四圣有说之旧法，理家国于大猷。设三一净风无言之新教，陶良用于正信。制八境之度，炼尘成真；启三常之门，开生灭死。悬景日以破暗府，魔妄于是乎悉摧。棹慈航以登明宫，含灵于是乎既济。能事斯毕，亭午升真，经留廿七部，张元化以发灵关。法浴水风，涤浮华而洁虚白。印持口字，融四照以合无拘。击木震仁惠之音，束礼趣生荣之路。存须所以有外行，削顶所以无内情。不畜臧获，均贵贱于人；不聚货财，示罄遗于我。斋以伏识而成，戒以静慎为固。七时礼赞，大庇存亡；七日一荐，洗心反素。真常之道，妙而难名，功用昭彰，强称景教。惟道非圣不元，圣非道不大，道圣符契，天下文明。太宗文皇帝光华启运，明圣临人。大秦国有上德曰阿罗本，占青云而载真经，望风律以驰艰险，贞观九祀，至于长安。帝使宰臣房公玄龄总仗西郊，宾迎入内，翻经书殿，问道禁闱。深知正真，特令传授。贞观十有二年秋七月，诏曰："道无常名，圣无常体，随方设教，密济群生。大秦国大德阿罗本，远将经像来献上京。详其教旨，玄妙无为；观其元宗，生成立要。词无繁说，理有忘筌。济物和人，（宜）〔宣〕行天下。"所司即于京义宁坊造大秦寺一所，度僧廿一人。宗周德丧，青驾西升；巨唐道光，景风东扇。旋令有司将帝写真，转摸寺壁。天姿泛彩，英朗景门；圣迹腾祥，永辉法界。

案：《西域图记》及汉魏史策，大秦国南统珊瑚之海，北极众宝之山，西望仙境花林，东接长风弱水。其土出火浣布、返魂香、明月珠、夜光璧。俗无寇盗，人有乐康。法非景不行，主非德不立。土宇广阔，文物昌明。高宗皇帝克恭缵祖，润色真宗，而于诸州各置景寺，仍崇阿罗本为镇国大法主。法流十道，国富元休，寺满百城，家殷景福。圣历年释子用壮，腾口于东周。先天末下士大笑，讪谤于西镐。有若僧首罗含大德及烈，并金方贵绪，物外高僧，共振宏纲，俱维绝纽。玄宗至道皇帝令宁国等五王新临福宇，建立坛场。法栋暂桡而更崇，道石时倾而复正。天宝初，令大将军高力士送五圣写真寺内安置，赐绢百匹，奉庆睿图。龙髯虽远，弓剑可攀；日角舒光，天颜咫尺。三载，大秦国有僧佶和，瞻星向化，望日朝尊。诏僧罗含、僧普论等一七人与大德佶和于兴庆宫修功德。肃宗文明皇帝于灵武等五郡重立景寺。代宗文武皇帝每于降诞之辰，锡天香以告成功，颁御馔以光景众。我建中圣神文武皇帝，披八政以黜陟幽明，阐九畴以惟新景命，化通元理，祝无愧心。大施主金紫光禄大夫同朔方节度副使、试殿中监赐紫袈裟。僧伊斯，和而好惠，闻道勤行，远自王舍之城，聿来中夏。中书令汾阳郡王郭公子仪，初总戎于朔方也，玄宗俾之从迈，为公爪牙，作军耳目。能散禄赐，不积于家，献临恩之颇黎，布辞口之金罽。或仍其旧寺，或重广法堂，崇饰廊宇，如翚斯飞。更效景门，依仁施利，每岁集四寺僧徒，虔事精供，备诸五旬。馁者来而饭之，寒者来而衣之，病者疗而起之，死者葬而安之。清节达娑，未闻斯美；白衣景士，今见其人。愿刻洪碑，以扬休烈。

　　方碑下及东西三面，皆列彼国字式，下有助检校、试太常卿赐紫袈裟，寺主僧业刹检校建立碑石，僧行通杂于字中。字皆左转，弗能译也。按碑三一妙身、无元真主阿罗诃者，教之主也。大秦国上德阿罗本者，于贞观九年至长安也。京兆府义宁坊建大秦寺，度僧廿一人，贞观十有二年也。此即天主教入中国之始。《未斋金石考略》。

　　右景教流行中国碑。景教者，西域大秦国人所立教也。舒元舆重岩寺碑，杂夷而来者，有摩尼焉，大秦焉，秋_{疑祆字}神焉。合天下三夷寺，不足当吾释氏一小邑之数。今摩尼、祆神祠久废，不知所自，独此碑叙景教传授颇详。盖始于唐初，大秦僧阿罗本携经像至长安，太宗诏所司于义宁坊造寺一所，度僧廿一人。高宗时，崇阿罗本为镇国大法主，仍令诸州各置景寺。其僧皆削顶留须，七时礼赞，七日一荐。所奉之像则三一妙身、无元真主阿罗诃也。今欧罗巴奉天主耶苏，溯其生年，当隋开皇之世，或云即大秦遗教。后题大蔟月七日、大耀森文日建立。所云大耀森文，亦彼教中语也。《潜研堂金石三跋尾》。

《册府元龟》：天宝四载九月诏曰："波斯经教，出自大秦，传习而来，久行中国。爰初建寺，因以为名。将以示人，必循其本。其两京波斯寺宜改为大秦寺，天下诸州郡宜准此。"此大秦寺建立之缘起。而碑言贞观中即诏赐名大秦寺，夷僧之夸词也。舒元舆重岩寺碑云："合天下三夷寺，不足当吾释寺一小邑之数。"释寺唯一，夷寺有三。摩尼即末尼也，大秦即景教也，祆神即波斯也，今据元舆记而详考之。《长安志》曰："布政司西南隅胡祆祠，武德四年立，西域胡天神也。祠有萨宝府官，主祠祆神，亦以胡祝称其职。"《东京记》引《四夷朝贡图》云："康国有神名祆，毕国有火祆祠。"疑因是建庙。王溥《唐会要》云："波斯国西与吐番、康居接，西北距拂菻。即大秦也。其俗事天地、日月、水火诸神。"西域诸胡事火祆者，皆诣波斯受法，故曰波斯教，即火祆也。宋人姚宽曰："火祆，字从天，胡神也。经所谓摩醯首罗，本起大波斯国，号苏鲁支，有弟子名元真，居波斯国，大总长如火山后，化行于中国。"然祆神专主事火，而宽以为摩醯首罗者，以波斯之教事天地水火之总，故诸胡皆诣受教，不专一法也。大秦之教本不出于波斯，及阿罗诃者出，则自别于诸胡。碑言三百六十五种之中，或空有以沦二，或祷祀以邀福，彼不欲过而问焉。

初假波斯之名以入长安，后乃改名以立异。若末尼，则志磐《统纪》序之独详："开元二十年敕云：末尼本是邪儿，妄称佛法，既为西胡师法，其徒自行，不须科罚。会昌三年秋，敕京城女末尼凡七十二人皆死。梁贞明六年，陈州末尼反，立毋乙为天子，发兵禽斩之。其徒不茹荤酒，夜聚淫秽，画魔王踞坐，佛为跣足，云佛上大乘，我乃上上乘。盖末尼为白云、白莲之流，于三种中为最劣。以元輿三夷寺之例核而断之，三夷寺皆外道也，皆邪教也。所谓景教流行者，皆夷僧之黠者，稍通文字妄为之词，非果有异于摩尼、祆神也。"钱民《景教考》。

按：西洋奉天主耶稣，或谓即大秦遗教。据碑有判十字以定四方之语，与今天主教似合。然《日下旧闻考》载天主堂构于西洋利玛窦，自欧罗巴航海九万里入中国，崇奉天主云云。若大秦，一名如德亚，今称西多尔其，在欧罗巴南，印度之西，相距甚辽远，似不能合为一也。杭氏谓唐之回纥，即今之回回，说亦末然。唐之回纥，即回鹘，其地与薛延陀为邻，距长安只七千里。若回回有祖国，以今《职方》诸书考之，在古大秦国之东，一名伯尔西亚，今称包社大白头番，与回纥隔远，亦不能合为一也。碑称大秦国上德阿罗本，而《唐书·西域传》所载诸国，惟拂菻一名大秦，然无一语及景教入中国之事。《唐会要》称波斯国西北距拂菻，则波斯在拂菻之东南，故《长安志》所载大秦寺，初谓之波斯寺。玩天宝四载诏书，波斯经教出于大秦，则所谓景教者，实自波斯，而溯其源于大秦也。《唐书·西域传》：波斯距京师万五千里，其法祠祆神。与《唐会要》语同，然亦无所谓景教者。祆神字当从示从天，读呼烟切，与从夭者别。《说文》云：关中谓天为祆。《广韵》云：胡神。所谓关中者，统西域而言。西北谓国事天最敬，故君长谓之天可汗，山谓之天山，而神谓之祆神。延及欧罗巴，奉教谓之天主，皆以天该之。唐传载波斯国俗，似与今回回相同。此碑称常然真寂，戢隐真威，亭午升真，真常之道，占青云而载真经，举真字不一而足。今所建回回堂谓之礼拜寺，又谓之真教寺，似乎今回回之教未始不源于景教。然其中自有同异，特以彼教难通，未能剖析，姑备录诸说以资博考。至碑称景教，景字之义，文中只二语，云"景宿告祥，悬景日以破暗府"，"是与景星、景光、流照之义相符"。然则，唐避讳而以景代丙，亦此义欤？《金石萃编》。

《四库全书提要》曰：西学凡一卷，附录唐《大秦寺碑》一篇。碑称贞观十二年，大秦国阿罗本远将经像来献上京，即于义宁坊敕造大秦寺一所，度僧二十一人云云。考《西溪丛语》，载唐贞观五年，有传法穆护何禄将祆教诣阙闻奏，敕令长安崇化坊立祆寺，号大秦寺，又名波斯寺。至天宝四年七月敕："波斯经教，出自大秦，传习而来，久行中国，爰初建寺，因以为名。将以示人，必循其本，其两京波斯寺并宜改为大秦寺。天下诸州郡有者准此。"

《册府元龟》载：开元七年，吐火罗①国王上表献解天文人文慕阇，智慧幽深，问无不知。伏乞天恩唤取，问诸教法，知其人有如此之艺能。请置一法堂，依本教供养。段成式《酉阳杂俎》载：孝亿国界三千余里，举俗事祆，不识佛法，有祆祠三千余所。又载：德建国乌浒河中有火祆祠，相传其神本自波斯国，乘神通来，因立祆祠。内无像，于大屋下置小庐舍，向西，人向东礼神。有一铜马，国人言自天而下。据此数说，则西洋人即所谓祆，斯天主即所谓祆神，中国具有纪载。不但有此碑可证，又杜预注

---

① 吐火罗（Tukhara），中亚古国，地在今阿富汗北部。

《左传》"次睢之社"，曰：睢受汴，东经陈留、梁谯、彭城入泗。此水次有袄神，皆社祠。顾野王《玉篇》亦有袄字，音呵怜切，注为袄神。徐铉据以增入《说文》。宋敏求《东京记》载：宁远坊有袄神庙，注曰：《四夷朝贡图》云，康国有神名袄，毕国有火袄祠，或曰石勒时立。此是袄教，其来已久，亦不始于唐。岳珂《桯史》记：番禺海獠其最豪者蒲姓，号白番人，本占城之贵人，留中国以通往来之货。屋室侈靡逾制，性尚鬼而好洁，平居终日相与膜拜祈福。有堂焉以祀，如中国之佛，而实无像设，称谓聱牙，亦莫能晓，竟不知为何神？有碑高衮数丈，上皆刻异书如篆籀，是为像主，拜者皆向之。是袄教至宋之末年，尚由贾舶达广州，而利玛窦之初来，乃诧为亘古未睹。艾儒略作此书既援唐碑以自证，则其为袄教更无疑义。乃无一人援古事以抉其源流，遂使蔓延于海内。盖万历以来，士大夫大抵讲心学，刻语录，即尽一生之能事，故不能征实考古，以遏邪说之流行也。

海国图志卷二十七邵阳魏源辑

西南洋

天主教考

明文秉《烈皇小识》：崇祯初始行天主教。上海徐光启，教中人也，入政府力进其说，宫府供养诸铜佛像尽毁碎。至是，悼灵王病笃，上临视之，王言九莲华娘娘立空中，历数毁坏三宝及苛求武清云云，言讫而薨。上大惊惧无及。京师天主堂有二西人主之，龙华民、汤若望也。叛其教者，先命取其家佛像来。天主殿前有石幢一、石池一，其党取佛像至，即于幢上撞碎，弃池中，率以为常。某年六月初一日，复建此会，方日正中，天无纤云，适举火，忽大雷一声，将佛像、炉炭尽摄去，众皆汗流，合掌念阿弥陀佛，遂绝此会。

《澳门纪略》曰：澳中凡庙所奉天主，有诞生图、被难图、飞升图。其说以耶稣行教至一国，国人裸而缚之十字木架，钉其首及四肢，三日苏飞还本国，更越四十日而上升，年三十有三。故奉教者必奉十字架，每七日一礼拜，至期男女分投诸寺，长跪听僧演说。岁中天主出游，三巴①则以十月，板樟②以三月、九月，

---

①三巴（Igreja de São Paulo），澳门圣保禄教堂的译名。
②板樟（Igreja de S. Domingo），圣多明我堂，因该堂为木结构，故华人谓之板樟堂。

支粮①以三月，大庙②则二月、五月、六月凡三出游。率先夕诣龙松庙③，迎像至本寺，然灯达旦，澳众毕集，黑奴舁被难像前行，番童诵咒随之，又以番童象天神，披发而翼，来往腾跃，诸僧手香独步其后，又用老僧抱一耶稣像，上张锦棚，随从如前仪。岁三月十五日为天主难日，寺僧皆瘖，越十七日复鸣，诸番彻酒肉三日，虽果饵啖不至饱。番僧不一类，三巴寺僧削发，披青冠斗帽，司教者曰法王，由大西洋来。澳酋无与敌体者，有大事、疑狱，兵头、番目不能决，则请命，命出奉之惟谨。其出入张盖，树幡幢，僧雏拥卫之。男女见者辄前跪捧足，俟过然后起。法王或摩其顶，以为大幸。妇女尤信向之。龙松庙僧亦削发蒙毡，内衣白而长，外覆以青。板樟庙僧不冠，曳长衣，外玄内白，复以白布覆其两肩。噶斯兰④僧服粗布衣，带索草屦，不冠不袜，出入持盖，是二庙僧有尽削其发者，有但去其顶发者。他如大庙、风信⑤、花王⑥、支粮诸庙，则系本澳自行焚香，秃顶而圆，被长青衣，无妻室，而左右列侍番女，于庙于家，惟所便，盖火居衲子之流。其通晓天文曾游京师者，皆留髭须，解华语，分住各庙中。诸僧往来番人家，其人他出，径入室，见其妇，以所携藤或雨伞置诸户外，其人归，见而避之。惟三巴戒律綦严。番妇入寺者，为之持咒禳解，寺僧不苟出入，即出必以人伴之，书其名于版以

①支粮（Santa Casa da Misericordia），今澳门仁慈堂，因当时该堂属下之仁慈机构均往该堂支取薪水，故华人谓之支粮庙。
②大庙（Cathedral），又称大堂，今澳门天主堂，长期为澳门主教座堂。
③龙松庙（Igreja de São Augustine），今澳门圣奥斯定堂，华人谓之龙松庙或龙嵩庙。
④噶斯兰（Igreja de São Francisco），即澳门圣方济各堂，华人谓之加斯兰庙或噶斯兰庙。
⑤风信（Igreja de São Laurence），即澳门圣老楞佐堂，华人称之为风信堂或风顺堂。
⑥花王（Igreja de São António），今澳门圣安多尼教堂，因其所奉安多尼被视为"婚姻主保"，故俗称花王堂或花王庙。

为志。尼曰圣母,其敬奉尤甚于法王。一女为尼,其家人罹重辟,得女尼片纸,立宥之,然必捐千金致诸公,故入寺者鲜。寺中尼凡四十有奇。三巴寺在澳东北,依山为之,高数寻,屋侧启门,制狭长石作雕镂,金碧照耀,上如覆幔,旁绮疏瑰丽。所奉曰天母,名玛利亚,貌如少女,抱一婴儿。曰天主耶稣,衣非缝制,自顶被体,皆采饰平画,障以琉璃,望之如塑,旁貌方论说状,须眉竖者如怒,扬者如喜,耳重轮,鼻隆准,三十许人,左手执浑天仪,右又指若动,目若瞩,口若声。

又曰:天主教者,西土曰天主耶稣,汉哀帝元寿二年庚申生于如德亚国,为天主肇生人类之邦,西行教至其国,奉之至今。甚且沾染中土,诱惑华人,在明则上至公卿,下逮士庶。迄日奉诏禁,而博士弟子尚有信而从之者。其徒著书阐述,多至百余种,士大夫又为润色其文词,以致谈天言命,几于乱聪。今就澳门取其书观之,所云五经十诫,大都不离天堂地狱之说,而词特陋劣,较之佛书尤甚。间尝寻求其故,西洋诸国,由来皆崇佛教、回回教,观其字用梵书,历法亦与回回同源,则意大里亚之教,当与诸国奉佛、奉回回者无异。特其俗好奇喜新,聪明之士遂攘回回事天之名,而据如来天堂地狱之实,以兼行其说。又虑不足加其上也,以为尊莫天若天有主,则尊愈莫若,盖其好胜之俗为之,不独史称历法云尔也。昔西人有行教于安南者,举国惑之,王患之,逐其人,立二帜于郊下,令曰:"从吾者立赤帜下,宥之,否则立白帜下,立杀之。"竟无一立赤帜下者。王怒,然炮杀之尽。至今不与西洋通市,至则举大炮击之。西人亦卒不敢往,倭亦然。噶罗巴马头石凿十字架于路口,武士露刃夹路立,商其国者必践十字路入,否则加刃,虽西人亦不敢违。又埋耶稣石像于城阃以蹈践之。盖诸番严恶之如此,中土人士,乃信而奉之如恐弗及。

明臣蒋德璟序《破邪集》，且为调停其间。夫逃杨归儒，归斯受之，犹可说也。援儒入墨，援而附之，不可说也。必如圣朝用其历法而放斥其邪教，庶乎两得之矣。

赵翼《檐曝杂记》曰：天主堂在宣武门内，钦天监正西洋人刘松龄、高慎思等所居也。堂之为屋，圆而穹，如城门洞，而明爽异常。所供天主如美少年，名耶稣，彼中圣人也。像绘于壁而突出，似离立不着壁者。堂之旁有观星台，列架以贮千里镜，镜以木为筒，长七八尺，中空而嵌以玻璃，有一层者、两层者、三层者。余尝登其台以镜视天，赤日中亦见星斗；视城外，则玉泉山宝塔近在咫尺间，砖缝亦历历可数。而玻璃之单层者，所照山河人物皆正，两层者悉倒，三层者则又正矣。有楼为作乐之所，一虬须者坐而鼓琴，则笙、箫、磬、笛、钟、鼓、铙、镯之声，无一不备。其法设木架于楼架之上，悬铅管数十，下垂不及楼板寸许；楼板两层，板有缝与各管孔相对；一人在东南隅鼓鞲以作气，气在夹板中尽趋于铅管下之缝，由缝直达于管；管各有一铜丝系于琴弦，虬须者拨弦则各丝自抽，顿其管中之关捩而发响矣。铅管大小不同，中各有窾窍，以象诸乐之声，故一人鼓琴而众管齐鸣，百乐无不备，真奇巧。又有乐钟，并不烦人挑拨而按时自鸣，亦备诸乐之声，尤为巧绝。

俞正燮《癸巳类稿》曰：西域有丛神，谓之天祠。有主祠者如巫觋，至其教，成其徒，惟奉本师，不复奉天神，势则然也。佛藏《贤愚因缘经》云：过去提婆令奴王将至天祠，泥木天像起身为礼。前王五百子中设至天祠，自礼天像，诸余泥木天像悉不作礼。又云：恒河边有摩尼跋罗天祠，毗沙门王白帝释言：我有一臣摩尼跋罗，有转相从其祠求子，是所谓天神者。事火事日，又杂兼众神，所谓主者庙祝，如马韩各立一人，主祭天神，名之曰天君也。其人非一，惟耶稣能成大宗。耶稣亦作尔息，亦作尔撒，对音字不能审也。佛时乾闼婆、阿修罗皆其教，传之耶稣，其教始盛。耶稣生当汉哀帝元寿二年，景宿告祥在如德亚地。唐建中二年，大秦寺僧景净立"景教流行中国碑"，言大秦寺始贞观十二年七月，碑称三一妙身无元真主阿罗诃，又称其母为三一分身，景尊弥施诃。云室女诞圣于大秦。又言阿罗诃存须削顶，七时礼赞，七日一荐，则兼摩尼法。唐以后，宋、元不见于史。明万历九年，其人复至广东，二十九年至京师。《明史》云：礼部郎中徐如珂召天主教二人，授以笔札，所记舛缪不相合。回回《干尔塞经》则云：尔撒圣人者，亦阿丹圣人之后，立教敬天为主，传徒繁盛，战胜攻克。或通其妻，托求异术。尔撒告妻，畏人缚发，妻于是夜暗系其发，仇至遭擒，便被杀害。其徒愤恨，天不垂佑，乃奉天主，不复事天。天主教则言：耶稣行教，国王磔之十字架上。其徒所传艾儒略《万物真源》，为秉正圣言，广益全编。及其诠自证等经，冗鄙无可采语。十字架者，景教碑所言，判十字以定四方者也。《贤愚因缘经》优婆鞠提缘品云：梵志或事日月，翘脚向之；或复事火，朝夕然之。即《通典》注言：大秦胡事火咒诅也。《西域记》云：钵罗那迦天祠，人露形旦上高柱，一手执柱端，一足蹑旁杙，一手一足，虚悬向外，视日影求出生死，所谓裸形求仙，是尼犍法。然则十字架者，高柱及杙。后不事日，犹留其式。耶稣裸体张十字架上者，耶稣以他事被杀，而遗像具生时露形上高柱，翘手脚视日也。其徒文言之则曰定四方，妄言之则曰耶稣磔于十字架。耶稣诚磔死架上，何忍宝其受惨刑具而顶礼之？且耶稣母何为以弄其儿哉？《大唐西域求法高僧传》云：诸外道先有九十六部，今但十余，斋会聚集各为一处，是彼时犹与佛教同赴斋请，其截然分判，不知始于何时？今天主教皆力拒佛，其自言知识在脑不在心，盖为人穷工极巧，而心窍不开。在彼国为常，在中国则为怪也。乃好诱人为之，而自述本师之事，亦不求所本。然则耶稣在西洋为持世之人，而他部之人入其教，则亦无心肝之人矣。案：耶稣磔死十字架，汤若望书有之，不应汤若望不知天主事迹也。

歙县杨光先《辟邪论·上篇》曰：历官李祖白，天主教之门人也，著《天学传概》一卷，其言曰：天主上帝，开辟乾坤而生初人，男女各一，初人子孙聚居如德亚国，此外东西南北并无人居。当是时，事一主奉一教，纷歧邪说无自而生。其后生齿日繁，散走遄逖，而大东大西有人之始，其时略同。考之史册，推以历年，在中国为伏羲氏，即非伏羲，亦必先伏羲不远，为中国有人之始。此中国之初人，实如德亚之苗裔，自西徂东，天学固其所怀来也。生长子孙，家传户习，此时此学之在中夏，必倍昌明于今之世矣。延至唐虞三代，君臣告诫于朝，圣贤垂训于后，往往呼天称帝，以相警励。其见之书曰：昭受上帝，天其申命用休。《诗》曰：文王在上，于昭于天。《鲁论》曰：获罪于天，无所祷也。《中庸》曰：郊社之礼，所以事上帝也。《孟子》曰：乐天、畏天、事天，何莫非天学之微言法语乎？审是则中国之教，无先天学者。噫，小人而无忌惮，亦至此哉！不思今日之天下，即三皇五帝之天下也。祖曰：谓历代之圣君圣臣，是邪教之苗裔；《六经》、《四书》，是邪教之微言，将何以分别我大清之君臣，而不为邪教之苗裔乎？而弁其端者，曰：康熙三年，柱下史昆陵许渐敬题。噫吁，异哉！以史臣，以谏官，而亦为此言耶？虽前明之季，学士大夫如徐光启、李之藻、李天经、冯应京、樊良枢者，多为天主教作序，然或序其历法，或序其仪器，或序其算数，至进天主书像图说，则冈有序之者，实汤若望自序之，可见徐、李诸人，犹知不敢公然得罪名教也。若望之为书也，曰男女各一，以为人类之初祖，未敢斥言覆载之内，尽是其教之子孙也。祖白之为书也，则尽我中国而如德亚之矣，尽我中国古先帝圣师而邪教苗裔之矣，尽我历代之圣经贤传而邪教绪余之矣，岂止妄而已哉？天主教不许供君亲牌位，不许祀祖先父母，真率天下而无君父者也。而许侍御序之曰：二氏终其身于君臣父子，而莫识其所为天，即儒者或不能无弊。噫，是何言也？二氏寺观供奉龙牌，是尚识君臣。佛经言供养于辟支佛，不如孝堂上二亲，是尚识父子。况吾儒以天秩天序天伦天性立教乎，唯天主耶稣以犯其国法钉死，是莫识君臣。耶稣之母玛利亚有夫名若瑟，而曰耶稣不由父生，及皈依彼教人不得供奉祖父神主，是莫识父子。许君颠倒之甚，至谓儒者言天有弊，是先圣乎？先贤乎？不妨明指其人，与众攻之。如无其人，不宜作此非圣之文，自毁周、孔之教也。杨、墨之害道也，不过曰为我兼爱，而孟子亟拒之，曰：杨、墨之道不息，孔子之道不著。《传概》之害道也，苗裔我君臣，学徒我周、孔。祖白之意若曰：孔子之道不息，天主之教不著。孟子之拒，恐人至于无父无君；祖白之著，恐人至于有父有君。而许君为祖白作序，是拒孔、孟矣，遵祖白矣。儒者不能无弊，许君自道之也。邪教开堂于京师宣武门之内，东华门之东，阜城门之西，山东之济南，江南之淮安、扬州、镇江、江宁、苏州、常熟、上海，浙之杭州、金华、兰溪，闽之福州、建宁、延平、汀州，江右之南昌、建昌、赣州，东粤之广州，西粤之桂林，蜀之重庆、保宁，楚之武昌，秦之西安，晋之太原、绛州，豫之开封，凡三十窟穴。而广东之香山隩，盈万人盘踞其间，成一大都会，以暗地送往迎来。若望藉历法以藏身金门，而棋布邪教之党羽于大清十三省要害之地，其意欲何为乎？明纲之所以不纽者，由废祖宗之法，弛通海泄漏之律。徐光启以历法荐利玛窦等于朝，以数万里不朝贡之人，来而弗讥其所从来，去而弗究其所从去，行不监押之，止不关防之，十三直省之山川形势、兵马钱粮，靡不收归图籍而弗之禁。古今有此玩待外国人之政否？大清因明之待西洋如此，习以为常，不察伏戎于莽，万一窃发，百余年后将有知予言之不得已者。

其《下篇》云：天主教所事之像名曰耶稣，手执一圆象，问为何物？则曰天。问天何以持于耶稣之手？则曰天不能自成其为天，如万有之不能自成其为万有，必有造之者而后成。天主为万有之初有，其有无元而为万有元，超形与声，不落见闻，乃从实无造成实有，不需材料、器具、时日，先造无量数天神无形之体，次及造人。其造人也，必先造天地品汇诸物，以为覆载安养之需，故先造天造地，造飞走鳞介种植等类，乃始造人。男女各一，男名亚当，女名厄袜，以为人类之初祖。天为有始，天主为无始，有始生于无始，故称天主焉。次造天堂，以福事天主者之灵魂；造地狱，以苦不事天主者之灵魂。人有罪应入地狱者，哀悔于耶稣之前，并祈耶稣之母以转达于天主，即赦其人之罪，灵魂亦得升于天堂。惟诸佛为魔鬼，在地狱中永不得出。问耶稣为谁？曰：即天主。问天主主宰天地万物者也，何为下生人世？曰：天主悯亚当造罪，祸延世世苗裔，许躬自降生救赎，于五千年中或遣天神下告，或托前知之口代传降生，在世事迹，预题其端，载之国史。降生期至，天神报童女玛利亚胎孕天主，玛利亚怡然允从，遂生子名曰耶稣。故玛利亚为天主之母，童身尚犹未坏。问耶稣生于何代何时？曰：生于汉哀帝元寿二年庚申。噫，荒唐怪诞，亦至此哉！夫天二气之所结撰而成，非有所造而成者也。设天果有天主，则覆载之内，四海万国，无一而非天主之所宰制，必无

869

独主如德亚一国之理。独主一国，岂得称天主哉？既称天主，则天上地下，四海万国，物类甚多，皆待天主宰制。天主下生三十三年，谁代主宰其事？天地既无主宰，则天亦不运行，地亦不长养，人亦不生死，物亦不蕃茂，而万类不几息矣。天主欲救亚当，胡不下生于造天之初，乃生于汉之元寿庚申。天主造人当造盛德至善之人，以为人类之初祖。犹恐后人之不善继述，何造一骄敖为恶之亚当，致子孙世世受祸？且其子孙中又有圣、有贤、有智、有仁，不尽肖亚当所为，又何人造之哉？天主下生救之，宜造化存神，型仁讲让，以登一世于皞熙，其或庶几乃不识其大而好行小惠。惟以瘳人之疾，生人之死，履海幻食，天堂地狱为事，又安能救一世之云初，去恶而迁善，以还造化之固有哉？释氏销罪，必令忏悔，彼教则但崇事耶稣母子者即升之天堂，不奉之者即下之地狱。使奉者皆善人，不奉者皆恶人，犹可言也。苟奉者皆恶人，不奉者皆善人，不皆颠倒赏罚乎？谓佛堕地狱中，永不得出，谁则见之？而耶稣生钉十字架，则现身剑树苦海，岂有主宰天地万物之人，而不能自主其一身之性命者乎？以造化世界之上帝，而世人能戕之戮之者乎？剽窃释氏天堂地狱之唾余而反唇谤佛，则虽道教方士之剽佛谤佛，不如是甚也。且又援儒而谤儒，历引《六经》之上帝而断章以证其为天主，曰苍苍之天，乃上帝所役使。或东或西，无头无腹，无手无足，未可为尊，况于下地乃众足所践，污秽所归，安有可尊之势？夫不尊天地而尊上帝犹可言也，尊耶稣为上帝则不可言也。耶稣而诚全天德之圣人也，则必一言而为法后世，一事而泽被四海，若伏羲、文王之明易象，尧、舜之致时雍，大禹之平水土，周公之制礼乐，孔子之明道德，斯万世之功也。耶稣有一于是乎？如以瘳人之病，起人之死为功，此华陀良医、祝由幻术之事，非大圣人之事也，更非主宰天地万物者之事也。苟以此为功，则何如不令人病、不令人死之功更大也？以上帝之圣神广运，一一待其遇病瘵之，遇死起之，则已不胜其劳。遇耶稣者一二，不遇耶稣者无量无边，其救世之功安在也？且利玛窦之书，止载耶稣救世功毕，复升归天，而讳其死于王难。至汤若望，黠不若利玛窦，乃并其钉死受罪，图写而直布之，其去黄巾五斗米之张道陵几何？而世尚或以其制器之精奇而喜之，或以其不婚不宦而重之。不知其仪器精者，兵械亦精，适足为我隐患也。不婚宦者，其志不在小，乃在诱吾民而去之，如图日本、取吕宋之已事可鉴也。《诗》曰：相彼雨雪，先集为霰。《传》又曰：鹰化为鸠，君子犹恶其眼。今者海气未靖，讥察当严揖盗，开门后患宜毖。宁使今日詈予为妒口，毋使异日神予为前知，斯则中国之厚幸也夫。案：福音书耶稣自称为上帝之子，而称上帝为神父，未尝谓耶稣即上帝也。此所论稍未中肯，其余大概得之。

欧罗巴诸国，汉后皆奉天主教，教王居于罗马。明初，日耳曼人路得别立耶稣教，自是诸国从天主教者半，从耶稣教者半。然所谓天主者即耶稣，其书同而讲解异。按耶稣生于犹太，教之盛行起于罗马，王侯听其颐指，有不从者，国辄被兵，数百年无敢违异，以耶稣为上天之主宰也。路得称耶稣为救世主，名其教为耶稣教，诸国之奉天主教者翻然从之，不可止。今欧罗巴从天主教者曰意大里亚、曰佛郎西、曰比利时、曰西班亚、曰葡萄亚，从耶稣教者曰英吉利、曰荷兰、曰棕国、曰瑞国、曰普鲁士、曰米利坚。此外两教参杂者曰奥地利、曰日耳曼。天主教规立十字架作铜人，肖耶稣被钉受难之形，旁有女人像肖耶稣之母马利亚。耶稣教无之。其余七日礼拜、安息之类皆同。又别有希腊教者，亦天主教别派。

《瀛环志略》曰：事火神者拜旭日，或燃薪向之拜，民非火化不生，非白日则宇宙无睹，故两地之夷古有此俗，义起报本，非邪神也。事天神始于摩西，时在有商之初，沃丁年间。托言天神降于西奈山，在阿剌伯境内。垂十诫以教世人，七日安息、礼拜，即起于此。距耶稣之生尚隔一千数百年，乃天主教之所自出，非即天主教也。天竺自佛教兴而祀火之俗改，今西域之乾竺特、南印度之孟买仍有拜火之俗，是其明证。波斯则自唐以前尚未改，后其国为回回所夺，始改从回教，然至今礼拜仍兼拜火神，故末恶屿有太阳火神古殿也。中国自前五代时有祆神祠，又有胡祆祠、火祠。唐时有波斯经教，天宝四年诏改两京波斯寺为大秦寺。又有《景教流行中国碑》，建中二年大秦寺僧景净述。今考祆字从示从天，即天神。其教起于拂菻，即犹太摩西初建此国，耶稣乃其裔孙。本大秦国之东境，大秦即意大里之罗马国，汉人因其人长太平，正有类中国，故称为大秦，其本国并无此名。谓胡祆之即祆神，祆神之即天神，祆字本中国人所造，西土不同文，安得有此等字？而属之大秦，似也，拂菻自汉初隶罗马，至唐时乃为阿剌伯所夺。是即耶稣教之嚆矢也。若火神教则出自波斯，与大秦无涉，谓为火祆，则已混火神于天神，谓波斯教出于大秦，则又溯本支于异姓，景教一碑尤为荒诞。景教即火教，中间景宿告祥、悬景日以破暗府、亭午升真云云，皆指太阳火也。又云判十字以定四方，七日一荐云云。又牵涉天主教。其所谓三一妙身、无元真主阿罗诃者，不知何人？而一切词语又皆缘饰释氏糟粕，非火、非天、非释，竟莫名为何等教矣。盖波斯之祠火神，本其旧俗，而佛教行于天竺，乃其东邻。天神教行于大秦，乃其西邻，至唐代则大秦之天主教又已盛行，胡僧之黠者牵合三教而创为景教之名，以自高异，中国不知其原委，遽从而崇信之。正昌黎所谓惟怪之欲闻者耳。又碑中云：贞观十二年，大秦国大德阿罗本远将经像来献上京。阿罗德果自大秦来，其为天主教无疑，其经当即欧罗巴所传之圣书福音，其像当即耶稣被钉十字架之像，乃当时不闻有此，而其所谓景教者，依傍于波斯之火神，润色以浮屠之门面，是不可解也。自唐以后，佛教盛行，胡祆、火祆之祠，波斯大秦之教，俱不复见。据泰西人所纪载，惟阿非利加北土之阿比西尼亚[①]，尚有大秦教名，亦仍是波斯火神耳。

天主教考上 魏源

《天学初函》诸书，未之见也。所见者，西夷述救世主耶稣新遗诏书，用汉文译刊，凡十余卷，曰《马泰传福音书》第一，《马可传福音书》第二，《路加传福音书》第三，《约翰传福音书》第四，皆述耶稣降生、行教、灵迹始末也。《圣徒言行传》第五，述耶稣死后诸大弟子传教事迹也。《圣徒保罗寄人书》十篇，《圣徒约翰寄人书》三篇，又《圣徒耶哥伯书》、《彼得罗犹大士书》，皆其门人阐扬师教，犹中土人论学之书也。又《圣人约翰天启之传》，则言天地劫毁，天主重造人物之事。计自开辟至今，将六千年。自耶稣降生千有八百三十余年，称耶稣为基督，其先世自亚伯喇罕至大辟十四代，自大辟至流巴庇伦十四代，自流巴庇伦至基督亦十四代，共四十二代。其母曰马里亚，童女有身，征兆奇异，言是上帝之子降生，代天行化。及长，能使病者愈，死者生，聋者聪，瘖者语，盲者视，跛者行，能履海涛，能服邪鬼，能荣槁木，能以七饼分给四千人之食，能通各国语言。遣其十二门人行化各郡国，言上帝为神父，耶稣为神子，敬其子即敬天。年三十有二为犹太国异教所嫉，毁之。国王禽而钉之十字架。死后三日复活，母子重逢，生于天上，坐于上帝之右。其现身酷死所以代众生之罪，故惟敬耶稣可以免罪获福，免地狱生天上。万历中，冯马诺著《天问》，略曰：天有十二重，最高之十二重为天主上帝诸神圣处，永静不动，广大无比，即天堂也。其内第十一重，为

---

①阿比西尼亚，即今埃塞俄比亚（Ethiopia）。

宗动天；其第十、第九重，为东西岁差天、南北岁差天，其动极微，仅可推算而甚微妙；又其内各重为日月诸星本动之天，皆自西而东，宗动天自东而西，故先论九重，未及十二也。《福音书》曰：元始有道，道即上帝，万物以道而造。其造生者，人类之光也。光辉耀于暗，而居暗者不识。有上帝所遣之人名约翰，来为其光所证，令众得信真光照世，即耶稣也。其身非由私欲而生，乃上帝之子也。耶稣之教，始于阿细亚州，而西行于欧罗巴，近则并行于墨利加。其西洋人发挥彼教之书曰：大西各国惟知崇拜一上帝，此外无所祈祷。此教何所始？曰：有一旧遗圣书，乃上帝指示摩西圣人所录，而摩西子孙传于后世也。其一言上帝之出没，其二言万民之本分，其三言后世之永福永祸。夫上帝先乎天地万物，不可得知其所由来，惟无所不知、无所不能、无所不在、至正至大、至智至诚，则人人可信，故风雷云雨、日月星辰、草木花卉、飞禽走兽、鳞介昆虫，凡天地所覆载，莫非上帝创造，故名之曰天父，曰救世，曰圣神，其实一上帝而已。此当知者一。人生于世，莫不禀受于天，既禀受于天，则此身心皆上帝所生，上帝即人之亲矣。惟子者可不爱敬其大父母乎？次则生我之父母，亦当报罔极之恩，惟及同气与天下同类之人。此当知者二。且人莫不有灵魂，常不息不灭，故信上帝而为善，则死后其灵永享天福；违上帝而为恶，则死后其灵永受苦罚。此当知者三。上帝无形无声，恐人不知，故留书以教世。其圣书始于夏，终于汉，前者已阅三千年，后者已阅二千年余矣。其书半是亚细亚之西希伯来人所录，半是欧罗巴之东希腊人所录。又有《神理论》曰：天地内有神，为极大全能，造化万物，管理万物。人不能自生，物不能自造，日星何以循环，山川何以凝载，草木何以荣落，飞走潜介何以视听鸣动，曰灵，曰魂，曰心，曰性，皆神之所为也。

是神独一无二，最始无前。倘有对待有后起，即非神天之神也。莫大于天地，然天地有形可见，神天无形；天地有终始，神天无终始。天地乃受造之物，所造之者神也。天地乃运动之机器，所以运之者神也。天地尚不可称神，而世人常敬数神、千百神，如日月云雷，山海社稷，则以其尊大显赫而神之。古人有文武出众、功德在人者，则神之，不知天上地下，止有一神所管，更无二神可抗。故专言神，恐邻于祇鬼；专言天，恐泥于形气。惟合言神天，乃足该至大至灵之宗，即儒书所谓造化，所谓上帝，非世俗玉皇大帝之谓者也。谓神曰灵亦可，但有人灵，有仙灵，有天灵。人灵与身体相结，不脱于物，亦神所造，非神也；仙灵乃神之使者，无粗重之身而有细妙之身，亦神所造，非神也；惟天灵即神天，全无身体，无方所，无在无不在，故《易》曰：阴阳不测之谓神，妙万物之谓神，不疾而速、不行而至之谓神。

天主教考中

天主垂世为十大诫。十大诫者，当中国商朝时，神天降于如大国①之西奈山，文留石碑。又以大声音宣其命令，惟召圣人摩西上山，受上帝之命藏在金匮千年。至耶稣兴，始以其法示人，凡戴天履地皆宜祇遵。其一，神天曰：除我外，不可有别神也。凡人手所作之木偶土石及山川祖宗等神，皆不可奉，盖拜祭之礼，止可施于神天，不可施于他人，以分此心，宜全心一意以敬神天也。其二，神天曰：不可为我而造雕画之像，不可立庙设位、陈牲酒、施鼓乐、赞诵而事神也。礼拜之日，虽耶稣及圣母之像、十字之架，皆不可设。盖无形之圣神，有形则非神矣。其三，神天曰：尔不可轻用神名。古时以色耳国民受神遗诏，述神名曰耶何瓦，

———————————————

①如大国（Judaea），今称犹太，即古代犹太人居住的巴勒斯坦地区。

汉译言自然而然之神也。凡发愿、发誓、祈祷、闲语时，不可泛称神名，必至诚用之。其四，神天曰：撒巴日宜守礼，其前六日可兼营尔业，惟第七日不可务别业，并尔子女、婢仆、牲口、门内之客皆然。盖六日内神主造天、地、海，第七日乃神主安息日，故宜守之。撒巴即礼拜日也。第七日不惟罢外事，乃亦息内念，已往未来，一切闲事勿念，一心专念神天，或拜神，或读圣书，或省察己心，或劝化他人，皆所以保灵魂、体造化。以上四诫皆属敬天。以下六条乃及五常。其五，神天曰：敬尔父母。六日不可杀人。不但害人灵魂不可，即自戕者其灵魂陷入地狱，故临难可死，不可自戕，最为大罪。七曰不可奸人妻。不惟禁外淫，并不许养妾。凡富贵之人，可用婢仆无数，惟不可置妾；无子亦听于命，不可违戒。八曰不可盗人物。九曰不可妄证及尔邻者。十曰不可贪人之所有。上数戒皆外事，此则并心内贪念戒之。耶稣曰：尔以全心全灵魂全明悟而爱尔主尔神，此乃第一大诫。其第二则必爱尔邻如己焉。此耶稣述十诫大意归此敬天爱人二者，然敬天则无不爱人，故二者中又以敬天为要。圣徒保罗曰：恶报有三：一者今世诸难；二者死亡大痛；三者死后永苦。凡有罪者不能脱免，惟信耶稣可得救之，何者？耶稣在世，成全律法有大功劳，信之则其功归我。又耶稣曾受艰苦，代我当罪，信之则我罪归他。大哉，盛哉！施舍生命以免我苦，以其痛苦，我得平安；以其死亡，我得生活；以其祸害，我得永福。天上神仙，其力有限，其位非高，不如耶稣力大尊极，贵为神子，位为参天，自弃天光，降此红尘，代人受苦，以救万世。不信之者，虽善人亦堕落；能信之者，即恶人立升天堂。至万万年，还有余祥焉。

天主教考下

《天学初函》诸书，《四库全书》列诸存目，今略录其提要，曰：《二十五言》一卷，明利玛窦撰。西洋人之入中国自利玛窦始，西洋教法传中国亦自此。二十五条始大旨多剽窃释氏，而文词尤拙。盖西方之教惟有佛书，欧罗巴人取其意而变幻之，犹未能甚离其本。厥后既入中国，习见儒书，则因缘假借以文其说，乃渐至蔓衍支离，不可究诘，自以为超出三教上矣。附存其目，庶可知彼教之初，所见不过如是也。

又《天主实义》二卷，明利玛窦撰。是书成于万历癸卯，凡八篇：首篇论天主始制天地万物而主宰安养之；二篇解释世人错认天主；三篇论人魂不灭，大异禽兽；四篇辨释鬼神及人魂异论，论天下万物不可谓之一体；五篇排辩轮回六道戒杀生之谬，而明斋素之意在于正志；六篇解释意不可灭，并论死后必有天堂、地狱之赏罚；七篇论人性本善，并述天主门士之学；八篇总举泰西俗尚，而论其传道之士所以不娶之意，并释天主降生西土来由，大旨主于使人尊信天主，以行其教。知儒教之不可攻，则附会《六经》中上帝之说，以合于天主，而特攻释氏以求胜。然天堂、地狱之说与轮回之说相去无几，特小变释氏之说而本原则一耳。

又《畸人》十篇二卷，附《西琴曲意》一卷，明利玛窦撰。是书成于万历戊申，凡十篇，皆设为问答以申彼教之说。一谓人寿既过，误犹为有；二谓人于今世惟侨寓耳；三谓常念死候利行为祥；四谓常念死后，备死后审；五谓君子希言而欲尤言；六谓斋素正旨，非由戒杀；七谓自省自责，无为为尤；八谓善恶之报在身之后；九谓妄询未来，自速身凶；十谓富而贪吝，苦于贫窭。其言宏肆博辩，颇足动听，大抵摄释氏生死无常、罪福不爽之说，而不取其轮回、戒杀不娶之说，以附会于儒理，使人猝不可攻，较所作《天主实义》纯涉支离荒诞者，立说较巧。以佛书比之《天主实义》，犹其礼忏，此则犹其谈禅也。末附《西琴曲意》八章，乃万历庚子利玛窦觐京师所献，皆译以华言，非其本旨，惟曲意仅存以其旨，与十论相发，故附录书末焉。

又《七克》七卷，明西洋人庞迪我撰，书成于万历甲辰。其说以天主所禁罪宗凡七：一谓骄傲，二谓嫉妒，三谓悭吝，四谓忿怒，五谓迷饮食，六谓迷色，七谓懈惰于善。迪我因作此书发明其义，一曰伏傲，二曰平妒，三曰解贪，四曰熄忿，五曰塞饕，六曰防淫，七曰策怠。其言出于儒、墨之间，就所论之一事言之，不为无理，而皆归本敬事天主以求福，则其谬在宗旨，不在词说也。其论保守童身一条，载或人难以人俱守贞不婚，人类将灭？乃答以傥世人俱守贞，人类将灭，天主必有以处之，何烦过虑？其词已遁。又谓生人之类，有生必有灭，亦始终成毁之常，若得以此终，以此毁，幸甚大愿，则又词穷理屈，不觉遁于释氏矣。尚何辟佛之云乎？

又《辨学遗牍》一卷，明利玛窦撰。是编乃其与虞淳熙论释氏书，及辨莲池和尚《竹窗三笔》攻击天主之说。齐固失矣，楚亦未为得也。

又《交友论》一卷，明利玛窦撰。万历己亥，利玛窦游南昌，与建安王论友道，因著是编以献其言，不甚荒悖，然多为利害而言，醇驳参半。如云"友者过誉之害，大于仇者过訾之言"，此中理者也。又云"多有密友，便无密友"，此洞悉物情者也。至云"视其人之友如林，则知其德之盛；视其人之友落落如晨星，则知其德之薄"，是导天下以滥交矣。又云"二人为友，不应一富一贫"，是止知有通财之义，而不知古礼惟小功同财，不概诸朋友，一相友而即同财，是使富者爱无差等而贫者且以利合，又岂中庸之道乎？王肯堂《郁冈斋笔麈》曰："利君遗余《交友论》一编，有味哉其言之也。使其素熟于中土语言文字，当不止是。乃稍删润，著于编。"则此书为肯堂所点窜矣。

又《西学》凡一卷，明西洋人艾儒略撰。儒略有《职方外纪》，已著录。是书成于天启癸亥，《天学初函》之第一种也。所述皆其国建学育才之法，凡分六科，所谓勒铎理加者，文科也；斐录所费亚者，理科也；默第济纳者，医科也；勒义斯者，法科也；加诺搦斯者，教科也；陡禄日亚者，道科也。其教授各有次第，大抵从文入理，而理为之纲。文科如中国之小学，理科则如中国之大学。医科、法科、教科者皆其事业。道科则在彼法中所谓尽性致命之极也，其致力亦以格物穷理为本，以明体达用为功，与儒学次序略似，特所格之物皆器数之末，而所穷之理又支离神怪而不可诘。是所以为异学耳。

又《灵言蠡勺》二卷，明西洋人毕方济撰，而徐光启编录之。书成于天启甲子，皆论亚尼玛之学。亚尼玛者，华言灵性也。凡四篇：一论亚尼玛之体，二论亚尼玛之能，三论亚尼玛之尊，四论亚尼玛所同美好之情，而总归于敬事天主以求福，其实即释氏觉性之说而巧为敷衍耳。明之季年，心学盛行西土，慧黠因摭佛经而变幻之，以投时好。其说骤行，盖由于此。所谓物必先腐而后虫生，非尽持论之巧也。

又《空际格致》二卷，明西洋人高一志撰。西法以火气水土为四大元行，而以中国五行兼用金木为非，一志因作此书，以畅其说。然其窥测天文不能废五星也。天地自然之气而欲以强词夺之，乌可得乎？适成其妄而已矣。

《寰有诠》六卷，明西洋人溥泛际撰，书亦成于天启中。其论皆宗天主。又有圜满纯体不坏等十五篇，总以阐明彼法。

案：欧罗巴人天文推算之密，工匠制作之巧，实逾前古。其议论夸诈迂怪，亦为异端之尤。国朝节取其技能，而禁传其学术，具存深意。其书本不足登册府之编，然如《寰有诠》之类，《明史·艺文志》中已列其名，削而不论，转虑惑诬，故著于录而辟斥之。又《明史》载其书于道家，今考所言，兼剽三教之理，而又举三教全排之，变幻支离，真杂学也。故存其目于杂家。

魏源曰：西域三大教，天主、天方皆辟佛，皆事天，即佛经所谓婆罗门天祠。其教皆起自上古，稍衰于佛世，而复盛于佛以后。然吾读福音诸书，无一言及于明心之方、修道之事也，又非有治历明时、制器利用之功也，惟以疗病为神奇，称天父神子为创制，尚不及天方教之条理，何以风行云布，横被西海，莫不尊亲？岂其教入中土者，皆浅人拙译，而精英或不传欤？神天既无形气，无方体，乃降声如德之国，勒石西奈之山，殆甚于赵宋祥符之天书。而摩西一人上山受命，遂传十诫，则西域之王钦若也。印度上古有婆罗门事天之教，天方、天主皆衍其宗支，益之谲诞。既莫尊于神天，戒偶像，戒祀先，而耶稣圣母之像、十字之架，家悬户供，何又歧神天而二之耶？斥佛氏之戒杀，而力言禽兽异于人之灵魂，万物不可为一体以济其口腹庖宰之欲，是上帝果不好生而好杀乎？人之灵魂最贵，故人不可杀，亦不可自杀，即殉难自杀亦必陷地狱，则申生、扶苏、召忽、屈原，皆地狱中人，反不如临难苟免之人乎？谓上帝初造人类时，止造一男一女，故人各一妻。妻即无道不可议出，即无子不可娶妾，则何以处淫悍不孝？且何又许富贵人婢仆无数？岂阴许其实而阳禁其名乎？谓人一命终善恶皆定，受报苦乐，永无改易，更无复生轮回之事，则今生皆初世为人，人皆天主所造，何不但造善信、毋造邪恶乎？耶稣自身受罪可代众生之罪，则佛言历劫难行苦行舍头目脑髓若恒河沙，功德当更不可量，耶稣又曷斥之乎？谓孔子、佛老皆周时人，仅阅二千余岁，有名字朝代，但为人中之一人，不能宰制万有，则耶稣讵非西汉末人，又安能代神天以主造化？且圣人之生，孰非天之所子？耶稣自称神天之子，正犹穆罕默德之号天使，何独此之代天则是，彼之代天则非乎？历览西夷书，惟神理论颇近吾儒上帝造化之旨，余皆委巷所谈，君子勿道。又其书皆英夷所刊布，而英吉利旧传不奉天主教。见《海国闻见录》及俘夷安突得口供。及考《每月统纪传》，则又言英吉利民迁墨利加洲新地，不服水土，疫气流行，皆赴神天之堂吁救得息，于是国人奉事天主，七日礼拜。又以耳得兰岛①距国数里，结党抗教，国王勒之归顺，且禁买黑奴，亦以耶稣之道，岂昔辟之而近日奉之欤？抑遵波罗士特②之天主教而不遵加特力③之天主教，门户不同，旨归小异欤。

董子曰：道之大原出于天。故吾儒本天与释氏之本心若冰炭，乃天方、天主亦皆本天，而教之冰炭益甚，岂辨生于末学而本师宗旨或不尽然欤？周、孔语言文字，西不逾流沙，北不暨北海，南不尽南海，广谷大川，风气异宜，天不能不生一人以教治之。群愚服智群，嚚讼服正直。文中子曰：西方之圣人也，中国则泥。庄子曰：八荒以外，圣人论而不议；九州以外，圣人议而不辨。或复谓东海、西海，圣各出而心理同，则又何说焉？道光二十五年，广东总督奏佛兰西国夷呈请天主教劝人为善，非邪教，请弛汉人习天主教之禁。奏交部议，准海口立天主堂，华人入教者听之。惟不许奸诱妇女，诓骗病人眼睛，违者仍治罪。查西洋之天主教不可知，若中国之天主教，则方其入教也，有吞受药丸、领银三次之事，有扫除祖先神主之事，其同教有男女共宿一堂之事，其病终有本师来取目睛之事，其银每次给百三十两为贸易赀本，亏折则复领，凡领三次则不复给，赡之终身。曩京师有医某者，岁终贫困，思惟入天主教可救贫，而邪教又不可入，乃先煎泄药升许，与妻子议言：俟我归，如惛迷者，急取药灌我。于是至天主堂，西洋人授以丸，如小酥饼，使吞之。予百余金，归至家则手掷神主，口中喃喃。妻子急，如前言灌药，良久暴

---

①耳得兰岛，系指今爱尔兰岛（Irland I.）。
②波罗士特（Protestant），即基督教新教。
③加特力（Catholic），即基督教旧教，亦称天主教。

下而醒，见厕中有物蠕动，洗而视之，则女形寸许，眉目如生，乃盖之药瓶中。黎明而教师至，手持利刀，索还原物。医言必告我此何物乃以相予。教师曰：此乃天主圣母也。入教稍久则手抱人心，终身信向不改教矣。乃予之而去。又凡入教，人病将死，必报其师。师至，则妻子皆跪室外，不许入。良久气绝乃许入，则教师以白布裹死人之首，不许解视，盖睛已去矣。有伪入教者，欲试其术，乃佯病数日不食，报其师至，果持小刀近前，将取睛，其人奋起夺击之，乃踉跄遁。闻夷市中国铅百斤可煎文银八两，其余九十二斤，仍可卖还原价，惟其银必以华人睛点之乃可用，而西洋人睛不济事。故西洋病终无取睛之事，独华人入教则有之也，亦鸦片不行于夷，而行于华之类也。

海国图志卷二十八

欧罗巴人原撰　侯官林则徐译　邵阳魏源重辑

西南洋 此国界西洋西南洋之间，故别为一卷。

南都鲁机国 在唐以前为安息北境。

诸史有西女国，当在此境。唐后为回国所并，《职方外纪》作度尔
格国，与欧罗巴洲之北都鲁机同是一国，分跨二洲，与俄罗斯相
似。一作土尔几，一作土尔其，一作都鲁几。

都鲁机①国疆域在阿细亚洲者半，在欧罗巴洲者半。在阿细亚
洲者曰南都鲁机，地广而沃，古时巴比罗尼阿②国、阿弥尼阿国③、
厘底阿国、主底阿国④旧基也。主底阿旧为巨国，部民种类由斯为
多，方其盛强，邻近诸邦，小者灭，大者服。可与敌者惟西厘阿⑤
与斐尼西阿二国耳。斐尼西阿都于代厘，雄丽蕃庶，在埃阿尼呵、
耶阿厘斯厘底阿、加厘阿、阿西利阿⑥、巴比罗尼阿诸国之上。此
外以大国称者又有巴比罗尼阿、阿西尼阿，然皆不能长久，后均
降于巴社。斯时巴社之腊西王恃其强盛，西夺小阿细亚，南取伊

①都鲁机（Turkey），亦作度尔格、土尔几、土尔其，今通译为土耳其。
②巴比罗尼阿（Babylonia），即巴比伦王国，古代两河流域奴隶制国家。
③阿弥尼阿国（Armenia），今土耳其亚美尼亚地区。
④主底阿国（Judea），即古犹太国，地在今巴勒斯坦地区。
⑤西厘阿（Syria），指今叙利亚。
⑥阿西利阿（Assyria），即古代亚述帝国。

捃，疆甲诸国。意犹未厌，复统大军北攻额力西①。额力西，欧罗巴洲大国，一作厄勒祭，在意大里之东，今并于北都鲁机。兵骄无纪律，为额力西非厘王之子阿力山达②一战覆之，举国遂属于额力西。迨阿力山达嗣位，尤称富强。身后数子争立，大将色力玉加斯乘内乱而篡之，惟西隅之地尚属阿力山达之子。旋亦为人所侵，割据分裂，一曰伯牙麻司，一曰朋都司，一曰阿弥尼阿，相继称王。后值罗马盛强之日，沿黑海、里海之间悉服罗马，惟晏底古斯、弥特厘底斯二王不服，与罗马血战多年，终为罗马所灭，改国为部落者数百年。及耶苏纪岁七百之际，罗马浸衰，兵戈迭起，西厘阿地、阿西利阿地均为阿丹回教所据，建都麻那。于是阿丹之游民蜂拥而至，悉夺小阿细亚疆土，树建回旅，令所属地均改奉回教，风俗政事一变。未几，墨海之南干戈不息，复有头目荷多曼③者，智勇过人，先得欧罗巴之北都鲁机，建都其地。旋得南都鲁机，合为一国。惟耶路萨凌④之地被欧罗巴之克力士顿教人所据。不及百年，克力士顿教人居东不乐，忽退回西。故耶路萨凌仍属于都鲁机矣。南都鲁机屡经变乱，民生不聊，自荷多曼得国以后，历数百年无干戈之扰，惟回教政尚操切，风俗终不如古。如先日滨底格厘士河⑤岸者，有阿西利阿国；滨欧付底斯河⑥者，有巴比罗尼阿国。及巴社所辖印度河之那麻土加司依路弥阿、耶路萨凌、萨麻利阿巴厘阿、斐尼西阿，皆当日巨邦，部落逾百，里社星罗，野无荒土，衢无停辙，牧畜遍野，舟楫连樯，极一时人物之盛。

① 额力西（Greece），即古希腊国。
② 阿力山达（Alexander），今通译亚历山大。
③ 荷多曼（Othaman），即阿拉伯第三任哈里发奥斯曼（646—656）。
④ 耶路萨凌（Jerusalem），今译耶路撒冷。
⑤ 底格厘士河（Tigris），又作的加勒河，即底格里斯河。
⑥ 欧付底斯河（Euphrates），又作以法河、有法拉德河，即幼发拉底河。

今其地虽存，名多不同。且奈音位之军墙、巴比罗尼阿之城郭、巴色波利士之宫殿、耶路萨凌之庙宇何在？与夫阿腊之船厂、代伊尔之巨舶、西伦之机织商贾、兵卒之众、牲畜之蕃、农夫士女之讴吟又安在？陵谷沧桑，今古丘壑，人能兴地，非地兴人，信夫！政事与欧罗巴洲之都鲁机同，每大部落立一巴札辖之。地广权重，势成尾大，故千七百年间，康熙三十九年。达哈荷麻王时，名虽臣属，实各专制，征调贡献，羁縻阔略。

按：南都鲁机处一洲中央，距北都远，又隔黑海，常怀跋扈，如东隅巴札之来沙部、巴酸部、荷罗部，鞭长莫及，食税衣租，不供王室，即主底阿之巴札亦复如是。若巴比罗尼阿之巴札曰阿黑，则先后抗拒，于那达沙王、疏厘麻王竟成敌国。千八百有十年，嘉庆（八）〔十五〕年。费几经营，始能黜革，而新立之巴札甫经一二年，复拥众背叛。国王率师往征，竟遭射肩殒命。从此王家不振，特以世臣夹辅，未及沦夷耳。伊揖原其属国，亦旧设巴札之一，近日不但不臣，且侵夺都鲁机之西厘阿部落，收养亡命为其爪牙，居民荼毒亦甚矣。各处巴札专利朘削，遇讼狱则或株连富人而罚之，或听其入教，令人首报而勒赎之，或置豪民于死刑，而籍其财产，皆彼国之大害。城中山河表里，自成境界，然亦不如印度希麻腊牙①、唵底斯两山之形势，在阿弥阿者以阿腊山②为最高，次即西厘阿之黎巴伦山③，终年积雪，而中多平原可耕。若主底阿全是山阜，而无高耸。其西隅有两山夹峙，中仅通人者，有四面拱抱内皆沃野者，虽绵亘逦迤，而高则仅同主底阿之山。诸河皆导源是山，其最巨者曰欧付腊底斯河、底格厘士河，一直

---

①希麻腊牙，即喜马拉雅山。
②阿腊山，今名阿拉拉特山（Mt. Ararat）。
③黎巴伦山（Lebanon），又作利巴伦山、里巴诺山，今译黎巴嫩山脉。

一曲，均会麻疏腊，同行百有五十里而出印度海。故欧付底司河长千四百里，而底格厘阿河仅八百里，曲直之别也。此外小河纪载未详。湖有底比厘阿湖、晚湖①，虽不甚大，山环树绕，风景宜人。风俗、教门、文学大约与欧罗巴洲之都鲁机同，而各部种类性情绝异。在各处海岸、海岛者，俱额力西种也，谓之上等人。在山中者，达戈曼种也，远隔巴札，不服约束，容貌、风俗似是如士比奄之后裔，而游牧为生，好勇斗狠，全类鞑靼里。如遇行军，但许其虏掠，竟可毋给行粮，然亦难以御节制之师。其在西厘阿巴里士达、巴比罗尼阿各部者，俱阿丹种也，美髯善骑，经商致富，文雅甲通国。在里麻伦山②居住者有二种：一马罗奈底士，一特鲁西士，均阿丹人也。

马罗奈底士乃贤者马伦所化导之人，因此得名，原居于格斯罗晚山谷，俗奉克力士顿教，阿丹以兵勒令改教，弃家逃来。日久蕃庶，遂攻阿丹近边，并欲侵据耶路萨凌部落，致都鲁机之阿母腊王于千五百八十八年明万历十六年率兵深入其地。马罗奈底士寡不敌众，始输贡献，改从回教。其俗每村必有一庙，立道观二百余所，道士业耕种，僧则牧畜，能甘淡泊，人咸敬之。虽幼小之僧，有人遇诸途，亦必口嗫其手。官民毋分尊卑，节俭甚于百姓，而日用尚有不足。政事会议公所以阿丹之教断之。彼此有仇，准私报复。其户口十一万五千，兵三万四千。又有特鲁西士者，种类强悍，亦宗伊揖巴札伐底美所立之回教。在耶稣纪年一千时，宋咸平（四）〔三〕年。其教始行，与阿丹回教不尽同，被阿丹禁逐，遂逃于里麻伦山极高之地。迨阿母腊王统兵征服马罗奈底士之时，

---

①晚湖（Van Gölü），又作万湖，今土耳其凡湖。
②里麻伦山，即黎巴嫩山。

特鲁西士亦往归服。令其自立头目，约束一方，以麦罗为首部，岁贡方物。后因游于意大里，染习奢华，为人中伤而死。其家别选一人续充教师，世代相继，不选外人。部落有大事，即传各小头目会议，并许部众参议，与英吉利政事略同。其人勇敢轻生，闻战争先恐后，不暇觅器械，徒手短衣，长驱赴敌。其战不长平陆，而长山险。居高临下，鸟枪发无不中。境内所崇祀者，一克力士顿庙，一回教庙。每逢礼拜，两庙俱至，虽无区别，而至克力士顿庙者多。其教师以为经典天神所授，大言自圣，欧罗巴人欲见其经典，从不可得。大抵亦无甚精奥，观于同族联姻，自娶姊妹，已可概见。其额兵共有四万，其户口约二十万。又有黑两西者，其种类亦居里麻伦山最高之处，属于西厘阿。所奉回教略同巴社，饮食器皿非己不用。欲洗自己之罪过，须杀别教自代，都鲁机人皆斥为邪教。惟遇争战，奋不畏死，从未败绩，常以数千而敌万人，国中亦赖此不为俄罗斯吞并。又阿弥尼阿部者，当昔大乱迭起时，受灾较少，户口约十七万。原奉克力士顿教，因罗汶之人前曾至此，故习加特力者亦约二万。第克力士顿之和尚仅不茹荤，仍皆婚娶，故甚尊加特力之和尚。风俗、政事、教门与由斯相似，而不悭啬。其贸易近则巴社，远则欧罗巴及印度，并有深入阿未里加洲者。阿弥阿之南，即戈底士丹[1]部落，滨临底格厘士河，地险难耕，多游牧于轶轶里，而巴社俗尤刚强，动辄攘夺，为通阿细亚洲中之最悍。产羊裘、地毡、葡萄干、布、丝、药材、树胶、宝石、酒、谷、麦、五金，国中港口在四马那部内。

南都鲁机在阿细亚洲之最西，又名小阿细亚。东抵巴社，以底格厘士河分界，西抵地中海，南界阿那比阿，阿那比阿即阿丹也。北

---

①戈底士丹（Kurdistan），今库尔德斯坦。

界黑海。东西距千二百里，南北距八百里，幅员五十万方里，户口千万丁，领大部落九，小部落二百十有六。

阿那多里阿①，东界路弥阿、加那马尼阿，西、南、北界海，领小部落八十有四。

加那马尼阿②，东北界路弥阿，西北界阿那多尼阿，南界依芝尔，领小部落十有六。

依芝阿③，东界阿尔尼悉阿，南界西里阿海④，北界加腊马尼阿⑤、路弥阿，领小部落十有六。

路弥阿，东界阿弥尼阿，西界阿那多里阿、加那马尼阿，南界阿尔尼西阿、依芝尔，北界海，领小部落二十有七。

阿弥尼阿，东界巴社，南界哥底士丹、阿尔尼西阿，西界路弥阿，北界海及俄罗斯，领小部落二十有四。

哥底士丹，东界巴社，南界依那加比，西界阿尔尼西阿，北界阿弥尼阿，领小部落十有六。

伊那加比，东界巴社，南界阿拉比阿，西界阿尔尼西阿，北界哥底士丹，领小部落十有九。

阿尔尼西阿，东界依那加比、哥底士丹，南界阿拉比，西界西里阿，北界路弥阿尼阿，领小部落二十有九。

西里阿，东界阿尔尼西阿，南界阿腊比阿、伊揖，西界海，北界芝尔，领小部落二十有五。

---

① 阿那多里阿（Anatolia），今土耳其安纳托利亚。
② 加那马尼阿（Caramania），今土耳其中部卡拉马尼亚地区。
③ 依芝阿（Itchil），今土耳其伊切尔省。
④ 西里阿海，此处指地中海。
⑤ 加腊马尼阿（Caramania），今土耳其卡拉马尼亚地区。

南都鲁机国沿革 汉、唐皆为安息、大

食，西北境有西女国，亦在境内。元为哈烈国。明为度尔格。今为南都鲁机。原无，今补。

《职方外纪》：百尔西亚西北诸国皆为度尔格所并，内有国曰亚剌比亚，中有大山名西奈山，天主传十诫之处也。土产金银极精，亦多宝石。地在二海之中，气候常和，一岁再粟。有树如橡栗，夜露堕其上即凝为蜜，晨取食之，极甘美。更产百物俱丰，自古称为福土。其地有沙海，广二千余里，沙乘大风如浪，行旅遇之，偶为沙浪所压，倏忽上成邱山。凡欲渡者，须以罗经定方向，测道里，又须备粮糗及兼旬之水，乘以骆驼。驼行甚急，可日驰四五百里，又耐渴，一饮可度五六日。其腹容水甚多，客或乏水，则剖驼饮其腹中水。传闻有鸟名弗尼思[1]，其寿至四五百岁，自觉将终，则聚干香木一堆，立其上，待天甚热，摇尾燃火自焚矣。骨肉遗灰变成一虫，虫又变为鸟，故天下止有一鸟而已。西国言人物奇异无两者，皆谓之弗尼思云。其地有一海，长四百里，广百里，水味极咸，性凝结，不生波浪，尝涌大块如松脂，不能沉物，虽用力按抑不能入。曾有国王异之，往观，命人沉水试之，终不可入。海色一日屡变，日光炫耀，文成五色。因其不生水族，故命曰死海。度尔格之西北曰那多理亚国[2]，有山多琼石。国人尝往凿之，至一石穴，见石人无算，皆昔时避乱之民穴居于此，死后为寒气所凝，渐化为石。其地西界欧罗巴处，中隔一海，宽五里许。昔有一名王曰失尔塞者，造一跨海石梁，通连两地，今为风浪冲击，亦崩颓矣。又有地名际剌，产异羔羊之绒，

---

①弗尼思（Phoenix），今译凤凰，为古代埃及、希腊传说中一种美丽的鸟。
②那多理亚国（Anatólia），又作亚那多里，今土耳其安纳托利亚。

轻细无比，雨中衣之，略不沾濡，即渍以油，毫不污染也。一种异犬，性好窃衣履巾帨之属，稍不慎，辄为窃匿矣。有山生草木皆香，过之则香气馥郁，袭人衣裾。案：《后汉·西域传》从女息绕海北行，有飞桥数百里，即此五里石梁之讹传。

《新唐书》：拂菻西际海有西女国，种皆女子，多珍货，附拂菻，拂菻君长岁遣男子配焉。俗产男不举。

《文献通考》：西女国在葱岭之西，其俗与东女同，东女在葱岭东南，近吐番，后亦为吐番所灭。附于拂菻。唐贞观八年，朝贡始至。

《坤舆图说》：靻而靻各国，迤西旧有女国，曰亚玛作搦，骁勇善战。建一神祠，壮丽奇巧，非思议所及。今亦为他国所并，仅存其名耳。案：为他国所并者，即指度尔格国兼并之事。

《万国地理全图集》曰：土尔其藩属国，北接峨罗斯及黑海，南连亚刺伯及地中海，东接白西国，西至希腊群岛海，为亚齐亚洲极西之地方。北极出自三十度至四十度，东偏自二十六度至四十八度。长二千六百里，阔二千四百里。北方山极险峻，高接云霄，河源皆在此山。最长者巴河①、地额河②，对流而东南，及将入海，两河乃合。屡次涨潦。其湖最著者曰死海，其北为加利湖③。其约尔坦河④自北流南，而入死海。此地古时分为列国，唐朝年间回回占据其地，居民涂炭，今已千有余年。土官横征私派，并勒令天主教及希腊回教之徒概进税贡。山内有蛮族，心野好战，时时掠其游牧。所有列国藩属如左。

又曰小亚西亚国，即南都鲁机也。其国半土，山险峻，物产

①巴河，指幼发拉底河（Euphrates）。
②地额河，即底格里斯河（Tigris）。
③加利湖（Lake of Calilec），又作加利利湖，即今太巴列湖（Lake of Tiberias）。
④约尔坦河（Jordan），又作约旦江、若尔丹河，即今约旦河。

多，出胡丝、干葡萄果等货。遍地古迹，昔时兴旺，今则衰寂。士麦那城①居民十万，所运出运进之货价每年不止几百万金，列西国之贾悉来其地。但其城市不洁，瘟疫易生。补撒大城居民六万，加士他母尼邑内有回回庙宇。其黑海北方有得比逊海口②，与峨罗斯通商，族类五万人。内地古地亚城③，可尼，昔西域之王都也，居民六万丁。附近安峨剌城④，羊毛最细，用之织布最温软。西瓦邑⑤六万居民，掘山出铜。其东南海滨居伯罗岛⑥，地膏腴，出葡萄酒、南果、五谷。女多美丽。但因苛政，民稀土旷。罗得岛⑦水土最宜农，古时各岛，皆有土酋，今服属于土尔其。治阿岛居民十五万。道光四年，土尔其水师上岸攻其城池，毁其富庶。米地邻岛产酒、油。

两河中地，北有亚麦尼⑧地，山岭险隘，峒峡深邃，洪水初平之际，巨舟阁于其峰。居民奉耶稣之教，好商贾，不惮跋涉。惟回回官甚磨难其民。其都曰叶西伦，有十万民居。天气冷，七月有雪。巴牙息在山脚，亚麦尼民之学院，内有壮丽之寺，其教主所会也。近河平坦，地亚北客城，与邻国通商。山内古耳得族类，建堡山穴，以贼盗为生。中地之都会曰摩俗邻⑨引地，或沙或泽，农苦耕耘，贼夺产物。八塔城⑩，昔回回国都，古时殿宇祥光灿

---

①士麦那城（Smyrna），今土耳其伊兹密尔（Ismir）。
②得比逊海口（Trabzon），今土耳其特拉布宗港。
③古地亚（Kutahya），今译屈塔希亚。
④安峨剌城（Ankara），今土耳其首都安卡拉。
⑤西瓦邑（Sivas），今土耳其锡瓦斯省。
⑥居伯罗岛（Syprus），又作西布勒岛，今译塞浦路斯岛。
⑦罗得岛（Island of Rode），今罗德岛。
⑧亚麦尼（Armenia），又作亚尔美尼，即今土耳其亚美尼亚地区。
⑨摩俗邻（Al Mawsil），今伊拉克摩苏尔。
⑩八塔城（Baghdad），今伊拉克首都巴格达。

烂，现时衰废，独存其古迹。瓦砾如山，可想其城之广大。因犯上帝之律例，酷待所虏之犹太人，是以遭废成野。在两河入海之所曰巴所剌邑①，与印度国通商，屋小街窄人秽，然系万国饶富之市，商贾甚盛。

案：南都鲁〔机〕本鞑靼种，旧游牧葱岭、伊犁一带，展转西徙入买诺，居于拉马尼亚者也。

《地球图说》：土耳基国东界白尔西亚国，南界亚拉比亚国，西界地中海，北界黑海，其百姓约有一千二百万之数。其都城在欧罗巴大洲内，土耳基国相间之处，地名孔士旦②。半天主教，半犹太教。北有高山，南有旷野，中央平坦。内有大湖名曰死海，咸而且臭，终无可用。死海之北有加利利湖，即救主耶稣在此宣讲真理，多医疾病，不时显圣。有约耳坦江，即耶稣领受洗礼之处。又有许多被天火焰烧之城，即巴米辣、巴皮伦尼③、尼瓦等，城虽泯没，而旧迹尚存。再稽圣书内，言真神始以土尘造人，名亚丹④。复以亚丹之筋骨造女，以为夫妇。复栽以田园，以与二人居住之处。暨耶路撒冷城，系犹太国之都，内有真神殿宇，当时之民每年必三至礼拜。迄后犹太国民终不信从，真神震怒，即加大罚殛其民，毁其城，至今大相悬殊也。城外有橄榄山，即耶稣日在耶路撒冷城宣教，夜回橄榄山栖宿之地。并耶稣生身之地，长养之地，葬身之地，均在是国。现其冢上为天主教门徒建立礼拜堂，以耶稣教之门徒无追墓之理也。

国内江河极少，运货俱用驼马，必旅伴同行以御劫掠。牧羊

---

①巴所剌邑（Al Basrah），今伊拉克巴士拉。
②孔士旦，又作古尔的部，即库尔德斯坦（Kurdistan）。
③巴皮伦尼（Babylonia），指古代巴比伦王国。
④亚丹（Adam），通译亚当。

者众，务农者少。有大江名由非剌氏江。又名比拉江。土产北果、蒲萄酒、五谷、烟叶、绵布、鸦片、胡丝、羊绒布、兽皮、铜等物。道光十六年，被麦西国人侵占西南境界。至二十年，幸欧罗巴大国助而复之。

《外国史略》曰：南土耳其在亚悉亚藩属地，南抵亚拉回国，北及黑海，东连峨罗斯、白西等国，西及地中群岛等海，达他匿①并君士担海（陕）〔峡〕② 隔之，以峨罗斯之微地曰苏益，与亚非利加相连。北方多山，东方平坦。两大河汇入白西海隅③者：一为以法河，一为得义河。所属之地本古各国，后为罗马所辖。

小亚悉亚乃半地所凸出者，广袤方圆八千里，居民五百万。田甚丰盛，天气温和，多物产，南果、葡萄俱美，出绵花、鸦片、姜花、烟、木料，牛、马、羊尾长，可织布，又出胡丝、花石、铅。居民多土耳其人，性骄傲。亦多希腊人，多为商匠，在山内者恣游牧，颇为盗贼。居民造搭膊布并缎。地分八郡，最广港口曰士默那，居民十二万五千，多外国商贾，人户稠密，多瘟疫。港多商船，运出者鸦片、蚕丝、百果、药菜、花毡等货，运入者各工制造之物。广通商，无积聚。土甲居民十万，旧地亚④居民六万。

属此地之岛曰棋宾岛⑤，在叙利海边，居地中海中，广袤方圆三百四十里。民多希腊人，亦有教师、教主。昔本丰盛，多物产，

---

①达他匿（Dardanelles Strait），指达达尼尔海峡，即今恰纳卡莱海峡（Çanakkale Boğazi）。
②君士担海峡（Constantinople Strait），亦称博斯普鲁斯海峡（Bosporus Stiait），今名伊斯坦布尔海峡（Istanbul Strait）。
③白西海隅（Persia G.），即波斯湾。
④旧地亚（Judea），指古犹太国，辖地在今巴勒斯坦一带。
⑤棋宾岛，即塞浦路斯岛（Syprus I.）。

今只出葡萄。极大之城曰尼可西亚①，居民万六千。全岛之山水美不胜赏，故自古闲逸之士皆集此，以适其意。

罗突岛②广袤方圆二十一里，出南果、绵花、五谷、橄榄油，居民三万。在地中海边，地立新埠，今已三百年，服土耳其之权。

勒布③广袤方圆十二里，居民五万，属土族。出无花果及橄榄油。百姓能力于战。

土其阿广袤方圆十八里，数年前居民十二万。出南果、胡丝、绵花。向时此岛本乐境，贸易极旺。道光二十年，希腊人欲脱土尔其之酷，因驱逐土兵。土兵来报复，杀男女老幼四万，又将三万人贩卖为奴，遂荒其地。

两河中之地悉广坦，古本乐地。中地之北方甚丰盛，有牧场；与亚拉回国交界系沙野，少产物。两河边潴泽尤广，地半游牧，各自有酋长，不服国王之权。山内有新族，亦不畏国君。其都会巴达④，系古回回国君之都，居民五万，即与五印度贸易之处，地平坦。前时建巴比伦、尼尼瓦两大邑，为两国之都。于是时据各邻国，亦陷犹太地，且虏其民人，后为他国所灭。间有游牧者至其地，遍地荒野，且其河溢涨，居民受困，地虽甚腴，却无草无菜，又时有瘟疫。其大港曰布所拉，在白西海隅，为两江汇入海口，商船云集。

北与俄罗斯国所连者曰亚面⑤地，广袤方圆千五百九十三里，居民九十五万，大半山地。所出之谷微，惟牧场颇茂。居民多耶

①尼可西亚（Nicosia），即今塞浦路斯首都尼科西亚。
②罗突岛，即罗德岛。
③勒布，疑为今黎巴嫩。
④巴达（Baghdad），今伊拉克首都巴格达。
⑤亚面（Armenia），今土耳其亚美尼亚地区。

稣教。古原自为一国，被回回攻服。民聪慧善贾，巡游四方，甚殷实，散布亚悉亚各国。在土耳其国大开银局，其国若务大事，惟亚面人是赖。人奉回教，外多仪，而内极诚实，外国人皆敬之。其会城曰益西伦①，在高山上，居民十万。多制造皮、布、兵器，多卖与土尔其国。群商每年自亚悉亚集此贸易，辐辏不绝。附此邑有山，巨舟能入，有水患即避此。

叙利亚部在地中海边，东与亚拉国相连，延及小亚悉亚，广袤方圆二千三百里。有利巴伦山，古多香松，今为游牧之所。东方沙坦，多巉岩，海边地极丰盛。天气热。北方有阿伦得江，足灌溉，两岸山水甚美，多产南果、蒲桃、烟、绵花、五谷。居民二百五十万，养驼、绵羊、山羊、蚕、豕、蜜。山出铁、花石及各货。百姓语音不一，教亦不一，若回回、天主教门、犹太人，种种有之。昔推叙利亚部为国主，后归罗马所辖。居民久奉天主教，迨亚拉之回回侵迫，令民改从回教。居民不多，荒其田而不耕，较往古盛时不及百分之一。大马士革城亦丰盛，居民二十万，街狭人稠。

安地悉②居民一万，古为广大之都。海边港口曰亚拉③，居民万五千，叠为敌国围困。昔有（破）拿〔破〕伦将军，后为佛国王，攻伐而退。后麦西国并英人又取之。哈立城④即山麓大城邑，原居民二十万，于道光二年地震，屋宇倒坏，然山水固极清秀也。犹太国属叙利亚，古时天主创教之地，为罗马国所有者五百余年，后又为回教所属者五百年。后欧罗巴各国大发愤，会兵攻取耶路

①益西伦（Erzurum），今土耳其埃尔祖鲁姆。
②安地悉，今土耳其安塔基亚（Antakya）。
③亚拉，今土耳其伊斯肯德伦港（Iskenderum）。
④哈立城（Halab），今叙利亚阿勒颇。

撒冷之都，旋为土耳其君所据，仍崇回教。故其地虽丰，今则荒甚，仅存耶路撒冷之民约二万余，多属天主教。岁有远方人来拜圣墓，瞻古迹。耶稣之都亦立教主以训犹太民。其国大河曰约耳但河，自北而南，其流甚急，入于死海。在北流所通之湖曰加利利，长二里，阔里余。在湖滨，海南之地多沙，海北地产各物。内多山峰，亦有平坦沃土千里，居民散处无定居，土耳其征其钱粮，按数追纳，逃避者多。约耳但河外有平坦，足资游牧，谷田甚腴。其地分三分：东曰加利利，即耶稣所生长之地；中央曰撒马利亚，百姓以道杂异端，故甚与犹太人结仇；其南曰犹太，亦在此建都焉。

土耳其国有杂族之民，共二百万，乐安逸，好勇战，一人每娶数女。土人甚少。用外国人以代办事，立酷政以儌胁其下。虏异族小儿，断其势皮，以为回教。所募之军、所建之船，一切皆效西洋，招异国人为武官。其希腊人住海口，广贸易，亦为水手，亦耕田，约百余万。崇天主教，或尚罗马教皇所传之教。巧狯务利，不朴实。其女美而惑男。今则民数日少。前统管亚悉亚西方，今被土夷所束。亚面族约十万名，颇老实，在各大城邑经营致富。与峨国同音，族类七百二十万人。与破兰所居相上下，情甚鄙陋，惟饱食，无他意。土国制之易如反掌。其由西国来之杂族，约六百五十万。其犹太国人散在各部，以本祖所居之国为圣地，云集居住，数约九十万，以买卖为业。其东方有亚拉人数百万，或游牧，皆崇回教。另有蛮族在山内，以抢夺为生，极凶悍。

其产物多绵花，在欧罗巴地每年约值银三百五十万两，在麦西国约六十万石。亦出烟，每处多至二十万包。国人皆食之。葡萄汁由西方亚悉亚运出者约六十万担。所出之鸦片约四千箱，皆运入中国。亦产药材、蜡、蜜、蚕丝与细羊毛。其马高大善走。

制造之物不多，皆买自外国，而易以土产。国多港口，土人不善营生，希腊、亚面等国之民争至此为商。在土默拿，一年之货物运出运入，约价银五千万员。

《地理备考》曰：土耳基国兼摄之地在亚细亚州之西，纬度（起）自北三十度起至四十二度止，经度自东二十三度起至四十八度止。东至白尔西国，西枕地中海，南接天方国，北界黑海。长四千里，宽二千六百里，地面积方约七十二万里。烟户一京二兆五亿口。境内崭岩参嵯，冈陵延袤。山之至高者曰道罗①，曰里巴诺，曰亚拉剌，曰科令伯，曰义大，曰加尔美罗。河之最长者曰有发拉德，曰的加勒，曰几西义马，曰曼德勒，曰若尔丹，曰萨拉巴。湖亦错杂，大者曰万，曰亚斯发的德，即死海也，曰巴加马，曰亚波罗尼，曰亚斯萨约，曰达萨拉，曰亚哥失尔。屿更罗列，巨者曰西布勒，曰巴达么斯，曰罗德斯，曰西岳，曰勒斯波，曰德内德斯。田土肥饶丰茂，金石各矿具备，禽兽充斥。土产丝、酒、油、蜜、香料、药材等物。地气互异，山顶冰雪，平原燠暑。技艺精良，贸易丰盛。所奉之教乃回教也。其地分为五部：一名小亚细亚，又名亚那多里，在西方，内六府；一名亚尔美尼部，在东方，内五府；一名古尔的部，在东方，内二府；一名美索布达迷部②，在东南，内三府；一名西利亚部，在南方，内四府。其冲要繁华之地皆在亚那多里部，半在亚尔日西拉部，一又名白棱③，即耶稣降生之地，皆在西利亚部。

---

①道罗（Toros Dağlarl），即土耳其托罗斯山脉。
②美索布达迷部（Mesopotamia），通译美索不达米亚。
③白棱，即耶路撒冷西部之伯利恒（Bethlehem）。

海国图志卷二十九

西南洋

西南洋五印度沿革总叙

　　行海以指南针取向，地球以浑仪辨方。五印度地当震旦西南，以中国偏东形势格之，为丙午丁未方。以地平二十四盘分之，则在巽巳云。唐以前西域贡道，由葱岭达玉关，道虽迂迢，而历代取经求法之僧足与目谋图画指掌。至宋天圣中，防西夏钞掠，始改大食等国贡道，由海达广州。自后习于航海之便，于是自古西域西南近海之国概称西南洋，古时国名十亡其六。元有天下，吞并西域，分封驸马、子弟为王，尽易国名以蒙古语，古今沿革十亡其八。《明一统志》称：自后魏至隋唐，康居、安息二国地界相混，岂知大秦与条支二国，罽宾与印度各国，尤混之混。甚至《宋史》谓天竺以东之注辇国距广州四十一万里。天竺以东，当与今满刺加接壤，在缅甸、暹罗之南，距广州不及万里。《元史》征爪哇，谓以五千卒，渡海二十五万里，征从古未至之国。《史弼传》。考其方域，距闽粤皆里不及万。至马八儿国，在天方之西境，较注辇、爪哇稍远，亦计里不过万余。而《元史》谓自泉州至其国约十万里，皆无稽之说。地周九万里，自欧罗巴大西洋至中国，几于绕地半周，为里亦不过五六万里，乌有阿细亚洲之南洋、近接西藏〔之〕缅甸，动称数十万里者乎？又甚者，以元太祖至铁门，见角端之地为东印度，不知尚未入北印度也。以西藏吐番之地为古佛国中印度，反以中印度之痕都斯坦为罽宾，《西域图志》。而不知印度河、印度海至今尚存西南洋也。以葱岭东西回部，自昔皆回教，无佛教，不知自古皆佛教，无回教也。六合以外，存而不论，八荒以外，论而不议，九州以外，议而不辨。西南诸国，近在九州以外，尚非八荒之外也。且海防切肤之灾也，乌得不论，而乌得不议？辑《五印度沿革》六篇，《恒河考》二篇，附《北印度〔以外〕疆域考》二篇，《元代征西域考》二篇，《葱岭以东新疆回部〔附〕考》二篇。

五印度沿革总考原本无，今补辑。

《后汉书》：天竺国[1]，一名身毒，在月氏[2]之东南数千里，俗与月氏同，而卑湿暑热。其国临大水，乘象而战，其人弱于月氏，修浮图，道不杀伐，遂以成俗。从月氏、高附国以西，南至西海，东至盘起国[3]，皆身毒之地。身毒有别城数百，城置长；别国数十，国置王，虽名小异，而俱以身毒为名，其时皆属月氏。月氏杀其王而置将，令统其人。土出象、犀、玳瑁、金、银、铜、铁、铅、锡。西与大秦通，有大秦珍物，又有细布、好毾𣰆、诸香、石蜜、胡椒、姜、黑盐。和帝时数遣使贡献，后西域反叛乃绝。至桓帝延熹二年、四年，频从日南徼外来献。世传明帝梦见金人长大，顶有光明，以问群臣。或曰西方有神名曰佛，其形长丈六

---

①天竺国，又作身毒（Sindu），即今印度（India）。
②月氏，古族名，秦汉之际活动于敦煌、祁连山间，后因遭匈奴攻击，大部分迁入新疆西部伊犁河流域及其迤西一带。
③盘起国，又作盘越国、汉越国，其地或谓在今印度东部阿萨姆邦与缅甸之间，或谓今孟加拉人民共和国一带。

尺而黄金色。帝于是遣使天竺，问佛道法，遂于中国图画形像焉。楚王英始信其术，中国因此颇有奉其道者。后桓帝好神，数祀浮图、老子，百姓稍有奉者，后遂转盛。

晋法显《佛国记》：法显，昔在长安，慨律藏残缺，遂以弘始二年己亥，与慧景等往天竺，寻求戒律。初度陇，至乾归国，夏坐讫，前行至𫗴檀国，值张掖大乱，张掖王留作檀越。复夏坐讫，进敦煌沙河，计千五百里，至鄯善国①，其国王奉法，可有四千余僧，悉小乘学。从此西行，所经诸国胡语，国国不同，然出家人皆习天竺书、天竺语。住此一月，复西北行十五日，到乌夷国②，僧四千余人，皆小乘学，法则齐整。西南行一月五日，得至于阗国③，僧数万人，多大乘学。家家门前皆造小塔，最高者可高二丈许。其国十四大僧伽蓝，不数小者。有大乘寺三千僧共揵㵎食，威仪齐肃，器钵无声。法显欲观行像，停三月，日观行像讫，进向子合国④，在道二十五日。国王精进，有千余僧，多大乘学。住此十五日，已，于是南行四日，入葱岭山⑤，到於麾国⑥，安居。行二十五日，到竭叉国⑦，值其国王作五年大会，四方沙门云集，其地山寒，不生余谷，惟熟麦耳。有佛唾壶及佛齿塔，国当葱岭之中。从此北行向北天竺，在道一月，得度葱岭，冬夏有雪，又有毒陇。度岭已到北天竺，始入其境，顺岭西南行十五日，崖岸

①鄯善国，即古楼兰国，故地在今新疆若羌县。
②乌夷国，即焉耆，故地在今新疆焉耆回族自治县。
③于阗国，故地在今新疆和田县城东南。
④子合国，故地或谓在今新疆叶城县。
⑤葱岭山，我国旧时对新疆西部帕米尔高原及其南北两端诸山脉的总称。
⑥於麾国，故址可能在叶尔羌河中上游一带。
⑦竭叉国，故址可能在今新疆塔什库尔干塔吉克自治县。

险绝，石壁千仞，下有水，名新头河①。昔人凿石通路，及度七百傍梯，已蹑悬絚，过沙河，两岸相去减八十步。汉之张骞、甘英，皆不至也。渡河便到乌苌国②，是正北天竺也，尽作中天竺语，佛遗足迹及晒衣石。从此东下五日，到揵陀卫国③，是阿育王子法益所治处。从此南行四日，到佛楼沙国④，是腻迦王起塔处，高四十余丈，阎浮提塔唯此为上，佛钵即在此国。月氏王大兴兵象，迎钵不去。西行十六由延，至那竭国⑤界，供养佛顶骨、佛齿、佛影、佛锡杖、佛僧。伽犁有诸罗汉、辟支、佛塔及千数。住冬二月，南度小雪山⑥，山北阴寒，人皆噤战。力前过岭南，到罗夷国⑦。又南下行十日，到跋那国⑧。各有三千余僧，兼大小乘学。从此东行三日，复渡新头河，两岸皆平地。过河有国名毗荼⑨，佛法兴盛，僧众万数。又经捕那河⑩，到摩头罗国⑪。凡沙河已西天竺诸国王皆笃信佛法，供养众生。从是以南名中天竺，中天竺国

---

①新头河（Sindu），又作新沟河，即今印度河。

②乌苌国（Udyāna），又作乌长国、乌场国、乌仗那国，故址在今巴基斯坦北部斯瓦河（Swāt R.）流域。

③揵陀卫国（Gandhāra），或作犍陀卫国、乾陀罗国、健驮逻国，其故地当约今斯瓦河流入喀布尔河之附近一带。

④佛楼沙国（Purusapura），亦作弗楼沙国，故地在今巴基斯坦白沙瓦（Peshāwa）一带。

⑤那竭国（Nagarahāra），亦作那揭罗国、那迦罗诃国，故地在今阿富汗贾拉拉巴德（Jelālabād）。

⑥小雪山，即今贾拉拉巴德城以南之赛费德科山脉（Safedkoh）。

⑦罗夷国，故址在今阿富汗东部，今地不详。

⑧跋那国（Bannu），即今巴基斯坦北部之邦努。

⑨毗荼，或作毗茶（Pañcanada, Pañjāb），一般译作旁遮普，包括巴基斯坦东北部和印度北部。

⑩捕那河（Yamunā），又作蒲那河、阎牟那河，即今马土拉城东之朱木拿河（Jumna R.）。

⑪摩头罗国（Mathurā），亦作秣菟罗国、秣兔罗国，在今印度朱木拿河西岸之马土拉一带。

寒暑调和，无霜雪，无户籍官法，惟耕王地者乃输地利，不用刑杀，随罪轻重输钱，恶逆惟截右手。国人悉不杀生，不饮酒，不食葱蒜，唯除旃荼罗猎师。自渡新头河至南天竺，迄于南海，四五万里皆平坦，无大山川，止有河水。从此南行十八由延，有国名僧伽施①，佛在忉利天为母说法，下来处宝阶七级上覆精舍。国内丰熟，雨泽以时。东南行七由延，到罽饶夷城②，城接恒水③。度恒水南行三由延，到阿梨林，从此东南行十由延，到沙祇大国④，有四佛经论坐处，起塔故在。从此南行八由延，到扬萨罗国⑤舍卫城⑥，即波斯匿王所治城也。城内人民稀旷，有二百余家。城南门外千二百步即祇洹精舍，池流清净，林木蔚然，有波斯匿王所刻牛头、旃檀佛像，佛住此处最久，说法度人，经行坐处亦尽起塔。城西五十里，有伽叶佛舍利塔。从舍卫城东南行十二由延，到迦罗卫城⑦，即白净王故宫也。城中甚荒，只有众僧、民户数十家而已。佛为太子出家及得道还见父王处，故迹具在，各有塔表之。国大空荒，人民稀少，道路怖畏，白象、师子不可妄行。复东行十七由延，到扬夷那竭城⑧，城北双树间希连河边，世尊般

---

① 僧伽施（Saṃkāśya），亦作僧迦施，故地在今印度北方邦西部的法鲁哈巴德（Farrukhābād）。
② 罽饶夷城（Kanyākubja），即羯若鞠阇国都城曲女城，今为印度北方邦西部之卡瑙季（Kanauj）。
③ 恒水（Gaṅgā），即恒河，罽饶夷城在恒河西岸。
④ 沙祇大国（Sāketa），为古代印度北部拘萨罗国（Kosala）都城，在今印度北方邦中部法扎巴德（Faizābād）。
⑤ 扬萨罗国（Kosala），印度半岛北部古国，故地在今印度北方邦北部巴耳兰普尔（Balrāmpur）附近一带。
⑥ 舍卫城（Srāvasti），又译室罗筏、舍婆提，故地在今印度北方邦内奥德地区。
⑦ 迦罗卫城，疑即迦维罗卫城（Kapilavastu），或谓罗伐窣堵国，其故地或谓在今印度北方邦北部巴斯提地区（Basti）北部之匹帕拉瓦（Pirawā）。
⑧ 扬夷那竭城（Kuśinagara），亦作拘尸那揭罗国，其故地或谓在今尼泊尔南部。

涅槃处，城中人民亦稀旷。从此东行十七由延，到毗舍离国①，城西北三里，有往昔国王千子放弓仗处，是为贤劫千佛，后人起塔尚在。从此东行四由延，到五河合口，阿难自般涅槃于河中央分身作二分，各在一岸，俾两国王各得半身，舍利起塔。度河南下一由延，到摩竭提国②巴连弗邑③，是阿育王所治也。诸天竺中，唯此国城邑为大，民人富盛。年年以建卯月作行像，四轮车高三丈许，其状如塔，悬缯蟠盖，四边作龛，皆有坐佛，菩萨立侍，可二十车，道俗云集，香花伎乐，供养国中。长者居士各于城中立福德医药，舍以施贫病。城南三里有阿育王最初所作大塔。从此东南行九由延，到王舍新城④，新城是阿阇世王所造。出城南四里，南向入谷，至五山里，五山周围状若城郭。东南上十五里，到耆阇崛山，峰秀端丽，是五山中最高，有佛及诸罗汉弟子各坐禅石窟数百。法显感佛，昔于此说者楞严，因停一宿，向窟诵经。又西行五六里，山北阴中有一石室，是佛泥洹后五百阿罗汉结集经处。从此西行四由延，到迦耶城⑤，城内亦空荒。佛泥洹已来，惟四大塔处，佛法相承不绝。四大塔者，佛生处、得道处、转法轮处、般泥洹处。从此南行三里，到鸡足山。大迦叶今在此山中入定，法显还向巴连弗邑，顺恒水西行二十由延，到迦尸国⑥波罗

---

①毗舍离国（Vaiśāli），又作吠舍厘国、毗舍利、毗奢利、毗耶离等，其故地在今印度比哈尔邦北部木扎法普尔（Muzaffarpur）。

②摩竭提国（Magadha），又译摩揭陀，为印度大古国之一，故地在今比哈尔邦巴特那及伽耶一带。

③巴连弗邑（Pātaliputra），即今印度比哈尔邦之巴特那（Patnā）。

④王舍新城，即王舍城（Rajagrha），亦作舍城，故地在今印度比哈尔邦西南部拉杰吉尔。

⑤迦耶城（Gayā），又作迦夷、伽耶，故地在今印度比哈尔邦之伽雅城（Gaya）。

⑥迦尸国（Kāsī），亦作迦施、波罗奈国等，故地在今印度恒河中游瓦腊纳亚（Varanasi）一带。

奈城①。城东北十里有鹿野苑精舍，是佛成道处。欲西北往扬睒弥国②，而道路艰险，竟不得往，遂东行还到巴连弗邑。法显本求戒律，而北天竺诸国皆师师口传，无本可写，是以远步，乃至中天竺，得摩诃僧祇众律，佛在世时，最初大众所行也。于祇洹精舍传其本，自余十八部，各有师资，大归不异。复得一部萨婆多众律，即此秦地众僧所行者也。住此三年，学梵书、梵语，写律。遂顺恒水东下十八由延，其南岸有瞻波大国③，佛精舍、经行处及四佛坐处，悉起塔。从此东行近五十由延，到多摩梨轩国④，即是海口。其国佛法亦兴，法显住此二年，写经及画像。于是载商人大舶泛海西南行昼夜十四日，到师子国⑤。其国在大洲上，东西五十由延，南北三十由延，左右小洲百数，皆统属大洲，多出珍宝，佛至其国，现神足降恶龙。有青玉像，高二丈许，通身七宝，右掌中一无价宝珠，国中可五六万僧，常以三月出佛齿供养。法显住此国二年，更求得沙弥塞律藏本。复上大舶南还，至青州长广郡界。法显自发长安六年，到中天竺停六年，还三年达青州，凡所游历咸三十国。

《魏书》：南天竺国，去代三万一千五百里有伏丑城，周匝十里。城中出摩尼珠珊瑚，城东三百里有拔赖城，城中出黄金、白真檀、石蜜、葡萄，土宜五谷。世宗时，其国王婆罗化遣使献骏

①波罗奈城（Branasi），又作波罗捺，故地在今印度恒河北岸瓦腊纳西，亦名贝拿勒斯（Benares）。

②扬睒弥国（Kauśambī），故地为今印度北方邦南部阿拉哈巴德（Allahabad）西南之柯散（Kosam）村。

③瞻波大国（Campa），在今印度比哈尔邦东部巴迦耳普尔（Bhāgalpur）一带。

④多摩梨轩国（Tāmralipti），又作耽摩粟底国、多摩梨帝，故地在今印度西孟加拉邦米德那普尔之塔姆卢（Tamluk）附近。

⑤师子国（Simhala），亦作僧迦罗国，今之斯里兰卡（Sri Lanka）。

马、金银。自此每使朝贡。又有叠伏罗国，去代三万里，拔豆国去代五万里，皆出白象，亦必天竺境，但使未明言，故不录之。

《梁书》：中天竺国在大月支东南数千里，地方三万里，一名身毒。汉世张骞使大夏见邛竹枝，蜀中国人云市之身毒。身毒即天竺，盖传译音字不同，其实一也。从月支高附以西，南至西海，东至槃越，列国数十，每国置王，其名虽异，皆身毒也。汉时羁属月支，其俗土著与月支同，而卑湿暑热，民弱畏战，弱于月支。国临大江名新陶，源出昆仑，分为五江，总名曰恒水。其水甘美，下有真盐，色正白如水精。其西与大秦、安息交市，海中多大秦珍物：珊瑚、琥珀、金碧、珠玑、琅玕、郁金、苏合。汉桓帝延熹九年，大秦王安敦遣使自日南徼外来献，汉世唯一通焉。其国人行贾往往至扶南、日南、交趾，其南徼诸国，人少有到大秦者。魏晋世绝不复通，唯吴时扶南王范旃遣亲人苏勿使其国，从扶南发投拘利口，循海大湾中正西北入，历湾边数国，可一年余到天竺江口，逆水行七千里乃至焉。积四年方返。其时吴遣中郎康泰使扶南。及陈宋等具问天竺土俗，云：佛道所兴国也。人民敦庞，土地饶沃。其王号茂论，所都城郭水泉分流，绕于渠堑下注江。其宫殿皆雕文镂刻，街曲市里，屋舍楼观，钟鼓音乐，服饰奢华；水陆通流，百贾交会；奇玩珍玮，恣心所欲。左右嘉维、舍卫、叶波等十六大国，去天竺或二三千里，共尊奉之，以为在天地之中也。天监初，其王屈多遣长史竺罗达奉表。

按《梁书》所云月氏、高附以西，南至西海，东至槃越，列国数十，每国置王，其名虽异，皆身毒之地。说本《后汉书》，是安息、条支抵西海之地，古皆西印度明矣。又言天竺国临大江，名新陶，即新头河，皆印度河之音转。源出昆仑，分为五江，总名曰恒水。其说同于《水经注》，则印度河即西恒河明矣。又言天竺西与大秦、安息交市，海中多大秦珍物；其南徼国人行贾，少有到大秦者，则大秦与天竺隔地中海相距绝远，亦与《魏书·大秦传》从条支西渡海曲一万里，及《后汉书》抵条支，临大海，欲渡大秦，得顺风三月乃渡之语合。陆路相通之拂林可名大秦，又明矣。梁时佛教盛行，梵僧来往内地，言皆亲历，故境无凿空语。印度者，当以《后汉书》、《梁》、《魏书》为本，而一切夸诈矫诬之语，可比诸无稽焉。

北魏僧惠生《使西域记》见《洛阳伽蓝记》：魏神龟元年十一月冬，太后遣崇立寺比丘惠生与敦煌人宋云向西域取经，凡得百七十部，皆是大乘妙典。初发京师，西行四十日至赤岭，即国之西疆也，山无草木，有鸟鼠同穴。又西行二十三日，至吐谷浑国。又西行三千五百里，至鄯善城。又西行千六百四十里，至左末城，有吕光伐胡时所作佛菩萨像。又西行千三百七十五里，至末城。又西行二十二里，至捍麼城，有于阗国，供佛之塔，其旁小塔数千，悬幡万计。又西行八百七十八里，至于阗国，有国王所造覆盆浮图一躯，有辟支佛靴，于今不烂。于阗境东西三千余里。神龟二年七月二十九日，入朱驹波国，人民山居，不立屠杀，食自死肉。风俗语言与于阗同，文字与婆罗门同。其国疆界可五日行遍。八月入汉盘陀国界，西行六日登葱岭山，复西行三日至钵盂城，三日至毒龙池，为昔盘陀王以婆罗门咒呪之龙。徙葱岭西去此地二千余里，自发葱岭，步步渐高，如此四日，乃得至岭；依约中下，实天半矣。汉盘陀国正在山顶。自葱岭已西，水皆西流，入西海。世人云：是天地之中。九月中旬，入钵和国。高山深谷，险道如常，因山为城，毡服窟居。人畜相依，风雪劲切。有大雪山①望若玉峰。十月初旬，入呎哒国，居无城郭，随逐水草，不识文字，年无盈闰，用十二月为一岁。受诸国贡献，南至牒罗，北尽敕勒，东被于阗，西及波斯，四十余国皆来朝贡，最为强大。王帐周四十步，器用七宝，不信佛法，杀生血食。见魏使，拜受诏书。去京师二万余里。十一月入波斯国境，土甚狭，七日行过，

按：此在葱岭中，非《魏书》西海上之波斯，亦非佛经之波斯匿王国也。人居山谷，雪光耀日。十一月中旬入赊弥国，渐出葱岭，硗角危峻，人马仅通。铁锁悬度，下不见底。十二月初入乌场国，北接葱岭，南连天竺，土气和暖。原田肵肵，民物殷阜。国王菜食长斋，晨夜礼佛，日中巳后始治国事。钟声遍界，异花供养。闻魏使来，膜拜受诏，国中有如来晒衣履石之处，其余佛迹，所至炳然。每一佛迹，辄有寺塔覆之。比丘戒行精舍。正光元年四月中旬入乾陀罗国，土地与乌场国相似，本名业波罗国，为厌哒所灭，遂立敕勒为王。国中人民悉是婆罗门种，崇佛经典。而国王好杀，不信佛法，与罽宾②争境，连年战斗，师老民怨。坐受诏书，凶慢无礼，送使一寺，供给甚薄。西行三月至新头大河，复西行十三日至佛沙伏城，城郭端直，林泉茂盛，土饶珍宝，风俗淳善，名僧德众，道行高奇，石像庄严，通身金箔，有迦叶佛迹。复西行一日，乘舟渡一深水，三百余步，复西南行六十里，至乾陀罗城，有佛涅槃后二百年国王迦尼色迦所造雀离浮图，凡十二重，去地七百尺，基广三百余步，悉用文石为陛，塔内佛事千变万化，金盘晃朗，宝铎和鸣，西域浮图最为第一。复西北行七日，渡一大水至那迦罗诃国③，有佛顶骨、牙、发、袈裟、锡杖。山窟中有佛

①大雪山，即喜马拉雅山和兴都库什山。
②罽宾（Kāshmira），西域古国，位于南亚次大陆西北部，即今克什米尔一带。
③那迦罗诃国（Nagarahāra），又作那迦，地在今阿富汗的贾拉拉巴德。

影、佛迹，有七佛手作浮图及佛手书梵字石塔铭。凡在乌场国二年，至正光二年还。阙。

《水经注·河水篇》：释氏《西域记》阿耨达太山，其上有大渊水宫殿，楼观甚大焉。山即昆仑山也。其山出六大水。山西有水名新头河，经罽宾、揵越、摩诃剌①诸国而入南海。凡注中引《法显传》，前已全录，今不复载。阿耨山西南有水名遥奴②，山西南小东有水名萨罕水，东有水名恒伽③，此三水同出一山，俱入恒水。康泰《扶南传》曰：恒水之源，乃极西北出昆仑山中。有五大源诸水分流皆由此五大源。枝扈黎大江出山西，北流，东南注大海。枝扈黎即恒水也。故释氏《西域（域）记》作恒曲之目，恒北有四国，最西头恒曲中者是也。有扬夷那褐国、林扬国④，其水乱流，注于恒。恒水有东径毗舍利城，北去王舍城五十由旬。恒水又东径罽宾饶夷城，城之西北六七里，恒水北岸，佛说法处。恒水又东南径迦维罗城，北故净王宫也。竺法维曰：迦维卫国⑤，佛所生天竺国也，天地之中央也。恒水又东径蓝莫塔，塔边有池，池中龙守护之。恒水又东至五河口，盖五水所会也。渡河南下，一由旬到摩竭提国巴连林邑，即阿育王所治之城。凡诸国中，惟此城为大，居人富盛，竞行（人）〔仁〕义。恒水又东南径小孤石山，山头有佛所坐石室。恒水又西径王舍新城，是阿阇世王所造。又西径迦

①摩诃剌（Mahārāstra），亦作摩诃剌侘，印度古国，地在今哥达瓦里河上游及该河与克里希那河之间一带。

②遥奴（Yamuna），亦作阎牟那河，即印度朱木拿河（Jumna）。

③恒伽，即恒河（Ganga）。

④林扬国，又作林杨、林阳，其地在今泰国西南或缅甸东南部。

⑤迦维卫国，又作加维罗卫国、劫比罗窣堵、迦毗罗卫（Kapilavastu），印度古国，地在今恒河之流哥格拉河（Gagra）与干达克河（Gandak）上游之间，即北方邦巴斯底县（Basti）。

那城南，释氏《西域记》曰：尼连禅水南注恒水，佛于此浴。复顺恒水西下到迦尸国波罗奈城。竺法维曰：波罗奈国在迦维罗卫国南千二百里，中间有恒水东南流。佛转法轮处在城东北十里，即鹿野苑。法显又曰：恒水又东到多磨梨轩，即是海口。释氏《西域记》：大秦一名梨轩。康泰《扶南传》曰：从迦那调洲①西南入大湾，可七八百里，乃到枝扈梨大江②口。渡江径西行，极大秦也。又云：发扬利口入大湾中，正西北入，可一年余得天竺江口，名恒水江口，有国号担袟③，属天竺。释氏《西域记》曰：恒水东流入东海，盖二水所注，两海所纳，自为东西也。又曰：葱岭高千里，河源潜发，其岭分为二水：一水西径循休国南，又径难兜国北，又西径罽宾国北，又西径月氏国南。其俗与安息同。又西径安息国南，城临妫水，地方数千里，河水与蜺罗跂禘水同注雷翥海，此葱岭西流之水也。释氏《西域记》：蜺罗跂禘水亦出阿耨达山之北，西径纥尸罗国四大塔北，又西径犍陀卫国北，其水至安息注雷翥海。

《新唐书》：天竺国，汉身毒国也，或曰摩伽陀④，曰波罗门，去京师九千六百里，都护治所二千八百里，居葱岭南，幅圆三万里。分东、西、南、北、中五天竺，皆城邑数百。南天竺濒海，出师子、豹、犀、橐驼、犀、象、火齐、琅玕、石蜜、黑盐。北天竺距雪山，围抱如壁，南有谷，通为国门。东天竺际海，与扶南、林邑接。西天竺与罽宾、波斯接。中天竺在四天竺之会，都

---

① 迦那调洲，古地名，故地或谓在今缅甸沿岸一带。
② 枝扈梨（Hooghli）大江，又作枝扈黎，指恒河（Ganga）或指恒河入海口处的胡格利河。
③ 担袟，应作担袂，或谓即今印度西孟加拉邦南部的塔姆卢克（Tamluk）。
④ 摩伽陀（Magadha），亦作摩揭陀、摩揭提、摩揭陁，印度古国，地在今比哈尔邦巴特那（Patna）及伽耶（Gayā）一带。

城曰茶镈和罗城，滨迦毗黎河，有别城数百，皆置长，别国数十，置王，曰舍卫国，曰迦没路国①。开户皆东向。中天竺王姓刹名利氏，世有其国，不篡杀。土溽热，稻四熟，禾之长者没橐驼。以贝齿为货，有金刚、旃檀、郁金，与大秦、扶南、交趾相贸易，人富乐无簿籍，耕王地者，乃输税。以舐足摩踵为致礼。家有奇乐倡伎。王、大臣皆服锦罽。为螺髻于项，余发翦使卷。男子穿耳垂珰，或悬金耳环者为上类，徒跣，衣重白。妇人项饰金银、珠缨络。死者燔骸，取灰建窣堵，或委野及河饵鸟兽鱼鳖，无丧纪，谋反者幽杀之，小罪赎钱，不孝者断手足、劓耳鼻，徙于边。有文字，善步历，学《悉昙章》，妄曰梵天法。书贝多叶以记事。尚浮屠法，不杀生、饮酒，国中处处指曰佛故迹也。信盟誓，传禁咒，能致龙起云雨。隋炀帝时，遣裴矩通西域诸国，独天竺、拂菻不至为恨。武德中，国大乱，王尸罗逸多勒兵战无前，象不弛鞍，士不释甲，因讨四天竺，皆北面臣之。会唐浮屠玄奘至其国，尸罗逸多召见曰："而国有圣人出，作《秦王破阵乐》，试为我言其为人。"玄奘粗言太宗神武，平祸乱四夷宾服状。王喜。贞观十五年，遣使者上书，帝命云骑尉梁怀璥持节慰抚。尸罗逸多惊问国人："自古亦有摩阿震旦②使者至吾国乎？"皆曰："无有。"戎言中国为摩阿震旦。乃出迎，膜拜受诏书，戴之顶，复遣使者随入朝。二十三年，遣右卫率府长史王玄策使其国，以蒋师仁为副。未至，尸罗逸多死，国人乱，其臣那伏帝阿罗那顺自立，发兵拒玄策。时从骑才数十，战不胜，皆没，遂剽诸国贡物。玄策挺身奔吐蕃西鄙，檄召邻国兵。吐蕃以兵千人来，泥婆罗以七千

———————

① 迦没路国（Kāmarupa），又作迦摩缕波、迦摩缕多，东印度古国，地在今阿萨姆邦西部高哈蒂（Gauhati）一带。

② 摩阿震旦（Cinisthāna），或译作振旦、真丹，为古代印度人对中国的称谓。

骑来。玄策部分进战荼镈和罗城，三日破之，斩首三千级，溺水死万人。阿罗那顺委国走，合散兵复阵，师仁禽之，俘斩千计。余众奉王妻息阻乾陀卫江。师仁击之，大溃，获其妃、王子，虏男女万二千人，杂畜三万，降城邑五百八十所。东天竺王尸鸠摩送牛马三万馈军，及弓刀宝缨络。迦没路国献异物，并上地图，请老子象。玄策执阿罗那顺献阙下，有司告宗庙。擢玄策朝散大夫。得方士那罗迩娑婆寐，自言寿二百岁，有不死术。帝改馆使治丹，命兵部尚书崔敦礼护视，使者驰天下，采怪药异石。后术不验，有诏听还，不能去，死长安。高宗时卢伽逸多者，东天竺乌荼人，以术进，拜怀化大将军。乾封三年，五天竺皆来朝。开元时中天竺、北天竺各遣使者至，南天竺亦献五色能言鸟乞师讨大食、吐蕃，丐名其军，玄宗诏赐怀德军。摩揭陀，一曰摩伽陀，本中天竺属国，环五十里，土沃宜稼穑，有异稻巨粒，号其大人米，王居拘阇揭罗布罗城①，北濒殑伽河②。贞观二十一年始遣使者自通于天子，献波罗树，树类白杨。太宗遣使取熬糖法，即诏扬州上诸蔗，拃沉如其剂，色味愈西域远甚。高宗又遣王玄策至其国摩诃菩提祠立碑焉。后德宗自制钟铭，赐那烂陀祠。又有那揭者，亦属国也，贞观二十年遣使者贡方物。乌荼者，一曰乌伏那，亦曰乌苌，直天竺南，地广五千里，东距勃律六百里，西羁宾四百里，山谷相属，产金、铁、葡萄、郁金，稻岁三熟。人柔诈，善禁伽术。国无杀刑，抵死者放之穷山。罪有疑，饮以药，视溲清浊而决轻重。有五城，王居瞢揭厘城，东北有达丽罗川，即乌苌旧地。贞观十六年，其王遣使者献龙脑香，玺书优答。大

①拘阇揭罗布罗城（Pātaliputra），即波吒厘子城，遗址在今比哈尔邦。
②殑伽河（Gaṅgā），亦作兢迦河，即今恒河。

食与乌苌东鄙接，数诱之，其王与骨咄、俱位二王不肯臣，开元中命使者册为王。章揭拔国本西羌种，居悉立西南四山中，后徙山西，与东天竺接，衣服略相类，因附之。地袤八九百里，胜兵二千人，无城郭，好钞暴，商旅患之。贞观二十年，其王因悉立国，遣使入朝。玄策之讨中天竺，发兵来赴，有功。由是职贡不绝。悉立当吐番西南，户五万，城邑多傍涧溪。男子缯束头，衣毡褐，妇人辫发短裙。婚姻不以财聘。其谷宜粳稻、麦、豆。死者葬于野，不封树，丧制为黑衣，满年而除。刑有刖鼻。常羁属吐番。

唐玄奘《使西域记》：出高昌故地，自近者始，曰焉耆国。国四面据山，道险易守，泉流交带。文字取则印度，货用金、银、钱、小铜钱。伽蓝十余所，习学小乘。从此西南行（九）〔二〕百余里，至龟兹国。国东西千余里，南北六百余里。伽蓝百余所，僧徒三千余人，习学小乘。城北四十里，临河有二伽蓝，佛像庄饰，殆越人工。五年建一大会。辇载行像，动以千数，道俗云集供养。从此西行六百余里，经小沙碛至姑墨国①。西北行三百余里，度石碛，至凌山②。山谷积雪，春夏结冰。逾山四百余里至大清地③，周千余里，东西长，南北狭。清地西北行五百余里至素叶水城④。诸国商胡杂居。素叶已西，数十孤城，城各立长，然皆役属突厥。素叶西行四百余里至千泉。千泉者，地方二百余里，南面雪山，三垂平陆。突厥可汗每来避暑。西行百五十里至咀罗私

①姑墨国，又作亟墨，即今阿克苏。
②凌山，当即冰山（Muz-art）。
③大清地，或名热海（Issyk-kul），今译伊塞克湖。
④素叶水城，亦作碎叶城、素叶城，因碎叶水（Sūyab）而得名。

城①。又西南得二百余里，至白水城②。西南行二百余里，至恭御城。从此南行四五十里至筱赤建国③，国周千余里，沃壤，备稼穑，盛花果，多葡萄，城邑百数。城邑君长虽则画野区分，总称筱赤建国。从此西行二百余里至赭时国④，唐言石国也。国周千余里，西临叶河⑤，东西狭，南北长，土宜气宇如赤建国。城邑数十，既无总主，役属突厥。从此东南千余里，至怖捍国⑥。国周四千余里，膏腴多稼，宜羊马，气寒，俗刚，貌弊，语异，无大君长。从此西行千余里至窄堵利瑟那国⑦，国周千四五百里，东临叶河。叶河出葱岭北原，西北流，浩污浊急。土宜风俗同石国。自有王，附突厥。从此西北入大沙碛，望大山，寻遗骨以知所指。行五百余里至飒秣建国⑧。唐言康国也。国周千六七百里，东西长，南北狭，地险而沃，多善马，凡诸胡国，此为其中。宝货所聚，伎巧特工。风俗猛烈，兵马强盛。从此东南至弥秣贺国⑨。唐言米国也。国周四百余里，据川中，东西狭，南北长。从此始至曹国⑩。又西行三百余里至何国⑪。又西二百余里至东安国⑫。又

913

---

① 咀罗私城（Tarāz），位于咀罗斯河畔，故址在今哈萨克斯坦江布儿城。

② 白水城（Isijāb，Sayram），汉文史籍又作赛兰城，故址在今塔什干城（Tashkand）东北、锡尔河（Syz-Darya）中游左岸。

③ 筱赤建国（Nujakath，Nujikath，Nujkath），又译作弩室羯城等，故地在今塔什干地区的汗阿巴德。

④ 赭时国，又作者舌、赭支、柘支等，故址在今锡尔河支流（Chirehik）流域。

⑤ 叶河，又作叶叶河、药杀水，当为今中亚之锡尔河（Syz-Darya）。

⑥ 怖捍国，又作破洛那、拔汗那、跋贺那等，位在今费尔干纳（Farghana）地区。

⑦ 窄堵利瑟那国（Sutrcna），位于锡尔河之南，地当费尔干纳盆地西部出口处。

⑧ 飒秣建国，又作悉万斤、康国、萨末鞬等，故地在今乌兹别克斯坦撒马尔罕一带。

⑨ 弥秣贺国（Maymurgh），或作米国，故地在今乌兹别克斯坦撒马尔罕西南方。

⑩ 曹国，即劫布呾那（Kapūtānā），故地在今乌兹别克斯坦撒马尔罕北方及东北方一带。

⑪ 何国，即屈霜你迦国（Kusānika），故地在今乌兹别克斯坦撒马尔罕之西北方。

⑫ 东安国，即喝捍国（Kharghānkath），亦作喝干，故地在今乌兹别克斯坦布哈拉一带。

西四百余里至中安国①。又西四百余里至（东）〔西〕安国②。又西南五百余里至货利息弥伽国③。又南行三百余里至史国，土言羯霜那国也。凡米、曹、何、史、安诸国，风俗并同康国。自素叶水城至此，地名窣利，人亦谓焉。从史国西南行二百余里入山，崎岖险绝，又少水草。东南山行三百余里，入铁门④。铁门者，左右带山，狭径险阻，两傍石壁，其色如铁，门扉铁锢，以险得名。出铁门，至睹货罗国⑤，其地南北千余里，东西三千余里，东扼葱岭，西接波剌斯⑥，南距大雪山，北据铁门，缚刍大河中境西流。自数百年王族绝嗣，酋豪各擅，分为三十七国。虽画野区分，总役属突厥。此境已南，冬春零雨，并多温疾。志怯貌陋，不甚欺诈。字源二十五言，书以横读，自左而右，文记渐多。逾广窣利，顺缚刍河北下流，至呾密国⑦。又东至赤鄂衍那国⑧、忽露摩国⑨、愉漫国⑩、镬（河）〔沙〕国、珂咄罗国⑪、拘谜陀国，此皆自西而东。拘谜陀国据大葱岭之中，西南邻缚刍河。渡河至达摩悉铁

914

---

①中安国，即捕喝国（Bukhārā），亦作布豁，故地在今乌兹别克斯坦布哈拉一带。

②西安国，即伐他国（Betik，Bitik），故地在今乌兹别克斯坦布哈拉一带。

③货利息弥伽国（Horismika），亦作忽似密、火辞弥、货利习弥等，故地在阿姆河下游西岸地区。

④铁门（Dar-i Āhanin），古代中亚南北交通要隘，故地在今乌兹别克斯坦南部。

⑤睹货罗国，又作吐呼罗、吐火罗、土豁罗等，即中亚古国大夏，地在今阿富汗北部。

⑥波剌斯（Pārsa），即波斯，今伊朗。

⑦呾密国（Tirmidh），又作怛满、怛没等，故地在今阿姆河岸。

⑧赤鄂衍那国，又作石汗那、支汗那，故地在Surkhan河上游。

⑨忽露摩国（Kharūn），其地当今塔吉克斯坦杜尚别（Dusanbe）附近。

⑩愉漫国（Shūmān），亦作数满，故地在今塔吉克斯坦杜尚别附近。

⑪珂咄罗国（Khuttalān），又作珂咄、骨咄，故地在今塔吉克斯坦杜尚别一带。

谛国①、钵铎创那国②、淫薄健国③、屈浪拏国④、泗摩达罗国、钵利曷国、讫栗瑟摩国⑤、曷罗胡国、阿利尼国、瞢健国、自活国⑥东南至阔悉多国⑦、安呾罗缚国，事在回记。〔自〕活国西南至缚伽浪国⑧，又南至纥露悉泯建国，又西北至忽懔国⑨，又西至缚喝国⑩，乃睹贺罗国之王都也。北临缚刍河，人皆谓之小王舍城，伽蓝百余所，僧徒三千余人，皆习小乘。城外西南有新伽蓝，此国先王所建，庄严珍宝，中有佛牙、佛罐、佛帚。伽蓝西南有一精庐，各僧所聚，多证四果。诸窣堵波建立数百。从都城西南入雪山阿，至锐秣陀国、胡实健国、呾剌健国⑪，此国西接波剌斯国界。南行百余里至揭职国。以上诸小国数十，并睹贺罗境内之部落。东南入大雪山，山高谷深，盛夏积雪，山魅妖祟，寇盗横行。行六百余里，始出睹贺罗境，至梵衍那国⑫。其睹贺罗国之与北印度，以大雪山为界，北以铁门为界。梵衍那国者，在雪山中，东

①达摩悉铁谛国（Dar-i Mastit），其地基本上是今阿富汗东北部之瓦罕地区。

②钵铎创那国，亦作波多叉拏，即今之巴达哈商（Badakshān），地在今阿姆河上游 Panj 河与 Kokcha 河之间。

③淫薄健国（Yamgān，Hamkān），位于阿富汗东北部 Kokcha 河流域。

④屈浪拏国（Kurān），又作俱兰、俱罗弩、俱烂那等，地在今阿富汗东北部 K-Kcha 河上游。

⑤讫栗瑟摩国（Kishm），故地在今阿富汗东北部法扎巴德（Fayābād）与塔卢坎（Talogan）之间。

⑥活国（Warwāliz），亦作遏换城、阿缓城，故地在今阿富汗东北部昆都士附近。

⑦阔悉多国（Hhost），地在今阿富汗东北部阿姆河上游支流 Hhost 河流域。

⑧缚伽浪国（Baghlan），今阿富汗北部之巴格兰。

⑨忽懔国（Khulm），故地在今阿富汗北部的胡勒姆。

⑩缚喝国（Bacha，Baktra），古代大夏国的都城，故地在阿富汗马扎里沙里夫（Mazār-i-Sharif）附近。

⑪呾剌健国（Tālaqān），故地在今阿富汗北部的昆都士（Kunduz）一带。

⑫梵衍那国（Bāmiyān），又作犯引、范阳、帆延等，其地在今阿富汗首都喀布尔以西巴米扬（Bāmiyan）一带。

西二千余里，南北三百余里，都城跨厓据谷，少花果，宜牧畜，气冽俗犷，淳信三宝，特其邻国。东南行二百余里，度大雪山，东至小川泽，有僧伽蓝，藏佛齿及劫初独觉佛齿、金轮王齿、罗汉铁钵。从此东行出雪山，逾黑岭，至迦毕试国①。国周四千余里，北背雪山，三垂黑岭，都城西北距大雪山二百余里。出善马、郁金香，异方奇货所聚。风气同睹贺罗国。王刹利种也，统十余国，敬崇三宝。王城西北大河，南岸旧伽蓝内有释迦弱龄乱齿，有如来顶骨及发，窣堵波中有舍利升余。从此东行六百余里，越黑岭，入北印度境。详夫天竺之称，或云身毒，或云贤豆，今从正音，宜云印度。五印度境周九万里，径三万里，三垂大海，北背雪山，北广南狭，形如半月，画野区分七十余国，北乃山阜，隐轸，东则川原膏沃，南方暑湿，西土硗确。其文字梵天所制，四十七言，随事转用。童蒙七岁以后渐学五明大论：一声明，二巧明，三医方明，四固明，五内明。其婆罗门学四毗陀论：一寿，二祠，三平，四术。僧徒宣讲佛经一部，乃免僧知事。二部，加上房资具。三部，差侍者祇承。四部，给净人役使；五部，则行乘象舆。六部，又导从周卫。考其优劣，黜陟幽明，其义负者，摈斥不齿。族姓有四：一婆罗门种，二刹利王种，三毗舍商贾种，四首陀农种。兵伍有四：步、马、车、象。刑罚有四：水、火、称、毒。种王田者六税其一，田税所出，大分为四：一充祭祀，二供官禄，三赏总学，四树福田。珍奇杂宝，出自海隅，易以求货。所用贸易金钱、银钱、贝珠、小珠。印度风壤大略，斯在迦毕试国，北印度之北境也。所属有滥波国②，气序渐温，微霜无

---

①迦毕试国（Kāpiśi），又作迦臂施等，其地在今阿富汗喀布尔以北。
②滥波国（Lampāka），在今阿富汗喀布尔河北岸的 Laghmān。

雪，诈弱轻躁，衣多白毡。从此东南行百余里，逾大岭，济大河，至那揭罗曷国，有如来影窟、如来足迹、如来浣衣石及锡杖、顶骨，凡诸圣迹，多有灵异。从此东南山谷中行五百余里，至健驮罗国，东临信度河，温暑无霜雪。自昔无著菩萨、世亲菩萨、胁尊者等所生处也。迦腻色迦王所建，窣堵波基周里半，高四百尺，名闻诸国。行五十里，渡大河，至布色羯罗伐底城①。东西二百余里，至跋虏沙城②。又东南百五十里，至乌铎迦汉荼城③，南临信渡河，诸方宝货多集于此。复北逾山涉川六百余里，至乌仗那国，国周六千余里，俗闲禁咒，多学大乘。有瞢揭厘城④，如来在昔为忍辱仙及为菩萨，修苦行，舍身求偈，舍身代鸽，析骨写经，皆在此地。从瞢揭厘城东北逾山越谷，逆上信度河，行千余里，至达丽罗川，即乌仗那国旧都也。复逾岭越谷，逆上信度河五百余里，至钵露罗国，周四千余里，在大雪山间，东西长，南北狭，气寒俗犷。从此复还乌铎迦汉荼城，南渡信度河。河广三四里，西南流，澄清皎镜。度河至呾叉始罗国⑤。以上诸国并属役〔迦〕毕试国，皆北印度之北境。

北印度以迦湿弥罗国最大，诸七国皆属焉。呾叉始罗国，旧属迦毕试国，近亦附庸于迦湿弥罗国⑥。从此国东南越山谷七百余里，至僧诃补罗国。国周三千余里，西临信度河，都城险固，气

①布色羯罗伐底城（Puskalāvatí），为健驮罗国故都，地在今巴基斯坦所属之查萨达（Chārsadda）。
②跋虏沙城（Varsapura），又作佛沙伏，城在今巴基斯坦白沙瓦东北。
③乌铎迦汉荼城（Udkhand），今名 Chind，地在喀布尔河与印度河汇合处。
④瞢揭厘城（Mangalaor），位于斯瓦河左岸的 Mingora，为健驮罗艺术的重要中心之一。
⑤呾叉始罗国（Taksaśilā），曾为健驮罗国首都，地在今巴基斯坦拉瓦尔品第（Rāwalpind）新城附近。
⑥迦湿弥罗国（Kaśmira，Kaśmir），位于次大陆西北部，唐时地域除克什米尔外，还有印度河与契纳布河间的山谷地带。

序寒，俗骁猛，无君长，役属迦湿弥罗国。从此复还呾叉始罗国北界，渡信度河，东南行二百余里，度大石门，复东南山行五百余里，至乌刺尸国①。国周二千余里，山阜连接，田畴狭隘，气序温和，微有霜雪，属役迦湿弥罗国，僧习大乘法教。从此东南履山险，度铁桥，行千余里，至迦湿弥罗国，旧罽宾也。国周七千余里，四境负山，门径险隘，自古邻敌无能攻伐。城西临大河，气序寒劲，多雪少风，衣皆白毡，容貌妍美，邪正皆信。僧徒五千，有如来没一百年后无忧王所建五百僧伽蓝，有如来四百年后迦腻色迦王请集五百罗汉作毗婆沙论之所。从此西南逾山涉险，行七百余里，至半笯蹉国。国周二千余里，山川多，畴陇狭，气温暑，俗勇烈，无大君长，属役迦湿弥罗国。从此东南四百余里，至葛罗阇补罗国。国周四千余里，险固多山，地利不丰，人性骁勇，役属迦湿弥罗国。自滥彼国至此，粗鄙犷暴，非印度之正境，乃边裔之曲俗。从此东南下山渡水，行七百余里，至磔迦国②，国周万余里，东据毗播奢河③，西临信度河，风俗暴急，衣服鲜白，少信佛法，多事天神。数百年前，有大族王灭法逐僧。其邻境摩揭陀国幻日王雅敬佛法，大族王治兵攻之，幻日王不忍斗其民，逃窜海岛，从者数万。大族王浮海往伐，幻日王扼险诱战，伏兵四起，生擒大族〔王〕。幻日王母怜而赦之，大族王北投迦湿弥罗国，其国王封以土邑，久乃率其邑人杀迦湿弥罗王而自立。西灭健驮罗国，毁废塔寺千有六百，以三亿上族、三亿中族临信度河杀之，三亿下族分赐军士，寻即殂落，堕无间狱。从此东行五百

---

① 乌剌尸国（Uraśa），为现今巴基斯坦之哈查拉（Hazara）。
② 磔迦国（Takka），此处指旁遮普平原，即东起旁遮普的比阿斯、西至印度河、北起喜马拉雅山麓、南至木尔坦以下五河合流处为止的广大地区。
③ 毗播奢河（Vipaśa），即今旁遮普的比阿斯河（Bias）。

余里，至那仆底国。国周二千余里，气序温暑，风俗怯弱。都城东南行五百余里，有过去四佛座及经行遗迹，小窣堵波诸大石室鳞次相望，并是劫初以来诸果圣人于此寂灭。从此东西百四十五里，至阇烂达罗国①，气温俗刚，貌鄙土富。又东北逾岭谷七百余里，至屈露多国②。国周三千余里，邻雪山，多珍药，气序逾寒，霜雪微降，人貌粗弊，高尚勇猛，岩多石室并罗汉仙人所止。从此南行七百里越大山，济大河，至设多图卢国。国周二千余里，西临大河，稼穑殷盛，服用鲜绮，气暑俗和，敦信佛法。已上并北印度境。

从此西南行八百余里，至波理夜咀罗国③，始入中印度境。国周三千余里，有稻，六十日而获，多牛羊，少花果，气暑热，俗刚猛，不尚学艺，信奉外道。从此南行五百余里，至秣菟罗国。国周五千余里，气暑土沃，崇德尚学，过去四佛遗迹甚多，诸圣弟遗身窣堵波具在，每岁三长及月六齐僧徒，各随所宗而致，供养香云花雨，旛盖亏蔽。从此东北行五百余里，至萨他泥湿伐罗国。国周七千余里，温暑宜稼，俗奢，尚幻术，逐利少农，诸方奇货所聚。都城周二百里内，土人谓为福地。从此东北行四百余里，至窣禄勤那国。国周六千余里，东临殑伽河，北背大山，阎牟那河中境而流，有如来舍利、爪、发、诸窣堵波，近世国王为诸外道所诖，误信受邪法，捐废正见。从阎牟那河东行八百余里，至殑伽河，河源广三四里，东南流入海处广十余里，彼《上书记》

---

①阇烂达罗国（Jālaṃdhara），亦作阇烂达那、阇兰达阇阑陀等，地在今阿姆利则（Amritsar）东南的贾朗达尔。

②屈露多国（Kulūta），位于今印度北部比阿斯河（Bias）上游西姆拉（Simla）西北之屈露（Kulu）。

③波理夜咀罗国（Pariyātra），故地在今德里旧城一带。

谓之福水。渡河东岸至秫底补罗国。国周六千余里,俗娴咒术,兼信邪正,王敬天神,异道杂居。从此北行三百余里,至婆罗吸摩补罗①,此一国又涉入北印度境,据大山中,周四千余里。此国境北大雪山中,有国产上黄金,东西长,南北狭,即东女国②。世以女为王,东接土番国,北接于阗国,西接三波诃国,从未底补罗东南行四百余里,至瞿毗霜那国③,复入中印度境。国周二千余里,都城险峻,俗淳好佛,习学小乘,如来在昔于此一月说诸法要。从此东南行四百余里,至(亚)〔垩〕醯掣呾罗国④。国周三千余里,如来昔为龙王,七日于此说法。自此南行二百六七十里,度殑伽河,西南至毗罗删拏国。又东南行二百余里,至劫比他国⑤,有如来自忉利天降下宝阶圣迹,垣内灵异相继。从西北行二百里,至曲女城国⑥。国周四千余里,都城西临殑伽河,异方奇货所聚,居人富乐,僧徒万有余人。先王为东印度设赏迦王所害,今戒日王以弟嗣立,誓报兄仇,讲习战士,象军五千,马军二万,步军五万,自西徂东,征伐不服,象不解鞍,人不释甲,于六年中据五印度。更增甲兵,象军六万,马军十万,垂三十年,兵戈不起。令五印度不得啖肉,若断生命,有诛无赦。于殑伽河侧建

---

①婆罗吸摩补罗(Brahmapura),故地在今印度北部哈尔德瓦东北的斯里纳加尔(Srinagar)一带。

②东女国,古代西藏西北部地区的一个小国,故地在今喜马拉雅山以北,于阗以南,拉达克以东。

③瞿毗霜那国(Goviśana),故地在今印度北邦卡希浦尔(Kāshipur)、曾普尔(Rampir)和皮利比得(Pilibhit)一带。

④垩醯掣呾罗国(Ahicchattra),故地在今印度北方邦的巴雷利(Bareilly)。

⑤劫比他国(Kapitta),又作僧伽尸、僧伽奢等,故地在今印度北方邦法鲁迦巴德(Farrukhābād)。

⑥曲女城国,即羯若鞠阇国(Kanyākubja),旧译罽饶夷、葛那及、葛那鸠阇等,故地在今印度北方邦法鲁哈巴达(Farrukhabad),都城在今卡瑙季。

立数千窣堵波，各高百余尺。于五印度建立精庐，五岁一设无遮大会，倾库布施，惟除兵器。闻大唐国沙门远至，问曰：闻摩诃震旦有秦王天子，平定海内，作《秦王破阵乐》，诚有之乎？玄奘具对大唐功德。戒日王将还曲女城，设法会，从数十万众，在河南岸，拘摩罗王从数万众在河北岸，分河中流，水陆并进，二王导引，四兵严卫。经九十日，至曲女城，诸国二十余里皆来集会，时仲春月也。王先于河西建大伽蓝，东起宝台，南起宝坛，为浴佛像之处。由行宫至伽蓝，夹道为阁，雅乐迭奏。王于行宫出一金像，载以大象，张以宝幰，戒日王为帝释左侍，扬摩罗王为梵王右侍，各五百象军披铠周卫，王以真珠杂宝及金银诸花随步，四散供养三宝，香水浴佛，以诸宝衣数十百千而为供养。及至散口，伽蓝门楼忽然火起。戒日王深悟无常，从窣堵波方下阶陛，忽有异人持刃逆王，左右执讯之，受外道之诱，使为刺客。于是究问外道徒属，有五百婆罗门，嫉诸沙门蒙王供养，乃火箭烧台，雇人行刺。王乃罚其首恶五百婆罗门出印度境。自此东南行六百余里，渡殑伽河，南至阿逾陀国[①]。国周五千里，都城北临殑伽河，有世亲无著菩萨讲堂及如来舍利诸迹。从此东行三百余里，渡殑伽河，北至阿耶穆佉国。国周二千四百余里，城东南临殑伽河，有窣堵波，如来昔于此处三月说法。从此东南行六百余里，渡殑伽河，南阎牟那河北至钵罗那伽国[②]。国周五千余里，都城据两河交，土地爽垲，细沙弥漫，号大施场。今戒日王五年积财，一旦倾舍。初第一日置大佛像，众室庄严，即持上妙奇珍而以奉

①阿逾陀国（Ayutlihā），旧译阿逾阇、阿逾遮不可胜等，为印度教区七大主教圣地之一，其故地或谓在今奥德。

②钵罗那伽国（Prayāga），又作钵赖野加国，古代印度著名圣地，故地在今北方邦阿拉哈巴德（Allāhābad），即今恒河与阎牟那河（朱木拿河）汇流处。

施，次常住僧，次现前众，次高才硕学，次外道学徒，次鳏寡孤独、贫寡乞丐。府库既倾，服玩都尽，髻中明珠，身诸璎珞，施无所悔。自后诸国君王各献珍服，常不逾旬，府库充牣。从此西南行五百余里，至拘睒弥国①。国周六千余里，城西南有如来降毒龙石窟。又东北大林中行七百余里，渡殑伽河，复北行百七八十里，至鞞索迦国。国周四千余里，如来常昔于此地六年说法，道树犹在。从此东北行五百余里，至室罗伐悉底国②，即舍卫国也，即波斯匿王所治国都。国周六千余里，城中有须达长者故宅，城南五六里有祇陀林，是给孤独园，凡如来经行之迹、说法之处，并树旌表，建窣堵波，冥祇警卫，灵瑞间起，或鼓天乐，或闻神香，景福之祥，难以备叙。有三大深坑，是诸外道及捏婆达多谤佛害佛、生陷地狱之处。又东南行五百余里，至迦毗罗卫国，空城数十，荒芜已甚。宫城内有故基，净饭王正殿也，上建精舍，中作王像，有摩耶夫人寝殿。城南门外有释迦太子出家修行、还家见父及至涅槃诸迹。自佛涅槃，诸部异议，或云千二百年，或云千三百余年，或云千五百余年，或云已过九百，或云未满千年。其八般涅槃日，或云当在三月十五，或云当在九月八日。复大林中行五百余里，至波罗奈国。国周四千余里，城西临殑伽河，阎阎栉比，居人殷盛，宝货充溢，俗重强学，多信外道，有佛盥浴器、浣衣三池，并有龙护。从此顺殑伽河东行三百余里，至战主国③。国周二千余里，城临殑伽河，渡河东北百五十里，至毗舍离

①拘睒弥国（Kauśāmba），又作俱舍弥、扬尸弤、矫堂等，为印度十六国之一，故地在今北方邦贝那勒斯（Benares）以西、朱木拿河北岸的柯桑村（Kosam）。
②室罗伐悉底国（Svāvasti），即舍卫国，故地在今北方邦内奥德地区。
③战主国（Garjanapati），故地在今瓦拉纳亚（贝拿勒斯）以东、恒河北岸的迦齐浦尔（Ghāzipur）。

国。国周五千余里，都城倾圮，僧徒寡少，异道杂居，如来昔于此说《维摩诘经》，有长者现疾说法之处。城东南行百五十里，有僧伽蓝，并学大乘。此东北行五百余里，至弗栗恃国①。国周四千余里，西距河滨，东西长，南北狭，土沃气寒，外道多于僧众。从此西北行千四五百里，逾山入谷，至尼波罗国②。国周四千余里，宜谷稼，多花果，出赤铜、犛牛、共命鸟，货用赤铜钱。气冽俗犷，邪正兼信。从此复还毗舍离国，南渡殑伽河，至摩竭陀国。国周五千余里，土地湿热，邑居高原，僧徒万余，宗习大乘。殑伽河南有故花宫城，惟存基址，有石柱高数十尺，是无忧王作地狱处，又有所藏舍利王窣堵波及诸罗汉石室。城西南隅二百余里，有窣堵波，是过去四佛座及经行遗迹之所。又西南行二百里，有大山，云石幽蔚，是佛入定处。又西南行四五千里，渡泥连禅河，至迦耶山，溪谷杳冥，峰岩危险。印度国俗称曰灵山，前代之君莫不登封而告成功，如来于此演说《宝云》等经。东渡大河，至前正觉山，如来于此入金刚定而成正觉。其下有金刚座，若座余处地辄震动，山亦倾陷。正门东辟，对尼连禅河。金刚座者劫初与大地俱起，据三千大千世界之中，下极金轮，上侵地际。金刚所成，周百余步。贤劫千佛座之而入金刚定，大地震动，独无倾摇，今有菩提树表其处。自菩提树南十余里，圣迹相邻，难以备举，每岁苾刍解雨安居，四方法浴，七日七夜，香华鼓乐，遍游林中，礼拜供养菩提树。东度尼连禅河，入大林野行百余里，至鸡足山。峻起三峰，是尊者大迦叶传衣入定之所。又有上茅宫城，摩揭陀国之正中也，崇山四周百五十余里，故城周三十余里。

①弗栗恃国（Vrji），又译跋祇、毗梨祇、佛栗氏等，故地在今比哈尔邦之达尔彭加（Darbhanga）。
②尼波罗国（Nepāla），又译泥婆罗、你波罗、尼八剌等，指今尼泊尔加德满都谷地。

城东北十四五里至鹫峰，即耆阇崛山也，如来御世五十年多居此山，广说妙法。毗婆罗王自麓至峰，编石为级，广十余步，长五六里。中路有二小窣堵波，王至此下乘，徒行以进精舍。旁有大石，是提婆达多遥掷击佛处。其南厓下，佛说《法华经》处。山西南阴，昔五百温泉，今惟数十，犹有冷有暖，未尽温也。南山之阴，大竹林中，有大石室，如来涅槃后，迦叶与一千大阿罗汉结集三藏处。竹林精舍旁八功德水，今亦枯涸。西北行三二里，至王舍城，外郭已毁，内基尚存，周二千余里，毗婆罗王自上茆宫迁都于此。外伽蓝最居福地，为五印度之所宗仰。从此东行入大山林中三百余里，至伊烂拏钵伐多国①。国周三千余里，城北临殑伽河。从此顺殑伽河南岸东行三百余里，至瞻波国。国周四千余里，城北皆殑伽河。自此东行四百余里，至羯米温祇罗国②，国周二千余里。又东渡殑伽河，行六百余里，至奔那伐渟那国③，周四千余里。以上并皆中印度境。

自此东行九百余里，渡大河，至迦摩缕波国，始入东印度境。国周万余里，土地泉湿，多果宜稼，貌黧俗犷，多事天神，异道数万，故自佛兴至今，尚未建立伽蓝，其有净伶之徒潜念而已。王本婆罗门种，虽不淳信佛法，然敬高学沙门。闻有支那国僧远至摩竭陀国，殷勤来请，玄奘以宏法为心，遂与使偕往。阳摩罗王亦问《秦王破阵之乐》，为阐扬德化，王甚欣慕。此国之东，山阜连接，无大国都。其境接西南夷，计两月行，可入蜀西南境，

①伊烂拏钵伐多国（Hiranyaparvata），亦作伊烂拿国，地在今印度比哈尔邦的孟格尔（Monghyr）。
②羯米温祇罗国（Kajangala），又译羯蝇揭罗，故地在今拉吉马哈尔（Rajmahal）。
③奔那伐渟那国（unṇḍravardhana），东印度古国，故地在今孟加拉国 Rajshahi 和 Bogra 一带。

然险阻瘴毒，行旅裹足。从此南行千二三百里，至三摩呾吒国。国周三千余里，濒海卑湿，色黧性刚，邪正兼信。城外有窣堵波，如来昔为诸天人于此说法七日。从是东北大海滨，山谷中有室利差怛罗国。次东南大海隅，有迦摩浪迦国。次东有堕罗钵底国。次东有伊赏补罗国。次东有摩诃瞻波国，即林邑国也。次西南有阎摩那洲国。凡此六国，山川道阻，不入其境。自三摩呾吒国西行九百余里，耽摩栗底国。国周千五百里，濒海卑湿，水陆交会，珍宝所聚，殷富强勇，邪正兼信。有过去佛迹。自此西北行七百余里，至羯罗苏伐剌那国①。国周四千五百里，风俗如前，有如来说经法之处。西南七百余里至乌荼国②。国周七千余里，容貌魁梧，多信佛法，僧徒万余，习学大乘，诸窣堵波十余所，并是如来说法之处。境东南临大海，有城坚峻，多诸奇货，城外鳞次，有五伽蓝。南去僧伽罗国③二万余里，静夜遥望，见彼国佛牙窣堵波上，宝珠光耀。自此西南大林中行千二百余里，至恭御陀国④。国周千余里，濒海风俗勇烈，形伟貌黧，崇敬外道，城据山海，地险兵强，威雄邻境。从此西南入大荒野，深林蔽日，千五百里至羯棱伽国⑤。已上并东印度。

羯棱伽国始入南印度境，国周五千里，林薮连绵，动数百里，出大青象，语言颇同中印度，僧多大乘，外道亦众。自此西北山

---

①羯罗苏伐剌那国（Karṇasuvrṇua），其地一般认为在今印度西孟加拉邦穆尔昔达巴德县（Murshidabad）。
②乌荼国（Uḍra，Oḍra），其地在今印度奥里萨邦（Orisa）北部。
③僧伽罗国，又作僧伽剌、僧诃罗、僧迦剌等，即今斯里兰卡。
④恭御陀国（Koṅgoda），其地在今印度奥里萨邦甘贾姆县（Ganjam）。
⑤羯棱伽国（Kalinga），又译迦陵伽、迦陵诚等，其领地大抵北起马亨纳底河，南到哥达瓦里河，北负东高上山，西临孟加拉湾。

林中千八百余里，至憍萨罗道①，此国又中印度境。王崇佛法，僧习大乘。国西南三百余里，有龙猛菩萨所住伽蓝，岩谷杳冥，莫知径路。从此大林中南行九百余里，至案达罗国②，复入南印度境。国周三千余里，如来昔于此城侧大伽蓝说法，度无量众。从此林野中南行千余里，至大安达罗国③。城东西据山，两山皆有伽蓝，在正法时每岁千僧，同入安居，多证四果。近则山神恐吓行人，阒无僧众。城南大山乃清辨论师住修罗宫待见慈氏成佛之所。自此西南行千余里，至珠利耶国④，昔亦如来说法之所，今则荒芜多盗。从此南入林野千五六百里，至达罗毗荼国⑤。国周六千余里，圣迹甚众，皆建窣堵波，僧徒万余，文字语言少异中印度。自此南行三千余里，至枳秣罗国⑥。国周五千里，海舶所聚。人善逐利，伽蓝故址存者实少。濒海有秣刺耶山，产龙脑香。山东有布咀洛迦山，山顶有池，池侧有石天宫观，自在菩萨往来游舍。从此山东北海畔有城，是往南海僧伽罗国路。从此入海，东南可三千余里，至僧伽罗国，唐言师子国，亦南印度之境也。国周七千余里，昔本宝渚罗刹居之，前王僧伽刺治兵浮海而往，诵咒奋武遂有其国。其王即释迦佛前生也。风俗淳信，僧徒二万余人。

---

①憍萨罗道（Kosala），其地在今印度马哈拉施特拉邦（Maharashtra）钱德拉布尔（Chandrapul）一带。

②案达罗国（Andhra），南印度著名古国，其地在今安德拉邦（Andraprandesh）海德拉巴德（Hyderābād）一带。

③大安达罗国，即驮那羯磔迦国（Dhānyakataka），其地在克里希那河口两岸地区。

④珠利耶国（Colya），其领地在南印度东岸佩内尔河（Penner）下游河口内洛尔（Nellore）一带。

⑤达罗毗荼国（Draviḍa），又作达罗鼻荼、达罗比吒等，其领地在今安得拉邦南部与泰米尔纳德邦北部之间的东部沿海地区。

⑥枳秣罗国，亦谓秣罗矩吒国（Malakuta），其地在今泰米尔纳德邦马杜赖（Madurai）一带。

王宫侧有佛牙精舍，高数百尺，上置钵昙、摩罗伽大宝，昼夜远望，光若明星。国东南隅有楞伽山，昔如来于此说《楞伽经》。自达罗毗荼国北入林野中行二千余里，至恭建那补罗国。国周五千余里，僧徒万余。王宫城侧大伽蓝有二百僧，实唯俊彦。西北入大林野二千五百里，至摩诃剌侘国。国周六千余里，城西临大河，土沃气温。形伟性傲，有怨必复，先辄告之，各披坚甲，然后争锋。临阵逐北，不杀已降。兵将失利，无所刑罚，赐之女服，感激自死。国养勇士数百，暴象数百，临阵皆令酣饮，以一摧万，全无坚敌。今戒日王东征西伐，惟此国不宾，屡率五印度兵往伐，未克。人知好学，邪正兼崇。僧五千人，佛迹具在。自此西行千余里，度耐秣陀河①至跋禄羯婆国②。国周二千四百里，咸卤暑热，土俗侥薄。从此西北行二千余里，至摩腊婆国③，即南罗罗国也。国周六千余里，城据莫诃河，东南五印度境。两国重学，西南摩腊婆国，东北摩竭陀国，僧徒二万余，多习小乘。自此西北行二千四百里，至阿吒厘国。国周六千余里，商贾为业，贵财贱德，纵有信福，但事天神。从此西北行三百里，至契吒国。国周三千余里，属役摩腊罗国，风俗遂同。从此北行千余里，至北罗罗国。土产风俗并如摩腊罗。远方奇货多聚其国，积财百亿者至百余室。如来在世，屡游此国，至今遗迹相闻。僧多小乘。已上并南印度。

　　自此西北行七百余里，至阿难陀补罗国④，始入西印度境。国周二千余里，属役摩腊婆国，土宜风俗如之。西行五百余里至苏

---

①耐秣陀河（Narmadā），即今讷尔默达河。
②跋禄羯婆国（Bharukacchapa），又作婆庐羯车、婆庐羯泚等，其故地在今印度西部达曼湾的巴罗达（Boroda）。
③摩腊婆国（Mālava），即南罗罗国，其故地在今印度马尔瓦（Mālwā）。
④阿难陀补罗国（Ānandapura），其地在今印度西部古吉拉特邦锡德普尔（Sidhpur）东南的瓦德纳加尔（Vadnagar）。

刺佗国①，国周四千余里，西据莫醯河，属役北罗罗国。地当西海孔道，人皆贩海为业。城外郁部多山有伽蓝，仙圣之所游止。从北罗罗国北行千八百余里，至瞿折罗国②。国周五千余里，土宜风俗同前。国俗崇外道，王敬佛法。从此东南二千八百里，至邬阇衍那国③，又东北行千余里至掷枳陀国，二国并南印度境。又北行九百余里至摩湿伐罗补罗国，又涉入中印度境。此三国并宗外道，少信佛法。从此还至瞿折罗国，复北行荒野险碛千有九百里，渡信度大河，至信度国④，西印度境也。信度国周七千余里，宜五谷，出金、银、鍮石，宜牛、羊、独峰驼，产赤白黑盐。人刚烈、质直、好斗诤，深信佛法。僧徒万余，多懈怠，其有精勤哲士，闲寂山林，多证圣果。如来昔颇游此国，今有圣迹窣堵波数十所。从此东行九百余里，渡信渡河东岸，至茂罗三部卢国⑤。国周四千余里，属役磔迦国，饶沃质直，多事天神。从此东北行七百余里，至钵伐多国⑥，国周五千余里。役属磔迦国。城侧大伽蓝，僧皆习大乘。天祠二十，异道杂居。从信度国西南行千五六百里，至阿点婆翅罗国。国周五千余里，城临信渡河，邻大海滨，统属信度国。风飙劲烈，气序微寒，宜牛、羊、橐驼之属。人暴急，不好学，敬信三宝，有如来说法遗迹。从此西行二千里，至狼揭罗国⑦。东西南北各数千里，无大君长，据川自立，役属波剌斯国。

---

①苏刺佗国（Suraṣṭra），亦作苏刺吒，其地在今卡提阿瓦半岛南部肯帕德湾上的苏拉特（Surat）。

②瞿折罗国（Gūrjara），即印度西部卡提阿瓦半岛之古吉拉特（Gujarat）北部。

③邬阇衍那国（Ujjayani），又译作优禅耶尼、乌惹你、嗢逝尼、乌然泥国，故地在今中央邦乌贾因（Ujjain）一带。

④信度国（Sindu），即今巴基斯坦旁遮普省南部。

⑤茂罗三部卢国（Mūlasthānapura），即今巴基斯坦的木尔坦（Multān）。

⑥钵伐多国（Parvata），即今巴基斯坦旁遮普省的哈拉巴（Harappa）。

⑦狼揭罗国（Largala），其地在今巴基斯坦俾路支省（Balūchistān）东南部。

临大海滨，入西女国之路也。文字大同印度，语言少异，邪正兼信、伽蓝、天祠各百所。自此西北至波剌斯，非印度之国也。周数万里，气序亦温，出金、银、鍮石、颇胝、水精、奇珍异宝、大锦、细褐、氍毹之类，多善马、骆驼，货用大银钱。语言文字异诸国。俗躁暴，无礼义。工伎造作为邻国所重。昏姻杂乱，齐发露顶，天祠甚多，僧徒数百。王宫有释迦佛钵。西北接拂懔国，风土悉同。拂懔国西南海岛有西女国，多诸珍宝，附拂凛国，国王遂遣丈夫往配焉。此数国并非印度境。自阿点婆翅罗国北行七百余里至臂多势罗国①，西印度境也。国周三千余里，役属信度国，沙卤寒劲，犷暴不学，惟信佛法。从此东北行三百余里，至阿牵荼国，国周二千五百里，役属信度国。气寒性犷，淳信三宝。如来昔日止此，夜寒，三衣重覆至明旦，开诸苾刍著复衲衣。从此东北行九百余里，至伐剌那国②，周四十余里，役属迦毕试国。风俗犷暴，僧多大乘。已上并西印度。

　　从此西北逾大山，涉广川，历小城邑，二千余里出印度境。经历归途，日漕利国，地多霜雪，敬佛重僧，兼崇天祠，颇能咒术疗疾。从此北行五百余里，至弗粟恃国，国王突厥种，深信三宝。从此东北逾山涉川，越毕迦试国，边城小邑凡数十，所至大雪山婆罗犀那大岭，凿冰而度，三日至巅，瞻部洲中斯岭特高。又三日下岭，至安呾罗缚国，又四百里至阔悉多国，又三百里至活国，并睹贺罗国故地也。并属突厥活国管。铁门已南诸小国迁徙鸟居，不常其邑。从此东入葱岭。葱岭者，据瞻部洲中，南接大雪山，北至热池千泉，西至活国，东至乌铩国③，四面各数千

①臂多势罗国（Pātāsila），即今巴基斯坦信德省的海德拉巴（Hyderabād）。
②伐剌那国（Varnu），故地在今巴基斯坦境内库拉姆（Kuram）河畔的班努（Bannu）。
③乌铩国，即今我国新疆维吾尔自治区莎车县。

里，岭崖数百重，多出野葱，又山崖葱翠，遂以名焉。东行百余里至瞢健国，又北至阿利尼国、曷罗胡国，讫粟瑟摩国、钵利贺国、呬摩达罗国、钵铎创罗国、王薄健国、屈浪那国、达摩悉谛国，并睹贺罗国故地也，并役属突厥，风气土俗亦同。诸国多带缚刍河两岸。达摩悉铁谛国东西千五百里，南北广四五里，狭不逾一里，临缚刍河，盘纡曲折，寒风凄烈。产马，耐驰陟。俗犷貌陋，服惟毡褐。从此出睹贺罗境，经尸弃尼国、商弥国，逾险越阻七百余里，至波密罗川。东西千余里，南北百余里，狭处不逾十里。据两雪山间有大龙池，东西三百余里，南北五十余里，据大葱岭内，当瞻部洲中最高，色青黑，味甘美。池西派一大流，至达摩悉铁谛国，东界与缚刍河合而西流也。东派一大流，东北至佉〔法〕沙国①界，与徙多河②合而东流。故此已右水皆西流，已左水皆东流。行五百余里至竭盘陀国③，城基大石岭，背徙多河。从此东下葱岭，行八百余里方出葱岭，至乌铩国。役属于竭盘陀。又东五百余里，至疏勒国，又东五百余里至沮渠国④，又东八百余里至于阗国。

源案：法显惠生西迈，并出于阗，独玄奘之行，良为可惑，既至龟兹，即可循天山而西，径疏勒上葱岭矣，乃又绕道凌山，北出乌孙，遍游昭武九姓诸国，而后南至罽宾，何为耶？夫凌山即冰岭也，大清地即今伊犁西南之特穆图泊也，康、曹、何、石、史、安、米等九姓即古之康居、大宛、月氏，今之哈萨克、敖罕、布哈尔也，并非

①佉沙国，又作伽师祇离，即疏勒，故地在今我国新疆喀什市。
②徙多河，即今叶尔羌河（Yarkand Daria）。
③竭盘陀国，又作蒲犁国、汉盘陁、渴盘陁、喝盘陀等，即今新疆塔什库尔干（Tashqur-gan）。
④沮渠国，即斫句迦国，其地在今新疆叶城县。

天竺经由之道，何为纤数千里之程？乌呼！吾知之矣，奘师忘身求法，初以佛教横被海西，安知岭北退陬，不有隐沦贤哲？周咨博访，跋涉昊辞？既知突厥各疆，犷粗无学，乃始壹意南驰。三载印度，翻然归途；不复北指，径回疏勒，直趋于阗。昔人有心，予揣度之，是之谓矣。

《宋史》：天竺国，旧名身毒，亦曰摩伽陀，复曰婆罗门，俗宗浮图道，不饮酒食肉。汉武帝遣使十余辈间出西南，指求身毒，为昆明所闭，莫能通。至汉明帝梦金人，于是遣使天竺问佛道法，由是其教传于国中。梁武帝、后魏宣武皆来贡献。唐贞观以后朝贡相继。则天授天中，五天竺王并来朝献。乾元末，河陇陷没，遂不复至。周广顺三年，西天竺僧萨满多等十六族来贡名马。乾德三年，沧洲僧道圆自西域还，得佛舍利一、水晶器、贝叶梵经四十夹来献。道圆晋天福诣西域，在途十二年，住五印度凡六年。五印度即天竺也。还经于阗，与其使偕至。太祖召问所历风俗、山川、道里，一一能记。四年，僧行劝等一百五十七人诣阙上言，愿至西域求佛书。许之。以其所历甘、沙、伊、肃等州，焉耆、龟兹、于阗、割禄等国，又历布路沙、加湿弥罗等国，并诏谕其国，令人引导之。开宝后，天竺僧持梵夹来献者不绝。八年冬，东印度王子穰结说罗来朝贡。天竺之法，国王死，太子袭位，余子皆出家为僧，不复居本国。有曼殊室利者，乃其王子也，随中国僧至焉。太祖令馆于相国寺。善持律，为都人所倾向，财施盈室。众僧颇嫉之，以其不解唐言，即伪为奏求还本国，许之。诏既下，曼殊室利始大惊，恨众僧谕以诏旨，不得已，迟留数月而后去。自言诣南海，附贾人船而归，终不知所适。太平兴国七年，益州僧光远至自天竺，以其王没徙曩表来上，以释迦舍利附光远上进。施护者，乌埚曩国人，其国属北印度。西行十二日，至乾陀罗国。又西行二十日，至曩诚罗国。又西行十日，至岚婆国。又西行十二日，至诙惹曩国。又西行至波斯国，得西海。自北印度行百二十日，至中印度。中印度西行三程，至呵啰尾国。又西行十二日，至末曩罗国。又西行十二日，至钵赖野伽国。又西行六十日，至啰挐俱惹国。又西行二十日，至摩罗尾国。又西行二十日，至乌然泥国。又西行二十五日，至罗罗国①。又西行四十日，至苏罗荼国②。又西行十一日，至西海。自中印度行六月程，至南印度。又西行九十日，至供迦挐国③。又西行一月，至西海。自南印度南行六月程，得南海。皆施护之所述云。八年，僧法遇自天竺取经回至三佛齐，遇天竺僧弥摩罗失黎，附表愿至中国译经。上优诏召之。法遇后募缘制龙宝盖、袈裟，将复往天竺，表乞给所经诸国敕书。遂赐三佛齐等国王书以遣之。雍熙中，卫州僧辞瀚自西域还，与胡僧密坦罗奉北印度王及金刚坐王那烂陀书来。又有婆罗门僧永世与波斯外道阿里烟同至京师。永世自云本国名利得国，衣黄衣，戴金冠，以七宝为饰，出乘象或肩舆，以音乐螺钹前导。多游佛寺，博施贫乏。其妃衣大绸镂金红衣，岁一出，多所振施。人有冤抑，候王及妃出游，即迎随伸诉。署国相四人，庶务并委裁制。五谷、六畜、果实与中国无异。市易用铜钱，有文漫圆径如中国之制，但实其中心，不穿贯耳。其国东行经六月至大食国，又二月至西州，又三月至夏州。阿里烟自云本国王号黑衣，用锦彩为衣，每游猎三二日一还国。署大臣九人

①罗罗国，亦作罗啰，即来来（Lala），在今印度古吉拉特邦马希河（Mashi）与基姆（Kim）河之间。

②苏罗荼国（Surastra），亦作苏剌侘，即今印度西部苏拉特一带。

③供迦挐国，亦作恭建补罗国（Konkanapura），其地或谓在今印度卡纳塔克邦安纳贡底（Annagundi）一带。

治国事，无钱货，以杂物贸易。其国东行经六月至婆罗门。至道二年八月，有天竺僧随舶至海岸，持帝钟、铃杵、铜铃各一，佛像一躯，贝叶梵书一夹，与之语，不能晓。天圣、景祐中，西印度僧屡献梵经、佛骨及铜牙菩萨像，各赐紫方袍、束帛。

范成大《吴船录》曰：乾德二年，诏沙门三百人入天竺求舍利及贝多叶书。有继业三藏，姓王氏，耀州人，预遣中，至开宝九年始归寺。所藏《涅槃经》一函四十二卷，业于每卷后分记西域行程，虽不甚详，然地里大略可考，世所罕见，录于此以备国史之阙。业自阶州出塞，西行由灵武、西梁、甘、肃、瓜、沙等州入伊吾、高昌、焉耆、于阗、疏勒、大石诸国。度雪岭至布路州国，又度大葱岭雪山至伽湿弥罗国。西登大山，有萨埵太子投崖饲虎处，遂至健陁罗国，谓之中印土。又西至庶流波国及左栏陁罗国①，国有二寺。又西过四大国至大曲女城，南临滔牟河，北背洹河，塔庙甚多而无僧尼。又西二程有宝阶故基。又西至波罗奈国，两城相距五里，南临洹河。又西北十许里至鹿野苑，塔庙佛迹最夥，业自云别有传记，今不传矣。南行十里，渡恒河，河南有大浮屠。自鹿野苑西至摩羯提国，馆于汉寺，寺多租人，八分隶焉，僧徒往来如归。南与杖陵山相直，巍峰岿然。山北有优波掬，多石室及塔庙故基。西南百里，孤山名鸡足三峰，云是迦叶入定处。又西北百里，有菩提宝座城，四门相望，金刚座其中。东向又东至尼连樟州，东岸有石柱，记佛旧事。自菩提座东南五里至佛苦行处，又西三里至三迦叶村及牧牛女池。金刚座之北门外有师子国伽蓝。又北五里至伽耶城。又北十里至伽耶山，云是

---

①左栏陁罗国（Jalandhara），即阇烂达罗，又作阇烂达那、阇阑陀，今印度旁遮普邦贾朗达尔（Janlandhar）。

佛说《宝云经》处。又自金刚座东北十五里至正觉山，又东北三十里至骨磨城，业馆于鰕罗寺，谓之南印土，诸国僧多居之。又东北四十里，至王舍城东南五里，有降醉象塔。又东北登大山，细路盘纡，有舍利子塔，又临涧有马下迎风塔。度绝壑，登山顶大塔庙，云是七佛说法处。山北平地，又有舍利本生塔。其北山半日鹫峰，云是佛说《法华经》处。山下即王舍城。城北山趾有温泉二十余井。又北有大寺及伽蓝陁竹园故迹。又东有阿难半身舍利塔。温惕之西有平地，直南登山腹，有毕钵罗窟，业止其中，诵经百日而去。窟西复有阿难证果塔。此去新王舍城八里，日往乞食，会新王舍城中有兰若隶汉寺，又有树提迦故宅城。其西有轮王塔。又北十五里，又那烂陁寺，寺之南北各有数十寺门，皆西向，其北有四佛座。又东北十五里至乌颠头寺。东南五里有圣观自在像。又东北十里至伽湿弥罗寺，寺南距汉寺八里许。自汉寺东行十二里，至却提希山。又东七十里有鸽寺。西北五十里有支那西寺，古汉寺也。西北百里至花氏城，育王故都也。自此渡河，北至毗耶离城，有维摩方丈故迹。又至拘尸那城及多罗聚落。逾大山数重，至泥波罗国①，又至磨逾里。过雪岭至三耶寺，由故道自此入阶州。

《元史·郭侃传》：壬子，从宗王旭烈兀西征。癸丑，至木乃兮。其国垫道，置毒水中，侃破其兵五万，下一百二十八城，斩其将忽都答而兀朱算滩。算滩，华言王也。丙辰，至乞都卜。其城在檐寒山上，悬梯上下，守以精兵悍卒。乃筑夹城围之，莫能克。侃架炮攻之，守将卜者纳失儿开门降。旭烈兀遣侃往说兀鲁

①泥波罗国（Nepala），亦作尼婆罗、泥婆罗、尼八剌等，即今尼泊尔国，尤指加德满都附近一带。

兀乃算滩来降。其父阿力据西城，侃攻破之。走据东城，复攻破杀之。丁巳正月，至兀里儿城，伏兵，下令闻钲声则起。敌兵果来，伏发，尽杀之，海牙算滩降。又西至阿剌汀，破其游兵三万，祸拶答而算滩降。至乞石迷部，忽里算滩降。又至报达部①，此西戎大国，地方八千里，父子相传四十二世，胜兵数十万，侃兵至，破其兵七万，屠其西城，又破东城。东城殿宇皆构以沉檀木，举火焚之，香闻百里，得七十二弦琵琶、五尺珊瑚灯檠。两城间有大河，侃预造浮梁，以防其遁。城破，合里法算滩登舟，睹河有浮梁扼之，乃自缚诣军门降。其将纣答尔遁去，侃追之。至暮，诸军欲顿舍，不听，又行十余里，乃止。夜暴雨，先所欲舍处水深数尺。明日，获纣答尔，斩之，拔三百余城。又西行三千里，至天房，其将住石致书请降。左右以住石之请为信然，易之不为备。侃曰："欺敌者亡。军机多诈，若中彼计，耻莫大焉。"乃严备以待。住石果来邀我师，侃与战，大败之，巴儿算滩降，下其城一百八十五。又西行四千里，至密昔尔国②。会日暮已休，复驱兵起，留数病卒。西行十余里顿军，下令军中，衔枚转箭，敌不知也。潜兵夜来袭，杀病卒，可乃算滩大惊曰："东天将军神人也。"遂降。八年戊午，旭烈兀命侃西渡海，收富浪，喻以祸福，兀都算滩曰："吾昨所梦神人，乃将军也。"即来降。案：此取地中海一岛国，非即至欧罗巴州也。师还，西南至石罗子国③，敌人来拒，以奇兵掩击，大败之，加叶算滩降。己未，破兀林游兵四万，阿必丁算滩大惧，来降，得城一百二十。西南至乞里湾，忽都马丁算滩来降。西域平。

---

①报达部（Baghdad），亦作白大，即今伊拉克首都巴格达。
②密昔尔国，即勿斯里（Mirs），亦作密徐篱，指今天的埃及。
③石罗子国（Shirāz），即失罗子，亦作失剌思、泄剌失，今伊朗法尔斯省府设拉子。

元刘郁西使记

宪宗皇帝二年壬子，命皇弟旭烈统诸军西征，案：旭烈即锡喇，一作锡里库。凡六年，拓境几万里。十年己未正月甲子，常德字江卿驰驿西觐。自和林出兀孙中，西北行二百余里，地渐高，入站经瀚海，地极高寒，虽酷暑雪不消，山石皆松文。西南七日，过瀚海，行三百里，地渐下。案：地高渐下者，过阿尔泰山也。有河阔数里，曰昏木辇，夏涨，以舟楫济。数日，过龙骨河，即乌龙古河，在科布多西南五百里。复西北行，与别失八里南路相直。案：元时天山南路曰别失八里，治今乌鲁木齐。近五百里多汉民，有麦、黍、谷。河西注潴为海，约千余里，曰乞则里八寺，即乌龙古河所西潴之赫萨尔巴什泊也，乞则里八寺即赫萨尔巴什，译音相近。多鱼可食，有碾硙，亦以水激之。行渐西，有城曰业满。又西南行，过孛罗城，所种皆麦稻，山多柏，不能株，骆石而长。城居肆囿，间错土屋，窗户皆琉璃。城北有海铁山，风出往往吹行人堕海中。西南行二十里，有关曰铁木尔忏察，守关者皆汉民，关径崎岖似栈道。出关至阿里麻里城，市井皆流水交贯，有诸果，唯瓜、葡萄、石榴最佳。回纥与汉民同居，其俗渐染，颇似中国。又南有赤木儿城，居民多并汾人。案：阿里麻里即伊犁城也，孛罗城北之海，即伊犁东北百余里之赛里木泊也。此所过皆葱岭东回鹘地，太祖时所已服者，入版图二十余年，故有汉民并汾民商贩其中。有兽似虎，毛厚金色无文，善伤人。有虫如蛛，毒中人则烦渴，饮水立死，惟过醉葡萄酒吐则解。有嗜酒。孛罗城迤西，金、银、铜为钱，有文而无孔方。今回疆普尔钱尚其遗制。至麻阿中，以马捽拖床递铺，负重行疾，或曰乞里乞西，易马以犬。二月二十四日过亦堵，两山间土平民夥，沟洫暎带，多故垒坏垣。问之，盖契丹故居也，此契丹乃西契丹也。辽之后裔，率众西据回部地，逾葱岭数千里。太祖灭乃蛮，执太阳汗，其子屈突律奔西契丹，旋袭篡其位。又十余年，太祖征西域，灭之。此其故土，长春《西游记》所云田畴桑麻异于漠北者，在伊犁西境，尚未逾葱岭也。计其地去和林五千里。而近有河曰亦运，流汹汹东注，土人云：此黄河源也。此葱岭东喀什噶尔河之源也。二十八日，过塔剌寺。今塔剌斯河也。三月一日，过赛蓝城，① 有浮图，诸回纥祈拜之所。《明史》：赛兰在塔失干②之东，今塔失干城在锡林河之北，元时西域往反必由之路。三日，过别石兰，诸回纥贸易如上巳节。四日，过忽牵河③，渡船如弓鞋然。忽牵河即霍阐河之音转，今敖罕④境内之纳林源。人云河源出南大山，地多产玉，疑为昆仑山。案：葱岭本昆仑，元人已有此语。以西多龟蛇，行相杂。邮亭客舍氅如浴室，门户皆以琉璃饰之。民赋岁止输金钱十文，然贫富有差。八日，过枵思干城，案：《元太祖本纪》，十六年亲征回回，克寻思干城。长春《西游记》见太祖于邪迷思干城，即此也。即今赛马尔罕城，在敖罕境，为葱岭以西扼要之地，元太祖驻军之所，故知以上皆太祖时已服之国。城大而民繁。时群花正开，唯梨花、蔷薇、玫瑰如中国，余多不能名。城之西所植皆葡萄、粳稻。有麦，亦秋种。满地产药十数种，皆中国所无，药物疗病甚效。十四日，过暗不河⑤。《元史》或作暗布河，或作阿布河，又作阿母河，《元秘史》作阿梅河，长春《西游记》作阿母河，即佛经之缚刍大河，源出葱岭大龙池、西注里海者也。元初置阿母河元帅府，领葱岭以西各国。夏不雨，秋则雨，溉田以水。地多蝗，有鸟飞食之。十九日，过里丑城，其地有桑枣，征西奥鲁屯驻于此。二十六日，过马兰城，又过纳商城，草皆苜蓿，藩篱以柏。二十九日，过㴲埽尔城，满山皆盐，如水晶状，近西南六七里，长春《西游记》：逾铁门东南行，山根有盐泉流出，

937

① 赛蓝（Sairam），亦作塞蓝，故地在今乌兹别克斯坦塔什干（Taskent）东北。
② 塔失干（Tashkand），亦作达失干，即今乌兹别克斯坦首都。
③ 忽牵河，即霍阐河，今纳伦（Naryn）河。
④ 敖罕，即今乌兹别克斯坦浩罕（Kokand）。
⑤ 暗不河，亦作阿布河、阿母河、阿梅河，今名阿姆河（Amu-Darya）。

见日即成白盐。又东南经分水岭，西望高涧若冰，皆盐。以上皆太祖时旧得之部落。

新得国曰木乃奚，牛皆驼峰黑色。地无水，土人隔山岭凿井，相沿数十里，下通流以溉田。所属山城三百六十，已而皆下。案：此国在葱岭西，地中海之东，以《四洲地里志》考之，言都鲁机灭包社，而蒙古又灭都鲁机，则此为都鲁几无疑。在布哈尔[①]、爱乌罕之西境，疑《明史》所称哈烈[②]也，或曰哈烈即爱乌罕。惟檐定西一山，城名乞都布，孤峰峻绝，不能矢石。六年丙辰，王师至城下，城绝高险，仰视之，帽为坠。诸道并进，敌大惊，令其相臣大者纳失儿来纳款，已而兀鲁兀乃算滩出降。算滩，犹国王也。源案：算滩为西域国王之称，《元史》作算端，《明史》作锁鲁檀，本朝官书作苏勒坦，亦或速鲁檀，又葛留巴称其王曰巡栏，其实皆一音之转也。又痕都斯坦四字，痕都，国名，斯坦，即国王也。西洋地图葱岭西各国或作士丹，或作士单，音凡数译，字皆一义。其父领兵据山城，令其子取之，七日而陷。金玉宝货甚多，一带有值银千笏者。其国兵皆刺客。俗见男子勇壮者利诱之，令手刃父兄，然后充兵醉酒，扶入窟室，娱以音乐、美女，纵其欲数日，复置故处，既醒，问其所见，教之能为刺客，死则享福如此。因授以经咒日诵，盖使蛊其心志，死无悔也。潜令使未服之国，必刺其主而后已，虽妇人亦然。木乃奚在西域中最为凶悍，威胁邻国四十余年。王师既克，诛之无遗类。案：《唐书》大食本波斯地，有礼堂容数千人，每七日，王高坐为下说曰："死敌者生天上，杀敌授福。"故俗勇于斗。又言有白衣大食、黑衣大食，分二国，即今白帽回、黑帽回也。四月六日，过讫立儿城。所产蛇皆四蹄，长五尺余，首黑身黄，皮如鲨鱼，口吐紫艳。过阿剌丁城，人被发，率以红帕勒首，衣青如鬼然。此即古之黑衣大食也。王师自入西域，降者几三十国。有佛国名乞石迷西，在印毒西北，盖传释迦氏衣钵者。其人仪状甚古，

①布哈尔，今乌兹别克斯坦布哈拉（Bukhara）。
②哈烈（Herāt），即今乌兹别克斯坦赫拉特。

如世所绘达摩像，不茹荤酒，日啖粳一合，所谈皆佛法、禅定、至暮方语。案：乞石米西，即今克什米尔，《大唐西域记》作伽湿弥勒国，即北印度也，在温都斯坦之西北，故曰在印度西北。此时北印度尚未改回教。七年丁巳岁，取报达国，南北二千里，其王曰合法里，其城有东西城，中有大河，西城无壁垒，东城固之，以氂绘其上，甚盛。王师至城下，一交战，破胜兵四十余万，西城既陷，尽屠其民。寻围东城，六日而破，死者以数十万。合法里以舸走，获焉。其国俗富庶，为西域冠，宫殿皆以沉檀、乌木、降真为之，壁皆黑白玉为之，金珠珍贝不可胜计。其后妃皆汉人。所产大珠曰太岁弹兰石、瑟瑟金刚钻之类，带有值千金者。其国六百余年传四十主，至合法里而亡，人物颇秀于诸国。所产马名脱必察。（后）〔合〕法里不悦酒，以橙浆和糖为饮。琵琶三十六弦。初，合法里患头痛，医不能治。一伶人作新琵琶七十二弦，听之立解。土人相传，报达诸胡之祖，故诸胡皆臣服。案：报达即今包社，亦作巴社，乃白头回也，穆罕默德曾都此，故亦云祖国。报达之西，马行二十日，有天房，内有天使神，胡之祖葬所也。师名癣颜八儿，房中悬铁绹，以手扪之，诚可及，不诚者竟不得扪。经文甚多，皆癣颜八儿所作。辖大城数十，其民富贵。案：此真回教祖国，亦名天方，亦名墨克。其造经之祖，曰派罕巴尔，此作癣颜八儿，盖译音不同，华言天使也。然则天方即天房，其国在包社之西。汉安息国即报达也，条支国即天方也。此役为专征回国，故既平天方始旋师。服印度盖自太祖先平葱岭西东诸回国，宪宗乃复平葱岭西南诸回国也。西有密昔尔国，尤富，地产金，夜视有光处志之以灰，翼日发之，有大如枣者。至报达六千余里。国西即海，海西有富浪国①，妇人衣冠如世所画菩萨状，男子胡服，皆好善，寝不去衣，虽夫妇亦异处。有大鸟，

---

①富浪国，即佛菻，又作拂懔、拂林、拂朗、普岚、佛朗等，指东罗马帝国。

驼蹄苍色，鼓翅而行，高丈余，食火其卵如升余。案：密昔尔即蒳林国，其西富浪则地中海北岛夷也。驼蹄大鸟即《汉书》安息所产大马爵。其石罗子国出珍珠，其王名奥思。阿塔卑，其西南海也，采珠盛以草囊，止露两手，腰绚石坠入海，取蚌并泥沙贮于囊中，遇恶虫，以醋噀之即去，既得蚌满囊，撼绚，舟人引出之，往往有死。案：石罗子国见《元史·郭侃传》。以下乃六年以后班师回东便道攻取各国，大抵皆属中印度也。

印毒国去中国最近，军民一千二百万户，所出细药、大胡桃、珠宝、乌木、鸡舌、宾舌、宾铁诸物。国中悬大钟，有诉者击之，司钟者纪其事及时，王官亦纪其名，以防奸欺。民居以蒲为屋，夏大热，人处水中。九年己未岁七月，兀林国阿早丁算滩来降，城大小一百二十，民一百七十万。山产银。黑契丹国名乞里弯①，王名忽教马丁算滩，闻王大贤，亦来降。其拔里寺大城，狮子雄者鬃尾如缨，拂伤人，吼则声从腹中出，马闻怖溺血。狼有鬃。孔雀如中国画者，惟尾在翅内，每日中振羽。香猫似土豹，粪溺皆香如麝。鹦鹉多五色，风驼急使乘之，日可千里。珊瑚出西南海，取以铁网，高有至三尺者。兰赤生西南海山石中，有五色鸭思价最高，金刚钻出印毒，以肉投大涧底，飞鸟食其肉，粪中得之。撒巴尔出西海中，盖玳瑁之遗精，蛟鱼食之吐出，年深结成，价如金，其假者即犀牛粪为之也。骨笃犀，大蛇之角也，解诸毒。龙种马出西海中，有鳞角，牝马有驹，不敢同牧，被引入海中。复出皂雕一产三卵，内一产生犬，灰色而毛短，随母影而走，所逐擒无不获者。垅种羊出西海，以羊脐种土中，溉以水，闻雷而生。脐系地中，及长，惊以木，脐断便行。啮草，至秋可食。脐肉复有种。案：羊脐事亦见《唐书·西域传》拂菻国。又一胡妇解马语，即

---

① 乞里弯，即乞力麻儿，又作吃力麻儿、乞里马泥等，今伊朗南部沿海的克尔曼（Ker-man）省。

知吉凶，其验。其怪异等事，不可殚记。往返十四月。郁款曰：西域之开，始自张骞。其土地山川固在也，然世代浸远，国号变易，事亦难考。今之所谓瀚海，即古金山也。印毒即汉身毒也。曰驼鸟者，即安息所产大马爵也。密昔尔，即唐拂菻地也。案：拂菻即在条支之西，不渡海。《唐书》乃以拂菻即隔海之大秦，误也。密昔尔，今为如德亚国，近利未亚州。观其土产风俗可知已。又《唐书》载拂菻去京师四万里，在西海上，所产珍异之物与今日地里正同，盖无疑也。中统四年三月刘郁记。

《四库书目》曰：《西使记》，元刘郁撰。郁真定人，是书记常德西使皇弟锡里库军，军中返道途之所见，王恽尝载入《玉堂杂记》中，此盖别行之本也。《元史·宪宗纪》：二年壬子秋，遣锡喇征西域苏丹诸国。是岁锡喇薨。三年癸丑夏六月，命诸王锡里库及乌兰哈达帅师，征西域法勒噶、巴哈台等国。八年戊午，锡里库讨回回法噶巴，平之，擒其王，遣使来献捷。考《世系表》，睿宗十一子，次六曰锡里库，而诸王中别无锡喇。《郭侃传》"侃、王子从锡里库西行"，与此记所云壬子岁皇弟锡喇统诸军奉诏西征，凡六年，拓境几万里者相合，然则锡喇即锡里库。因《元史》为明代所修，故译音讹舛，一以为锡喇，一以为锡里库，误分二人，而《宪宗纪》二年书锡喇薨，三年重书锡里库征西，遂相承误载也。此记言常德西使在己未正月，盖锡里库献捷之明年，所记虽但据见闻，不能考证古迹，然亦时有异闻。《郭侃传》所载与此略同，惟译语时偶有讹异耳。我朝戡定西域，昆仑月髇尽入版图，计常德所经皆在今屯田列障之内，具详《西域图志》。刘郁所纪本不足道，姑录以备考耳。

源案：此记所载，回国则直造天方，佛国则直穷印度，皆逾葱岭而抵西海，今新疆版图仅有葱岭以东，安能在屯田列障之内？读《高宗御制五天竺说》，则我朝不勤远略，无庸与元代争黩武，亦不必以诐词诬往代也。

明《职方外纪》：中国之西南曰印弟亚，即天竺五印度也，在印度河左右，国人面皆紫色。其南土晓天文，颇识性学，亦善百工技巧。无笔札，以锥画树叶为书。国王之统，例不世及，以姊妹之子为嗣，亲子弟（则）给禄自膳。男子不衣衣，仅以尺布掩脐下。女人有以布缠首至足者。其俗士农工贾各世其业。最贵者曰婆罗门，次曰乃勒。大抵奉佛，多设斋醮，今沿海诸国与西客往来者，亦（渐）〔率〕奉天主教。

其地有加得山①，中分南北。南半则山川、气候、鸟兽、虫鱼、草木之属，无不各极诡异。其地自立夏以至秋分，无日不雨，反是则片云不合，酷暑难堪，惟日有凉风解之。其风自巳至申从海西来，自亥至寅从陆东来。草木异于常者不可屈指。西友邓儒望尝游其国，获睹草木生平未尝见者至五百余种。其所产木，以造舟极坚，永不破坏。多产椰树，为天下第一良材，干可造舟车，叶可覆屋，实能疗饥，浆能止渴，又可为酒、为醋、为油、为饴糖，坚处可削为钉，壳可盛饮食，瓢可索绹，种一木而一室之利毕赖之矣。又有二奇木，其一名阴树，花形如茉莉，且昼不开，至夜始放，向晨尽落地矣。国人好卧于树下，至蚤花覆满身。其一木不花而实，人不可食，其枝飘扬下垂，附地便生根若柱，如是岁久，结成巨林，国人荫其下，无异屋宇，至有容千人者，其树之中近原干处，则以供佛，名菩萨树。鸟类最多，有巨鸟吻，能解百毒，国中甚贵之，一吻直金钱五十。地产象，异于他种，能识人言。土人或命负物至某地，往辄不爽，他国象遇之则蹲伏。有兽名独角，天下最少亦最奇，利未亚亦有之，额间一角，极能解毒。此地恒有毒蛇，蛇饮泉水，水染其毒，人兽饮之必死，百兽在水次，虽渴不敢饮，必俟此兽来，以角搅其水，毒遂解，百兽始就饮焉。勿搦祭亚国②库云有两角，称为国宝。又有兽形如牛，身大如象而少低，有两角，一在鼻上，一在项背间，全

---

①加得山，即高止山脉（Ghâts），分东西两部分，在印度南部。
②勿搦祭亚国，即威尼斯。

身披甲甚坚，铳箭不能入，其甲交接处比次如铠甲，甲面荦确如鲨皮，头大尾短，居水中可数十日，从小豢之亦可驭，百兽俱慑伏，尤憎象与马，偶值必逐杀之，其骨肉皮角牙蹄粪皆药也，西洋俱贵重之，名为罢遝，或中国所谓麒麟、天录、辟邪之类。其猫有肉翅能飞。蝙蝠大如猫。蛇种类极多，大半俱毒。

地势为三角形，末锐处阔不百步。东西气候无不各极相反，此晴则彼雨，此寒则彼热，此风涛蔽天则彼稳如平地矣。故海舶有乘顺风而过者，至锐处则行如拔山。此南印度之尤异也。

又曰：印度有五，惟南印度尚仍其旧，余四印度今皆为莫卧尔回国所并矣。莫卧尔国甚广，分为十四道，象至三千余只，近百年内吞并邻国甚多。尝攻西印度，其西印度王统兵五十万、马十五万、象二百，每象负一木台，容人可二十，又载铳千门，其大者四门，每门驾牛二百，又盛载金银满五十巨罂以御之；不胜，尽为莫卧尔国王所获。

又东印度有大河名安日，即恒河。国人谓经此水一浴，所作罪业悉得消除。五印度之人咸往沐浴，冀得灭罪生天也。其东近满剌加处，国人各奉四元行之一，死后各用本行葬其尸，如奉土者入土，奉水火者投水火，至奉气者则悬挂尸于空中，亦大异也。

恒河考上魏源

问自晋、魏、唐以来，历代高僧使西域，皆自葱岭沿印度河南行，以达中、西二印度，从无有沿恒河者，岂恒河不源葱岭而偏处东隅乎？佛经说法动喻恒河，波斯匿王及诸大弟子往返之迹皆在恒河，从无一语及印度河，岂佛终身僻处东、南二印度而不至中、西二印度乎？葱岭大龙池即阿耨达池，出四大水，分注四海，而印度河、恒河皆注南海，何以唐人皆指印度〔河〕所注为西海乎？魏源曰：恒河同源而异委，其出于葱岭大龙池者即恒河之正源，至印度而分二：一由西印度入海，是为西恒河；一由东印度入海，是为东恒河。佛生中印度之舍卫国，一生得法轮，多在西恒河左右，其东恒河则偶至，不常至。后世方俗传称东印度之河为恒河，而讹称西恒河为印度河，于是并以上游出葱岭之源统称印度河。凡言信度河、新头河者，皆印度之转音也。惟《梁书》言"天竺国临大江，名新头河，源出昆仑，分为五江，总名曰恒水"。又郦氏《水经注》引释氏《西域记》曰："阿耨达太山，其上有大渊池，宫殿楼观甚大焉。山即昆仑山也，其山出六大水，山西有水名新头河，西南有（二）〔三〕水，〔一〕名遥奴，一名萨罕，一名恒伽，同出一山，俱入恒水。恒水一出大秦名犁靬，一东流入东海，盖二水所注，两海所纳，自为东西也。又康泰《扶南传》曰："恒水之源乃出极西北昆仑山中，有五大源。枝扈黎大江出山西北流，东南注大海。"枝扈黎即恒水也，渡江西行，极大秦也。此乃并指印度河为西恒河，印度河源为恒源。《法显传》上游虽沿俗称印度河，而下游言恒水。又东到多磨犁靬，即是海口。犁靬乃条支濒西海之地，是亦以印度河即恒水。若专指东印度之水为恒水，则岂能横贯印度河而西北至犁靬，又贯印度河而东南至榜葛剌耶？源同委异，星汉昭明，安得忽夺其一，又并诬其源，致佛经无一可通乎？至阿耨达注西海之水，以印度河当之，尤玄奘《记》之谬。夫东恒、西恒同注南海，非地中海也，乌得以印度河之海口为西海？又安得分一恒河之水以当二河哉？别详《昆仑篇下》。惟是《水经》虽言恒河下游之分注，而不详上游何地分支。考西域诸记、西洋诸图，皆无分流歧出之证。《皇清通考·四裔门》曰："巴达克山国扼葱岭之西，有河北流，经博罗尔、巴达克山两部之间，至伊什得克特分流，一流经北入图斯泊，一流径西又北入伊西洱泊。"此盖指缚刍河与印度河初分之处。图斯泊即缚刍河所经，伊西洱泊即印度河所经也。徐氏《西域水道记》第一图于龙池西出二派，行六七百里即各分为二，亦以意为之，非有所据。或谓恒河东西分流，如梁州之东汉水、西汉水，在山谷中孔穴相通，故西域取经诸僧皆未道及此，亦臆度之词。而吾则断两水之分必在中印度以下，不在中印度以上。何者？北印度之北界以大雪山绵亘二千里，直抵里海包社之地，印度河循大雪山而西，直至包社，始转而南，故知上游断无分流别驶之地。极至中、西两印度之间，平原旷野受水益多，始分一支东行，迨受后藏冈噶江之水，而其流始大，又至东印度之东，受大金沙江水，而浩瀚始极，故历代西使之记，皆逾印度河即为北印度，无更渡一水者。至其受冈噶江以后，则《一统志》述之曰："冈噶江[1]源出冈底斯山。山南马品木达赖池及郎噶池，自池西流出名狼楚河，西流二百余里，折而北绕古格札什鲁木布则城西，仍转南，又西流千有五百余里，至阿里西鄙桑纳苏木多之地。拉楚河自僧格喀巴布山发源，西流千有六百余里，转南流三百五十余里来会之。又转南流二百五十余里，经毕底城之西三百余里，折东流千七百余里，至那克拉苏木多北鄙，又有麻楚河来会之。三水合一，始名冈噶江。转东南经马木巴柞木郎部落，至厄讷特克国入南海。"案：厄讷特阿国即中印度也。其下游至东印度，又受大金沙江，则英夷地图绘之。冈噶江与大金沙江合流始名安日河，亦名安市河，河入南海。故《坤舆》、《职方》诸图皆无大金沙江，盖统于安日河之海口。然则东印度当在恒河以西乎？抑在恒河以东乎？曰：恒河两岸地皆有之，上游则冈噶江以东，如吉里、锁里、坎巴诸国；下游则安日河以东，如大、小葛兰[2]、柯枝诸国，以西如榜葛剌国，皆东印度境也。大

---

①冈噶江（Ganga），即恒河。
②大噶兰，又作大故蓝、大唄南、大咀南等，其地在今印度南部西岸。

金沙江自缅甸逆流而西，则其南岸之地如柯枝等国亦皆横行，自东而西转入印度境内。故玄奘《记》往东印度皆涉大河而往。柯枝、葛兰，今名乌土国。榜葛剌一名孟加腊。其近后藏之功德阿难等国当即廓尔喀国，不濒大海。其古里锁里殆即《海录》之彻第冈等地欤。《明史》言水程几昼夜者，海艘沿恒河下游，非必皆大洋之道里。

恒河考下

问曰：《汉书》往罽宾有悬度之险，晋法显亦曾经其地，述之曰：厓岸险绝，石壁千仞，下有水，名新头河，凿石通路，蹑悬𫄧过沙河，两岸相去八十步。渡河到乌苌国，即北天竺。是悬度盖度新头河往印度必由之险，而元邱长春、刘郁之西行及乾隆中官兵之追霍集古，皆往反此河，曾无蹑𫄧缘筌之事，岂陵谷迁变耶？曰：《水经注》言悬度在乌秅之西。乌秅，今巴达克山也。官军追贼，仅至巴达克山东北交界，安能即至其西境之悬度乎？《汉书·罽宾传》历三盘石坂，临峥嵘不测之深，步骑绳索相引二千余里，乃到悬度，是其地距龙池甚远。故《法显传》逾葱岭后，又西南行十五日始至悬度焉。我军追贼至葱岭之阿尔楚山，又三日即追战于伊西库洱河，其两岸即和什珠克岭，近在大龙池之西，巴达克山之东北，距法显所渡尚隔十余程。故《皇清四裔考》曰：葱岭西有河，北流经巴达克山、博罗尔两部之间，北入伊西洱泊。其北鄙之城曰瓦汉，将军富德移檄索其献俘，而进军瓦汉以待之，盖驻军其国北境，未抵其国都也。至邱长春，初从铁门逾阿母河，至印度北雪山行在，不言过印度河及归从他道过石峡，有石梁横其上，下流甚急，赋诗有"水北铁门犹自可，水南石峡更堪惊"之句，则明指阿母河以南之印度河矣。其后次再赴行在，舟济阿母河后夜过班里城，又东行数十里，复过一水，马仅能度，则又涉印度河矣。长春两逾印度河，而一由石梁，一则马涉，是皆印度河上源，其水尚浅，又何曾至乌耗以西下游之悬度乎？不但此也，即唐玄奘《使西域记》，亦未经悬度。盖玄奘由铁门过缚刍河，南度大雪山，即邱长春所经之路。法显则顺河北岸西行，故未经铁门，亦未逾大雪山，其程途有上下游之别，非往北印度者必经悬度之险也。以地望推之，铁门在缚刍河北，纳林河南，迫近赛马尔罕，当在今敖罕南境，悬度则在今巴达克山西境、爱乌罕东境。恒河盖贯二部而南经克什弥尔之西以入痕都斯坦，其通舟当在悬度下游以后。汉、唐时往罽宾者惮大雪山之阻，故绕其下游。唐以后多逾大雪山至北印度，故不绕悬度也。《外国史略》曰：印度东、南、北俱高山，惟中央平坦卑湿，片地皆支江，可以灌溉。其水涨时坏田，旱易浅涸，雨则骤潦，家家以小舟往来，乡村亦无高阜。江河迁徙无常，沧桑陵谷，盈涸时有，故知东、西恒河之通流，断在悬度以后，不在悬度以上。

海国图志卷三十 邵阳魏源辑

西南洋

中印度沿革 原无，今补辑。

《汉书》：乌弋山离国①，王去长安万二千二百里，不属都护。户口胜兵，大国也。东北至都护治所六十日行，东与罽宾、西与犁靬、条支接。乌弋地暑热莽平，其草木、畜产、五谷、果菜、食饮、宫室、市列、钱货、兵器、金珠之属，皆与罽宾同，而有桃拔、师子、犀牛。俗重妄杀。其钱独文为人头，幕为骑马。以金银饰杖。绝远，汉使希至。自玉门、阳关出南道，历鄯善而南行，至乌弋山离，南道极矣，转北而西得安息。案：乌弋山离，在罽宾之西，犁靬、条支、安息之东南，其为中印度无疑。俗重妄杀，佛国始见于史，故以冠中印度之首。汉初身毒未通于中国，故语焉不详。

《后汉书》：天竺国一名身毒，在月氏之东南数千里。俗与月氏同，而卑湿暑热。其国临大水，乘象而战。其人弱于月氏，修浮图道，不杀伐，遂以成俗。从月氏、高附②国以西，南至西海，东至磐起国，皆身毒之地。全传已见前《五印度总考》，兹不重录。范蔚宗《西域传论》曰："西域风土之载，前古未闻也。汉世张骞怀致远

---

①乌弋山离国，又作五山里，故地当在今阿富汗西部之赫拉特。
②高附，古国名，故地在今阿富汗喀布尔（Kabul）一带。

之略，班超奋封侯之志，终能立功西遐，羁服外域。自兵威之所肃服，财赂之所怀诱，莫不献方奇，纳爱质，露顶肘行，东向而朝天子。故设戊己之官，分任其事，建都护之帅，总领其权。先驯则赏簋金而赐龟绶，后服则系头颡而衅北关。立屯田于膏腴之野，列邮置于要害之路，驰命走驿，不绝于时月，商胡贩客，日款于塞下。其后甘英乃抵条支而历安息，临西海以望大秦，拒玉门、阳关者四万余里，靡不周尽焉。若其境俗性智之优薄，产载物类之区品，川河领障之基源，气节凉暑之通隔，梯山栈谷、绳行沙度之道，身热首痛、风灾鬼难之域，莫不备写情形，审求根实。至于佛道神化兴自身毒，而二汉方志莫有称焉。张骞但著地多暑湿，乘象而战。班勇虽列其奉浮图，不杀伐，而精文善法导达之功，靡所传述。余闻之后说也，其国则殷乎中土，玉烛和气，灵圣之所降集，贤懿之所挺生；神迹诡怪则理绝人区，感验明显则事出天外。而骞、超无闻者，岂其道闭往运数开叔叶乎？不然，何诬异之甚也？汉自楚英始盛斋戒之祀，桓帝又修华盖之饰，将微意未译而但神明之邪，详其清心释累之训，空有兼遣之宗，道书之流也。且好仁恶杀，蠲敝崇善，所以贤达君子多爱其法焉。"

《魏书》、《唐书》、《宋史》已见《五印度总考》，不重录。

《明史》：沿纳朴儿，其国在榜葛刺之西，或言即中印度，古所称佛国也。永乐十年，遣使者赍敕抚谕其国，赐其王金绒锦、金织文绮、彩帛等物。十八年，榜葛刺使者诉其国王数举兵侵扰，诏中官侯显赍敕谕以睦邻保境之义，因赐之彩币，所过金刚宝座之地，亦有布施，然其王以去中国绝远，朝贡竟不至。金刚座之地，见佛经及《大唐西域记》，此中印度无疑。

《西域图志》曰：爱乌罕东南接痕都斯坦部。《汉书》南道西逾葱岭则出大月氏，与今爱乌罕方位相符，而痕都斯坦为古罽宾国，爱乌罕南与相接，亦与《汉书》"大月氏南接罽宾"之说合。惟境壤相接，是以贵霜大得灭罽宾而有之也。罽宾与北印度接，五印度即五天竺国。范史称贵霜王于灭罽宾后并灭天竺，亦其境地毗接之明证。案：以《大唐西域记》考之，罽宾当为克什弥尔之地，即北印度，而痕都则中印度也，爱乌罕为大月氏南境，而大月氏则北有大夏，又有兼北印度之西境，此全误。又班书称大月氏都妫水，《北魏书》称其都马许水，《隋书》称其部乌浒水，乌浒与妫为音之近，乌浒与马许则字之讹也。范史又称天竺在月氏之东南，天竺为今西藏，亦适当爱乌罕东南境，据此断以爱乌罕为月氏故壤无疑。

源案：以西藏为天竺，故以痕都斯坦为罽宾，且谓罽宾尚非北印度，愈歧愈远，皆与御制《五天竺说》不合，惟谓爱乌罕为月支则近是。

又曰：痕都斯坦在拔达克山西南，爱乌罕东。《汉书》作东南。国工治玉，以水磨成器最精，为内地所勿逮。旧于叶尔羌贸易，乾隆二十五年，颁敕书，赐物通市如故。其地盖北印度交界，北极高二十九度十五分，距京师偏西四十五度五分，当为古罽宾国地。案：罽宾即北印度，而痕都斯坦，则中印度。不当混为一也。痕都，一作温都。

东印度沿革 原无，今补辑。《明史》

作榜葛剌，此外西夷书、图或云孟加腊，或云孟阿拉，或云满加塔，或云明呀剌，或云明绞犀，皆字殊音同。其北境有古里琐里坎巴，又东隔海口之柯枝、葛兰等国，皆东印度境，惟缅甸在印度外。

《明史》：榜葛剌即汉身毒国，东汉曰天竺，其后中天竺贡于梁，南天竺贡于魏，唐亦分五天竺，又名五印度，宋仍名天竺，榜葛剌则东印度也。自苏门答剌顺风二十昼夜可至。永乐六年，其王霭牙思丁遣使来朝贡方物。七年，使凡再至，携从者二百三十余人，帝方招徕绝域，颁赐甚厚，自此比年入贡。永乐十二年及正统三年，凡两贡麒麟，百官表贺。自是不复至。其国地大物阜，城池街市，聚货通商，繁华类中国。四时气候常如夏，土沃，一岁二稔，不待籽耘。俗淳庞，有文字。男女勤于耕织，容体皆黑，间有白者。王及官民皆回回人，丧祭冠婚悉用其礼。男子皆剃发，裹以白布，衣从颈贯下，用布围之。历不置闰。刑有笞杖、徒流数等。官司上下亦有行移。医卜、阴阳百工、技艺悉如中国，盖皆前世所流入也。其王敬天朝，闻使者至，遣官具仪物，以千骑来迎。王宫高广，柱皆黄铜包饰，雕琢花兽，左右设长廊，内列明甲马队千余，外列巨人，明盔甲，执刀剑弓矢，威仪甚壮。丹墀左右设孔雀翎伞盖百余，又置象队百余于殿前。王饰八宝冠箕踞，殿上高坐，横剑于膝。朝使入，令挂银杖者二人来导，五步一呼，至中则止，又挂金杖者二人导如初，其王拜迎诏，叩头，手加额，开读受赐讫，设绒毯于殿，宴朝使，不饮酒，以蔷薇露和香蜜水饮之。赠使者金盔、金系腰、金瓶、金盆，其副则悉用银，从者皆有赠。厥贡良马、金银、琉璃器、青花白瓷、鹤顶、犀角、翠羽、鹦鹉、洗白苾布、兜罗棉、撒哈剌糖霜、乳香、熟香、乌香、麻藤香、乌爹泥、紫胶、藤竭、乌木、苏木、胡椒、粗黄。《宋史》：丹眉流国①，东至占腊五十程，南至罗越②水路十五程，西至西天三十五程，北至程良③六十程，东北至罗斛④二十五程，东南至阇婆⑤四十五程，西南至

---

①丹眉流国，即丹流眉之误，故地在今马来半岛北部泰国洛坤（Nakhon Srithamarat）。
②罗越，其地在马来半岛南部，或谓今马来西亚柔佛（Johore）州一带，或谓在今新加坡海峡一带。
③程良，故地在今泰国北部。
④罗斛，又作逻斛（Lavo），故地在今泰国华富里（Lophury）一带。
⑤阇婆，此处即指印度尼西亚爪哇岛（Pulau Java）。

程若①十五程，西北至洛华②二十五程，东北至广州一百三十五程。其俗以版为屋，跣足，衣布，无绅带，以白纻缠其首，贸易以金银。其主所居广袤五里，无城郭，出则乘象车，亦有小驷。地出犀、象、锡石、紫草、苏木诸药。四时炎热，无雪霜。未尝至中国。咸平四年来贡。按其方位四至，亦东印度地。

《明史》：或言柯枝即古盘盘国，宋、梁、隋、唐皆入贡，《唐书》：盘盘在南海，西北距环王，限少海，与狼牙修③接，自交州海行四十日乃至。宋元嘉、梁大通中均入贡。其民濒水居，比木为栅，石为矢镞。贞观中，王遣使朝。其东南有哥罗富沙罗。王州二十四，其兵有弓矢稍殳，以孔雀羽饰纛，每战以百象为一队，一象百人，鞍若槛，四人执弓稍在中。赋率输银二铢。无丝纻，惟吉贝。非有官不束发。凡嫁娶纳槟、椰为礼，多至二百盘，东南有拘蒌密④，海行一月至。南距婆利，行十日至。东不述，行五日至。西北距文单⑤，行六日至。与赤土⑥、堕和罗⑦同俗。自小葛兰西北行，顺风一日夜可至。永乐元年，遣中官尹庆赍诏抚谕其国，赐以销金帐幔、织金文绮、彩币及华盖。永乐六年，复命郑和使其国。六年遣使来贡。十年封其国中之山，勒石山上。宣德八年，遣使偕锡兰山诸国来贡。正统元年，遣其使者附瓜哇贡舶还国，赐敕劳王。其国与锡兰山对峙，中通古里国⑧界。东大山，西、南、北皆大海。气候常热，田瘠少收。俗颇淳。筑室用

---

①程若，或谓在马来半岛，系泰国的董里（Trang），或谓系缅甸东南部的墨吉（Mergui）。

②洛华，或谓在今缅甸东南部的土瓦（Tavoy）。

③狼牙修，此处专指马来半岛东岸的北大年（Patani）一带。

④拘蒌密，一说在今印度东部阿萨姆（Assam）邦一带，或谓邑没卢，在今缅甸勃固（Pegu）一带。

⑤文单（Vien Chan），即今老挝的万象。

⑥赤土，一般认为在马来半岛，或谓泰国宋卡（Sonkhla）、北大年（Patani）一带，或谓泰国高头郎（Phatalany）府、洛坤府一带。

⑦堕和罗，即堕罗钵底（Dvaravati），故地在今泰国湄南河（Me Nam）下游地区，或谓该国大城（Ayuttaya）。

⑧古里国，又作西洋古里、古俚，指印度西部的卡利卡特（Calicut），今名科泽科德（Kozhikode）。

椰子树，即取其叶为苫覆。王琐里人，尊释教，佛座四旁皆水沟，复穿一井，每旦鸣钟鼓，汲水灌佛再三，始罗拜而退。人分五等，第一南昆王族类，二回回，三哲地，皆富民。四革全，皆牙侩。最贱者曰木瓜，屋高不得过三尺，盖极贫民，执贱役者。岁中二三月时有少雨，国人皆治舍储食物以俟。五六月间大雨不止，街市成河。七月始晴，八月后不复雨，岁岁皆然。地产诸谷，独无麦。诸畜亦皆有，惟无鹅与驴。《澳门纪略》：柯枝国分上三等：曰南昆王族类，曰回回，曰哲地。下二等：曰革全，皆牙侩；曰木瓜，最贫贱，遇南昆、哲地人，辄伏地。

《明史》又曰：小葛兰，其国与柯枝接境，自锡兰山西北行六昼夜可达。东大山，西大海，南北地窄，西洋小国也。永乐五年，遣使附古里、苏门答剌入贡，赐其王锦绮、纱罗、鞍马诸物，其使者亦有赐。王及郡下皆琐里人，奉释教，敬牛及他婚丧诸礼，多与锡兰同。俗淳。土薄，收获少，仰给榜葛剌。郑和常使其国。厥贡止珍珠伞、白绵布、胡椒。又有大葛兰，波涛湍悍，舟不可泊，故商人罕至。土黑坟，本宜谷麦，民懒事耕作，岁赖乌爹①之米以足食。风俗土产多类小葛兰。柯枝，即《海录》之乌土国，故大、小葛兰地接柯枝，土亦黑坟，无一不合。考英夷所绘中国地图，亦列柯枝于大金沙江海口，东岸与缅甸接。以上二国皆东印度边境，故附著之。

又曰：古里，西洋大国。西滨大海，南距柯枝国，北距狼奴尔国②，东七百里距坎巴国③，自柯枝舟行三日可至，观柯枝至古里必

①乌爹，又作乌叠、乌丁，或谓今印度东部奥里萨（Orissa）东北部；或谓在今缅甸勃固一带。

②狼奴尔国，应作狼奴儿（Honore），即今印度卡纳塔克邦（Karnātaka）西岸之霍纳瓦（Honavar）。

③坎巴国，又作坎巴夷（Koyampadi），即今印度喀拉特邦西部之科因巴托尔（Coinbatore）。

由舟行，可见中隔江河，盖古里介大金沙及恒河二水之间，而柯枝则在江河合流之东南岸也。自锡兰山十日可至，诸番要会也。永乐元年，命中官尹庆奉诏抚谕其国，赍以彩币。其酋遣使从庆入朝贡，三年达南京，封为国王，赐印诰及文绮诸物，遂比年入贡。郑和亦数使其国。十三年，偕柯枝、南勃利①、甘巴里②、满剌加诸国入贡。十四年，又偕爪哇、满剌加、占城、锡兰山、木骨都束、溜山③、南淳利、不剌哇④、阿丹、苏门答剌、麻林⑤、剌撒、忽鲁谟斯、柯枝、南巫里、沙里湾泥⑥、彭亨⑦诸国入贡。是时，诸番使臣充斥于廷，以古里大国，序其使者于首。十七年偕满剌加十七国来贡。十九年又偕忽鲁谟斯、阿丹、祖法儿、剌撒⑧、不剌哇、木骨都束、柯枝、加异勒、溜山、南淳利、苏门答剌、阿鲁⑨、满剌加诸国遣使千二百人入贡。时帝方出塞，敕皇太子曰："天时向寒，贡使即令礼官宴劳，给赐遣还。其以土物来市者，官酬其直。"自成祖崩，中朝不遣使诸国，诸国贡使亦不来。宣德五年，复遣郑和使其国。八年，其王遣使偕苏门答剌、柯枝、锡兰山、祖法儿⑩、阿丹、甘

①南勃利（Lamuri），即南巫里，又作蓝无里、南泥里、南淳里等，故地在今苏门答腊岛北部班达亚齐（Banda-Aceh）一带。

②甘巴里（Coimbatore），又作甘把里，今印度南部泰米尔纳德邦的科因把托尔。

③溜山，又作溜洋、溜山洋，即今印度洋中的马尔代夫群岛（Maldive）和拉克代夫群岛（Laccadive）。

④不剌哇（Brava），即卜剌哇，故地在今索马里东岸布腊瓦。

⑤麻林，即麻林地，或谓今肯尼亚东岸马林迪（Malindi），或谓今莫桑比克（Mozambique）。

⑥沙里湾泥，或谓即今也门东北沿海之沙尔维恩角（Ras Sharwayn）。

⑦彭亨，又作朋丰、蓬丰、朋亨、滥亨、彭杭、彭坑等，即今马来西亚之彭亨（Pahang）州一带。

⑧剌撒，即今阿拉伯半岛南岸木卡拉（Mukalla）附近之剌撒（La′sa）村。

⑨阿鲁（Aru），又作哑鲁、亚路、亚鲁等，即印度尼西亚苏门答腊岛之棉兰（Medan）一带。

⑩祖法儿（Zufal），亦作佐法儿、左法儿，即今阿拉伯半岛阿曼西部多法尔（Dhufar）。

巴里、忽鲁谟斯、加异勒①、天方使臣入贡。其使久留都下，至正统元年乃命附爪哇贡舟西还，自是不复至。其国山多地瘴，有谷无麦。俗甚淳，行者让道，道不拾遗，人分五等。如柯枝王敬浮屠，凿井灌佛亦如之。每旦王及臣民取牛粪调水，涂壁及地，又煅为灰，抹额及股，谓为敬佛。国中半崇回回教，建礼拜寺数十处，七日一礼，男女斋浴谢事，午时拜天于寺，未时乃散。王老不传子而传甥，无甥则传弟，无弟则传于国之有德者。国事皆决于二将领，以回回人为之。刑无鞭笞，轻者断手足，重者罚金珠，尤重者夷族没产。鞫狱不承，则置其手指沸汤中，三日不烂即免罪。免罪者将领导以鼓乐送还家，亲戚致贺。富家多植椰子树，至数千，其嫩者浆可饮，亦可酿酒，老者可作油糖，亦可作饭，干可构屋，叶可代瓦，壳可制杯，穰可索绹，煅为灰，可镶金。其他蔬果畜产多类中国。所贡物有宝石、珊瑚珠、琉璃瓶、琉璃枕、宝铁刀、拂郎双刃刀、金系腰、阿思模达涂儿气、龙涎香、苏合油、花毡、单伯兰布、苾布之属。

又曰：西洋琐里②，洪武二年命使臣刘叔勉以即位诏谕其国。三年，平定沙漠，复遣使臣颁诏。其王遣使奉金叶表献方物。成祖颁即位诏于海外诸国，西洋琐里亦与焉。永乐元年、二十一年偕古里、阿丹等十五国来贡。

源按：《一统志》云："西洋琐里本一小国，乃占城、暹罗、锡兰山、柯枝诸大国王，旧志皆云琐里人，故特存之。"此与古里皆东印度境，于大地方位为南洋，非西洋也。《明史》云概西洋者，失之。《明史》：西天阿难功德国，西方番国也，洪武七年遣其讲主必尼西来朝，贡方物及解毒药石，诏赐文绮、禅衣及布帛诸物，后不复至。又

———————

① 加异勒，即加异城（Kayal），又作加一、加益，即印度南部东岸之卡异尔（Cail）镇。
② 西洋琐里，又作注辇（Cola），其地在今印度科罗曼德尔（Cromandel）海岸。

有和林国①师，亦遣其讲主来朝，献铜佛、舍利、哈丹布及元所授玉印、玉图书。又曰尼入剌国，在诸藏之西，去中国绝远，其王皆僧为之。洪武十七年，太祖已招徕诸番，议通使其地，命僧智光赍玺书、彩币往，并使其邻境地涌塔国。智光精释典，负才辩，宣扬天子德意，其王即遣使随入朝，贡金塔佛经及名马方物。二十年达京师。帝喜，赐银印、玉、图书、诰敕符验及幡幢、彩币，又赐其使者。二十三年再贡，加赐玉、图书、红罗伞。终太祖时，数岁一贡。成祖嗣位，复命智光使其国。永乐七年，遣使来贡。十一年，命杨三保赍玺书、银币赐其嗣王及地涌塔王。十六年，命中官邓城赍书往，所经罕东灵藏必力工瓦乌斯藏及野蓝卜纳，皆有赐。宣德二年又遣中官侯显赐其王绒锦、纻绵，地涌塔王如之。自后贡使不复至。又有速睹嵩者，亦西方之国，永乐三年遣行人连迪等赍敕往招，赐银纱、彩币，其酋以道远竟不至。《万历野获编》曰：西天功德阿难国，古来不闻此夷名，金、元诸史及国朝会典皆不载，必胡僧赚赏伪造美名以欺天朝耳。源案：《明史》尚有加异勒国、甘巴里国、吉兰丹国，皆永乐、宣德中郑和所奉使招徕，偕古里、柯枝、南浡利等国入贡。其邻境尚有小阿兰、拨丹二国，皆东印度之部落。

南印度沿革 原无，今补辑。附锡兰山岛。

《后汉书》：东离国②，居沙奇城③，在天竺东南三千余里，大国也。其土气物类与天竺同。列城数十，皆称王。大月氏伐之，遂臣服焉。男女皆长八尺而怯弱。乘象、骆驼往来邻国。有寇，

①和林国，喀拉和林的简称，故地在今蒙古国鄂尔浑河上游东岸之哈尔和林。
②东离国，为车离之误，亦作车邻（Cala），故地在今印度半岛南部克罗曼德尔沿海一带。
③沙奇城，故地或谓在今恒河与胡格利河口一带。

乘象以战。

《新唐书》：瞻博，或曰瞻婆，北距兢伽河，多野象群行。显庆中，与婆岸①、千支弗②、舍跋若③、磨腊四国并遣使入朝。千支在西南海中，本南天竺属国，亦曰半支跋若，唐言五山也，北距多摩苌④。又有哥罗舍分⑤、修罗分⑥、甘毕⑦三国贡方物。甘毕在南海上，东距环王，有胜兵五千。哥罗舍分者，在南海南，东婆和罗。修罗分者在海北，东距真腊。其风俗大略相类，有君长，皆栅郛。二国胜兵二万，甘毕才五千。又有多摩苌，东距婆凤⑧，西多隆⑨，南千支弗，北诃陵⑩地，东西一月行，南北二十五日行。俗无姓，婚姻不别同姓，王坐常东向。胜兵二万，有弓刀甲矟，无马。果有波那婆宅护遮庵摩石榴。其国经萨卢都⑪、诃卢⑫、君那卢⑬、林邑诸国，乃得交州。显庆中贡方物。

案：《通典》有章求拔国，在东印度西，未审为南否也。

---

①婆岸，或在今印度，今地无考。

②千支弗，亦作千支，即建志补罗（Kancipura），今印度东岸康契普腊姆（Conjevaram）。

③舍跋若（Chuliya），即今印度科弗里（Cauvery）河与佩内尔（Penner）河之间地区。

④多摩苌，又作多摩长，故地在今马来半岛，或谓泰国高头廊（Phatalung）府的塔莫特（Tamaut）一带。

⑤哥罗舍分，或谓今泰国西部的叻丕（Ratburi）；或谓在泰国西北部或缅甸境内。

⑥修罗分，或谓今泰国东南海岸地区，今名不详。

⑦甘毕，又作甘必，其地在今印度尼西亚苏门答腊岛。

⑧婆凤，即婆皇，又作罄皇，故地在今马来西亚彭亨（Pahang）一带。

⑨多隆，或谓在今马来半岛上泰国之董里（Trang）一带。

⑩诃陵（Kalinga），此处指印度尼西亚之爪哇。

⑪萨卢都，又作薛卢都，或谓在今马来半岛，为泰国万伦府，或谓即马来西亚柔佛及新加坡一带。

⑫诃卢，即思诃卢，故地或谓在马来半岛，今泰国宋卡（Songkhla）一带；或谓今新加坡（Singapura）。

⑬君那卢（Condore），指越南南岸外的昆仑岛（Paula Condore）。

南印度海中锡兰山岛国沿革一曰师子国,

一曰僧伽剌国,一曰楞伽山,一曰则意兰岛。

《梁书》:师子国,天竺旁国也。其地和适,无冬夏之异,五谷随人所种,不须节。其国旧无人民,止有鬼神及龙居之。诸国商贾来共市易,鬼神不见其形,但出珍宝,显其所堪价,商人依价取之。诸国人闻其土乐,因此竞至,或有停住者,遂成大国。晋义熙初,始遣献玉像,经十载乃至。像高四尺二寸,五色洁润,形制殊特,殆非人工。此像历晋、宋世在瓦官寺。寺先有征士戴安道手制佛像五躯。及顾长康维摩画图,世人谓为三绝。至齐东昏遂毁玉像,前截臂,次取身,为嬖妾潘贵妃作钗钏。宋元嘉六年十二月,其王刹利摩诃遣贡献。大通元年,后王伽叶伽罗诃梨邪使奉表。

《新唐书》:师子国居西南海中,延袤二十余里,有稜加山[1],多奇宝,以宝置洲上,商舶偿直辄取去。后邻国人稍往居之,能驯养师子,因以名国。总章三年,遣使者来朝。天宝初,王尸罗迷迦再遣使献大珠钿、金宝。

《明史》:锡兰山即古狼牙修,梁时曾通中国,自苏门答剌顺风十二昼夜可达。永乐中,郑和使西洋至其地,其王欲害和,和觉,去之他国。其王又不睦邻境,屡邀劫往来使臣,诸番皆苦之。及和归,复经其地,乃诱和至国中,发兵五万劫和舟,且塞归路。和乃率部卒二千,由间道乘虚攻拔其城,生擒其王、妻子、头目,献俘于朝廷,诸臣请戮,帝释之,择其族之贤者立之,其旧王亦释归。自是海外诸番益服天子威德,贡使载道,而其王遂屡入贡。

---

[1]稜加山(Laṇkā),又作稜伽山、楞伽山、骏迦山等,为斯里兰卡岛主峰,或泛指今斯里兰卡。

其国地广人稠，货物多聚，亚于瓜哇。东南海中有山三四座，总名曰翠蓝屿，大小七门，门皆可通舟。中一山尤高大，番名按笃蛮山。其人皆巢居穴处，赤身髡发。自此山西行七日，见鹦哥嘴山。又二三日抵佛堂山，即入锡兰国境。海边山石上有一足迹，长三尺许，故老云佛从翠兰屿来践此，故足迹尚存。中有浅水，四时不干，人皆手蘸以洗面目。山下僧寺有释迦真身，侧卧床上，旁有佛牙及舍利，相传佛涅槃处也。其寝座庄严甚丽。王所居侧有大山，高出云汉。产诸色宝石，每大雨冲流山下，海旁有浮沙，珠蚌聚其内，故其国诸珠宝特富。王所居国人崇释教，重牛，日取牛粪烧灰涂其体，又调之以水遍涂地上，乃礼佛，手足直舒，腹贴于地以为敬。不食牛肉，止食其乳，死则瘗之，有杀牛者罪至死。气候常热，米粟丰足。虽富饶，然不喜啖饭，欲啖则于暗室，不令人见。男子裸上体，下围以布，遍体皆毫毛，悉剃去，惟发不剃。所贡物有珠、珊瑚、宝石、水晶、撒哈喇、西洋布、乳香、木香、树香、檀香、没药、硫磺、藤竭、芦荟、乌木、胡椒、磁石、驯象之属。

案：《梁书》狼牙修国与师子国分叙为二国，狼牙叙于干陀利①之后，婆利②之前，而师子国则叙于婆利及天竺之后，东西判然，迥不相侔。安得以狼牙修为锡兰山，而置龙鬼合居之师子国于不问乎？《明史》之外国沿革，无一不缪，有如此者。

《广东通志》：锡兰山疆域在西洋，与柯枝国对峙，南以别罗

①干陀利，又作干陁利，或谓今印度尼西亚巨港（Palembang），或谓在马来半岛之吉打（Kedah）或金丹（Kintan）。
②婆利，或谓今印度尼西亚的巴厘（Balli）岛，或谓今加里曼丹岛（Borneo），或谓在苏门答腊岛东南部占碑（Jambi）一带。

里①为界。自罗里南去，顺风七昼夜可至溜山洋国，十昼夜可至古里国，二十一昼夜可至卜剌哇国②。柯枝接大小葛兰二国，山连赤土上。自小葛兰顺风二十昼夜可至木骨都东国。自古里顺风十昼夜可至忽鲁谟斯国，二十昼夜可至剌撒国，二十二昼夜可至阿丹国。又自忽鲁谟斯四十昼夜可至天方国，乃南洋之尽处也。书称狼牙修国在南海中，其界东西三十日行，南北二十日行，北去广州二万四千里，盖即此国。

《西域记》附注：僧伽罗国，古之师子国，又曰无忧国，即南印度。其地多奇宝，又名曰宝渚。昔释迦牟尼佛化身名僧迦罗，国人推尊为王，以大神通力破大铁城，灭罗刹女，拯恤危难，于是建都筑邑，化导四方，示寂留牙，在于兹土。国有凶荒灾异，恳祈随应。今之锡兰山，即古之僧伽罗国也。王宫侧有佛牙精舍，饰以众宝，辉光赫灼，累世相承，敬礼不衰。今国王阿烈苦奈儿，琐里人也，崇祀外道，不敬佛法，暴虐国人。永乐三年，太监郑和奉香花往诣彼国供养，王欲加害，郑和知其谋，遂去。后复遣郑和往赐诸番，并赐锡兰山国王。王益慢不恭，欲图害使者，用兵五万人刊木塞道，分兵以劫海舟。会其下预泄其机，郑和等归路已绝，潜遣人回舟备水师拒之，而和自以兵三千夜由间道攻入王城，守之。其劫海舟番兵乃与其国内番兵四面攻围数重，拒战六日。和等执其王，凌晨开门，伐木取道，且战且行凡二十余里，抵暮始达舟。即礼请佛牙登舟，灵异匪常，光彩照辉，历涉巨海数万里，风涛不惊，如履平地。永乐九年七月至京师，诏于皇城内庄严旃檀金刚宝座贮修供养。佛牙精舍侧有小精舍，亦以众宝

---

①别罗里，又作别罗利、别里、罗里等，在今斯里兰卡西南岸加勒（Galle）之北。
②卜剌哇国（Brawa），即今索马里东南岸希腊瓦。

而为莹饰，中有金佛像，此国先王等身而铸，肉髻则贵宝饰焉。至是并归中国。

元王大渊《岛夷志略》：僧加剌叠山环翠，洋海横峙。其山腰有佛殿岿然，则释迦佛舍利所在。海滨有石如莲台，上有佛足迹，长二尺有四寸，阔七寸，深五寸许，迹中海水入其内不咸而甘，病者饮之则愈。土人面紫身黑、眼巨而长，手足温润而壮健，寿多至百余岁。佛初怜彼方之人贫而为盗，故以善化其民，复以甘灵水洒池，俾产红石，土人掘之，得此以济贸易，皆令温饱而善良。其佛前有一钵盂，非玉非铜非铁，色紫而润，敲之有玻璃声，故国初凡三遣使取之云。

南怀仁《坤舆图说》：印第亚之南有则意南岛[①]，离赤道北四度。人自幼以环系耳，渐垂至肩而止。海中多珍珠，江河生猫睛、昔泥红金刚石等，山林多桂皮、香木，亦产水晶，尝琢成棺殓死者。相传为中国人所居，今房屋殿宇，亦颇相类。西有小岛数十，总名马儿地袜，悉为人所居。海中生一椰树，其实甚小，可疗诸病。

按：南印度之楞伽岛旧为罗刹所居，人不敢至，佛为说法，尚不能戒杀，见于《法苑珠林》所载。《梁书》亦言其为龙与鬼神所居。何以后世竟为耕桑商舶之地？惟《西域记》附注，言僧伽刺王仗佛力以灭罗刹之事，得其实矣。凡佛经所言转轮圣王及阿修罗，皆劫初时地天之通未绝，非后世所有，故昔日罗刹夜叉各岛，今皆开辟，生齿繁殖，而西牛货州、东神胜洲，今亦商舶通行，气运日开。不怪为怪，固难以为夏虫井蛙道也。

又案：《瀛环志略》言中有高山，土产鸦鹘宝石，每遇大雨冲

---

①则意南岛，又作则意兰，即锡兰（Ceylon），今称斯里兰卡。

流山下，从沙中拾取之，隋常骏至林邑极西望见之。番人谓高山为锡南，因名云。

附补落伽山及溜山①补落伽山，一名普陀山。

《大唐西域记》：南印度濒海有秫剌耶山，产龙脑香，山东有布呾落迦山，顶有池，池侧有石天宫观、自在菩萨往来游舍。从此山东北，海畔有城，是往南海僧迦罗国路。从此入海，东南可三千余里至僧迦罗国。《唐书》师子国亦南印度之境也。国周七千余里，昔本宝渚罗刹居之，前王僧伽剌治兵浮海而往，诵咒奋武，遂有其国。其王即释迦佛之前生也。

案：补落迦山在南印度濒海之岸，非岛也，由此下海，乃至锡南山岛，故别载之。

《海岛逸志》曰：穆迦滨于南海，真佛所居，山极高峻，遍地黄金、美玉，百神守护，不得取也。真修者必登穆迦礼拜真佛，持斋受戒，数年而出，人皆称曰老君，自能降神伏怪，驱邪斩鬼，手持念珠，慈悲可掬，见者知其有道。

案：此即南印度濒海之落迦山也，非锡兰岛。

《明史》：溜山，自锡兰山别罗里南去，顺风七昼夜可至。自苏门答剌过小帽山，西南行十昼夜可至。永乐十年，郑和往赐其国，自后三贡，并与忽鲁谟斯诸国偕。宣德五年，郑和复使其国，后竟不至。其山居海中，有三石门并可通舟，无城郭，倚山聚居。气候常热，土薄谷少无麦，土人皆捕鱼暴干以充食。王及群下尽回回人，婚丧诸礼多类忽鲁谟斯。山下有八港，各以溜名。或言

---

①补落伽山，又作普陀山、补陀落迦山、补呾洛迦山、补陀落山等，即布呾洛迦山（Potalaka），在今印度半岛南部帕帕纳萨姆（Papanasam）山。

外更有三千溜，舟或失风入其处，即有沉溺之患。

魏源曰：五印度之地，惟南印度斗出大海，形如箕舌，似中国之登、莱，而补落迦山则犹登州之成山，其锡兰岛之楞伽山，则四面皆海，犹琼州、台湾也。普陀之在西藏、在浙江定海者，皆后出傅会，惟此近翔实，以非西夷市舶所集，故无述焉。独是锡兰岛逼近印度，史称地广富庶，亚于瓜哇，南怀仁、艾儒略均图述之，何以亦阒然于英夷据印度之后？惟《地理备考》以榜甲刺等十九部为印度公司兼辖之地，以锡兰岛为土君专辖之地，其言较核于诸夷书。盖南洋斗出濒海之岸，为大西洋各国市埠环峙，有英吉利埠，有荷兰埠，有佛兰西埠，有弥利坚埠，有葡萄埠，岸市盛，故岛市微矣。溜山诸岛林立，环锡兰山，而《地理备考》谓锡兰山四面千屿环之，其人物生殖者，惟四五十岛，亦最切南洋之形势。谭印度者可无唐枣凿空之憾焉。

案：海间小岛，名目实繁。西人以意命名，不能划一，大约大则百里，小则数十里，洲屿星列耳。

西印度沿革唐以前安息、条支皆佛教，无回教也，唐以后大食、波斯始皆回教，故以宗佛教者归此类。

《汉书》：安息国治番兜城①，去长安万一千六百里，不属都护。北与康居②、东与乌弋山离、西与条支接，土地、风气、物类、所有民俗与乌弋、罽宾同。亦以银为钱，文独为王面，幕为夫人面，王死辄更铸钱。有大马爵。其属小大数百城，地方数千里，最大国也。临妫水，商贾车船行旁国。书革，旁行为书记。

①番兜城（Partu），又作朴桃、排桃，故地在今伊朗东北部。
②康居，西域古国，故地约在今巴尔喀什湖和咸海之间。

武帝始遣使至安息，王令将将二万骑迎于东界，东界去王都数千里行。比至，过数十城，人民相属。因发使随汉使者来观汉地，以大鸟卵及犁靬眩人献于汉，天子大说。安息东则大月氏。

《汉书》又曰：乌弋山离国行可百余日乃至条支国，临西海，案：此西海谓地中海，《魏书》谓此西渤海也。暑湿田稻，有大鸟卵如瓮，人众甚多，往往有小君长。安息役属之，以为外国善眩安息长者。传闻条支有弱水，西王母亦未尝见也。自条支乘水西行可百余日近日所入云。此语《魏书》已破其妄。见《大西洋沿革》云。

《后汉书》：安息国居和椟城①，去洛阳二万五千里，北与康居接，南与乌弋山离接，地方数千里，小城数百，户口胜兵最为殷盛。其东界木鹿城，号为小安息，去洛阳二万里。章帝章和元年遣使献狮子、符拔。符拔形似麟而无角。和帝永元九年，都护班超遣甘英使大秦，抵条支，临大海，欲度而安息西界船人谓英曰：海水广大，往来者逢善风三月乃得度；若（过）〔遇〕迟风，亦有二岁者，故入海人皆赍三岁粮。海中善使人思土恋慕，数有死亡者。英闻之乃止。案：大秦与条支，止隔地中海，海长虽万余里，仅广二三千里，顺风对度数日可至，安有此阻难之理？此西夷贪汉使财物，恐其西通大秦，自相贸易，则己国不得垄断其利，故为此恐吓之诞词也。至《魏书》始破其妄。十三年，安息王满屈复献狮子及条支大鸟，时谓之安息雀。自安息西行三千四百里至阿蛮国②，从阿蛮西行三千六百里至斯宾国③，从斯宾南行度河，又西南至于罗国④，九百六十里，安息西界极矣。自此南乘海，乃通大秦。其土多海西珍奇异物焉。

————————

①和椟城，或谓今伊朗哈马丹（Hamadan）城，或谓为赫克桐皮罗斯（Hecatompylos）。
②阿蛮国，或谓即今土耳其亚美尼亚（Amenia）；或谓今伊朗哈马丹（Hamadan）。
③斯宾国（Hesiphon），即古代安息都城克泰斯封，在今伊拉克底格里斯河东岸。
④于罗国，即今伊拉克巴比伦城遗址南面纳杰夫（Najaf）东南之希拉（Hira）城。

《后汉书》：自皮山西南经乌秅涉悬度，历罽宾，六十余日行至乌弋山离国。地方数千里，时改名排持。复西南马行百余日至条支，条支国城在山上，周回四十余里，临西海，海水曲环其南及东北，三面路绝，唯西北隅通陆道。土地暑湿，出师子、犀牛、封牛、孔雀、大雀，大雀其卵如瓮。转北而东，复马行六十余日至安息，后役属条支，为置大将监领诸小城焉。

《魏书》：安息在葱岭西，都蔚搜城，北与康居、西与波斯相接，在大月氏西。

《隋书》：安国，《汉书》安息国也，王姓昭武，与康国①王同族，都那密山南，城有五重，环以流水，宫殿皆为平头。炀帝初，遣杜行满至其国。又乌那曷国，都乌浒水西，旧安息之地，王姓昭武，康国种类，东北去安国四百里，西北去穆国二百余里，东去瓜州七千五百里。穆国都乌浒河西，亦安息故地，与乌那曷为邻，其王姓昭武，亦康国种类。东北去安国五百里，东去乌那曷二百余里，西去波斯国四千余里，东去瓜州七千七百里。《唐书》：以后安息改名大食，条支改名波斯，皆回教，非佛教矣。别见巴社、阿丹两国沿革。

《魏书》：波斯国，都宿利城，在忸密西，古条支国也。城方十里，河经其城中南流。出金、银、铁石、珊瑚、琥珀、车渠、玛瑙，多大真珠、颇犁、琉璃、水晶、琴瑟、金刚、火齐、镔铁、铜、锡、朱砂、水银等物。气候暑热，家自藏冰。有鸟形如橐驼，有两翼，飞不能高，食草与肉，亦能啖火。神龟中遣使入贡。

《隋书》：波斯国都达曷水之苏蔺城，即条支故地。西去海数百里，东去穆国四千余里，西北去拂菻四千五百里，东去瓜州万一千七百里，都城方十余里，胜兵二万余，乘象而战。妻其姊妹。

①康国，古国名，故地在今乌兹别克斯坦撒马尔罕一带。

国无死刑，或系排于颈以标之。炀帝遣李昱使波斯，寻遣使贡方物。

《宋史》：注辇国①东距海五千里，西至西天竺千五百里，《宋史》原本作距海五里，又天竺上无西字，此据《文献通考》。南至罗兰②二千五百里，北至顿田③三千里，自古不通中国，水行至广州约四十一万一千四百里。其国有城七重，高七尺，南北十二里，东西七里，每城相去百步，凡四城用砖，二城用土，最中城以木为之，皆植花果杂木。其第一至第三，皆民居，环以小河。第四城四侍郎居之。第五城主之四子居之。第六城为佛寺，百僧居之。第七城即主之所，居室四百余区。所统有三十一部落，其西十二，其南八，其北十二，今国主相传三世矣。民有罪，即命侍郎一员处治之，轻者絷于木格，笞五十至一百，重者即斩，或以象践杀之。其宴则国主与四侍郎膜拜于阶，遂共座，作乐歌舞，不饮酒而食肉。案：回教食牛、羊肉，不饮酒。俗衣布，亦有饼饵，掌馔执事用妇人。其嫁娶先用金银、指环、越诺布及女所服锦衣遗婿，若男欲离女则不取聘财，女却男则倍偿之。其兵阵用象居前，小牌次之，梭枪次之，长刀又次之，弓矢在后。四侍郎分领其众。国东南约二千五百里，有悉兰池国④，或相侵伐。地产真珠、象牙、珊瑚、颇黎、槟榔、豆蔻、吉贝布，兽有山羊、黄牛，禽有山鸡、鹦鹉，果有余甘、藤罗、千年枣、椰子、甘罗、昆仑梅、婆罗密等，花有白末利、散丝、蛇脐、佛桑、丽秋、青黄碧婆罗、瑶莲、蝉紫、水蕉之类，五谷有绿豆、黑豆、麦、稻，地宜竹。自昔未尝朝贡，

①注辇国（Cola），故地在今印度科罗曼德尔海岸一带。
②罗兰，应为细兰（Silan），即今斯里兰卡。
③顿田（Tenasserim），为顿逊之误，故地在今缅甸南部之丹那沙林附近。
④悉兰池国（Sirendib），指今斯里兰卡。

大中祥符八年来贡，以盘奉珍珠、碧玻璃升殿，布于御坐前，降殿再拜。离本国舟行七十七昼夜，历郍勿丹山、娑里西兰山，至占宾国。又行六十一昼夜，历伊麻罗里山，至古罗国①。国有古罗山，因名焉。又行七十一昼夜，历加八山、占不牢山、舟宝龙山，至三佛齐国。又行十八昼夜，度蛮山水口，历天竺山至宾头狼山，望东西王母冢，距舟所将百里。又行二十昼夜，度羊山、九星山，至广州之琵琶洲。离本国凡千一百五十日至广州焉。凡宴赐恩例同龟兹使。明道二年表进珍珠衫帽及真珠一百五两、象牙百株，自言数朝贡而海风破船不达，愿将上等珠就龙床脚撒殿，顶戴瞻礼，以申向慕之心。乃奉银盘升殿，跪撒珠于御榻下而退。

《宋史》云：屑檀国在海傍，城距海二十里。熙宁四年始入贡，海道使风行百六十日，经勿巡②、古林③、三佛齐国乃至广州。传国五百年，十世矣。人语言如大食。地春冬暖。贵人以越布缠头，案：此即白帽回，亦曰缠头回。服花锦白氎布，出入乘象、马，有奉禄。其法轻罪杖，重罪死。谷有稻、粟、麦，食有鱼，畜有绵羊、山羊、沙牛、水牛、橐驼、马、犀、象，药有木香、血竭、没药、鹏砂、阿魏、薰陆，产珍珠、玻璃、密华三酒。交易用钱，官自铸，三分其齐，金、铜相半，而银居一分，禁民私铸。元丰六年使再至，神宗念其绝远，诏颁赉如故事，仍加赐白金二千两。

《坤舆图说》：阿尔母斯④，其地悉是盐及硫磺，草木不生，鸟兽绝迹，人着皮履，遇雨过，履底一日辄败。多地震。气候极热，须坐卧水中，没至口方解。绝无淡水，勺水皆从海外载至。因居

---

①古罗国，或谓即古刺，在今缅甸勃固至仰光一带。
②勿巡，即没巽（Mezoen），即今阿曼东北部哈德角西岸之苏哈尔（Sohar）。
③古林（Kulan），又作阁蓝、故临，即今印度西南部奎隆（Quilon）。
④阿尔母斯，即忽鲁谟斯，今译霍尔木兹岛。

三大洲之中，富商大贾，多聚此地，百货骈集，人烟辐辏，凡海内珍奇，难致之物，辄往取之。

源案：《明史》作忽鲁谟斯。又南怀仁图中有阿尔母河，《职方外纪》则作阿尔谟海，与西红海相对，共两海汉，而阿丹回国则夹于二海汉之间。盖欧罗巴洲之货由地中海来者皆在此过载驳陆，再下南洋海，而亚细亚洲南洋之货亦至此入内河，分赴彼二州也。

《明史》：祖法尔国，自古里西北放舟，顺风十昼夜可至。永乐十九年，遣使偕阿丹、剌撒诸国入贡，命郑和赍玺书赐物报之。宣德、正统屡贡。其国东南大海，西北重山，天时常若八九月，五谷、蔬果、诸畜咸备，人体颀硕。王及臣民悉奉回回教，婚丧亦遵其制。多建礼拜寺，遇礼拜日，市绝贸易，男女长幼皆沐浴更新衣，以蔷薇露或沉香油拭面，焚沉、檀、俺八儿诸香于炉，人立其上以熏衣，然后往拜。所过街市，香经时不散。天使至，诏书开读讫，其王遍谕国人，尽出乳香、血竭、芦荟、没药、苏合油、安息香诸物与华人交易。乳香乃树脂，其树似榆而叶尖长，土人斫树取其脂为香。有驼鸡，颈长类鹤，足高三四尺，毛色若驼，行亦如之，常以充贡。案：地产驼鸡，知为安息、大食境，故入之西印度。

又曰：忽鲁谟斯，西洋大国也，自古里西北行二十五日可至。永乐十年，天子以西洋近国，已航海贡琛，稽颡阙下，而远者犹未宾服，乃命郑和赍玺书往抚忽鲁谟斯、比剌[①]、溜山、孙剌[②]诸国，赐其王锦绮、彩帛、纱罗，妃及大臣皆有赐。至忽鲁谟斯，王即遣陪臣奉金叶表贡马及方物。十二年至京师，命礼官宴赐，酬以马直。比还，赐王及妃以下有差。自是凡四贡，和亦再使。

---

①比剌（Brawa），亦作卜剌哇、不剌哇，即今索马里之布腊瓦（Brāwa）。
②孙剌（Sunda），又作顺达、孙他、孙陀等，其地在今印度尼西亚之爪哇岛。

后朝使不去，其使者亦久不至。宣德五年，复遣和宣诏其国，乃遣使来贡。八年至京师，宴赐有加。正统元年，附爪哇舟还国，嗣后遂绝。其国居西海之极，自东南诸蛮邦及大西洋商舶、西域贾人，皆来此贸易，故宝货填溢。气候有寒暑，春发葩，秋陨叶，有霜无雪，多露少雨。土瘠，谷、麦寡然，他方转输多，价极贱。民富俗厚，或遭祸致贫，众皆遗以钱帛，共振业之。王及臣下俱回回人，婚丧悉用其礼。人多白皙丰伟，妇女出则以纱蔽面。市列廛肆，百物具备。惟禁酒，犯者罪至死。医卜技艺皆类中华。交易用银钱。书用回回字，王遵其教，日斋戒沐浴虔拜者五。地多咸，不产草木，牛、羊、马、驼皆啖鱼腊。垒石为屋，有三四层者，寝处庖厕及待客之所皆在其上。饶蔬果，有核桃、把聃、松子、石榴、葡萄、花红、万年枣之属。有大山，四面异色。一红盐石，凿以为器，盛食物不加盐而味自和。一白土，可涂垣壁。一赤土，一黄土，皆适于用。所贡有狮子、麒麟、驼鸡、福禄灵羊，常贡则大珠、宝石之类。

源案：西印度诸国皆安息、大食之地，故皆产驼鸡，即《汉书》所谓安息大鸟，今闽、粤、宁波、上海洋舶，多载还内地。其鸡高三四尺，花冠，翠羽，其行若驼，俗云洋鸡者也。但此尚非至大者，其本国驼禽，高大更倍。《天方典礼》云：驼鸡尾长似雉，雌者高三尺至七八尺，雄者高丈余，背有肉鞍似驼，可乘致远，蹄苍色，张翅甚大，其卵如瓮，可作器。舟舶难载，故罕至云。此皆西南洋，非大、小西洋，而《明史》谓其国居西洋之极者，郑和之舟至此而返也。

北印度沿革原无，今补辑。今克什

弥尔，古罽宾国，即北印度也，与西印度皆不属英夷。其西境之爱
乌罕，即古大月氏，亦与北印度犬牙相错。又案：北印度与邻境各
国有大雪山界之，雪山之北则印度河界之，其南与中印度亦有大
山为界，疆域本不难辨，后人不审《西域记》，自作纷扰耳。

《汉书》：《西域记》罽宾国王治循鲜城，去长安万二千二百
里，不属都护，户口胜兵多，大国也。东北至都护治所六千八百
四十里，东至乌秅国①二千二百五（千）〔十〕里，东北至难兜国
九日行，西北与大月氏、西南与乌弋山离接。昔匈奴破大月氏，
大月氏西君大夏，而塞王南君罽宾。塞种分散，往往为数国，自
疏勒以西、北，休循、捐毒之属皆故塞种也。罽宾地平温和，有
苜蓿、杂草、奇木、檀、櫰、梓、竹、漆，种五谷、葡萄诸果，
粪治园田，地下湿，生稻，冬食生菜。其民巧，雕文刻镂，治宫
室，织罽刺文绣。好治食，治金银铜锡以为器。市列以金银为钱，
文为骑马，幕为人面。出封牛、水牛、象、大狗、沐猴、孔爵、
珠玑、珊瑚、琥珀、璧、流离，它畜与诸国同。自武帝始通罽宾，
自以绝远，汉兵不能至，其王乌头劳数剽杀汉使。后军侯赵德使
罽宾，与其王阴末赴相失，阴末赴锁琅当德，杀副以下七十余人，
遣使者上书谢。孝元帝以绝域，不录，放其使者于县度，绝而不
通。成帝时复遣使献谢罪。汉欲遣使者报送其使。杜钦说大将军
王凤曰："罽宾前亲逆节，恶暴西域，故绝而不通。今悔过，来而
无亲属贵人，奉献者皆行（买）〔贾〕贱人，欲通货市买，以献为
名，又烦使者送至县度为防护。寇害起皮山南，更不属汉之国，
四五斥候，士百余人五分夜击刁斗自守，尚时为所侵盗。驴畜负

---

①乌秅国，其地在今新疆叶尔羌河上游。

粮，须诸国禀食得以自赡。国或贫小不能食，或桀黠不肯给，拥疆汉之节，馁山谷之间，人畜弃捐旷野而不反。又历大头痛、小头痛之山，赤土身热之阪，令人身热无色，头痛呕吐，驴畜尽然。又有三池盘石阪道，狭者尺六七寸，长者径三十里，临峥嵘不测之深，行者骑步相持，绳索相引，二千余里乃到县度，畜坠未半坑谷尽靡碎，人堕执不得相收视，险阻危害不可胜言。圣王分九州，制五服，务盛内不求外。今遣使者承至尊之命，送蛮夷之贾，劳吏士之众，涉危难之路，非计也。使者业已受节，可至皮山而还。"于是凤白从钦言。罽宾实利赏赐贾市，其使数年而一至。案：县度在乌秅西，与罽宾邻，当在今巴达克山西境，乃印度河岸也。

《后汉书》：大月氏国，居蓝氏城，西接安息，四十九日行，东去长史所居六千五百三十七里，去洛阳万六千三百七十里，户十万，口四十万，胜兵十余万人。初月氏为匈奴所灭，遂迁于大夏，分其国为休密、双靡、贵霜、肸顿、都密凡五部翖侯。后百余岁，贵霜翖侯邱就郤，攻灭四翖侯，自立为王，国号贵霜。王侵安息，取高附地，又灭濮达、罽宾，悉有其国。至其子立，复灭天竺，置监领月氏。自此之后，最为富盛，诸国称之皆曰"贵霜王"，汉本其故号言大月氏云。高附国在大月氏西南，亦大国也，其俗似天竺，而弱易服，善贾贩，内富于财，所属无常，天竺、罽宾、安息三国，强则得之，弱则失之，而未尝属月氏。《汉书》以为五翖侯数，非其实也。后属安息，及月氏破安息，始得高附。

《魏书》：大月氏国都卢监氏城，在佛敌沙西，去代一万四千五百里，北与蠕蠕接，数为所侵，遂西徙都薄罗城，去佛敌沙二千一百里。其王寄多罗勇武，遂兴师越大山，南侵北天竺，自乾陀罗以北，五国尽役属之。世祖时其国人商贩京师，自云能铸石为五色琉璃，于是采矿山中，于京师铸之，既成，光泽乃美于西方来者。乃诏为行殿，容百余人，光色映彻，观者见之，莫不惊骇以为神明所作。自此中国琉璃遂贱，人不复珍之。

阿钩羌国在莎车西南，去代一万三千里。国西有县度山，其间四百里中往往有栈道，下临不测之渊，人行以绳索相持而度，因以名之。土有五谷、诸果，市用钱为货，居止立宫室，有兵器，土出金珠。《一统志》、《汉书》称乌秅国西有县度，《魏书》则以权于摩国，即汉之乌秅，而县度在阿钩羌国之西。考阿钩羌去权于摩止三十里，境壤毗连，盖汉乌秅国至魏分而为二，其在今则皆拔达克山境也。又波路国在其西北，与今布鲁特在拔达克山西北者地势正合，波路与布鲁音近，其为布鲁特部无疑。

小月氏国都富楼沙城，其王本大月氏王寄多罗子也。寄多罗为匈奴所逐西徙后，令其子守此城，因号小月氏焉。在波路西南，去代一万六千六百里，先居西平、张掖之间，被服颇与羌同，其俗以金银钱为货，随畜牧移徙，亦类匈奴。其城东十里有佛塔，周三百五十步，高八十丈。自佛塔初建计至武定八年八百四十二年，所谓百丈佛图也。

罽宾国都善见城，在波路西南，去代一万四千二百里，居在四山中。其地东西八百里，南北三百里，地平温和，有苜蓿、杂草、奇木、檀、槐、紫竹，种五谷，粪园田，地下湿，生稻，冬食生菜。其人工巧，雕文刻镂，织罽，有金银铜锡以为器物。市用钱。他畜与诸国同。每使朝献。

嚈哒国[①]，大月氏之种类也，亦曰高车之别种。其原出于塞北，自金山而南，在于阗之西，都马许水南二百余里，去长安一万一百里。其王都拔底延城[②]，盖王舍城也。其城方十里余，多寺

---

① 嚈哒国，亦作嚈哒等，故地在今阿富汗北部。
② 拔底延城，即今阿富汗北部法扎巴德（Faizabad）。

塔，皆饰以金，风俗与突厥略同，其语与柔然、高车及诸胡不同。众可十万，无城邑，依随水草，能斗战。西域康居、于阗、沙勒、安息及诸小国三十许皆役属之，号为大国。与柔然婚姻。自太安以后，每遣使朝贡。初，熙平中，肃宗遣王伏子统宋云、沙门法力等使西域，访求佛经，时有沙门慧生者亦与俱行。正光中还，慧生所经诸国，不得知其本末及山川里数。盖举其略，云其国去漕国千五百里，去瓜六千五百里。《一统志》：今爱乌罕为葱岭西南大国，《汉书》所云南道逾葱岭则出大月氏，与今爱乌罕适合。魏嚈哒、隋挹怛皆月氏总类，其所载都马许水南及乌浒水南，盖字画之传讹。《汉书》称其都妫水，乌浒与妫其音固相近，是嚈哒、挹怛之与月氏同为一地，皆爱乌罕境也。

钵和国在渴盘陀西，其土尤寒，人畜同居，穴地而处。又有大雪山，望若银峰。有二道，一道西行向嚈哒，一道西南趣乌苌，亦为嚈哒所统。

赊弥国在波知之南，山居，不信佛法，专事诸神，亦附嚈哒。东有钵卢勒国，路险，缘铁锁而度，下不见底。熙平中宋云等竟不能达。

乌苌国在赊弥南，北有葱岭，南至天竺。婆罗门胡为其上族。婆罗门多解天文、吉凶之数，其王动则访决焉。土多林果，引水灌田，丰稻麦。事佛，多诸寺塔，事极华丽。为法不杀，犯死罪唯徙于灵山。西南有檀持山，山上立寺，以驴数头运食，山下无人控御，自知往来也。

乾陀国在乌苌西，本名业波，为嚈哒所破，因改焉。其王本是敕勒，临国民二世矣，好征战，与罽宾国斗三年不罢，人怨苦之。有斗象七百头，十人乘一象，皆执兵仗，象鼻缚刀以战。所都城东南七里有佛塔，高七十丈，周三百步，即所谓雀离佛图。

《新唐书》：吐火罗①，或曰土豁罗，曰睹货罗，元魏谓吐呼罗者。居葱岭西、乌浒河之南，古大夏地，与挹怛杂处。胜兵十万。国土著少女多男。北有颇黎山，其阳穴中有神马，国人游牧牝于侧，生骑辄污血。其王号叶护。武德、贞观时再入献。永徽元年，献大鸟，高七尺，色黑，足类橐驼，翅而行，日三百里，能啖铁，俗谓驼鸟。显庆中，以其阿缓城为月氏都督府，析小城为二十四州。挹怛国，汉大月氏之种。大月氏为乌孙所夺，西过大宛，击大夏，臣之，治蓝氏城。大夏，即吐火罗也。嚈哒，王姓也，后裔以姓为国，讹为挹怛，俗类突厥。天宝中遣使朝贡。俱兰，或曰俱罗弩，曰屈浪弩，与吐火罗接壤，地三千里，南大雪山，北俱鲁河，出金精，琢石取之。贞观二十年遣使者来献。书辞类浮屠语。劫国居葱岭中，西南距赊弥，西北挹怛也，去京师万二千里。气常热，有稻、麦、粟、豆，畜羊、马。武德二年，遣使者献宝带、玻璃、水精杯。越底延国，南三千里距天竺，西北千里至赊弥，东北五千里至瓜州，居辛头水②之北。其法不杀人，重罪流，轻罪放，无租税。俗剪发，被锦袍，贫者白氎，自澡洁。气温，多稻米、石密。此国非北印度，而与北印度毗连，故先述之。

《新唐书》：个失密③，或曰迦湿弥罗，北距勃律五百里，环地四千里，山回缭之，他（俗）〔族〕无能攻伐。王城西濒弥那悉多大河。地宜稼，多雪，不风，出火珠、郁金、龙种马。俗毛褐。世传地本龙池，龙徙水竭，故往居之。开元初遣使者朝献胡药，且言："有国以来并臣天可汗，受调发。国有象、马、步三种兵，

---

①吐火罗（Tukhara），又作土豁城，即大夏；又译巴克特里亚，其地在今阿富汗北部兴都库什山与阿姆河上游之间。
②辛头水，即印度河（Indhu R.）。
③个失密，亦作迦湿弥罗，其地在今克什米尔。

臣身与中天竺王厄吐蕃五大道，禁出入，战辄胜。有如天可汗兵至勃律者，虽众二十万，能输粮以助，又国有摩诃波多磨龙池，愿为天可汗营祠。"因丐王册，册木多笔为王。自是职贡有常。其役属五种，亦名国。所谓咀叉始罗者，地二千里，有都城。东南余七百里得僧诃补罗，地三千余里，亦治都城。东南山行五百里，得乌剌尸，地二千里，有都城，宜稼穑。东南限山千里，即个失密。西南行险七百里，得半笈蹉，地二千里。又得曷逻阇补罗者，其大四千里，有都城，多山阜，人骁勇。五种皆无君长云。

《新唐书》：罽宾，隋漕国也，居葱岭南，距京师万二千里而赢，南距舍卫三千里。王居修鲜城，常役属大月氏。地暑湿，人乘象，俗治浮屠法。武德二年，遣使贡宝带、金锁、水精琭、颇黎。贞观中献名马。遣果毅何处罗拔等厚赍赐其国，并抚尉天竺。处罗拔至罽宾，王东向稽首再拜，仍遣人导护使者至天竺。显庆三年，以其地修鲜为都督府。开元七年遣使献天文、秘方奇药。罽宾及乌苌国王乾元初使者朝贡。

海国图志卷三十一

西南洋

北印度西北邻部附录 《汉书》罽宾以

西北各国皆北印度之邻境也，隋、唐为九姓昭武等国，见《大唐西域记》者，孰北印度，孰非北印度，至与昭析，今不复录。惟元代尽易国名，而《明史》误以北方之赛马尔罕为罽宾，官书《西域图志》又以南方之温都斯坦为罽宾，罽宾以南之西藏方为天竺，遂燕郢易位，棼如乱丝。今特画出北印度以外各国，以区戎索，特自元、明始。

邱长春《西游记》：门人李志常述，前半乌程程同文注，后半大兴徐松注，魏源附注。真人长春子，姓邱，名处机，登州栖霞人。已卯年，住莱州昊天观，己卯，元太祖称帝十四年，宋宁宗嘉定十二年，金宣宗兴定三年。江南、河南各大帅，屡邀请不往。会是冬十二月，成吉思皇帝遣侍臣刘仲禄以虎头金牌率二十骑来请。时山东尚为金有，适两朝讲好，故使命得通。庚辰年正月启行，庚辰，元太祖十五年，宋宁宗嘉定十三年，金宣宗兴定四年。由燕京出居庸关，驻宣德州。十月，斡辰大王遣使臣阿里鲜来请。程同文曰：斡辰大王即太祖第四弟斡赤斤也。太祖西征，命斡赤斤居守斡难河。以辛巳年二月八日启行，辛巳，元太祖十六年，宋宁宗嘉定十四年，金宣宗兴定五年。度野狐岭，在张家口外。北过抚州。十五日东北过盖里泊，有盐池，《金史》：抚州之丰利县有盖里泊，在今张家口北百里。迤东北去，自此无河，凿沙井以汲，南北数千里亦无大山。马行五日，出明昌界。又六七日，忽入大沙陀，即大漠。东北行千里外，三月朔出沙陀，至渔儿泺，始有人烟聚落。张德辉《纪行》云：昌州以北入沙陀凡六驿，而出沙陀与此正同，今为达儿海子，在克什克腾部落北。又二十余日方见一沙河，西北流入陆局河。陆局河，即胪朐河之音转，今克鲁伦河也。渡河北行三日入小沙陀，四月朔至斡辰大王帐下。即斡难河旧帐，非和林也。十七日马首西北，二十二日抵陆局河。积水成海，周数百里。并河南岸西行，五月朔亭午，日有食之。水流东北，行十有六日，河势绕西北山去，不得穷其源。克鲁伦河发源肯特岭，南流，及平地始转东南。长春由河南岸折河西行，故不见来源。西南泝驿路。又行十日，夏至量日影三尺六七寸，渐见大山峭拔，从此以西渐有山阜，此所见大山当即肯特岭。又四程，西北渡河，乃平野，此所渡土腊河也。山川秀，水草饶，有契丹故城，盖辽亡士马不降者西行所建城邑也。又言西南至寻思干城，万里外，回纥最佳处，契丹都焉，历七帝。注详下文。盖契丹初奔乃蛮后，乃西徙回纥葱岭也，故乃蛮之亡来投西契丹钦。六月十三日至长松岭后宿。十四日过山度浅河，天极寒。十七日宿岭西，盛夏冰雪，山路盘曲，西北且百余里，既而复西北，始见平地。有石河长五十余里。此鄂尔昆河东流将会喀拉河处，河经山峡，故曰石河。雍正中拒准噶尔，其时黑龙江兵至鄂罗坤河军营者，过汗山，即西北渡土拉河，又西北行，逾喀里雅尔山，乃济鄂尔坤河，与长春行程正同。长松岭当即喀里雅尔山，其地已在北极出地四十九度，是以寒甚欤。山行五六日，峰回路转，寻登高岭，势若长虹，壁立千仞，俯视海子，渊深恶人。此厄鲁赫特山也。二十八日泊窝里朵之东。窝里朵，汉语行宫也。奉皇后旨，请师渡河。其水东北流，弥漫没轴。入营，驻车南岸，其车舆亭帐望之俨然，古之大单于未有若此之盛也。此和林行宫也，在鄂尔坤河之北，色楞格河之南，又在塔米尔河、哈绥河二小水之间。哈绥河，即元时和林河也，以水得名，其地为自昔回纥建牙之所。其所渡之河或即入和林河之支流，今日瑚伊努河。七月九日，同宣使西南行，五六日屡见山上有雪，山下往往有坟墓。又二三日，过曷剌肖故城。又五六日逾岭而南，迤逦南山，望之有雪。此地东距陆局河约五千里。七月二十五日至阿不罕山北，镇海相公来谒。阿不罕山在金山东北，今阿集尔罕山也。《镇海传》：太祖屯田于阿鲁欢，立镇海城。阿鲁欢即阿不罕之音转。八月，傍大山西行，约三日，复东南行，过大山，经大峡，中秋日，抵金山①东北。其山高大，深谷长坂，车不可行，三太子出军始辟其路。县辕以上，缚轮以下，约四程，连度五岭，南出山，前临河，止泊。傍大山者，即傍阿尔泰山之东大干也，乃向西南行，当取道于今科布多，再西南，乃科布多河及额尔齐斯河发源处，为阿尔泰山之脉脊，故曰经大峡抵金山东北也。南出山临河，当是乌隆古河，刘郁《西使记》谓之龙骨河。渡河而南，经小童山七十里，又卤地三十里。宣使与镇海议曰："此地最难行。前至白骨甸，行二百里达沙陀北，颇有水草。更涉沙陀百余里，方及回纥城。所谓白骨甸者，古之战场，疲兵至此，百无一还，顷者乃满部大败于此。须暮起，夜渡其半，明日向午方得水草。但黑夜魑魅为祟，当涂血马首以厌之。"师笑不答。徐松曰：金山东北与乌鲁木齐所属之古城南北相直，今自科布多赴新疆驿路，南抵古城之鄂伦布，之拉克台，之苏吉台，之噶法台，皆沙迹，即白骨甸也。翌日过沙陀，南望天际若银霞，疑为阴山。八月二十七日抵阴山后，回纥郊迎至小城北，告曰："此阴山前三百里，和州②也。"翌日沿川西行，禾麦初熟。西即鳖思（为）〔马〕大城③。回纥王部族劝葡萄酒，供花果，告曰："此大唐时北庭端府。景龙三年，杨公何为大都护，有龙兴西寺，二石刻纪其功德。其东数百里有西凉府，其西三百余里有轮台县，唐之边坊往往尚存。"此阴山非河

①金山，即阿尔泰山的别称。
②和州，即高昌古城，又作火州，故地在今土鲁番东南哈拉和卓堡西南。
③鳖思马大城，即别失八里（Beshbalik），又作别石把，故地在今新疆吉木萨尔之北。

套之阴山，乃天山也。博克达三峰去古城北数日程，即见之，故长春诗有"三峰并起插云寒"之句。其阴山前三百里和州者，谓天山以南吐鲁番，为古火州地，讹火为和耳。唐北庭大都护府在今济木萨之北，端州者，端即都护字之合音。轮台县治在今阜康县西五六十里，县治在博达克山背，故南望阴山。程同文曰："鳖思即别失。"欧阳圭斋曰："北庭，今则失八里也。"则元时别失八里正在于此。九月七日西行，问更几程得至行在？皆曰：西南更行万余里即是。四日，宿轮台之东。又历一城，重九日至回纥昌八刺城，其王畏午儿，与镇海有旧，率部族远迎。源案：畏午儿即畏吾儿，乃回鹘转音也。元初，畏吾儿地西接伊犁，东抵哈密，故此有其酋长。程同文曰：昌八刺城即《元史·西北地理附录》之彰八里也。《耶律希亮传》：逾天山，至北庭都护府。二年至昌八里城，夏，逾马纳思河。则昌八里在今玛纳斯河之东矣。翌日，并阴山而西约十程，又度沙场，一昼夜方出。盖白骨甸大沙分流也，南际阴山之麓。逾沙又五日，宿阴山北。诘朝，南行，长坂七八十里。翌日，又西南行二十里，忽有大池，方圆几二百里，雪峰环之，倒影池中，师名之曰天池。徐松曰：沙场者，晶河城东至托克多，积沙成山，东距阜康千一百里，故云十余程。其间当过数小河，此不言者，夏雪融则涨，冬则涸，此九月过之，故不知有水也。自托克多至晶河，山行五百余里至赛喇木泊东岸，泊正圆，周百余里，即天池海。沿池正南下，左右峰峦，众流入峡，曲折六七十里。二太子扈从西征，始凿石理道，刊木为四十八桥，桥可并车。并泊南行五千里，入塔勒奇山峡，谚曰："果子沟，沟水南流。"势甚湍急，架木桥以度车马，峡长六十里，今为四十二桥，即其遗址。翌日方出，入东西大川，次及一程，至阿里马城。铺速满国王暨蒙古塔刺忽只来迎。宿于西果园。土人呼果为阿里马，因以名城。东西大川即今阿里玛图河也。阿里马，《元史》作阿力麻里，即伊犁城也。《元史》又作叶密里，又作叶密立，皆即此城，本朝名之曰伊犁。以《唐书》伊列河得名，恐亦即叶密立之音转。又西行四日，至答剌速河。土人呼河为没辇，云水势深阔。从东来抵西北，截断阴山，河南复是雪山。十月二日，乘舟以济，南下至一大山，北有小城。此即今伊犁河也，其水西流。以西行四日计之，其渡河当在今之察林渡也。南下一大山，疑今铅厂诸山。又西行五日，宣使刘仲禄以去行在渐近，先往驰奏，独镇海公从。又西行七日，度西南一山，遇东夏使回，言："七月十二日辞行在，上将兵追算端汗至印度。"西南一山，当是善塔斯岭。算端者，西域长君之称，《元史》作算端，《明史》作速檀，一作琐檀，本朝官书作苏勒坦，今哈萨克、布鲁特每称之。七月十二日辞行在，十月十四日至此，在道三月矣。明日，至回纥小城。十有六日，西南过板桥，渡河，晚至南山下，即大石林牙。其国王辽后也，自金师破辽，大石林牙领众数千走西北，移徙十余年，方至此地。风土气候，与漠北不同，平地多农桑，果实如中国。惟夏秋无雨，皆资灌溉。东北西南，左山右川，延袤万里，传国几百年。乃满失国，依大石，士马复振，盗据其土，继而算端西削其地，天兵至，乃满寻灭，算端亦亡。源案：前记言西南至寻思干城①万里外，回纥最佳处，契丹都焉，历七帝者，此也。刘仲禄言在乃蛮奉诏征师者，亦此也。大石林牙，辽宗姓，于辽亡后率众西行，间关万里，建国西土，是为西辽，耶律大石号德宗，改为延庆二年。康国十年，子夷列立，号仁宗。其幼时太后萧氏权国，改元咸清，凡七年。及亲政，改元绍兴，凡十三年。卒，子幼，妹耶律氏权国。崇福十四年，子直鲁古立，改元天禧，凡三十四年。元太祖灭乃蛮，禽太阳汗，其子屈出律奔契丹，袭执天禧，尊为太上皇，篡其国阅十余年。元太祖征西域，灭之。其事附见《辽史·天祐纪》末，兼见于《契丹国志》，实止建国七十年，历三帝二后。以远隔葱岭，故诸史皆无之。此地尚在伊犁西境，未逾葱岭也。时乃蛮部据其葱岭东地，而印度算端据其葱岭西地，分为两国。其寻思干城则印度算端所据也。旧皆西契丹地。十有八日，沿山而西，七八日，山忽南去，一石城当途，石色尽赤，有驻军古迹，西有大冢，若斗星相联。今时穆尔图泊南岸也，多古翁仲即此地也。自渡伊犁河以南所经之程，即今伊犁兵赴喀什噶尔换防之兵，傍特穆图泊东

---

①寻思干城，又作邪米思干城、赛玛尔堪城，即撒麻耳干，故地为今乌兹别克斯坦撒马尔罕。

南，经布鲁特游牧乃上葱岭也。并西南山行五程至塞蓝城①，有小塔，回纥王来迎入馆。十一月四日，土人以为年傍午相贺。西南复三日至一城，其王亦回纥。明日，又历一城，复行二日，有河，是为霍阐河②。由浮桥渡，泊于西岸。其河源出东南二大雪山间，色浑而流急，深数丈，西北注，不知几千里。此正逾葱岭之路也，程同文曰"赛蓝"，据刘郁《西使记》，在塔剌寺西四日程，今塔剌河之西也。《明史·外国传》赛兰在塔失干之东，今塔失干城在锡林河之北。元时西域往返之道，必从塔剌斯河过赛兰，乃西南行，渡霍阐河，即纳林河也。刘郁《西使记》在忽牵河，其音相近。河之西南绝无水草者二百余里，复南望大雪山而西，山形与邪米思干之南山相首尾。又至一城，得水草。复经三城，山行半日，入南北平川。仲冬十有八日，过大河，至邪米思干大城之北，西契丹之河中府也。大师移剌国公及蒙古、回纥郊迎，大设帷幄，乃知宣使刘公以路梗，尚留此处，盖千里外舟梁为土寇所毁也。遂留过冬。其城临河岸，秋夏常无雨，国人疏二渠入城，分绕巷陌。方算端未败时，城中十万余户，今存四之一，大半回纥人，契丹及汉人次之。有冈高十余丈，算端之新宫据焉。又孔雀、大象，皆东南数千里印度国物。邪米思干，《元史》及《西使记》皆作寻思干，即赛马尔罕城，在今敖罕境内，在纳林（和）〔河〕③之南。长春自北来，先渡霍阐河，此又渡大河至邪米思干城者，应指城东之河北流入那林河者也。自北庭至此，大率西行，过此则大率南行，最为西征扼要之地，故于此宿兵，而以耶律楚材驻守焉。其后以封驸马帖木儿，至明尚为西域大国。源案：《元史》太祖先取寻思干城，后取薛迷思干城，则误作二地。薛迷即邪迷也。师因问五月朔日食事，其人云：此中辰时食至六分止。师曰："前在陆局河时午刻见其食既。又西南至金山，人言巳时食至七分。此三处所见各不同，以理揆之，正当其

①塞蓝城（Sairam），又作赛蓝、赛兰，故地在今乌兹别克斯坦塔什干（Taskent）东北。
②霍阐河，又作西尔达里河，即锡尔河。
③纳林河（Naryn），又作那林河，今纳伦河，即锡尔河之上游段。

下则见其食既，在旁者则千里渐殊耳。"是年闰十二月将终，宣使所遣侦骑回言："二太子发军灭土寇，整桥梁，帝跸大雪山之东南。今则雪积山门百余里，深不可行，今开此路请师。"师作诗有"阴山西上五千里，大石东过二十程"之句。壬午年春三月，壬午，元太祖十七年，宋宁宗嘉定十五年，金宣宗元光元年。阿里鲜至自行宫来迎。师问阿里鲜程途几何？对曰："春正月十三日自此初发，驰三日东南过铁门；又五日，过大河，二月初去东南，过大雪山，积雪甚高，马上举鞭测之犹未及其半，下所踏者复五尺许；南行三日，至行宫矣。"三月十五日，同刘宣使启行。四日，过碣石城①，传旨以甲士千人卫送。过铁门，东南度山，山势高大，乱石纵横，众军挽车两日方至山前。沿流南行，军即北入大山破贼。五日，舟渡小河。七日，舟济大河，即阿母河也。碣石，《元史·地理志》作柯伤，《明史·外国传》作渴石，云南傍大山屹立。出峡口，有石门，色似铁。唐《西域记》：出铁门，至睹贺罗国，其地东拒葱岭，西接波剌斯，南逾大雪山，北据铁门。过雪山为滥波国。即北印度境是也。太祖追北印度算端，南逾雪山，已亲至北印度。太祖旋师后，复遣将追至忻都，穷及申河，算端死乃返，则兵亦至中印度界矣。前阿里鲜赴行在时，正太祖追算端至印度之日，故逾雪山南又三日乃达。乃长春至行在则帝已回至雪山避暑，故长春过铁门后行十二日，至雪山而止也。所渡之阿母河，《元史》亦作暗布河，亦作阿木河，《元秘史》作阿梅河，即佛书之缚刍河，发源葱岭大龙池，西北流入里海者。其后于阿母河立元帅府，统葱岭以西各国。大雪山今为和罗三托山，自东而西，绵亘千里。东南行又四日达行在，时四月五日也。上恐印度迤南炎热，故于雪山避暑。上约四月十五日开道，将至期，有报回纥山贼指斥者，上欲亲征，因改卜十月吉。师乞还旧馆，临时再来，乃以千余骑由他路回。遂历大山，山有石门，望如削蜡，有巨石横其上若桥，其下流甚急。此地盖关口，新为兵所破。师出峡诗

①碣石城（Keseh，Kasohsch），又作渴石、石国、羯霜那、钛沙，故地在乌兹别克斯坦撒马尔罕西南。

有"水北铁门犹自可，水南石峡更堪惊"之句。源案：阿母河之南，雪山之北，其中尚有一印度河，此石峡即印度河上游也。印度河亦名新头河。《法显传》曰："度葱岭，西南行十五日，其道艰阻，崖岸险绝，其山惟石，壁立千仞，临之目眩，下有水，名新头河。昔人有凿石通路，蹑悬絙过河，两岸相去八十步，过河便到乌苌国，即北天竺也。"《水经注》曰："乌秅之西有悬度之国。"案：汉乌秅，今巴达克山国也，悬度更在其西，则河之下游，此石峡则河之上游矣。征西人回，多获珊瑚，有从官以白金二镒买五十株，高者尺余。源案：《职方外纪》：葱岭迤西，有国曰得白德者，不以金银为币，止用珊瑚。又西红海在天方之西，水皆红色，相传珊瑚所映而成。五月五日复回耶米思干城。八月八日复启行，诣行在。十有二日，过碣石城。翌日，步骑千余入大山中行，即铁门外别路也。涉红水涧，有峻峰高数里。向东南行，山根有盐泉流出，见日即成白盐。又东南上分水岭，西望高涧若冰，皆盐耳。十有四日至铁门西南之麓，将出山，其山门险峻，左崖崩下，涧水伏流一里许。中秋抵河上，其势若黄河流，乘舟以济。东南行三十里，乃无水，源案：此又过阿母河也。即夜行过班里城，甚大。东行数十里，有水，马仅能渡。源案：此又过印度河上游也。二十二日至行在入见，道人见帝无跪拜礼，入帐折身叉手而已。二十七日从车马北回，九月朔渡河桥而北。盐泉在铁门山之西，其西北即大盐池。《元史·郭宝玉传》：太祖封大盐池为惠济王。刘郁《西使记》：过纳商城，满山皆盐，如水晶状。纳商即渴石也。越三日，出山抵河上，其水势若黄河西北流者。即流入大盐池。盖葱岭西之水皆会于此，即阿母河。南怀仁图言："里海之水浩荡，甚咸。"或以受此河之故欤？东行数十里复渡一河，则印度河之上源也。九月朔复渡河桥北还者，即阿母河之浮桥，前为贼毁，官军修复之。盖长春已见帝，即扈从而北矣。读此记，乃知《元史·本纪》及《耶律楚材传》帝至东印度，驻铁门关角端见班师者，盖本于宋子贞所作《楚材神道碑》，不知太祖军逾雪山，止至北印度，何由遽及濒海之东印度？若铁门，则距雪山、北印度尚远。考《湛然集》楚材在西域十年，止驻寻思干城，纵或偶至铁门，无由至印度。《神道碑》欲归功楚材，故移印度之事于铁门以傅会之，不知种种不合。

《明史》：撒马儿罕即汉罽宾地，此语误沿王圻《续文献通考》之谬。
赛马尔堪城沿纳林河，今在敖罕，西北塔什干，西南则是古大宛、大夏地。敖罕、布哈
尔①皆元撒马尔罕所辖地，与罽宾无涉。隋、唐皆通中国。元太祖荡平西
域，尽以诸王、驸马为之君长，易前代国名以蒙古语，始有撒马
儿罕之名。去嘉峪关九千六百里。元末为之王者驸马帖木儿。洪
武中，太祖欲通西域，屡遣使招谕，而遐方君长未有至者。二十
年四月，帖木儿首遣回回满剌哈非思等来朝，贡马十五、驼二，
诏宴其使，赐白金十有八锭。自是频岁贡马、驼及镔铁、刀剑、
甲胄诸物。而其国中回回又自驱马抵凉州互市，帝不许，令赴京
鬻之。元时回回遍天下，及是居甘肃者尚多，诏守臣悉遣之，于
是归撒马儿罕者千二百余人。二十七年八月，帖木儿贡马二百，
其表言钦仰圣心，如照世之杯，使臣心中豁然光明。照世杯者，
其国旧传有杯光明洞澈，照之可知世事，故云。成祖践阼，遣使
敕谕其国。永乐三年，傅安等尚未还，而朝廷闻帖木儿假道别失
八里率兵东，敕甘肃总兵官宋晟儆备。五年六月，安得还。初，
安至其国被留，朝贡亦绝，寻令人导安遍历诸国数万里，以夸其
国广大，至是帖木儿死，其孙哈里嗣，乃遣使臣送安还，贡方物。
帝厚赍其使，遣官往祭故王，而赐新王及部落银币。其部落头目
沙里奴儿丁等遂亦贡驼马。景泰七年贡玉石。天顺元年，命都指
挥马云等使西域，敕奖其锁鲁檀，赐彩币，令护朝使往还。锁鲁
檀者，君长之称，犹蒙古可汗也。成化中，其锁鲁檀偕亦思法罕
各酋长贡二狮，至肃州，其使者还，不由故道，赴广东，又多买
良家女为妻妾，又请泛海至满剌加市猱犭以献。市舶中官韦眷主
之，布政使陈选力陈不可，乃已。弘治二年，其使由满剌加至广

①布哈尔（Bukhara），亦作不花儿、不花剌、卜哈儿等，即乌兹别克斯坦布哈拉。

东，贡狮子、鹦鹉诸物。守臣以闻，礼官耿裕等言南海非西域贡道，却之，薄犒其使，量以绮帛赐其王。明年又偕土鲁番贡狮子及哈剌虎诸兽，由甘肃入。嘉靖十二年，偕天方、土鲁番入贡，称王者至百余人。礼官夏言等论其非，请敕阁臣议所答。张孚敬等言："西域诸王疑出本国封授，或部落自相尊称，先年亦有至三四十人者。若骤议裁革，恐人情觖望，乞敕礼、兵二部详议。"于是言及枢臣王宪等谓："西域称王者止土鲁番、天方、撒马儿罕，如日落诸国，称名虽多，朝贡绝少。弘、正间土鲁番十三入贡。正德间天方四入贡，称王者率一人，多不过三人，余但称头目而已。至嘉靖二年、八年，天方多至六七人，土鲁番至十一二人，撒马儿罕至二十七人。孚敬等言三四十人者并数三国尔。今土鲁番十五王，天方二十七王，撒马儿罕五十三王，实前此所未有。弘治时回赐敕书止称一王，若循撒马儿罕往岁故事，类答王号，人与一敕，非所以尊中国，制外番也。"帝纳其言，国止给一敕，且加诘让，示以国无二王之义。然诸番迄不从，十五年入贡复如故。甘肃巡抚赵载奏诸国称王者至一百五十余人，皆非本朝封爵，宜令改正，且定贡使名数，通事宜用汉人，毋专用色目人，致交通生衅。后入贡迄万历中不绝。盖番人善贾，贪中华互市，既入境，则一切饮食道途之资皆取之有司，虽定五年一贡，迄不肯遵，天朝亦莫能难也。其国东西三千余里，地宽平，土壤膏腴。王所居城广十余里，民居稠密，西南诸番之货多聚于此，号为富饶。城东北有土屋，为拜天之所，规制精巧，柱皆青石，雕为花文，中设讲经之堂。用泥金书经，裹以羊皮。俗禁酒。人物秀美工巧，过于哈烈①，而风俗土产多与之同。其旁近东有沙鹿海牙②、达失干③、赛蓝、养夷④，西有渴石、迭里迷⑤诸部落，皆役属焉。达失干即今之塔什干，在敖罕之北，哈萨克之西。

又曰：迭里迷在撒马儿罕西南，去哈烈二千余里。有新旧二城，相去十余里。其酋长居新城，城内外居民仅数百家，畜牧蕃息。城在阿木河东，多鱼。河东地隶撒马儿罕。西多芦林，产狮子。永乐时陈诚、李达尝使其地。卜花尔在撒马儿罕西北七百余里，案：卜花尔在敖罕西，即今布哈尔也。撒马尔罕都城在今布哈尔、敖罕地，断非汉之罽宾矣。罽宾为今克什弥尔，且中隔巴达克山⑥等国，相去甚远。又布哈尔彼时疆域甚小，今则尽有撒马尔罕之地，为大国，故以撒马尔罕为今之布哈尔、古之大夏，庶乎近实。城居平川，周十余里，户万计。市里繁华，号为富庶。地卑下，节序常温，宜五谷、桑、麻，多丝绵布帛，六畜亦饶。永乐十三年，陈诚自西域还，所经哈烈、撒马儿罕、别失八里、俺都淮⑦、八答黑商⑧、迭里迷、沙鹿海牙、赛蓝、渴石、养夷、火州⑨、柳城⑩、土鲁番、盐泽⑪、哈密⑫、达失干、卜花尔凡十七

①哈烈（Herat），亦作黑鲁、也里、哈剌、哈利、海里、义利等，即今阿富汗西部之赫拉特。
②沙鹿海牙（Shahrokia），故地在锡尔河流域，撒马尔罕以东，确址不详。
③达失干（Tashkand），又作达黎干、破加拉、塔什罕，即今乌兹别克斯坦塔什干。
④养夷（Yanghi），故址在锡尔河以北、塔什干以东，确址不详。
⑤迭里迷（Termid，Termiz，Tirmidh），亦作咀密、恒满、怛没、忒耳迷等，故地在阿姆河北岸、撒马尔罕东南。
⑥巴达克山（Badakshan），今阿富汗东北部巴达赫尚地区。
⑦俺都淮（Andhwi，Andkud），故地当在哈烈之东北，确址不详。
⑧八答黑商，即八剌黑（Balkh），在今阿富汗法扎巴德（Faizabad）附近。
⑨火州，又作哈剌火者、哈剌霍州、哈剌火州、哈剌禾州等，古高昌国都城，故地在今新疆吐鲁番市东南一带。
⑩柳城（Lukchun），又作鲁陈、鲁克尘，在火州之东，属今吐鲁番市境。
⑪盐泽（Yamshi），故地在今新疆吐鲁番一带。
⑫哈密（Hami，Komul），今新疆哈密市。

国，悉详其山川、人物、风俗，为《使西域记》以献，以故中国得考焉。宣德七年，命李达抚谕西域，卜花尔亦与焉。达失干即今塔失干，别失八里即今新疆南路回部，八答黑商即今巴达克山。

《明史》：哈烈，一名黑鲁，在撒马儿罕西南三千里，当为今爱乌罕部之地。去嘉峪关万二千余里，西域大国也。元驸马帖木儿既君撒马儿罕，又遣其子沙鲁哈据哈烈。洪武时撒马儿罕及别失八里咸朝贡，哈烈道远不至。二十五年遣官诏谕其王，赐文绮彩币，犹不至。二十八年遣给事中傅安、郭骥等携士卒千五百人往，为撒马儿罕所留，不得达。三十年又遣北平按察使陈德文等往，亦久不还。成祖践阼，遣官赍玺书彩币赐其王，犹不报命。永乐五年安等还。德文遍历诸国，说其酋长入贡，皆以道远无至者，亦是年始还。德文采诸方风俗，作为歌诗以献，帝嘉之。明年复遣安赍书币往哈烈，其酋沙哈鲁把都儿始遣使随安朝贡。七年，达京师，复命赍赐物偕其使往报。明年其酋遣朝贡。撒马儿罕酋哈里者，哈烈酋兄子也，二人不相能，数构兵，帝因其使臣还，命都指挥白阿儿忻台赍敕谕之。白阿儿忻台既奉使，遍诣撒马儿罕、失剌思①、俺的干②、俺都淮、土鲁番、火州、柳城、哈实哈儿③诸国，赐之币帛，谕令入朝。诸酋长各遣使贡狮子、西马、文豹诸物。自是诸国使并至，皆序哈烈于首。及仁宗不勤远略，宣宗承之，久不遣使绝域，故其贡使亦稀至。七年，复命中官李贵通西域，敕谕哈烈。贵等未至，其贡使已抵京师，贡驼、马、玉石。英宗幼冲，大臣务休息，不欲敝中国以事外番，故远方通贡者甚少，天顺后朝贡遂绝。其国在西域最强，大王所居城方十余里，

①失剌思（Shirāz），又作失罗子、石罗子、泄拉夫等，即今伊朗法尔斯省设拉子。
②俺的干（Andizham），今乌兹别克斯坦安集延。
③哈实哈儿（Qăgar），又作喀什噶尔、加斯加尔，即新疆喀什。

垒石为屋，平方若高台，不用梁、柱、瓦、甓，中敞虚空数十间，窗牖门扉，悉雕刻花文，绘以金碧，地铺毡罽。无君臣上下，男女相聚皆席地趺坐。国人称其王曰锁鲁檀，犹言君长也。男髡首缠以白布，妇女亦白布蒙首，仅露双目。上下相呼皆以名。相见止少屈身，初见则屈一足，三跪，男女皆然。食无匕箸。有瓷器。以葡萄酿酒。交易用银钱，大小三等，不禁私铸，惟输税于酋长，用印记，无印者禁不用。市易皆征税十二。不知斗斛，止设权衡。无官府但有管事者，名曰刀完。亦无刑法，止罚钱。以姊妹为妻妾。居丧止百日，不用棺，以布裹尸而葬，常于墓间设祭。不祭祖宗，亦不祭鬼神，惟重拜天之礼。无干支朔望，每七日周而复始。岁以二月、十月为把斋月，昼不饮食，至夜乃食，周月始茹荤。城中筑大土室，中置一铜器，周围数丈，上刻文字如古鼎状，游学者皆聚此，若中国大学然。有善走者日可三百里，有急使传箭走报。俗尚侈靡，用度无节。土沃饶。节候多暖，少雨。土产白盐、铜、铁、金、银、琉璃、珊瑚、琥珀、珠翠之属。多育蚕，善为纨绮。刑止棰扑。交易兼用银钱。狮生于阿木河芦林中，初生目闭，七日始开。土人于目闭时取之，调习其性，稍长则不可驯矣。其旁近俺都淮、八答黑商并隶其国。俺都淮在哈烈东北千三百里，东北去撒马儿罕亦如之。东北旧误西北，又东北旧误东南，今改正。俺都淮与八答黑商相连，即今爱乌罕也，安得更在哈烈之西，撒马儿罕之北乎？城居大村，周十余里，地平衍无险，田土膏腴，民物繁庶，称乐土。自永乐八年至十四年，偕哈烈通贡，后不复至。八答黑商在俺都淮东北，观此语可证前段方向之误，盖巴达克山在爱乌罕东北也。城周十余里，地广无险阻。山川明秀，人物朴茂。浮屠数区，壮丽如王居。西洋、西域诸贾多贩鬻其地，故民俗富饶。初为哈烈酋沙哈鲁之子所据。永乐六年命内官赐其酋书敕彩币，并及哈实哈儿、葛忒郎诸部，自是往来通商，东西万里，行旅无滞。十二年陈诚使其国，十八年遣使来贡。

《皇清四裔考》：巴达克山居于葱岭中，其境北至伊西洱河，东北去叶尔羌①千余里。有城郭，其汗曰素尔坦沙，部落繁盛，户十万有奇。头目戴红毡小帽，束以锦帕，衣锦氆衣，腰系白丝绦，足穿黑革鞮，女则被发双垂，余与男子同。其民人帽顶制似葫芦，边饰以皮，衣黄褐，束白丝绦，足穿黑革鞮，亦有用黄牛皮者。其国负山险，扼葱岭之右，颇擅形势。有河北流，经博罗尔②、巴达克山两部落之间，至伊什得特儿分流，一流经北入图斯泊，一流道西，又北入于伊西洱泊。其北鄙之城曰瓦汉③，在汉乌秅国地。乾隆二十四年八月，回部逆酋博罗尼都、霍集占为王师所败，奔巴达克山。副将军富德率师追之，二贼方窜入巴达克山之锡克南村，诡称假道往墨克，乃逸去，肆掠村落。素尔坦沙禽博罗尼都，而以兵围霍集占于阿尔浑楚哈岭。贼退保齐那尔河。素尔坦沙进战，擒之，因于柴扎布。柴扎布者，布达克山系囚处也。素尔坦沙乃遣人诣军门投款，且报二贼就擒。副将军富德鉴其忠顺，遣使者往谕，责令献俘，进军瓦汉以待之。是时温都斯坦方以兵临巴达克山，谋劫霍〔集〕占兄弟。而塔尔巴斯者，巴达克山仇国也，贼将通之，攻巴达克山，所遣使被获，乃迁霍集占于别室，以二百人围杀之。尚以二逆酋与己同派，噶木巴尔裔欲缚献，恐诸部不从，难之。富德反复晓以顺逆利害，乃以逆尸驰献，率其部十万户与博罗尔部三万户俱降。《四裔考》曰：《汉书》皮山国西南至乌秅

---

①叶尔羌，即今新疆叶城。
②博罗尔（Bolor），即博洛尔，在今巴基斯坦北端及克什米尔西北部。
③瓦汉（Vakhan），亦作窝罕、斡罕，今阿富汗瓦汉。

国千三百四十里，皮山在于阗国西，今自和阗①西行至巴达克山亦千三百余里。其国居葱岭南境，四面皆山，与班史乌秅国山居之说相合，则今之巴达克山在汉为乌秅国也。又《魏书》载阿钩羌国在莎车西南，西有县度山，《汉书》亦云乌秅国西有县度。莎车，今之叶尔羌，在巴达克山东北，亦与阿钩羌国在莎车西南之说合。又权于摩国去代一万二千九百七十里，阿钩羌国去代一万三千里，二国相距止三十里，当属毗联之境，疑汉时统属乌秅，至魏乃分两国，东属权于摩，故去代较近，西属阿钩羌，故独与县度相接也。《唐书》不载乌秅、权于摩、阿钩羌诸国，而有喝盘陀者，由疏勒②西南六百里至其国。今之喀什哈尔，古疏勒地，西南六百里至巴达克山，道里适符。城居山内，河抱城东，所谓沿葱岭、负徙多河者，形势可验。至《元史》载有巴达哈伤，《明史》载有八答黑商，其音与巴达克山相近，疑即此地。然《元史》不载远近道里，而明自陈诚诚使西域一至其地，名号粗传，天顺后绝不复至。重以中外译音仿佛同异，猝难审证，聊附存以备考云。

又曰：博罗尔在巴达克山东，有城郭，户三万有奇。四面皆山，西北面有河。乾隆二十四年与巴达克山同时内附。其南有部落曰温都斯坦，产金丝缎。霍集占走巴达克山时，温都斯坦方以兵相攻，谋劫霍集占，不果。后其部为爱乌罕所并。二十九年正月，博罗尔遣使入朝。是时，博罗尔与巴达克山屡行构衅，围城劫掠，乞援于驻扎叶尔羌都统新柱，遣谕巴达克山恪遵约束，还俘罢兵。至是进玉杷双匕首。

《地球图说》：大布加利亚国即布哈尔也，东界新疆，南界亚加业坦国③并耳西亚国④，西界里海，北界峨罗斯国。其百姓约有五百万之数。都城名布加利⑤，城内民八万，大都回回教，牧羊马，以马乳为酒，毡毯为庐。国内有旷野，亦名沙漠。各城皆有书

①和阗，今新疆和田。
②疏勒，故址在今新疆喀什市。
③亚加业坦国，即今阿富汗（Afghanistan）。
④耳西亚国，即波斯（Persia），今伊朗。
⑤布加利（Bukharia），即今乌兹别克斯坦巴哈拉。

院。土产马、骆驼、羊、绵布、果品、金、珠玉、宝石、金刚石等物。所进入货物惟中国之磁器、茶叶、杂色绵布、绸缎，少购西洋之物。

《地理备考》曰：达尔给斯丹国，即南怀仁图所谓鞑而靼也，斯丹乃西域国王之称，亦名哈萨克国。在亚细亚州西北，北极出地三十四度起至五十五度止，经线自东四十七度起至八十度止，东至天山北路，西枕加斯比约海①，南接白尔西亚、阿付干二国，北界厄罗斯国之西卑里亚②，长约五千里，宽约三千五百里，地面积方约一百七十八万里，烟户四兆余口。本国地势，东南峰峦峻耸，冰雪凝积，西北平原坦阔，沙漠相间。河之长者一名亚木达里，一名西尔达里，一名萨刺苏，一名主意，一名古弯，一名加尔齐。湖之大者一名亚拉尔③，又以其过大而称海，一名德勒斯古尔，一名加拜古拉，一名加拉古尔，一名达兰，一名巴达于的尔。田土肫原，滨地尤腴。谷果、草卉、禽兽、鳞介靡弗蕃衍。五金各矿皆备，惟铁开采，余皆禁取。土产矾、煤、宝石、纹石、磇砂、烟叶、熟皮、药材等物。地气温和，寒暑俱极。诸汗统辖，各分部落。所奉之教乃回教也。工作技艺，惟布加拉人善于织造，余皆耕牧为业。贸易兴隆，商侣结队而行。盗风太剧，往来维艰。通国半土著，半游牧，共分二十部落。一名布加拉，建于平原之中，乃通国之最富强者也。一名着尔塞波斯，一名伊陆尔，一名安该④，一名美马墨⑤，一名巴尔克，一名古尔墨，一名昆都斯⑥，

①加斯比约海（Caspian Sea），即里海。
②西卑里亚（Siberia），即西伯利亚。
③亚拉尔，即咸海（Aralskoye more）。
④安该，即今乌兹别克斯坦安格连（Angren）。
⑤美马墨（Meymaneh），今阿富汗梅尔马奈克。
⑥昆都斯（Kunduz），今阿富汗北部之昆都士。

一名达黎干，一名巴剌达哥占，一名德尔瓦斯，一名古拉波，一名亚比者尔么，一名剌迷。以上皆土著之部，有城郭居室。此外则一名加尔札，系诸酋分部，游牧无常处。一名加非里斯丹，亦诸酋分部，游牧无常处。一名哥干，一名其尔意斯，土人素称哥萨克，内分上中下三部；一名其袜，一名加剌加尔巴，亦诸酋分部，游牧迁移，靡有定居；一名都尔各马尼亚，亦诸酋分部，游牧庐帐，徙处不一，并无定止。

《外国史略》曰：西域哈萨克，游牧国也。葱岭东西皆有其地，西人称之曰达达里，亦曰达尔鞑，亦曰达尔给。北极出自三十六度及五十一度，偏东自四十三度及七十八度。广袤方圆三万二千里，南及甲布地①，北及峨罗斯藩属国，东及新疆，西及里海。东南有大山隔新疆，在北亦有山。多湖，其味咸，色如海潮，旱则盐出。其山麓平地，高于海面二百丈，渐近里海，势愈低。亚拉湖之南有两野，各广三十五里。在北之山地足资游牧，绝无淡水，有沙丘焉，随时变易其处，中多潴水。与里海所连之地悉高坦，其土硗，无产物，故居民鲜焉。其新疆西北哈萨克游牧之地，土虽硗，尚有牧场，亦丰盛。然西南甚瘦，不生草木，惟驼克通行焉，中有腴地，生五谷。西域大半皆不毛之地。其亚母河之泉在三十七度二十七分，高于海者百五十丈，其水西北流，无沙线，无磐石，汇入亚拉湖，水深能驶船。西熏河由天山涌出，入亚拉湖。哥墨河在撒马耳干地流出，两岸丰盛，多物产。亚拉湖方圆七千里，内有淡水，非若他湖之尽咸也。哈萨之地多湖，悉咸水，罕雨，多尘。所有居民，各分种类。其土民称曰他益，与白西人风俗略同。其余属土耳其者，或乌士百之族类，共三十

————————

① 甲布地，即今阿富汗首都喀布尔（Kabul），此处泛指阿富汗。

二宗派。身矮而壮，面红。以布包首，亦穿靴，非若他夷之赤足也。女则遍身丝缎，颇聪明，咸奉回回教。其游牧西方者多此族，反复无常。日骑马，恣虏掠，四方畏之。在西北哈萨克之种类，或事峨罗斯，或服中国，野性难驯，专以抢掠为事。其乌士百之种类，则勤耕安分，造绵布、绸缎，或帽或纸等货。多使奴，皆外国贩来者。亦有五印度国所到之商贾，其要市在峨罗斯界，每年驼千三百只，载货赴市。其新疆所来之汉商亦不少，贸易兴旺。喀什噶尔[①]、叶尔羌、和阗各商往来者，恒不绝焉。

西域民多是土耳其[②]、蒙古各族类所自出，此时国地已分，最大者曰布加拉国，即布哈尔，中央有丰有硗，郊外多沙，天多旱，雪连三四月不消。南方曰巴勒[③]，与甲布交界，甚热，多瘴疠。其都曰破加拉，名邑也，北极三十九度四十三分，偏东六十四度五十五分，连邑之处，高于海面百二十丈，居民十五万，内有书院、回回庙，大房宇，便通商，海外之商云集。奉回回教，其君听命于国内之教师。东四十里有撒马尔罕古城，居民万口，多古迹。在南方巴勒之间，亦有古城居民。在西方二十里外，有乡邑四百余处，居民甚罕。

尹土斯在亚母河之南，即《元史》之阿母河也，谷间甚燥热，居民不多。与其邻国补答山战，尽有其地，即巴达克山也。地产红玉、青金。北方之南有小地，是各夷目所管者。此地并叶尔羌中间，有巴黑坦地，高于海三十丈，气候甚冷，山阿盛夏犹有雪，五谷不登。其居民系哈萨克之游牧，以肉乳为食。

布加拉东北曰哥干地，亦曰敖罕，古小国也，出绵花、蚕丝，

---

① 喀什噶尔（Qašgar），又作加斯加尔、可失哈尔、哈什哈尔，即今新疆喀什。
② 土耳其，即突厥。
③ 巴勒（Balkh），今阿富汗巴尔赫地区。

与峨罗斯商交易。民务农，引河灌田，甚巧。最大之城曰答金，居民八万，与峨罗斯国互市。布加拉西及里海，曰其瓦部，亦曰机窝，其君管土耳其南方游牧。虽事耕田，亦虏卖人口。道光二十年，统兵二万往侵峨罗斯国，冻毙大半。通市之邑曰阿耳云治，其夷目以掠人为事，却护往来商贾，以征其饷。其居民与峨罗斯世仇，英人屡劝和，不果。此地中间及里海，土耳其或曰耳哥曼族类，游奕无定处，惟养牲畜，食肉饮乳，无统属，产良马，奔速如电。居民约十四万。

白西亚交界最丰盛之墨味地，一种百倍，昔属白西国，为破加拉君攻有其地。

北方哈萨克，与蒙古无大分别，多奉回教，或耕田，或远游。惟冬时则附城邑搭毡帐。不畏权势，忽驯忽叛。

西域之民，多不安分，惟严务防范，以免其肇衅，一生战端，则争斗不息矣。

《一统志》：塔什罕在回部喀什噶尔之北一千三百里，东至布鲁特①界，东南至那木干②界，东北至右哈萨克部界，其贡道由回部以达于京师。汉为康居、大宛交界之地，北界为九姓昭武所居，隋、唐为安国、石国地，明达失（于）〔干〕国地。居平原，有城郭。向有三和卓分辖回众，曰昭莫尔多萨木，曰沙达，曰吐尔占，旧为右哈萨克羁属。莫尔多萨木什者，哈萨克所置和卓也，吐尔占逐之，哈萨克以兵问罪，久而不解。乾隆二十三年，参赞大臣富德追讨哈萨克锡拉至其地，遣使抚定塔什罕回众。时吐尔占方与右哈萨克战于河上，因谕以睦邻守土之道，乃大感悟，与哈萨

①布鲁特，即指今吉尔吉斯斯坦（Kyrgyzstan）。
②那木干（Namangan），亦作纳木干，即今乌兹别克斯坦东部纳曼干。

克释争相睦，即遣使奉表求内属。先是，有准噶尔部逸贼额什木
札布在其境内，即擒以献。其年遣使来朝贡。塔什罕之西南行数
百里，逾锡尔河，又逾那林河，二河见右哈萨克部及霍罕部。为赛玛尔堪
城。又西南为噶拉克则城，又西为乌尔根齐城，又西为临达里冈
阿泊，是为西海，西境于是尽焉。塔什罕城居平原，多园林，饶
果木，土宜五谷，居民稠密，当葱岭直北四百里外。

《一统志》：霍罕东与布鲁特错处，西至哈什干，南至葱岭，
北至那林河。那林河在葱岭西北，经流数千里，霍罕、安集延①诸
国濒之以居。大小泉源、支流不一，并会此河。其发源从布鲁特
境，西行过安集延城之北，又西行过玛尔哈朗城，又西行过赛玛
尔堪城之北，可证赛玛尔罕，即敖罕地。又折东南入于达里冈阿泊。泊
广千余里，为西境巨海，无有涯际，凡葱岭以西之水咸归之。汉
甘英穷临西海，即此水也。案：此误以咸海为地中海也。《史记·大宛
传》：大宛在匈奴西南，在汉正西，去汉可万里。有城郭屋室，其
属邑大小七十余城。《汉书·西域传》：大宛国王治贵山城，去长
安万二千五百五十里，东至都护治所四千三十一里，北至康居②卑
阗城千五百一十里，南至大月氏六百九十里，北与康居、南与大
月氏接，别邑七十余城。多善马。北魏曰洛那国，唐曰拔汗那国，
天宝初改名宁远国。

《一统志》：布哈尔，在拔达克山西二千余里，其贡道由回部
以达于京师，汉为难兜国，自后无闻。乾隆二十五年，回部底平，
遣使颁敕谕。二十九年，其部长因拔达克山素尔坦沙吁请以其属
内附。《汉书·西域传》：难兜国王治去长安万一千五百里，东北

---

①安集延（Andizhan），亦作安吉延，今乌兹别克斯坦安集延。
②康居，约在今巴尔喀什湖与咸海之间。

至都护治所八百九十里，西南至罽宾三百三十里。按：《汉书》载乌秅国，西与难兜接，乌秅为今之拔达克山，难兜为今之布哈尔。其地位远近，正相值也。

源案：布哈尔一作布噶尔，当巴达克山西北，正包敖罕西境。敖罕为大宛，则布哈尔为大夏无疑也。且难兜非大国，又不在大宛之西，决非其地。《史记》月氏为匈奴所破，乃远去西击大夏而臣之。大夏在大宛西南二千余里，妫水南，妫水疑即今之纳林河。今敖罕虽古大宛地，然止八城，不足全当大宛。而布哈尔包敖罕三面，属城百余，则兼有大宛西境矣。

996　　《西域闻见录》曰：塞克，西域一大国也，在敖罕西，绝非回子种类。敖罕西，则布哈尔也。布哈尔，正回教后裔，此全误。称其王曰汗，部落数百处，各有统辖之人，皆其汗之阿拉巴图，事权归一，无跋扈叛弑之事。城池巨丽，人民殷庶，居室宽敞整洁。人家院落中各立木竿，向之礼拜。冬夏和平。风俗坦白。尚宴会，喜歌舞。人多力善射，发必命中，佩标枪五枝，长四五尺，取物于百步之外。与敖罕称劲敌也。敖罕西境劲敌，舍布哈尔其谁？椿园氏曰：塞克，西域最远之国，去叶尔羌二万余里，既云接敖罕西境，则去叶尔羌亦不过二三千里，即至鄂罗斯界，亦不过五千余里，安得荒远至此。松筠奏疏言，敖罕西有布哈尔大国，统属百余城，介鄂罗斯、哈罕之间，不应更有他国也。西北与俄罗斯萨穆接壤，或曰兴阿喇克等国，犬牙相错，大抵皆世俗所传之大西洋也。然而塞克之邦风朴民淳，人无欺诈，尚气节，敦廉耻，不得以荒远而鄙夷之矣。

源案：阿喇克即哈萨克之音转，塞克即萨克之音转，盖布哈尔即西哈萨克国，乃讹而为阿喇克，又讹而为塞克，遂分一国为三国矣。哈萨克有四大部，左哈萨克其东部，右哈萨克、塔什干其中部，布哈尔其西部也。此三部外尚有北哈萨克，近鄂罗斯，不通中国，疑即此所谓阿喇克者欤。左右二部为古康居，西北二部为古大夏，而分有大宛西境。明时为赛马尔罕地，自明末赛马尔罕分裂，敖罕得其十之三，布哈尔得其十之七。近日布哈尔又灭敖罕而有之，则兼并大宛、大夏之域矣。

《西域水道记》：塞勒库勒在叶尔羌城西八百里，为外蕃总会之区。达外蕃凡三道，自塞勒库勒南十四日程曰巴勒提①，又东南一日程，至其属邑，曰哈普伦，哈普伦南十六日程曰土伯特②，即藏地也。巴勒提西南二十九日程曰（什）克〔什〕米尔，地出砑蜡纸。又西南四十三日程，曰痕都斯坦，善镂玉。以上皆各自为部，不相属。自塞勒库勒西五日程，曰黑斯图济。又西南三日程，曰乾竺特③，岁贡金一两五钱。又西四日程，曰博洛尔，其地南即巴勒提，曾贡剑、斧、匕首。乾竺特西北九日程，曰拔达克山，其汗素尔坦沙献霍集占首，贡刀斧、八骏。又北五日程，曰塔木干，又北三日程，曰差雅普。又西南三日程，曰浑渚斯。又西北三日程，曰塔尔罕，与噶斯呢为邻。自黑斯图济至塔尔罕，皆噶勒察种也。博洛尔西二十日程，曰爱乌罕，亦曰喀布尔。乾隆二十七年，其酋爱哈默特沙攻痕都斯坦，杀其汗，其子逃窜。爱哈默特沙取扎纳巴特城，以伯克守之。自居拉固尔城，又统至固珠喇特，攻克什米尔，执其头目塞克专。二十八年，贡刀及四骏，其属邑曰拉虎尔，距叶尔羌六十二日程。自塞勒库勒北三日程，曰滚，又西北二日程，曰斡罕，又西北二日程，曰差特拉勒。分二道，北一日程，曰罗善，西一日程，曰什克南。乾隆中，有与

①巴勒提（Baltit），今克什米尔西北部之巴勒提特。
②土伯特（Tibet，Thebet，Toubut），又作图伯特、退伯特、图白忒，清初文献对西藏及其周围的称谓。
③乾竺特，在今克什米尔西北部吉尔吉特（Girgit）以东地区。

叶尔羌阿奇木伯克鄂对为仇，肆凶暴，名曰沙关机者，即什克南头目也。又西北二日程，曰达尔瓦斯。自滚以下，亦噶勒察种。达尔瓦斯，北为喀尔提锦部，布鲁特、罗善北为霍罕。霍罕城距东南塞勒库勒十日程，其属城曰玛尔噶浪①，在东北一日程；曰安吉延，在东北三日程；曰窝什，在东南八日程；曰纳木干，在西南二日程；曰塔什罕，在西北四日程；曰科拉普②，在西北五日程；曰霍占③，在西南五日程。其大伯克自称曰汗，居霍罕城。其塔什罕城旧为舍氏和卓与摩罗沙木什二人分治，舍氏和卓渐强，摩罗沙木什被其侵夺，诉于霍罕，乞师复还侵地。舍氏和卓又会西哈萨克攻杀摩罗沙木什二子额尔德呢，遂攻塔什罕。丕色勒来援，哈萨克后得之，终入霍罕。霍罕与回部分界处有二岭，曰噶布兰，曰苏提布拉克。额德格纳部布鲁特居之。岭东为回布，岭西为霍罕。霍罕西十五日程，曰布哈尔，亦大国，东南距塞勒库勒三十二日程。其属城曰鄂勒推帕，在东七日程；曰济杂克，在东三日程；曰拜尔哈，在东北三日程；曰噶斯呢，在西南十日程；曰坎达哈尔，在西南二十日程。

《职方外纪》：中国之北迤西一带，直抵欧罗巴东界，俱名鞑而靼④。其地江河绝少，平土多沙，大半皆山，大者曰意貌⑤，中分亚细亚之南北，其西北皆鞑而靼种也。案：意貌山，既最大，自当指葱岭言之，当云中分亚细亚之东西，原本作南北误也。若指阿尔泰山北干言之，则蒙古游牧部落在其南，不皆在山北，或指天山言之，则又不能西抵欧罗巴洲。观上文"中国

---

①玛尔噶浪（Margelan），今乌兹别克斯坦马尔格兰。
②科拉普（Ura-Tyube），今塔吉克斯坦乌拉提尤别。
③霍占（Khodzhent），今塔吉克斯坦列宁纳巴德（Leninabad）。
④鞑而靼（Tartar），指蒙古人，亦指突厥人的国家，此处指居于西伯利亚至里海、伏尔加河流域一带的蒙古人和操突厥语之东方民族。
⑤意貌，此处指伊犁附近之天山山脉。

迤西一带"，则南北字当为东西之误明矣。鞑靼即蒙古达子，又即达达里，皆谓游牧部落，特译音小殊耳。气候极寒，冬月无雨，入夏微（雨）〔零〕，仅湿土而已。人性好勇，以病殁为辱。人罕得遍历其地，亦无文字相通，故未悉其详。然大率少城郭居室，驾屋于车，以便迁徙。产牛、羊、骆驼，嗜马肉，以马头为绝品，贵者方得啖之。道行饥渴，即刺所乘马，沥血而饮。复嗜酒，以一醉为荣。此外诸国更有殊异不伦，如夜行昼伏，身蒙鹿皮，悬尸于树，喜食蛇蚁蜘蛛者。有人身羊足，气候寒极，夏月层冰二尺者。有长人善跃，一跃三丈，履水如行陆者。人死不事棺椁衣衾，殡殓瘗埋，且有谓不忍委之丘陇者。此皆其国俗之殊异者也。

迤西旧有女国曰亚玛作搦①，最骁勇善战，尝破一名都曰厄弗俗②，即其地建一神祠，宏丽奇巧，殆非思议所及。西国称天下有七奇，此居其二，国俗惟春月容男子一至其地，生子男辄杀之。今亦为他国所并，仅存其名。即诸史所谓西女国也，今为他国所并者，谓并于南都鲁机也。又有地曰得白得，不以金银为币，止用珊瑚。邱长春《西游记》在葱岭西之大雪山，见太祖，回至石峡，遇征西军回，多携珊瑚。有从官以白金二镒买五十株，高者尺余，是其证也。又以至大刚国，惟屑树皮为饼如钱，印王号其上以当币。其俗国主死后，舆棺往葬，道逢人辄杀之，谬谓死者可事其主。尝有一王会葬，杀人无数，此其西北之国俗然也。

又曰：中国之西北，出嘉峪关，（遇）〔过〕哈密、土鲁番，曰加斯加尔③，多高山，产玉石二种，出水中者极美，出山石中者，以薪火烧石迸裂，乃凿取之，甚费工力。牛、羊、马畜极多，

---

①亚玛作搦，亚洲西部古国，今地无考。
②厄弗俗（Ephesus），亦作厄弗锁，即以弗所，故地在今土耳其伊兹密尔（Izmir）省。
③加斯加尔（Qašgar），即今新疆喀什。

因不啖豕，诸国无豕。自此以西，曰撒马儿罕，曰革利哈大药，曰加非尔斯当①，曰杜尔格斯当②，曰查理③，曰加本尔，曰古查，曰蒲加剌得④，皆回回诸国也。其人多习武，若商旅防寇，非聚数百不可行，亦有好学好礼者。初宗马哈默之教，诸国多同，后各立门户，互相排击，持戒亦有数端。其大者在不得辩论教中事，谓教如此立，则当冥心顺受，虽理有未安，弗顾也。案：杜尔格即度尔格，凡言斯当者，即斯单之音转，或作斯坦，或作士丹，或作速檀，或作算端，皆西域酋长之称也。

《万国地理全图集》曰：葱岭以西，与中国交界，南及加布白西等国，北至峨罗斯藩属国，东接新疆，西至甲片湖，北极出自三十五度至五十五度，偏东自五十五度至七十五度。

纪昀《阅微草堂笔记》曰：海中三岛十洲，昆仑五城十二楼，词赋家沿用久矣。朝鲜、琉球、日本诸国皆能读华书。日本，余见其《五京地志》及《山川全图》，疆界袤延数千里，无所谓仙山灵境也。朝鲜、琉球之贡使，则余尝数数与谈，以是询之，皆曰：东洋自日本以外，大小国土凡数十，大小岛屿不知几千百，中朝人所必不能至者，每帆樯万里，商船往来，均不闻有是说。惟琉球之落漈似乎三千弱水，然落漈之舟偶值潮平之岁，时或得还，亦不闻有白银宫阙，可望而不可即也。然则三岛十洲岂非纯构虚词乎？《尔雅》、《史记》皆称河出昆仑。考河源有二，一出和阗，一出葱岭，或曰葱岭其正源，和阗之水入之，或曰和阗其正源，葱岭之水入之。双流既合，亦莫辨其谁主谁宾。然葱岭、和阗皆

---

①加非尔斯当（Kafirstan），亦作喀菲利斯坦，其地在印度库士山中。
②杜尔格斯当（Turkestan），亦作土儿客私堂，即今阿富汗北部之土耳其斯坦。
③查理（Ciarica），即今阿富汗喀布尔北部之查理卡（Charika）。
④蒲加剌得（Bacharat），即今乌兹别克斯坦西部之布哈拉。

在今版图内，开屯列戍四十余年。即深崖穷谷，亦通耕收。不论两山之水孰为正源，两山之中，必有一昆仑，确矣。而所谓瑶池悬圃，珠树芝田，概乎未见，概乎未闻。然则五城十二楼，不又荒唐矣乎？不但此也，灵鹫山在今拔达克山，诸佛菩萨骨塔具存，题记梵书，一一与经典相合，尚有石室六百余间。即所谓大雷音寺，回部游牧者居之，我兵追捕波罗泥都、霍集占，尝至其地，不过如斯。种种庄严，似亦藻绘之词矣。相传回部祖国，以铜为城，近西之回部云铜城在其东万里，近东之回部云铜城在其西万里，彼此遥拜，迄无人曾到其地。因是以推，恐南怀仁《坤舆图说》所记五大洲珍奇灵怪，均此类焉耳。

　　源案：蓬莱方丈，始自秦汉方士，史书之以见其妄未有信之为实者，何劳考辩。惟《梁书》言毗骞国王在南海中，去扶南八千余里，其国王自古至今长生不死，能作天竺书三千余言，与扶南王相报，说其宿命所由，与佛经相似。此则明载正史，确凿可征。乃自明以来，西洋商舶无岛不通，远穷南极，曾有此岛屿乎？止当辨毗骞，不当辨十洲三岛也。昆仑之为葱岭无疑，其地产玉，又上有龙池，故玉山瑶池之说尚非无因。至灵鹫山，在中印度，为今之痕都斯坦，其北之克什弥尔始为北印度，又北始为拔达克山，则并非北印度境，距中印度境则数千里，乃谓诸佛菩萨骨塔具存，殆同儿戏。至大雷音寺出《西游演义》，并非释典，何得回疆真有其寺耶？回部祖国为天方、阿丹、默德那等地，在西印度西红海之间，《明史》载其职贡，本朝通其商舶，粤中所谓港脚、白头回子，即其部类也。其地有教祖穆罕默德之墓，墓前有元石，凡各国回人皆岁往礼拜焉。在西藏之西八千余里，见《明史·回回历论》。并非渺茫之域。岂有彼地回人，舍其圣祖陵墓而向东礼拜之理耶？笔记虽小说家言，然纪文达负张华博物之名，恐惑观听，故录而辩之。

海国图志卷三十二邵阳魏源辑

西南洋

北印度以外疆域考一魏源

五印度之疆域，南印度以大海界之，西印度有红海、地中海界之，古今截然不紊，惟东、北二印度陆地界淆各国。然东印度航海相通，商夷共习。至北印度中隔葱岭，所幸克什弥尔为唐、宋之迦湿弥罗国，千余载不易。有大雪山界其北，得据为北印度之罽宾，自元始以铁门为东印度，明始以赛马尔罕为古罽宾，于是印度北境终不可明考。《皇清通典·边防门》曰："自塔失罕西南行七百里外，逾锡尔河，又逾那林河，为赛马尔罕城。又西南为哈那科尔城。又西临达里冈阿泊①，是为西海。"此西海即咸海也。《一统志》曰："纳林河在葱岭西北，经流数千里，霍罕、安集延、塔什干诸国濒以居。其水发源布鲁特境，西行过安集延城，北又西过玛尔哈朗②城，又西过赛马尔罕城北，又折东南入于达里冈阿泊。泊广千余里，为西境巨浸，凡葱岭西之水皆归之。"是赛马尔罕城实在敖罕境内，为古大宛之区。南距克什弥尔尚二千余里，而以为古之罽宾，其慎一。《明史》又称赛马尔罕疆域东有养夷、

①达里冈阿泊（Aralskoye more），即咸海。
②玛尔哈朗（Margelan），今乌兹别克斯坦马尔格尔。

沙鹿海牙、赛兰、达失干，即今塔什干。西有渴石、迭里密诸城。又渴石西三百里大山屹立，中有石峡，两岸似铁，路通东西，番兵守之。谓即元太祖至东印度铁门关遇一角兽之地。或疑渴石即克什弥尔。考《明史》言渴石在赛马尔罕西南三百六十里，宫室壮丽，为其先赛马尔罕酋长所居云云。若克什弥尔，距敖罕岂止三百余里，且克什弥尔乃元初笃来帖木儿所封，赛马尔罕乃驸马赛因帖木儿所封，各人各国，《元史·地理志》：乞石迷西，即克什弥尔。何得以此帖木儿当彼帖木儿，张冠李戴，南辕北辙。盖克什弥尔之地北负雪岭，三垂黑山，疆域险固，自古别为一国，赛马尔罕不能越险而并有之也，其偾二。铁门，见唐玄奘《西域记》："在缚刍河之北，出铁门，过睹贺罗国，南北千余里，又逾大雪山国，至迦毕试国，凡数千里，而后至北印度迦罗国。"邱长春《西游记》："过铁门后逾七日，渡小河。又七日渡阿母河。又四日，方至元太祖行在。时太祖恐印度炎热，故回雪山避暑。"是雪山距铁门南北已二千里。《蒙古源流》云："成吉思汗将进征额纳特阿克，直抵齐塔纳凌岭之山脊，遇一独角兽，名曰赛鲁，奔至汗前屈膝而叩。汗曰：'彼额纳特阿克乃古昔大圣降生之地，今奇兽至前，殆上天示意。'遂振旅而还。"此明言遇兽在雪山，非铁门，非东印度，且非因楚材之谏。盖楚材在西域十余年，止驻守寻思干城，即赛马尔罕城也，终身未至印度北之大雪山。后人作《耶律神道碑》者，必欲归功楚材，故移雪山之事于铁门以迁就之。不知千里之谬，而《元史》因之，《明史》因之，其偾三。元太祖军逾雪山，追算端，实止至北印度，未亲至中印度，有长春《西行记》可证。若仅及铁门，则北印度尚未至，况能逾中印度而至濒海之东印度乎？此则万里之谬，亦始于《耶律神道碑》，而《元史》因之，《明史》因之，其偾四。汉时大月氏、大夏境域即赛马尔罕之域，兼今敖罕、布哈尔、爱乌罕诸部地。自嘉靖后入贡，一国称王五十余人，则已四分五裂，故今葱岭西无复赛马尔罕之名。而图西域者，尚列其旧国以统葱岭诸部。《坤舆》、《职方》诸图，《海国闻见录》、庄氏《地球图》并同，殊非核实从今之义，故详辩之，以祛正史之诬，并以祛后来诸图之惑。

北印度以外疆域考二_{魏源}

问曰：赛马尔罕国在敖罕境，其非罽宾、非北印度固已，至其疆域为葱岭以西第一大国，东西三千余里，断非止今敖罕八城之地，且《明史》赛马尔罕外，达失干即今塔什干，卜花尔即今布哈尔，八答哈商即今拔达克山，各自为国，则将以何者为赛马尔罕之疆域耶？曰：史称永乐中，傅安等使西域，赛马尔罕使人导安等遍历诸国数万里，以夸其国广大，则是葱岭以西皆其属国。又卜尔花虽在赛马尔罕西北七百余里，而初境狭小，至明末赛马尔罕地裂为数十，今则尽并于布哈尔，故抚有百余城，包敖罕西、南、北三面，近且灭敖罕而有之。则今布哈尔之域即昔赛马尔罕之域，西抵里海，东抵葱岭，北接鄂罗斯，南接爱乌罕、巴达克山，兼古大宛、大夏之地。史言大宛七十余城，今敖罕止七城，又史言大夏在大宛西南二千余里，妫水南，妫水在叶水之南，叶水即今之纳林河，则妫水为葱岭龙池所出之缚刍河，二水之间，是其疆域矣。曰：《西域闻见录》言有塞克大国者，在敖罕西，部落数百，与敖罕劲敌。西北与鄂罗斯、萨穆接壤，亦与阿喇克等国犬牙相错，是果何国耶？曰：阿喇克即哈萨克之音转，塞克即萨克之音转，盖布哈尔即西哈萨克国，乃讹而为阿喇克，又讹而为塞克，遂分一国为三国矣。哈萨克有四部，左哈萨克，其东部；右哈萨克、塔什干，其中部；布哈尔，其西部也。此三部外尚有北哈萨克，逼近鄂罗斯，不通中国，其即此《录》所谓阿喇克者欤。左右二部为古康居，西、北二部为古大宛、大夏，明时为赛马尔罕地，明末分裂，敖罕得其十之二，布哈尔得其十之八，近日则大宛、大夏皆并于布哈尔焉。曰：《明史》言葱岭以西，惟赛马尔罕及哈烈二国最大，其哈烈即赛马尔罕分封其子之地，当今何地耶？曰：史言哈烈在赛马尔罕西南三千余里，俗崇回教，不知其为今之爱乌罕欤，抑为今之南都鲁机欤？爱乌罕在里海之东，南都鲁机则在里海以西地，地中海东。凡《西域图志》、《一统志》所称西海者，皆里海，非地中海也。然则《西域闻见录》谓塞克国绝非回子种类，今谓为西哈塞克回部者何？曰：《明史》言天方入贡，始仅一王，嘉靖中入贡称王者至二十七人，故《西域图志》言回部二十五世始分十二支，分适布哈尔、敖罕、痕都斯坦、克什弥尔、拔达克山各国，则布哈尔正回教后裔。《西域闻见录》于西洋、鄂罗斯之奉天主者，妄指为北方回子大国，而于塞克之即西哈萨克回部者反诬为非回教，偾倒迷谬，胡壹至此？

元代征西域考上_{魏源}

太祖之用兵西域也，专为回回兴师。回回即西契丹[①]，其地奄有天山南路及葱岭西敖罕境，若天山北路之回鹘，一名畏吾，_{畏吾亦作畏兀，皆回鹘之音转。}其时畏吾国王亦都护已降，故太祖于北路回鹘未尝烦兵，而直攻回回国都于葱岭以西。又遣诸皇子分兵攻回回诸城于天山以南，皆于回鹘无涉也。回回西契丹，乃辽之后裔，于金初率众西奔。初居于漠北乃蛮部内，_{见《契丹国志》。}后假道回鹘南攻回回，尽有其地。其国都有二：一在葱岭西之寻思干城，即赛马尔罕城，

———————

①西契丹，即西辽，又作黑契丹、哈剌契丹、合剌乞答等。

在今敖罕境；一在葱岭东之布鲁特，当伊犁西境，其地南界印度，北界阿速，西抵里海，东抵伊犁，衺数千里。此二大国为诸小国之纲，故元兵攻取亦分二路。太祖自将由北路，十四年取阿答剌城，禽其酋。此回回别部之酋，非其汗也。十五年克蒲华城、《地理志》作胡瓦，在葱岭西。寻思干城、即赛马尔罕都城。脱罗尔城。《地理志》作罗耳。十六年攻卜哈尔城、《明史》作卜花尔，元《地理志》作阿八哈耳，今作布噶尔，更在寻思干之西北。薛迷思干城①、长春《西游记》作邪迷思干，即寻思干也。《元史》误分为二。班勒纥城。长春《西游记》有班里城，在铁门及阿母河之南，近大雪山。西域②主札兰丁出奔，与蔑里可汗合。帝禽蔑里。《元秘史》：兔年，太祖征回部。命哲伯为前锋，速不台继之，脱忽察尔又继之，命所过毋攻城，毋虏掠，直走王城，俟太祖大军至夹攻。回回③王札剌丁与蔑力克合兵拒战，此蔑力克汗，当是乃蛮之子篡西契丹国者，盖回部西奔，与西契丹合兵也。太祖军佯却诱之，而哲伯等兵夹攻其后，回兵大败，走至申河，溺死殆尽，此申河，即印度河上游也。惟札剌丁及蔑力克二酋沿河西遁。太祖自取兀都剌尔各城，于阿勒坛廓尔山过夏，此谓印度北之大雪山，非阿尔泰山也。命速不台征迤北、东邻等十一部。前后征回城七年，使巴剌穷追札剌丁二酋，班师。此太祖亲军由回鹘五城而攻西契丹乃满酋于葱岭以西也。

皇子术赤长子、察哈台次子、窝阔台三子，即太宗等分攻养吉干城、巴尔真城、玉龙杰赤城、今作玉陇哈什，即和阗河也。马鲁察城、叶尔马鲁城、疑即叶尔羌城。昔剌思城。皇四子拖雷等分攻徒思匿城、察兀尔等城，并下之，还掠木剌夷国，遂度朔朔阑河，疑即乌阑乌苏河。克耶里等城，与帝会兵，攻塔里寒寨，拔之。即今葱岭西北之塔什干城。西域

①薛迷思干城，亦即赛马尔罕，今乌兹别克斯坦撒马尔罕。
②西域，此处指中亚大国花剌子模（Khorazm），一作火寻，故地在今阿姆河下游一带。
③回回，此处指花剌子模。

主札兰丁出奔。此天山南路之兵。又分二路，术赤等由南山之于阗[①]而至叶尔羌，拖雷等由天山之库车[②]、阿克苏、乌什而至喀什噶尔，故拖雷先会太祖于葱岭西也。十八年，皇子术赤等三人兵亦来会，遂定西域，置达鲁花赤监治之。十九年追若弗乂算端逾大雪山，至北印度角端见班师。《郭宝玉传》：甲戌，从帝讨契丹遗族，历古徐鬼国讹夷朵等城，破其兵三十余万，寻收别失兰等城。次忽章河。西人列两阵迎拒，追杀几尽，进兵下寻思干城。次暗木河，敌筑十余垒，陈船河中，宝玉发火箭，乘风烧其船，破护岸兵五万，收马里四城。辛巳，可弗乂国唯算端罕破乃满国，引兵据寻思干。闻帝将至，弃城南走，入铁门，屯大雪山。宝玉追之，遂奔印度。帝驻大雪山前，时谷中雪深二丈，诏封其昆仑山为玄极王，大盐池为惠济王。此北印度算端袭据契丹西都，太祖兵又攻诸印度以南也。计二国中，惟西契丹用兵最久。盖自耶律大石以来，建国七十载，阅五帝，并二女主数之。至是为乃蛮袭据，已阅十余载。太祖灭乃蛮，杀太阳汗，其子屈出律奔西契丹，袭执其汗，尊为太上皇，据其国，仍契丹之号。太祖西征乃灭之。地袤万里，风俗慓悍。又有邻部北印度汗，觊乘我军退后收渔人之利。使非禽渠徙种，则大军返后，旋服旋叛。故太祖驻军数载，以寻思干城为葱岭以西要扼，令耶律楚材守之。分一军北出，追蔑里二酋于钦察，而自率大军南出铁门，逾阿母河，逾大雪山，追若弗乂酋于北印度。旋师后，复遣将追至忻都，即温都斯坦，中印度也。穷及申河，算端死乃返。算端者，西域汗名。其后遂封驸马帖木儿于寻思干城以镇守之，而设行省于阿母河以总控西域。阿母河即佛经之缚刍河，源出葱岭之大龙池，西注咸河，为葱岭西第一干河，南可控印度，北可控寻思干。以今地里计之，太祖

①于阗，又作于寘，今新疆和田（Hotan）。
②库车（Kuqa），今新疆库车。

兵力由伊犁西布鲁特境攻取敖罕、布哈尔、塔什干而后，南败巴达克山，《元史·地里志》作巴答哈伤。追至克什弥尔，元《地理志》作迄石弥西。又遣将追至痕都斯坦而还。太祖亲至北印度，未亲至中印度。《元史》误以北印度为东印度，又误以见角端之地为铁门，缪之又缪。《元史》于乃蛮、于回鹘、于回回、于西契丹，当仿《宋史》李煜、刘铁、钱椒之例，各立一传，以见太祖初年削平各国次第。乃疆域沿革，一切茫然，竟不知在何方，疏之又疏。至其兼并五印度，则在宪宗之世。盖太宗全力平金、平北方，未遑南略。宪宗二年，命忽必烈征大理，诸王图尔花撒征身毒，彻底不花征没里奚，即刘郁《西使记》之木乃奚国也。旭烈征西域素丹等国。案：身毒即中印度，素丹即西印度。没里奚则在印度之北，赛马尔罕之西，介咸海及里海之间，皆葱岭西之三大部，故分兵三路征之。八年，旭烈讨回回哈里发①，平之，禽其王，遣使来献捷。哈里发即《明史》之哈烈国，史言哈烈在赛马尔罕西南二千余里，与赛马尔罕并为西域大国，当为今之爱乌罕也。又案：此一事《元史》误于二年，书旭烈薨，而三年别书旭烈兀征西域，以一事为二事，一人为二人，今以刘郁《西使记》正其失。三年，命兀良哈台等征西域哈里发、八塔塔等国，又命塔塔尔带撒里土鲁花等征欣都思、即痕都斯坦，中印度。怯失迷尔等国。即克什弥尔，北印度也，此二军皆以佐旭烈之师，而史误为嗣旭烈之任。当以《郭侃传》与刘郁《西使记》参考之。其所述宪宗世西征战事，皆在西印度。若北、中二印度则不大烦兵而服，南、东二印度则兵未之及焉。元初设阿母河行尚书省，盖以此控契丹故墟，南控印度诸国。然印度恃大雪山之隔，旋各擅命，不受统辖。见《海国图志》。中叶后，则赛马尔罕以隔于葱岭，则各自为国。朝廷鞭长莫及，遂罢阿母河等处行省，惟以阿

---

①回回哈里发，此指阿拉伯帝国阿拔斯王朝。

力麻里、别失八里二元帅府控制天山南北二路，又以曲先塔林元帅府控玉门、阳关东路而已。东路，今谓之安西路。

元代征西域考下魏源

问：《元史》、《元秘史》及长春《西游记》，元太祖皆无征乌斯藏[①]之事，惟《蒙古源流考》曰："青吉斯年三十三岁起兵伐金。三十五岁进兵托克摩克，斩萧古里苏勒德汗。即泰赤乌部。三十七岁破克里特业之翁汗。即克烈部王罕也，曾纳为父子，故云翁汗。三十九岁破奈曼之图们汗。即乃蛮。四十一岁破郭尔罗斯之纳林汗。今汉南蒙古有郭尔罗斯，殆其故地。四十三岁，破哈尔里固特之阿尔萨兰汗。当即回鹘、回回也，但未知何部。四十五岁用兵土伯特之古鲁格多尔济汗，其汗遣使献驼只辎重无算。青吉斯汗致书于大剌麻，遥申皈礼，由是收复阿里三部属八十万土伯特人众。"然则元太祖兵果至西藏乎？曰：此言致书剌麻，则兵未至藏，尚在葱岭北印度与西藏交界地。其言收复阿里三部者，特以大剌麻通好，即谓之收服耳。又言遂进征额纳特阿克，中印度。直抵齐塔纳凌岭之山脊，遇一独角兽，名曰塞鲁，奔至汗前，屈膝而叩。汗知上天示意，遂振旅而还。案：齐塔纳凌岭之山，即北印度迦湿弥罗国北之大雪山也，自西至东，绵亘千里，为印度与回北之大界。是太祖亲征实至北印度而止，其诸皇子兵至和阗南路而止。自元人铺张耶律楚材，则以铁门为见角端之地。而《蒙古源流》乃剌麻所撰，好铺张唐古特[②]，则又谓成吉思汗有亲至唐古特境之事。其于地域则差歧数千里，疑误千百年。苟得其情，片言可折也。曰：《蒙古源流》又

①乌斯藏，指西藏之前后藏。
②唐古特，亦作唐古忒，泛指青藏地区及该地藏族部落。

述成吉思汗曰："承上帝之命，驾驭天下十二强汗，平定诸恶劣小汗，今当养息安居。"十有九年以唐古特人众未服，丁亥岁遂攻锡尔固汗，禽之。此非明言征唐古特乎？曰：此非征唐古特之事，乃征西夏事也。元初称西夏、高丽、高昌，皆不举其国，而举其氏。西夏曰唐兀氏，高丽曰肃良合氏，亦犹称高昌为畏吾儿也。《元秘史》云征唐兀部时，其酋布尔罕来降，约共攻回回，请为军右翼。至是，令其出军，其臣阿沙敢布言：俟大国兵败时，我再出兵。太祖大怒曰：我先破回回，再灭尔国。前后攻回城凡七年，还至土剌河黑林旧营。明年遂征唐兀部，先破其将阿沙敢布于贺兰山，还围其酋于灵州城，诛之。灵州及贺兰山皆西夏地，而初次称降者即西夏纳女请和之事。后次讨诛者即诛夏主李睍之事，而征唐兀部在征回部之后，年岁亦合。至《蒙古源流》称唐兀部为唐古特者，译音古特合声为兀字，亦犹称回鹘为畏吾也。太祖未征西藏可决也。此志初刊本疑唐兀与畏吾为一，而回鹘与畏吾为二，既知其误，乃改订前后段，附识于此。

葱岭以东新疆回部附考上 原无，今补

辑。案：此与海国无涉，以印度回教沿革非此不备，故附之。

法显《佛国记》曰：鄯善国[①]王奉法，有四千余僧，悉小乘学。从此西行，所经诸国，语各不同，然出家人皆习天竺书、天竺语。西南行一月，得至于阗，僧数万人，多大乘学，家家门前起小塔，高二丈许。国王安置法显等于僧伽蓝，三千僧共揵槌食，威仪斋肃，器钵无声。及夏四月，观佛行像，国王、夫人散华供养。城西七八里有僧伽蓝，高二十五丈，经三王方成，庄严妙好，非言可尽。岭东六国诸王，皆以上宝供养。

---

①鄯善国，亦作善善国，即古楼兰国，故地在今新疆若羌县。

《洛阳伽蓝记》：魏神龟元年，太后遣比丘惠生向西域取经，从鄯善西行千六百四十里至左末城，有中国佛菩萨像，无胡貌。又捍麜城有大寺，僧三百余，金像丈六，相好炳然，恒面东，不西顾，言自南方腾空而来。于阗国王亲见礼拜，载像归，中途夜宿，忽还本处，因起塔供养。西行八百七十八里至于阗国，有辟支佛靴，于今不烂。

《魏书·西域传》：于阗俗重佛法，寺塔僧尼甚众。王每设斋，亲洒扫馈食。城南有赞摩寺，即昔罗汉比丘卢旃，为其王造覆盆浮图之所。石上有辟支佛跣处，双迹犹存。《水经注》云：于阗国寺中有石靴，石上有辟支佛迹。法显所不传，疑非佛迹云云。案：道元但据《法显传》，未考惠生《使西域记》耳。惠生《记》所目验，故史据之。疏勒国当高宗遣使献释迦牟尼佛袈裟一，长二丈余。高宗以审是佛衣应有灵异，遂置猛火之上，经日不然。观者悚骇，心形俱肃。

唐玄奘《西域记》曰：焉耆国①、龟兹国②、姑墨国③，文字并取则印度，伽蓝各百十所，僧徒少者数千，多者万余，习学小乘。又曰：归途至于阗国，《记》作瞿萨旦那国。文字遵印度，崇尚佛法，伽蓝百余所，僧徒五千余人，并多大乘法教。王甚骁武，敬重佛法，自云毗沙门，天之祚胤也。城南十余里有大伽蓝，此国先王为遍照阿罗汉建。西南牛角山有大石，崖中有阿罗汉入灭心定待慈氏佛。近者崖崩，掩塞门径。

《晋书·艺术传》：鸠摩罗什，天竺人也。父鸠摩罗炎，辞相位出家，东度葱岭。龟兹王闻其名，郊迎请为国师。逼妻以妹，遂生罗什。幼时日诵千偈，沙罗国王重之，专以大乘为化。年二

①焉耆国（Agni），亦作阿耆尼国，今新疆焉耆回族自治县。
②龟兹国（Kutsi），又作屈茨、鸠兹、归兹、屈支、丘兹等，故址在今新疆库车县。
③姑墨国，即跋禄迦国（Bāluka，Vālukā），亦作亟墨等，即今新疆阿克苏。

十，龟兹王迎还国。苻坚闻而欲迎之，遣吕光将兵七万西伐，谕以若获罗什，即驰驿送之。还至凉州，闻秦亡，遂留姑臧。迨姚兴遣姚硕西伐，破吕隆，乃迎罗什至秦。

《唐书·西域传》：太宗之遣郭孝恪击焉耆也，龟兹有浮屠善数，叹曰：唐家终有西域。不数年，吾国亦亡。

源案：以上四事，皆唐以前西域并行佛法，无回教之证也。至葱岭以西，印度以外，凡今回教各国，唐以前亦皆佛教，见于晋法显、魏惠生、唐玄奘所记，矧葱岭以东乎？

《明史·西域传图》：苏鲁国、阿克苏国、沙哈鲁国，俗皆敬佛恶斗。案：《明史》皆据永乐中陈诚《使西域记》之言，此又明初回部尚奉佛，未尽从回教之证也，况唐、宋、元之世乎？

《旧唐书》：疏勒国西带葱岭，俗事祆神，有胡书文字。于阗国，好事祆神，崇佛教。罽宾国，在葱岭南，常役属于大月氏。其地暑湿，人皆乘象，尤信佛法。此祆神未知为回教，为天主教？然亦不过与佛教杂行之证也。

《宋史》：于阗国西抵葱岭，与婆罗门接，相去二千余里。此婆罗门即葱岭西之回教。又曰：龟兹本回纥别种，景祐中入贡，赐以佛经一藏。绍圣三年上表献玉佛。又曰：高昌，汉车师前王之地。其地颇有回教，故亦谓之回纥。乾德三年，西州回纥可（汉）〔汗〕遣僧法渊献佛牙。国中佛寺五十余所，皆唐朝赐额。寺中有《大藏经》、《唐韵》、《玉篇》、《经音》等。宋太宗遣供奉官王廷德使其国，游佛寺，曰应运大宁之寺，贞观十四年造。复有摩尼寺、波斯僧，各持其法，佛经所谓外道者也。案：摩尼寺、波斯外道，皆天主教，宋时回疆特间有之。又曰：雍熙元年，西州回纥与婆罗门僧永世、波斯外道阿里烟同入贡。景德四年，遣尼法仙等来朝献马，请游五台山。又遣僧翟入奏，欲于京城建佛寺，祝圣寿，不许。熙宁元年入贡，求金字《大般若经》，以墨本赐之。此宋时回部仅间有一二他教，其全境仍奉佛教之证也。

《西域水道记》曰：叶尔羌城内东南隅有古浮图一，高三十余丈，回人名曰图持，谓是喀喇和台国人所造也。回谓汉人曰"和台"。

阿克苏城赫色勒河南流三十余里，经千佛洞，西缘山，法像尚存，金碧，壁有题字，曰"惠勤"，盖僧名也。东汇于渭干河，折而南四十余里，经丁谷山西，山势斗绝，上有石室五所，高丈余，深二丈许，就壁凿佛相数十，铺璎珞香花，丹青斑驳。洞门西南向中有三石楹，方径尺，隶书梵字，镂刻日环，积石剥蚀，惟辨"建中二年"字。又有一区是沙门题名。《水经注》言龟兹国北四十里山中有寺，名雀离，大清净，今溯遗迹，差存仿佛。

《西域水道记》：伊犁河径拱宸城南，经故回部王吐呼鲁克吐木勒罕墓西。回人库鲁安书云："其部初有女子曰阿郎固库勒鲁者，天地使一丈夫向女吹嘘白气，感而有身，生子曰麻木哈伊项，为回部王。传至三世，童蒙习佛法。又传十四世，为吐呼鲁克吐木勒罕，年二十二，嗣为国主。后二岁，猎于阿克苏，遇回人授派噶木巴尔①法返伊犁，又有回教七人来教其部众，遂尽返旧俗。在位十年卒。案：伊犁与葱岭及哈萨克近，故元末有回酋非若南路八城之，皆元裔世藩也。然此回酋亦先奉佛教，中年始遇回教。此亦元末回教未盛行之一证。有满克国回部长以橐驼四十，负满克国土为建此冢，覆以碧琉璃，刻墓门识营造之年。至今嘉庆二十五年，凡四百七十四年。推以彼术，三十年积一万六百三十一日，则四百七十四年当积一十六万七千九百六十九日又十分日之八。以岁实约之，得四百五十九年。又三百二十三日大半日，从庚辰逆数之，盖建于元顺帝至正二十年

①派噶木巴尔，亦作摩诃末、马哈麻、谟罕蓦德等，即伊斯兰教创始人穆罕默德。

庚子岁。

《西域闻见录》曰：库车城西六十里，有大佛洞山。山上下前后凿洞四五百处，内皆五采金粉，绘为佛像。最高一洞三楹，壁凿大土像，汉楷轮回经，一白衣部镌壁上。相传唐代所为。以上三事，皆今日回部尚存古时佛教遗迹之证。

葱岭以东新疆回部附考下

《钦定西域图志》：回部世系，其始祖青吉斯汗为第一世，案：即元太祖也。子察罕岱为第二世，案：太祖次子分封回部者，是为回酋之初祖，山南山北皆其分地，不止今山南也。哈喇拜苏毕喇克为第三世，达瓦齐为第四世，案：此与乾隆所俘准酋同名，其人则在元初。巴尔当为第五世，巴图尔博汗为第六世，图墨讷为第七世，阿沽斯为第八世，海都为第九世，案：元世祖时有海部叛王，太宗裔孙，非此人也。萨木布瓦为第十世，特木尔图胡鲁克为第十一世，克则尔和卓为第十二世，锡喇里为第十三世，锡喇玛哈木特为第十四世，玛木特为第十五世，王努斯为第十六世，阿玛特为第十七世，赛叶特为第十八世，阿布都里锡特为第十九世，阿布都喇伊木为第二十世，巴巴汗为第二十一世，阿克巴锡为第二十二世，阿哈木特为第二十三世，莽苏尔哈色木为第二十四世，阿布都勒拉为第二十五世。案：即顺治十二年上表之叶尔羌回汗也。

《钦定外藩王公表传》：顺治三年，吐鲁番苏勒檀阿布勒阿哈默特阿济汗遣使表贡，谕曰："吐鲁番，乃元成吉思汗次子察海岱受封之地，前明时隔绝二百八十余载。今幸而复合，岂非天乎？所受明朝敕印，可悉缴上，别锡封爵。"苏勒檀者，犹蒙古称汗，明成化时回号也。顺治六年，河西逆回丁国栋等叛，伪立哈密巴拜汗子土伦泰为王，据肃州叛。提督张勇讨平之。十二年，回目克拜赍叶尔羌表至，称哈密巴拜汗为叶尔羌阿部都剌汗所禁，献还内地民，请罪。张勇诘其表异名之故，克拜告曰："哈密、吐鲁番、叶尔羌皆昆弟，其父曰阿都剌汗，居叶尔羌，卒已久。子九人，长即阿部都剌汗，居叶尔羌；次即阿布勒阿哈默特汗，居吐鲁番；次巴拜汗，居哈密。以得罪天朝，故为叶尔羌汗所拘禁。其次诸弟分长阿克苏、库车、和阗。前贡使来自吐鲁番，故署吐鲁番汗名。今以叶尔羌汗为昆弟长，故表称叶尔羌汗名。"康熙十二年，吐鲁番使贡马及璞玉，表称乌木特赛伊特汗，署一千八十三年，即阿布勒阿哈默特汗之子也。案：此以元酋裔长而奉回教年号，此明季南路初改回教之证。二十五年后，贡表称"臣成吉思汗裔承苏赉满汗业"云云。康熙二十一年，噶尔丹以嫌絷山南阿布都尔实特。三十五年，噶尔丹败，阿布都尔实特脱出来归，诏遣人护至哈密，使归叶尔羌。案：回疆自后汗位遂绝，盖外迫于准部，内分于回教和卓木，而元裔亡矣。乾隆二十年，定北将军班第奏吐鲁番旧头目莽苏尔为元太祖裔，居喀喇沙尔，应遣归，辖其旧属。二十一年，陕甘总督黄廷桂献额敏和卓绘吐鲁番图，奏吐鲁番不复有蒙古裔。瓜州回民愿归故土，请视旧纳准夷赋为贡额。

《西域图志》又曰：回教之祖派噶木巴尔第一世，同祖兄子阿里为第二世，鄂赛音为第三世，再努勒阿毕丁为第四世，玛木特巴克尔为第五世，札丕尔萨氏克为第六世，木色伊喀则木为第七世，阿里伊木西里杂为第八世，赛叶特勒塔里布为第九世，阿布勒拉为第十世，阿布杂勒为第十一世，阿布都勒拉为第十二世，阿哈玛特为第十三世，玛木特为第十四世，沙喀三为第十五世，沙额色尹为第十六世，扎拉里丁为第十七世，克玛里丁为第十八世，布尔哈尼丁为第十九世，米尔氏瓜纳为第二十世，玛木特为第二十一世，布喇尼丁为第二十二世，扎拉里丁为第二十三世，玛哈图木阿杂木为第二十四世，玛木特额敏为第二十五世，玛木特玉素布为第二十六世，案：第二十六世为初迁喀城之祖，见《西域水道记》，至霍集占仅四世耳。伊达雅图勒拉和卓为第二十七世，雅雅和卓为第二十八世，玛罕木特为第二十九世，波罗尼都霍集占为第三十世。

又曰：玛罕本特子波罗尼都霍集占，即大、小和卓木（和卓木）两逆酋也。其第二十五世之巴哈古敦、阿布都、哈里克、玛木特、伊布喇、伊木伊萨木、玛木特阿里、阿拉勒颜、玛木特色德、克阿三沙、伊赫和卓、阿布都勒拉共十二支，析居布哈尔、痕都斯坦诸处。第二十六世之哈色木后迁布哈尔，木萨尔后迁拜勒哈，世次不备载。

《西域水道记》曰：玛木特玉素普之初迁喀什噶尔也，案：即霍集占之高祖。土人庞雅玛献所居地为寺，死即葬焉。墓在回城东北十里，许回人即墓为祠堂，曰吗咱尔。周甃石栏，中列木格，标马牛鹿尾于其端，谓荐牲祈福也。树木阴翳，台宇轩敞，外垣以蓝色玻璃镂刻花卉。每日寅、未、申、酉、戌五时诵经咒，日入则鼓吹送之，曰送日鼓。七日为市，曰巴咱尔市。前一日男妇入祠堂膜拜，以求利市。

魏源曰：西域自唐以前无论葱岭西东皆有佛教，无回教。其以回教称者，自隋、唐之间始，且其教止行于极西，而未及葱岭以东。其及葱岭以东者，自明季始。教虽东行，而山南各回城酋长尚皆元太祖之裔，于回裔无与。其被灭于准夷，则自国初康熙间始。以此三事，证诸群书，则其言西域自古皆佛教者，见于《晋书·鸠摩罗什传》及晋僧法显、魏僧惠生、唐僧玄奘使西域之记，见于《魏书》、《晋》、《唐书》、《宋史》西域各传，见于今日叶尔羌城内之古浮图，《西域水道记》。阿克苏城外数十里河岸之千佛洞及石佛洞，库车城西六十里之大佛洞，皆像好庄严，梵经隶刻，是回疆之旧皆佛教，昭如星日。其言回教皆在极西，明季始被葱岭以东者，见于《唐书·西域传》之大食、波斯，《明史·西域传》之天方、默德那，又见于回部之世谱此见《西域图志》所引。及《西域水道记》。盖隋、唐时谟罕默德崛起天方，臣服诸国，创教事天，西域尊曰天使，番语曰派罕巴尔，其地在葱岭西万余里，二十五世始分十二支，分适布哈尔、敖罕、痕都斯坦、克什弥尔、巴达克山诸国，至二十六世玛木特玉素普始东迁喀城，立寺行教，死即葬焉。即霍集占高祖，是为新疆南路回教之祖。然仍以极西之祖国为天堂，故回疆习教之人终身必赴西海礼拜一次。是葱岭东之有回教近始明季，又昭如星日。其言新疆回酋国初以前皆元

裔者，见于《元史》、《明史》，见于《钦定外藩王公表传》所载顺治初年之上谕、康熙中之贡表，与夫张勇、班第、黄廷桂先后之奏。盖元时葱岭以西为太祖驸马赛马尔罕封地，葱岭以北之阿罗思、钦察为太祖长子术赤封地，金山以北为太祖孙海都、笃娃、昔里吉等封地，葱岭以东、天山以南为太祖次子察海岱封地，建阃于叶尔羌，其苗裔分王南路各城。其见《元史》者，如于阗为宗王阿鲁忽所封，案：海岱即《元史》之察合台太子也，阿鲁忽王于阗见《喑伯传》、《元世祖纪》。屡言征干端，即征于阗叛王也。见《明史》者，哈密为元威武王所封，皆察海岱之孙，而朝廷别建南路元帅府于别失八里、北路元帅府于阿力麻里以控御之。元末天山北路为强臣脱欢所踞，别为准部，于是元裔惟有天山南路。国初顺治中，回酋表贡尚以叶尔羌酋为大宗，称"臣成吉思汗裔承苏赉满汗业"。其诸弟分长八城，即元裔之第二十五世也。至康熙中并灭于准夷，拘各城元酋，迁之山北。虽康熙三十五年灭噶尔丹时纵回酋归叶尔羌，亦终于不振。自后汗位遂绝。故乾隆荡平准部时，各回城无复元裔，于是霍集占以回教横起据之。前此从无回教酋长表贡之事。是霍

集占以前之皆元裔，非回裔，亦昭如星日。而近日《西域图志》独以新疆南路从古皆回教，尽斥历代《西域传》之谬，然无以处夫唐以前也。则取元成吉思汗至顺治初凡二十五世之藩封并移诸上古，谓其更在派罕巴尔以前与元太祖同名，又以派罕巴尔即迁喀城始祖，而无如回教祖墓在天方极西，载在《明史》也，则柝派罕巴尔与穆罕蓦德为二人，谓回城酋长自元、明即皆回教，而顺治间表贡之元裔酋长何人竟置不问，于《钦定外藩表传》之官书亦置不问。推原其故，皆由明季回教由天方至喀城时，诸元裔酋长靡然奉之，故康熙初土鲁番贡表署千八十三年，此元裔改奉回教之证。故华人遂误以元裔为回裔，并误以新疆自古皆回教。此皆凿枘之至大者，今特尽录诸书于前，案而不断，以昭慎重。

《唐书》言于阗、疏勒俗事祆神，《宋史》言其佛事外有末尼寺及波斯寺。此回疆旧兼有天祠之事，岂得谓西域自古皆天主教乎？佛经屡言婆罗门外道事大自在天祠，虽佛世不能尽绝，岂得谓印度自古皆祆神教，无佛教乎？唐时长安有大秦波斯寺，今京师及澳门有天主堂，各省有礼拜寺，又岂得谓中国皆奉祆神，无他教乎？惟回疆南路之祆神昔特闻有其祀，不及佛教十分之一，至其数千里并为一教，家喻户晓，佛教埽迹不行则实始于明之末叶。不特此也，回鹘、回回皆葱岭以东国名，其教创于天方，本名天方教，不名回教，其葱岭以西奉教各国亦皆不名回回，犹之蒙古崇佛教，岂可并称印度为蒙古耶？今中土称天方为回回教，并称为回回国，不知回部之去天方万有余里，正犹天主教行欧罗巴，即古之大秦，后人因并称天主所生之如德亚为大秦，不知实隔地中海。

海国图志卷三十三

欧罗巴人原撰　侯官林则徐译　邵阳魏源重辑

小西洋 东利未亚二大国别为此卷

小西洋利未亚洲各国志

1019

　　叙曰：小西洋利未亚洲与欧罗巴隔地中海，其地之廓，人之庶，皆与欧罗巴埒。乃语教化则无持世之哲，语富强则无统一之王，四分五裂，惟产黑奴以供掠卖，何哉？今东六部，则布路亚国服之；北四部邻地中海，为海贼，则佛兰西服之；西二十四部，濒西海，则布路亚、荷兰、英吉利、佛兰西各国分踞之。南则斯溜墨、大雪山，斗入南海。其极南之兀贺峡即大浪峰，南极出地三十六度，北极入地三十六度，与中国反对，为大西洋商舶必绕过之地，亦英吉利、荷兰兵戍守之。皆据海口立炮台，设市埠，而土人供其驱使。今志小西洋，实所以志大西洋也。

　　魏源又曰：水随山脉行，山逆则水逆，逆则回环而气钟焉。葱岭以东，水皆流东，故相阴阳观流泉者，皆以西流为逆；葱岭以西，水皆西注，则又以东流为逆。利未亚洲之泥禄河，自西至东逆行八九千里，而入地中海。盖山脉东起如德亚峡，南绕伊揖及亚毗心域，及至南利未加，而后折西转北东行，复至伊揖。周环万余里，而水从之。故中利未亚各国四周环山，不与海国往来，而西洋商舶所通者，皆其山背四隅顽犷之地而已。麦西及亚毗心域二国居泥禄河下游，近西印度红海岸，故风气早开，声名文物冠西海。而近扫荡于回教，全变膻俗。其上游腹内之地，则除近河两岸外，余皆沙漠，炎毒瘴疠，外人所不能入。英吉利曾以火轮船深入其中，半途病疫，不得要领而还。故山川、疆域、物产、风俗皆未深悉，于四洲中地气最劣焉。中利未洲其人稍皙，西南利未洲则皆黑奴，为欧罗巴兵艘役之而来。华人不知其产二地也，则或谓欧罗巴人种有黔皙云。

利未亚洲总说原本无，今补辑。

《职方外纪》：天下第三大洲曰利未亚，大小共百余国。西南至利未亚海①，东至西红海，北至地中海。极南，南极出地三十五度；极北，北极出地三十五度；东西广七十八度。其地中多旷野，野兽极盛。有极坚好文彩之木，能入水土千年不朽者。迤北近海诸国最丰饶，五谷一岁再熟。每种一斗，可收十石。谷熟时外国百鸟皆至其地避寒就食，涉冬始归。故秋末冬初，诸近海地猎取禽鸟无算。所产葡萄树极高大，生实繁衍，他国所无。地既（广）〔旷〕野，人或无常居，每种一熟，即移徙他处。野地皆产异兽，因其处水泉绝少，水之所潴，百兽聚焉。更复异类相合，辄产奇形怪状之兽。狮猛②，能与虎斗，虎豹熊罴之类不一，（故）土人多以田猎为（业）〔事〕。贵人亦时出猎，搏狮虎为娱。界内名山有亚大蜡③者，在西北。天下惟此山最高，凡风雨露雷皆在山半，山顶终古晴明，视日星（最）〔倍〕大。昔人有画字于灰（土）〔上〕者，历千年不动，无风故也。国人呼为天柱。此方人夜睡无

---

①利未亚海，大西洋（Atlantic Ocean）东南部，即其接近非洲部分。
②"狮猛"二字，《职方外纪》原作"其地马最善走，又猛"，魏改。
③亚大蜡（Atlas Mts.），阿特拉斯山脉，此山既非天下最高，也不是非洲最高的。

梦，甚奇。有月山，在赤道南二十三度，极险峻，不可跻攀。有狮山①，在西南境，其上频兴雷电，轰击不绝，不间寒暑。其在曷噩剌②国者，出银矿甚多，取之无穷。其在西南海者，曰大浪山，其下海风迅急，浪起极大，商舶至此，或不能过，则退归。西洋舶破败，率在此处。过之则大喜，故亦称喜望峰③。此山而东，尝有暗礁，全是珊瑚之属，刚者利若锋刃，海船极畏避之。凡利未亚之国，著者曰陁入多、即伊揖国。曰马罗可、即摩罗果国。曰弗沙④、即都尼司国。曰亚（未）〔非〕利加⑤、即东阿（未）〔非〕利加各国。曰奴米弟亚⑥、即南阿（未）〔非〕利加土（审）〔番〕。曰亚毗心域、即阿迈司尼国。曰马拿莫大巴⑦、即山牙腊土蛮。曰西尔得⑧、在西（未利加）〔利未亚〕洲，未审何国。其散处海中者，曰井巴岛⑨、曰圣多默岛⑩、意勒讷岛⑪、圣老楞佐岛。利未亚西北有七岛，福岛⑫其总名也。其地甚饶，凡生人所需，无所不有。绝无雨而风气滋润，易长草木；百谷亦不烦耕种，布种自生。葡萄酒及白糖至多，西土商舶往来，

---

①狮山（Serra da Leǎo，Sierra Leone），塞拉利昂。

②曷噩剌（Ngola，Angola），安哥拉。

③喜望峰，即好望角。

④弗沙，都尼司国（突尼斯），误。其乃今摩洛哥的非斯（Fez，Fès）。

⑤亚非利加，指公元前二世纪罗马人在迦太基附近建立的亚非利加省，在今突尼斯，乃北非，不是东非。

⑥奴米弟亚（Numidia），即努米底亚，在今阿尔及利亚北部，乃北非，不是南非。

⑦马拿莫大巴（Monomotapa），今译莫拿莫塔帕，即古 Mono，在今莫桑比克与津巴布韦之间，该地的最大种族为 Changemera，不是埃塞俄比亚的山牙腊（Shangalla）。

⑧西尔得（Syrtis，Sert），锡尔特，在今利比亚北部，不是在西非。

⑨井巴岛（Zamzibar I.），桑给巴尔岛。

⑩圣多默岛（Sǎo Tom'e），圣多美岛。

⑪意勒讷岛（St. Helena）圣赫勒拿岛。

⑫福岛（Canary Is.，Canaries），加那利群岛，古称幸福岛（Insulac Fortunate）。

必至此岛市物，以为舟中之用。七岛中有一铁岛①，绝无泉水，而生一〔种〕大树，每日没，即有云气抱之，酿成甘水滴下，至明旦日出，方云散水歇。树下作数池，一夜辄满，人畜皆沾足焉。终古如此，名曰圣迹水，言天主不绝人用，特造此奇异之迹以养人。各国人多盛归，以为异物。

《地球图说》曰：亚非利加大洲，东界红海并印度海，西南界大西洋海，北界地中海。百姓约共九千万，地当赤道正度，天气极热。中有旷野，浩浩无涯，水草皆穷，人马难行，惟骆驼尚可奔驰，虽七八日不饮亦无妨。然间有水草数处，可经过而饮焉。以上皆人迹经历之地。至其腹地，无人经览。但遥见一高山名月山，长亘州中央，（至）〔自〕西而东而已。州东有三岛：一名马达加葛②，又名马狎甲。系是洲管辖；二名冒勒突③，系英国管辖；三名埔耳防④，系佛兰西管辖。西边有四岛：一名加那利⑤，系大吕宋管辖；其余马太拉⑥、亚锁利⑦、绿头⑧三岛，系葡萄牙国管辖。此洲人民，肤黑发卷，鼻扁唇厚，不好学，不甚聪明，农少牧多。在昔此洲北有大城，极多书院，文学有名，今无是矣。是方有夷及多一处，即一千八百余年前马利亚避犹太国⑨加害旅寓之地。所述之教，大半祀偶像，小半回回教，而耶稣教间或有之。土产架

①铁岛（Ferro，Hierro），耶罗岛。在古安奇语中，hero 或 berro 意为井。岛上少雨，需凿井取水，故有此名。

②马达加葛（Madagascar），又作马狎甲，马达加斯加。

③冒勒突（Mauritius），毛里求斯。

④埔耳防（Bourbon，Réunion），留尼汪。

⑤加那利（Canary Is.，Canaries），加那利群岛。

⑥马太拉（Madeira），马德拉群岛。

⑦亚锁利（Acores，Azores），亚速尔群岛。

⑧绿头（Cape Verde Is.），佛得角群岛，今佛得角共和国。

⑨犹太国（Judah，Judaea），犹地亚（朱迪亚）。

非、葡萄酒、五谷、橄榄油、药材、树油、可造番碇。乳酥、百果、木料、象牙、兽皮、狮、象、犀、虎、蟒、虺、驼鸟。复有极大之白蚁，能作土宫舍，高至丈余。有二大江，即尼罗江①与黑江②是也。是洲极南，昔荷兰国人所踞。嘉庆十年间，英吉利国据之。洲北夷及多界内，有极高之古迹，状如塔，其至高者有七十丈。更有异样石城古迹，世远年湮，被砂土埋掩，仅存其首，形状人头兽身，统体约十三丈，四足俱全。前二股间与前二足上俱有庙宇，乃后人去其砂土，获此大观也。

《地理备考》曰：天下五州，最难尽悉者，乃亚非里加州③也。地当赤道，灾气蒸为瘴疠。隔以沙漠，多毒虫恶豸，他国人到辄病死，故自古未通。英吉利商常往探之，或染瘴死，或为土番邀杀，迄不得要领。又用火轮船，从尼日尔河下游驶入，水手半途死亡，惟遇见高峰横亘，别无所闻而归。故至今惟知沿海四面，其腹内山川、人物、地势、土产，则不能周知。所有部落之名，仅得诸传闻而已。其地在亚细亚之西南，以罗针视之，正当坤申之位，南北一万八千〔里〕，东西阔处一万六千里。

亚非里加州纬度距赤道自北三十八度起至南三十五度止，经度自巴黎斯第一午线西十九度起至东四十度止。南北相距一万八千里，东西相去一万六千五百里，地面积方七百五十万里。其地居热道者多，居温道者寡。海边尚觉清凉，其余熇烈异常。域中尤为酷热，水土猛烈，瘴疠流行，十二时寒热相间，即土人亦属难堪。易季之时，雷电风雨交作，熇烈稍减。既霁，其热如故。

《外国史略》曰：利未加州北极出地三十七度二十分及南极出

---

①尼罗江（Nile），尼罗河。
②黑江（Niger R.），又作尼额河，即尼日尔河。
③亚非里加州（Africa），非洲。

地三十四度五十分，偏东五十一度至偏西十七度三十三分，广袤方圆六十万里，广一千零二十里。西、南皆抵大洋海，北极地中海，与欧（巴罗）〔罗巴〕相隔以危亚达海峡①，东与亚西亚微地②相连，而以西红海为界。此洲地虽大，但沿海边，直而不曲，少泊舟之处。其江河驶入内地，亦不长广。西方最大者曰尼额河、加瓦拉河③，未详其源。其旷野四面沙砾，而中央如屿间，丰水草。北地之山高者千百丈，上有广坦。海滨天气长热如夏，惟极南北之地应乎四时。故以西洋各国之强，而不侵其内地。且至今商旅，亦惟在海口贸易，莫知其中央情形焉。兽多狮、虎、豹、象、驼、鹿、水马、犀牛。其鸟多翠翎，驼鸟尤异常，俱不鸣，产驼、鳄怪异。草木春萌秋落，与亚西亚州相仿。但其民惰地荒，不知工作，故可用之物少。其居民大半卷发黑面，扁鼻白齿。多土蛮，以语音别其宗派支类。外国舟船过此，多掠其黑人贩卖为奴婢，近日英人禁之。然居此地之教师，多死于烟瘴。其地可分三分，为南、北、中亚非利加。

《瀛寰志略》曰：亚非利加北土，在红海西南岸者，近亚细亚，故（麦西国）开风气独早。在地中海南岸者，近欧罗巴，故非尼西亚④（国）启疆于前，意大里亚耘锄于后。迨回部⑤既强，噬灭殆尽。麦西既隶土耳其⑥，曩时文物之盛，已扫荡无遗；而地中海南岸诸部，乃半化为跻跖之巢穴。时势之变迁，可慨也夫。

《瀛寰志略》曰：按北亚非利加之东偏，地多沙漠，本不毛之

---

①危亚达海峡（Strait of Gibraltar），直布罗陀海峡。

②微地（Isthmus，指 Isthmus of Suez），又作苏益微地，即苏伊士地峡。

③加瓦拉河（R. Cavalla），卡瓦腊河。

④非尼西亚（Phoenicia），腓尼基。

⑤回部，指伊斯兰阿拉伯的正统哈里发（Caliph）时期。

⑥土耳其，指奥斯曼帝国（Ottoman Empire）。

土，独麦西得尼罗河之淤灌，变为沃壤。其西北境之苏尔士①，又作苏叶。又与阿〔拉〕伯犹太接连，故东方夷族，上古时即转徙至此。其创制规为，遂为欧罗巴开风教之始，历数至一千数百年，可谓盛矣。惟立国鸠民，仅傍尼罗河蜿蜒一带，无地可扩，无险可守。故波斯、希腊、罗马诸大国兴，麦西恒为之臣。迨回部既强，遂为所吞噬，而名土变膻俗矣。卢比阿②本麦西南部，其种人虽杂野番，自昔别无立国。阿迈司尼③不欧不回，自古为土番部落。或谓其国尚有规模，不至如泰西人所云之荒陋。然较之麦西，不啻有华、夷之别矣。所奉者天主、大秦二教，其实大秦教即波斯旧奉之火祆教，（而）大（唐）〔秦〕之名，（则中土）〔乃唐人〕讹传也。

又按：由西印度西行，有小岛曰亚丁④，英吉利所据也。由此入红海，西北〔行〕四千里而港尽，至麦西之苏尔士，行旱路一百七十里，即地中海之东南隅。再舟行七千里，出直布罗陀海口，即大西洋海。较之纡回南向，绕阿非利加之西境，至极南之岌朴⑤，而始转柁东北者，计里约减二万，计程约近一月。惟苏尔士隔岸路一百七十里，舟楫不能通行，《海国闻见录》谓恨不用刀截断者，即指此也。

近年英吉利（袭）〔制〕火轮船递送文书，由印度海驶至亚丁入红海，至苏尔士，行旱路至地中海东南隅。彼处有火轮船接递，西驶出直布罗陀海口。火轮船行驶甚速，不畏风浪，而计程又近

①苏尔士（Suez），又作苏叶，即苏伊士。
②卢比阿（Nubia），东非古国努比亚，约当今苏丹（Suden）的尼罗河地区。
③"阿迈司尼"，《瀛环志略》原作"阿比西尼亚"。
④亚丁（Al'Adan, Aden），亚丁。
⑤岌朴（Cape, C. of Good Hope），好望角。

二万里，故五十日可达英伦国都。自明以前，欧罗巴通中国，皆由此路。说详回部四国。向言北人使马，南人使船，仅就中国江河言之，若以例西洋诸国之渡海，真有大小巫之判矣。

厄日度国即伊揖国

《地理备考》曰：厄日度国一作厄日多，在亚非里加州东北，北极出地二十三度二十三分起至三十一度三十七分止，经线自东二十二度十分起至三十三度二十二分止。东枕红海暨苏挨斯径①，西连的黎布里国②暨里比亚沙漠③，南接（卢）〔奴〕比亚国，北界地中海。长宽皆约一千七百五十里，地面积方二十四万里。烟户四兆余口。通国分为上中下三处。其上中之东西二方，冈陵绵亘，地势如谷；其下者平原广阔，溪渠间隔。河之长者，一曰尼罗，南北通流。湖之大者曰门萨拉④，曰美利⑤，曰布尔罗⑥，曰马略的⑦，河滨膏朕，余地砂碛，而陇亩之肥硗，视河水之消长。每岁夏至水长，秋后水消。若长不过甚，则年必丰稔，否则岁必荒歉。土产谷、果、麻、靛、绵花、纹石等物。禽兽蕃衍，驼马尤良。地气燠烈，阴雨甚罕。四季之内，非春即夏，沙漠熏蒸，瘟疫传染。不设君位，归属于土耳基亚国，派有总管。奉回教，其余各教，有奉之者，亦不禁。贸易辐辏。国本古时巨邦，周威烈王⑧

①苏挨斯径（Isthmus of Suez），苏伊士地峡。
②的黎布里国（Tripolitania），的黎波里塔尼亚，今利比亚西北部地区。
③里比亚沙漠（Libyan Desert），利比亚沙漠。
④门萨拉（Bahra el Manzala），曼宰莱湖。
⑤美利（L. Mereotis, L. Maryut），迈尔尤特湖。
⑥布尔罗（Bahra el Burullus），布鲁卢斯湖。
⑦马略的（Baheirat-Murrat-el-Kubra），大苦湖。
⑧"周威烈王"，应作"周景王"，《地理备考》原文误。

时，（曰）〔白〕尔西亚国夺之。越二百载，复为亚勒山德黎君率师攻克。身后诸将分据。及罗马国王兼并其地，归为一统。罗马衰弱，又为天方回国①所夺。宋理宗淳祐中，天方国驻防军士叛乱，自推一首领为王，屡次交兵，终为土耳基亚国所克。嘉庆三年，佛兰西国军攻克之。越三载，仍归其地于土耳基。自后，（岁）派总管一员统辖。其（地）〔国〕分（国）〔为〕二十五部：曰加义罗②，建于砂碛中，曰吉里乌波③，曰北尔卑义④，曰师卑⑤，曰米加马尔⑥，曰忙苏辣⑦，曰达迷耶大⑧，曰给比尔⑨，曰当达⑩，曰美黎⑪，曰美路⑫，曰内日勒⑬，曰福阿⑭，曰达马路⑮，曰亚勒山德黎⑯，曰德基塞⑰，曰亚德非⑱，曰白尼隋弗⑲，曰发

---

①天方回国，又作天方国，《地理备考》原文均作亚拉鼻亚国。

②加义罗〔El Qâhira（Cairo）〕，开罗。

③吉里乌波〔Qalyûb（Kalyub）〕，吉利尤卜。

④北尔卑义〔Bilbels（Belbeys）〕，比勒拜斯。

⑤师卑（Chibeh），希贝。

⑥米加马尔（Mit-Camar，Mit-Ghamr），米卡马尔。

⑦忙苏辣（El Mansûra），曼苏腊。

⑧达迷耶大〔Dumyât（Damietta）〕，杜姆阿特（达米埃塔）。

⑨给比尔（Mehallet-el-Kebir），马哈莱特克比尔。

⑩当达（Tanta），坦塔。

⑪美黎（Melyg），梅利格。

⑫美路〔Minûf（Menuf）〕，米努夫。

⑬内日勒（Neglect，Negyleh），内格莱，内格莱特。

⑭福阿〔Fuah（Foua）〕，福阿。

⑮达马路（Damanhur），达曼胡尔。

⑯亚勒山德黎〔El Iskandarȋya（Alexandria）〕，亚力山大。

⑰德基塞〔Girga（Djizeh）〕，季尔加（吉泽）。

⑱亚德非〔Atfih（Atfieh）〕，阿特菲。

⑲白尼隋弗（Beni Suef），贝尼苏韦夫。

雍①，曰迷尼亚②，曰蒙发禄③，曰西於德④，曰齐尔白⑤，曰给内⑥，曰挨斯内⑦。其通商冲繁之地七。此外尚有兼摄之地数处，大者曰西乌阿⑧，曰科日拉⑨，皆在西方；曰哥塞义尔，曰苏挨斯⑩，皆在东方。

《外国史略》曰：亚非利加东北方土尔基人所据之麦西国，亦名埃及多。南及黑面人地，北及地中海，东北为苏益微地，与亚拉回国⑪相连。东及红海，西及旷野。广袤方圆七千五百里。有尼罗河，两边窄谷。居民三百万，居住邑乡约二千五百，尼罗河通流焉。河在北方分两支流入地中海，河边地每年水涨时可耕，余地多沙。产绵花、五谷、枣、南果、麻苎。水溢则田盛，不则多旱。有蚂蚱、田鼠及各虫坏稻，故丰年不免于饥。民工艺术，奉僧如神，严禁出外。国各自为主。于周显王⑫时，白西⑬国王来攻，毁佛菩萨像。希腊王随之，遂降全国。其后将军摄政称王，召纳贤士，遂为人材所聚。汉成帝建始二年，罗马将军麦西为立部头目治之。与希腊通商。今耶稣门徒于此传教。迄唐贞观十三年⑭，

①发雍〔El Faiyum（Fayum）〕，法尤姆。
②迷尼亚〔El Minya（Menia）〕，明亚。
③蒙发禄〔Manfalût（Manfalout）〕，孟法卢特。
④西於德（Asyut），阿西尤特。
⑤齐尔白（Djirdjeh），吉尔哲。
⑥给内〔Quna（Kena）〕，基纳。
⑦挨斯内〔Isna（Esné，Esnes）〕，伊斯纳。
⑧西乌阿（Syuah），锡乌河。
⑨科日拉，疑为 Oasis de Khargeh（哈里杰绿洲）的误译。
⑩苏挨斯〔El Suweis（Suez）〕，苏伊士。
⑪亚拉回国（Arabia），阿拉伯。
⑫"周显王"，应作"周景王"。
⑬白西（Persian Empire），波斯帝国。
⑭"十三年"，应作"十四年"。

回回族强据其地，遂自立国，侵辱耶稣门徒。明武宗正德年间，土耳其又夺其地。嘉庆二年①，佛兰西将军那波伦者，领兵图取此地，欲由此渡海攻印度。英军扼尼罗河口，焚虏佛船，以拒其进。是时土尔基兵帅甚聪明，尤灭弄权之骁骑，招士通商，训练阵法，与列国无异，又得英兵之助，故佛兰西战不能败。但其君重赋病农，官禄有余，生民涂炭，每年征饷约银六百七十五万两，军士四万八千，其上中下战舰甚多，故使费大。

居民大分别，惟土人及（西）〔希〕腊人尚耶稣教。此二族与犹太人率皆口讷。其亚拉回人则甚巧佥，然操权者多土耳基人。

麦西国与亚未利加内地多相连，商贩结群而来，贩黑奴至此，卖与地中海各边界。产绵花、五谷。

国分三分，为下、中、上。其都曰加以罗②，居民二十万，其街狭窄，屋宇污秽，亦通商。上尼罗河有大塔，高六十丈，周六十九丈，用十万人建造，经二十年乃成，四方瞻仰赞美。上麦西国旷野有大城。海边亦有古城，曰亚勒撒爹③，昔系地中海之广港，商船云集。今已衰，只六千居民而已。罗悉他④系美邑，希腊人居之，居民万六千有奇，日益生聚焉。

案：此洲至今未与广东通市，（然）不独此一国也。西图又谓伊揖国，又谓麦西国，《元史》作马八尔国⑤。其（余）〔奈〕尔河即泥禄河也。

---

① "二年"，应作"三年"。

② 加以罗（El Qâhira，英文 Cairo），开罗。

③ 亚勒撒爹（El Iskandarîya，英文 Alexandria），又作亚勒散特亚，亚历山大。

④ 罗悉他（Rashîd，英文 Rosetta），腊席德（罗塞塔）。

⑤《元史》马八尔国指印度的马拉巴尔海岸（Malabar Coast），不是指非洲的埃及。魏源屡误。

伊揖国在阿未利加洲之东北，东界阿细亚州内之都鲁机，北界地中海，西界特黎波里①，南界东阿未利加各国，即利玛窦所谓黑人多是也。《职方外纪》作陁入多，《坤舆图说》作厄日多。格罗②都城为著名之国，闻者起敬。然其史书久湮，故人物之本源，朝代之沿革，均无稽考。虽书籍所述，极其荣华富贵，亦无遗迹可征。按：《坤舆〔图〕说》载，天下七奇，而陁日多国居其二：一曰尖形高台，乃多禄茂王所建，基方一里，周四里，高二百五十级，每级宽（二）〔一〕丈八尺五寸，高二尺五寸，皆细白石为之，共高六十二丈五尺，顶上宽容五十人，造工者每日三十六万人。二曰法罗海岛③高台，亦多禄茂王所建，依山为基，细白石筑成，顶上安火炬，夜照百里外，海舶俾识港路。此皆所谓荣华富贵之事也。然此云无迹可征，岂今皆湮没耶？惟闻上古西梭特力士，实为著名之王，曾征服阿细亚洲各国，攻至中阿未里加洲之地，今底弥士④部落尚有石像遗迹。旋又攻服由士⑤、西利阿⑥、阿西里阿⑦、巴社、达达里⑧等处，名闻诸国。至三弥尼达士王，往攻阿未里加之北隅败绩，并本国为巴社袭夺。赖国人不服巴社，遂有阿力山达⑨起兵恢复，同时才杰并出，有比多里弥士⑩等，兴工作，教技能，遂一变伊揖为声名文物之国。以额力西之技艺，先原得自伊揖也。在耶稣未纪年以前，曾为隔海之意大里所据，一时虽不幸，而机巧技艺亦得意大里国之传授。至耶稣

①特黎波里（Tarābulus，英文 Tripoli），的黎波里。
②格罗，开罗（Cairo）。
③法罗海岛（Faros），法罗斯岛。
④底弥士（Thebes），底比斯。
⑤"由士"，原著作"Jews"，指今 Judea（犹地亚）一带。
⑥西利阿（Syria），叙利亚。
⑦阿西里阿（Assyria），亚述。
⑧达达里，指巴克特利亚（Bactria）中亚古国，位阿姆河、锡尔河上游之间至兴都库什山麓（阿富汗北部）。
⑨阿力山达（Alexander the Great），马其顿国王亚历山大大帝。
⑩比多里弥士，即托勒密·克罗丢（Ptolemaios Khaudios）。

纪年七百①，唐嗣圣十七年。为回教阿丹②所攻服。阿丹仇视别教，遂将比多里弥士等之书尽毁于火。伊揖之人，日渐荒陋。及破走巴社，恢复本国，始复学习旧艺，然终不及额力西。后又为都鲁机所夺，设巴札③理政事，其伊揖之麻米录种类，本皆奴仆后裔，恃其蕃庶，反仆为主，自立头目，称藩于都鲁机。至千五百十六年，明正德十一年。遂欲自王东方，攻击都鲁机边境。都鲁机虽兴师诛讨，然蛮种善骑射，好背叛，不属巴札统辖者居半。千七百九十八年，嘉庆三年。佛兰西兵侵伊揖，被英吉利袭其后，败绩而退。于是伊揖巴札乘间驱麻米录种人出境，遂亦叛都鲁机自立，尽复昔时艺业、法律，并鼓励国人习欧罗巴之技能，国势复振。当阿丹被阿都哇哈④攻击时，伊揖统兵往助，代夺回墨加⑤、默德那⑥二部落，乘胜遂攻都鲁机，得俄罗斯和解，令都鲁机割出干底阿⑦、西利阿两部落归于伊揖，兵始寝息。阿丹人居斯者，自设官分理。然亦必由伊揖巴札定夺，纳钱粮，调丁壮，均由司官经手。

国赋有三：一田地，一丁口，一税饷。岁征地土钱粮银二百四十万员，丁口银三十二万员，（岁饷银）〔货物入口税银〕五十九万员，共三百三十一万员。除历年起解观士顿丁罗布尔⑧银八万员⑨，余银存留伊揖以备支发。凡克力士顿教、由教之人，男丁十六岁者，按名纳时令十三枚至五十枚不等。（货物止税八口岁征

---

①原著作"in the seventh century"（七世纪）。

②阿丹，原著作 Saracens，萨拉森帝国，即阿拉伯帝国。

③巴札（Pacha），今译帕夏。

④阿都哇哈（Adul Wehhab），阿布杜勒·瓦哈布。

⑤墨加（Mecca），麦加。

⑥默德那（Medina），麦地那。

⑦干底阿〔Candia，Kriti（Crete）〕，克里特岛。

⑧观士顿丁罗布尔（Constantinople），君士坦丁堡，即今伊斯坦布尔（Istanbul）。

⑨以上及以下数字均以一英镑等于五元计算。

银）〔各项实际岁入相加，最新估算为〕千七百六十万员。除国中支给，尚余银百〔六十〕万员。

军伍昔强，未娴纪律。近得欧罗巴训练之法，队伍雄甲东方。千八百三十四年，道光十四年。计兵七万四千。近复设武备馆，延欧罗巴教师以训年少余丁（万）〔千〕有四（千）〔百〕，月支经费银六千员。并设铸炮局、器械局、火药局。有大兵船九，中兵船七，小兵船三十。幅员十三万方里，户口二百六十万有奇。

原居土著曰果斯，十六万口，余俱阿丹、都鲁机之由教、阿未利加之额力教、欧罗巴洲之克力士顿教等人先后流寓。土番奉克力士顿教，面貌丰满，颜色黄黑，目员而明，鼻高而直，唇粗发黑，好贸易，外似淳和，内实贪猾，一见如故，以诡为欺。国中阿丹人多业农，都鲁机人多营（士）〔仕〕宦，额力西人与由教人多事贸易。尚有欧罗巴、阿未利加之人，各习一教，杂处一方，判如胡越。自巴札力兴文教，设印书馆，才艺日出。惟衣食俭朴，富者戴小帽，内服棉，夏小衫，外服呢袍。女则头罩纱帕，衣以丝发。所食无非蔬菜、羊肉。贫者周身裹布，啖面嗜酒，并吸食自造之鸦片。

国中多河道，最长者奈尔河，即《坤舆图》之泥禄河，长八千八百里，分七道入海者也。源自阿未利加洲内，至罗阿伊揖①出海，未详里数。土产稻谷、麦、棉花、洋靛、牛、驴、骆驼。由阿未利加买回货物，金及象牙最多。领大部落三，小部落百四十有一。

罗阿伊揖犹华言下伊揖也，东界海，东北界阿西阿洲土鲁机②，南界先特腊尔伊揖③，西界西阿未利加旷野之地，西北界特

---

①罗阿伊揖（Lower Egypt），下埃及。
②阿西阿洲土鲁机（Turkey in Asia），亚洲土耳其。
③先特腊尔伊揖（Central Egypt），中埃及。

黎波里，北界海，领小部落四十有八。

先特腊尔伊揖犹华言中伊揖也，东界海，南界阿巴伊揖①，西界阿未利加旷野之地，北界罗阿伊揖，领小部落三十。

阿巴伊揖犹华言上伊揖也，东界海，南界东阿未利加，西界阿未利加旷野，北界先特腊尔伊揖，领小部落六十有三。

国中有湖四：麻里阿底市湖②、摩罗士湖③、缅沙力湖④、麦吉机伦湖⑤。河道除奈尔河之外，尚有运载河五：阿力山特厘阿河⑥、阿沙腊河⑦、弥利河⑧、阿时多安河⑨、摩伊市河⑩。

重辑原本无，今补。

《职方外纪》：阨入多大国在利未亚之东北，自古极称富厚。中古时曾大丰七年，继即大歉七载。当时天主教中有前知圣人，（名龠瑟者）预教国人广储蓄，罄国中之财悉用积谷，至荒时出之，不惟救本国之饥，而四方来籴财货，尽入其国，故富厚无比。至今五谷极饶，畜产最蕃，他方百果草木移至此地，即茂盛倍常。〔其〕地千万年无雨，亦无云气。国中有一大河，名曰泥禄河。河水每年一发，自五月始，以渐而长，土人视水涨多少以为丰歉之候。最大不过二丈一尺，最小不过一丈五尺。至一丈五尺，则歉

①阿巴伊揖（Upper Egypt），上埃及。

②麻里阿底市湖（L. Mareotis，Buheirat-Murrat-el-Kubra），大苦湖。

③摩罗士湖（L. Bourlos，Bahra Burullus），布鲁卢斯湖。

④缅沙力湖（L. Menzaleh，Bahra el Manzala），曼扎拉湖。

⑤麦吉机伦湖（L. Birket Keroun，Birket Qârûn），卡仑湖。

⑥阿力山特厘阿河（Alexandria Canal），亚历山大运河。

⑦阿沙腊河（Asarah Canal），阿萨拉运河。

⑧弥利河（Melik Canal），梅利克运河。

⑨阿时多安河（Astoun Canal），阿什图尔运河。

⑩摩伊市河（Moez Canal），默兹运河。

收，二丈一尺则大有年矣。凡水涨无过四十日，其水中有膏腴，水所（极）〔及〕处，膏腴即着土中，又不泥泞，故地极肥饶，案：此与暹罗、真腊同。百谷草木俱畅茂。当水盛时，城郭多被淹没，国人于水未发前预杜门户，移家于舟以避之。去河远处，水亦不至。昔有国王专求救旱涝之法，得一智巧士，曰亚尔几默得①者，为作一水器，以时注泄，即今龙尾车也。国人性极机智，好格物穷理之学。又〔因〕其地不雨，并无云雾，日月星辰，昼夜明朗，夜卧又不须入室内，举目即见天象，故其天文之学考验益精，为他国所不及。其国未奉真教时，好为淫祀。即禽兽草木之利赖于人者，如牛司耕，马司负，鸡司晨，以至蔬品中为葱为薤之类，皆钦若鬼神，祀之或不敢食，其诞妄若此。至天主耶稣降生，少时尝至其地。方入境，诸魔像皆倾颓。继有二三圣徒到彼化诲，遂出有名圣贤甚多。其国女人恒一乳生三四子。天下骡不孳生，惟此地骡能传种。昔国王尝凿数石台，如浮屠状。非以石砌，皆择大石如陵阜者，铲削成之。大者下趾阔三百二十四步，高二百七十五级，级高四尺。登台顶，极力远射，箭不能越其台趾也。有城，古名曰孟斐斯②，今曰该禄③，是古昔大国旧都，名闻西土。其城有百门，门高百尺，街衢行三日始遍。城用本处一种脂膏砌石成之，坚致无比。五百年前，此国强盛，善用象战，邻国大畏小服。象战时，以桑椹色视象，则怒而奔敌，所向披靡。都城极富厚，属国极多。今其国已废，城受大水冲啮倾圮，尚有街市长三十里，行旅喧阗，百货具集，城中常有骆驼二三万。

《每月统纪传》曰：伊揖国，古史云麦西国，在阿非里加东北

①亚尔几默得（Eukleides），亚基米德。
②孟斐斯（Memphis），在今 El Giza（吉萨）以南的拉辛纳村，有旧城遗址。
③该禄，即开罗，古名 El Fustāt（夫斯塔特城），在孟斐斯东北，相距较远。

地方。国之东北有小地，与阿细阿之西相连。自古执迷不与外国人交接，恐乱风俗。王一人掌国政，早起，览各部文书毕，即进庙听修道会长之训谏。宴食甚淡，严禁奢华。兄弟姨姊自相娶嫁。僧为国大师，各官恭敬之。其僧传轮回之佛道，流布印度国，远至中国、日本国也。麦西国不杀生，崇阴阳，又有旁教，或拜日，或拜火，甚或敬牛如神，此又其国中之旁门外道。丧事，贵人敷以香油，殓以膏药，可存千年；孝子修尸室，竭尽家赀。古王者建塔，四方高七十七丈，各方一百十丈，虽三千余年，其塔还存。麦西人将葬尸，先令官察究博访其先世阴骘。人若作恶，即不许出丧，不许袝先人之窀穸而辱弃之。所葬之尸，数千年不坏不腐，现有尚存者。国中古迹，不可胜数。间有古殿城邑倾颓，各处尚存。城有百门，宽大胜京都。古时麦西国之人，励贤养才，能文作书，与汉人隶字不甚相远。其僧儒等，当夏月，则测星相距，日月交食，合朔弦望，节气交宫，按时记风、云、雷、气、流星诸象、节气，以实测验。其地无雨无霜，终古晴明，故可以观察星宿，考制历象。案：所述与《职方外纪》说合，与《四洲志》亦合。多出圣贤，毓灵孕秀。医内科有定制，据法医病。不据法误人者，罪死。其地四方平坦，是以筑岑丘为所居。泥禄大河，每夏水至，苗随水长，不惟无涝患，反藉以肥田畴。倘河涨不及度，则受荒旱之灾。与《职方外纪》合。其国当帝舜年间，君为那阿之孙，初创立国，是名麦西喇音。其后阿细曼搭喇接位，侵夷建城，国始兴隆。当夏朝间，游牧侵国，并征服之，移都南方。当商朝间，约色弗为相国，且补七荒年之缺，近世益盛。案：此国救荒之法亦见《职方外纪》。

《万国地理全图集》曰：亚非利加各国皆在海滨，其内地系沙漠游牧之地。东北曰麦西或埃及多地也。在红海之边，中间所流之河，称曰尼罗，自南之北，每年一次涨溢，以沃田土，若灌粪培植。但河水不至之处，则沙确而已。是以近河人户杂居，但离此不远，即无人之地。麦西国自古有名，于商朝年间，国家兴盛。所筑之塔，高大尚存，其坟冢如殿。及于今日，有人不远万里以观此古迹。然古民虽艺术超众，尚固执异端，所拜之神，系禽兽虫蛇等物。外国知其富财帛，又知其懦弱无谋，不得不攻击取国，而服土民为奴。始则罗马国攻取之，久操其权。继则回回族犯境而据之。近日土耳（基）〔其〕王又派总师代为办政，造战舰，演士卒，与西国不异，故兵势大盛，亦占据其主之土。但各国强之使还侵地，现又（贡进士）〔进贡土〕王也。然其居民见迫胁，千磨万难，农夫苦剧，老弱转乎沟壑。其国出五谷、棉花、蜡、药材等货，所得饷银每年九百三十三万两。其军十二万丁，其居民二百五十万丁，其大战舰十四只。其王虽聪明，但因养兵之多，钱粮不敷国用。

其大埠头称曰亚勒散特亚，古时著名，今亦通商之港口也。其都城曰加以罗，居民三十万。古时殿屋，颓墙坏壁。其冢陵内之尸，虽历三千年，因傅以香油，尚得存留。麦南曰怒北[1]，天气最热，惟尼罗河滨犹可耕田，此外一片沙漠，浩渺如海。野蛮无赖，劫夺行旅，贩卖人口，其王力不能禁。麦北曰怒南[2]，系哈北国[3]，在山岭中，地瘠少物产，居民好斗，崇异端。因五谷不多，故食牛肉，啖腥茹血。尝有生蛮侵其国，人猛如虎，以穴为屋，以蝗为食，累攻居民，非烈战不能掩杀也。

---

[1]怒北，指上埃及（Upper Egypt）。
[2]怒南，指下埃及（Lower Egypt）。
[3]哈北国，疑指 Bahireh。

阿迈司尼国 即《职方外纪》之亚毗

心域国也。《元史》作俱蓝①国，今未与广东通市。

阿迈司尼国东距海，西距旷野，南界阿匽②，北界卢比阿旷野。境内重山峭壁，而谷中平壤，多堪播植，厥土惟中中。地居伊揖边界，自古凡攻胜伊揖之人，皆未深入其地。闻其国之王与郡，郡，（妻）〔后〕也。皆出梭罗汶之后裔。嗣有伊揖之比多里弥王，好游览，欲遍知沿海③港口，遂至其国之阿松（语）〔谍〕部落④，即阿都里⑤之市埠也，见象牙充积，收购回国，且择其名胜，留题墨迹。自后商舶踵至，市易云集。其国史书在耶稣未纪年以前，俗奉由斯教。由教即回教之最旧者，《佛经》谓之婆罗门⑥，在麻哈（麦）〔密〕以前。犹中国孔子未生，先有儒教也。至千四百年⑦，明建文三年。有伊揖之佛鲁曼底士⑧仕于其国，尊宠用事，遂遍劝国中改奉克力斯顿教。其马哈墨回教之主从未至此，原书中称回教曰马夥没教，或曰马贺墨顿教，又曰麻哈密教，皆音之转。是以境内所崇之教，毫无歧杂。伊揖与阿丹两国之人，值世乱时，多于此避隐。其地为西洋与印度商旅之要津，

---

① 《元史》的俱蓝即今印度西南部的奎隆（Quilon），不是非洲的阿比西尼亚（今埃塞俄比亚）。

② 阿匽（Adel，Adarel），阿德尔。

③ "沿海"，原著作"Red Sea"，红海。

④ 阿松谍部落（Kingdom of the Axumitae），阿克苏米提王国。

⑤ 阿都里（Aduli），阿杜利。

⑥ 由教即犹太教（Judaism）。在世界各大宗教中，基督教是从犹太教脱胎而来，继承了犹太教的较多教义；伊斯兰教（回教）是另一大宗教；婆罗门教则是印度教的前身，更与犹太教无关。

⑦ 原著作 in the fourth century，应译第四世纪，译文或所申算的年代均大误。

⑧ 佛鲁曼底士（Frumentius），通译佛鲁门提斯。

于千有六百年①，明万历二十八年。有西洋戈未含②等，由伊揖至此，劝导国人改奉加特力教。千有六百二十年，明泰昌元年。续有博学之教师巴依士亦至，大行其道，遂煽惑苏士尼阿士王，往游罗汶国都，并劝将加特力教颁行部落。迨后，西洋之人不复至，日久年湮，几忘其有此国。后有墨鲁士游是邦归，纪载称述，虽有点缀铺张，而与（逝）〔近〕日沙尔所论，大略相同。其国都建于万那③，历代一姓传嬗，政事皆专制于王。近因西南阿匽国之士蛮牙尔腊④，凭陵各部，乃各畀兵权，俾自专征讨，由是大权旁落，臣下斩杀自由，且衅起萧墙，内乱不已。非骨肉争位即权贵弑夺。

所幸遍国中人，只服王家，不知他姓，故虽强臣擅国命，不敢篡王位；必奉一王家旧裔，守府尸位。近则疆域大半为牙尔腊侵据，部酋皆牙尔腊种也。风俗与伊揖、阿丹略同。向闻此邦举动狂犷，无异野人，近始知传言过实。惟于宴筵好啖生肉，并闻牧人馁饿，即割牲肉以充饥，立涂创口，驱行如故。国人犯死罪者，官自斩割，不假手于人，即极酷惨，亦无难色。皆由屡遭内乱，频年战斗，故嗜杀成性矣。土著皆由斯种类，粗野多髯，性耽曲（蘗）〔蘗〕，大袖束带。庶人戴白圆帽，贵者帽前尖角，以别等差。室皆苫覆，松柱曲梁，不加斫削，庙宇亦然。惟多建山巅，为国中之一景。性喜绘事，宫殿、庙宇、署廨、庐舍，莫不悬图画，金碧灿然。婚姻，男女相说，则请命女父，一诺，即可交臂而返。俟过数月，始同入庙礼拜。其富贵者颇知昏礼。妇人用事，能约束其夫，然结褵不难，分衿亦易，故伉俪鲜克有终。所奉克力士

①原著作十六世纪，译文及所申算的中国年代均误。
②戈未含（Covilham），通译库维哈姆。
③万那（Gondar），又作根达，贡德尔，十七至十九世纪曾为阿比西尼亚帝国都城。
④牙尔腊（Galla），加尔拉。

顿教，以伊揖国都之大僧师为宗主。音语间隔，故所学终不深彻。
且其教中又杂以由斯之规矩，戒宿戒食，童割势皮。据此知由斯教是
回教①。旋又参以罗汶国加特力教中之规矩，纪载前贤生期甚多，
入庙礼拜庆祝几无虚日。庙宇各悬前贤遗像，惟不雕塑泥木。案：
此处可证加特力与波罗士特二教不同处。国中亦有道观，规矩严肃，如欧罗
巴。凡道士一入观后，即不得预世务。文字音语，略近阿丹。文
字以庵哈部落为宗，惟各部音语不同，侏僞庞杂，最难习学。其
书籍仅有《前贤行实》一书，乃伊揖编年之史，而阿迈司尼又用
本国音语，按由斯史法译国中。其教人诵读者，皆僧师也。文学
不过如是。其牙尔腊蛮夷，身短面紫，若久居平地，反变为黑。
其蛮又分数种，最强者曰波兰牙尔腊②，次则阿卓牙尔腊③，惟本
国土著差淳良，生蛮则污秽罕伦，用不洗之牛肠，束发系腰，周
身涂膏为饰，如遇争斗，不问男女老幼，虏杀必尽而后已。能凫
水、耐苦劳。其器械无铁，纯用锐木火煅而油炼之，其锋甚利。
每突阵，呼声殷地，设非劲敌，不无震撼。若能敌其始锐，乘其
衰竭，亦即败北。无教门庙宇，或拜穹树，或拜星月。近得阿迈
司尼之地，亦渐改暴犷，化入回教。此亦以由斯教为回教④。其人多寿
命，胜于本国土著之人。尚有一种曰山牙腊，黝面卷发，居北依
尔阿弥河⑤滨。山涧炎溽，榛莽葐茂，土蛮杂处其中，晴庇树阴，
雨藏石洞，暴兽肉为干脯。其地为本国各头目之猎场，秋冬蒐狩，
意不在得兽而在擒山牙腊为奴仆。然山牙腊虽无战马火器，恒死

1039

---

①犹太教不是伊斯兰教。
②波兰牙尔腊（Boren Galla），通译博伦加尔拉。
③阿卓牙尔腊（Adjour Galla），通译阿朱加拉。
④原著及译文皆不以犹太教为伊斯兰教，魏源注误。
⑤北依尔阿弥河（Bahr el Abiad），白尼罗河（White River）。

麐拒敌。国南之沙满山最高，重叠起伏，绵亘岖险，甲于他国。每有山巅凹坦、石磧四周，天然若寨者，其崖斗绝，非绳梯莫上。当国中被兵之日，王家宗族多于此避乱。山南部落未悉，惟腊马尔蕴山为欧罗巴商舶由红海进口之路，故得知其详。

河以奈尔河为最大，源出沙满山。其上游曰兰比阿湖，四围皆大山，湖受四山之壑，由东宣泄出，谓之北依尔阿厘河①，逶迤北流，直至卢比阿旷野，始为奈尔河。又西南诸山，溪涧汇焉，北至伊揖国都，分七道而注之海。土产大麦、蜜糖、马、棉花、足金、水晶、桶布、枪刀、象牙、各种香料。领小部落百三十有一，以万（邦）〔那〕为首部，亦曰根达。原本。

重辑原无，今补。

《职方外纪》曰：利未亚东北近红海处，其国甚多，人皆墨色。迤北稍有白色，向南渐黑，甚者色如漆矣，惟齿目极白。其人有两种，一在利未亚之东者，名亚毗心域，即阿迈司尼国及中阿利未未加，诸国所谓颜色稍白者。地方极大，据本州三分之一，从西红海至月山，皆其封域。产五谷、五金。金不善炼，恒以生金块易物。糖蜡极多，造烛纯以蜡，不知用油。国中道不拾遗，夜不闭户，从来不知有寇盗。其人极智慧，又能崇奉天主。修道者手持十字，或悬挂胸前，极知敬爱。西土笃默圣人，为其传道，自彼始也。王行游国中，常有六千皮帐随之，仆从车徒，恒满五六十里。

《地理备考》曰：卢比亚国（即亚比心域国之东境也）在亚非里加州之东北，（界）其国（地）〔土〕，北极出地九度起至二十四度止，经线自东二十六度起至三十七度止。东枕红海，西连尼

①北依尔阿厘河（Bahr el Azrek, Blue River），青尼罗河。

吉里西〔亚〕^① 国，南接亚比西尼〔亚〕^② 暨哥尔多分^③二国，北界厄日度国。长三千里，宽二千里，地面积方三十万里，烟户二兆余口。东南峻岭重叠，川谷间隔；西北沙漠辽绝，陇亩寥寥。其尼罗河各支派，由南而北贯于其地。河滨膏腴，土产麻、麦、米、烟、酒、甘蔗、绵花、（沈）檀香、乌木、象牙、金砂等物。鸟兽充斥，驼马最良。地气酷热，人物难堪。不设君位，民人自主。道光二年始归厄日度国兼摄。奉回教。技艺疏庸，贸易丰盛，多与厄日度国人交易。国分四部：一卢比亚，一〔当〕哥辣^④，一塞那尔^⑤，一北日斯^⑥。其通商冲繁之地七。

亚比西尼〔亚〕国（乃亚毗心域国都也），一作阿迈司尼，（皆）音转相近。在亚非里加州东北，北极出地七度起至十六度三十分止，经线自东三十三度四十分起至四十一度止。东枕红海暨亚丁海湾^⑦，西北连卢比亚国，南接亚德尔地暨札加山^⑧，北界奴比亚国，长二千三百七十里，宽二千余里，地面积方四十五万里，烟户三兆余口。地势崭岩，冈陵重叠。河之长者曰蓝河^⑨，其亚勒加^⑩、马勒波^⑪、丹德尔^⑫、合瓦士^⑬等河则次之。田土肥饶，土产

1041

---

①尼吉里西亚（Nigritia），在今苏丹中部。

②亚比西尼亚（Abyssinia），埃塞俄比亚旧称。

③哥尔多分（Kordorfan），科尔多凡，在今苏丹中部。

④当哥辣（Dongola），栋古莱。

⑤塞那尔（Sennaar），森纳尔。

⑥北日斯（Bedja），贝查。

⑦亚丁海湾（Gulf of Aden），亚丁湾。

⑧札加山（Chaka Hills），查卡山脉。

⑨蓝河（Blue River），指青尼罗河（Blue Nile）。

⑩亚勒加（River Azrek），即青尼罗河，重复。

⑪马勒波（R. Mareb），指塔卡泽河（R. Tekeze）。

⑫丹德尔（R. Dender），指丁德尔河（R. Dinder）。

⑬合瓦士（R. Hawash），指阿瓦什河（R. Awash）。

麦、粟、麻、蜜、大麦、绵花、木料等物。禽兽蕃衍，狮、豹、山狗尤为充斥。地气温和，惟红海一带，颇为燠烈。霹雳不时，风雨交作，自五月至十月，滂沱倾注，有碍行人。国政诸酋分摄。所奉之教，乃天主、大秦二教相参。技艺疏庸，制造寥寥，除日用所需器皿、布匹外，余无所见。贸易淡薄，土人怠惰。通国分为七小国，曰的给勒①，曰公达尔②，曰昂哥卑尔，曰昂合拉③，曰昂哥④，曰那勒亚，曰萨马拉。

又曰：葛尔多番⑤国在亚非里加州之东北，北极出地九度起至十五度止，经线自东二十三度起至三十度止。东北界卢比亚国，西连达尔夫〔耳〕⑥国，南接岳山⑦，长约一千五百里，宽约一千二百里，地面积方约二十二万里，烟户一兆余口。沙漠环绕，南方山陵嶙嶒。河之大者名曰巴勒拉比⑧，东南贯彻，田土肥饶。土产铁器、绵花等物。禽兽蕃衍，地气炎热。土人色黑，多以耕种为业。国中火山吐焰不息。不设君位，归于厄日度国兼摄。奉者回教。技艺寥寥。贸易兴隆。往赴卢比亚、达尔夫〔耳〕二国，皆必结队而行，以防虏掠。首郡名科卑德⑨，乃昔日国都也。地之冲繁，惟巴拉城⑩，余皆荒僻，屋宇倾颓，氓庶流散。

又曰：达尔（大）〔夫耳〕国在亚非里加州之东北，北极出地

①的给勒（Tigré），提格雷。

②公达尔（Gondar），贡德尔。

③昂合拉（Amhara），阿姆哈拉。

④昂哥（Angot），安戈特。

⑤葛尔多番（Kordofan），今苏丹南、北科尔多凡省。

⑥达尔夫耳（Dârfûr），今苏丹南、北达尔富尔省。

⑦岳山（Donga Mts.），栋加山脉。

⑧巴勒拉比（Bahr el' Arab），阿拉伯河。

⑨科卑德（El Obeid），乌拜伊德。

⑩巴拉城（Bara），巴腊。

十一度起至十六度止，经线自东二十三度三十分起至二十七度三十分止。东（自）〔至〕葛尔多番国，西南接苏丹国①，北连〔里比亚〕沙漠②，南北相距千二百五十里，东西相去八百里，地面积方九万五千里，烟户二亿余口。地多沙漠，湖河甚小，天气燠热，田土干旱，惟南方膏腴。（最饶）五谷〔多黍稷〕。（尤多）树林〔丛簇〕。土产黄麻、胡椒、烟叶、象牙、玉、硝、硇砂、材木、香料等物。王位相传，人奉回教。技艺粗疏，民惟业农。每岁国君率臣宰亲耕，为劝农之举。商族接踵，惟边境多贼盗，须结队而行，人数每至千余，其驼负之数，或二千，或二万不等，以防劫掠。首郡名曰哥卑③，乃国都也。国王常御于〔尔〕发（拾）〔舍〕尔④，距都不远。余皆荒僻。

又曰：亚德尔国在亚非里加州之东，亚比西尼〔亚〕国东南，其国土自巴卑尔〔蒙德耳〕海峡⑤起，至瓜尔达〔弗宜〕海角⑥。外人罕至，是以迄今长广不知，户口未悉。至（此）〔于〕地势，西南重冈叠起，东北平原广阔，众河贯彻。陇亩肥饶，少雨恒旱。土产金砂、黍、稷、乳香、胡椒、象牙等物。通国分各部落，常与亚比西尼亚国交兵。贸易萧条，人奉回教。

又曰：亚然国⑦在亚非里加州之东，北极出地二度起至十一度止，经线自东四十八度起，未定所至。东枕印度海，南接桑给巴

---

①苏丹国，指今横贯非洲的地理区域苏丹（Sudan）。
②里比亚沙漠（Libyan Desert），利比亚沙漠。
③哥卑（Cobbe，Kabkabiyeh），卡布卡比亚。
④尔发舍尔（El Fâsher），法席尔。
⑤巴卑尔蒙德耳海峡（Str. of Bab el Mandeb），曼德海峡。
⑥瓜尔达弗宜海角（C. Guardafui），瓜达富伊角。
⑦亚然国（Ajan），亚赞，在今索马里。

尔①国，北连亚德尔国，长约一千九百里，地面积方约五万六千里，烟户约六万余口。北方峰峦叠起，东方荒野沙漠居（平）〔多，西南〕人迹罕到。土产香料。教门不一。以牧猎为业。沿海乃天方商旅，面目差白。内地土人皮肉皆黑。通国分十数部，各霸一方，不相统属。其大者名曰巴拉瓦②，建于海滨。其地栖泊稳便，舳舻云集。

又曰：桑给巴尔国在亚非里加州之东，北极出地二度起至南十度止，经线自东三十四度起至〔四〕十五度止。东枕印度海，西连尼内阿乃地③，南接莫山比吉④国，北界亚然国。长约四千里，宽约七百里，地面积方二十八万里，烟户约二兆余口。海滨泽湿，丛林稠密，野象成群。内地则重冈叠岭，西南尤为崭岩，江河贯彻其间，曰里维耶尔⑤，曰塞勒⑥，曰几里马内⑦，乃河之大者也，由西北而下注于印度海。田土肥腴，不能画一。土产金、银、铜、铁、谷、果、糖、蜡、绵花、象牙、鸟羽、木料、药材等物，地气燠烈。各酋分摄，皆奉回教。贸易兴隆，稼穑丰茂。通国分为数十部，其至大者曰几罗（河）〔阿〕⑧，曰蒙巴萨⑨，曰美林德⑩，曰美加多朔⑪。各霸一方，不相统属。

①桑给巴尔（Zanzibar），桑给巴尔。
②巴拉瓦（Brava），布腊瓦。
③尼内阿乃地（Nîl el Abyad），白尼罗河地区。
④莫山比吉（Mozanbique），莫桑比克。
⑤里维耶尔（R. Rufiji），鲁菲季河。
⑥塞勒（R. Shaballi, Shibeli），谢贝利河。
⑦几里马内（R. Quillimane），基利马纳河。
⑧几罗阿（Quiloa），基洛亚。
⑨蒙巴萨（Mombasa），蒙巴萨。
⑩美林德（Melinda），梅林德。
⑪美加多朔（Magadoxa, Mogadisha），摩加迪沙。

《每月统纪传》曰：迤志比多国海边泥禄河口，英国与佛兰西船水战之地也。嘉庆年间，佛兰西、英国连年对垒，胜负不分。彼时佛兰西都统将军那波里云①者，熟练行阵，决计攻取麦西国，欲自此攻取英人所据印度属国。英国令兵帅尼理逊②率师船十四艘追之。其师船或载百一二十大炮，或五七十大炮。水手兼兵丁，视船之大小，自一千至几百人。英兵帅溯地中海不见敌，直到麦西海口。佛兰西师船泊港，英国兵船绕之，两面大炮齐轰，一船对一船，轮番鏖战。佛兰〔西〕有一大船，炮中英国兵（师）〔帅〕尼里逊之脑。尼里逊自料必死，急谕将佐，处分后事节度，得良医敷药，血止伤平。阖船气益奋，半夜胜败未分。忽佛兰西首船火药舱自焚，阖船灰烬。复合战至天明，佛兰西大败，军士伤死五千二百余人，逃窜者四船而已，英国战士死伤约九百人，于是尼里逊凯旋本国。自后佛兰西不敢轻视英国水师矣。

《外国史略》曰：东亚非利加地，麦西国之南，曰卢比国③。偏东自四十四度及五十六度，北极出地自十三度至二十四度三十分，广袤方员万五千里。南及亚必治④地，北连麦西国，东及红海，西接旷野。亦有黑面人在此立国，曰先纳⑤，居民尽蛮。产金及象、马、香猫、驼、鹿、狮、虎、驼鸟、河马、药材、乌木、檀香、烟、米、糖、粟等。民不与外国往来，有旅客即掳掠，故不知内地情形。民多回教，性猛不驯，间有崇耶稣教者。

亚必治国，亦曰阿比西尼〔亚〕，即古所谓亚毗心域国也。在

①那波里云（Napoléon Bonaparte），通译拿破仑·波拿巴。
②尼理逊（Horatio Nelson），通译纳尔逊。
③卢比国（Nubia），努比亚，约当今苏丹尼罗河地区。
④亚必治（Abyssinia），阿比西尼亚，今埃塞俄比亚。
⑤先纳（Sennaar），森纳亚尔，在当时努比亚的南部。

卢比国（东南）〔南，东〕接红海，多山岭，广袤方圆万五千三百里。居民约五百万，形体端正，崇天主教。以石盐在亚非利加内地通商，易金沙、奴婢、象牙。地分三国，一曰哈必①，一曰额利②，一曰刷地③。又有安居陋④邑，识里谷⑤邑，亚多瓦⑥邑。南向之牙拉⑦地，居民尚蛮好战，耕牧相间，或崇回回教，或耶稣教，山深林密，与外国不交通，专以掳贩人口为利。

《元史》：海外诸番国，惟马八尔与俱蓝足以纲领诸国，而俱蓝又为马八尔后障，自泉州至其国约十万里。其国（自）〔至〕阿木河大王城，水路得便风，约十五日可到，比余国最大。

世祖至元间，行中书省左丞唆都等奉玺书十通，招谕诸番。未几，占城、马八尔国俱奉表称藩，余俱蓝诸国未下。行省议遣使十五人往谕之。帝曰："非唆都等所可专也，若无朕命，不得擅遣使。"

十六年十二月，遣广东招讨司达鲁花赤杨庭璧招俱蓝。十七年三月，至其国。国主书回回字降表附庭璧以进，言来岁遣使入贡。十月，授哈撒儿海牙俱蓝国宣慰使，偕庭璧再往招谕。

十八年正月自泉州入海，行三月，抵僧伽（耶）〔那〕山⑧。舟人郑震等以阻风乏粮，劝往马八尔国，或可假陆路以达俱蓝国，从之。四月，至马八尔国新村马头⑨登岸，其国宰相马因的谓：

①哈必〔Port Habesh（Borenice）〕，哈贝什港，在塔纳湖西岸。
②额利（Galia），加利亚。
③刷地，疑指 Shoa（绍阿）或 Shendy（申迪）。
④安居陋（Angaree），安加里。
⑤识里谷（Chelicut），切利库特，在提格雷省。
⑥亚多瓦（Adowa，Adwa），阿杜瓦。
⑦牙拉（Galla），加腊。
⑧僧伽那山，今斯里兰卡。
⑨新村马头（Punnei-Kayal），奔颜加一，在印度马纳尔湾（Gulf of Mannar）。

"官人此来甚善，本国船到泉州时官司亦尝慰劳，无以为报。今以何事至此？"庭璧等告其故，因及假道之事，马因的乃托以不通为辞。与其宰相不阿里相见，又言假道。不阿里亦以它事辞。五月，二人复至馆，屏人，令通使输情言："我一心愿为皇帝奴。我使札马里丁入朝，为我大必阇赤赴算弹华言国主也告变，算弹籍我金银出产妻孥，又欲杀我。我诡辞得免。今算弹兄弟五人皆聚加一①之地，议与俱蓝交兵；及闻天使来，对众称本国贫陋，此是妄言。凡回回国金珠宝贝尽出本国，其余回回尽来商贾。此间诸国皆有降心，若马八尔既下，我使人持书招之，可使尽降。"时哈撒尔海牙与庭璧以阻风不至俱蓝，遂还。哈撒儿海牙入朝计事，期以十一月俟北风再举。至期，朝廷遣使令庭璧独往。

十九年二月，抵俱蓝国。国主及其相马合麻等迎拜玺书。三月，遣其臣入贡。时也里可温兀咱儿撒里马及木速蛮主马合麻等亦在其国，闻诏使至，皆相率来告，愿纳岁币，遣使入觐。会苏木达国②亦遣人因俱蓝主乞降，庭璧皆从其请。四月，还至那（望）〔旺〕国③。庭璧复说下其主。至苏木都剌国，谕以大意，即日纳款称藩，遣其臣入朝。

二十年，马八尔国遣僧撮及班入朝；五月，将至上京，帝即遣使迓诸途。

二十三年，海外诸蕃国以杨庭璧奉诏招谕，至是皆来降。诸

---

①加一（Kayal），今 Cail，在印度南部东岸。
②苏木达国，或者为南印度的 Dvora Samudra，今哈勒比德（Halebid）。
③那旺国，指印度尼西亚苏门答腊岛西岸外的 Nias 岛，一说认为即苏门答腊岛上的那孤儿（Nugur）。

国凡十：曰马八尔，曰须门那①，曰僧急里②，〔曰〕南无力③，曰马兰（舟）〔丹〕④，曰那旺，曰丁呵尔⑤，曰来来⑥，曰急兰亦艳，曰苏木都剌，皆遣〔使〕贡方物。

源案：《唐书》始言（镎林）〔拂菻〕之西南，度碛二千里，有黑人国，盖即今利未亚乌鬼各国。然仅得诸传闻，非通使贡也。惟《元史》马八尔、俱蓝国近之⑦。考元太宗⑧命皇弟旭烈荡平西域⑨，尽取诸回国，凡天方默德、拂（林）〔菻〕，古安息、条支之地，尽入版图。安有元世祖时又创招西域，殚力若此？则马八尔、俱蓝，必在回部以西利未亚洲之域，更在天方之外无疑。其曰自⑩阿布河大王城，水路得便风约十五日可到者。阿母河⑪，一作暗布河，在葱岭西，为笃来帖木儿大王封地。从其地顺流而下，至印度河海口⑫，即可溯西红海至马八尔国。以《四洲地志》考之，马八尔盖即伊揖国，俱蓝即阿迈司尼国，故言俱蓝为马八尔后障，必假道马八尔始至俱蓝，与利未亚之伊揖及阿迈司尼二国形势相符。利未亚州惟此二大国富而文，非余乌鬼国比也。西图又谓之阨入多国及亚毗心域国，地邻天方，亦奉回教。前史汉、唐通西域，极于条支、（镎林）〔拂菻〕，皆阿细亚

---

①须门那（Somnath），松纳特，在印度卡提阿瓦半岛西南角。
②僧急里（Singili），今印度西岸柯钦北面的克兰加诺尔（Cranganur）。
③南无力（Lambri, Lamburi），故地在今印度尼西亚班达亚齐（Banda-Aceh）。
④马兰丹，前人或谓在印度尼西亚，或谓即非洲东岸的马林迪（Malindi），待考。
⑤丁呵尔，今马来西亚丁加奴（Trengganu）州一带。
⑥来来（Lala），胡茶辣（Gujarat）的别名。在今印度古吉拉特邦 Mahi 河与 Kim 河之间。
⑦魏源多次写按语，误指马八尔、俱蓝为非洲的埃及和阿比西尼亚，似亦太过。
⑧应作元宪宗，即蒙哥。
⑨应作旭烈兀，说他"尽取"西南亚"诸回国"是不符历史事实的，他也没率军攻至阿拉伯半岛的麦加、麦地那等地。
⑩"自"应作"至"。
⑪阿母河（Amu Darya），又作暗布河、阿姆河。
⑫阿姆河不通印度河。

洲之尽境，未及利未亚洲。通利未亚洲者，自元代始，故以备小西洋之沿革。其同时来贡之十国，则皆南洋岛夷，非小西洋也。曰（须）须门那，即《明史》之须文达那①，曰苏木都剌，即苏门答那，曰僧急里，即僧伽剌②。曰急兰亦觯，即吉兰丹，余可类推。至爪哇大岛，则《元史》别有专传，故不列于十国。

---

①须文达那（Samudra），在今印度尼西亚苏门答腊岛北部，与印度的 Somnath 非同地。
②僧伽剌，即今斯里兰卡，与在印度西岸的僧急里（Singili）亦非同地。

海国图志卷三十四

欧罗巴人原撰　侯官林则徐译　邵阳魏源重辑

小西洋 东、北、南三利未亚（其）

〔共〕为此卷

东阿利未加洲

东阿利未加洲滨临因里阿海①，东自海岸以至西域，宽约五六百里不等。南自含摩那司②，北至阿匽③，海岸环绕，计长三千里。北广南狭，内有路巴达大山④，其横纵起伏，长竟海岸。河二：路菲尼河⑤，由摩新弥葵⑥出海；匽弥西河⑦，下流分四口出海，商舶以归尔厘麻尼河口⑧为最。土番面黑，颇工技艺。千五百年⑨明弘治十三年间葡萄亚人由兀贺峡至此地，垦辟南隅海岸，拒绝外人，故其中部落若干，酋长若干，甲所辖何地，乙所辖何地，幅员户

---

①因里阿海（Indian Ocean），印度洋。
②含摩那司，Tambookies 的音译，居于今南非纳塔尔（Natal）省。
③阿匽，阿詹海岸（The Coast of Ajan）。
④路巴达大山（Lupata Range），卢帕塔山脉。
⑤路菲尼河（Rufiji R.），今译鲁菲季河。
⑥摩新弥葵（Mozambique），又作莫新弥夔，莫桑比克。
⑦匽弥西河（Zambeze R.），今译赞比西河。
⑧归尔厘麻尼河口（Mouths of Quillimane），今译克利马内河口。
⑨原著作十五世纪末，译文及注释年代均误。

口、政事教门，均未能悉。南有含摩那司、英汉门①、疏华腊②、麻尼加③、摩加兰牙④、摩新弥葵六部，俱葡萄亚所辖；北有山危麻⑤、（摩）〔阿〕匽⑥二部，阿丹所辖。

含摩那司东界海，西界旷野，南界加富腊厘阿⑦，北界英汉门。东阿里未加洲之南界，即由此而起。

英汉门东界海，北界苏华腊，西南俱界含摩那司。地卑湿，水土恶。土番三千，犷好斗。有葡萄亚炮台，守兵百五十。产颜料、象牙、黄蜡，岁值不下十万棒。又船载人口，售于摩新弥葵，辄十余舟，每舟四五百口。

苏华腊东界海，西界麻尼加，南界英汉门，北界摩嘉兰野，滨临海岸，滩沙日涨，非小艇不能登岸。土番是加付腊黎阿种类，常怀利刃，不受约束。葡萄亚初至，本一大市镇也。造筑炮台，以御土番。地产金及象牙，皆由染弥西河⑧运至交易。今则改运莫新弥夔所属之归尔厘马尼河口。昔日市埠，倏变穷乡。海舶间至，亦止棉花、粗货。

麻尼加东界苏华腊，西界旷野，南界含摩那司，北界摩加兰野。葡萄亚人于千五百六十九年明隆庆三年率师夺据，筑炮台，开埠市，采金矿。金杂山石中，取之竭力，而产不旺。惟铜、铁、象牙与贩卖人口，交易甚大。

---

①英汉门（Inhambane），今莫桑比克的伊尼扬巴内一带。

②疏华腊（Sofala），又作苏华腊，今莫桑比克的苏法拉省。

③麻尼加（Manica），今莫桑比克的马尼卡省。

④摩加兰牙，或摩加兰野，指今莫桑比克太特（Tete）省至赞比西亚（Zambizia）省南部一带。

⑤山危麻（Zanguebar），又作山维麻、山维腊，桑给巴尔。

⑥阿匽，亚詹海岸。

⑦加富腊厘阿（Caffraria），加弗拉里亚，在南非塔纳尔省南部。

⑧染弥西河（Zambeze R.），赞比西河。

摩加兰野东界海，西界旷野，南界苏华腊，北界摩新弥葵。土番面光黑，厚唇卷发，兵惟弓矢，无火器。闻其地前即摩诺摩达巴国①，新摩②其首部落也。后因割裂，各霸一方，其酋占牙麦腊者，即麻腊威湖③之盗，据新摩部落，自称曰归底威。

莫新弥夔东界海，西界旷野，南界摩加兰野，北界山维（腾）〔腊〕。葡萄亚所辖地，此为最大。近海岸六岛，并属葡萄亚。摩新弥葵部落在归尔厘麻尼河口之上，道路虽坦，水土颇恶。然葛葛，衙署也之华丽，甲于阿未里加洲所设税口公所。墉垣宏敞，近有坍损，贵人傔从，服饰都丽，佩带多饰以金。居此者，葡萄亚人五百，阿丹人八百，土番约六千，黑番千有五百。炮台不甚坚，可御海贼，难拒大敌。归尔厘麻尼④为国中大市镇，赤金、象牙、贩卖人口，均由匧弥〔西〕河运至，市埠鳞次，近因英吉利夺得达温峡⑤与毛厘底敖司⑥二处，阻贩人口过境，故市减大半。然每年运回葡萄亚者，尚不下四千口。厥凌岛⑦在其对岸，旧无人居，葡萄亚人开辟其地，迁莫新弥夔之人居之，与马那亚司加大岛⑧相近，常被其劫夺。归（阿腊）〔腊阿〕岛⑨，亦葡萄亚市埠。孟麻

①摩诺摩达巴国（Monomotapa），即今横跨津巴布韦东北部和莫桑比克西部的莫诺莫塔帕地区。
②新摩（Zimbao），指今莫桑比克的尊博。
③麻腊威湖（Lake Malawi），马拉维湖。
④归尔厘麻尼（Que Limane），卡利马内。
⑤达温峡（Cape Town），开普敦。
⑥毛厘底敖司（Mauritius），毛里求斯。
⑦厥凌岛（Querimba Is.），克里姆巴群岛。
⑧马那亚司加大岛（Madagascar I.），马达加斯加岛。
⑨归腊阿岛（Quiloa I.），基洛亚岛。

沙岛①膏腴，产糖与五谷。般麻岛②、匽西脉岛③、孟菲阿岛④，陆产固丰，其海中尤多珊瑚。以上皆葡萄亚所辖。其贸易以匽西墨岛为最。有炮台，设兵二百三十，几利斯底匽人⑤五百，番奴二万一千八百有奇⑥，土番约万人。产蜜糖、黄腊、颜料。_{以上六国皆属葡萄亚。}

　　山维麻东抵海，西抵旷野，北界阿匽，南界莫新弥夔。葡萄亚始至其地，向是苏恢里西人所据，今则分而为三：南隅腹地为牙尔腊人所夺，牙尔腊者，阿迈司尼阿⑦国中土蛮也；南隅沿海诸岸，则为阿丹所夺；北隅有麻雅诺沙⑧大部落据之，拒绝欧罗巴，不通往来。千七百七年康熙四十（七）〔六〕年有英吉利之船户，驾三板船登岸探访，被羁不返。由洋面遥望麻雅诺沙部落，半属茅舍，半属高大石坟，工作华丽，故欧罗巴人谓之"埋人城"。墨腊瓦⑨者，麻雅诺沙之部落，贸易鳞萃，亦一大市镇也。

　　阿匽东西抵海，南界山维麻，西北界阿迈司尼，西南抵旷野，为东阿末里加尽处，北岸对海，即阿丹地。阿匽土番种类甚杂。地尽沙石，土燥不宜播种。北多山阜，所运出土产，除香料外，莫识何物。麻马腊⑩亦一小部落，每年一会，所产香胶、没药、乳香、赤金、象牙，诸货毕至，商贾云集。阿丹所贸易之香胶、香

---

①孟麻沙岛（Mombaza I.），蒙巴扎岛。
②般麻岛（Pemba I.），奔巴岛。
③匽西脉岛（Zanziba I.），又作匽西墨岛，桑给巴尔岛。
④孟菲阿岛（Mafia I.），马菲亚岛。
⑤几利斯底匽人（Christian），基督教徒。
⑥以上是 Upper Zambeze 卡利马内的数字，误译为 Zanzibar 的。
⑦阿迈司尼阿（Abyssinia），又作阿比西尼亚，即今埃塞俄比亚。
⑧麻雅诺沙（Muqdisho, Mogadishu, Magadoxa），摩加迪沙。
⑨墨腊瓦（Brava），布拉瓦。
⑩麻马腊（Berbera），伯贝拉。

料，大半由此购去。并闻内地运出者，距麻马腊二十日程，殆产自牙尔腊地也。阿匿尔①在阿匼西北，与牙尔腊毗连。首都曰西腊，本阿匼旧地，俗奉马哈墨教，常与阿迈司尼阿争斗，日久两惫，各自分理。西腊贸易蕃庶，竟为阿迈司尼所夺。由此再进则皆山野，内有任尼罗②国。遇新酋立时，即屠其旧酋媵妾、大官，取血以饰宫室。以上二国皆属阿丹。

《万国地理全图集》曰：东亚非利加，惟葡萄牙国开新地。其西北之方，被回回所据，其海边最低，到处稠林，所有人类，烈性野心，近于禽兽。其山内有药材，以及金沙。其葡国之权现衰，兵微将寡，以买人口为要。又将其奴送到广东、澳门。内地族类，狡戾猖獗，草木畅茂，禽兽繁殖，五谷不登。其葡之要地曰所弗剌③、摩散北④两邑；其回回之城，称曰墨林（他）〔地〕⑤。虽其海边长九千里，但无文学之士巡历纪载，故其情形难详。

东大岛称曰马大狎甲⑥，出南极自十二度至二十六度，长八百四十里，阔二百二十里。其中一带高山，崭岩险釜，溪瀑飞流；其山谷中多苏木、高竹、橙、核等树。平地水泽，风景甚好。居民二百万丁，颇向化。道光年间，岛君延英国教师，劝民向学，文艺大进，多信服耶稣之教。王忽被王后毒死，驱逐善良，而招其匪类，其佛兰西国官，务开新地，亦无效而退。

其东方有英国之岛，称曰冒勒突⑦，周围四百五十里。出白糖

①阿匿尔（Adel），阿德尔。
②任尼罗（Gingiro），京吉罗。
③所弗剌（Sofala），苏法拉。
④摩散北（Mozambique），莫桑比克。
⑤墨林地（Malindi），马林迪。
⑥马大狎甲（Madagascar），马达加斯加。
⑦冒勒突（Mauritius），毛里求斯。

等货，每年运进者，价值二百七十万银两，凡所运出者百万两。

佛国据捕耳（木）〔大〕屿①，居民九万七千二百丁，出白糖、珈琲、丁香等物，每年价银百八十六万，但无停泊之港，每遇狂风，船难避坏。其三岛外还有群岛，多椰子。

北阿利未加洲四国 即《职方外纪》之

马罗可国、弗沙国也，古分二国，今分四国，为佛兰西藩属②。

阿利未加洲之北四国：曰摩罗果，曰阿尔尼阿③，曰都尼司④，曰特厘波里⑤，四国同区，统而名之曰麻马里⑥。南依大山，北滨地中海，地狭而亵长。东界伊揖，西界阿兰底海⑦，计长二千里。南抵阿（腊特）〔特腊〕斯山⑧，北抵地中海，计宽自五六十里以至百余里。阿（腊特）〔特腊〕斯山自东（自）〔而〕西，长与麻马里等。最高之峰千有三百丈，其余小峰四五百丈，均在麻马里之境，山林深密，终年积雪。

四国土番，皆麻密种类⑨，容貌风俗，四国皆同。当国势盛时，文教与额力西相等，武功与意大里争雄。兼取得大吕宋（之）〔及〕西栖岛⑩，商埠云集，既强且富，名著海邦。何期盛衰靡常，四国均为意大里亚所灭。既又为回教之阿丹侵夺，设立加里甫统

①捕耳大屿（Bourban I.），留尼汪岛。
②《职方外纪》地图不但有巴尔巴里亚（Barbary）这一总名，还有分国名，魏源失检，故有此注。
③阿尔尼阿（Algeria），今译阿尔及利亚。
④都尼司（Tunisia），突尼斯。
⑤特厘波里（Tarābulus, Tripoli），今利比亚的黎波里。
⑥麻马里（Barbary），巴巴里，即马格里布（Maghreb）。
⑦阿兰底海（Atlantic Ocean），大西洋。
⑧阿特腊斯山（Atlas Mts.），阿特拉斯山脉。
⑨指柏柏尔人（Berbers）。
⑩西栖岛（Silicy），西西里岛。此句指迦太基（Carthage）控制西班牙及西西里岛。

辖之，驻（兵）〔于〕加尔湾，悉令改从回教之马哈墨教，毁其书籍，愚其耳目，并隔绝他国，不许往来，垂二百余年。声教扫地，竟成野蛮，顽蠢几不可问。后值阿丹衰弱，各国始自为主。既而阿（弥）〔尔〕尼阿、都尼司、特黎波里三国，旋为都鲁机所灭，分设总理之官，在阿尔尼阿者曰尼，在都尼司者曰弥，在〔特〕黎波里者曰巴札，遂均为都鲁机属国，屯兵镇守。

是时土人分三种：曰摩罗[1]，即都鲁机之人；曰阿丹，即回教之人；曰土番，即山谷土著旧人。摩罗踞城邑，嗜鸦片。采取本地所产麻，依法配制，亦曰鸦片。阿丹之人，则游牧迁徙，以毡帐为庐舍。其本地土番，多在阿特腊斯山，岩居穴处，铳猎为生。然都鲁机之兵皆无赖横行，动辄戕官，盗劫四出，居民咸罹荼毒。惟摩罗果一部未被侵夺，谨守疆域，其王亦勤政自强。都尼司、特黎波里二国，近亦复国自王。惟阿尔尼阿染都鲁机之俗，专掠欧罗巴各国商舶，惟被弥利坚、英吉利二国之船所败。既又劫佛兰西商船，佛兰西遂起兵捣其巢穴，设兵分守。然其人皆贼，很难与耦居，故佛兰西之兵近亦退居海口。

摩罗果国，为麻马里极西之地，在阿特腊斯大山之后，幅员二十九万方里，人户千二百万口。土沃产丰，惟达非里部落较瘠。其国旧通声教，后王无道，遂为阿丹所夺。王既降为部酋，愈恣昏乱，所属兵亦如禽兽，垂二百余年，遂成野人。近日复国，仍以摩罗果为国都。新王力革污俗，政事文学，日渐起色。惟所行律法，仍用回教，且未设议事之官，临事仓猝裁决，并无旧章。骨肉时思篡夺，故叛谋迭见。护卫兵五千与操防之兵，俱无纪律。田赋什而征一，牧畜二十而征一，岁得税饷银五百万员，领大部

---

[1]指摩尔人（Moors）。

落二，小部落五十。

摩罗果东界阿尔尼阿，南界沙漠，西界海，北界地中海，领小部落二十有六。产杏仁、羊皮、象牙、蜜糖、黄蜡、〔羊毛〕、树胶。

绯司部①东界阿尔尼阿，西界摩罗果，南界阿特腊斯山，领小部落二十有四，产大呢、地毡、绸纱、手巾、毡帽。

阿尔尼阿国，古时谓之卢弥尼阿②，纵七百里，横自五十里至百五十里。户二百万口。旧与摩罗果同俗，可证古亦属于马罗可国③。迨阿丹夺国，悉改回教，二百余年，全失本性，蛮顽无知。土尚肥美，宜播种。山林柏橡丛茂。而习俗游惰，半多荒弃，以劫夺为生涯。又为都鲁机所据，设呢官以董其事。有镇守兵万五千，队伍皆无赖，不知王法，竟有绞死呢官自择同伍骁勇代之者。土番之海寇，亦自立一王，专劫海舶，所获资财，半归头目，半自裱分。至千八百十五年，嘉庆二十年。始为弥利坚、英吉利船击败。旋有佛兰西船被其房劫，人货俱尽。佛兰西于千八百三十年道光十年起兵捣巢，歼厥渠魁，尽有全国。设兵三万，防守其地。然腹地皆阿丹种类，常怀仇恨；故佛兰西之官兵，近日退居港口，不屯内地。

阿尔尼阿东界都尼司，南界沙漠，西界摩罗果，北界海，在都尼司之（东北）〔西〕。幅员二十四万五千方里，户口二百万名。领小部落五十有八。产羊皮、香料、蜜、腊、羊毛、纱呢、果实、珊瑚。

①绯司部（Fès），非斯。
②卢弥尼阿（Numidia），通译努米迪亚。
③此注误。

都尼司国，《职方外纪》作弗沙国①。在阿尔尼阿之（南）〔东〕，东界特黎波里，南界沙漠，西界阿尔尼，北界地中海。地势平坦，宜播种，且北隅沿海，小岛百余。较之阿尔尼阿，疆域差小。旧都于加尼达②，近欧罗巴洲之南岸，互市甚盛，不亚于意大里。后为阿丹夺国，驻兵加尔湾③、都尼司二部，勒改回教，尽失旧俗，榛狉无知。迨至千六百年④，明万历二十八年。又为都鲁机所据，设弥官以理政事，兵卒横行，官受挟制，民罹荼毒。近日酋长遂背都鲁机而自立，改都于都尼司⑤，悉除虐政，与国人更始。以土番顽蠢，广采才智，凡欧罗巴人稍有才识者，虽微贱，皆加任用。立规条，判曲直，约束番众，法度渐可观。幅员七万五千方里，户二百万口。领小部落二十有一，产绒绸、哔叽、番碱。

特黎波里国在（摩罗果）〔都尼司〕之〔东〕南，东界伊揖，南界沙漠，西界都尼司，亦古弗沙国境⑥。北界地中海。域内多山，惟北隅沃壤，然所产不赡于食，仰资邻国。其人先受愚于阿丹之回教，嗣受虐于都鲁机驻防之兵，后有巴札曰哈弥者，设谋备宴，邀其兵目三百会饮，伏壮士禽缚诛之，并尽屠其兵党，即自立为王，仍都于特黎波里。都鲁机衰弱，不能征讨，从兹不属都鲁机。哈弥约束部卒，除虐苏困，招徕欧罗巴技艺之人，教导土番。近日之王，宽厚俭节，通好各国，外揽宾客，内化愚顽，较摩罗果等国政事尤整饬。领大部落二，小部落三十有三，幅员二十一万五千方里，户百万口有奇。

①《职方外纪》作都亚司。
②加尼达，指迦太基（Carthage）城。
③加尔湾（Kairwan，Cairoan，Kairuan），凯鲁万。
④原著作十六世纪，译文及注释均误。
⑤此都尼司指突尼斯首都 Tunis（突尼斯）。
⑥此注误。

特黎波里东界伊揖，南界菲山①，西界都尼司，北界海。领小部落二十四。产呢纱、地毡、橄榄、金沙、象牙。

菲山北界特黎波里东南，西界沙漠，在特黎波里之南，领小部落九。

重辑原无，今补。

《职方外纪》曰：陁入多近地中海一带为马罗可国即摩罗果国与弗沙国即都尼司国。马罗可地分七道。出兽皮，羊皮极珍美。蜜最多，国人以蜜为粮。其俗最以冠为重，非贵人、老人，不得加冠于首，仅以尺布蔽顶而已。弗沙地分七道。都城之大，为利未亚之最。宫室殿宇，极其华整高大。有一殿，周围三里，开三十门，夜则燃灯九百盏。国人亦略识理义。陁入多之西为亚非利加②，地最肥饶易生，一麦尝秀三百四十一穗，西土称为天下之仓。马逻可之南，有国名奴米弟亚，即南阿未利加土番③。人性狞恶，不可教诲。有果树，如枣，可食。其地有小利未亚④，乏水泉，（又）〔方〕千里，无江（海）〔河〕，行旅过者，须备兼旬之水。

《万国地理全图集》曰：亚非地中海边各地，古时归罗马国为藩属，嗣后蛮夷侵之，而东方回回又侵其地。然其居民劲悍，专在地中海劫商船，三百年来惊害各国，故佛兰西起水师渡海，以讨其罪，而取其邦。其地名亚利额⑤，居民三百万人，佛军奋威交战，大败回回（人），自后设兵驻防，赋额悉准经制。其回回族皆

①菲山（Fezzan），费赞。
②亚非利加（Africa）一名原指迦太基附近地区，后来才扩展到整个非洲大陆。
③此注误。魏源误 Numidia 为西南非的纳米比亚（Namibia）人。
④小利未亚，《职方外纪》图又作小亚非利加，位于 Numidia 东。
⑤亚利额（Algeria），阿尔及利亚。

退沙野，心怀仇怨，不时飞马而出，挺戟攻击，故佛国终年严兵防堵，保障封疆，国费最耗。然佛国誓服蛮夷，终不肯弃其地也。

吐匿①回回在海边，长三百里，有十万丁，却已向化织布，经理安分，每年运麦、谷、橄榄油出市。

特利破里②在沙野中间，四围沙漠，狂风四起，道路崎岖，此内居民皆以骑驼游牧剽掠为生。马落可③国，西北山地较广，居民六百万，地出蜡、药（村）〔材〕、南果。昔时，其国兵船四海劫掠，获人即行囚禁，使服回教。今已挫其锐气，不敢出海也。至居民之规矩风俗，守其回教，执迷不悟。非崇其教者，不论何国，视之若仇。惮勤劳，好游荡。其衣以宽布缠身，首戴红帽，以巾裹头，腰插刀剑鸟枪，严气端容，安坐不动。虽不饮酒食鸦片者，亦食麻叶，如烟可醉。严防闺阃，不许出门，出则蒙帕，惟露其眼。其女以肥为美，尽避静幽，度日无事。所读之书，称为天经。禁食豕肉、饮酒。通商不广，银钱罕得。男好骑射，艺皆精熟。

《地理备考》曰：北州地属佛兰西兼摄者四国：一马罗各国，在亚非里加州之西北，北极出地二十七度起至三十五度止，经线自西二度起至十四度止。东至亚尔日耳④国，西枕亚德兰的海⑤，南连萨阿拉沙漠⑥，北界地中海，南北相距二千五百里，地面积方四十六万七千七百七十里。烟户六兆余口。地势由西南而东北，亚德拉斯山横亘其中。砂碛居多，田少而腴，饶谷果，蕃驼马，土产铜、铁、锡、蜡、窝宅、绵花、熟皮、木料等物。河之长者

①吐匿（Tunisia），突尼斯。
②特利破里（Tripoli），的黎波里。
③马落可（Morocco），又作马罗各，即摩洛哥。
④亚尔日耳（Algeria），阿尔及利亚。
⑤亚德兰的海（Aflantic Qcean），大西洋。
⑥萨阿拉沙漠（Sahara），撒哈拉沙漠。

曰木禄亚①，余河次之。四季温和。夏季酷热，海风解之；沙漠熏气，峻岭蔽之。汗位〔历代〕相传，人奉回教。国分六部：一马罗各，一非斯，一苏斯②，一达拉合，一达非勒③，一西日美塞④，国都昔在马罗各，今则迁于非斯部。其贸易尤盛者，乃马罗各部之磨加多尔城⑤也。土人与天方国人贸易，皆结队而行。

亚尔日耳国在亚非里加州之北，其国土在北极出地三十二度起至三十七度止，经线自东七度五十分起至西四度三十分止。东至都尼斯国，西连马罗各国，南接萨阿拉沙漠，北界地中海。长二千一百五十里，宽一千八百里，地面积方二十四万九千三百里。烟户二兆五亿余口。冈陵络绎，东南尤甚，峰峦参天，冰雪凝积。沿海陡坡险峻，不易登临。河之长者曰支里弗⑥，曰瓦低日的⑦。田土极腴，人惰耕种。沙漠辽阔。土产金、银、铁、锡、矾、硝、珊瑚等物。地气温和，人安物阜，惟多地震之患。国无君长，昔归土耳基亚国兼摄，今属佛兰西国统辖。奉回教，少技艺，鲜贸易。国分六部：曰亚（日）尔〔日耳〕，曰冈士丹的纳⑧，曰马斯加拉⑨，曰的德利⑩，曰萨布，曰卑〔尔〕北耳⑪，其都城在亚日耳⑫，（健）〔建〕于山坡之上，楼台峻叠，风景相称。其通商冲

①木禄亚（Moulouya R.），穆卢雅河。
②苏斯（Suse），苏塞。
③达非勒（Tafilelet），塔菲拉勒。
④西日美塞（Sigilmessa），锡吉尔美塞。
⑤磨加多尔城（Mogador），摩加多尔城。
⑥支里弗（Oued Chéliff），谢利夫河。
⑦瓦低日的（Adjidee R.），阿吉迪河。
⑧冈士丹的纳（Constantine），君士坦丁。
⑨马斯加拉（Mascara），马斯卡拉。
⑩的德利（Tiferie），迪特里。
⑪卑尔北耳（Berbers），贝尔伯斯。
⑫亚日耳，今阿尔及利亚首都阿尔及尔（Alger, Algiers）。

繁之地，一西的非卢至①，一萨尔日〔耳〕②，一德内斯③，一摩斯达科宁④，一布日亚，一波科那⑤，一冈士丹的纳。

都尼斯国在亚非里加州之北，北极出地三十二度起至三十六度三十分止，经线自东五度起至九度止。东至的黎布里国，西连亚〔尔〕日耳国，南接沙漠，北界地中海，长千五百里，宽八百里，地面积方五万五千五百六十里。烟户二兆八亿口。少冈陵，多沙漠，河滨膏腴，余地焦燥，沿海舄卤。河之长者〔名〕曰美日尔达⑥，湖之大者名曰卢德亚。土产银、铜、锡、蜡、水银、卤砂等物。狮、象、猴、獐、山狗、野猫，结队成群。地气湿热，人物富庶。王由众举，而请命于土耳基国。奉回教，少技艺，然在此州尚为礼义之邦。商贾辐辏，内地尤盛，亦结队而行。国分二部：一的里几亚，一达拉几斯。都城建于湖滨高阜，街狭屋卑，惟宫殿庙堂（额）〔颇〕峻丽。其通商多在海滨。

一的黎布里国，在亚非里加州之北，北极出地二十四度起至三十四度止，经线自东六度三十分起至二十六度三十五分止。东至厄日度国，西连都尼斯国，南接萨阿拉沙漠，北界地中海。长四千里，宽二千五百里，地面积方二十五万里。烟户二兆五亿余口。少山陵，多沙漠。其的内河贯彻于中。地甚膏腴。产谷、果、皮、羽、蜡、绵花、硫磺、滑石、丹参、金沙。山禽野兽，蕃衍成群，尤多猛兽毒虫。昼暑夜寒。王位〔历代〕相传，仍请命于土耳基国。奉回教，少技艺，贸易结队而行。国分四部：一的黎

①西的非卢至（Cape Sidi-Ferruch），西迪费鲁希角。
②萨尔日耳（Sargel），萨尔杰尔。
③德内斯（Tenis），特内斯。
④摩斯达科宁（Mostaganem），穆斯塔加奈姆。
⑤波科那（Bona），今安纳巴（Annaba）。
⑥美日尔达（Mejerda R.），迈杰尔达河。

布里，一巴尔加①，一非（山）〔三〕②，一亚达美③，都城建于海滨，屋宇壮丽，街道阔直，五方辐辏。其通商冲繁之地，一名勒波达④，一名美稣拉达⑤，一名奔加西⑥，一名达尔内⑦。

《地理备考》曰：北州之地隶大吕宋国兼摄者：一修达⑧国，在马罗各国日巴拉〔尔〕大海峡⑨之东，（北）金城汤池，烟户八千余口，泊所不稳，贸易甚微。一北农的威勒斯⑩，一亚虑塞马斯⑪，一美黎辣⑫，皆城池坚固；一加那里亚斯⑬。其亚德兰的海之西北⑭有岛二十，其大者曰德内里〔非〕岛⑮，湿热硗瘠，树林稠密，产酒、果、糖、蜜、黍、麦、豆、薯、丝（材木）〔等〕。泊所稳便，贸易繁盛。其巴尔马城⑯，在加那里亚〔斯〕岛中，田土膏腴。德几塞城⑰，在兰塞罗德岛⑱中，有火山。

---

①巴尔加（Barca），巴尔卡。

②非三（Fezzan），费赞。

③亚达美（Ghadames），加达梅斯。

④勒波达（Lebeda），勒贝达。

⑤美稣拉达（Misrātah，英文 Mesurata），美苏腊塔。

⑥奔加西（Bangāzi，英文 Benghazi），班加西。

⑦达尔内（Derna），德尔纳。

⑧修达（Ceuta），休达。

⑨日巴拉尔大海峡（Str. of Gibraltar），直布罗陀海峡。

⑩北农的威勒斯（Penon de Velez），贝莱斯。

⑪亚虑塞马斯（Alhucemas），阿卢塞马斯。

⑫美黎辣（Melilla），梅利利亚。

⑬加那里亚斯（Islas Canarias），加那利群岛，亦指大加那利（Gran Canaria）岛。

⑭此句《备考》所述误。加那利群岛是在非洲西北的大西洋中，不是在大西洋"之西北"。

⑮德内里非岛（Tenerife），特内里费岛。

⑯巴尔马城（Las Palmas），拉斯帕耳马斯。

⑰德几塞城（Tequise），特基塞。

⑱兰塞罗德岛（Lanzarote），兰萨罗特岛。

《外国史略》曰：亚非利加州北方延地中海，曰巴八里①。北极出（度）〔地〕自二十八度至三十六度，偏西自十一度三十分，偏东及二十七度十二分，阔千余里，长六千六百里。西有高山，连及地中海，土平坦，少树木，藉井灌田，沙卤难耕。

一曰马鹿国，亦作马罗可，本州极西北之地。广袤方圆万三千里，居民八千五十万口②。南及旷野，北及地中海危押达海峡③，东及大西洋，海口连佛兰西国④。山岭连延，极高者千二百丈。内地膏腴，多蚂蚱害稻。海边沙地，亦出五谷、杏仁、枣、油树膏。亦有矿，出金、银、铜、铁。民多摩罗人，与亚拉国之回族，犹太国之农夫，皆西班亚驱来此地。人多黑面，奉回回教，与天主教之徒战，故西班亚人见即虏之为奴，或被巡海船劫卖为奴，近始禁止。地产皮裘而无布，民好牧牛羊，不务农。马骏而少，故价昂。驼高有力，每年载出土物约二万驼，而运入金沙、驼鸟、翎、象牙、奴婢，皆与亚拉回人及印度人由海通商，价银约二百万圆。地中海两港口，大西洋海滨三口。遇西洋船至，约束甚严，且回教轻傲外国，故贸易不兴。国分三大部：一马鹿，二非士⑤，三他非勒⑥。又分各小部。南边尚有土酋，自据小地。

此国自操全权，政令甚酷，草芥百姓，奴视臣下，上命是听，下不敢怨。无议事之官，国王任意出令，无敢谏者。各部设总兵、税赋官，每年收饷约四百万员，内三十三万圆为各西国商船所给，以免马鹿海贼之扰。军士万五千，双桅师船二，战艇十三，各地

---

①巴八里（Barbary），巴巴里。
②当时摩洛哥的人口只几百万，不可能是八千多万，《史略》数字误。
③危押达海峡（Str. of Gibraltar），直布罗陀海峡。
④应作"西及大西洋，海口连佛兰西所据地"，《史略》原书误。
⑤非士（Fès），非斯。
⑥他非勒（Tafilalet），塔菲拉勒。

炮台二十四。英人昔据其北海一邑，旋即弃之，今（为）〔惟〕佛兰西国尚据海口数城，以为防御。其都城曰非士城，居民八千；曰米贵城①，居民五千；曰马鹿城②，居民三万。此皆国主所驻，在高山之下。其君安逸，生子与民养之，十二岁乃回宫。

一佛兰西藩属地，曰押额国，一作阿尔尼③，一作亚尔日。其疆域南及旷野，北及地中海，（东）〔西〕连马鹿，（西）〔东〕接土匪，广袤方圆四千二百里。古时此地极盛，商、周间犹太国氓所开垦也。汉时为罗马军所攻服，越六百年遂自立国。嗣后，亚拉④回回据是地，晋高祖天福元年，有霸王创基，驱西班亚及摩罗之兵，于此地立国，垂数百年。自明正德以来，及道光十年，贼匪屡掠商船，戮杀残虐，英吉利、荷兰、西班亚、佛兰西等国，迭轰其炮台，坏城烧船，仍为海盗，肆劫如故。佛国因调大军攻击贼巢，遂据其国。民多游牧，结党抗违，杀掠佛兵，佛国再调兵深入沙地，糜饷劳师数年，仍肆焚掠。道光二十四年，与马鹿一战，获大胜，海盗乃战栗。佛国设将军镇守是国，其守护兵士七万，帑费重大，惟管其城池，其郊外之游牧，仍不顺也。产物惟枣。佛国招集外氓来垦，但畏亚拉，不敢耕其田。此地昔分四部。今佛国所据者：一押额城⑤，周十里，北极出三十度四十七分，偏东三度四分，居民二万三千余。自佛兵据后，回教他徙。一阿兰城⑥，周二十里，居民昔属是班亚，今顺佛国命贸易。一破

---

①米贵城（Meknès），梅克内斯。

②马鹿城（Marrakech），马拉喀什。

③阿尔尼（Algeria），又作亚尔日，阿尔及利亚。

④亚拉（Arabia），阿拉伯。

⑤押额城（Algiers），阿尔及尔。

⑥阿兰城（Oran），奥兰（瓦赫兰）。

那城①及君士旦古城②，距亚额东六十五里，居民二万；特米新邑③居民一万。山南地皆游牧，不归佛国管束，惟商贾深入旷野，与游牧贸易。

一曰土匿国，（亦）〔一〕作都尼司。其域南及旷野，北及地中海，东连地陂里④，西与押额交界，广袤方圆三千四百里，居民三百万。南方沙地多硗；西方田肥土茂，多嘉果，葡萄尤美，五谷蔬菜亦饶，驴马尤健，岁出牛皮十万张，羊毛二万石。海边珊瑚甚多。渔舟百六十只。其民向为海盗，扰地中海。道光元年，佛国军强平之，海贼尽敛。土耳基国旧在此操权，军士向多土耳基人。土耳基旧都距海十二里，屋卑街狭，居民十三万。改文邑⑤，居民五万。城内回回庙极壮。加他俄城⑥亦繁华，历二千年，今废不兴。每年饷三千万圆，兵士约一万五千。

一曰地陂里国，一作特厘波里，一作的黎布里，在土匿之东，乃沙野也。广袤方圆八千里，居民百五十万，半为贼。地虽广大，多沙无水，少物产，犹太人曾此贸易。后土耳基国调兵帅管之，约兵万五千，大战船一，小战艇十六。国人本皆海盗，今佛兰西平之。都城民二万五千，附近多古迹。

《瀛环志略》曰：泰西人记非尼西亚⑦故事曰：非尼西亚，古商贾国。夏以前，西土人闭户削迹，耕田凿井，俯仰自足，老死不相往来，不见可欲，其心不动。有夏中叶，智者创舟车，贸迁

①破那城，即安纳巴港，旧名波奈（Bona，Bône）。

②君士旦古城（Constantine），君士坦丁。

③特米新邑（Tlemcen），特累姆森。

④地陂里（Tarabulus，Tripoli），的黎波里。

⑤改文邑（Kairwan），凯鲁万。

⑥加他俄城（Carthage），迦太基城。

⑦非尼西亚（Phoenicia），腓尼基，原意为造船者。

有无，居积财货，以此致富。西土名其人曰非尼西亚，译言客商也。始居于巴尼斯的纳海滨①，后有立国于希腊者，曰德巴斯②。详《希腊图说》。希腊隘不能容，周厉王十年，有迁于地中海之南岸者，定都城于土罗③，即今突尼斯地。更国名曰加尔达额④。一作加大其。时地中海南岸，荒秽未辟，人户稀疏，非尼西亚人出其货财，建城邑，立市廛，垦田野，四方无业之民群往归之。益治舟楫，流通百货，地中海南北两岸，利权大半归其掌握。复跨海辟西班牙，（健）〔建〕为藩部，国富兵强，一时无抗颜行者。

越数十年，而意大里之罗马兴。罗马初兴，甚微弱，且不习兵事，加尔达额视之蔑如。地中海有二大岛，曰哥尔塞牙⑤，一作可耳西加，又作郭士喀。曰萨丁⑥，一作沙力尼阿，又作撒地尼，又作撒丁。皆附近罗马，加尔达额据之以逼罗马，罗马不敢争。又西治里岛⑦，一作西基利，又作西西里亚。与罗马南境相接，本属罗马，加尔达额以兵力强夺之，罗马亦不能取，由是益骄。

周显王年间，额力西之马基顿王亚勒散得，以大兵伐波斯，游兵至加尔达额，攻破土罗，屠八千人，国几亡，从此声威顿削，而罗马日益强。先是罗马习陆攻，不习水战，加尔达额胜则进攻，失利则张帆扬去，罗马无奈何。加尔达额有战舰穿漏，抛泊海岸，罗马得之，仿其式，三月而造成百艘。有〔都〕义略（都）者，讲求驾驶之法，简劲卒练为水军，往来海道，日益娴熟，由是与

①巴尼斯的纳海滨，指今叙利亚、黎巴嫩的沿海地带，即今巴尼亚斯（Bāniyās）等地。
②德巴斯（Thebes），提佛（底比斯）。
③土罗，应指 Tynès，Tunis。但 Tynès 即突尼斯城，不是"土罗"的对音。
④加尔达额（Carthage），又作加大其，即迦太基。
⑤哥尔塞牙（Corce，Corsica），又作可耳西加、郭士喀，即科西嘉岛。
⑥萨丁（Sardegna），又作沙力尼阿、撒地尼、撒丁，通译撒丁。
⑦西治里岛（Sicily，Sicilia），又作西基利岛、西西里亚，即意大利西西里岛。

加尔达额为劲敌。加尔达额尝侵罗马，虏其将勒孤罗①，槛送罗马营，请易俘囚。罗马帅惜其才，将许之。勒孤罗张目叱之曰：亡罗马者诸君也，出战被俘，本国从无救赎之例，乃欲以一人坏国法耶？毅然反敌营，大骂而死。罗马军人人雪涕，勇气百倍，加尔达额败绩遁去，遂夺回三大岛。加尔达额有夙将阿弥利加〔尔〕，与罗马血战数十年，称为能军。有子曰汉尼巴②，一作阿尼巴尔。幼敏慧，尝询父以兵法。父戏之曰："尔能矢志灭罗马，当授尔。"汉尼巴即设誓于入必德尔之前，古时各国所奉宗祠之神，未详何时人。阿弥利加〔尔〕悉以韬略授之。汉尼巴既长，谋勇过之，伐罗马，屡奏捷。年二十五，拜为大帅，合西班牙之兵，大举伐罗马。登舟，慷慨酹酒海中，曰："不灭大敌，有如此水。"师抵罗马南境，破其边城，乘胜急攻，锐不可遏，罗马四战四北，南境诸城皆陷。遂渡厄伯落河③，越比勒钮④、阿比斯⑤峻岭，长驱直进，势如风雨。罗马属部西拉古萨⑥亦叛附加尔达额，罗马大震。罗马大帅发比约马西摩⑦与众谋曰："虏气方盛，难与争锋，客兵利速战，宜坚垒，以老其师，而别以奇兵袭其后。"乃闭城拒守，为卑辞以缓攻，而遣别将马尔塞罗⑧收复（古）西〔拉古〕萨（拉）

①勒孤罗（Regillus），通译累基拉斯。他不是"槛送罗马营"，而是被派随迦太基使团回罗马商谈休战条约。但他劝元老院倘不继续战争，亦应坚持更有利的和平条件，并自愿回到迦太基，被关在布满铁钉的木笼中处死。
②汉尼巴（Hanniba），通译汉尼拔。
③厄伯落河（Ebro R.），埃布罗河。
④比勒钮（Pyreness），指比利牛斯山脉。
⑤阿比斯（Alps），指阿尔卑斯山脉。
⑥西拉古萨（Syracuse），叙拉古，在西西里岛。
⑦发比约马西摩（Fabius Maximus），通译非比阿斯，古罗马统帅，多次任执政官，以消耗战对付汉尼拔。
⑧马尔塞罗（Marcellus），战死于前208年，不可能在前203年汉尼拔被召回迦太基时还率军邀击。

城，因伏兵邀其归路。又遣西比扬①潜以舟师渡海，袭其国都。汉尼巴方与罗马军相持日久，食垂尽，闻都城警报，急引兵回救。发比约马西摩率劲兵潜蹑之，而马尔塞罗伏奇兵，突出邀击，汉尼巴前后受敌，兵大溃，死伤山积，弃辎重，登舟急发。西比扬侦其将至，率舟师邀集于海中，焚斩殆尽②，汉尼巴以单舸遁，乞援于西里亚③。一作西利亚。西里亚者，亚细亚大国，时希腊诸部为罗马所困，亦求救于西里亚。西里亚王帅师救希腊，为罗马所败，狼狈东走，罗马军踵至，围攻西里亚，破之。汉尼巴仰药死，希腊诸国皆降于罗马。由是，加尔达额孤立无援，属部多离畔，自知亡在旦夕，顾以夙称大国，耻于纳款。汉景帝十年，罗马以大兵伐加尔达额，围土罗都城。土罗坚守不下，截妇女发为弓弦，罗马军死者千余。罗马有大将，冒矢石进攻，城将陷，加尔达额阖城举火自焚，罗马毁其城为平地，因分兵略定海南诸部。复回兵急征西班牙，西班牙亦降，非尼西亚遂亡。

南阿利未加洲各国

南阿利未加三面滨海，一面界斯溜墨尔大山，华语雪山也。山自西而东，与海岸齐长，峰高千仞，四时积雪，南阿未里加诸山无出其右。地分三国：山之南曰兀贺峡，今属英吉利；山之北

---

①西比扬，Publius Cornelius Scipio Africanus（大西庇阿），古罗马统帅，前209年任执政官，前204年率军在北非登陆，前203年进攻迦太基本土。

②扎马（Zama）战役发生于前202年，扎马是陆地。汉尼拔不是在海上战败，"以单舸遁"，而是于战后因与统治集团不和，才于六年之后亡命叙利亚的。

③西里亚（Syria），又作西利亚，即今叙利亚。

曰磨舒阿那①；山之东曰加付腊厘（河）〔阿〕②，二者亦各有王。土人有六种：一英吉利，一荷兰，一和鼎图，一磨舒阿那，一加付腊厘（河）〔阿〕，一摩耶斯满。六种中，惟摩耶斯满居于斯溜墨尔山谷中，无头目，类野人。其河皆发源斯溜墨尔山。其南为冈都斯河③，南流由苏加部落④出海，东则额利霏矢河⑤，东南流由麻哈尔斯⑥出海，北则阿兰治河⑦，环绕山麓，转历正西旷野而注之海。其加富腊厘阿之地，尚有数河，未详源委。

　　果罗里⑧东界加富腊厘阿，南、西俱界海，北界斯溜墨尔山。山斗出海中，时有回风，舟行危险，本名曰阿付丹北司峡⑨，华言暴风山也。嗣西洋改其名曰兀贺峡，言山峡情景可观。源案：东方语先能后所，西方语先所后能，如饮酒曰酒饮，登山曰山登，故不曰兀贺峡，而曰峡兀贺也⑩。峡长五百八十里，广二百余里，平芜半沙石，无青草；依山滨海，夹岸茂林，大田多稼。峡达稔⑪其首部也。此亦当云达稔峡，西洋语倒耳。依峡建城，始自荷兰。先得因里阿海岸，知此地堪为市埠，于千六百五十年顺治七年创筑峡达稔，设官镇守，增户授田，商舶辐辏，始成乐土。英吉利于千七百九十五年乾隆六十年率师争夺，荷兰以兵拒退之。不数载，英兵复至，连战，竟夺峡地。土

---

①磨舒阿那，莫舒阿那（Country of the Boshuanas），布须阿纳，在奥兰治河（Orange R.）流域一带。

②加付腊厘阿（Caffraria），今南非纳塔尔（Natal）省。

③冈都斯河（Gamtoos），冈图斯河。

④苏加部落（Suka），今帕腾谢（Patensie）。

⑤额利霏矢河（Great Fish River），又作额利非驶河，通译大菲什河。

⑥麻哈尔斯（Bathurst），巴塞斯特。

⑦阿兰治河（Orange R.），奥兰治河。

⑧果罗里（Colony），意为殖民地。

⑨阿付丹北司峡（Cape of Tempests），坦佩斯特斯角，意即风暴角。

⑩此按语误。

⑪峡达稔（Cape Town），开普敦。

人三种：一英吉利，一荷兰，一和鼎图。英人多居峡达稔，近辟地于额利非驶河之左右，岁被水潦，舍田业商，已成市镇。荷兰人分处四乡，田地宽阔，争界请丈，启讼行贿，其官徇情偏断，专嗜膏粱，凡农事牧畜，委诸和鼎突，故争讼不息。东近斯溜墨尔山，兼练武事，以防摩耶斯满野番，故此方荷兰素称趫勇。和鼎突即果罗里之土番，服役于荷兰，半奴半佃，不辞力作。人将死，先攫其脏腑，燎炙而食。疾走善射，能逐奔兽。以硝皮织席，造弓铸刀为业。喜歌舞，不信教门。领小部落七十九，幅员十二万方里，户十五万口。其首部曰峡达稔，为欧罗巴人流寓之所，背倚特步尔山①，高三百五十八丈。其峡东西通衢，产酒、沉香、牛、羊、狮、豹之皮、牛角、象牙、独角兽牙。原本无部落。

莫舒阿那国，又名弥珠阿那②，东界加付腊里阿，西界旷野，南界斯溜墨尔山，北界马路鲁司③，在果罗里与斯溜墨尔山之北。其首部曰古里查尼城④，即国都也，宏丽甲于阿未里加洲。风俗半农半牧，技艺精巧。庐舍内木外土，雕刻彩饰，外围石垣，为牧畜之所。女司耕，男司牧，惟王及酋长之妻妾，始免劳役。服长衣，饰以毛羽、珊瑚、珠宝。厚待外国，而与乡邻动辄争斗，不死不休。兼以劫掠为生，故不敢散处，惟聚居城郭与附郭之村庄也。土人见王，无贵贱之分，席地坐谈，以烟为酬酢。头目临阵，以兽皮蔽两臂，手持藤牌及箭，余皆赤体交锋。俗佻㑖，嗜歌舞，御人以口给。领小部落三十八，产铜、铁、皮。

---

①特步尔山（Table Mt.），桌山。
②弥珠阿那（Bichuanas），比丘阿纳。
③马路鲁司（Macquanas），马阔阿那斯。
④古里查尼城（Kureechanee），库里查内。

嘉富（膅）〔腊〕里在霏溜墨尔山①之东，南界果罗里，北界尼腊俄阿②，东界海，西界莫舒阿那，自海滨至此，约二三百里，余界里数未考。土番有数种，曰丹母几③，曰苏腊司④，曰和伦顿（氏）〔底〕司⑤，状修伟，肤紫色。女番差卑小，略似欧罗巴，惟眼黑而光，较有神。俗无定处，不耕种，以游牧为业。惟丹母几与邻近果罗里一种，尚能倾银熔铁。若苏腊斯、和伦顿底斯两种，惟多膂力，无他技也。其王（之）〔札〕加⑥常（札）畜壮兵万五千，倘遇警急，则有少年兵十万，故为邻国所畏。原本无，今补。

摩耶斯满山番，本和鼎突种类，居于斯溜墨尔山谷，有如野兽，不耕种，专畋猎，登山蓦涧如飞，见人即杀。尤喜歌舞，星月之夜，啸跃达旦，春秋佳日，歌舞彻数昼夜。原本无部落。

重辑原本无，今补。

《新唐书》曰：自（菻林）〔拂菻〕西南度（岭）碛二千里，有国曰磨邻⑦，曰老勃萨⑧。其人黑而性悍。地瘴疠，无草木五谷，饲马以（稿）〔槁〕鱼，人食鹘莽。〔鹘莽，〕波斯枣也。不耻蒸报，于夷狄最盛，号曰"寻"。其君臣七日一休，不出纳交易，饮以穷夜。案：利未亚各乌鬼国见史者始于此。

《职方外纪》曰：更有一种在利未亚之南，名马拿莫大巴者，

---

①霏溜墨尔山，即斯溜墨尔山。
②尼腊俄阿（Delagoa Bay），迪拉果阿湾。
③丹母几（Tambookies），指坦博基人。
④苏腊司（Zoolas），指苏拉人。
⑤和伦顿底司（Hollonfontes），指霍隆屯特人。
⑥札加（Chaka），通译查卡。
⑦磨邻，或谓马格里布（Maghreb）的略译，或谓即今肯尼亚的马林迪（Malindi）。待考。
⑧老勃萨，勃萨老的倒置。Al-Basrah 今伊拉克的巴士拉。

国土最多，皆愚蠢。即山牙腊土蛮，见阿迈司尼国志中①。气候甚热，沿海皆沙，人践之即成疮痏；黑人坐卧其中，晏然无恙也。喜食象肉，亦食人，市中有市人肉处，皆生龁之，故齿皆锉锐，若犬牙然。奔走疾于驰马。裸身涂膏，气膻甚。无文字。初欧逻巴人到此，黑人见其诵经讲书，大相惊讶，以为书中有言语可传达也。地无兵刃，惟以木为标枪，火炙其末，极铦利。性不知忧虑，若鸟兽。然闻箫管、琴瑟诸乐音，便起舞不休。性朴实耐久，教之为善事，亦即尽力为之。为人奴，极忠用力，视死如归；遇敌直前，了无避畏。其俗不虏掠，不崇魔像，亦知天地有主，但视其王若神灵，亦以为天地之主，凡阴晴旱涝，皆往祈之。王若偶一喷涕，举朝皆高声应诺，又举国皆高声应诺，大可笑也。喜饮酒，易醉。所产鸡亦皆黑，独豕肉味美，为天下第一。病者食之，亦无害。产象极大，一牙有重二百斤者。又有兽如猫，名亚尔加里亚，尾后有汗极香，黑人阱于木笼中，汗沾于木，干之，以刀削下，便为奇香。乌木、黄金最多，地无寸铁，特贵重之。

（布帛）喜红色、班色〔布帛〕及玻璃器。又善浮水，他国名为海鬼。其亚毗心域属国，有名谙哥得②者，夜食不昼食，又止一餐，绝不再食。以盐、铁为币。

又一种人，名步冬，颇知学问，重书籍，善歌舞，亦亚毗心域之类也。

利未亚之南，有井巴番者众十余万，极勇猛，善用兵。无定居，以马及骆驼乘载迁徙，所至即食其人及鸟兽虫蛇，必生命尽绝，乃转他国，为南方诸小国之大害。

---

①此注误。
②谙哥得（Angot），安戈特。

《海国闻见录》：乌鬼国东北，山与阿黎米（亚）〔也〕相联，向西南生出坤申方大洋，何啻四五国之远！其尽处曰呷，即中国支山入海，尽处曰表。表者标也，佛兰西曰呷，英机黎曰岌，皆顺毛乌鬼地。是以红毛甲板船从小西洋来中国者，由亚齐之北、麻喇甲之南，穿海过柔佛，出茶盘，而至昆仑。自呷而东至戈什嗒，自戈什嗒而东至亚齐，其海皆呼曰小西洋。原本戈什嗒当作戈什峡；又西南洋称小西洋亦误，盖利未亚洲方为小西洋①。人黑白不同，皆西域装束，长衫、大领、小袖、裹头、缠腰。国富庶，产宝器、生银、洋布、丁香、肉果、水安息、吧喇沙末油、苏合油等类，以金为币，钻石为宝。

源案：此所谓呷者，指暹罗南境之新嘉坡而言。计西南洋中，新嘉坡为第一峡，南印度戈什嗒为第二峡，利未亚之大浪峰为第三峡。凡地之斗出海中甚长，如登、莱类者，所谓峡也。呷、嗒皆即峡之别字②。又案：赛马尔罕者，元时封藩，统辖葱岭以西各国，至明中叶，赛马尔罕已分十余国，不尽为所属矣。近日更全变为回国，若敖罕，若布哈尔，若爱乌罕，若巴达克山，若克什米尔等，凡十余国。而《闻见录》犹以古时赛马尔罕统称之，误矣。至又以赛马尔罕为噶尔旦之国，则误中又误矣。谓俄罗斯国惟限于西洋，而其与中国相首尾

---

① 魏源此注误。《海国闻见录》的"戈什塔"，即英语的 Coast，指印度半岛东西面沿岸，是对的；不必改"塔"为"嗒"，更不应改"塔"为"峡"。该书的"小西洋"指印度洋（Indian Ocean），也对。魏源不应以自己误定的"小西洋"概念来批评前人。

② 《海国闻见录》虽对"呷"字作过一般解释，但实际上专指好望角。魏源没道理硬要改"呷"为"峡"，并误创西南洋第一、二、三峡之说。新加坡虽有半岛极端之称，但根本不是好望角。Coast 是一个词，意为海岸，把尾音割出来，只承认 Coas 是专名，并把 t 这个字母释为峡，尤其不妥。按照魏源自己制定的西南洋概念，是不能包括非洲海域的，现在却说好望角是西南洋的第三峡，亦过于自相矛盾。

之东北万里，概置不提，皆疏舛之尤者①。书作于雍正，刊于乾隆八年，在新疆未服以前，故传闻遥揣，举一漏百，故删节而辩正之于此。

《海录》：妙里士岛②，西南海中岛屿也，周围数百里，为佛郎机所辖。凡大西洋各国船回祖家，必南行经葛剌巴至地问，然后转西少北，行约一月，可到此山。无土人，其所居皆佛郎机及所用乌鬼奴。土产乌木。由此向北少西，行约半月有奇，谓之过峡。一路风日晦暝，波涛汹怒，寒雪飘零，六月不息，舟人战栗，咸有戒心。其天气与妙哩士迥别。过峡后至一岛，谓之峡山③，为荷兰所辖，天复炎热。但海阔风狂，波浪腾涌，舟行经此，遇风过猛，必须稍待风和而行。山亦无土人，唯荷兰及鬼奴居之。土产梨及牛黄。有大鸟，莫知其名，其卵大数寸。由此更北行少西，顺风约七八日，复至一岛，名散爹里④，周围约百里，为英吉利来往泊船取水之地。无土产，有英吉利兵在此镇守。

源案：此峡即《坤舆图》之大浪山，在利未亚州极南境。

又曰：卷毛乌鬼国⑤在妙里士正西，由妙里士西行约一月可至。疆域不知所极，大小百有余国。民人蠢愚，色黑如漆，发皆

①《海国闻见录》所提的"细密里也国"就是西伯利亚（Siberia），只不说西伯利亚是俄罗斯领土。

②妙里士岛（Maurice），即毛里求斯（Mauritius），谢清高航海时，此岛为法国所据，1810年为英国所据，1968年独立。

③峡山（Cape Town, Kaapstad），开普敦。

④散爹里（St. Helena），圣赫勒拿岛。

⑤卷毛乌鬼国，指居民头发绻曲的东、南、中、西非各国。

卷生。其麻沙密纪①国、生那国②、加补③、五辇④国，皆为（蒲萄亚）〔西洋〕所夺。又尝掠其民，贩卖各国为奴婢。其土产五谷、象牙、犀角、海马、牙、橙、西瓜。

《海岛逸志》曰：鸽岛⑤在西北之隅，和兰甲板船数十只，岁往通其祖家，必由此地停泊，更换舟工水手，装下伙食，然后再驶。盖其地当半途之间，华人在巴有受其佣雇为舟人者，至此地必更和兰人，华人暂处于此，配船而还巴，不令往其祖家。然甲板船来往，相传来三去五。其来风水为顺，只有三月；往则水逆道纤，当须五月。又云：将至之处，有暗海不见日月，舟行二三日始出。盖天地之大，有不可思议者矣。即所谓大浪峰也，为小西洋利未亚极南之峡，凡船回大西洋者，过此曰过峡。

《万国地理全图集》曰：南亚非利加地为西洋人巡船来往，故知其形势。其山麓深入海中，各船赴印度、中国，必绕之而驶，是以船只往来不绝。其南方丰盛，树木花果，千态万状。其牧场广延，五畜肥长，五谷亦运出售卖。又种葡萄树，出甘酒。雨后溪山苍秀，旱则沙漠不毛。其北方沙漠风起时，阴云四合，黑气满空。在此地，虎、狮、象、兕、马、鹿以及驼鸟，濯濯自在。又有黑面土蛮穴居，猎兽而食。其东方之类，则四肢百骸相称，赳武勇敢。葡萄牙船初到此地。荷兰见其形势合宜，故涉重洋而开埠头，垦田务农。且海风甚狂，浪叠千层，必得购料修船之地，是以荷国将本民移处内地，驱逐土人，或擒为奴。嘉庆十年，英

①麻沙密纪（Mazambique），莫桑比克。
②生那国（Zanguebar），桑给巴尔。
③加补（Cape），指当时荷兰在南非的海峡殖民地。
④五辇（Guinea），泛指当时称为上、下几内亚的许多国家。
⑤鸽岛（Kaapstad，Cape Town），开普敦。下文"岛"字及"在西北之隅"数字，均魏源误加。不论好望角或开普敦都在爪哇的西南方向。

兵船攻取此地。其城在南海边高山之下，其居民大半荷兰人，昼夜经营，各江、涧、河之处，皆建乡里。但散处不相联属，多隔沙野难渡，又牛车多渴死。故英开新地在东界也，每与其氓交锋相仇。其地衮延四方几万里，但居民六十万而已。运入运出货物，每年银百万有余两。别开海口，奉耶稣之教师，进其内地以教化之。又西海中有一孤岛，嘉庆年间，俘佛兰西王拿破仑流诸此岛。

《地理备考》曰：本州地为英国兼摄者，一为好望海角①，即（贺兀）〔兀贺〕峡，一名大浪山，乃本州之要害也。在亚非里加州之极南，纬度自南十度②起至三十五度止，经度自东十六度起至二十六度十分止。东至加弗勒里亚③国，西枕亚德兰的海，南接南海，北连可丁多的亚④国，长约二千里，宽约一千里。分二部十二府，首（城）〔郡〕名加布⑤，建于达勒⑥暨良二山⑦之麓，屋宇庙堂甚壮，五方辐辏，地气温和，海口险阻，泊所不稳。为欧罗巴往来亚细亚船必经之路，多于此采办水米食物焉。

一为塞拉勒窝内⑧地，在本州之西几内亚国之中。少稼穑，多山冈林木，猛兽成群。地气不和，弗便居栖，商旅每易中病，贸易多结队而行。首郡名非里城⑨，设有总管衙门，附近皆受管辖。

---

① 好望海角，指 Cape Colony，海峡殖民地。"即兀贺峡一名大浪山"九字为魏源误加。
② 此纬度误。
③ 加弗勒里亚（Caffraria），今南非塔纳尔省。
④ 可丁多的亚（Hottentotia），霍屯督提亚。
⑤ 加布（Cape Town），开普敦，下文另一"加布"，指 Cape Colony。
⑥ 达勒（Table Mt.），指桌山。
⑦ 良山（Lion's Head），指狮头山。
⑧ 塞拉勒窝内（Sierra Lone），塞拉利昂。
⑨ 非里城（Freetown），弗里敦。

一为哥斯达斗罗①，即金滨也。金砂丰盛，因以为名。田土肥腴，产谷、果、金石、绵花、蓝靛、树胶、白蜡、皮革。贸易昌炽，地气酷热。首部名加布哥尔苏②，设有总管衙门。

一为三达厄勒那岛③，在亚德兰的海西南〔方〕④。纬度自赤道而南十五度五十五分，经度自第一午线而西八度九分，长四十里，宽二十五里，地面积方九十里。多山，少平原。地气温和。海滨尤瘠，内地肥腴。首郡名曰弥斯城⑤，设有管理衙门。此岛实为有名之处。佛兰西国君那波良者，殒命于此。详见《佛兰西国志》。附近各岛，皆属管辖。

一为毛里西亚岛⑥，在印度海东南。纬度自赤道而南二十度起至二十一度止，经度自第一午线而东五十六度起至五十七度止。回环约五百里。地气熇烈，尚可栖居。田土膏腴，首部名波尔多卢义斯⑦，设有总理衙门。其塞舌勒⑧共三十岛，亚尔密兰德⑨共十一岛，皆属管辖。

《外国史略》曰：此州极南方为大浪山⑩，英吉利藩属地也。长约二千里，阔一千里，海滨周四百里，背山。沿海平坦，内地渐高，其谷广延，离海愈远，愈多砂碛，无草木。产白矾、铅、

---

①哥斯达斗罗（Costa de Oiro），又称金滨（Gold Coast），黄金海岸之意，在今加纳（Ghana）一带。
②加布哥尔苏（Cabo-Corso），海岸角。
③三达厄勒那岛（Ilha de Santa Hellena），圣赫勒拿岛。
④原书误，应作在非洲西南方之亚德兰的海中。
⑤日弥斯城（Jamestown），詹姆斯敦。
⑥毛里西亚岛（Ilha Mauricia，Mauritius），毛里求斯。
⑦波尔多卢义斯（Port-Louis），路易港。
⑧塞舌勒（Seychelles Is.），塞舌尔群岛。
⑨亚尔密兰德（Almirantes，Amirante Is.），阿米兰特群岛。
⑩此"大浪山"指 Cape Colony。

银，惟石盐颇盛。最南天气清爽，内地昼暑夜寒，高野阳亢，或三年无雨，人至暍死。及一雨，则又山野青葱异常，花草奇丽。产牲畜、五谷、葡萄、羊毛、羊油、沉香、象牙、驼翎、树膏等。民不农而游牧，乳油为食，射猎为业。半系荷兰人，耐寒暑，性朴实，厚待旅客，好游旷野，常有数千人出界围猎，与土族战斗。佛兰西人在此植葡萄，所迁之英氓，在港口东边开垦。土人曰合丁突，形污性驯，不似林中野蛮，人形兽心；亦不似东边之加非利①、苏拉等族，贼盗为业也。

葡萄亚人于明弘治间至此海峡，以为赴五印度国海路之标准，风狂浪大，故称曰大浪山。往来之船在此汲水采果，历久水中堆成碛路，荷兰于顺治八年②开埠据之。乾隆以后，英人据焉。至今民益繁，境益辟，广袤五千四百里，居民十四万四千。大半荒野，无可耕地。分东西两部，部各分邑埠。在峡口曰浪山邑③，居民二万，街衢甚美，两旁高树，英官住焉，余与乡里无异。居民大半崇耶稣教，荷、英、日④、佛四国教师，皆赴此教化土蛮，故奉教之人日增。道光十四五年，各国进口船共三百五十八只，运出口三百五十只；所运进货计百六十二万两，所运出货百有八万两，税饷七万两。除浪山海峡⑤外，尚有押峨亚海口⑥进出之货，约百二十万两，羊、豕约三百余万只，鸡、鸭价约三十万两，总计万二千二百万有奇。屋宇、田亩、牧场，各价四千八十万两。

昔时西洋船必半年有余方能抵印度，故以此为中途要地。近

---

①加非利（Caffres），指卡弗雷人。
②应作"顺治七年"。
③浪山邑（Cape Town），开普敦。
④日，指西班牙。
⑤浪山海峡，本义为 Cape of Tempests，实指 Cape Town（开普敦）。
⑥押峨亚海口（Algoabaai，Port Elizabeth），伊丽莎白港。

日航海惯习，加以火轮，其迅如风，浪山海口无大用。况土蛮争斗，糜饷劳兵，英国调兵帅护守，亦以土人及荷兰之游牧为民壮，尚立土司以管理各部，道光十六年，所入国帑共四十七万四千（万）〔两〕。所费者五十四万二千两，入不敷出。惟师船在亚非利加各海来去巡驶，以禁贩卖黑奴之船及海贼之船，故埠不可废焉。

《地理备考》曰：南州地隶英吉利者一，隶布路亚国兼摄者二，其自主者四。

其隶布路亚者曰昂可拉①国，在本州西南公额②国内，东界马棱巴河③，西枕亚德兰的海，南连奔吉（利）〔拉〕④，北接丹达河⑤。地势崭岩，丛林稠密，山谷平原皆饫沃。河之长者曰里弗内⑥，曰丹达，曰本各⑦。地气酷热，海风清凉。产金、银、铜、铁各矿。国分四部：一几达马⑧，一送比⑨，一敦比⑩，一可完多⑪。首郡建于罗安达岛，设有总管衙门。又有分出之奔给拉国，东界沙漠，西枕亚德兰的海，南接星卑巴地，北连昂给拉。天时、土产与昂可拉国相仿而皆逊之。设有总兵官管摄，仍受昂可拉总管节制。

一曰莫山比给国⑫，在州东南，内有七处为布路亚国兼摄。一

---

①昂可拉（Angola），安哥拉。
②公额（Congo），今刚果民主共和国和刚果共和国。
③马棱巴河（Malemba R.），马伦巴河。
④奔吉拉（Benguela），本格拉。
⑤丹达河（Dande R.），丹德河。
⑥里弗内（Lifune R.），利富内河。
⑦本各（Bengo R.），本戈河。
⑧几达马（Kidama），基达马。
⑨送比（Dombe Grande de Quizamba），栋贝。
⑩敦比（Dembos），登博斯。
⑪可完多（Ovando），即今宽多库邦戈（Cuando-Cubango）。
⑫莫山比给国（Mozambique），莫桑比克。

给林卑①，一莫山比吉②，设有总管衙门；一几里马内③，一塞那④，一索发拉⑤，一义能巴内⑥，一罗林索马尔给斯⑦，各派总兵官一员镇守，皆受莫山比吉总管节制，统计烟户几二万口。地气不驯，田沃产饶，贸易较昔冷淡。其莫山比给本国，在亚非里加州之东南，南极出地十度起至二十五度止，经线自东二十六度起至三十八度止。东枕印度海暨〔莫山比给〕海岔⑧，西界卢巴达山⑨，南接加弗勒里〔亚〕国⑩，北连桑给巴尔国。长约四千四百里，宽约一千里，地面积方四十六万里。烟户三兆余口。多山林，蕃野象。田土朊腴。金矿甚多，金砂满岸。地气不和，苦于栖止。有诸酋分摄者，有布路亚国管辖者，纷纷不一。其诸酋分摄者，如马古阿⑪、蒙如木⑫、新卑等处，仍贡于布路亚。所奉之教，或耶稣，或回回，趣向不同，技艺寥寥，贸易颇盛。国都建于海岛，有布路亚国总管驻扎其地。

其自主之国四，一曰么诺〔么〕达巴国⑬，在亚非里加州之东南。南极出地十五度起至十九度止，经线自东二十七度起至三十

①给林卑（Querimba Is.），奎林卑群岛。
②莫山比吉（Mozambique），莫桑比克港口。
③几里马内（Quelimana），克利马内。
④塞那（Sena），塞纳。
⑤索发拉（Sofala），索法拉。
⑥义能巴内（Inhambane），伊尼扬巴内。
⑦罗林索马尔给斯（Lourenco，Marques），今马普托（Maputo）。
⑧莫山比给海岔（Mozambique Channel），又作莫三鼻给海岔，即莫桑比克海峡。
⑨卢巴达山（Lupata Mts.），卢帕塔山脉。
⑩加弗勒里亚国（Caffraria），今南非纳塔尔（Natal）省。
⑪马古阿（Makua），马夸，实指马夸人。
⑫蒙如木（Monumugi），蒙努穆吉。
⑬么诺么达巴国（Monomotapa），莫诺莫帕塔。

一度止。东界蒙（素）〔索〕拉河，西南接佛瓦拉山，北枕桑卑塞河①，长宽皆约千里，崭岩嵾嵯。江河不一，其大者曰桑卑塞，曰马加拉，曰蒙索拉，曰卢安萨。沿河膏腴，产金、铁、象牙、甘蔗、树胶等。地气焖烈，人民黧黑。昔日汗位历代相传，迨贼寇猖獗之后，列君分据，不相统属。技艺贸易俱乏。各部惟么（加）〔那〕郎瓜最强。

一曰加弗勒里〔亚〕国，在亚非里加州之南。南极出地二十三度二十分起至三十三度三十分止，经线自东二十四度二十分起至三十一度三十分止。东枕印度海，西连可丁多的〔亚〕国，西南接加布地，东北界么诺〔么〕达巴国。长约四千里，宽约一千里，地面积方八十四万里。烟户二兆余口。东方重山，余多沙漠。河之大者马弗么那②、巴加纳③、波阿丧④等，皆流于南方，是为本国之界。土产金、银、铜、铁、石类、珊瑚、琥珀等物。地气甚热。列酋分据，各为部落，不相统属。技艺、贸易俱乏，惟以稼穑为业。各部惟二部居海滨，余皆住内地。

一曰马达加斯〔加尔〕国⑤，在亚非里加州之东南。南极出地十二度十分起至二十六度止，经线自东四十三度起至四十九度止。四面枕海，南北相距约三千八百里，东西相去约一千里，幅员八千里，地面积方二十五万里。烟户二兆余口。悬崖叠岭，瀑布飞流，林密谷敞，平原坦阔，形势实为壮观。由南而北，山陵绵亘，江河众多，贯彻沃润。其长者曰么隆达瓦，曰达尔慕德，发源西冈，东

---

①桑卑塞河（Zambeze R.），赞比西河。
②马弗么那（Mafamona R.），马法莫那河。
③巴加纳（Pagana R.），帕加拿河。
④波阿丧（Poosan R.），波奥丧河。
⑤马达加斯加尔国（Madagascar），马达加斯加。

注于莫（山）〔三〕鼻给海岔。其海滨泽洴，瘴疠熇烈，中人每易感病。田肥谷饶，各兽充斥，惟少狮、虎、象、马。产丝、麻、蜜蜡、竹、木、甘蔗、树胶、青黛、烟叶、白胡椒、沙谷米。又有五金之矿，宝石、水晶，遍山多有，而土人惟铁是采。奉回教，少技艺，而贸易丰盛。通国部落纷纷不一，诸酋分摄，不相统属。

一曰（科）〔可〕丁多的〔亚〕国，在亚非里加州之南，南极出地二十三度起至三十二度止，经线自东十三度起至二十五度止。东至加发拉里〔亚〕地，西接亚德兰的海，南连加布地，北界星卑巴西〔亚〕国。长约二千五百里，宽约二千二百里，地面积方二十八万里。烟户四亿余口。南北崇山，中央沙漠，沿海低陷，时有飓风。河之长者名曰科兰日①，由东而西，河滨膏腴，饶物产。地气温和，人物咸宜。诸酋分摄，各为部落，曰哥拉那，曰那马瓜，曰达马拉，曰布书阿那，曰波支斯曼，名目不一。以牧养为业，怠于稼穑，亦少工商。

《外国史略》曰：南亚非利加西边地，半属土蛮，半属葡萄亚国。其属土酋者：

一曰下危尼②，广袤四千里，未详其内地。恒旱少雨露。硫磺之气，蒸为烟瘴。河流纷歧，海口淤塞。有贩卖人口之市，曰南峨。

一曰罗安峨③，多有各国族类。河多鱼。多野兽。物产丰而民惮工作，故地荒芜，除养豕外，无他畜。

一曰公峨④，在海边，甚低，多泽潴。内地山高，赛利河⑤流

---

①科兰日（Orange），奥兰治河。
②下危尼（Lower Guinea），下几内亚。
③罗安峨（Loango），卢安戈。
④公峨（Congo），指今刚果至扎伊尔的西海岸一带。
⑤赛利河，指扎伊尔河（Zaïre R.）和刚果河（Congo R.）。

广而漫。居民极蛮丑。

一曰安峨拉①，皆山地，居民形体端正，绝异黑人之丑。物产蕃盛。明朝年间，葡萄亚国在此开埠，广立法度，百姓有进天主教者。

一曰宾吴拉②地，濒海，自南极九度延及十六度。密林高树，其土丰盛。民蛮好杀，食人肉。

南州边地，自死门③东向海滨延二④百里，斗出海中，为胜重海峡⑤，居民多茅里族类，黑面，未向化。海口曰巴拉⑥，运出加非、树膏、没药、驼鸟翎、金沙，通商亦旺，未详其内地。自胜重峡之西，曰亚安⑦，曰散西〔巴〕⑧，曰贵罗亚⑨等地，皆天方亚拉国⑩所辖，其内地未详。港口曰马牙多撒⑪，南极出二度一分，偏东四十五度十九分。散西巴通商最重，岁纳税饷银九万两，运出五谷、白糖。此皆土酋自主之地也。此外摩散比⑫地，半归葡萄亚所辖。散比西河⑬广且长。都会曰善那⑭，曰摩散比邑⑮。昔为通商大市，今衰，邑褊小。距此三里（节）〔即〕蛮族，多瘴，未

---

①安峨拉（Angola），安哥拉。

②宾吴拉（Benguela），本格拉。

③死门（Babel Mandeb），应译哭丧门。

④"二"应作"五"。

⑤胜重海峡，指阿詹海岸（Coast of Ajan）或亚丁湾（Gulf of Aden）。

⑥巴拉（Berbera），伯贝拉。

⑦亚安（Ajan），亚詹。

⑧散西巴（Zanguebar），桑给巴尔。

⑨贵罗亚（Quiloa），基洛亚。

⑩天方亚拉国，此处指马斯喀特帝国（Arabs of Muscat）。

⑪马牙多撒（Mogadoxa，Mogadishu），摩加迪沙。

⑫摩散比（Mozambique），莫桑比克。

⑬散比西河（Zambeze，Zambesi），赞比西河。

⑭善那（Sena），塞纳。

⑮摩散比邑（Mocambique），莫桑比克港口。

属其国管辖。山内产金沙等物。有冒险之商，务通亚非利加之路，每中途染疫毙，或被土蛮杀害，或失路死亡，无人成就其志，故内地情事无可考。

又曰：黑面人地①，在旷野之南。偏西自十七度及偏东五十度，北极出地自一十七度②，东西千里，南北三百余里。东西皆山，内有大湖③，其源甚长。西流多支漫，将入海，汇为泽。其湖长约六十里，偏东十五度。濒海地低，箐密不见日。树木倒则霉坏，烟瘴实甚。内地旷坦，多水草。自四月及九月，雷电交作，大雨滂沱。冬多风，仍吹热气，皲人皮肤。若连数日，其害尤甚。四海无此炎酷也。民惰，故荒芜，草有高三丈者。产树膏、安息香及各香料。绵花、甘蔗、黛青，自然而生，不待人力。山象、水马均高大，性猛。多猿，有慧绝似人者。水蓄昆虫，鳄鱼大有力。语音、风俗皆异。鼻扁唇高肤黝，身短而健。北地之黑人崇回回教，其内地亦拜偶像，杀人以敬神。近日颇知耶苏教。

《瀛寰志略》曰：阿非利加南土之岌朴，番谓山之尽头处曰岌。为欧罗巴东来必由之路。其地形锐入大南海，海水至此〔而〕回薄，风涛猛烈异常，舟楫易于损坏，不得不谋修葺之所；又长途水米〔或缺，必须〕接济，荷兰之垦开此土，盖有所不得已焉。从前大西洋商舶东来至岌朴，必收帆寄碇。近年海道愈熟，收泊者十无二三，则亦无关重轻矣。

1085

---

①黑面人地（Nigritia），即横贯非洲的苏丹（Sudan）地区。
②疑"一"字下脱"至"字。此处所述经纬度皆不确。
③大湖（Lac Tchad），指乍得湖。

海国图志卷三十五

欧罗巴人原撰　侯官林则徐译　邵阳魏源重辑

小西洋 <small>西利未亚洲</small>

西阿利未加洲各国

　　西阿利未加分两大区。其一区起自色黎雅尔河①以南，至安弥阿河②以北，内有九国：一嘉约③，二莽孟④，三雅尔兰⑤，四夫达多腊⑥，五和洼尔⑦，六马腊⑧，七孟萨伦⑨，八雅尼⑩，（之）〔九〕稔里⑪，大小各国，同属一区。佛兰西人遂合并两河（九）〔之〕名以名其地，曰色黎安弥阿。九国之中，仅嘉约滨海，余俱腹内。又有西腊氏国相毗连，在色黎雅尔河之北，其安弥阿河以

---

①色黎雅尔河（Senegal R.），塞内加尔河。
②安弥阿河（Gambia R.），冈比亚河。
③嘉约（Kayor），卡约。
④莽孟（Bambouk），班布克。
⑤雅尔兰（Gallam），加尔兰。
⑥夫达多腊（Foota Torra），富塔图拉。
⑦和洼尔（Hoval），霍瓦尔。
⑧马腊（Barra），巴拉。
⑨孟萨伦（Boor Salum），布尔萨卢姆。
⑩雅尼（Yani），雅尼。
⑪稔里（Woolli），伍利。

南至敏维腊河①，又有十四国同区，一霏落司②，二夫达雅罗③，三额林④，四（矣）〔埃〕阿里⑤，五阿寒氏⑥，六那（知）〔和〕弥⑦，七弥领⑧，八洼里⑨，九（尼门）〔门尼〕⑩，十根峨⑪，十一銮峨⑫，十二雅门⑬，十三安峨腊⑭，十四敏维腊⑮，皆滨海之区，地势平芜，偶有高阜，亦皆错出海中。名山巨岳，尽在腹内。横数百里，袤长约四千里，弯环参错，凡二十四国。

山以公山为最巨，由色黎安弥阿至东阿未里加之闷山，蜿蜒相连，境内河道皆发源于此。山之西有安弥阿河、（色）色黎雅尔河、尼额河⑯，山之南有来阿额兰尼河⑰、米苏〔腊〕那河⑱。其源远而阔者尼额河，由花罗来市⑲直达阿兰底海。安弥〔阿〕河流最驶，由色黎安弥阿南入海。色黎雅尔河源较远，曲折潆洄，由

---

①敏维腊河（Benguela R.），本格拉河。
②霏落司（Feloops），费卢普斯。
③夫达雅罗（Foota Jallo），富塔贾卢。
④额林（Grain Coast），谷物海岸。
⑤埃阿里（Ivory Coast），象牙海岸。
⑥阿寒氏，指 Ashantee Proper，阿尚提本土。
⑦那和弥（Dahomey），达荷美。当时的达荷美在沃尔特（Volta）河之东。
⑧弥领（Benin），贝宁，贝宁古国的首都贝宁城（Benin City）即今尼日利亚本代尔（Bendel）州首府。
⑨洼里（Warré），今尼日利亚的瓦里（Warri）。
⑩门尼，今尼日利亚的博尼（Bonny）。
⑪根峨（Congo），今刚果共和国和刚果民主共和国。
⑫銮峨（Loango），卢安戈。
⑬雅门（Gaman），又作雅漫，即加曼。
⑭安峨腊（Angola），安哥拉。
⑮敏维腊（Benguela），本格拉。
⑯尼额河（Niger River），尼日尔河。
⑰来阿额兰尼河（Rio Grande），格朗德河。
⑱米苏腊那河（Mesorado R.），又作弥苏腊那河，即梅索拉多河。
⑲花罗来市（Fort Louis），路易堡。

色黎安弥阿北入海。若来阿额兰尼河、弥苏腊那河，俱在南隅，由根峨诸口入海。尚有色尔戈河①、〔戈〕安萨河②，未悉其源委，其海口距内地里数不等。欧罗巴人分疆画域，惟以河流分界，然亦止知濒海，莫窥内地。即阿丹地理所载，亦多臆度。始耶稣纪岁千四百三十年③，明宣德五年④。西洋有葡萄亚人舟过麻牙那山麓，暂栖于阿尔厘岛，始访出北隅之色黎安弥阿，继寻得南隅之根峨等处，从兹沿海埠头悉属葡萄亚。千六百四十余年，葡萄亚浸衰，其俄尔戈⑤之地即为荷兰所夺，虽旋取回，而色黎安弥阿又为英吉利、佛兰西所据。英人即在庵弥阿河口⑥立埠，佛兰西则在色黎雅尔河口立埠。两国皆有公司，各立炮台。出口货物，惟金及人口最大。至内地情形，英吉利与佛兰西人讲求探溯，尚无端倪，而两国构兵，遂为中止。

闻其人户，共二千百余万口，大都厚唇扁鼻，邪面后仰，色黑发卷。不装饰，无技艺、文学。战斗虽悍，平居尚淳朴。不习教门，专祀匪底祇⑦之神，或以大树、大石，或以象牙、狗牙、虎牙、羊头、鱼骨，或树枝、绳束等类，随意而指，即以为匪底祇之神。有供奉在家者，有位置在村庄者，立龛列祭，遇事祈祷。人死，多焚财帛，谓资冥用。宰人作牲，以享先灵。嗜音乐，喜歌舞。多畜妻妾，常人多则一二十，王则动百十计，而阿寒底、那和弥两国酋长，竟至数千。民居卑小，门高三尺，鞠躬而入。

---

①色尔戈河（Zaire R.，Congo R.），扎伊尔河（刚果河）。

②戈安萨河（Cuanza R.，Coanza R.），宽扎河。

③应作"千四百三十二年"。

④应作"宣德七年"。

⑤俄尔戈（Gold Goast），黄金海岸，即今加纳（Ghana）。

⑥庵弥阿河口（Mouth of Gambia River），冈比亚河口。

⑦匪底祇（Fetiche），意为崇拜物、偶像。

一妾一门，外围以墙，上下皆然。惟宫室廨署，略较爽垲，间施采饰，以别等级。男女皆喜带手镯、指环，或金或象，以多为美，即赤贫亦系铁镯。面绘红白，文身刺肤。以手抟食，饮啖兼数人。产橡、樟、杨柳、葡萄酒、无花果、桂皮、甘蔗、桑椹、薯、蒜、栗油、浮石、椰子、松柏树、龙血树、柠檬、桃、柑、李、蕉果、西瓜、黄瓜、米、粟、棉花、糖、（席）〔麻栗〕、材木、金、铜、钢铁、象牙，计象牙岁值银约十五万员。

色黎安弥阿十国

色黎安弥阿一区，内有九国，在西阿未里加之北。东界苏厘麻①，西界海，南抵安弥阿河，北抵色黎雅尔河。东西距七百余里，南北距二百五十里，大小九国。又土番三种：一曰野罗甫，一曰付腊司，一曰曼领峨。付腊司种类高大，鼻扁唇厚，面似橄榄。俗奉马哈墨回教，性尚平和，周济老弱疾病与外来穷旅。〔无定处，〕游牧为生，随帐迁徙。曼领峨种类面黑、业渔，喜问讯，嗜歌舞，多娶妻妾。妻有过，挞之于市，以示惩警。野罗付种类面黑，业纺织，善骑射，计数以五作十，无文字。

嘉约国即野罗甫，在色黎雅尔河口，濒海岸，为色黎安弥阿区中之大国。惟一部落曰麻皆②，即酋长所居。佛兰西人贸易其地，遂据河口，筑炮台。又于对岸之俄黎岛③设立部落，居人三千，为河口之保障。树木丛茂，产丰，多商贾。

莽孟国在色黎安弥阿之东，附近色黎雅尔河。内有那达更山，金铁相间，掘至数尺许，即有金粒；至丈许，则金粒成团。土番

---

①苏厘麻（Soolimana），苏利马纳。
②麻皆，疑为 Golberry 的倒译。
③俄黎岛（Goree I.），戈雷岛。

不善支撑矿穴，动致坍压。色买腊山，金在刚石之间，凿采费工。又有半山出产红石。

雅尔兰国在色黎雅尔河之上流，地处极东，与满母比邻。佛兰西船曾商其地，获利倍蓰，以水土不服，河道难行，恒被劫掠，遂不复深入其地。

夫达多腊国在色黎雅尔河之下流，距海不远，河之南北，均其辖地。酋长回教种类，亦不能制其部下。

和洼尔国，近海蕞尔之区。酋长蛮野无匹，自称曰额利墨腊，犹华言王中王云。

马腊国在安弥阿之北，距海甚近。酋长所居，即马腊部落也。境内有尼利弗里[①]市埠，设有税馆。先属葡萄亚国，英吉利夺之，而于安弥阿河口筑炮台防守。溯流而上四十里，郎比沙[②]部落。英人虽有贸易，究不与内地尼额河相通，故交易不盛。

孟萨伦国在马腊国之上，幅员较阔，土番约三十万，均曼领峨种类。

雅尼国、稔里国，均小国也，居于孟萨伦之上。厥土坟衍，产谷甲一方。再行四百里，即沙水并涌之地，多鳄鱼、水凫，岸则野兽成群，舟楫难驶。

西腊氏国在色黎雅尔河之北，与前九国毗连为十。河源发自公山，至马腊之尼力弗里出口，经西腊氏境内者居半。

安弥河以南至敏维腊河以北十四国

霏落司国在嘉约之南，东界苏里麻，西界海，南界夫达雅罗，

---

①尼利弗里（Jillifrey），又作尼力弗里，即吉利弗赖。
②比沙（Pisania），比萨尼亚。

北界嘉约之安弥阿河。土厚产丰，鸡、鸭、蜂蜜尤蕃庶。欧罗巴人至此贸易，向例须曼领峨从中经纪，两家买卖不得见面，故不能径与通商。

夫达雅罗国，又名富腊司，在霏落司之东少南，东界额林，西南界海，北界苏厘麻。幅员约长三百五十里，宽三百里。一鼎磨①，一黎弥里阿②，一西耶腊里阿那③，一腊达俄司，四大部落也。酋长居于鼎麻，常领千六百人④，虏掠人口，卖与欧罗巴人为奴。祭祀用人为牲。土番皆付腊司种类，俗奉马贺墨顿教。西耶腊厘阿那滨临海岸，为英商市埠。由此至额林边界，约程二百。（腊）〔黎〕弥里阿在弥斯腊那河口⑤，为弥利坚市埠。南北长二百五十里，宽二三十里。土沃。民惰，多无赖。产银、铁、材木、皮、细布、棉花、糖、油、象牙、苏木、黄蜡、胡椒。

额林国在夫达雅罗国东南，东界埃阿里，南界海，西界夫达雅罗，北界苏厘麻。惟一部落曰鼎来，酋长居之。祭祀亦用人为牲，并有夫死而妻自杀墓前以祭者。别有一种教师，曰墨尔里，能专国中之权。其教师少年离俗，露处深林，修炼日久，能作怪异，能通奥妙，非但识其教中之理，并能审识案牍，方可谓之墨尔里。其地旧属葡萄亚，今尚有葡萄亚之人与土番杂处。土产胡椒。

埃阿里国在额林国之东，南界海，北界梭难，东界阿寒氏，西界额林。领部落二：一曰腊后，滨海口；一曰耶格苏，居腹内。

①鼎磨（Timbo，Teembo），又作鼎麻、鼎来，即廷布。
②黎弥里阿（Liberia），利比里亚。
③西耶腊里阿那（Sierra Leone），塞拉利昂。
④应作"万六千人"。
⑤弥斯腊那河口（Mouth of the River Mesurado），梅苏拉多河口。

腊后所产象牙为最。欧罗巴人以土番犷恶，罕往贸易。土番言语，声在喉中，若野兽叫啸，骇人闻听。阿寒氏又名峨（戈尔）〔尔戈〕，在埃阿里之东少南，东界那和弥，西界埃阿里，南界海，北界苏兰。幅员万四千方里，户百万口，并奴仆之数，则有四百万。领部落四：一吉戈司①，一依尔弥那②，滨临海边；一阿加腊③，一准曼里，均在腹地。吉戈司，英吉利商贾所寓，有炮台。东行约五十里即依尔弥那，为荷兰市埠，炮台甚多。海岸土疏多沙，而沃产糖与包粟，最丰产金矿。土番暴躁好讼。房屋阔整，每村设一会议之所，以高年掌之，审理讼狱，富家多以讼败产。屠人祭墓，酣宴数日。习俗男逸女劳，负重工作无非女，惟捕鱼则男耳。服色尚白，酋长以下，多系金镯。兵事或战或和，悉商之四官。春秋二祭，皆屠人祈福。酋长身死，辄戮千人以祭。先拘外国奴仆，并羁禁之；罪囚不足，则虏行人，故入市不敢独行，恐被虏也。妻妾以多为贵，酋长例有三千，并选姿色稍忤，意辄戮死。并鬻人口与欧罗巴人为奴，其暴虐甲通洲。然酋长亦知慕欧罗巴之材艺，以教其人民。陈设器物，皆精巧。其出口之货，惟有黄金。属地甚广，如领几腊④、阿几浯⑤、洼扫⑥、阿广磨⑦四国，皆其所辖。后又征服内地之雅漫、阴达⑧、那安麻⑨诸国。

那和弥国在阿寒氏之东少南，东界弥领，西界（寒阿）〔阿

---

① 吉戈司（Cape Coast），海岸角。

② 依尔弥那（El Mina），埃尔米纳。

③ 阿加腊（Accra），阿克拉。

④ 领几腊（Dinkira），丁基拉。

⑤ 阿几浯（Akim），阿基姆。

⑥ 洼扫（Warsaw），沃索。

⑦ 阿广磨（Aquamboe），阿瓜姆博埃。

⑧ 阴达（Inta），因塔。

⑨ 那安麻（Dagwumba），达古翁巴。

寒〕氏，南界海，北界梭兰附近海岸。长广各二百里。其没海之
地曰斯列哥士①，华语奴仆岸也。本恢那国②之地，其酋长恃富骄
淫，遂为那和弥所并。风俗人情与阿寒氏同，而残忍更甚。人死
不殓不埋，挂于墙壁，任其腐朽。宫室庙宇，覆以人之天灵骨。
酋长妻妾例有三千，每年传集番女，挑选一次，上等自留，次者
指配番官。邻近尚有阿那腊③、〔麻〕那厄里④、腊俄司⑤诸属国。
腊俄司祈雨，将少妇倒植神前。有犯死罪者，缳首树杪。阿（腊
那）〔那腊〕土产棉花、油、番（硪）〔䃉〕、瓦器、铁器。

弥领国，又名弥阿佛腊，在那和弥之南少东，滨海，广约二
百里，与洼里、（尼门）〔门尼〕二国同区。弥领地势低洼，恒患
潦溺。产象牙。俗敬匪底祇神，国人见酋长，当如见神。设有干
犯酋长者，已科犯上本罪，再加亵渎神明规条，施以极刑。

洼里国在弥领西南，滨临内河，地势卑湿。溪汉纷歧，皆狭
不容舟，惟墨腊斯河⑥较阔，源流亦长，直达阿兰底海。土瘠民
稀，风俗略同弥领。

（尼门）〔门尼〕国在弥领东南。沿河逆流而进约行六十里，
即耶付连部落⑦。酋长蛮野，战胜即聚其颅骨，以造庙宇，以祀匪
底祇之神。贩鬻人口，每年约二万。产象牙最多，其次油、盐。

根峨国在銮峨之南少东，北界銮峨，西界阿兰底海，南抵安

---

① 斯列哥士（Slave Coast），奴隶海岸。
② 恢那国（Whidah），怀达。
③ 阿那腊（Ardrah），阿德拉。
④ 麻那厄里（Badagry，Badagri），巴达格里。
⑤ 腊俄司（Lagos），拉各斯。
⑥ 墨腊斯河（Brass R.），布拉斯河。
⑦ 耶付连部落（Ephraim Town），埃弗拉因敦。

（腊峨）〔峨腊〕，东界旷野。领小部落三：根我洼①在内地，酋长所居也；马领麻②、加敏那③均滨海涯。土番身体短小，面黑有力。俗惰罕耕种，树皮为庐，草席蔽体。地旷人稀，村小者百余人，大者数百人。人分四等：曰头目，曰钱粮户，曰耕户，曰家奴。酋长与头目多蓄妻妾，贩人口。市埠虽在海岸，而所贩之人，悉由内地运载而至。

銮峨国在根峨之北，西抵阿兰底海，南抵根俄，东北俱界牙门。风土人情，略同根峨。

安葰腊国在根俄之南，东界旷野，西界阿兰底海，南界敏（雅）〔维〕腊，北界根峨。风土人情，亦同诸部。

敏维腊国在根峨之南，西界阿南底海，东南俱界荒芜之地，北界根峨。沿海岸数百里，俱葡萄亚所辖。每年贩人口约二万计。风俗同前诸部。产上铜。

重辑原无，今补。

《每月统纪传》：利未亚之西，滨海有西尔得④国，其地有两大沙：其一在海中，随水游移不定；其一在地，随风飘泊，所至积如丘山，城郭田亩皆被压没，国人甚苦之。又有工鄂国，地亦丰饶，颇解义理。自与西客往来，多奉真教。其王又遣子往欧罗巴习学文字，讲明格物穷理之学焉。西得尔国，一作西羁得国，今属英吉利夷埠⑤。

---

①根我洼（Congowar），刚果沃。
②马领麻（Melemba），马伦巴。
③加敏那（Cabinda），卡宾达。
④西尔得（Sert, Syrtis, Syrtie Region），锡尔特，在利比亚（Libya）。
⑤此注误。西得尔是西尔得之讹，魏源又误西得尔为西非的 Siratic，本作西霸得，又讹为西羁得。

又曰：亚非利加海边向有匪徒，驾船载火器，而以美酒玩物卖与黑面奴，因此诱贩人口。又有列国贪利之夷目，侵伐邻境，虏掠生俘，赴海口贩卖。将奴三四百口，拥挤下舱，继缧桎梏，闷不通风，臭气染病，死者不胜其数。英吉利公会立法严禁，巡船到处搜探，一遇载奴之船，即捕送，治以死罪。上年十月，兵船巡海，遇有贩奴舟泊于海隅，先放炮招降，既不肯投，遂冲锋掩杀，一人战死，六人受伤，竟夺获其船。赴葡萄亚埠头，其城之镇守官强索其贩奴船，英军不允，葡萄亚放炮轰击，英之水师愤怒，返棹，启咨本国将帅，已领战船赴彼雪怨。

《万国地理全图集》曰：西亚非利加之海，北系沙地；其黄道南北两地，深林密箐，瘴气弥空，外人不服水土，多患病。居民黑面卷发，扁鼻厚唇，愚钝无知，或崇回教。其土人不服一君，亦不立国家，但各自为族。袤延方圆三百六十万方里，约计二千万丁。颜色悦和，扬眉畅气，并不虑远。会时鲜衣裳舞，男女用金珠、象牙浑身华饰。贫人大半裸体，无羞。其僧诱惑庶民，杀人祭神，将各项树木、禽兽为神而拜之。或用妖术灵符，殊可痛恨。其居室桧巢草寮。不用金银，惟以货易物。土肥饶产，不待人力，故民皆游惰。每临饿乏，则族攻族、类击类而相吞。所获之俘，则卖为奴。外国船到此，以买其人口，将二三百人杂装船内，驶到各国贩卖，以种园耕地。如此，黑族曼延四海，无处不至。故此，英国发义怒，严禁贩卖；又排巡船恒驶海滨，往来捕治。

葡萄亚国初据此地，为荷兰所夺后，佛、英两国开海滨新地，建炮台，但恐山林瘴气，不敢入内地。西北海边葡国所据之岛，曰马太拉岛①，初时遍地深林，焚烈种植，作葡萄酒卖与外国，每年价银三十万两。

加拿利群岛②，有山岭，其最高者百二十丈③，名特尼勒山④，为船之标准。此屿归是班牙国，亦出葡（萄）〔萄〕酒不少。

绿山头群岛⑤，不毛之地，瘦岭枯山，其海滨出盐。群岛对面之海边沙漠，其南方西尼甲江⑥有佛兰西炮台，与居民贸易布匹、金沙、树胶，每年来船三十只，货价银六七十万两。民人大半回回，中有数族，安分务商。

感北亚河⑦南流入海，有英国商埠，包兑包送之地。此江之南，开英国新地，称为狮山，产象牙、油、蜡、皮、木头、树胶，价值银四十二万两。英人如获奴船，在此释放。又召教师开学，以传耶稣之道，虽顽蛮难化，虚费不赀，然援人于水火之祸，不独保其生命，乃引之履天道。其东南边称曰危尼⑧，中有花旗国新地。

更望南而往，其海滨一曰谷边⑨，一曰象边⑩，皆蛮民，猛力好战，攻接外船，性近禽兽。一曰金边⑪，乃英、荷所建炮台，与土人通商之处。其百姓稍已入化，又立长老治之。金边之东，有

---

①马太拉岛（Madeira Is.），马德拉群岛。
②加拿利群岛（Islas Canaras），加那利群岛。
③英文资料作"12,000 feet"。
④特尼勒山（Peak of Teneriffe），特尼里费峰。
⑤绿山头群岛（Cape Verde Is.），佛得角群岛，今佛得角共和国。
⑥西尼甲江（Senegal R.），塞内加尔河。
⑦感北亚河（Gambia R.），冈比亚河。
⑧危尼（Guinea），几内亚。
⑨谷边（Grain Coast），谷物海岸。
⑩象边（Ivory Coast），象牙海岸。
⑪金边（Gold Coast），黄金海岸，今加纳。

大黑国，称为亚山地①。其国王起兵与英交锋，又与邻小国结衅，今亦服之。国王娶妻三千，更赴南贩卖人口。再至南，则到北纽海边②，居民（懍）〔凛〕服其王，受死无怨，惟命是听。另有破岛③，其埠头归是班牙国。其最南方称曰公我④，被葡萄亚所占据，专贩人口，所建之城颇大，商颇盛。

《地理备考》曰：塞内冈比〔亚〕⑤国在亚非里加州之西，北极出地十度起至十八度止，经线自西九度起至二十度止。东至尼给里西〔亚〕国，西枕亚德兰的海，南接几内亚国，北界〔萨阿拉〕沙漠⑥，长约二千七百五十里，宽约二千里，地面积方五十五万，烟户一京二兆余口。平原沙漠相间，少山多林。河则塞（地）〔内〕加尔河为首，冈比〔亚〕河、那禄河⑦次之。（故统名曰塞内冈比国）沃土丰产，谷、果、药材、金、铜、盐、琥珀、纹石、象牙皆具。炎瘴特甚，惟五月至八月阴雨，暑气稍降。土人色黑发卷。列酋分摄，或世袭，或选立，各霸一方。所奉回教。（国以河得名故）通国分二十小国：（在河南北）曰弗达多罗⑧，曰弗达日罗⑨，曰弗拉都⑩，曰加孙⑪，曰（宾）〔崩〕都⑫，曰牙尼⑬，

---

①亚山地（Ashantee），阿尚提。
②北纽海边（Bight of Benin），贝宁湾。
③破岛（Fernando Poo, Bioko），比奥科岛。
④公我（Congo），今刚果民主共和国和刚果共和国。
⑤塞内冈比亚（Senegambia），今塞内加尔和冈比亚。
⑥萨阿拉沙漠（Sahara），撒哈拉沙漠。
⑦那禄河（Rio Grande），格朗德河。
⑧弗达多罗（Foota Torra, Futa-Toro），富塔图拉。
⑨弗达日罗（Foota Jallo），富塔贾卢。
⑩弗拉都（Fulado, Fuladugu），富拉多。
⑪加孙（Kasso），卡苏。
⑫崩都（Bondu），邦杜。
⑬牙尼（Yani），雅尼。

曰弗乂尼①，曰乌黎②，曰登的里亚③，曰分达④，曰加科尔达⑤，曰邦布各⑥，曰萨隆⑦，曰加布⑧，曰日（的）〔约〕罗弗⑨，曰新⑩，曰乌阿罗⑪，曰巴尔⑫，曰加约尔⑬，曰萨伦⑭。

西州各国补辑 此数国《四洲志》无

之，今据他书补。

又《地理备考》曰：几内亚国（其上几内亚）在亚非里加州之西，（南）南极出地一度起至北十一度止。东至沙漠，西南接亚德兰的海，北界塞内冈比〔亚〕国及尼给里西〔亚〕国。长约八千五百里，宽约三千里，地面积方一百零五万里。烟户一京余口。民人多黑，卤莽无文。本国公山为尼给里西〔亚〕及塞内冈比〔亚〕二国分界。海滨低陷，烟瘴触人。河长者名曰尼日尔，由尼给里西〔亚〕贯彻本国，而注于亚德兰的海，其次曰塞勒⑮、郭安萨⑯。田土肥饶，谷果丰稔。土产黄金、珊瑚、琥珀、纹石、甘

①弗乂尼（Fuini），富伊尼。

②乌黎（Ulli，Wolli），伍利。

③登的里亚（Dentilia），丹蒂利亚。

④分达（Tenda），坦达。

⑤加科尔达（Kaarta），卡阿尔塔。

⑥邦布各（Bambouk，Bambuk），班布克。

⑦萨隆（Saloum），萨卢姆。

⑧加布（Kabu），喀布。

⑨日约罗弗（Jalofo），贾洛福。

⑩新（Syn），辛。

⑪乌阿罗（Ualo），乌阿洛。

⑫巴尔，疑指 Baol 巴奥尔。

⑬加约尔（Kayor），加约。

⑭萨伦（Salum），萨卢姆。

⑮塞勒（Zaire R.），又作公额（Congo R.），扎伊尔（刚果）河。

⑯郭安萨（Cuanza R.），宽扎河。

蔗、烟叶、香料。地气炎热，夏秋则阴雨连绵。列酋分摄，各据一方。所奉之教，或拜山河，或奉禽兽，初无一定。技艺缺乏，耕种皆女。通国分为数十小国，其要者，曰的马尼〔亚〕①，曰古郎哥②，曰苏（尼）〔黎〕马那③，曰加布蒙德④，曰桑固音⑤，曰加瓦利⑥，曰亚（于）〔汗〕的亚⑦，曰达可美⑧，曰亚尔达拉⑨，曰巴达给里⑩，曰拉各斯⑪，余未及载。

公额⑫国，又名下几内亚，在亚非里加州之西南，南极出地一度起至十七度止，经线自东八度起至十八度止。东至日牙加⑬地，西接亚德兰的海，南连星卑巴西亚国，北界上几内亚国。长约三千八百里，宽约一千四百里，地面积方四十四万里。烟户四兆余口。地势东方多山，众河发源于此。其长者曰公额，又名塞勒，四面绕贯，田土最腴。产铜、铁、甘蔗、胡椒、烟叶、薯粉、象牙等。地气熇烈，技艺缺乏，贸易稀疏。列酋分摄，不属别国管辖者，分二十一小国：一罗昂额⑭，一公额，一（宾）〔崩〕巴⑮，

---

①的马尼亚（Timmania），廷马尼亚。
②古郎哥（Koorango），库兰戈。
③苏黎马那（Soolimana），索利马纳。
④加布蒙德（Cape Mount），芒特角。
⑤桑固音（Sangwin），桑格因。
⑥加瓦利（Caldwell），考德成尔。
⑦亚汗的亚（Ahantia），阿汉提亚。
⑧达可美（Dahamey），达荷美。
⑨亚尔达拉（Ardrah），阿尔德拉。
⑩巴达给里（Badagry），巴达格里。
⑪拉各斯（Lagos），今尼日利亚港口。
⑫公额（Congo），今刚果共和国和刚果民主共和国。
⑬日牙加，疑指Jaga，贾加。
⑭罗昂额（Loango），卢安戈。
⑮崩巴（Bomba），邦巴。

一萨拉，一莫卢阿斯①，一虎美②，一加三日③，一冈各白拉④，一何（国）⑤，一何罗（合）〔和〕⑥，一日仍加⑦，一几苏阿⑧，一古达多⑨，一古宁加⑩，一当巴⑪，一里波罗⑫，一几萨马⑬，一塞拉，一白伦多⑭，一难诺⑮，一比黑⑯。

其属列国者，曰星卑巴西〔亚〕国，在亚非里加州之南，南极出地十八度起至二十五度止，经线自东十度起，莫知所至。西接亚德兰的海，南连（科）〔可〕丁多的亚⑰国，北界公额国。长约二千七百五十里，地面积方约三十四万里，烟户约二亿余口。海滨艰险，平原硗薄，一望沙漠，人民萧条，猛兽充斥。国多无籍游民。

本州西南临海几内亚之地，凡荷兰、大尼、花旗各国市埠，皆在其中。隶贺兰国兼摄者，名厄尔弥那城⑱，建于几内亚国中，烟户约一万口，景色壮观，商贾接踵，设有总理驻扎其地，余城

---

①莫卢阿斯（Moluas），莫洛亚斯。

②虎美（Homé），霍梅。

③加三日（Cassage），卡萨杰。

④冈各白拉（Concobella），坎科贝拉。

⑤何（Ho），荷。

⑥何罗和（Holo-Ho），霍卢荷。

⑦日仍加（Ginga），金加。

⑧几苏阿（Quicua），基苏亚。

⑨古达多（Cuttato），库塔托。

⑩古宁加（Cunhinga），库宁加。

⑪当巴（Tamba），坦巴。

⑫里波罗（Libolo），利博卢。

⑬几萨马（Quizama），基萨马。

⑭白伦多（Bailondo），拜隆多。

⑮难诺（Nano），纳诺。

⑯比黑（Bihé，Bie），比耶。

⑰可丁多的亚（Hottentotia），霍屯督提亚。

⑱厄尔弥那城（El Mina），埃尔米纳。

皆受节制。隶大尼国兼摄者，曰给里斯的巴尔，其城在几内亚国中，地产饶丰，工良商众，设有总理驻扎其地。余城弹丸，皆受节制。隶亚美里加州花旗国兼摄者，在几内亚国门苏拉多河①滨，曰里卑利亚②，其居民皆由亚美里加州迁徙，首郡名蒙拉维③，学馆书库备具，商贾辐辏。

《外国史略》曰：西亚非利加海边地通各国商埠者，一曰西尼安④，在旷野之南，广袤方圆约三万里。多暑，盛烟瘴，民皆黑面，各有酋长，风俗殊异，好战斗。地或沙或壤，物产不由人力。佛兰西在此海边开埠，筑炮台，在路义⑤、峨利⑥等岛建邑，土酋多畏其势。产谷、椰子、绵花、枣、黛青、烟、胡椒等货。英人及葡萄亚等国亦开埠，然甚微小。

狮山在海滨，长五十五里，阔六十里，卑湿多潴泽，内地渐高。惟欧罗巴人所居，地多产物。其黑面人，地极荒芜，土民稠密，饮水食树根，不肯工作。乾隆四十七年，英人在此开埠，方圆约十七里，严禁贩卖人口。常调师船巡驶，所获之奴，即送狮山。设教师，开学馆，以施慈政。居民约三万二千。后小邑乡里，务艺术。英国每年费银九十万两，以立此港。道光十六年，运入之货二十八万七千两，运出者二十八万五千两。民寡而勤，故地虽褊小，能通商。

一危尼地，在西海滨，其通商各异埠。一曰谷油滨⑦，自山内

---

①门苏拉多河（Mesurado R.），梅索拉多河。

②里卑利亚（Liberia），利比里亚。

③蒙拉维（Monrovia），蒙罗维亚。

④西尼安（Senegambia），今塞内加尔和冈比亚。

⑤路义（St. Louis），圣路易，在塞内加尔河河口恩达尔（N'Dar）岛上。

⑥峨利（Goree I.），戈雷岛。

⑦谷油滨（Grain Coast），谷物海岸（或译胡椒海岸）。

及米苏拉（加）〔多〕①地。一曰象牙滨②，自巴马③及亚破罗尼④地。一曰金滨⑤，自亚破罗尼及窝他河⑥。一曰奴滨⑦，在窝他河东边，最要者曰亚山地、曰他何米⑧、曰押他⑨、曰巴他义⑩、曰拉峨⑪等国。

亚山地族类权势甚重，百姓百万，织布、锻五金，勇敢残酷。其君妃嫔四千，淫邪无度，死之日，杀千余人以殉。

可马西族类⑫亦在各海滨通商，英吉利、荷兰、大尼等国各建炮台，调守兵以护贸易。属地裼少，居民亦罕。运出货价，仅数万金。此州内地甚广，部落多，民俗异。外国人未有入之者，故不识其形势。北方有地，曰丁布土⑬，大市也。北贾云集，驼马不绝。又布奴⑭近大湖，亦通商。又副拉，居民稠密，土酋豪健，常领兵以据其邻国。

1102

---

①米苏拉多（C. Mesurado），梅苏拉多角。
②象牙滨（Ivory Coast），象牙海岸。
③巴马（Cape Palmas），帕尔马角。
④亚破罗尼（Cape Apollonia），魔王角（阿波隆角）。
⑤金滨（Gold Coast），黄金海岸，今加纳。
⑥窝他河（Volta R.），沃尔特河。
⑦奴滨（Slave Coast），奴隶海岸。
⑧他何米（Dohomey），达荷美。
⑨押他（Ada），阿达。
⑩巴他义（Badagri），巴达格里。
⑪拉峨（Lagos），拉各斯。
⑫可马西族类，指富穆人（Foomoos）。
⑬丁布土（Timbuctoo），廷巴克图。
⑭布奴（Bornou），博尔努。

海国图志卷三十六
欧罗巴人原撰　侯官林则徐译　邵阳魏源重辑

小西洋中利未亚洲

中阿未利加洲各国《职方外纪》言：

亚毗心域国地极大，居本洲三分之一，则中阿（利未）〔未利〕加亦在其内，不止阿迈司尼也①。

中阿（利未）〔未利〕加洲地处中央，环以群山，沃野平旷，灌溉不竭，为全洲膏腴之最。西界西阿未里加，北界旷野，东界查湖②，南界无考。长三千余里③，广千有余里④。山最大者曰闷山，自东至西，起伏绵亘，与洲境同其起迄，中阿未利加仅山之中央一隅耳。峰峦层叠，崖石嵯峨，有似倒塌炮台者，有似锐浮图者，形势不一。高者二三千丈⑤，崎岖与平坦相间，山内可种棉、粟，并有城垣，依山而建。天炎土燥，而田畴不乏水泽，皆

---

①此注为魏源臆测，实际情况并非如此，从《职方外纪》对阿比西尼亚（今埃塞俄比亚）疆域的具体描述看，远没三分之一非洲那么大；从辑进本卷的《四洲志》、《地理备考》诸书看，或说中非洲的东界在乍得湖一带，或说中非洲在努比亚及阿比西尼亚以西。魏源绝对相信三分之一这一错误数字，并据此猜测中非洲在阿比西尼亚之内，误上加误。

②查湖（Lac Tchad），乍得湖。

③原著作"1300 miles"。

④原著作"560 miles"。

⑤原著作"2000—3000 feet"。

资闷山①之灌溉。河道有四：曰尼厄河，曰孤卢尼河②，曰菰弥河③，曰瓜腊马河④，皆发源闷山。而尼厄河最巨，源远流长，计三千余里，总受诸河之水，由机里⑤出海。诸国皆沿河建立。湖以查湖为最阔，与磨尔农⑥连界，长约六百里⑦，宽约四百里⑧，其水澄清甲天下。湖中小岛，各有居人，林深草茂，飞走薮泽。次为尼弥湖⑨，虽不及查湖之大，亦一目难穷。此外皆小湖而已。

幅员辽阔，内多小国，距海岸远，不与海国通往来。近四十年，始有冒险至其地，略悉情形，究无史书，难溯源委。读《阿丹地理志》，载千二百年⑩，（宋）〔金〕承安五年。部内之人迁徙旷野之南，可见居于中阿未里加洲者，多阿丹之人。并闻先日有阿麻西尼司与翁弥阿尼司互争胜者，各自立国，其最大者〔曰〕嘉诺，曰萨加〔睹〕⑪，曰磨尔农。嘉诺之南，产金最旺。千四百年⑫，明建文（四）〔三〕年。摩罗果大头目阿佛厘加卢士⑬统众⑭至丁麻杜，

---

① "闷山" 后疑脱 "诸河" 二字。
②孤卢尼河（Coodoonia R.），库杜尼亚河。
③菰弥河（Cubbie R.），库别河。
④瓜腊马河（Quarama R.），夸拉马河。
⑤机里（Kirree），基里，在尼日利亚南部。
⑥磨尔农（Bornou），又作摩尔农，即波尔努。
⑦原著作 "200 miles"。
⑧原著作 "150 miles"。
⑨尼弥湖（L. Dibbie, Dark Lake），的别湖，在今马里。
⑩原著作十二世纪，译文及所注我国古代纪年均误。
⑪萨加睹〔Sackatoo（Tocnur）〕，索加托，在今尼日利亚。
⑫原著作十四世纪，译文及所注我国历史纪年均误。
⑬阿佛厘加卢士（Leo Africanus），原著没说他是摩洛哥的大头目。
⑭ "统众" 二字为译者增。

夺得依机阿①各地②，立国称王，即名丁麻杜国，（嘉）〔斯〕时嘉诺③亦属丁麻杜所辖矣。千七百年④康熙（二）〔三〕十九年间，又归于加斯那⑤。千八百初年⑥，嘉庆五年。萨加睹头目曰兰华利荷者自立为王，并服蒿司沙部、磨尔农部，遂成大国。不久分裂，为摩尔农头目所驱逐。蒿司沙各部落，若俄墨⑦、若色塞，同时亦各自王。即如丁麻杜国，自阿佛厘加卢士以后，即为摩罗果之属国。满马腊⑧向称大国，所属之展里大部落，近已为头目阿马卢所据。

各国政事，皆自专制，故无著名之邦，亦无统辖之主。蜗角蛮触，各长一方。

其俗，百官见王，匍伏殿前，以首叩地。各国王死，屠人以祭，虽不若西阿未里加阿寒氏、那和弥二国之多，然祀典用人，亦不能缺。王之所贵，不在宫室制度，而在妻妾货财。故国王宫室仅加于民居一等，往往苦盖尘积，乳燕环飞。儿童裸露，朴陋无伦。而妻妾之多，则难以数计。凡监守各官以至服役，皆姬妾焉。部落长官皆由民自推择，赋税无定额，军旅无纪律。惟摩尔农之兵，似有队伍，善长枪、藤牌，行列方圆成阵，临战仅裹兽皮以御弓矢。萨（斯）〔加〕睹国有兵六万。各国皆不习火铳，惟阿丹客商有火器，遇两国争斗，常以此解围。

---

①依机阿（Izchia），据原著，他才是来自摩洛哥的大头目。
②上文，原著意为"在14世纪，利奥·阿非利加纳斯访问通布图时，发现该地已为来自摩洛哥的大头目伊兹奇亚所据"。
③此一"嘉诺"，原著作Ghana，下文译"雅那"，与嘉诺（Kano）同地异名，在今尼日利亚卡诺州。
④原著作十八世纪末年，译文及所注我国历史纪年均误。
⑤加斯那（Cassina，Katsina），卡齐纳，今尼日利亚卡诺州北部。
⑥原著作约在十九世纪开始时。
⑦俄墨（Goober），古贝尔，在今尼日利亚西北部一带。
⑧满马腊（Bambarra），班巴腊，在今马里与毛里塔尼亚之间。

土产粟、米、棉花、洋靛、六畜、狮、象、豹、蜂蜜、象牙、金沙、洋蓝布。各埠运货并无车辆，全藉负载。贾于斯者，皆阿丹之人。由北阿未里加越历沙漠，缺水草，多盗贼。近日始知雇骆驼驮载，节省倍蓰。所运入者，如丝、绸、呢、纸、珠、银器，利皆数倍。运出则黄金、象牙、奴仆居多。奴仆多自南山虏掠而来，非但贼盗，即国王贵官亦然。如莫尔农之王与曼那腊①王之女为婚，曾会赴麻斯俄②，虏掠人口三千以贺嘉礼。境无沟洫，亦少衢道。荒陬旷野，信足穿越。或倒木横阻，或雨水泛滥，行旅踯躅，马喑仆吁。

土番与阿丹之人杂处，仅学其技艺工作，从不习其回教文字。地素蛮野，较之通洲则尚知礼义，喜结交。惟俗尚掠夺，在他方尚以贫劫富，此则以富劫贫，习不为耻。凡事皆信匪底祇之神。其摩尔农、蒿司沙两国极欲修文，苦无教导。性喜歌舞，虽尊贵亦登场演唱，扬扬自得。土番面皆黑，即所谓"乌鬼国"云。

莫尔农为中阿未里加洲强大之国，幅员七万五千五万里，户二百万口③。在查湖之西，滨湖水乡，美稼穑，多狮、象、熊、虎为害。领大部落八，钩加④其首部落也，其次若安俄那⑤、若安牙（膅）〔腊〕⑥、若吾尼⑦、若加领⑧、若腊里⑨、若加沙里⑩、若阿

①曼那腊（Mandara），曼达腊，在今喀麦隆北角一带。
②麻斯俄（Musgow），约在今乍得西南部和喀麦隆北部一带。
③原著仅说 Bornou 长宽各 200 miles，未列人口总数。
④钩加（Kouka），库卡，今尼日利亚东北角库卡瓦（Kukawa）。
⑤安俄那（Angornou），安戈尔努，故地在今库卡瓦东南十余公里。
⑥安牙腊（Angala），安加拉，在今喀麦隆北角马库利（Makari）一带。
⑦吾尼（Woodie），伍迪，在今乍得加奈姆省。
⑧加领（Kanem），加奈姆，今乍得加奈姆省。
⑨腊里（Lari），拉里。
⑩加沙里（Kabshary），卡布沙里，在今尼日利亚北部。

尔磨卢农①七部，湖山错壤，大小各别，而富庶以安俄那为最。始王其地者，本阿丹之人，嗣有依尔加尼者起兵据国，放前王于附郭，逐官民回阿丹。其国中大官以皤腹为美，首缠白布。其王接见欧罗巴人，则端坐龛中，外列侍从，陈兵护卫。性好斗而不轻捷，败则走步艰难，坐以待毙。土番黑面厚唇，朴鲁好斗，善纺织，精染洋蓝，耕种皆以女。国王所驻钩加部落甚小，居民万人。安俄那为国中最大之部，居民三万，贸易集会约有十万。安牙腊、吾尼亦两大部。北则加领部，与旷野交界，居民骁勇。腊里部民仅二千。加沙力亦大部，居民善用药箭。阿尔磨卢农部落近已荒废。

曼那腊国在磨卢农之南，山谷土沃，领大部落八，以磨腊②为首区。闷山最高之峰在其境内，陟巅远眺，疆域了然。土番不习教门，文身衣革。麻斯俄部落最为蛮野，好骑生马，衣山羊、豹皮，取仇人牙齿串珠挂颈，以夸其群。那古尔腊③地处山谷，村堡坚固，好武斗胜，善用药矢。摩尔农兵侵之，为所败。

罗艮国在查湖之南，为洲中最灵巧之国。接壤强邻，皆凶恶好杀，竟能立国，保境安民，皆才智所致也。即以罗艮为首部落，街衢坦阔，距查湖仅四十里。产佳木、香草。精染洋蓝布，不亚于摩尔农。钱用铁铸，形如马蹄。番妇容貌在黑人中为最端好。卑湿多蚊，惟日午暂息，余时皆虫飞薨薨。

敏雅弥国在查湖之东南，土域辽阔，土番勇战，衣铁甲，习长枪，视摩尔农器械尤备，交锋亦无纪律。

---

①阿尔磨卢农（Old Bornou），旧波尔努，在今尼日利亚博尔诺州。
②磨腊（Mora），莫腊，在今喀麦隆北角。
③那古尔腊（Dirkullah），迪尔库拉。

（芜）〔无〕名地在查湖之中，岛屿甚多。居于斯者，皆弥落麻①之人。岛旁泊船千计，无非盗艇。土谣云："天未贻我粮，神未贶我牛与羊，只生膂力与诈肠，我居宛在水中央，不劫何以豪四方。"磨尔农王欲禁之，无如何也。然所房人口，以作奴仆，尚不甚残虐，往往给以妻室。

蒿司沙在尼厄河之西，幅员辽阔，界域莫详。壤燥宜麦，一岁再获，仓廪充实，果蔬既多且旨。土番皆阿丹之人，自耶稣千年以后②宋咸平三年陆续迁至。非其回教中人，无不被房为奴。与西隅之黑番贸易。

沙加都国即多谷（曾）〔鲁〕③，在蒿司沙之西，土沃民庶。先居萨加都，近迁马雅利阿④。城池壮阔，甲于中洲，墙高三丈，门户十二，日落即闭。王宫前面，方角开敞，四壁藻绘。萨加都之旧部落，近已颓毁。

俄墨国、山付腊国均蛮地，好斗。俄墨首部曰古尼阿⑤，城池坚固。于千八百二十九年，道光（二）〔九〕年。蒿司沙率兵六万侵之，为俄墨所败。山付腊首部曰沙弥⑥，当嘉诺、萨加都两部之冲，专劫行旅为业。

雅那国即嘉诺，为阿未里加腹内之地，疆域虽狭于旧，而商贾市埠犹甲诸国。嘉诺首部落也，周有十五里，居民约三四万，中央地洼而旷，水涸之后，贸易聚焉，为一大市镇。有头目司市价，辨真伪，设有贱售贵、赝乱真者，则经纪受罚。日出登市，

①弥落麻（Biddom），指比多马赫族。
②原著作第十和第十一世纪，译文及所注我国历史纪年均误。
③多谷鲁（Tocrur），托克鲁，今尼日利亚索科托省。
④马雅利阿（Magaria），马加里亚，在尼日尔南部。
⑤古尼阿（Coonia），库尼亚，在今尼日利亚索科托州。
⑥沙弥（Zirmie），齐尔米，在今尼日利亚索科托州。

日入即散。又有奴仆市，两棚分列，男女各坐一棚，买者先观五官四肢，继令其步履，听其音语。市用小介壳为钱，谓之勾力士，四百八十枚值银一钱八分。

嘉司那国在嘉诺之北，向称大国，前时之蒿司沙曾属其管辖。城墉广阔，民居不及十之一，皆商贾所集。

色塞国在嘉诺、萨加都二国之南，为中洲最沃之壤，产上米、蜜枣。沙厘阿①其首部也，居民五万。田畴绣错，林麓葱蔚。色塞之南，亦饶水草。尚有小部落属其统辖。

加达国居众山之中，村庄大小五百，领罗腊②其首部也。地虽多山，而滨涉力河③，土亦膏泽，贸易颇盛。惟土番蛮恶，前遇岁歉，尽屠外国商贾而食之。由领罗腊沿河而东，即阿那磨洼④，皆加达属地也。

蒿司沙之西国辖部落四，首即加（雅东）〔东雅〕⑤部，次即山尼阿⑥部，次加达艮⑦部，次珊山⑧部。加（雅东）〔东雅〕，美田畴。山尼阿在山谷之中，形势环拱，颇秀蔚。加达艮曾属莫卢农之部落。珊山，贸易一大市镇也。人皆犷狠。

裕里国疆域平旷，近尼厄河，常有水患。厥土润泽，最宜播种，俗勤力作。土番虽多为奴，然伶俐耐劳。首部即裕厘⑨，甚宽阔，植木城而裹以铁，周三十里。居民蕃盛强勇，阿丹人常侵之，

---

①沙厘阿（Zaria），扎里亚，在今尼日利亚尼日尔州。
②领罗腊（Dunrora），敦罗腊，在今乍得。
③涉力河（R. Shary），沙里河。
④阿那磨洼（Adamowa），阿达穆瓦，在今乍得。
⑤加东雅（Katunga），卡通加。
⑥山尼阿（Zangeia），赞内亚。
⑦加达艮（Katagoom），卡塔古姆，在今尼日利亚包奇州。
⑧珊山（Sansan），桑桑。
⑨裕厘（Youri），即宾尤里（Bin Yauri），在今尼日利亚索科托州南角。

皆被驱逐。王宫俭陋，国王曾杀有名游士曰巴客，大受恶名。后遂优礼格（膓）〔腊〕白顿游人，以改前过。

洼瓦国蕞尔地耳，而田畴膏沃，地当孔道。都邑居民不及二万，而蒿司沙之商贾荟焉。市陈百货，曲港连甍，管弦宵昼。行人至止，肴醴错陈。

磨尔俄在磨斯沙、洼瓦两部之西北，半多丛山茂林，几阿麻①其首部也。王奉回回教，敬匪底祇神。宫殿设兵扈卫，宫室帷帐陈设侈靡。土番骄勇敢斗，盗贼尤多，劫夺四出。

莫司沙国在裕里国之下，首部落即名莫司沙，滨临尼厄河，河岸宽阔，下即大石滩，舟楫往来，素称危险。地宜五谷。前为阿丹人所据，后始杀逐阿丹自立为国。前时游人巴客被害，即在此滩。

岩阿国美田畴，多农商，西方富庶之区也。辖大部落五，曰岩阿，曰磨府②，曰匽那③，曰几司④，曰查吉（仙）。⑤ 原都磨府，近迁居岩阿城⑥，周有十五里，民户未详其数。磨府今虽不复为都，而居民安之，尚称乐土。匽那在国南，几司在国北，若查吉，（仙）则山谷之中矣。王宫及民舍，墙皆苫覆，惟门楣多有雕饰。头目见王，曲跽尽礼。王多妃妾，难以数计，宫内之事皆媵妾司之。凡祀神亦以人为牲，特不至阿寒氏、那和弥之多耳。国中间有小山，至高者三百丈。天气和暖，高下皆可布种。产粟米、棉花。尤工机织，其布与尼霏国等。林木馨香，蜂蝶翩绕，花晨月

①几阿麻（Kiama），今尼日利亚夸拉州凯亚马（Kaiama）。
②磨府（Bohoo），在尼日利亚奥约州 Shaki（沙基）南面。
③匽那（Jenna），晋纳，在尼日利亚奥贡州。
④几司（Keeshee），今基席（Kishi），在尼日利亚奥约州。
⑤查吉（Chaki），今沙基（Shaki），在尼日利亚奥约州。
⑥岩阿城（Eyeo），今杰巴（Jebba），在尼日利亚夸拉州。

夕，致堪游衍。

尼霏国在尼厄河之东岸，亦富庶之区，居此土者半回回，半黑人。泥霏之黑人，又黑人中之灵敏者。奴仆皆工织机，故所织棉花，他国莫及。辖部落八，那麻①其首部也。产五谷、牛、马。草席之佳，甲于通洲。菰尔府②部落在其北界，城池坚固，贸易蕃盛，部民尽回教，男女无别。腊牙马③及马尼磨④两大部落均依尼厄河之东岸，因阿丹侵扰，改迁西岸。巴达司⑤在莫司沙之边界。沙俄司⑥与腊麻相距不远，四水环绕，洲浮水面。工作精巧，所织棉布，通洲头目无不购而珍之。有七百⑦军船防守边界。伊牙⑧部亦临河，岸长四里，多商舶。_{以上十九国皆与西洋通市。}

以下附五部落均自为酋长。

嘉公那⑨部仅有大村乡三，自立头目，虽不属泥霏国而土番颇驯。

封那⑩部距嘉公那四十里，一大市镇也。再行四十里，尚有数部落，情形莫详。

磨卦⑪部亦在嘉公那之下，相距约八十里，大市镇也，商贾鳞萃，有头目经理其事。

---

①那麻（Rabba），拉巴，在今尼日利亚尼日尔州。
②菰尔府（Koolfu），库尔富，在今尼日利亚尼日尔州。
③腊牙马（Layaba），拉亚巴，在今尼日利亚索科托州南角。
④马尼磨（Bajiebo），巴杰波，在今尼日利亚尼日尔州。
⑤巴达司（Patashie），帕塔谢，在今尼日利亚尼日尔州。
⑥沙俄司（Zagoshi），扎哥什，在今尼日利亚尼日尔州。
⑦原著作"600"。
⑧伊牙（Egga），埃格加，在今尼日利亚尼日尔州。
⑨嘉公那（Kacunda），卡昆达，在今尼日利亚尼日尔州。
⑩封那（Funda），丰达，在今尼日利亚尼日尔州。
⑪磨卦（Bocqua），博瓜，在今尼日利亚夸拉州。

机里部在磨卦之下，相距约五十里，多商船，亦一大市镇。然土瘠歉收，其草牲畜不食，故居民皆渔蕉果河以糊口①。产油最著。

伊磨②部在机里之下，相距约七十里，城池宽大，滨河口，亦市埠也。出口货物，油与人口居多。往来船舫，陈设器具，颇似欧罗巴。夹岸多大宅，栽种芭蕉、椰子，窗榭华丽，胜于邻国。惟俗习骄汰无度，（醄）〔酗〕酒辄达宵旦。

以上中阿未里加腹地诸部也，尚有尼厄河上流各国，地土肥美略同，游人巴客道死，不及回国，莫详其所经历。而各大部落亦略有所闻，附载于后。

丁麻杜国在中阿未里加洲边界，产黄金，光色射目，欧罗巴人常冒险至其地。部落辽阔，情形莫悉。方其盛日，蒿司沙各国均属统辖。近数百年，并己国反属于摩罗果矣。近日黑人为王，宫室民舍半皆圆锐，形若蜂房。厥壤燥瘠，产不敷食，仰给邻国，由尼厄河沿流运至加墨腊③津口，一日可至。以金矿甚旺，故商旅若鹜，多摩罗果、阿尔尼阿④、都尼司三都之人。百货充牣，惟黄金、奴仆两种交易最大。

麻西那国在（弥尼）〔尼弥〕湖之旁，宜牧畜，距丁麻杜部落颇远，土番付腊司种类，酋长即展里酋之弟。

展里国滨临尼厄河边，首部即名展里。酋长阿丹人，居民万口，贸易稍逊丁麻杜，而丁麻杜所需货物多购诸此。商贾皆富腊司、曼领俄、莫马腊、摩罗四种，间有黑番至此贸易。

---

①此句原著意为"居民皆渔于河及以蕉、薯糊口"。
②伊磨（Eboe），埃博，在基里南一百三十公里。
③加墨腊（Cabra），卡布腊。
④阿尔尼阿，原著作 Algiers，今阿尔及尔（Alger）。

莽马腊国土旷而沃，色俄①其首部也。尼厄河居中，宫室民舍依傍两岸，垔墙鳞比，街衢方轨，居民三万。南山所产金沙，皆运此出售。珊山领②部落贸易亦盛，居民万口。麻那母③部落产盐。北界旷野，为摩罗人牧场。

加阿达国皆沙土，首部落曰甘猛④。

加孙国地小而沃，首部落曰孤尼阿加里⑤。

沙达卢、根戈卢⑥、领尼古⑦、墨鲁古⑧、富腊卢五小国，高阜多林木，河中产金沙。甘干⑨部落其大市镇也，每（遇）〔一〕礼拜三墟期焉。母里⑩地多金，运此销售。产蜜糖、棉（花）〔布〕、火器、火药、花布及欧罗巴货物，无一不备。以上六大部、五小部皆尼厄河上游之国，未与西洋通市⑪。

重辑

《万国地理全图集》曰：亚非利加中地，北系沙漠，称曰撒哈拉，北极出自十五度至三十度，偏西十五度至东三十度，长九千里，阔三千里。其沙地风吹堆积为山，炎热难行。但沙漠中亦间有水草沃壤。其民大半由亚拉伯国而来，以劫掠为生。其驼若舟，

①色俄（Sego），今马里塞古（Ségou）。
②珊山领（Sansanding），今马里散散丁。
③麻那母（Maraboo），马拉博，在今马里塞古区。
④甘猛（Kemmoo），凯穆。
⑤孤尼阿加里（Kooniakary），库尼亚卡里。
⑥根戈卢（Konkodoo），贡库杜。
⑦领尼古（Dindikoo），丁迪库。
⑧墨鲁古（Brooko），布鲁库。
⑨甘干（Kankan），康康，在今几内亚。
⑩母里（Bouré），布里。
⑪此注与康康的贸易状况矛盾。

动止醒睡恒与人同伴，行路如患渴死则杀其驼饮血，且胃内有存水解渴。

由麦西国至西十日路，皆无人之地，至窄谷始有树木，而后抵非散①国都，居民七万。

向麦西南形势，距二千〔百〕有（百）〔余〕里，乃他弗②（茅）地，其兵最耐辛苦。

望南而往，则地补、土亚勒两族，贫穷好斗。沙漠外各地皆有水草，居民愈多，大半黑面。其中有数国，半从回教，恒执己见。若见白面之人，则酷待之。风俗浇漓放僻，男逸女劳，凡耕田、治舍、贸易工作，无一非女。故愈娶妻女，则愈富足。土君娶妇必盈千。此内尼额大河③，两岸沃饶，林树畅茂。

自古及今，内地与外国无往来之理，是以居民野心。近日英人用心周游其地，以考其来历，但不服水土，或染瘴，或被贼，（或）〔故〕志未成就。近日又用火轮船进其内河，搜访其风俗，而水手死亡，船空往反，竟无成功，惜哉！

《地理备考》曰：尼吉里西〔亚〕④国，又名苏丹，在亚非里加州之中。北极出地六度起至二十三度止，经线自东七度起至三十一度止，东至（卢）〔奴〕比亚⑤暨亚比西尼〔亚〕二国，西连塞内冈比〔亚〕国，南接几内〔亚〕国暨岳山，北界沙漠，长约六千里，宽约四千二百五十里，地面积方二百四十五万里，烟户约二京余口。人黑色，地形埠阔，湖河与沙漠相间。河之长者曰

①非散（Fezzan），费赞。
②他弗（Dârfûr），约当今苏丹南北达尔富尔二省。
③尼额大河（Niger River），尼日尔河。
④尼吉里西亚（Nigricia，Nigritia），指横贯非洲的地理区域苏丹（Suden）。
⑤奴比亚（Nubia），努比亚。

尼日尔，曰哥拉①，曰要②，曰沙利③；湖之大者曰沙德④，曰的别，曰非德勒⑤。濒河田多胧腴，土产稻、黍、麻、绵、靛、烟、谷、果、象牙、金砂、皮革等。地极炎热，多毒虫恶豸，外人到辄病死。故自古不通别国。奉回教，业农，罕技艺。国分二十二部落，各酋分摄，不相统属。曰波尔奴⑥，曰巴耶尔美⑦，曰北尔古⑧，曰桑加拉⑨，曰布勒⑩，曰冈干⑪，曰窝那苏勒⑫，曰上邦巴拉⑬，曰下邦巴拉⑭，曰马昔那⑮，曰巴难⑯，曰的勒南⑰，曰丁布各都⑱，曰牙乌利⑲，曰尼非⑳，曰波尔古㉑，曰牙黎巴㉒，曰北

---

①哥拉（R. Quolla, Quorra），科拉河。

②要（R. Yeou, R. Yobe），约贝河。

③沙利（R. Shary），沙里河。

④沙德（L. Tchad），乍得湖。

⑤非德勒（L. Fitré, L. Fitri），菲特里湖。

⑥波尔奴（Bornou），波尔努。

⑦巴耶尔美（Baghermeh），巴格尔梅（贝加尔梅）。

⑧北尔古（Bergu），贝尔古。

⑨桑加拉（Sangara），桑加腊。

⑩布勒（Buré），布里。

⑪冈干（Kankan），康康，在今几内亚。

⑫窝那苏勒（Oassulo, Oasselon），瓦苏洛在康康东面。

⑬上邦巴拉（Alta Bambara），上班巴腊在马里塞古区。

⑭下邦巴拉（Bixco Bambara），下班巴腊在马里莫普提区。

⑮马昔那（Masina），马西纳，在马里塞古区。

⑯巴难（Banan），巴南。

⑰的勒南（Dirimans），迪里曼。

⑱丁布各都（Ten-Boctue, Tombuctu），今马里廷巴克图（通布图）。

⑲牙乌利（Yauri），亚乌里（尤里）。

⑳尼非（Niffé），尼菲。

㉑波尔古（Borgu），博尔古。

㉒牙黎巴（Yarriba），亚里巴，即埃耶奥（Eyeo）。

宁①，曰瓜②，曰公③，曰加拉那④，曰达公巴⑤。

（一）中央旷野⑥，此最广之沙漠，硗山不毛，独有野兽、狮、狼、驼鸟等，其游牧亦渴饿易毙。西方之地，荒风压藤，暝暗如夜，居民罕少，野积枯骨。中一地有草木，然水泉咸。商贾希利，结群而往。族类各异，其中土亚勒地好虏掠，然客宿其家亦厚接之，若逢于野，即便劫掠。

特布族类在东方，颜色黑，惟食驼乳淡物，每遭土亚勒之虏掠。

非散在地陂里⑦之南，土丰盛，长百里，阔六十六里，居民七万，统辖于地陂里之酋。其旷野与麦西国交界，海港颇通商。其旷野有佛庙，四方礼拜云集。此外多沙碛，无大部落矣。

利未亚洲各岛 原志此洲不载岛国，

今取泰西各书补之。

《职方外纪》曰：圣多默岛⑧在利未亚之西，赤道之下，围千里，径三百里。其地浓阴多雨，愈近日处，云愈重，雨愈多。凡在此岛之果，俱无核。又有意勒纳岛⑨，鸟兽果实甚繁，而绝无人居。海舶从小西洋至大西洋者，恒泊此十余日，樵采渔猎，备二

---

①北宁（Benin），贝宁，在今尼日利亚本代尔（Bendel）州。
②瓜（Qua），在今尼日利亚东南部一带。
③公（Kong），在今马里南部一带。
④加拉那（Calana），卡拉纳。
⑤达公巴（Dagumba），达贡巴，约当今上沃尔特及加纳北部一带。
⑥中央旷野，指撒哈拉沙漠地区。
⑦地陂里（Tarabulus，Tripoli），的黎波里。
⑧圣多默岛（São Tomé），圣多美岛。
⑨意勒纳岛（Saint Helena），圣赫勒拿岛。

三万里之用而去。又赤道南有圣老楞佐岛①，围二万余里，从十七度至二十六度半，人多黑色，散处林麓，无定居，出琥珀、象牙极广。

亚细亚（以西）之地中海（与利未亚洲北境相首尾）②有岛百千，其大者，一曰哥阿岛③，曩国人患疫，有名医名依卜加得不用药石，令城内外遍举大火烧一昼夜，火息而病亦愈。盖疫为邪气所侵，火气猛烈，能荡涤诸邪。一曰罗得岛④，天气常清明，终岁见日，无竟日阴霾者。其海畔常铸一巨铜人，高逾浮屠，海中筑两台以盛其足，风帆直过跨下，其一指中可容一人，直立，掌托铜盘，夜燃火于内以照行海者。铸（十）〔不〕二年而成，后为地震而崩。国人运其铜，以骆驼九百只往负之。一曰际波里岛⑤，丰物产，每岁国赋至百万。葡萄酒极美。又出火浣布，是炼石而成。地热少雨，尝连晴三十六年，土人散往他国，今稍稍凑集矣。

《地理备考》曰：本州之岛分隶西洋各国管辖⑥，其隶布路亚

①圣老楞佐岛（St. Lowrence），今马达加斯加（Madagascar）。

②《职方外纪》这段文字在书的亚洲部分。作者艾儒略把塞浦路斯岛和爱琴海东面接近小亚细亚的罗得岛、科斯岛等许多岛屿都视为亚洲岛屿，也没说错。从古至今，塞浦路斯都在西亚。罗得、科斯等岛，从艾儒略时代到魏源时代也常被视为亚洲岛屿，以后才划属欧洲。魏源认为这些岛屿皆属非洲，并把这段文字从原书的亚洲部分搬到非洲部分，还对首句先后加了十二个字以改变原意，是不对的。

③哥阿岛（Kos, Cos），科斯岛。

④罗得岛（Ródhos, Rhodes），罗得岛。

⑤际波里岛（Cyprus），塞浦路斯。

⑥"分隶西洋各国管辖"八字为魏源所加。但加此八字，便出现几个问题：一、马达加斯加这个非洲最大的岛，当时虽已为西洋国家侵入，但法国屡次企图在该岛建立殖民统治未成；直至1886年才沦为法国殖民地。魏源却给它加上既与作者原意相反又不合史实的说法。二、既说非洲之岛分隶西洋各国管辖，又不懂得从该书非洲部分的《大吕宋国兼摄之地全志》中摘录有关西班牙管辖加那利群岛的内容。这样，西班牙是否"西洋"国家或加那利群岛是否非洲岛屿也成了问题。三、既加此八字，又在本节中辑进《备考》所列Arabia（魏源改译"天方"）所辖非洲各岛，那就是说，天方也是"西洋"国家。

国者三处，皆设总管。一曰马德义辣岛①，在亚德兰的海西北，长一百八十里，宽七十里，烟户一亿二万余口。山势峭壁，气温和，土肥饶，谷果丰稔，葡萄尤盛，首郡名丰札尔。二曰〔加〕布威尔德岛②，在亚非里加州之极西，纬度自北十四度四十五分起至十七度二十分止，经度自西二十四度五十五分起至二十七度三十分止。内有十岛，大者名桑的可阿③，烟户一万七千余口，土产谷、果、绵、椰、药材、甘蔗、蓝靛、葡萄、烟叶等物。地〔气〕熇烈，不害居栖，禽兽充斥，鳞介蕃衍。十岛中名桑非里卑④者，〔乃〕出火岛也。三曰桑多美〔义〕北林西卑岛⑤，在本州西（义）〔几〕内亚海湾中。分为二：一桑多美岛⑥回环四百里，地气不驯，而田肫产丰；一北林西卑岛⑦长八十里，宽六十里，地气温和，田土、禽兽、谷果均与桑多美岛相等。

　　隶天方国者五：一几罗阿岛⑧，在东方，幅员十数里，土产寥寥，四面险阻，船只难度。一蒙非亚岛⑨，长三百三十里，宽三四十里，田土肫腴，物产丰盛。一桑西巴尔岛⑩，长二百五十里，宽五十里，泊所稳便，贸易兴隆。一奔巴岛⑪，幅员三百五十里，地多肥饶，土产木料。本岛为天方管辖者三分之一。一索哥德拉

――――――――――

①马德义辣岛（Madeira Is.），马德拉群岛。
②加布威尔德岛（Cape Verde Is.），佛得角群岛，今佛得角共和国。
③桑的可阿（Ilha de S-Thiago），圣地亚哥岛。
④桑非里卑（Ilha do Fogo），福古岛，岛上有市镇名圣菲利普（S-Fel lippe）。
⑤桑多美义北林西卑岛（São Tomé e Principe），圣多美和普林西比。
⑥圣多美岛（São Tomé），圣多美岛。
⑦北林西卑岛（Principe），普林西比岛。
⑧几罗阿岛（Quiloa），基洛亚岛。
⑨蒙非亚岛（Monfia I.，Mafia I.），马菲亚岛。
⑩桑西巴尔岛（Zanzibar I.），桑给巴尔岛。
⑪奔巴岛（Pemba I.），奔巴岛。

岛①，长二百五十里，宽一百里，泊所稳便，地硗少泉，贸易无几，土产象胆、朱砂、禽兽等物。

隶土耳基国者曰马苏阿②，在亚比西尼〔亚〕国马苏阿海岛之中，烟户稀疏，泊所稳阔，商贾云集，地气燏烈。

隶佛兰西国者曰圣卢义斯岛③，田土膏腴，贸易兴隆，地气不和。一哥勒亚岛④，泊所稳便，凡佛兰西船往亚细亚者，必至其处。一乌阿罗（岛）〔国〕⑤，贼多民散，四望空虚。以上各处皆在塞内冈比亚国中。一布尔宾岛⑥，在印度海，长一百八十里，宽一百三十里，烟户约八万五千口，土肥腴，〔地〕气温和，内有火山，土产黑金、珊瑚、谷、果、桂皮、绵花、烟叶、材木、香料，泊所不稳，有总管驻扎。

《外国史略》曰：亚非利加各洲岛其东方最广大者曰马他牙士里岛⑦，广袤方圆一万零五百里，长二千二百里，阔约四百五十里及七百里，南极出十二度及二十六度，偏东四十四及五十二度。其居民约四百万口，族类不一，形状甚美。此岛蕃毓，出五谷、百果、蚕丝、香料、黛青、牛畜、铜、银、铅。中央皆大山密林，有土酋管之，惟阿瓦族最大，近各酋归于一主。嘉庆间，部主聪明，召外国艺术贤士，教化土民。道光十五年，女王摄权，仇视耶稣门徒，半死杀戮。此地向通商，佛国每欲开埠，多染瘴毙，近女王与英、佛两国肇衅。

①索哥德拉岛（Socotra I.），索科特拉岛。
②马苏阿（Massuah），马苏阿在红海。
③圣卢义斯岛（St. Louis），圣路易斯岛。
④哥勒亚岛（Gorêa），戈雷亚岛。
⑤乌阿罗国（Ualo），乌阿罗，在今 Dagana 一带。
⑥布尔宾岛（Réunion，Bourbon），留尼汪岛（旧名布邦岛）。
⑦马他牙士里岛（Madagascar），马达加斯加。

补吞岛①并所属之洲，三百二十里，南极出自二十度五十分，至二十一度二十分。马岛东向之屿一带皆山，判分此岛。峰高千丈，无平坦地，多白糖、丁香等物。居民十万，黑七白三，大半耕田。此岛葡萄亚所开，后佛兰西据之。产货甚多，恨无湾泊之港。

离此屿不远之茅勒士岛②在补岛东面，南极二十二度、二十一度中间，广袤七百余里，地面二万七千三百二十四顷。此岛丰盛，白糖最多，凡南洋之物皆有之。地有火山，草木蓁蓁。荷兰人曾至此，后佛兰西据之，遂荒芜，白面人其裔也。嘉庆年间，让与英国，黑面人五万三千。道光十六年，运进之物值银二百七十万两。船三百四十九只，所运进者二百五十万两。英国调兵帅管之，黑面人无用，每雇唐人治其田。道光十六年，收税饷七十一万，所费四十一万七千两。

西识群岛③天气和美。洲有五，产白糖、椰子等，民少而食用足。港口无暴风，捕鲸之人皆泊此。

可摩利群（州）〔岛〕④甚高，出各物。（民）所可他岛⑤甚高，在亚丁海隅，系亚拉天方回族。地冗，出芦荟、粟。皆崇回回教。

亚非利加西方之岛，一希里尼洲⑥，在磐石上，土薄无多产，英人属地，商船往来要路。嘉庆十九年，佛兰西霸君波那良谪居

①补吞岛（Reunion，Bourbon），留尼汪岛（布邦岛）。
②茅勒士岛（Mauritius），毛里求斯。
③西识群岛（Seychelles），塞舌尔。
④可摩利群岛（Comoros，Comores），科摩罗国。
⑤所可他岛（Socotra），索科特拉岛。
⑥希里尼洲（St. Helena），圣赫勒拿岛。

在此。船由印度至者，在此云集。其升洲①产鳖，商船卖之。

一多马②等岛地荒芜，在危尼海隅。其林稠密，民皆匪类。属西班亚国。多烟瘴。

一青群岛③属葡萄亚。有火山，天气亢旱。惟产绵花，居民屡遭饥馑。

加那利洲④属西班亚国，出葡萄。尼勒岛⑤居民十九万，山水最美。

又有绝美之洲曰马地拉⑥，出美酒、百果，与圣港屿⑦皆属葡萄亚。居民十二万。地气清爽，英国人多留此医病养生。

①升洲（Ascension），阿森松岛。
②多马（Ilha Săo Tomé），圣多美岛。
③青群岛（Cape Verde），今佛得角共和国。
④加那利洲（Islas Canarias），加那利群岛。
⑤尼勒岛（Tenerife），特内里费岛。
⑥马地拉（Madeira Is.），马德拉群岛。
⑦圣港屿（Pôrta Santa），圣港岛。